U0901883

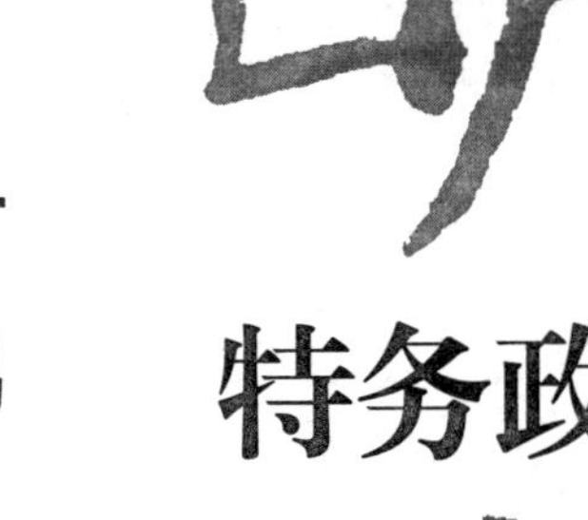

特务政治

丁易◎著

应急管理出版社
·北京·

图书在版编目（CIP）数据

明代特务政治/丁易著．-- 北京：应急管理出版社，2023

ISBN 978-7-5020-9796-7

Ⅰ．①明⋯ Ⅱ．①丁⋯ Ⅲ．①特务—政治制度—研究—中国—明代 Ⅳ．①D691.6

中国版本图书馆 CIP 数据核字(2022)第 229654 号

明代特务政治

著　　者　丁　易
责任编辑　高红勤
封面设计　东村老刘

出版发行　应急管理出版社（北京市朝阳区芍药居 35 号　100029）
电　　话　010-84657898（总编室）　010-84657880（读者服务部）
网　　址　www.cciph.com.cn
印　　刷　北京欣睿虹彩印刷有限公司
经　　销　全国新华书店

开　　本　710mm×1000mm 1/16　**印张**　42　**字数**　572 千字
版　　次　2023 年 9 月第 1 版　2023 年 9 月第 1 次印刷
社内编号　20221432　**定价**　99.80 元

自 序

这本书是一九四五年春天动手写的，一九四八年底写成，经过整整四年时间。

一九四五年初正是中国人民对日抗战接近胜利的时期，这时候在蒋管区一方面是蒋介石的反动血腥统治和勾结敌人的卖国行为的变本加厉；一方面则是人民民主运动蓬蓬勃勃日益高涨起来，而蒋帮特务的镇压、逮捕、屠杀也就越发来得厉害。在那时要想写文公开攻击他们的罪行，是没有办法发表出来的。于是我就想到利用历史事实绕个弯儿来影射，恰好明代是特务最为凶横的朝代，这样，我就开始撰写了一些关于明代特务的论文，陆续在《新华日报》《文汇报》《中华论坛》《时与文》《理论与现实》《新中华》等刊物上发表出来。但在蒋帮的反动严密的检查制度之下，这些历史论文也仍然要遭受到抽筋换骨或斩头去尾的刑罚（现在就算在这书里一并更正了）。而朋友们看了却更鼓励我多写一些，我自己也觉得在那时多写点这类文章也还有它一定的作用，这样就系统地撰写，编成了这本书。这是我写这书的主要原因。

其次呢，大家都知道研究中国封建社会历史，首先就是要研究这社会里的阶级矛盾和斗争，即地主和农民的矛盾和斗争。要仔细研究以封建帝王为首的地主阶级对于农民的残酷的经济剥削和政治压迫，以及农民为了反抗地主阶级的反动统治而掀起的暴动。我写这本书就企图通过明代特务政治的叙述来描绘出明代以帝王为首的地主阶级对广大人民的政治压迫的全貌。但企图只是企图，事实上自己也预料到描绘得不会完全，也许连要点都没法抓住。不过，在今天这样去研究的人似乎还不很多，如果因了这本书的出版，引起大家对这方面的注意，我就于愿已足了。

这是我写这本书的又一原因。

写的时候我比较注意下面两件事：

第一是虽然用历史事实来攻击蒋帮反动政治，但却决不牵强附会、夸张叙述。我认为古今反动头子虽然由于时代不同，其作恶方法也有差异，但在与人民为敌这一点上却是并无二致的。所以，只要站稳人民立场，将历史上反动政治真相剥露出来，对于蒋帮的反动政治就是一个无情的打击。如果附会夸张，也许倒反而失去效果。

第二是采用史料尽量称引原文，这样的好处是“信而有征”，不致使人怀疑叙述的真实性。也可以堵住一些“正统派”的史学家实际是统治阶级的“史官”，如胡适之流恶意的攻击的嘴，他们常常是故意找茬儿来讽刺我们用历史唯物主义研究中国历史的人是“不读书”的。但也有坏处，主要的是不通俗，再加上自己学识能力的限制，又不能很好地运用史料，分析史料，于是就几乎变成一部“明代特务政治史料汇抄”了。说起来也真惭愧得很。

在写这本书的四年期间，我个人生活变动很大，开始写的时候是在成都，后来又辗转到三台、重庆、北平、潞城、邢台、正定各地，差不多每半年就要换一个地方。而前三年几乎长时期地在蒋帮特务的监视和跟踪之下，对于这书研究写作的深入和专心都很有影响。后一年非常幸运地到了解放区，生活安定下来了，但史料却又大感缺乏，以致应该征引的书都无法征引。由于这些原因，再加个人的学识不够，书中缺漏疏谬，一定很多，我诚恳地期待读者的指责和纠正。

一九四九年一月二日

丁易写定后序于正定

目　录

第三章　全国经济的大搜刮

第四章　天下兵马的总监督

第五章 杀人如草不闻声

第六章 特务的权势财富及其内部矛盾

第七章　人民反特务的斗争

第八章　特务颠覆了朱明王朝

绪 言

要明白明代特务政治为什么特别发达，这得先从明代政治的极端中央集权化说起。

在中国历史上，明代是实行中央集权最彻底的一个朝代了。别的方面姑且不论，单就官制这点来看，废除宰相制度，便是极明显的例子。

宰相的职务，在明代以前的每个专制王朝时代，都是统率百官，总理机务，职权是相当大的。在一定的限度以内，他还可以稍稍牵制帝王们的独断独行，使极端专制独裁的政治得到一点调剂，稍稍削减皇帝的一点权柄，虽然这削减少得可怜。

但到了明代，连这点少得可怜的权柄都不愿削减了。明代第一个皇帝朱元璋获得元王朝政权以后，起先也曾依照元朝旧制，设立中书省，有丞相等官。但不久以后，他就感到宰相权柄太重，不大放心，便在洪武十三年以丞相胡惟庸造反为借口，就“罢丞相不设，析中书省之政归六部，以尚书任天下事，侍郎贰之”[1]。这样一来，宰相的职权，便分散在六部，而由皇帝来总其成。所以，明代的中央集权不仅是集权于中央政府，而是集权于皇帝一人，是十足道地的独夫政治，一切政务全取决于这个独夫，这集权是“集”得再彻底也没有了。

至于朱高炽以后的“内阁”，其职权表面看来好像和前代宰相有相同之处，以致后人称为“无宰相之名，有宰相之实”，但实际上却并不如此，黄宗羲说得好：

[1] 见《明史·职官志一》，卷七十二。

> 或谓后之入阁办事，无宰相之名，有宰相之实也。曰：不然，入阁办事者，职在批答，犹开府之书记也。其事既轻，而批答之意，又必自内授之，而后拟之，可谓有其实乎？[1]

既然没有宰相，全国所有的政务都集中在皇帝一人身上，无论这个皇帝是怎样的敏捷果断、精力过人，要想完全照顾到，还是决不可能的。于是他就不得不找一些亲信心腹来帮忙处理。但是朝廷大臣既不被信任，他要找亲信心腹，就只有在自己生活圈子里去找。而宦官正是一天到晚跟在他身边，和他生活在一起的人，这样，当然就非常容易地寄予心腹之任，叫这些宦官们帮忙了。这一帮忙，政权便自然而然地落在宦官手中。这些宦官便是明代所称的“司礼太监”，他们才真是“无宰相之名，有宰相之实”的。黄宗羲曾慨叹地说过：

> 吾以谓有宰相之实者，今之宫奴也。盖大权不能无所寄，彼宫奴者见宰相之政事坠地不收，从而设为科条，增其职掌，生杀予夺，出自宰相者，次第而尽归焉。有明之阁下，贤者贷其残膏剩馥，不贤者假其喜笑怒骂，道路传之，国史书之，则以为其人之相业矣。[2]

国家大政既然操在独夫的宫奴手中，内阁六部都俯首听命于这独夫的宫奴。独夫政治发展到这样局面，可以说是登峰造极无以复加了。而随着这局面而来的，便是特务制度的产生，再随着这局面的演进，这特务制度还要发展、加深、扩大起来。这原因是——

第一，独夫既然不信任大臣，而把政权交付他的宫奴，他必然对大臣要由不信任而不放心起来。而大臣们自然也因为太看不下去或是争权而要说些闲话，至少在背后也不免要“诽谤”几句。这对于独夫及其宫奴自然是不敬的。开头的时候独夫当然是临之以威，用鞭笞屠杀来镇压，

---

[1] 《明夷待访录·置相》。

[2] 《明夷待访录·置相》。

但这终究不是长久之计，而在背后诽谤他也无法知道，于是调查、侦察的办法，自然就要被采用。

第二，独夫独裁到了这种局面的时候，他的专制权威必然是不容有丝毫伤损的。朝廷之上，他自己可以控制，但是朝廷外面，这权威是否受到损害，独夫及其宫奴深居宫中，是无法知道的。这就必然要派人出来秘密侦察，寄予耳目。

第三，独夫独裁政治到了最厉害的时候，他不但对臣僚不放心，对天下所有军民他全是不放心的。他必须经常知道外边军民的一切情形和动态，以便设法统治，于是特务调查制度也必然要严密地建立起来。

由于这三种原因，明代的特务制度就空前地发展起来了。这一发展，结果自然是造成更严密的统治，而这严密的统治又反转过来刺激特务制度的扩大、加强、深化，于是这特务网就自然地逐渐遍及全国——至少也得要遍及于独夫所在地的附近各省。

特务制度既然建立，那么，负责主持这特务机关的头子们，自然更必须是独夫的心腹，于是这责任又自然而然地落在宦官及一些极少数的佞幸身上。所以，明代所有的宦官全都负有特务的任务，便是这个道理。

这就是明代特务政治特别发达的主要原因。这原因说明了特务政治是独夫独裁极端化的结果，特务和独裁是结下了生死不解之缘的。

明白了这个“生死不解之缘”，底下便要分门别类地叙述明代特务政治的全貌。

第一章
明代的特务机关

明代的特务机关，大略说来，可以分为三大部分：一是分驻各地的，一是驻在京师的，再是临时派遣的。而这些，除驻在京师中的一个机关——锦衣卫外，其余的全是由宦官主持，并且由宦官领导机关司礼监领导任免，而由皇帝作最后决定。

这三部分特务机关，以分驻各地的最为繁多，这就是所谓镇守太监，从朱棣时开始设立，后来全国各省以及各重要城镇全都设有。他们的任务表面上说是镇守地方，但实际上却是替皇帝侦察该地官吏军民人等。至于第二部分驻在京师的则最为著名，一共是三个：锦衣卫和东西厂（西厂设立凡两次，时期都很短，详后），锦衣卫是皇帝私人卫队，但却负有侦察京师官民之责，由一个指挥使主持，所有明代特务机关不由宦官主持的，仅此一个。东西厂均设有提督，由宦官担任，除侦察京师官民而外，连锦衣卫也在其侦察之中。这三个机关有时也派一些人到各地去调查、侦察。第三部分临时派遣的则最为广泛，派出去的也大半是宦官，或去监督军队，叫做监军；或去征收赋税，叫做税监。还有提督京营、监督仓场、督理工程、采办货物，等等；遍于全国各地，他们也全都负有侦察责任。

明代宦官在宫中是自成一个组织系统的，它和外廷政府一样，按工作性质和范围设立了许多衙门，主要的计有：十二监、四司、八局，总称二十四衙门，由十二监的第一监司礼监领导，再往上便听命于皇帝。

他们一切都不受外廷政府干涉，超然于国家纲纪法律之外。派出去主持各部门特务工作的，全都是从这里挑选派遣，以原衔兼领新职，任务完毕或是调回，仍由司礼监派赴各宦官衙门工作。所以，这二十四衙门实际上就是特务大本营，因此，谈到明代特务机关便必须从明代宦官组织系统谈起。

第一节　明代特务的大本营

（一）最高指挥机关——司礼监

最初，明代宦官机关在形式上规定由吏部领导，沈德符云："本朝内臣俱为吏部所领，盖周礼冢宰统阉人之例，至永乐始归其事于内，而史讳之。"[1] 据此，宦官机关由吏部领导的时期是极其短暂的。而就在这短暂的时期，怕也只是形式，所以，到朱棣时便干脆明白地"归其事于内"了，这归于内，便是归到司礼监。

司礼监是明代宦官二十四衙门的首席衙门，它是一切宦官机关的首脑部、领导机关，因此，也就是明代特务最高指挥机关。

如本书绪言所说，明代是一个极端中央集权化的朝代，它废除宰相制度，集大权于皇帝一人，大臣既不被信任，政务丛脞，皇帝又管不了许多，于是政权便落到宦官身上。而司礼监又是宦官机关的首脑部，司礼监的太监们在所有的宦官中自然更容易获得这旁落的政权，这样，他们就成了实际上的全国政治指挥者，如黄宗羲所说的"无宰相之名而有宰相之实"了。

[1] 沈德符：《万历野获编补遗》卷一，《内官定制》。

司礼监的职权——真宰相

司礼监是宦官十二监中的第一个，监中主要人员有掌印太监一员，秉笔随堂太监八九员。他们的职务据《明史》记载是批答大小臣工的一切章奏：

> 掌印掌理内外章奏及御前勘合，秉笔随堂掌章奏文书，照阁票批朱。[1]

但据徐复祚所记，他们还有一个重要的任务，便是传宣谕旨：

> 国制司礼监九人，其掌印者一，如首揆……其八人则季轮二人管事，凡内之传宣，外之奏请属焉。[2]

批答章奏就是所谓“批朱”，其情形是：

> 凡每日奏文书，自御笔亲批数本外，皆众太监分批，遵炤阁中票来字样，用朱笔楷书批之，间有偏旁偶讹者，亦不妨略为改正。[3]

照例，皇帝批内阁票拟，如果有所更易，仍要发下内阁，但大半都是“如拟”的。所以，司礼太监批阁票，只是“照阁票”“遵炤阁中票来字样”，不得擅自更改。但实际上呢，司礼太监既掌管批答大权，他哪肯这样老实，于是就要“略为改正”“偏旁偶讹”了。我们试想一想，内阁票拟是呈给皇帝看的，在专制时代，必须一笔一画地用恭楷写出，哪会有“偏旁偶讹”的事？这就是说司礼监可以改动阁议罢了。这更改，客气一点的，便驳斥下去，命令内阁重拟，有时可以驳斥再三。不客气一点的，就干

---

[1] 见《明史·职官志三》，卷七十四。

[2] 徐复祚：《花当阁丛谈》卷一。

[3] 刘若愚：《酌中志》卷十六，《内府衙门职掌》。

脆径自窜改。有时太监们自己改不妥当，还可以带回私室，托人帮忙，更改以后，根本就不交内阁，径自发出。如刘瑾便是如此，正德元年大学士刘健奏称：

迩者旨从中下，略不与闻。有所拟议，竟从改易。[1]

正德五年，刘瑾伏诛，李东阳上疏自列说：

臣备员禁近，与瑾职掌相关。凡调旨撰敕，或被驳再三，或径自改窜，或持回私室，假手他人，或递出誊黄，逼令落稿，真假混淆，无从别白。[2]

至于传宣谕旨呢，那关系就更大了。因为皇帝是不大动笔的，有什么事要办，便口头说说，司礼秉笔太监便从旁记录下来，然后交付内阁缮拟。其程序如下：

凡文书由御前发票，司礼监令小奄抱黄袱箧送阁门，典籍官奉而入。[3]

这种口授笔录，很可能和原意大有出入，同时记录的太监在这里参入自己的意见，当然也是极容易的事。而内阁拟就之后，仍要呈上，太监们看了不合意，还是可以更改的。但这种记录办法，还算是慎重的，有些时候，竟连记录也没有，就用口头传达，甚至只派一个小宦官到内阁说一说，如：

[1] 《明史·刘健传》卷一八一。

[2] 《明史·李东阳传》卷一八一。

[3] 钱谦益：《牧斋初学集》卷四十七下，《大学士孙公行状》。

> 有中旨则小奄口传曰："上传某事如何处分。"天启初，中旨频数，阁臣侧耳籍记，唯恐错误，亦有借内传以行其私者。[1]

军国大事也是如此。如朱由校时大学士孙承宗所奏：

> 臣累日在阁办事，文书房时有口传，如讲学，如任将，如准臣入阁入部，皆关系重大……事久时移，不无可虑。且传天语者，一字抑扬，便关轻重，臣愚不胜过计，望皇上慎重口传，酌为札记，容臣等计日具口传事目，并所处分，还报御前，详加参阅。更赐面对，一一仰质。[2]

因为如此，所以就常常出现"旨从中降"的事，这就是说根本不交付内阁，径自降敕。而明代宦官常有假传圣旨的事发生，其根源便是在此，它决不是偶然的现象。

司礼监既负有批阅奏本、传宣旨意的双重重责，单凭几个太监自然是忙不过来的，它底下有一个附属机关，专作司礼监助手，就是文书房，这文书房重要人数和工作范围是：

> 掌房十员。掌收通政司每日封进本章，并会极门京官及各藩所上封本。其在外之阁票，在内之搭票，一应圣谕旨意御批，俱由文书房落底簿发。[3]

这种职务就相当于机要秘书，所以，他们威风也极大。

> 其僚佐及小内使，俱以内翰自命。若外之词林，且常服亦稍异……

---

[1] 《牧斋初学集》卷四十七下，《大学士孙公行状》。

[2] 《牧斋初学集》卷四十七下，《大学士孙公行状》。

[3] 《明史·职官志三》卷七十四。

虽童稚亦以清流自居。[1]

而更增加他们威风的是：宦官升入司礼监，必须是从文书房出来的才行，《明史·职官志三》：

凡升司礼者，必由文书房出，如外廷之詹翰也。

这就等于是司礼太监的预备班了。

至于司礼监担任这种机密任务，究竟开始于明朝何时，今日已不可详考，据查慎行《人海记》下，说是朱瞻基时开始的：

宣德朝……司礼遂有秉笔太监，一代弊政，实宣庙启之也。

而夏燮《明通鉴》卷十九，宣德元年七月下系一条云：

司礼、掌印之下，则秉笔太监为重。凡每日奏文书，自御笔亲批数本外，皆秉笔内官遵照阁中票拟字样，用朱笔批行，遂与外廷交结往来矣。

看这情形，大概在朱棣末年便已开始了。

司礼监既掌有这样机密大权，所以，明代大特务头子如王振、刘瑾、冯保、魏忠贤等都是司礼监太监，这些“真宰相”们如果碰到年岁大一点或是英明一点的皇帝，倒还不至于过于放肆，若是遇上一个糊涂家伙，那他们便把他玩弄于股掌之上，而独擅大权了，如刘瑾之于朱厚照：

刘瑾用事，一月之间，中官传旨，几无虚日。瑾欲全窃大柄，乃日构杂艺，俟上玩弄，则多取各司章疏奏请省决。上每曰：“吾

[1] 《万历野获编补遗》卷一，《内官定制》。

用尔何为？乃以此一一烦朕耶！”自是瑾不复奏，事无大小，任意剖断，悉传旨行之，上多不之知也。[1]

魏忠贤之于朱由校也是用这个办法：

上（朱由校）性走马，又好小戏，好盖房屋，自操斧锯凿削，巧匠不能及……日与亲近之臣涂文辅、葛九思辈朝夕营造，造成而喜，不久而弃；弃而又成，不厌倦也。当其斤斫刀削，解衣盘薄，非素昵近者不得亲视。王体乾等每闻其经营鄙事时，即从旁传奏文书，奏听毕，即曰：“你们用心行去，我知道了。”所以太阿下移，魏忠贤辈操纵如意，而崔呈秀魏广微辈通内者亦如桴鼓之旋应也。[2]

司礼太监既是“真宰相”，那么，内阁的挂名宰相自然只有拱手听命，仰其鼻息。所以，明代大臣入阁，照例要拿着名刺，捧着礼物，先拜谒司礼太监，然后才正式就职。底下有一段故事，可以看出当时阁臣对司礼太监的恭顺情况：

何元朗云：“嘉靖中有内官语朱象元云：‘昔日张先生（璁）进朝，我们要打恭。后夏先生（言）我们平眼看他。今严先生（嵩）与我们拱手始进去。’”按世宗驭内侍最严，四十余年间未尝任以事，故嘉靖中内官最敛戢，然已先后不同如此，何况正德、天启等朝乎！稗史载：永乐中，差内官到五府六部，俱离府部官一丈作揖。途遇公侯驸马，皆下马旁立。今则呼唤府部官如属吏，公侯驸马途遇内官反回避之，且称以翁父，至大臣则并叩头跪拜矣。[3]

[1] 《明通鉴》卷四十二。

[2] 李逊之：《三朝野记》卷二，文秉：《先拨志始》卷上，孙之騄：《二申野录》卷七，王士禛：《池北偶谈》卷二，均载此事。

[3] 赵翼：《廿二史札记》卷三十五，《明代宦官》。

由这段记载便可想见明代司礼监的权势是如何地炙手可热，无怪乎《明史·职官志三》说，司礼太监“掌印权如外廷元辅，秉笔随堂视众辅”了。

司礼监的职权——特务最高指挥官

司礼太监在政治上是“无宰相之名，有宰相之实”，在特务系统上，除了皇帝而外，它又是最高指挥者，它是领导其他各监局全部宦官的。《酌中志》卷十六《内府衙门职掌》云：

> 其余大小衙门，遇有应题奏事情，皆先关白司礼监掌印秉笔，随堂而始行。

司礼监并且特设一名提督太监，专门管理大小宦官，他的职务是：

> 督理皇城内一应仪礼刑名，及钤束长随、当差、听事各役，关防门禁，催督光禄供应等事。[1]

司礼监既是宦官总管，所以，一切派往各地主持各个特务机关的宦官，如前面所说的各地镇守、军队监军、榷税采办等等；也全由司礼监呈请皇帝调遣任命，如若这些特务头子工作做得不好，它也有权撤他们的职，或是惩办他们。如：

> 嘉靖中，内臣犯法，诏免逮问，唯下司礼监治。[2]

所以一切宦官见了司礼太监都要磕头称上司，沈德符云：

[1] 《明史·职官志三》卷七十四。

[2] 《明史·刑法志三》卷九十五。

司礼今为十二监中第一署，其长与首揆对柄机要，佥书秉笔与管文书房，则职同次相……其宦官在别署者，见之必叩头称为上司。[1]

而由于他们掌握各监宦官的迁升降谪之权，各监便不得不拉拢他们，于是每年各监都孝敬司礼掌印三万两银子：

国制司礼监九人，其掌印者一，如首揆，岁纳二十四监银各三万两，约有七十万之数。[2]

司礼太监除了任命全国特务机关首脑外，他自己还兼领许多重要特务机关，如东厂、南京守备、内书堂，等等。

东厂是个最大的公开地执行侦缉刑狱的特务机关，是重要的特务机关之一。起初是“选各监中一人提督”，但后来皇帝和司礼太监大概还不甚放心，所以，到明代后半期就规定必须“专用司礼秉笔第二人或第三人为之”[3]。有时司礼掌印也兼领，那威风就更大了。

司礼掌印，首珰最尊。其权视首揆，东厂次之，最雄紧，但不得兼掌印。每奏事，即首珰亦退避，以俟奏毕，盖机密不使他人得闻也。历朝皆遵守之。至嘉靖戊申己酉间，始命司礼掌印太监麦福兼理东厂。至癸丑而黄锦又继之，自此内廷事体一变矣……万历初年，冯保亦兼掌东厂。冯保之后则有张诚。张之后则近日陈矩，俱以掌监印带管厂事。[4]

据《明史·职官志三》说，“东厂权如总宪”，现在以司礼秉笔兼东厂，

[1] 《万历野获编补遗》卷一，《内官定制》。

[2] 徐复祚：《花当阁丛谈》卷一。

[3] 《明史·刑法志三》卷九十五。

[4] 《万历野获编》卷六，《内臣兼掌印厂》。

便等于以次辅兼总宪，以司礼掌印兼东厂则是以首辅兼总宪了。集行政监察两权于一身，那还不是为所欲为么！

南京是朱元璋定都的地方，朱棣迁都北京后，便定南京为留都，一切官府人员均照北京同样设置，宦官各监也是如此，就是没有皇帝，于是便设守备一人，以公、侯、伯充之。到朱高炽时更派一个宦官去同守备，这实际上就是皇帝代表，职务自然十分重要。《酌中志》卷十六说：这守备宦官是“护卫留都，为三千里外亲臣，辖南京内府二十四衙门，孝陵神宫监官”。所以，规定是司礼监外差。

内书堂等于宦官学校，是训练培养宦官的机关。明代宦官之所以能够批阅奏本，传达诏谕、文理字义都是从这里训练出来的。所以，司礼监也必须抓在自己手中。

内书堂的设立，据《明通鉴》卷十九说是在朱瞻基宣德元年七月间，其原委经过如下：

> （宣德元年七月）始立内书堂，教习内官监也。初，洪武间，太祖严禁宦官毋得识字。后设内官，监典簿，掌文籍，以通书算小内使为之。又设尚宝监，掌御宝图书，皆仅识字，不明其义。及永乐时，始令听选教官入内教习之……至是开书堂于内府，改刑部主事刘翀为翰林修撰，专授小内使书，选内使年十岁上下者二三百人读书其中。其后大学士陈山亦专是职，遂定翰林官四人教习以为常。自此内官始通文墨。

这内书堂组织则是以司礼监总其纲，《酌中志》卷十六称：“本监（司礼监）提督总其纲，掌司分其劳，学长司其细。”掌司学长则是“派年长有势力者六人或八人为学长，选稍能写字者为司房”。

至于词林老师则只负教书之责，这些小宦官学生们还致送束脩。

每学生一名，亦各具白蜡、手帕、龙挂香以为束脩。[1]

所读的书则是：

《内令》一册，《百家姓》《千字文》《孝经》《大学》《中庸》《论语》《孟子》《千家诗》《神童诗》之类，次第给之。又每给刷印仿影一大张。其功课：背书、号书、判仿，然判仿止标日子，号书不点句也。凡有志官人，各另有私书自读，其原给官书，故事而已。[2]

如若施行责罚，词林老师却不能动手。而责罚也颇为奇特：

凡背书不过，写字不堪……词林老师批数目付提督责之。其余小事，轻则学长用界方打，重则于圣人前罚跪，再重则扳着几炷香。扳着者，向圣人前直立弯腰，以两手扳着两脚，不许体屈，屈则界方乱打如雨，或一炷香半炷香。[3]

除了东厂、南京守备、内书堂这三个重要机关由司礼监兼领而外，还有三个机关：一是礼仪房，掌管“一应选婚、选驸马、诞皇太子女、选择乳妇诸吉礼”的[4]；二是中书房，掌管“文华殿中书所写书籍、对联、扇柄等件，承旨发写，完日奏进”的[5]；三是御前作，掌管“营造龙床、龙桌、箱柜之类”的[6]。这三个机关也全由司礼掌印或秉笔兼摄。

[1] 《酌中志》卷十六。

[2] 《酌中志》卷十六。

[3] 《酌中志》卷十六。

[4] 《明史·职官志三》卷七十六。

[5] 《明史·职官志三》卷七十六。

[6] 《酌中志》卷十六。

（二）千百衙门，十万宦官

在叙述宦官各个衙门之前，这里先把宦官的等级、名称、职衔说一下。

“宦官”是一个通名，在明代，宦官是有各种等级的，最高的一级叫做太监（一般人拿太监通称宦官，那是以最高的一级来概括全体）。凡宦官各主要衙门负责人全由太监充任。其次是少监，在主要衙门中做太监的助手，有时也单独派出负责一方面的事，如镇守之类。第三是监丞。这些都是高级宦官，必须入宫年资较久的方可升上。至于年资较浅的只能担任典簿、长随、奉御、当差、听事，等等。最下级的叫做乌木牌、手巾、小火者之类，那就和外边的厮役一样了。

宦官在各监局中所担任的职务也有种种职衔。一般说来，各监都有掌印太监，或是提督太监，各司有司正司副，各局有大使副使，各房有掌房，各库有掌库。其他职员有经理、管理、佥书、掌司、写字、监工，等等；大抵看各监局的需要设置。

明代宦官等级、名称、职衔大略如此。底下便叙述宦官各个机关及其职掌。

明代宦官机关大体说来可分为内外两方面，内是指设在皇宫之内的机关，外是指设在皇宫之外的遍布全国的机关。

二十四衙门及其他

设在皇宫之内的机关，主要的是二十四衙门。

这二十四衙门计包括十二监、四司、八局。

各监局所设的主要宦官的名额、品级、职衔，以及职掌，先后时有变革，兹参照《明史·职官志三》及《酌中志》卷十六略述于下。

十二监：每监各设掌印太监一员，正四品，左右少监各一员，从四品，左右监丞各一员，正五品，典簿一员，正六品，长随、奉御无定员，从六品。十二监名称及其所掌职务如下：

一、司礼监——见前。

二、内官监——掌木石、瓦土、塔材、东行、西行、油漆、婚礼、火药、十作，及米盐库、营造库、皇坛库，凡国家营造宫殿陵墓，并铜锡妆奁器用、暨冰窖诸事。外厂甚多，各有提督掌厂等官，如真定设有抽印木植，宝坻县收籽粒，西湖河差，大石窝白虎涧等处各有提督，都是本监外差。而外地修建分封藩王府第，也是本监外差。《万历野获编补遗》云："内官监视吏部，掌升选差遣之事，今虽称清要，而其权俱归司礼矣。"[1]

三、御用监——凡御前所用围屏床榻诸木器及紫檀、象牙、乌木、螺甸诸玩器，皆造办之。

四、司设监——掌卤簿、仪仗、帷幕诸事。

五、御马监——本监设有掌印监督提督太监各一员，腾骧四卫各设监官、掌司、典簿、写字、拏马等员。《万历野获编补遗》云："御马监虽最后设，然所掌乃御厩兵符等项，与兵部相关。近日内臣用事，稍关兵柄者，辄改御马衔以出，如督抚之兼司马中丞，亦僭拟甚矣。"[2]

六、神宫监——掌太庙各庙洒扫香灯等事，本监掌印太监多为司礼监官或文书房无力者升之。

七、尚膳监——掌御膳及宫内食用并筵宴诸事。

八、尚宝监——掌宝玺敕符将军印信。凡用宝，外尚宝司以揭帖赴监请旨，至女官尚宝司领取，监视外司用讫，存号簿缴进。

九、印绶监——掌古今通集库并铁券、诰敕、贴黄、印信、勘合、符验、信符诸事。

十、直殿监——掌各殿及廊庑扫除事。

十一、尚衣监——掌御用冠冕袍服及履舄靴袜之事。

十二、都知监——旧掌各监行移关知勘合之事，后惟随驾前导警跸。此监为下下衙门，宦官均极寒苦，难以升转。

四司：每司各设司正一人，正五品。左右司副各一人，从五品。各司名称职掌如下：

一、惜薪司——掌所用薪炭之事，有外厂、北厂、南厂、新南厂、新西厂。

[1] 《万历野获编补遗》卷一，《内官定制》。

[2] 《万历野获编补遗》卷一，《内官定制》。

二、钟鼓司——掌管出朝钟鼓，及内乐、传奇、过锦、打稻诸杂戏。“内职惟钟鼓司最贱，至不齿于内廷，呼曰东衙门。闻入此司者例不得他迁，如外藩王官，然而正德初，刘瑾乃以钟鼓司入司礼者。”[1]

三、宝钞司——掌造粗细草纸。

四、混堂司——掌沐浴之事。

八局：每局各设大使一人，正五品。左右副使各一人，从五品。各局名称职掌如下：

一、兵仗局——掌制造军器，火药司属之。

二、银作局——掌打造金银器饰。

三、浣衣局——凡宫人年老及有罪退废者，发此局居住，听其自毙，以防泄露大内之事。此局不在皇城内，在德胜门迤西。

四、巾帽局——掌宫中内使帽靴，驸马冠靴。

五、针工局——掌造宫中衣服。

六、内织染局——掌染造御用及宫内应用缎匹。

七、酒醋面局——掌宫内食用酒、醋、糖、酱、面、豆诸物，与御酒房不相统辖。

八、司苑局——掌蔬菜瓜果。

这是十二监、四司、八局二十四衙门的大概。此外，不在这二十四衙门之内的还有很多，兹列举于后：

内府供用库——掌宫内及山陵等处内官食米，及皇帝用的黄蜡、白蜡、沉香等香，凡油蜡等库俱属之。

司钥库——掌收贮制钱，以给赏赐。

内承运库——掌大内库藏，凡金银及诸宝货总隶之。

甲字库——掌贮银朱、黄丹、乌梅、藤黄、水银诸物。

乙字库——掌贮奏本等纸及各省所解胖袄。

丙字库——掌贮丝线布匹。

丁字库——掌贮生漆桐油等物。

---

[1] 《万历野获编补遗》卷一，《内官定制》。

戊字库——掌贮所解弓箭盔甲等物。

承运库——掌贮黄白生绢。

广盈库——掌贮纱罗诸帛匹。

广惠库——掌造贮巾帕梳笼刷抿钱贯钞锭之类。

广积库——掌贮净盆焰硝硫磺。

脏罚库——掌没入官物。

御酒房——掌造御用酒。

御药房——掌御用药饵，与太医院相表里。

御茶房——掌供奉茶酒瓜果及进御膳。

牲口房——收养异兽珍禽。

刻漏房——掌管每日时刻。

更鼓房——有罪内官职司之。

甜食房——掌造办虎眼、窝丝等糖及诸甜食，隶御用监。

弹子房——专备泥弹。

灵台——掌观星气云物，测候灾祥。

绦作——掌造各色兜罗绒及诸绦绶，隶御用监。

盔甲厂——掌造军器。

安民厂——旧名王恭厂，掌造铳炮火药之类。

此外，各宫门如午门、东西华门等全都派有宦官把守，也都设有机关。

根据以上看来，这些分府治事的情形，简直和外廷政府一般无二。但这些只是宦官的中央机关、宦官的大本营，至于从这大本营分派到京城内外各地调查侦缉的机关那就更多，这些在后面各章都要详加叙述，这里为清醒起见，只将名称和任务略举于下。

分布全国的特务机关

分布京城之内的侦缉监视机关，主要的计有：

提督东厂——详下节。

提督西厂——详下节。

提督京营——提督太监一员，坐营太监、监枪、掌司、佥书，无定员。

分布京外的特务机关那就更多了。如：

南京守备。

天寿山守备。

湖广承天府守备。

凤阳守备。

南京、苏州、杭州三地织造。

各省各要地镇守。

广东、福建、浙江三地市舶司。

各地仓场监督。

诸陵神宫监。

此外，还有监军、采办、粮税、矿关等使，属于随时派出而不是经常设立的，更多至不可胜数。最多的时候，一地可以多到有四个大特务机关，如朱厚照时“中官在浙者凡四人，王堂为镇守，晁进督织造，崔瑶主市舶，张玉管营造。爪牙四出，民不聊生”[1]。这只不过是一例而已，诸如此类，还不知有多少哩。

宦官人数

明代宦官组织这样庞大，衙门这样复杂，没有很多的人自然分配不过来，这人数在有明各代并不一致，大抵是逐渐增加，现在将这增加的情形叙述于下。

据史称朱元璋时宦官并不太多，但这只是比较而言，实际上还是不少，如王世贞《弇山堂别集·史乘考》误引野史云：

(李)文忠多招纳士人，门下士闻而弗善也。一日劝上：“内臣太多，宜稍裁省。”上大怒，谓：“若欲弱吾羽翼何意？此必门客教之。”因尽杀其客。文忠惊悸，得疾暴卒。

[1] 《明史·韩邦奇传》卷二〇一。

根据这件事看来，李文忠所谓“内臣太多”，当然不会无的放矢，而朱元璋则把宦官们当做自己的“羽翼”。那么，这些“羽翼”自然是多多益善，不会在少数了。

到朱见深时宦官竟增加到一万多，当时右副都御史彭韶奏称：

监局内臣数以万计，利源兵柄尽以付之，犯法纵奸，一切容贷。[1]

朱祐樘时每监局宦官多至三四十，分散在外边的还不计算在内。弘治十七年六月，给事中许天锡奏称：

内府二十四监、局及在外管事者，并有常员。近年诸监局掌印、佥事多至三四十人，他管事无数，留都亦然。冯陵奢暴，蠹蚀民膏。[2]

到朱厚照时每监局又增至百数十人，正德元年大学士刘健奏称：

内府诸监局佥书多者至百数十人。[3]

朱翊钧时宦官人数更多，单是从万历元年到万历六年两次收进的新宦官便是六千多人。《明通鉴》卷六十七：

（万历六年七月）诏：“司礼监会同礼部拣选内竖三千五百七十名应用。”于是礼科给事中李天植上言：“陛下缵服初年，允收马安等三千二百五十人，部覆永不为例。今六载之中，两收数千，幸门日启，觊泽者多。倘得收回成命，散此党羽，上也。不然，乞裁取其半。”疏入，报闻。

[1] 《明史·彭韶传》卷一八三。

[2] 《明通鉴》卷四十。

[3] 《明史·刘健传》卷一八一。

到明代亡国的时候，单是宫中宦官便是七万：

> （李自成破北京）时，中珰七万人皆喧哗走，宫人亦奔迸都市。[1]

如若将分散在外边的加上，总共竟达十万人！清爱新觉罗·玄烨（圣祖）在康熙四十八年曾谕告当时大学士们说：

> 明季事迹，卿等所知往往纸上陈言，万历以后所用内监，曾有在御前服役者，故朕知之独详。明朝……宫女九千人，内监至十万人。[2]

宦官的家奴

以上只是宦官人数，而宦官职位高低不等，高级宦官底下又有他的爪牙家奴，如司礼监太监就有私臣，《酌中志》卷十六：

> 各家私臣：曰掌家，职掌一家之事。曰管事，办理食物，出纳银两。曰上房，职掌箱柜锁钥。曰掌班领班，钤东西班答应官人。曰司房，打发批文书，誊写应奏文书。其下则管帽、管衣靴、茶房、厨房、打听，管看庄宅各琐屑事务也。

这是司礼监如此，至于其他的太监、少监、监丞以至典簿，都有额定的家奴，如：

> 嘉靖十一年十二月司礼监太监张佐等言："臣等给事禁中，无胥徒可役，止取给予人匠不事工作者。当成化中赐臣等各有名数：

[1] 王誉昌：《崇祯宫词》。

[2] 余金：《熙朝新语》卷四。

太监掌印者六十人，余皆五十五人，左少监四十人，又监丞三十人，典簿二十五人，经厂六科廊等处各以资格递减。乞照旧例补给臣等。”上命如例拨用，不得过多。[1]

这只是规定的名额，但事实却不止此数，因为各监局可以随时招收工匠，名额可以随意增加，如弘治十三年“内府针工局乞收幼匠千人，（工部尚书曾）鉴等言：‘往年尚衣监收匠千人，而兵仗局效之，收至二千人。军器局、司设监又效之，各收千人。弊源一开，其流无已。’于是命减其半。”[2] 又如嘉靖四年九月“内府各监各请收人匠，俱有，旨听许，多者数千，少者数百人”[3]。同年兵部尚书李钺奏：

查得织染局见在军匠二千一百六十四员名，内官监七千八百五十六名，并新收一千五百名，总计盖一万一千五百有奇。一监局以一岁计之，该支粮米一万五千二百四十石，其他监局食粮、人役，难以数计。[4]

这些工匠有一部分自然是在监局做工，但另一部分便被宦官们私占做家奴了。所以，一个太监占用几百人，实在是一件极平常的事，至于规定的六十人到二十五人等名额，那只是官样文章而已。

因此，我们假定平均每一个宦官占有三个家奴（这是最低的假定了，实际上决不止此数），那么，十万宦官便有三十万家奴！家奴帮助主子或凭借主子的威势，其为非作恶当更甚于他的主子，事实就是一群小特务。所以，明代特务大本营里，连宦官及其爪牙一共计算起来，总数竟达四十万人以上！而东厂锦衣卫的特务还不包括在内。

---

[1] 《弇山堂别集·中官考十》卷九十九。

[2] 《明史·曾鉴传》卷一八五。

[3] 《弇山堂别集·中官考十》卷九十九。

[4] 《弇山堂别集·中官考十》卷九十九。

这四十万宦官特务及其爪牙横行天下，流毒全国。其敲榨军民、屠戮百姓种种行为，诚如成化二十一年都给事中李俊所奏：

> 夫内侍之设，国初皆有定制。今或一监而丛一二十人，或一事而参五六七辈；或分布藩郡，享王者之奉；或总领边疆，专大将之权；或依凭左右，援引憸邪；或交通中外，投献取巧。司钱谷则法外取财，贡方物则多端责赂，兵民坐困，官吏蒙殃。杀人者见原，偾事者逃罪。[1]

而景太三年九月南京锦衣卫军余华敏所奏列的宦官十害，言之更为痛切，兹节录于下，以作本节结束：

> 内官家积金银珠玉，累室兼籝，从何而至？非内盗府藏，则外朘民膏。害一也。怙势矜宠，占公侯邸舍，兴作工役，劳扰军民。害二也。家人外亲，皆市井无籍之子，纵横豪悍，任意作奸，纳粟补官，贵贱淆杂。害三也。建造佛寺，耗费不赀，营一己之私，破万家之产。害四也。广置田庄，不入赋税，寄户郡县，不受征徭，阡陌连亘，而民无立锥。害五也。家人中盐，虚占引数，转而售人，倍支巨万，坏国家法，豪夺商利。害六也。奏求塌房，邀接商旅，倚势赊买，恃强不偿，行贾坐敝，莫敢谁何。害七也。卖放军匠，名为伴当，俾办月钱，致内府监局营作乏人，工役烦重并力不足。害八也。家人贸置物料，所司畏惧，以一科十，亏官损民。害九也。监作所至，非法酷刑，军匠涂炭，不胜怨酷。害十也。[2]

[1] 《明史·李俊传》卷一八〇。

[2] 《明史·聊让传》卷一六四。

第二节　执行屠杀的几座地狱

（一）东西厂和内行厂

东　厂

东厂是明代最大的一个负责侦缉和刑狱的特务机关。

它是在朱棣时开始设立的，《明史·成祖本纪三》卷三：

> 十八年……始设东厂，命中官刺事。

《明通鉴》卷十七则记载较详：

> 永乐十八年八月……置东厂于北京。初，上命中官刺事，皇太子监国，稍稍禁之。至是以北京初建，尤锐意防奸，广布锦衣官校，专司缉访。复虑外官瞻徇，乃设东厂于东安门北，以内监掌之。自是中官益专横，不可复制。

从这以后，一直到朱由检亡国时为止，前后共有二百二十多年，就没有停止过。在这期间的一切侦察、诬陷、屠杀、冤狱，直接、间接都是从它这里发动、执行的。

这个特务机关直接受皇帝指挥，就是说除皇帝以外，任何人都在它的侦察之中。事关机密，责任重大，所以，皇帝也特别重视，派去主持的宦官都是心腹的亲信，颁发的关防比起其他宦官衙门也隆重得多。其他宦官奉差关防，都是“某处内官关防”几个字，唯独这个机关是篆文“钦差总督东厂官校办事太监关防”。又特给密封牙章一枚，一切事件应该封奏的，都用这个钤封。到魏忠贤时又造一个大一点的，文曰：“东厂密封。”[1] 专制帝王时代，“钦差”已经凌驾一切官吏之上，何况又有钦赐的“密封”印章，一切奏本不必经过任何手续，便可直达皇帝，这种权力，无论哪个衙门都是比不上的。

主持这几个特务机关的是掌印太监一员，他的全副官衔应该是关防上的“钦差总督东厂官校办事太监”，简称“提督东厂”，厂内的人称之为“督主”或“厂公”。他的底下设掌刑千户一员，理刑百户一员，二者或也称为“贴刑”，都是从锦衣卫拨过来的。再底下是掌班、领班、司房四十多人，分十二颗，颗管事戴圆帽，着皂靴，穿褃衫。其余的人帽靴相同，但穿直身。实际在外面侦察缉访的是役长和番役，役长又叫“档头”，共有一百多人，也分子丑寅卯十二颗，一律戴尖帽，着白皮靴，穿青素褦褶，系小绦。役长各统率番役数名，番役又叫“番子”，又叫“干事”，一共一千多人。这些人也是从锦衣卫挑选那“最轻黠狷巧”的来充任[2]。朱由检时陈子龙有《白靴校尉行》一首诗，将这些特务们骄横情状写得甚为生动，诗云：

> 宣武门边尘漠漠，绣毂雕鞍日相索。谁何校尉走复来，矫如饥鹘凌风作。虎毛盘项豪猪靴，自言曾入金吾幕。逢人不肯道名姓，片纸探来能坐缚。关中仕子思早迁，走马下交百万钱，一朝失策围邸第，贵人尚醉侯家筵。归来受赏增意气，鸣锣打鼓宫门前。呜呼！男儿致身何自苦？翻令此曹成肺腑，万事瓦裂岂足怜？至今呼吸生风雨。[3]

这些特务侦察访缉的范围非常广泛，上至官府，下至民间，都有他们的踪迹，他们访缉的情形是这样的。

---

[1] 《酌中志》卷十六。

[2] 参见《明史·刑法志三》卷九十五；《酌中志》卷十六。

[3] 朱琰：《明人诗钞》正集，卷十二。

每月旦，厂役数百人，掣签庭中，分瞰官府。其视中府诸处会审大狱，北镇抚司考讯重犯者曰听记。他官府及各城门访缉曰坐记。某官行某事，某城门得某奸，胥吏疏白坐记者上之厂，曰打事件。[1]

这里所谓“听记”，记的是口供和拶打的数目，就在当晚或第二天早晨奏进。对于官府方面，尤其是注意兵部，每天都派人来访看“有无进部，有无塘报”。所谓“各城门”，是包括京城各门和皇城各门都在内的，访缉的也并不仅是“得某奸”，关防出入、人命事件，都得报告。甚至地方失火，雷击何物，也要奏闻。而每月晦日还要奏报京城内杂粮、米、豆、油、面等价钱[2]。

这批特务“打事件”以后，大概要写一个报告之类的东西，回到厂署，因为厂公不一定常在署内，便呈给厂公的心腹内官，再由这些内官发下司房，删改润色一番，立刻送呈皇帝。上面说过他们上奏是极其简便的，无须经过任何手续，甚至半夜里东华门关了，也可以从门缝里塞进。里面人接着也不得迟延，立刻秘密呈上。所以外边无论什么大小事，皇帝都可以知道，有时宫里面竟拿民间米盐琐碎之事，当做开玩笑的资料[3]。

访缉得既是这样严密，那么，以京师之大，千余名番役自然感到不够，而番役本身活动范围也究竟有限，不能无微不至。于是这群特务们便自然而然地要和流氓无赖结合起来，叫无赖流氓做他们的外围，帮他们打听事件，这就等于凭空增加了一批准特务。

任用流氓来担任准特务，在流氓当然是十分愿意的。他们可以借此骗钱或者报仇，而且可以得到特务的津贴。这些事都是见于《明史》的：

京师亡命，诓财挟仇，视干事者为窟穴。得一阴事，由之以密

---

[1] 《明史·刑法志三》卷九十五。

[2] 参见《酌中志》卷十六。

[3] 参见《明史·刑法志三》；《酌中志》卷十六。

> 白于档头，档头视其事大小，先予之金。事曰起数，金曰买起数。既得事，帅番子至所犯家、左右坐曰打桩。[1]

这种特务和流氓之间的买卖，崇祯时有一个御史杨仁愿说得很清楚，他说：“功令比较事件，番役每悬价以买事件，受买者至诱人为奸盗而卖之，番役不问其从来，诱者分利去矣。挟忿首告，诬以重法，挟者志无不逞矣。”[2]其实，特务出钱买事件，流氓就卖事件，这里面自然是串通勾结，连成一气的。真特务无法无天，已经使老百姓够受了，现在再加上这批准特务，那真是如虎添翼，老百姓吃的苦头自然就更多，比如“打桩”打清楚了以后，就——

> 番子即突入执讯之，无有左证符牒，贿如数，径去。少不如意，搒治之，名曰干酢酒，亦曰搬罾儿，痛楚十倍官刑。且授意使牵有力者，有力者予多金，即无事。或靳不予，予不足，立闻上，下镇抚司狱，立死矣。[3]

以上这些敲诈虐打情形只还不过是个大概，至于详细状况，下面当有专章叙述。

这个特务机关的地点，朱棣初建时是设在当时东安门北（也许就因为这缘故，叫做“东厂”）。到朱翊钧初年，冯保以司礼太监兼东厂事，又在东上北门的北街东混同司之南设立了一个，叫做内厂，而以初建的为外厂[4]。

外厂建筑的大略情形，据《酌中志》所载是：有大厅，大厅之左有小厅，厅内供有岳武穆像一轴，厅后有砖影壁，壁上雕有狻猊和狄梁公

---

[1] 《明史·刑法志三》卷九十五。

[2] 《明史·刑法志三》卷九十五。

[3] 《明史·刑法志三》卷九十五。

[4] 参见《明史·刑法志三》；《酌中志》卷十六。

断虎的故事。大厅西边有祠堂，里面供有历来掌厂的职名牌位，祠堂里还有一座牌坊，上面写着“百世流芳”。再往南有狱一处，专系重犯，至于轻犯和一切干连的人，则系于厂外的店里。厂西南有门通出入，向南大门是不常开的。

内厂建筑情形，记载的比较少，只说是“古槐森郁，廨宇肃然”，“内署有扁，曰‘朝廷心腹’，有至圣堂，有井”[1]。其他详情，便不可考了。

明代特务机关由宦官主持的，除东厂外，还有西厂和内行厂。

西　厂

西厂设过两次，一次是在朱见深成化十三年，又一次是在他的孙子朱厚照正德九年。内行厂只朱厚照时设过一次。

《明史·宪宗本纪二》：“十三年正月……己巳置西厂，太监汪直提督官校刺事。”地点在旧灰厂，陆钱《病逸漫记》云：

> 京师去年七月有尼妖，遣内官汪质（疑“直”字音误）山至灰厂中拷讯之。后即以为西厂，伺察阴私。

设厂不到五个月，这群特务就把民间骚扰得一塌糊涂，屡次兴起大狱。五月丙子那天，大学士商辂等奏称这特务头子汪直及其鹰犬的无法无天的情况是：

> 皆自言承密旨，得颛刑杀，擅作威福，贼虐善良……自直用事，士大夫不安其职，商贾不安于途，庶民不安于业，若不亟去，天下安危未可知也。[2]

第二天兵部尚书项忠等也上疏弹劾汪直，朱见深心里虽然不愿意，

[1]《酌中志》卷十六。

[2]《明史·商辂传》卷一七六。

却也拗不过大家意见，只好下旨罢革西厂。但他这种不愿意心理，却被几个无耻的御史戴缙、王亿等看出了，于是便抓住机会赶紧逢迎献媚起来。戴缙先上疏歌颂特务头子汪直的功德，王亿竟称赞汪直所做的事“不独可为今日法，且可为万世法”[1]。这样无耻谄媚，在朱见深和汪直听来，自然特别高兴，于是在六月庚戌那天，又下了重设西厂的诏旨，停了不过短短的一个月时期。这以后一直到成化十八年，汪直那时已经不甚得到宠爱，大学士万安就乘机奏上一本，说是：

> 太宗建北京，命锦衣官校缉访，犹恐外官徇情，故设东厂，令内臣提督，行五六十年，事有定规。往者妖狐夜出，人心惊惶，感劳圣虑，添设西厂，特命直督缉，用戒不虞，所以权一时之宜，慰安人心也。向所纷扰，臣不赘言。今直镇大同，京城众口一辞，皆以革去西厂为便。伏望圣恩特旨革罢，官校悉回原卫，宗社幸甚。[2]

奏上之后，朱见深既然对汪直不甚宠爱，于是便在三月壬申正式诏罢西厂，总计在朱见深时代，西厂设立前后一共五年零几个月。

朱见深设立西厂的起因，就是万安所说的“妖狐夜出”，原来成化十二年黑眚现于宫中，一个妖人李子龙以符术和太监韦舍勾结起来，竟然私入大内，事情发觉后被杀。朱见深心里非常厌恶这事，便急于知道外面情况，虽有东厂他还觉得不够。那时汪直任御马监太监，为人非常机巧伶俐。于是朱见深便叫他带校尉一二人，化装成老百姓模样，出外侦察。这样侦察了将近一年，外人竟然都不知道。朱见深非常欢喜，就索性大规模搞起来，开设西厂，叫汪直提督厂事。汪直的特务能力是有一点的，他提督厂事之后，所侦察的范围，就不仅限于京师。各地王府边镇，以及南北河道重要地方，甚至各省府州县，都布有他的特务。老百姓家里吵嘴打架，争鸡骂狗等琐碎事情，他们都要罗织索引，锻炼成狱。

---

[1] 傅维鳞：《明书·宦官传·汪直》卷一五八。

[2] 《明史·刑法志三》卷九十五。

范围如此之广，侦察如此之密，所以，西厂所领的特务人数，比东厂要多到一倍。在那一时期，它的权势威焰也超出东厂之上[1]。

至于朱厚照第二次设立西厂，主要的怕是由于刘瑾的怂恿。《明史·武宗本纪》卷十六："正德元年……十月戊午，以刘瑾掌司礼监，邱聚、谷大用提督东、西厂。"谷大用正是刘瑾私党，到了正德五年八月刘瑾因谋反处死，谷大用也就辞去西厂事[2]。但据《明史·李东阳传》卷一八一称谷大用在正德七年又开西厂，这次大概不怎么久，以后也就不再设立，共计西厂在朱厚照时代设立约五年光景。

在这五年之间，东西两厂提督，都是刘瑾部下，于是互相争功，彼此竞赛起来，这一竞赛可就了不得了，两厂都争着派遣特务到各地去侦访，特务网可以说是遍于全国，连穷乡僻壤都有他们的踪迹。闹得那时边远州县的老百姓只要看见骑着高头骏马，穿着华丽衣服，说着京师口音的人，就吓得纷纷躲避。地方官一听到这风声，就也赶紧去献贿赂，谁也不敢问明来由。在这样"草木皆兵"的情况下，一些流氓也就趁火打劫，冒充特务，敲诈钱财，闹得道路纷纷，天下人民都不敢大声出气了[3]。

这两次设立的西厂，内部组织情形，史书上都没有记载，但大约和东厂总差不多。

内行厂

至于内行厂是刘瑾设立的。原来独裁政治发展到最厉害的时候，独裁者不但对一切臣民都不放心，就是对他自己的特务也不会完全信任的，往往另外用一批特务来监视侦察这一批特务。内行厂就是这种特务之特务的机关，东西两厂都在它伺察之中，宦官行动也归他们侦缉，其行为比东西两厂更为酷烈。

内行厂地点在当时的荣府旧仓地，设立期间已不可考，大约从正德

---

[1] 参见《明史·汪直传》卷三〇四；《刑法志三》。

[2] 《明史·谷大用传》卷三〇四。

[3] 《明史·刑法志三》卷九十五。

元年刘瑾用事时起，至正德五年刘瑾被诛时止，前后约有四年的样子。

（二）锦衣卫

设置沿革和所属机关、人数

明代兵制，自京师以至各郡县，都设立卫所，外边统之都司，内则统于五军都督府。此外，还有所谓“上十二卫”（后又增为二十六卫），是内廷亲军，皇帝的私人卫队，直接受皇帝指挥，不隶属于都督府。

锦衣卫就是这“上十二卫”中的一卫，它的来源是朱元璋即吴王位时所设的拱卫司。洪武二年将司改为亲军都尉府，管左右中前后五卫的军士，又以仪銮司隶属之。十五年取消府司，便置立这个锦衣卫。所以，它一面继承了这个亲军都尉府的“侍卫”之责，一面又担负了仪銮司掌管卤簿仪仗的任务。《明史·职官志五》卷七十六说明它的职务是：“凡朝会、巡幸，则具卤簿仪仗，率大汉将军（共一千五百七员）等侍从扈行。宿卫则分番入直。朝日、夕月、耕籍、视牲，则服飞鱼服，佩绣春刀，侍左右。”这些任务都是贴近皇帝身边的，自然十分重要，必须是特别靠得住的亲信才能担任。所以，它虽然和其他各卫都是皇帝私人卫队，但它已更进一步是贴身的卫队了。

因为是皇帝贴身卫队，负有保护皇帝之责，他们事前就必须有所防备，于是便时时四出，做秘密调查工作，这任务当然也是皇帝特许的。《明史·职官志五》就曾明白规定他们的职务是：“盗贼奸宄，街涂沟洫，密缉而时省之。”这已经完全是特务的任务了，何况，又因为他们是直接属于皇帝的缘故，任何人他们都可以直接逮捕，根本不必经过外廷法司的法律手续，而皇帝要逮人，也就直接命令他们去逮，并且还叫他们审问，这就是所谓锦衣狱或诏狱了。锦衣卫就是这样成为明代的一个巨大的特务机关，和东厂遥遥相对，而并称“厂卫”。

“上十二卫”的长官都是指挥使，锦衣卫也是这样。只是锦衣卫位置特别重要，它的指挥使必须是皇帝亲信心腹，所以“恒以勋戚都督领之”[1]，地位较之他卫特别崇高。它的下面领有十七个所，分置官校，官的名目有千百户、总旗、小旗等，死后许以魁梧材勇的亲子弟代替，无则选民户充之。校是校尉力士，挑选民间丁壮无恶疾过犯者来担任。他们除了侍卫掌卤簿仪仗而外，便专司侦察，当时名为“缇骑”[2]。

这些缇骑人数，在朱元璋时代还不算多，只五百人[3]。以后逐渐增加，据王鏊《震泽长语》说，朱厚熜即位之初，革去“锦衣卫旗校三万一千八百余”，而据《明史・刑法志三》称这革去的还仅是十分之五，那么，在未革之前至少该六万多人了。但朱厚熜这次罢革不久，就又增加起来，他用陆炳做缇帅，所选用卫士缇骑，都是都中大豪，“善把持长短者，多布耳目，所睚眦无不立碎……所招募畿辅秦晋齐鲁间骈胁超乘骑射之士以千计，卫之人鲜衣怒马，而仰度支者凡十五六万人”[4]。这里所谓“仰度支”的便是锦衣特务收买的流氓无赖准特务，换句话说就是直接间接地养了十五六万特务！从这以后，锦衣卫正式特务总是在几万人以上，所以，《明史・兵志一》卷八十九说“其众自为一军”，并且和正式军队一样，“下直操练如制”。单凭这庞大的数目就足够令人惊骇不止，至于其所造成的罪恶暴行，当然更不可以计数了。

锦衣卫所属除十七所外，还有南北两个镇抚司，南镇抚司掌管本卫刑名，兼理军匠。北镇抚司是洪武十五年添设的，职务是专理诏狱，所以权势极大。在起先的时候，大狱经其问讯后，便送法司拟罪，还没有具过狱辞。到成化元年增铸北司印信，一切刑狱不必关白本卫。连本卫所下的公事，也可直接上请皇帝解决，卫使不得干预，外廷三法司自然更不敢过问了。所以，镇抚职位虽卑，权力却是特重。这是统治者的深意所在，他看到卫权日重，不大放心，所以，特地予北司以特权，使其与卫互相牵制，分散权力，而自己从而折衷之，这用心实在是十分深刻的。

---

[1] 《明史・职官志五》卷七十六。

[2] 参见《明史・兵志一》卷八十九；《明史・职官志五》。

[3] 《明通鉴》卷七。

[4] 王世贞：《锦衣志》。

侦缉逮捕的情形

锦衣卫的权力既如此之大，在执行它的职务时，自然就无恶不作了。

首先，这些官校在四出迹访时便有数不清的暴行。按规定，“凡缉事，必行贿受贿有人，现获有赃，获赃有地，谓之‘四角全’，而后打入事件，有一不全，不敢行，恐反坐也”[1]。但事实上他们所缉访的都是止属风闻，多涉暧昧，如隆庆初给事中欧阳一敬所奏：“有盗经出首幸免，故令多引平民以充数者；有括家囊为盗赃，挟市豪以为证者；有潜构图书，怀挟伪批，用妖言假印之律相诬陷者；或姓名相类，朦胧见收；父诉子孝，坐以忤逆。所以被访之家，谚称为划，毒害可知矣。”[2] 这些缇骑抓到人以后，并不立刻带回，先找一个空庙祠宇，将逮到的人毒打一番，名曰打桩。而这些被抓的人也就“家赀一空，甚至并同室之有而席卷以去，轻则匿于档头火长校尉之手，重则官与瓜分”[3]。抓回以后，便百般拷打，锻炼成狱，然后再送交法司。东厂特务逮人也是同样情形，弘治十五年御史车梁曾痛切奏明此事：

> 东厂锦衣卫所获盗，先严刑具成案，然后送法司，法司不敢平反。请自今径送法司，毋先刑讯。[4]

而法司即使知道是冤枉，也不敢改动原案。如弘治九年刑部典吏徐珪所奏：

> 臣在刑部三年，见鞫问盗贼，多东厂镇抚司缉获。有称校尉诬陷者，有称校尉为人报仇者，有称校尉受首恶赃而以为从，令傍人

[1] 佚名：《谀闻续笔》卷四。

[2] 《明史·刑法志三》卷九十五。

[3] 《明史·刑法志》卷七十三。

[4] 《明史·胡献传》卷一八〇。

抵罪者。刑官洞见其情，无敢擅更一字。[1]

这情况一直没有变更，朱厚熜时何孟春曾慨叹那时的情形道：

> 法司于东厂及本卫之所送问者。不敢一毫为平反矣，刑部尚有何人而能少易抚司之参按者乎！[2]

至于这些特务逮人，则只凭驾帖。这驾帖的弊病，弘治元年刑部尚书何乔新曾剀切奏明，他说："旧制提人，所在官司，必验精微批文，与符号相合者，然后发遣。此祖宗杜渐防微深意也。近者中外提人，止凭驾帖，既不用符，真伪莫辨。奸人矫命，何以拒之？"[3]正德初周玺也说："迩者皇亲贵幸有所奏陈，陛下据其一面之词，即行差人赍驾帖拏人于数百里之外，惊骇黎庶之心，甚非新政美事。"[4]

签发这驾帖的手续，是由逮人的特务拿了原奏情事到刑科签发，刑科在"姓名之下，以墨笔乙之，以防增入"[5]。但后来特务们却不管这一套，不拿原奏，便叫刑科签发，如《明史·刘济传》所载：

> 故事，厂卫有所逮，必取原奏情事送刑科签发驾帖。千户白寿赍帖至，（刑科都给事中刘）济索原奏，寿不与，济亦不肯签发。两人列词上。帝（朱厚熜）先入寿言，竟诎济议。

有时甚至连驾帖也没有，如成化十二年大学士商辂奏云：

---

[1] 《明史·孙磐传》卷一八九。

[2] 《余冬序录》卷五。

[3] 《明史·刑法志二》卷九十四。

[4] 周玺：《垂光集》卷一，《论治化疏》。

[5] 杨士聪：《玉堂荟记》卷下。

> 近日伺察太繁，法令太急，刑网太密。官校拘执职官，事皆出于风闻。暮夜搜检家财，不见有无驾帖。人心震慑，各怀疑畏。[1]

锦衣狱

被抓来的人一律送入锦衣狱。这狱就是北镇抚司所管的，一走进这狱门，十九便无生理。瞿式耜说："往者魏崔之世，凡触凶网，即烦缇骑，一属缇逮，即下镇抚。魂飞汤火，惨毒难言。苟得一送法司，便不啻天堂之乐矣。"[2] 诏狱与刑部狱相比，竟有天堂与地狱之别，则其惨毒，不难想见。至于狱内刑法更是残酷，"五毒备尝，肢体不全。其最酷者，名曰琶，每上，百骨尽脱，汗下如水，死而复生，如是者二三次。荼酷之下，何狱不成"[3]。既然成狱，自然不复有生理了。

有明一代各朝的锦衣卫都是十分恣横，据史称只有在朱厚熜时稍稍敛迹，《明史·刑法志三》："世宗立，革锦衣传奉官十六，汰旗校十五。复谕缉事官校，唯察不轨妖言人命强盗重事，他词讼及在外州县事毋相与。"但实际情形并不如此，这只要从当时诸臣的奏疏中便可看出。如嘉靖二年刑科都给事中刘济上言：

> 国家置三法司，专理刑狱，或主质成，或主平反……自锦衣镇抚之官专理诏狱，而法司几成虚设……罗织于告密之门，锻炼于诏狱之手，旨从内降，大臣初不与知，为圣政累非浅。[4]

尚书林俊亦言：

---

[1] 《明书·宦官汪直》卷一五八。

[2] 《瞿忠宣公集》卷一，《陈政事急着疏》。

[3] 《明史·刑法志》卷七十三。

[4] 《明史·刘济传》卷一九二。

祖宗朝以刑狱付法司，事无大小，皆听平鞫。自刘瑾、钱宁用事，专任镇抚司，文致冤狱，法纪大坏。更化善治在今日，不宜复以小事挠法。[1]

给事中蔡经亦论其害：

国家内设法司，外设抚按按察等官，皆为陛下奉三尺法者。故内外有犯，责之推鞫，在诸臣亦足辨之矣。今陛下时差官校逮系，此属假势作威，淫行黩货。譬则虎狼蛇虺，咸被毒噬。愿自今罢勿遣。[2]

詹事霍韬也说：

天下军卫一体也，锦衣等卫独称亲军，备禁近也。锦衣复兼刑狱，不亦甚乎？天下刑狱付三法司足矣，锦衣卫复横挠之，越介胄之职，侵刀笔之权，不亦甚乎！[3]

号称最“敛迹”的一朝仍是如此，则其他各朝自然不问可知了。

廷杖和会审

锦衣卫除了执行缉访、逮人、讯狱等任务而外，还有在廷杖时行杖和与法司会审的任务。

廷杖始于元代，元代中书省长官也有在殿廷被杖的记载。但这是元朝的野蛮行为，朱元璋却接受下来，而且较元代实行得更普遍、更厉害，无论是多大的官员，只要皇帝一不高兴，立刻就把他拖下去痛打一顿，打完了再拖上来，打死了就抛下去完事。拿棍子打人的就是锦衣卫的校尉，

[1] 《明史·刑法志三》。

[2] 《续文献通考·刑考二》卷一三六。

[3] 《续文献通考·刑考二》卷一三六。

监刑是司礼监太监。这行杖的情形，艾穆曾有一段亲身经历的描写：

司礼大珰数十辈捧驾帖来，首喝曰：带上犯人来。每一喝则千百人大喊以应，声震甸服。初喝跪下，宣驾帖……杖吾二人，着实打八十棍……五棍一换，总之八十棍换十六人。喝着实打，喝打阁上棍，次第凡四十六声，皆大喊应如前首喝时。阁上棍者，阁棍在股上也……杖毕，喝踩下去。校尉四人以布袱曳之行。[1]

至于锦衣卫会审情形，据《明史·刑法志三》载：

锦衣卫使亦得与法司午门外鞫囚，及秋后承天门外会审，而大审不与也。每岁决囚后，图诸囚罪状于卫之外垣，令人观省。

这样说来，锦衣卫不但自有法庭，连法司审鞫他也要干预了。

最后还要提一提的便是锦衣卫人员的升赏。因为它是特务机关，所以，只要卫的长官提请，无有不从。也正因为如此，这些官校就贪功冒滥，制造案件，栽诬良善来邀功获赏。隆庆初给事中欧阳一敬曾极言此弊，甚为中肯，他说：

缉事员役，其势易逞，而又各类计所获功次，以为升授。则凭可逞之势，邀必获之功，枉人利己，何所不至。[2]

可逞之势是皇帝特予的，必获之功也是皇帝特许的。独夫统治者不但要特务替他维持统治，而且还鼓励特务去栽诬良善、枉人利己了。特务的升赏，只是老百姓更多吃一些冤枉苦头而已。

锦衣卫成立于洪武十五年，较东厂成立早三十八年，一直到明亡为

---

[1] 艾穆：《熙亭先生文集》四，《恩遣记》。

[2] 《明史·刑法志三》。

止，前后共二百六十年之久，可以说是与有明一代相终始了。明末嘉兴诸生沈起堂拟撰《明书》，谓“明不亡于流寇，而亡于厂卫”[1]。这虽然把明代灭亡的原因说得太简单了一点，但厂卫特务的屠杀人民，是明代灭亡的主要原因之一，却也是事实。而沈起堂以明代的人说出这样话，必有亲身目击的切肤之痛，这就更值得重视了。

（三）厂卫与司礼监之互相倚结

厂卫一向是并称的，虽然系统不同，但职务却并没有什么差别。如若一定要区分的话，那么，可以这样说：锦衣卫是侦察一切官民的，而东西厂则是侦察一切官民和锦衣卫的，至于刘瑾所设的内行厂，则厂卫又均在其伺察之中。但这只是大体的区别，有时也不尽然，要看皇帝的信任程度如何而定。皇帝信任厂，那么，厂权就要超过卫；皇帝信任卫，那么，卫权就要超过厂；如果皇帝信任厂卫程度相等，那么，厂卫就势均力敌，不相上下。

无论厂卫权力消长如何，但二者同是特务机关，同由一个人（皇帝自己或是司礼太监）领导指挥，虽然偶或也互相内斗，一般说来，彼此还是勾结得很密切，相依相辅，狼狈为奸。《明史·刑法志三》有一节就说到厂卫相结及其消长的情形：

> 然厂卫未有不相结者，狱情轻重，厂能得于内。而外廷有扞格者，卫则东西两司房访缉之，北司拷问之，锻炼周内，始送法司。即东厂所获，亦必移镇抚再鞫，而后刑部得拟其罪。故厂势强。则卫附之，厂势稍弱，则卫反气凌其上。陆炳缉司礼李彬、东厂马广阴事，皆至死，以炳得内阁（严）嵩意。及后中官愈重，阁势日轻，阁臣反比厂为之下，而卫使无不竞趋厂门，甘为役隶矣。

这段话末几句是厂卫消长的关键，宦官权重，厂权也重，厂与宦官

[1] 见朱彝尊：《静志居诗话》卷二十二。

是分不开的。而在明代，自朱棣以后，宦官之权，始终不曾怎样低落过，像前面所引陆炳侦缉司礼监李彬东厂马广的事，在明代是绝无仅有的事，所以，就整个看来，锦衣卫都是跟着东厂后面走的。查慎行《人海记》卷下说得好：

二百年阁与卫皆厂之私人，卫附厂以尊，而阁又附卫以重。

在这里，就必须提到特务的最高指挥机关司礼监了。如前所述，东厂在明代后半期是规定必须“专用司礼秉笔第二人或第三人为之”，这就是说司礼监和东厂是一体的，监既能得之于内，厂又能得之于外，集行政立法司法三权于一，势力之大，实是莫与伦比了。

监与厂既二位一体，握有这样最高的实权，那么，对于一个不是由宦官主持的特务机关锦衣卫，他们自然也要抓在手中，进一步造成三位一体。于是他们便派自己的族戚私人来充任卫使。如朱厚照初年锦衣卫使高得林便是司礼太监高凤的侄子。《明史·葛浩传》称：

正德元年，帝允司礼中官高凤请，令其从子得林掌锦衣卫事。（御史葛）浩争之，言：“先帝诏锦衣官悉由兵部推举，陛下亦悉罢传奉乞官。今得林由传奉，不关兵部，废先帝命，坏铨举法，虚陛下诏，一举三失，由凤致之。乞治凤罪，而罢得林。”御史潘镗亦言：“凤、得林操中外大柄，中人效尤，弊将安底。”帝不听。

后来司礼太监刘瑾得势，东厂提督丘聚、西厂提督谷大用、锦衣卫使石文义，都是他的私人。魏忠贤自理厂事，就派田尔耕任卫使，都是极明显的例子。

司礼监、东厂、锦衣卫三者既成一体，监与厂不可分，已如上述，而厂与卫不可分，实证就更多。比如上面说的，在卫的方面，高级人员如卫使多半是宦官私人，而在厂的方面，底下所有的番役，都是从卫里挑选来的（详见上）。因为关系如此密切，所以，有些任务就是由厂卫共同执行。如像“纠仪”就是。

明制，凡是朝会的时候，厂卫率领所属及校尉五百名，列侍奉天门下纠仪。如果有人失仪，就立刻褫脱衣冠，抓下镇抚司狱，痛打一顿，再送回来。嘉靖中詹事霍韬曾为此事上疏极谏，说得极为沉痛：

> 昔汉光武尚名节，宋太祖刑法不加衣冠，其后忠义之徒争死效节。夫士大夫有罪下刑曹，辱矣。有重罪，废之、诛之可也；乃使官校众执之，脱冠裳，就桎梏，朝列清班，暮幽犴狱，刚心壮气，销折殆尽。及覆案非罪，即冠带立朝班，武夫悍卒指目之曰：“某，吾辱之。某，吾系执之。”小人无所忌惮，君子遂致易行。此豪杰所以兴山林之思，而变故罕仗节之士也。愿自今东厂勿与朝仪，锦衣卫勿典刑狱。士大夫罪谪废诛，勿加笞杖锁梏，以养廉耻，振人心，励士节。[1]

这里还要指出的，在廷杖的时候，是由锦衣卫行杖，司礼监监刑，这又是监卫共同执行一个任务了。

总括起来，我们可以作一个结论：明代帝王自身就是特务头子，司礼监是这特务头子的参谋本部，东西厂是和它二位一体，派出去的特务宦官也和它一鼻孔出气，锦衣卫又和东西厂分不开，而司礼太监又是全国政治最高指挥者的“真宰相”，所以，明代政治就是这么彻头彻尾地特务化了。

[1] 《明史·刑法志三》卷九十五。

第二章

内外政治的总枢机

第一节　天下官员的升迁削夺

明代特务总机关司礼监既握有政府实权，司礼太监们成了真宰相。于是表现在政治方面的首先便是操纵内外臣工的进退。有明一代大臣进身多半和这些太监有关，虽以大学士宰辅之尊，也往往靠他们来援引入阁。如若守正不阿，便立遭斥谪，甚至加以罪名，予以陷害。兹按时代先后叙述于下，先叙宰辅，次及百僚。至于刘瑾、魏忠贤当政的时候，他们可以矫诏行事，反对他的一概排斥净尽，内外臣工几乎全是他们的私人，情形又和其他特务不同，故另辟专节述之。

（一）从宰辅到百僚

在朱棣以前，宦官们操纵大臣进退的迹象还不甚明显。这原因是朱元璋和朱棣凶狠毒辣，威柄自操，虽然重用特务，但也能控制特务。朱棣以后，独夫们糊涂昏聩的居多，宦官们也就越发嚣张放肆，渐渐地，宰辅大臣不能不俯首听命了。

1. 阁臣的任免

宦官操纵阁臣的进退，可以说是开始于朱祁镇时的王振。《明史·马愉传》有一段记载：

> 正统元年……时王振用事，一日，语杨士奇、（杨）荣曰："朝廷事久劳公等，公等皆高年，倦矣。"士奇曰："老臣尽瘁报国，死而后已。"荣曰："吾辈衰残，无以效力，当择后生可任者，报圣恩耳。"振喜而退。士奇咎荣失言。荣曰："彼厌吾辈矣，一旦内中出片纸令某人入阁，且奈何？及此时进一二贤者，同心协力，尚可为也。"士奇以为然。

杨士奇、杨荣在那时都是四朝元老，声势煊赫，而王振竟然敢当面表示要他们"倦勤"，其权威可想而知。后来王振虽然没有"内中出片纸令某人入阁"，但王振的力量能够这样办，就连这两位四朝元老也不能不承认了。

勾结宦官致身宰辅

从这以后，朝廷宰辅大臣致身内阁的，就几乎有一半是由于勾结宦官得来，如当时人所说："近代宰相不由中人援引，则是营求而得。"[1]而太监也特别联络那些不和他们捣乱的大臣，推荐给皇帝。像朱祁钰时阁臣王文，在掌都察院的时候，按治薛瑄之狱，想讨好王振，竟想坐瑄死罪。后又治中官金英纵家奴不法事，仅仅论抵家奴的罪。所以，到后来推举阁臣，王文终于得到宦官王诚的帮助入了阁。[2]而同时的阁臣王一宁也是得王诚的帮助入阁的。《明通鉴》卷二十六："一宁之入阁也，以中官王诚辈尝受业，私相援引，遂致显达，士论薄之。"

这现象到朱见深时更为常见，当时都给事中李俊曾这样奏谏过：

---

[1] 何良俊：《四友斋丛说》卷八，史四。

[2] 《明史·王文传》卷一六八。

> 今之大臣，其未进也，非夤缘内臣则不得进；其既进也，非依凭内臣则不得安。此以财贸官，彼以官鬻财，无怪其渔猎四方，而转输权贵也。[1]

李俊所论是泛指当时一般大臣，至于内阁方面夤缘依附太监的第一个便是万安。

> （安）同年生詹事李泰，中官永昌养子也，齿少于安。安兄事之，得其欢。自为同官，每当迁，必推安出己上。至是议简阁臣，泰复推安曰："子先之，我不患不至。"故安得入阁。而泰忽暴病死。安无学术，既柄用，惟日事请托，结诸阉为内援。[2]

即"结诸阉为内援"，自然一切都得听命宦官，见了皇帝也不敢有所陈奏，如：

> （成化）七年冬，彗见天田，犯太微。廷臣多言君臣否隔，宜时召大臣议政。大学士彭时、商辂力请。司礼中官乃约以御殿日召对，且曰："初见，情未洽，勿多言，姑俟他日。"将入，复约如初。比见，时言："天变可畏。"帝曰："已知，卿等宜尽心。"时又言："昨御史有疏，请减京官俸薪，武臣不免觖望，乞如旧便。"帝可之。安遂顿首呼万岁，欲出。时，辂不得已，皆叩头退。中官戏朝士曰："若辈尝言不召见。及见，止知呼万岁耳。"一时传笑，谓之"万岁阁老"。[3]

既然自己不敢陈奏，于是一切陈奏便都委讫太监。后来有位阁臣尹

---

[1] 《明史·李俊传》卷一八〇。

[2] 《明史·万安传》卷一六八。

[3] 《明史·万安传》卷一六八。

直想请见朱见深计事，万安那时已是首相，便阻止他道："往彭公（时）请召对，一语不合，辄叩头呼万岁，以此贻笑。今吾辈每事尽言，太监择而闻之上，无不允者，胜面对多矣。"[1]就因为如此，所以，万安自成化五年五月入阁，一直到成化二十三年十月朱祐樘即位后方被罢免，一共做了十九年宰相，这便是宦官撑腰的力量，不过被罢时却不大体面，《明史》本传称：

> 帝（朱祐樘）一日于宫中得疏一小箧，则皆论房中术者，末署曰："臣安进。"帝命太监怀恩持至阁曰："此大臣所为耶？"安愧汗伏地，不能出声。及诸臣弹章入，复令恩就安读之。安数跪起求哀，无去意。恩直前摘其牙牌曰："可出矣。"始惶遽索马归第，乞休去。[2]

和万安同时而稍后的阁臣，也是夤缘依附太监得来的还有两个：一是刘吉，一是尹直。

刘吉于成化十一年入阁，走的是贵戚万喜的门路。朱祐樘初年又勾结南京守备太监蒋琮及中官陈祖生，诬陷南京御史姜绾、孙纮、刘逊、金章、纪杰、曹玉等，台署为空，中外侧目。以后弹劾他的人虽然很多，但因为他能得宦官们欢心，所以总弹不掉。在内阁共十八年，当时人管他叫刘棉花，因为他越弹越起。[3]一直到弘治五年方才罢去，出城的时候，"儿童走卒群指之曰：'棉花去矣！'"[4]

尹直成化二十二年才入阁，《明史》说他"性矜忌不自检饬"。这所谓不自检饬，便是指依附宦官。当时御史汤鼐就曾指名弹劾过他，说他"奸邪无耻，夤缘中官进用"[5]。

[1] 《明史·万安传》卷一六八。

[2] 《明史·万安传》卷一六八。

[3] 《明史·刘吉传》卷一六八；《明史·姜绾传》卷一八〇。

[4] 《二申野录》卷三。

[5] 《明史·尹直传》卷一六八；《明史·汤鼐传》卷一八〇。

朱厚熜时依附宦官起家的阁臣有翟銮和李时。他们两人都是北方人(翟是京师，李是任丘)，和内廷宦官可以说是有同乡之谊，所以来往很密，宦官们也很帮助他们。如翟銮入阁，便完全得力于宦官的吹嘘，《明史·翟銮传》称：

(嘉靖)六年春，廷推阁臣。帝意在张孚敬，弗与。命再推，乃及銮。中贵人多誉銮者，帝遂逾次用之。

宦官既然帮助他们，他们入了阁，自然也要帮助宦官。如朱厚熜拟籍没朱厚照宠幸的太监谷大用的资产，征求他两人的意见，他们就很不赞成。

帝数召时、銮入见，尝问："都察院拟籍谷大用资产，当乎？"时、銮皆北人，与中贵合。时曰："所拟不中律。"銮曰："按律籍没止三条，谋反、叛逆及奸党耳。不合三尺法，何以信天下。"帝曰："大用乱政先朝，正奸党也。"銮曰："陛下即天也，春生秋杀，何所不可。"[1]

翟銮后来丁忧回籍，服阕，充行边使。为了想再入阁，便在边地大肆搜刮，"文武大吏……馈遗不赀。事竣，归装千辆，用以遗贵近"[2]，终于得他们的帮助，再度入阁。

还有著名的奸臣严嵩之所以能够得宠眷，权倾一时，也是由于勾结宦官的原故。起初，他和夏言同在内阁，言为首相，拟揭发他的儿子严世蕃的罪状，他们父子俩听到大惧，便跑到夏言那里，长跪榻下，涕泣谢罪，夏言方才罢休。但这一口气他当然是忍不下的，后来探知当时大特务头子锦衣卫指挥使陆炳也和夏言有仇，于是便互相勾结，共同构陷夏言，渐渐地夏言便失去朱厚熜的欢心，最后终于借了河套事件把夏言

[1] 《明史·翟銮传》卷一九三。

[2] 《明史·翟銮传》卷一九三。

害死，严嵩代言做了首相[1]。还有一次都给事中厉汝进弹劾严世藩窃弄父权，嗜贿张焰。严嵩便“上疏自理，且求援于中官以激帝怒”。结果汝进被杖八十，谪贬云南[2]。他在相位期间，和宦官们是极尽拉拢之能事的，徐复祚《花当阁丛谈》卷二云：

嵩又专伺上意，巧为迎合。结诸奄人，微伺大内动静，密白之，朝夕数十至。嵩随其巨细裹金钱劳之，诸奄人德嵩，由是上之寝溲食息，皆得预闻而为之地矣。

就凭这关系，严嵩的宰相竟做了二十一年之久。

朱载垕时有两位权相高拱和张居正都是依附勾结中官来稳固自己地位的。高拱凡两次入阁，第一次在嘉靖四十一年，这次是由于司礼太监李芳的帮忙[3]。第二次在隆庆三年，这次也是在宦官那里活动来的，替他活动的人叫做邵芳：

邵芳者，号樗朽，丹阳人也。穆宗之三年，华亭（徐阶）、新郑（高拱）俱在告家居。时废弃诸公，商之邵，欲起官，各醵金合数万，使觅主者。邵先以策干华亭，不用。乃走新郑谒高公，初犹难之。既见，置之座隅，语稍洽，高大悦，引为上宾，称同志。邵遂与谋复相，走京师，以所聚金，悉市诸瑰异，以博诸大珰欢。久之乃云：“此高公所遗物也，高公贫，不任治此奇宝，吾为天下计，尽出橐装，代此公为寿。”时大珰陈洪，故高所厚也。因赂司礼之掌印者，起新郑于家，且兼掌吏部。诸废弃者以次登启事[4]。

[1] 《明史·严嵩传》卷三〇八。

[2] 《明史·厉汝进传》卷二一〇。

[3] 见《万历野获编》卷九。

[4] 《万历野获编》卷八，《邵芳》。

高氏既得了陈洪的力再度入阁，于是对陈洪也就特别帮忙。

司礼之首珰阙，时冯保以次当进，而偶有所忤，不得意于上（载垕），拱亦素畏之，乃缘上意荐陈洪。洪故长御用者也，例不当司礼，而得之。保恨洪因并恨拱，洪因而力为拱内主。然其人不甚识书，久之以忤旨罢出外。而孟冲长尚膳者也，与司礼远，而以割烹当上意，拱复荐之。而保居次如故，其恨拱刺骨，拱亦觉之。[1]

但是这位冯保却又是张居正所深相勾结的。当朱载垕得病的时候，张居正便和冯保有所计议。

居正察上色若黄叶，而骨立神朽，虑有叵测。为处分十余条札而封之，使小吏持以投冯保（《明史·冯保传》卷三〇五作："穆宗得疾，保密荐居正豫草遗诏，为拱所见"）。即有报拱者，急使吏迹之，则已入矣。拱亦不知为何语，第恚甚，至阁，面责居正曰："昨密封之谓何？天下事不以属我曹，而属之内竖何也？"居正面发赤不能答，干笑而已。[2]（《明史·冯保传》作"居正面赤谢过"。）

这位高阁老究竟人老实一点，以为张居正真的"谢过"了，事事还和居正商议，不料这一商议，便商议出祸事来了。

上（朱翊钧）方闇，拱有请，必报可。以为能得上心，而嗾所善言官四五人疏论保，谓必下，拱即拟旨逐之。而使所善心腹韩楫报居正："行且建不世功，与公共之。"居正阳笑曰："去此阉若腐鼠耳，即功，胡不世也。"而阴使人驰报保，得预为备，而逐拱。[3]

[1] 王世贞：《嘉靖以来首辅传·高拱》卷六。

[2] 王世贞：《嘉靖以来首辅传·高拱》卷六；《嘉靖以来首辅传·张居正》卷七。

[3] 王世贞：《嘉靖以来首辅传·高拱》卷六；《嘉靖以来首辅传·张居正》卷七。

冯保是怎样的“预为备”呢？便是在太后面前说高拱的坏话。原来朱载垕死时，高拱曾在内阁大哭，说道：“十岁太子，如何治天下？”冯保便把这话转述给太后，却将语气改变了一下，说是“拱斥太子为十岁孩子，如何做人主”，弄得太后大惊，太子也变了脸色[1]。结果计议一番之后，“明日诏群臣入，宣两宫（太后及朱翊钧生母）及帝诏。拱意必逐保也，急趋入。比宣诏，则数拱罪而逐之。拱伏地不能起，居正掖之出，僦骡车出宣武门。居正乃与（高）仪请留拱，弗许。请得乘传，许之。”[2]这位由宦官起家的高阁老，结果还是由宦官丢了官。

至于他那位政敌张居正呢，勾结宦官的本领比他更大。朱载垕在裕王邸时，他侍讲读，那时便与邸中宦官勾结。“邸中中官亦无不善居正者，而李芳数从问书义，颇及天下事。”[3]朱载垕即帝位，他便入阁，越发谄事李芳，倾轧同僚。

> 居正故所独厚者司礼中贵李芳。一日言官有忤旨而当惩者，（李）春芳顾而曰：“当何处？”居正遽曰：“不过示责而贷之耳。”春芳具如居正语。而俄顷居正以片纸使小吏投芳曰：“此人狂妄，即上贷之，恐有继言者，须谪谴而后可。”芳请于上，改停三月俸。而春芳后得之，心恨居正而不敢发。寻李芳以强谏失上意，杖，锢之狱，而居正小屈。[4]

居正既失去了李芳这一内廷路线而挫折了一些时候，不久便另行投结了冯保，通过这关系，结好两宫太后，赶走了政敌高拱，自己登上了首相的宝座。居正本来是个干才，在十年首相任内，很替统治者做了一

[1] 《明史·冯保传》。

[2] 《明史·高拱传》卷二一三。

[3] 《明史·张居正传》卷二一三。

[4] 《嘉靖以来首辅传·张居正》卷七。

些事，《明史》本传称他："通识时变，勇于任事。神宗初政，起衰振隳，不可谓非干济才。"但这些"起衰振隳"的事业，若不是冯保在内廷帮忙，也还是不行的。《明史·冯保传》就说："居正固有才，其所以得委任专国柄者，由保为之左右也。"所以，居正在首相任内，对冯保一贯是倾心结纳、谄媚备至，从底下一件小事便可看出：

> 留都之小阉，醉辱一给事中，其长已执而榜笞数十，且请旨系治矣。而他给事中争上疏请究阉，其语激。居正取其尤激者赵参鲁谪之外，而谓其欺幼主不道，意以悦冯保也。[1]

还有一件小事也可见居正之媚事冯保，在朱翊钧初年，居正威权独操，权倾天下，中外官吏，均纷纷献媚，敬以异礼，如边将戚继光位列三孤，李成梁受封王等，上书居正竟自称"门下沐恩小的某万叩头跪禀"[2]。但受这个帖子的居正拜谒冯保，所投的帖子却是自称"晚生"[3]！（按沈德符《万历野获编》卷九谓"弇州此语最为孟浪"，然沈氏亦无佐证居正未投此帖，而世贞固云盖偶一为之也。）还有，冯保营建了一个生圹，居正便替他作了一篇《司礼监太监冯公预作寿藏记》[4]，文中以达、忠、智、仁种种美德来歌颂他。

居正不仅勾结冯保，所有重要一点的宦官，他差不多全有勾搭，《万历野获编》卷九有"江陵始终宦官"一条，说得最为详细：

> 江陵之得国也，以大珰冯保力，海内能讼言之。至其前后异礼，皆假手左貂。即就夺情一事而言，其始闻丧也，上遣司礼李佑慰问于邸第，两宫圣母则遣太监张仲举等赐赙，近侍孙良、尚铭、刘彦保、李忠等赐酒馔。其子代归治丧，则司礼魏朝偕入楚营赐域。其

[1] 《嘉靖以来首辅传·张居正》卷七。

[2] 《万历野获编》卷十七。

[3] 王世贞：《觚不觚录》。

[4] 《张文忠公全集》文集九。

身给假归葬，上遣司礼张宏郊饯，司礼王臻赍“帝赉忠良”银记赐之。圣母则太监李用赐路费牌子，李旺赐八宝充赏人之用。其还朝也，上遣司礼何进迎劳郊外。其太夫人就养也，则上所遣魏朝伴之入京，上又命司礼李佑郊迎，圣母则遣谨柯、陈相，赐衣饰珍异，又命太监李琦等郊迎之。至其除服即吉，上使司礼张宏引见于慈圣、仁圣两宫，旋使宏侍赐宴。其满十二年也，又遣司礼张诚赍敕褒谕。至其殁也，又遣司礼陈政护丧归。盖一切殊典，皆出中贵人手，而最后被弹，以至籍没，亦以属司礼张诚。岂所谓君以此始，必以此终乎！

和高拱、张居正同在内阁的还有一个殷士儋，也是借宦官陈洪的力量取中旨入阁的[1]。此外，稍晚一点的张四维则是冯保援引的，《明史·冯保传》称：

皇太子生，保欲封伯爵，四维以无故事难之，拟荫弟侄一人都督佥事。保怒曰：“尔由谁得今日，而负我！”

朱翊钧末年还有一个阁臣沈漼，贿太监卢受得以进身[2]。朱由校即位后，又勾结刘朝、魏忠贤等募兵入禁中兴内操。其时魏忠贤还叫李进忠，势力还不大，沈漼终于被弹劾去职。

朱由检时阁臣更易极多，十七年间，竟达五十余人。其中首相如周延儒、温体仁、陈演、张至发等，都和宦官有勾结。温体仁曾勾结监视宣府太监王坤弹劾周延儒，而周延儒再度入阁，又是吴昌时为之“交关近侍”得来的[3]。陈演在翰林院时即勾通宦官，后来入阁宦官曾大为帮忙，《明史·陈演传》称：

[1] 《明史·赵贞吉传》卷一九三。

[2] 《明史·满朝荐传》卷二四六。

[3] 《明史·周延儒传》卷三〇八。

> （演）初入馆，即与内侍通。庄烈帝简用阁臣，每亲发策，以所条对觇能否。其年（崇祯十三年）四月，中官探得帝所欲问数事，密授演，条对独称旨，即拜礼部左侍郎兼东阁大学士，与谢升同入阁。

至于张至发，据杨士聪《玉堂荟记》卷上云："近日张淄川（至发）以首辅之命不出，传闻其求曹化淳，实有此事。淄川原非词林出身，未必无此苟且之事。"其实，词林出身的人干这种苟且之事的也正多，上面所述诸人，不大半都是词林出身人物吗？

不附宦官致遭斥免的宰辅

以上这些内阁宰辅，都是由于勾结宦官得来，或是依附宦官来保全自己的位置。如若方正一点，不和他们勾结比附，那么，他们一定要千方百计地予以打击，必须使之退休，甚至斥谪下狱而后已。

朱祁镇时阁臣杨士奇、杨荣以四朝元老地位，王振竟敢当面暗示他们，要他们自动退休，前面已经说过。其实还不止此，王振且曾经打算过陷害过杨荣的。《明史·杨士奇传》称：

> 靖江王佐敬私馈荣金。荣先省墓，归不之知。振欲借以倾荣，士奇力解之，得已。

朱祁镇时还有一个著名的阁臣李贤也是屡遭宦官和特务们倾轧陷害的。他在天顺二年入阁，六月间御史们弹劾石亨和太监曹吉祥，石、曹疑心是徐有贞和李贤指使的。便诉之祁镇，下二人狱，七月间又复任[1]，这是第一次被陷。后来锦衣卫都指挥佥事门达被信任，锦衣官校横行无忌，鱼肉人民。李贤屡请禁止，祁镇便诰戒门达一番。但门达恃宠益骄，李贤便复具陈达罪，祁镇又将门达训戒一次。于是门达恨李贤入骨，便乘间在祁镇前诬蔑李贤，说李贤受陆瑜财贿，酬以尚书。祁镇果然相信，

[1] 《明史·李贤传》卷一七六。

半年不召李贤[1]，并且说要罢去李贤，专用彭时。彭时也是当时阁臣，有人把这话传给了他，他矍然说道："李公有经济才，何可去！"于是便在各方面极力为李贤洗刷，并且说："贤去时不得独留。"祁镇听到这话，方才作罢[2]。但这样，门达还是不肯甘休的，于是便借袁彬的案子要来陷害李贤了。袁彬也是锦衣卫都指挥，为门达诬陷下狱，当时有个军匠杨埙[3]见了不平，便击登闻鼓替袁彬讼冤，并诋门达奸恶。祁镇便一并叫门达按治，门达便借这机会作一箭双雕之计，便"拷掠埙，教以引贤，埙即谬曰：'此李学士导我也。'达大喜（《锦衣志》作："达大喜，趣罢笞，出汤沐沐贤，醪肉食之。"），立奏闻，请法司会鞫埙午门外。帝遣中官裴当监视。达欲执贤并讯，当曰：'大臣不可辱。'乃止。及讯，埙曰：'吾小人，何由见李学士？此门锦衣教我。'（《锦衣志》作："杨贤度上巳集群臣，出余肉大呼曰：'天乎冤哉！门指挥醪肉食我，而令引李也。'"）达色沮不能言。"[4]这样，李贤才幸而免祸，但门达却并未受到任何惩罚。直到朱见深嗣位，门达事败下狱，他的党羽还投匿名书构陷李贤，闹得朱见深竟"命卫士宿贤家，护出入"[5]。那时特务的恣横，由此也就可以想见了。

和李贤同时的阁臣还有岳正，因为他和同列吕原奏陈太监曹吉祥罪状，为曹所构陷，弄到贬谪戍边，在内阁才二十八天。[6]

朱见深时首辅商辂弹劾汪直督西厂"擅作威福，贼虐善良"，并约同所有阁臣慷慨陈词。朱见深迫于众议，只得罢撤西厂，但宠眷汪直如旧。汪直便诬蔑商辂尝纳指挥杨晔贿，想为之脱罪，逼得商辂只得自动辞职。[7]

朱厚照时阁臣费宏，也是因为不阿附当时特务头子钱宁而被诬蔑去职。钱宁是朱厚照时的锦衣卫左都督，典诏狱，和宁王宸濠有勾结，"欲

[1] 《明史·门达传》卷三〇七。

[2] 《明史·彭时传》卷一七六。

[3] 《锦衣志》"杨埙"作"杨贤"。

[4] 《明史·门达传》。

[5] 《明史·李贤传》。

[6] 《明史·岳正传》卷一七六。

[7] 《明史·汪直传》。

交欢宏，馈彩币及他珍玩。拒却之，宁惭且恚”。后宸濠谋复护卫，已得允，“中官持奏至阁，宏极言不当予，诏卒予之。于是宸濠与宁合，而恚宏。宁数侦宏事无所得。以御史余珊尝劾（费）寀不当留翰林（按：寀，费宏之弟），即指为宏罪。中旨责陈状，宏乞休。命并寀致仕。宁遣骑伺宏后，抵临清，焚其舟，资装尽毁。”[1]

还有杨一清也是被钱宁谗毁去职的。杨一清原是一个很能干的人，手段也颇厉害，曾利用特务之间的矛盾，很立了点功。他和钱宁也敷衍得很好。但正德十年入阁后，就有人在钱宁那里说他的坏话，钱宁心中蓄怨，于是便打算倾轧他了，事情经过如下：

> 会灾异，一清自劾，极陈时政，中有“狂言惑圣听，匹夫摇国是，禁廷杂介胄之夫，京师无藩篱之托”语，讥切近幸，帝弗省。宁与江彬辈闻之，大怒。使优人于帝前为蜚语，刺讥一清。时有考察罢官者，嗾武学生朱大周讦一清阴事，而以宁为内主。给事御史周金、陈轼等交章劾大周妄言，请究主使，帝不听。一清乃力请骸骨归，赐敕褒谕，给夫禀如制。[2]

朱厚熜时首辅夏言是遭严嵩陷害而被杀的，其实，严嵩一人力量也不足以使夏言致死，主要的还是因为夏言得罪了宦官特务们。如：朱厚熜“数使小内竖诣言所，言负气岸，奴视之。嵩必延坐，亲纳金钱袖中。以故日誉嵩而短言”[3]。他又得罪了当时大特务头子锦衣都督陆炳，得罪的原因是：“御史陈其学以盐法事劾崔元及锦衣都督陆炳，言拟旨令陈状，皆造言请死，炳长跪乃得解。”[4]于是宦官特务和严嵩一齐勾结起来陷害夏言。这时夏言纵有天大的能耐，也逃不脱他们的魔手，终于

[1] 《明史·费宏传》卷一九三。

[2] 《明史·杨一清传》卷一九八。

[3] 《明史·夏言传》卷一九六。

[4] 《明史·夏言传》卷一九六。

被弃市了。

不依附宦官的像上面所说的这些人，固然要遭宦官特务们的忌恨陷害。其实就是依附攀缘招权纳贿之辈，如若不和他们合作，或是和他们争主子的宠爱，也是一样要遭到陷害的。像朱祁镇时的徐有贞和朱由检时的薛国观、周延儒都是。

徐有贞是朱祁镇复辟的大功臣，他和石亨及太监曹吉祥定计迎立。事成之日，祁镇立即命他入阁预机务。一月之内，内阁旧臣，斥逐略尽，他就升为首相，总揽事权，中外侧目。祁镇也十分信任他，于是他就要和曹、石争宠了。《明史·徐有贞传》卷一七一称：

> 有贞既得志，则思自异于曹、石。窥帝于二人不能无厌色，乃稍稍裁之，且微言其贪横状，帝亦为之动。御史杨瑄奏劾亨、吉祥侵占民田。帝问有贞及李贤，皆对如瑄奏。有诏奖瑄。亨、吉祥大怨恨，日夜谋构有贞。帝方眷有贞，时屏人密语。吉祥令小竖窃听得之，故泄之帝。帝惊问曰："安所受此语？"对曰："受之有贞，某日语某事，外间无弗闻。"帝自是疏有贞。会御史张鹏等欲纠亨他罪，未上，而给事中王铉泄之亨、吉祥。二人乃泣诉于帝，谓内阁实主之。遂下诸御史狱，并逮系有贞及李贤。

有贞后来放出，贬为广东参政，曹吉祥还借事来倾陷他，终于徙金齿为民。

至于薛国观原本不是个好人，他曾劝朱由检加强厂卫侦缉，因此反说当时厂卫尽力不够。这样便得罪了东厂太监王德化，于是便专门缉察他的阴事。他的仇人吴昌时也勾结了东厂理刑吴道正，揭发了他的贪贿情形。因此，朱由检便免了薛国观的官。国观出都回家，重车累累，侦缉的人又报告上去，而东厂派到国观官邸伺察的人，又得到他招摇通贿情状，于是便把国观逮回缢死。[1]

[1] 《明史·薛国观传》卷二五三。

周延儒也是由于特务侦缉致死的，原来他和掌锦衣卫的骆养性不对，于是养性便和宦官勾结，专查延儒阴事。及至延儒罢归，养性还不放松，天天说他的坏话，终于又被逮回，勒令自尽。[1]

2. 大臣的任免

以上是宦官特务操纵内阁宰辅进退的实例。至于内外大臣如六部九卿封疆大吏之依附宦官特务而进身自固，或是开罪了他们而落职下狱的，那就更多了。

勾结宦官置身显要

现在先看看依附勾结宦官特务而进身或是自固的。

朱瞻基时少保工部尚书吴中“私以官木砖瓦遗太监杨庆作私第，甚弘壮。上登皇城楼望见之，问左右，得其实。逮中下狱，论斩，锦衣卫指挥王裕知而不举，当连坐。上宥中罪，革其少保，仍罚尚书俸一年。裕下狱，已而释之”[2]。但对这受贿的太监杨庆却没听说有何处分。这是宣德三年的事。这事发生以后，吴中大概还和宦官有勾结，到正统六年，有位杨容假造了一封宦官的信给吴中，还诈去一笔钱[3]。

朱祁镇时王振用事，权势极大。连朱祁镇都以“先生”呼之，公侯勋戚至呼为“翁父”[4]。甚至英国公张辅以太师勋臣班首之尊，也不得不“日与周旋，而免挫辱”[5]。于是内外大臣“畏祸者争附振免死，贿赂辏集，工部郎中王祐以善谄擢本部侍郎，兵部尚书徐晞等多至屈膝”[6]。礼部侍郎杨善“家京师，治第郭外。园多善果，岁时馈公卿戚里中贵，无不得其欢心。王振用事，善媚事之”[7]。兵部尚书王骥也依附王振，

[1] 《明史·周延儒传》卷三〇八。

[2] 《弇山堂别集·中官考二》卷九十一。

[3] 《明史·杨善传》卷一七一。

[4] 《明史·王振传》卷三〇四。

[5] 《弇山堂别集》卷十八。

[6] 《明史·王振传》卷三〇四。

[7] 《明史·杨善传》卷一七一。

兴起麓川之役。凡三征麓川，劳师费财，荼毒百姓。当时会川卫训导詹英曾上疏弹劾他，大略说是“骥等多役民夫，舁彩缯，散诸土司以邀厚利。擅用腐刑，诡言进御，实充私役。师行无纪，十五万人一日起行，互相蹂践。每军负米六斗，跋涉山谷，自缢者多。抵金沙江，彷徨不敢渡，既渡不敢攻，攻而失都指挥路宣、翟亨等。俟贼解，多捕鱼户为俘，以地分木邦、缅甸，掩败为功”[1]。这种祸国殃民的行为，如若按治起来，罪名当然很重，但事实呢，“奏下法司，王振左右之，得不问”[2]。

天顺初，太监曹吉祥用事，大臣多与之勾结。如刑部右侍郎黄士俊，工部右侍郎霍瑄，左侍郎孙弘都是曹吉祥引荐的。[3]还有些无耻大臣竟和他结亲，冒功升官，如董兴“与曹吉祥结姻，冒‘夺门’功，封海宁伯。未几，充总兵官，镇辽东，予世券”。[4]

而平定曹吉祥造反的孙镗，在朱祁钰时曾“贿太监金英，得迁都督。事觉，论斩，景帝特宥之”[5]。后来他又和太监牛玉通婚，朱见深即位，牛玉得罪，他也被连累停禄闲住。

朱见深时宦官最为用事，大臣和他们有勾结的也较以前为多，这可以从当时御史们奏疏中看出，如给事中王徽奏：

> 内官在帝左右，大臣不识廉耻，多与交结。馈献珍奇，伊优取媚，即以为贤，而朝夕誉之。有方正不阿者，即以为不肖，而朝夕谗谤之，日加浸润，未免致疑。由是称誉者获显，谗谤者被斥，恩出于近侍，怨归于朝廷，此所以不可许其交结也。[6]

[1] 《明史·王骥传》卷一七一。

[2] 《明史·王骥传》卷一七一。

[3] 《弇山堂别集》卷十。

[4] 《明史·董兴传》卷一七五。

[5] 《明史·曹吉祥传》卷一七三。

[6] 《明史·王徽传》卷一八〇。

还有一个御史汤鼐竟指名弹劾：

> 内阁尹直、尚书李裕、都御史刘敷、侍郎黄景，奸邪无耻，或夤缘中官进用，或依附佞幸行私。不早驱斥，必累圣明。司礼中官李荣、萧敬嚢为言官劾罢，寻夤缘复入。遂摭言官过，贬窜殆尽，致士气委靡。宜亟正典刑，勿为姑息。[1]

事实的例子如朱见深初年汪直用事，“以所善王越为兵部尚书兼左都御史，陈钺为右副都御史巡抚辽东”。汪直巡边至辽东，“陈钺郊迎蒲伏，厨传尤盛，左右皆有贿”。“直年少喜兵，陈钺讽直征伏当加，立边功自固。直听之，用抚宁侯朱永总兵，而自监其军。师还，永封保国公，钺晋右都御史，直加禄米。”[2]王越倒是个颇有才干的人，《明史》称他“久历边陲，身经十余战，知敌情伪及将士勇怯，出奇制胜，动有成算。奖拔士类，笼罩豪俊”[3]。只是急于往上爬，所以不择手段。他和汪直来往，是由于韦瑛的介绍，而韦瑛却是一个“以官奴从征延绥，冒功得百户”的角色，是汪直西厂里的心腹爪牙。王越既结识上了汪直，于是汪直便“用王越言，诈称亦思马因犯边。诏（朱）永同越西讨，直为监军。越封威宁伯，直再加禄米”[4]。这两个都是以边功勾通汪直，而汪直也借以自固，当时人称为“二钺”。底下有一则故事，可以反映当时汪直的专横，以及和“二钺”狼狈为奸的情形：

> 小中官阿丑工俳优，一日于帝前为醉者谩骂状。人言驾至，谩如故。言汪太监至，则避走，曰：“今人但知汪太监也。”又为直状，操两钺趋帝前。旁人问之，曰：“吾将兵仗此两钺耳。”问：“何钺？”

---

[1] 《明史·汤鼐传》卷一八〇。

[2] 均见《明史·汪直传》卷三〇四。

[3] 《明史·王越传》卷一七一。

[4] 《明史·汪直传》卷三〇四。

曰："王越、陈钺也。"帝听然而笑。[1]

汪直败后，"二钺"自然也就树倒猢狲散，王越且免职谪徙。到朱祐樘弘治七年才诏复左都御史致仕。那时他已经七十多岁了，又勾结宦官李广，"以中旨召掌都察院事"。言官交章论列乃止。十年冬因边事紧急，吏部尚书屠滽荐越，乃诏起原官加太子太保总制甘凉边务兼巡抚，颇有战功。后李广得罪死，言官纷纷弹劾李广的党羽，都提到了王越。他听到后，颇为担心，忧恨而死。[2]

汪直既败，尚铭专权。尚铭原是汪直所荐，朱见深末年，他以司礼太监兼督东厂，权势煊赫，朝官纷纷奔走他的门下。及至事败，六科给事中十三道御史奏云：

> 尚铭既以赃败，宜追究其通赂之人，盖内臣犯法，既不能免，若外臣之趋附者置之不问，内外之势不均。小臣有过，尚不可容，若大臣之通赂者，舍之不究，则轻重之伦全失。外臣所以结交内臣者，无非需求于小臣。小臣所以奉承大臣者，无非剥削于下民。惟察外臣结内臣之奸，下民受上官之害，痛加追究，庶国法昭明，朝纲振肃。[3]

这里虽然没有指明何人，结果遭到朱见深的"混说烦扰"的斥骂，但当时必有所顾忌，不便明指，事实的情形，怕只有过之而无不及的。

朱祐樘时代，大臣和宦官勾结的也很多，如太监李广就曾矫旨授传奉官，"升匠官六十六人，冠带人匠百三十八人"[4]。又如弘治九年御史胡献上言：

[1] 《明史·汪直传》卷三〇四。

[2] 《明史·王越传》卷一七一。

[3] 《弇山堂别集·中官考四》卷九十三。

[4] 《万历野获编》卷十一，《传奉官之滥》。

屠滽为吏部尚书，王越、李蕙为都御史，皆交通中官李广得之。广得售奸，由陛下议政不任大臣，而任广辈也。[1]

而李广死后，“帝疑广有异书，使使即其家索之，得赂籍以进，多文武大臣名”[2]。这些文武大臣都是纳贿求进，而且为数甚多，如弘治十一年十一月都给事中张朝御史丘天祐等疏称交结李广的大臣，计有：

武臣则保国公朱晖，恭顺侯吴鉴，丰城侯李玺。遂安伯陈韶，成山伯王镛，宁晋伯刘福，都督孙贵，副总兵朱瑾，文臣如吏部尚书屠滽，户部尚书周经，礼部尚书徐琼，刑部尚书白昂，工部尚书徐贯，礼部侍郎程敏政，兵部侍郎王宗彝，工部侍郎史琳、林凤。都察院左都御史王越，右都御史李蕙，左副都御史彭礼，通政司左参议姜清，太常寺卿崔志端、李温，少卿李杰，寺丞王福广，太仆寺少卿杨瑛，河南左参政张琡，右参政李瓒，山东右参政谢文，按察使赵鹤龄，副使田畲、邓光辅。虽贿赂有多寡，交纳有浅深，然皆心术奸邪，踪迹诡秘，吮痈舐痔，何所不为，婢膝奴颜，无复羞耻。[3]

同时这些科道官极力主张发下贿簿，交法司逐一查究，于是——

凡与名者惶惧危甚，各自星夜赴戚畹求救，不期而会者凡十三人。月下见轿影重重，而一人独乘女轿。事虽得寝不究，而纳贿之名，一一盛传于朝野，靦颜虽甚，久而亦安然无复羞愧矣。[4]

当时有个编修罗玘觉得追究起来，家丑外扬，有失体统，便上疏言：

[1] 《明史·胡献传》卷一八〇。

[2] 《明史·李广传》卷三〇四。

[3] 《弇山堂别集·中官考四》卷九十三。

[4] 《治世余闻》上篇卷二。

近者科道官劾奏内外文武臣僚，贿结故太监李广以求荣进，极其丑恶。但其间有部寺之尊，将相之寄，自天下四夷望之，必以为丙魏姚宋方召卫霍，凛然恒有畏惧之心，而不敢慢易窃发者，以此而已。今一旦指其名而暴其恶，则将以谓我堂堂天朝且然，虽有丙魏姚宋方召卫霍，彼亦不复信矣，此大可忧也。又凡人之遇窘迫穷急，苟可以免其一时之祸，于凡贵戚之家，近习之门，钻刺乞哀，何所不至？将有甚于前日求李广者，是闭一门又开一门，塞一穴又开一穴，死一李广又生数李广，此亦可虑也。[1]

“死一李广又生数李广”，可见当时大臣们可能勾结的宦官当不止李广一人。

朱翊钧初年，冯保用事，内外大臣和他有勾结的也很多，走的门路多半是他的私人锦衣指挥徐爵。《明史》中说此人是“恃势招权利，大臣亦多与通”[2]。实际的例子像当时的兵部尚书梁梦龙与爵交欢，得改吏部。[3]而兵部尚书吴兑也曾“馈冯保金千两”，后来被御史魏允贞弹劾过。[4]

冯保败后，太监张鲸、张宏继起用事，当时顺天通判周弘禴曾上疏指出朝官勾结他们的事实，如“张学颜被论屡矣……学颜结张鲸为兄弟，言官指论学颜而不敢及鲸，畏其势耳。若李植之论冯保，似乎忠谠矣，实张宏门客乐新声为谋主，其巡按顺天，纳娼为小妻，猖狂干纪则恃宏为内援也。鲸、宏既窃陛下权，而植又窃司礼势，此公论所不容。”[5]还有稍后的司礼太监田义也与朝臣多有勾结，操纵大臣进退。万历二十

[1] 《弇山堂别集·中官考四》卷九十三。

[2] 《明史·冯保传》卷三〇四。

[3] 《明史·李植传》卷二三六。

[4] 《明史·吴兑传》卷二二二。

[5] 《明史·李沂传》卷二三四。

年七月刑部员外郎于玉立奏称："义以陛下为城社，而外廷憸邪又以义为城社，党合谋连，其祸难量。"[1] 并说田义操纵推举大臣。同时御史魏允贞曾指出会推吏部尚书时有司礼中官操纵，他说："铨衡（吏部）任重。往者会推之前，所司率受指执政或司礼中官，以故用非其人。"[2] 这中官大概便是田义。

以上所举都是六部九卿封疆大吏之流，至于以下的官员，因为太多，书不胜书，只好从略了。

不附宦官致遭斥免的大臣

和宦官特务勾结交通可以加官晋级，假如正直一点不和他们来往呢，那自然就要遭到他们的打击。现在择其尤著者略述于下，至于抗疏弹劾，百折不回，终被诬陷，致蒙杀身之祸的，当分见各章，这里不再重复了。

宦官排斥异己的大臣，可以从朱瞻基时谈起。

朱瞻基时有一个浙江按察使林硕，因为当地千户汤某勾结宦官裴可烈为奸利，林硕打算惩戒他一下，于是宦官便诬说林硕撕毁诏书，立刻被逮入京，林硕见了朱瞻基便叩首道："臣前为御史官七品，今擢按察使官三品，日夜淬励，思报上恩，小人不便，欲去臣，唯陛下裁察。"朱瞻基究竟还算比较明白一点，便支吾答道："朕固未之信，召汝面讯耳。"这样便又把林硕放回。

朱瞻基以后，宦官排斥异己，更肆无忌惮，最厉害的要算是朱祁镇时的王振、朱见深时的汪直、朱厚照时的刘瑾、朱由校时的魏忠贤。刘魏二人详见下节，这里只说王振和汪直。

《明史·王振传》卷三〇四载王振所排斥的朝臣计有："大理少卿薛瑄、祭酒李时勉素不礼振。振摭他事陷瑄几死，时勉至荷校国子监门。御史李铎遇振不跪，谪戍铁岭卫。驸马都尉石璟詈其家奄，振恶贱己同类，下璟狱。怒霸州知州张需禁饬牧马校卒。逮之，并坐需举主王铎。

[1] 《明史·丁元荐传》卷二三六。

[2] 《明史·魏允贞传》卷二三二。

又械户部尚书刘中敷，侍郎吴玺、陈瑺于长安门。所忤恨，辄加罪谪。”他倾陷薛瑄的原委倒是很有趣的故事，《明史·薛瑄传》说：

王振语三杨：“吾乡谁可为京卿者？”以瑄对，召为大理左少卿。三杨以用瑄出振意，欲瑄一往见，李贤语之。瑄正色曰：“拜爵公朝，谢恩私室，吾不为也。”其后议事东阁，公卿见振多趋拜，瑄独屹立。振趋揖之，瑄亦无加礼，自是衔瑄。

指挥某死，妾有色，振从子山欲纳之，指挥妻不肯。妾遂讦妻毒杀夫，下都察院讯，已诬服。瑄及同官辨其冤，三却之。都御史王文承振旨诬瑄……等故出人罪。振复讽言官劾瑄等受贿，并下狱。论瑄死……系狱待决……及当行刑，振苍头忽泣于爨下。问故。泣益悲，曰：“闻今日薛夫子将刑也。”振大感动，会刑科三覆奏，兵部侍郎王伟亦申救，乃免。

至于他倾陷李时勉，则是因为“时勉请改建国学，帝命王振往视，时勉待振无加礼。振衔之，廉其短，无所得。时勉尝芟彝伦堂树旁枝，振遂言时勉擅伐官树入家。取中旨，与司业赵琬、掌馔金鉴并枷国子监前”[1]。

同时还有一个贵州巡按陈鉴谏阻征讨麓川，触犯了王振，便“改鉴云南参议，使赴腾冲招贼。已，复摭鉴为巡按时尝请改四川播州宣慰司隶贵州，为鉴罪，令兵部劾之。论死，系狱”。直到朱祁钰即位，方才放出。[2]

汪直是朱见深最宠幸的太监，他排斥异己的情形，据当时大学士商辂奏称：

直擅抄没三品以上京官。大同、宣府，边城要害，守备俄顷不可缺，

[1] 《明史·李时勉传》卷一六三。

[2] 《明史·陈鉴传》卷一六二。

直一日械数人。南京，祖宗根本地，留守大臣，直擅收捕。诸近侍在帝左右，直辄易置。[1]

至于他所排斥的人，据《明史·汪直传》卷三〇四所载有：

东厂官校诬奏项忠，且讽言官郭镗、冯贯等论忠违法事。帝命三法司，锦衣卫会问。众知出直意，无敢违，竟勒忠为民。而左都御史方宾亦失直旨褫职，大学士（商）辂亦罢去。一时九卿劾罢者，尚书董芳、薛远及侍郎滕昭、程万里等数十人……兵部侍郎马文升方抚谕辽东，直至，不为礼，又轻（陈）钺，被陷坐戍。

项忠是那时的兵部尚书，他得罪汪直的原因，据《明史·汪直传》说：“直每出，随从甚众，公卿皆避道。兵部尚书项忠不避，迫辱之。”迫辱的情形，据商辂奏称：“兵部项忠当早朝鼓响伺候之余，（直）即令校尉就在左掖门下叫呼，项忠不得已，朝罢，拥逼而去。”[2]这样侮辱，项忠当然不能忍受，恰好商辂等弹劾汪直，乞罢西厂，项忠也倡率九卿劾之。后来西厂虽然罢设，而项忠和汪直的仇也就结得更深，终于被斥罢职。

和项忠一案牵连被斥的还有李震。李震是一个武人，曾和项忠共同打过仗，以功封兴宁伯。他曾和参将吴经有仇，而这个吴经之“弟千户绶为汪直腹心，经属绶谮之。会直方倾项忠，词连震，遂逮下狱，夺爵，降左都督，南京闲住”[3]。

至于马文升被陷经过，则是——

（文升）整饬辽东军务。巡按陈钺贪而狡，将士小过辄罚马，马

[1] 《明史·商辂传》卷一七六。

[2] 《弇山堂别集》卷二十五。

[3] 《明史·李震传》卷一六六。

价腾踊。文升上边计十五事，因请禁之。钺由是嗛文升。文升还部转左。十四年春，钺以掩杀冒功激变，中官汪直欲自往定之。帝令司礼太监怀恩等七人诣内阁会兵部议。恩欲遣大臣往抚，以沮直行。文升疾应曰："善。"恩入白，帝即命文升往。直不悦，欲令其私人王英与俱，文升谢绝之。疾驰至镇，宣玺书抚慰，无不听抚者……事定，直欲攘其功，请于帝，挟王英驰至开原，再下令招抚。文升乃推功与直，然直内惭。文升又与直抗礼，奴视其左右，直益不喜。而陈钺益谄事直，得直欢，日夜谮文升，思中之未有以发也。文升还，赐牢醴。明年春，以辽东屡失事，遣直偕定西侯蒋琬、尚书林聪等按之。会余子俊劾钺，钺疑出文升意，倾之益急。直因奏文升行事乖方，禁边人市农器，致怨叛。乃下文升诏狱，谪戍重庆卫。[1]

以上所述，不过是最著名的几个特务头子。只是有明二百多年，宦官特务无代无之，无不植党营私，排斥异己，其手段不是诬陷，便是虐杀。而这些，已超出了排斥削夺，当分见下面各章。这里只不过举其大略，并不是说宦官特务排斥异己便是仅仅这些。

（二）刘瑾和魏忠贤的擅自任免

1. 刘瑾

刘瑾原本姓谈，后依附一个姓刘的宦官入宫，就冒姓刘。朱祐樘时他侍奉太子朱厚照于东宫。朱厚照即位，他"与马永成、高凤、罗祥、魏彬、丘聚、谷大用、张永并以旧恩得幸，人号'八虎'。而瑾尤狡狠。尝慕王振之为人，日进鹰犬、歌舞、角抵之戏，导帝微行。帝大欢乐之，渐信用瑾，进内官监，总督团营。孝宗遗诏罢中官监枪及各城门监局，瑾皆格不行，而劝帝令内臣镇守者各贡万金。又奏置皇庄，渐增至三百余所，畿内大扰"[2]。

---

[1] 《明史·马文升传》卷一八二。

[2] 《明史·刘瑾传》卷三〇四。

排斥诬陷异己朝臣

当时首相刘健，次相李东阳、谢迁，都是朱祐樘时的老臣，皆抗疏论谏，朱厚照不听。他们复联络言官交章论奏，并进一步请诛刘瑾，而且以去就力争。于是双方对立得非常尖锐，便形成底下的这一幕斗争：

> 健、迁等复连疏请诛瑾，户部尚书韩文率诸大臣继之。帝不得已，使司礼太监陈宽、李荣、王岳至阁，议遣瑾等居南京。三反，健等执不可。尚书许进曰“过激将有变”，健不从。王岳者，素謇直，与太监范亨、徐智心嫉八人，具以健等语告帝，且言阁臣议是。健等方约文及诸九卿诘朝伏阙面争，而吏部尚书焦芳驰白瑾，瑾大惧，夜率永成等伏帝前环泣。帝心动，瑾因曰：“害奴等者王岳。岳结阁臣欲制上出入，故先去所忌耳。且鹰犬何损万岁？若司礼监得人，左班官安敢如是？”帝大怒，立命瑾掌司礼监，永成掌东厂，大用掌西厂，而夜收岳及亨、智，充南京净军。旦日诸臣入朝，将伏阙，知事已变，于是健、迁、东阳皆求去。帝独留东阳。[1]（按：《中官考》五云：“刘尝推案哭，谢亦亹亹訾訾罔休，独李未开口，得恳留云。”）

这一次斗争，刘健等可以说是全部失败。但是刘瑾对他们还是不肯放松，不久便矫诏列朝臣五十三人为奸党，以健、迁为首，后又借举怀才抱德之士的事件倾陷健、迁。

> （正德）四年二月，以浙江应诏所举怀才抱德士余姚周礼、徐子元、许龙，上虞徐文彪，皆迁同乡，而草诏由健，欲因此为二人罪。矫旨谓余姚隐士何多，此必徇私援引，下礼等诏狱，词连健、迁。瑾欲逮健、迁，籍其家，东阳力解。芳从旁厉声曰：“纵轻贷，亦

[1] 《明史·刘瑾传》卷三〇四。

当除名。”旨下，如芳言。礼等咸戍边。[1]

刘健、谢迁既都罢斥，于是刘瑾便要向一切不附自己的官员下手了。首先下手的是尚书韩文及要求挽留健、迁的朝臣。

> 瑾既得志，遂以事革韩文职，而杖责请留健、迁者给事中吕翀、刘菃及南京给事中戴铣等六人，御史薄彦徽等十五人。守备南京武靖伯赵承庆、府尹陆珩、尚书林瀚，皆以传翀、菃疏得罪，珩、瀚勒致仕，削承庆半禄。南京副都御史陈寿，御史陈琳、王良臣，主事王守仁，复以救铣等谪杖有差。[2]

韩文是当时户部尚书，刘瑾等八人专横，“文每退朝，与属吏言，辄泪数行下，以阉故。而郎中李梦阳间说之曰：‘公大臣也，义与国共休戚，徒泣何益？’韩公曰：‘奈何？’曰：‘比谏臣有章入，交论诸阉，下之阁矣。夫三老者，顾命臣也，闻持谏官章甚力。公诚及此时率大臣殊死争，阁老以诸大臣争也，持必更力，易为辞，事或可济也。’韩公于是捋须昂首，毅然改容曰：‘善，即事弗济，吾年足死矣，不死不足以报国。’韩公密叩三老，三老许之。而倡诸大臣，诸大臣又无不踊跃喜者。韩公乃喜退，而召梦阳令具草，草具，韩公读而芟之曰：‘是不可文，文，上弗省也；不可多，多，览弗竟也’”[3]。疏入，不料刘瑾等先有准备，事变，刘健、谢迁同时致仕归里。于是“瑾恨文甚，日令人伺文过。逾月，有以伪银输内库者，遂以为文罪。诏降一级致仕，郎中陈仁谪钧州同知。给事中徐昂乞留文原官，中旨谓显有嘱托，落文职，以顾佐代，并除昂名……文子高唐知州士聪，刑部主事士奇皆削籍”。后来这个顾佐也被刘瑾逼走，事情是这样的：“刘瑾憾文，捃摭万端。部有故册逸，

[1] 《明史·谢迁传》卷一八一。

[2] 《明史·刘瑾传》卷三〇四。

[3] 《弇山堂别集·中官考五》卷九十四。

欲以为文罪，逼佐上其事。佐不可，坐事夺俸三月。佐乃再疏乞归，从之。瑾憾不置，三罚米输边塞上，至千余石。家贫，称贷以偿。”而韩文终于还是以遗失簿籍事与侍郎张缙同时逮下诏狱，“数月始释，罚米千石输大同。寻复罚米者再，家业荡然”[1]。至于代他起草奏疏的李梦阳，自然更为刘瑾所恨，便“矫旨谪山西布政司经历，勒致仕。既而瑾复摭他事下梦阳狱，将杀之。康海为说瑾，乃免”[2]。

和韩文同时上疏请逐刘瑾的还有左都御史张敷华。刘瑾得势，矫旨令他与杨守随俱致仕，并想借湖广仓储浥烂事，坐以赃罪。也是康海援救得免。[3]

杨守随是当时的工部尚书兼掌大理寺，韩文等既被斥，他愤而独自上疏极论刘瑾，略云：“陛下于兵刑财赋之区，机务根本之地，悉以委之。或掌团营，或主两厂，或典司礼，或督仓场，大权在手，彼复何惮？于是大行杀戮，广肆诛求。府藏竭于上，财力匮于下，武勇疲于边。上下胥谗，人神共愤。”这样就被刘瑾传旨致仕，后来又“坐覆谳失出，逮赴京系狱，罚米千石输塞上。逾年，复坐庇乡人重狱，除名，追毁诰命，再罚米二百石。守随家立破”[4]。

刘健、谢迁、韩文等既罢免，给事中刘蒞、吕翀各上疏请挽留他们，奏稿传到南京守备武靖伯赵承庆那里，应天府尹陆珩便抄出给同僚看，兵部尚书林瀚听见感动太息。于是南京给事中戴铣、李光翰、徐蕃、牧相、任惠、徐暹六人，十三道御史陆昆、薄彦徽、葛浩、贡安甫、王蕃、史良佐、李熙、任诺、姚学礼、张鸣凤、蒋钦、曹闵、黄昭道、王弘、萧乾元等十五人，各驰疏极谏，请留健、迁。刘瑾大怒，矫旨逮戴铣、薄彦徽等下诏狱，刘蒞、吕翀俱廷杖削籍，赵承庆停半禄闲住，林瀚、陆珩降三级致仕。而南京副都御史陈寿，御史陈琳、王良臣，主事王守仁复以救

[1]　《明史·韩文传》卷一八六。

[2]　《明史·李梦阳传》卷二八六。

[3]　《明史·张敷华传》卷一八六。

[4]　《明史·杨守随传》卷一八六。

铣等触瑾怒，矫旨谪杖。[1]

从这以后，刘瑾权势日益巩固，于是就更加恣横起来，朝廷大员和自己没有关系的便一律排斥，或勒令致仕，或坐事罢免。好在他可以假传圣旨，一切都可以为所欲为，毫无顾忌。当时尚书都御史被罢职的，除上面已经说过的而外，还有——

熊绣在朱祐樘时曾历任兵部左右侍郎，裁汰腾骧四卫虚额勇士一万多人。朱厚照即位，升右都御史总督两广军务兼巡抚事。“刘瑾以前汰勇士事，深疾绣，伺察无所得。召掌南京都察院事，寻以中旨罢之。已复摭延绥仓储浥烂为绣罪，罚米五百石，责绣躬输于边。绣家遂破。”[2]

张泰是当时南京右都御史。“刘瑾专权，朝贵争赂遗。泰奏表至京，惟餽土葛，瑾憾之。其年十月令以南京户部尚书致仕。”[3]

吴文度在正德元年曾做过云南巡抚，正德三年冬进南京右都御史。“方文度召自云南，刘瑾以地产金宝，屡责贿。文度无以应，瑾深衔之。会工部尚书李鐩致仕，廷推文度及南京户部侍郎王珩，遂改文度南京户部尚书，与珩俱致仕。命下，举朝骇异。”[4]

许进是吏部尚书，曾督团营，人甚干练，善用兵。“刘瑾弄权，亦多委蛇徇其意，而瑾终不悦。方进督团营时，与瑾同事。每阅操，谈笑指挥，意度闲雅，瑾及诸将咸服。一日操毕，忽呼三校前，各杖数十。瑾请其故，进出权贵请托书示之。瑾阳称善，心不喜。至是欲去进用刘宇代。焦芳以干请不得，亦因挤进。三年八月，南京刑部郎中阙，适无实授员外郎，进循故事以署事主事二人上。瑾以为非制，令对状。进不引咎，三降严旨谯责。不得已请罪，乃令致仕。未几，坐用雍泰削其籍。”[5]

雍泰是正德三年春许进为吏部时，起为南京右副都御史提督操江。

[1] 参见《明史》刘蒞、戴铣、陆昆、刘瑾等传；《弇山堂别集·中官考五》卷九十四。

[2] 《明史·熊绣传》卷八十六。

[3] 《明史·张泰传》卷一八六。

[4] 《明史·吴文度传》卷一八六。

[5] 《明史·许进传》卷一八六。

七月擢南京户部尚书。“刘瑾，泰乡人也，怒泰不与通，甫四日即令致仕。谓进私泰，遂削二人籍，而追斥马文升及前荐泰者尚书刘大夏、给事中赵士贤、御史张津等为民，其他罚米输边者又五十余人。”[1]

高铨官南京户部尚书，“正德二年廷推左都御史，瑾勒令致仕。寻坐事逮下狱”[2]。

张鼐在正德元年任右副都御史，署院事。“有知县犯赃当褫职，卒杀人当抵死。刘瑾纳重贿，欲宽之，鼐执不可，出为南京右都御史……会瑾遣给事中王翊等核辽东军饷，还奏刍粟多浥烂，遂以为守臣罪，逮鼐……下诏狱，令其家人输米辽东。鼐坐输二千石，以力不办，系辽东。”[3]

和鼐同时因边仓事被逮的还有“都御史周南、马中锡、汤全、刘宪，布政使以下官孙禄、冒政、方矩、华福、金献民、刘逊、郭绪、张翼，郎中刘绎、王荩等”。刘宪竟瘐死狱中。[4]

何鉴正德二年拜南京兵部尚书参赞机务。“鉴前抚江南，尝按千户张文冕罪，文冕亡去。至是构于刘瑾，而瑾亦嗛鉴不与通，遂坐以事。”[5]

至于尚书以下的官员被刘瑾斥罢的，更多到不可胜数，兹据明史略举于下：

> 给事中吉时，御史王时中，郎中刘绎、张玮，尚宝卿顾璿，副使姚祥，参议吴廷举等，并摭小过，枷濒死，始释而戍之[6]。
>
> 有罪人溺水死，乃坐御史匡翼之罪。尝求学士吴俨贿，不得，又听都御史刘宇谗，怒御史杨南金，乃以大计外吏奏中，落二人职[7]。

---

[1] 《明史·雍泰传》卷一八六。

[2] 《明史·王璟传》卷一八六。

[3] 《明史·张鼐传》卷一八六。

[4] 《明史·刘瑾传》。

[5] 《明史·何鉴传》卷一八七。

[6] 《明史·刘瑾传》。

[7] 《明史·刘瑾传》。

察盐课。杖巡盐御史王润，逮前运使宁举、杨奇等。察内甲字库，谪尚书王佐以下百七十三人。[1]

《通鉴纂要》成，瑾诬诸翰林纂修官誊写不谨，皆被谴。[2]

给事中安奎、潘希曾，御史赵时中、阮吉、张彧、刘子厉，以无重劾下狱。奎、彧枷且死，李东阳疏救，始释为民。希曾等亦皆杖斥。[3]

胡富……正德初，入为顺天府尹。三年进南京大理寺卿，就迁户部侍郎。五年正月坐大理时勘事迟缓，勒致仕。[4]

陶琰……正德初以右副都御史巡抚河南，迁刑部右侍郎。陕西游击徐谦讦御史李高。谦故刘瑾党，行厚赂，欲中高危法。琰往按，直高。瑾怒，假他事下琰诏狱，褫其职。[5]

瑾遣太监韦霦核广东库藏，奏应解赃罚诸物多朽敝，梧州贮盐利军赏银六十余万两不以时解。逮问（潘）蕃（按蕃曾任两广总督）及前总督大夏，前左布政使仁和沈锐等八百九十九人。[6]

以上这些，只不过是略举而已，事实的例子还多得很，这里也无法逐一述及。只是特务残害善类、混淆黑白，从来自己不会说出，相反的倒说别人是残害善类、混淆黑白，刘瑾也正是如此。他曾于正德二年三月辛未那天，召群臣跪于金水桥南，假传圣旨宣示奸党，令鸿胪宣读。据说这圣旨是焦芳拟定的，兹录于下。一方面这就是刘瑾斥逐诸臣的一个名单，可以作为前面的总结或补遗。另一方面也可以从这假圣旨内看出刘瑾是怎样地极栽诬之能事。这里面口口声声在斥责别人，但反过来看，

[1] 《明史・刘瑾传》。

[2] 《明史・刘瑾传》。

[3] 《明史・刘瑾传》。

[4] 《明史・胡富传》卷一八六。

[5] 《明史・陶琰传》卷二〇一。

[6] 《明史・潘蕃传》卷一八六。

实无异句句都是说着自己。旨云：

> 朕以幼冲嗣位，惟赖廷臣辅弼，匡其不逮。岂意去岁奸臣王岳、范亨、徐智，窃弄威福，颠倒是非，私与大学士刘健、谢迁，尚书韩文、杨守随、张敷华、林瀚，郎中李梦阳，主事王守仁、王纶、孙磐、黄昭，检讨刘瑞，给事中汤礼敬、陈霆、徐昂、陶谐、刘蒞、艾洪、吕翀、任惠、李光瀚、戴铣、徐蕃、牧相、徐暹、张良弼、葛嵩、赵士贤，御史陈琳、贡安甫、史良佐、曹闵、王弘、任讷、李熙、王蕃、葛浩、陆昆、张鸣凤、萧乾元、姚学礼、黄昭道、蒋钦、薄彦徽、潘镗、王良臣、赵佑、何天衢、徐钰、杨璋、熊卓、朱廷声、刘玉，递相交通，彼此穿凿，曲意阿附，遂成党比。或伤残善类，以变上心；或变乱黑白，以骇众听。煽动浮言，行用颇僻。朕虽察审，尚务优容。后迹渐彰露，彼各反侧不安。因自陈俯遂其休致之情，若自偾则公谴谪之典。其敕内未罪者，吏部查令致仕，毋使恶稔，追悔难及。夫人臣以忠敬为本，不闻以阿附为荣，朕不明言暴白，群臣何以知悉。迩来朕一遵祖宗成宪，申明旧章，除宿弊，汰冗官，欲臻治理。尔文武群臣尚惟清白一心，恪恭乃职，必以光明正大为期，必以党比阿附为戒。且如张懋等，凡遇会奏论列，并无片言，随人符同，辄听诡计，列衔而行，朕皆尔释。以后毋蹈覆辙，自贻累辱。国有昭典，朕不轻贷。[1]

引 进 党 羽

刘瑾既然把不依附自己的朝臣斥逐殆尽，于是便尽量援引自己的党羽。好在他可以矫诏行事，口衔天宪，自然毫无困难。据史称，瑾败后言官交劾党附刘瑾的廷臣计有：

> 内阁则焦芳、刘宇、曹元。尚书则吏部张彩、户部刘玑、兵部王敞、

[1] 《弇山堂别集·中官考五》卷九十四。

刑部刘璟、工部毕亨，南京户部张澯、礼部朱恩、刑部刘瓔、工部李善。侍郎则吏部柴昇、李瀚，前户部韩福，礼部李逊学，兵部陆完、陈震，刑部张子麟，工部崔岩、夏昂、胡谅，南京礼部常麟，工部张志淳。都察院则副都御史杨纶、佥都御史萧选。巡抚则顺天刘聪、应天魏讷、宣府杨武、保定徐以贞、大同张禴、淮扬屈直、两广林廷选，操江王彦奇。前总督文贵、马炳然。大理寺则卿张纶，少卿董恬，丞蔡中孚、张桧。通政司则通政吴钺、王云凤，参议张龙。太常则少卿杨廷仪、刘介。尚宝卿则吴世忠，丞屈铨。府尹则陈良器，府丞则石禄。翰林则侍读焦黄中，修撰康海，编修刘仁，检讨段炅。吏部郎则王九思、王纳诲。给事中则李宪、段豸。御史则薛凤鸣、朱衮、秦昂、宇文钟、崔哲、李纪、周琳。其他郎署监司又十余人。[1]

至于这些人勾结依附刘瑾的详情，不可能一一备述，姑略举一二，以见一斑。

第一名焦芳就是因向刘瑾告密而得以入阁的。“芳……深结阉宦以自固……正德初……为吏部尚书。韩文将率九卿劾刘瑾，疏当首吏部，以告芳。芳阴泄其谋于瑾，瑾遂逐文及健、迁辈，而芳以本官兼文渊阁大学士，入阁辅政。”他入阁以后，对刘瑾更加谄媚，“每过瑾，言必称千岁，自称曰门下”[2]。其卑鄙无耻，以至于此！

刘宇在正德初年以右都御史总督宣府大同山西军务，刘瑾用事，便由焦芳介绍得和刘瑾来往，入左都御史，转兵部尚书，再代许进为吏部尚书。后来刘瑾想用张彩代他，便令他以原官兼文渊阁大学士。

曹元则是“自瑾侍东宫，即与相结。及瑾得志，遂夤缘躐至卿相，然琐琐无能，在阁中饮酒谐谑而已”[3]。

这两个家伙卑鄙无耻，一如焦芳。而焦芳和张彩引导刘瑾为非作恶，

[1] 《明史·焦芳传》卷三〇六。

[2] 《明史·焦芳传》卷三〇六。

[3] 《明史·焦芳传》卷三〇六。

其行为已不止于勾结，当于下面“狐群狗党”一节中详述之。

上面所举依附刘瑾的廷臣，实际上还不止此数。而刘瑾所委派的职位较低的官员，更是不可胜数，如他曾“悉遣党奄分镇各边。叙大同功，迁擢官校至一千五百六十余人，又传旨授锦衣官数百员”。甚至于“授播州土司杨斌为四川按察使，令奴婿閰洁督山东学政”。又因誊写《通鉴纂要》，连“装潢匠役悉授官”[1]。这是因为他那时可以随便下个条子就委官的，《明史·刘瑾传》称：

都指挥以下求迁者，瑾第书片纸曰“某授某官”，兵部即奉行，不敢复奏。

而吏兵两部如若进退文武官员，也得要上他那里去详议：

二年闰正月，刘瑾矫诏令吏、兵二部，凡进退文武官，先于瑾处详议。[2]

这样看来，刘瑾所委派的官员差不多可以说是遍于天下，无地无之。这里也无法一一详考了。

下面我们再看一看比刘瑾权力更大的魏忠贤。

2. 魏忠贤

魏忠贤原名进忠，后赐名忠贤，“少饮博无赖，触忿自阉，犹为人行汲。客某奇其貌，资直东宫。后柄用，客避去，其名姓无传焉。万历时，宫禄恒不给，皇孙（朱由校）苦之。诸阉戏曰：‘陛下万岁，殿下亦万岁，吾辈待小官家登极，鸿恩有河清耳。’而忠贤独恭敬，时进饮啖，中其欲”[3]。他又和由校的乳媪客氏私通，由校即位，他与客氏并得宠幸，

[1] 《明史·刘瑾传》卷三〇五。

[2] 谷应泰：《明史纪事本末》卷四十三。

[3] 谈迁：《枣林杂俎》逸典类。

迁司礼秉笔太监。忠贤不认字，照例是不应该入司礼的；以客氏的缘故得之，以后便逐渐干预朝政，排斥异己了。

排斥罢免纷纷若振槁

天启元年，首辅方从哲被劾在告，大学士刘一燝当国，力遏忠贤、客氏，“诸言官论客氏被谪者，一燝皆疏救，又请出客氏于外。及言官交章论沈㴶，㴶疑一燝主之，与忠贤、客氏等比，而龁一燝……一燝势孤”。后来魏忠贤的党羽霍维华、孙杰又上疏力攻一燝，一燝被逼求去，忠贤大喜，便从中极力主之。到天启二年正月，一燝“疏十二上，乃令乘传归”[1]。这是魏忠贤和内阁斗争的第一次胜利。这以后，接着一燝后面的三位首相——叶向高、韩爌、朱国祯都挨次被他逼走。

叶向高在起初的时候，还是想笼络魏忠贤的。“向高念忠贤未易除，阁臣从中挽回，犹冀无大祸。乃具奏称忠贤勤劳，朝廷宠待厚，盛满难居，宜解事权，听归私第，保全终始。忠贤不悦，矫帝旨叙己功勤，累百余言。向高骇曰：‘此非奄人所能，必有代为草者。’探之则徐大化也。”向高碰了这个钉子以后，魏忠贤便要更进一步地来对付他了。恰好那时有一位御史“林汝翥亦以忤奄命廷杖，汝翥惧，投遵化巡抚所。或言汝翥向高甥也，群奄围其邸大噪”[2]。在这样难堪的情形下，向高纵是想留下也无法再留了，于是便乞休归去。

向高去后，韩爌继为首辅。“向高有智术，笼络群奄，爌惟廉直自持，势不能敌。而同官魏广微又深结忠贤，遍引邪党。其冬，忠贤假会推事逐赵南星、高攀龙，爌急率朱国祯上言：‘陛下一日去两大臣，臣民失望。且中旨径宣，不复到阁，而攀龙一疏，经臣等拟上者，又复更易，大骇听闻，有伤国体。’忠贤益不悦，传旨切责。”接着便就借事逼韩爌退休，事情是这样的：原来按照明代旧例故事，内阁辅臣执笔批本的只限于首辅一人。魏广微想分这权，便嘱忠贤假传圣旨谕爌要“同寅协恭”，又责“次

[1] 《明史·刘一燝传》卷二四〇。

[2] 均见《明史·叶向高传》卷二四〇。

辅毋伴食”。这就是说魏广微也要参加批本。韩炉惶惧，便上疏乞休，疏中很发了些牢骚，得旨照准，而且还申斥几句，说是：“卿亲承顾命，当竭忠尽职。乃归非于上，退有后言。今复悻悻求去，可驰驿还籍。”[1]诸阁臣请照例加以体恤，都不准许。

韩炉去后，朱国祯继为首辅，当叶向高去职时便曾向国祯说过：“我去，蒲州（韩炉）更非其敌，公亦当早归。”及炉去，国祯继为首辅，时反对魏忠贤的人都已被排斥殆尽，“（魏）广微与忠贤表里为奸，视国祯蔑如”。在首相位不上一个月，又为魏党李蕃所劾，当然无法再留，三疏引疾求去，忠贤谓其党曰：“此老亦邪人，但不作恶，可令善去。”[2]所谓“善去”，便是宰相告休时一些照例的优待，总算比韩炉去职时体面一些。

这三个首相的退休，前后不过是半年之间的事，叶向高是七月致仕的，韩炉是十一月，朱国祯是丨二月。从这以后，就“居政府者皆小人，清流无所依倚”[3]了。

魏忠贤于天启元年当政，至天启七年自缢，擅政凡七年之久。在七年之中，一切异己，排斥净尽，真正做到了“朝署一空”。那时凡是不依附他的人，一律指为“东林党”。天启五年十二月他曾矫诏颁布了一个“东林党人榜”，宣示天下[4]。列名其中的“生者削籍，死者追夺，已经削夺者禁锢”[5]。一共三百零九人，兹据《酌中志余》所载，照录如下：

李三才　叶向高　顾宪成　邹元标　赵南星　左光斗
高攀龙　杨　涟　魏大中　周朝瑞　袁化中　顾大章
汪文言　周顺昌　缪昌期　周宗建　黄尊素　丁乾学

[1]《明史·韩炉传》卷二四〇。

[2]《明史·朱国祯传》卷二四〇。

[3]《明史·叶向高传》卷二四〇。

[4]《明史·熹宗本纪》卷二十二。

[5] 佚名：《酌中志余》卷上。

吴裕中	万　燝	吴怀贤	刘　铎	周起元	夏之令
李应昇	熊廷弼	鹿善继	吕维祺	孙承宗	贺逢圣
汪乔年	范景文	焦源溥	侯震旸	贺　烺	蔡懋德
惠世扬	李　亥	顾宗孟	魏光绪	练国事	蒋允仪
解学龙	刘　懋	赵洪范	吴尔成	刘宗周	万言扬
陈于廷	朱国祯	孙　铣	王　纪	黄公辅	涂世业
季希孔	汤兆京	章嘉祯	王象春	孙居相	孙鼎相
乔允升	钱谦益	曹于汴	黄正宾	邹维琏	孙慎行
房可壮	曾　樱	丁元荐	游士任	王之雅	崔景荣
刘宪宠	程正己	涂一榛	方震孺	王允成	徐宪卿
陈必谦	冯从吾	郑三俊	文震孟	郑　鄤	毛士龙
李炳恭	李邦华	史纪事	夏嘉遇	甄　淑	刘思海
许誉卿	熊奋渭	郝士膏	章允儒	熊德扬	欧阳调律
刘　璞	张慎言	马鸣起	江秉谦	李日宣	乔可聘
刘　芳	薛敷教	沈思孝	顾允成	徐石麒	周嘉谟
刘一燝	翟学程	韩　爌	杨惟休	蔡毅中	宋　槃
张拱宸	沈正宗	王　洽	王心一	李宗延	倪　思
张鹏云	程　注	赵世用	方员度	沈维炳	朱钦相
姚思仁	胡良机	杨　姜	萧　基	李遇知	霍守典
汪应蛟	杨维新	蒋大中	姚希孟	胡永顺	麻　禧
魏应知	汪时熙	陈士元	杨建烈	宋师襄	乔承诏
潘云翼	吴良辅	李乔崙	翁正春	朱大典	陈奇瑜
吴宏业	孙绍统	洪如钟	欧阳东凤	杜三策	朱国弼
林汝翥	杨栋朝	王振奇	赵　彦	唐绍尧	周洪谟
陈道亨	岳元声	张问达	周汝弼	张继孟	刘廷佐
史永安	田　珍	段　然	方逢年	李继贞	顾锡畴
黄承业	李若星	师　众	毕佐周	李承恩	王之寀
邓　渼	何栋如	吴用先	孟淑孔	许念敌	熊明遇
何士晋	黄龙光	杨时乔	卢化鳌	徐良彦	钱士晋
施天德	王　图	翟凤翀	陈一元	陈长祚	毕懋康

李腾芳　　赵昌运　　彭遵古　　程国祥　　朱光祚　　徐如珂
钟羽正　　蒋正阳　　林乔枝　　韩　策　　汪先岸　　郭正域
孙丕扬　　胡　忻　　王元翰　　王宗贤　　余懋衡　　孙　玮
李孔度　　李仙品　　周道登　　朱世守　　杨一鹏　　陆完学
陈良弼　　陈　言　　李　玄　　王祚昌　　翟　铁　　杨新期
谈自省　　马孟祯　　韩奇象　　方有度　　金世俊　　米万钟
王继谟　　李思诚　　方大任　　陶朗先　　陈熙昌　　张国纯
何如宠　　戴　忠　　冯　琦　　刘元珍　　姜志礼　　于孔兼
耿如杞　　区九伦　　梅之焕　　姜习孔　　侯　恪　　韩　霖
易应昌　　江东之　　宋　焘　　钱龙锡　　姜逢元　　陈一敬
刘　策　　陈子壮　　黄道周　　王淑汴　　满朝荐　　沈　演
刘鸿训　　成基命　　王国兴　　张国纪　　杨嘉祚　　汪康谣
史孟麟　　安希范　　李复阳　　林　宰　　张永祯　　刘起肤
陈新之　　朱　灏　　刘宪章　　韩钟勋　　周孔教　　黄毓祺
贺王醇　　赵德遴　　孟称光　　刘斯陛　　戴　埙　　陈仁锡
刘弘化　　吴道坤　　张道濬　　李守俊　　刘之凤　　王钟庞
公　鼐　　吴弘济　　刘士章　　张经世　　徐遵阳　　侯　恂
徐缙芳　　萧　近　　彭汝南　　沈应时　　薛文周　　陈邦瞻
赵清衡　　何吾驺

这一榜人物，廷臣方面，上自大学士部院，下至台省部曹；外臣方面，上自督抚，下至郡邑，一应俱全。真正是一网打尽了！

当时像这一类的名单还有几个，如崔呈秀的《东林同志录》、王绍徽的《东林点将录》，以及无名氏的《东林朋党录》《盗柄东林夥》等，其所列姓名与此榜均大同小异。至于这些人被罢斥的年月，以及经过的情形，不外是栽诬陷害。这里为节省篇幅计，就不一一称引了。

群小盈朝

魏忠贤既将异己朝臣斥退无余，自己的党羽自然大量进用，同时还有一些没骨气的家伙也就争于归附。《明史·魏忠贤传》卷三〇五称：

当此之时，内外大权一归忠贤。内竖自王体乾等外，又有李朝钦、王朝辅、孙进、王国泰、梁栋等三十余人，为左右拥护。外廷文臣则崔呈秀、田吉、吴淳夫、李夔龙、倪文焕主谋议，号“五虎”；武臣则田尔耕、许显纯、孙云鹤、杨寰、崔应元主杀僇，号“五彪”；又吏部尚书周应秋、太仆少卿曹钦程等号“十狗”；又有“十孩儿”“四十孙”之号。而为呈秀辈门下者，又不可数计。自内阁六部至四方总督、巡抚，遍置死党。

这些人勾结依附魏忠贤的情形，其最卑鄙无耻的当于下节“狐群狗党”中详述之，这里便一概从略。至于这些人的姓名，在魏忠贤败后，朱由检曾命大学士韩爌、李标、钱龙锡，吏部尚书王永光，刑部尚书乔允升，左都御史曹于汴共同拟定下一个“逆案”，“案名罗列，无遗脱者”[1]。于崇祯二年三月颁布天下，是一张很完备的“魏党”名单，和前面魏忠贤颁布的“东林党人榜”倒是“前后辉映”了。兹先据《明史》所载，然后再以“钦定逆案”[2]参校补录如下。《明史·崔呈秀传》：

首逆凌迟者二人：魏忠贤、客氏。

首逆同谋决不待时者六人：（崔）呈秀及魏良卿，客氏子都督侯国兴，太监李永贞、李朝钦、刘若愚（按：若愚后又得释）。

交结近侍秋后处决者十九人：刘志选、梁梦环、倪文焕、田吉、刘诏、薛贞、吴淳夫、李夔龙、曹钦程，大理寺正许志吉，顺天府通判孙如洌，国子监生陆万龄，丰诚侯李承祚，都督田尔耕、许显纯、崔应元、杨寰、孙云鹤、张体乾。

结交近侍次等充军者十一人：魏广微、周应秋、阎鸣泰、霍维华、徐大化、潘汝祯、李鲁生、杨维垣、张讷，都督郭钦，孝陵卫指挥

---

[1] 《明史·崔呈秀传》卷三〇六。

[2] 全文见文秉：《先拨志始》卷下。

李之才。

交结近侍又次等论徒三年输赎为民者：大学士顾秉谦、冯铨、张瑞国、来宗道，尚书王绍徽、郭允厚、张我续、曹尔桢、孟绍虞、冯嘉会、李春烨、邵辅忠、吕纯如、徐兆魁、薛凤翔、孙杰、杨梦衮、李养德、刘廷元、曹思诚，南京尚书范济世、张朴，总督尚书黄运泰、郭尚友、李从心，巡抚尚书李精白等一百二十九人。

交结近侍减等革职闲住者，黄立极等四十四人。

忠贤亲属及内官党附者又五十余人。

这里交结近侍又次等的一百二十八人，除上面已见二十六人外，其余姓名据“逆案”是——李蕃、朱童蒙、李春茂、谢启光、徐绍吉、杨所修、贾继春、阮大铖、姚宗文、陈九畴、亓诗教、赵兴邦、傅櫆、安伸、孙国桢、郭巩、李恒茂、秦士文、张文熙、杨惟和、何廷枢、陈朝辅、许宗礼、卓迈、卢承钦、陈尔翼、石三畏、郭兴治、刘徽、智铤、何宗圣、王珙、汪若极、陈维新、门克新、游凤翔、田景新、吴殿邦、杨邦宪、郭增光、单明诩、王点、李嵩、牟志夔、张三杰、毛一鹭、张文郁、周维持、徐复阳、黄宪卿、许其孝、张素养、王裕、梁克顺、刘弘光、温皋谟、鲍奇谟、陈以瑞、庄谦、龚萃肃、李应荐、何可及、李时馨、刘渼、王大年、佘合中、徐吉、宋祯汉、张汝懋、许可徵、刘述祖、李灿然、刘之待、孙之獬、吴孔嘉、李寓庸、潘士闻、王应泰、张元芳、阮鼎铉、李若琳、张永祚、周良材、曾国祯、张化愚、李桂芳、张一经、陈殷、夏敬承、周宇、魏豸、郭希禹、頡鹏、李际明、魏弘政、岳骏声、郭士望、张聚垣、周锵、徐四岳、辛思齐、胡芳桂。

交结近侍减等黄立极等四十四人姓名是——黄立极、施凤来、杨景辰、房壮丽、董可威、李思诚、王之臣、胡廷宴、张九德、冯三元、乔应甲、杨维新、朱国盛、冯时行、吕鹏云、董懋中、周昌晋、虞廷陛、杨春茂、徐景濂、陈保泰、郭兴言、周维京、徐扬先、陈序、曹谷、朱慎鋻、郭如暗、何早、虞大复、叶天陛、邸存性、葛大同、欧阳充材、夏之鼎、张九贤、李宜培、谭谦益、吴士儁、徐溶、潘舜历、李三楚、童舜臣、陈守瓒。

至于“忠贤亲属及内官党附者又五十余人”，据“逆案”则是四十四人，分见“逆孽军犯”及“谄附拥戴”两项之下，姓名是——魏志德、魏良栋、魏鹏翼、魏抚民、魏希孔、魏希舜、魏希尧、魏希孟、魏鹏程、傅应星、杨六奇、客光先、徐应元、刘应坤、王朝辅、涂文辅、孙进、王国泰、石元雅、赵秉彝、高钦、王朝用、葛九思、司云礼、陶文、纪用、李应江、胡明佐（以上“逆孽军犯”），李实、李希哲、胡良辅、崔文昇、李明道、刘敬、徐进、冯玉、杨朝、胡宾、孟进宝、刘镇、王体乾、梁栋、张守成、商承德（以上“谄附拥戴”）。

又“逆案”中还附有《明史》所没提到的“逆案漏网”三十六人，计——张枢、赵胤昌、袁鲸、王业浩、张惟一、薛国观、叶有声、李应公、陈睿谟、曾应瑞、黄承昊、杨维岳、苏兆先、王时英、丘兆麟、王际逵、陈世竣、蔡国用、邢绍德、李光春、吕下问、田一甲、朱之俊、徐时泰、陈具荐、张士范、陈盟、曾楚卿、姜逢元、余煌、朱继祚、华琪芳、张翀、杨世芳、吴士元、李光祚、李起元、王永光、张惟贤、王在晋、林宗载、吴弘业、段国璋、常胤绪、李觉斯、庄起元、李国橧、苏茂相、汤国祚、李守锜、袁炌、史永安、张凤翼、梁应泽、袁崇焕、李诚铭、梁世勋。

总计以上一共是二百八十九人，其中包括上自大学士九卿，下至郡县官吏，甚至监生们。这些人之于魏忠贤已经谈不上是勾结，因为所谓“勾结”，还是彼此站在平等的立场，而这些人呢，或是干儿，或是义孙，或上疏颂德，或修建生祠，谄媚逢迎，无所不至，早已自居于奴才的地位了。至于这些人之中，其尤卑鄙无耻者，当别见下节，不赘于此。

总括看来，有明一代，宦官特务操纵群臣进退，可以说是盛于刘瑾而极于魏忠贤。刘瑾在当时虽也是一手遮天，满朝俯首，但究竟还没有做到“清一色”的地步。至于忠贤则私党遍于天下，高踞万人之上，俨然是皇帝模样了。以一个宦官而竟至此，在历史上确是一件空前绝后的事，而特务政治发展至此，也可以说是登峰造极了。

第二节　一切行政的兴革干预

（一）水银泻地无孔不入

1. 从内政到外交

出　席　阁　议

明代统治者派宦官干预政治，最重要的一件事便是出席阁议。本来司礼太监的职务是“掌理内外章奏”，“照阁票批硃”，国家一切军政大事，他们早已干预，再出席阁议，则不仅是干预，并且可以主持了。

统治者派宦官出席阁议，除了因为不信任阁臣，派他们去监视侦察而外，还有一个原因。原来明代帝王是不大和大官们见面的，到中叶以后，这情形更加厉害。赵翼曾据《明史》略加统计，从朱见深成化七年到朱祐樘弘治十年，凡二十五六年之久，这两个皇帝都和廷臣没有见面。一直到弘治十五六年，朱祐樘才稍稍接见阁臣，但不久就死了。朱厚照是个荒唐万分的皇帝，南北游涉，廷臣之不得见，更不待言。朱厚熜嘉靖三年以后，就渐疏大臣，一直到二十九年才召见一次。以后更无召见之事，四十余年之间（朱厚熜在位四十五年），仅仅就是这一次而已！朱载垕即位后三年还没有和廷臣见面，而他在位也不过六年。朱翊钧和他的祖父朱厚熜差不多，在位甚久，凡四十八年。但从十七八年以后三十年之间，只因“梃击”事召见群臣一次，其余都是深居宫内。朱由校童昏愚昧，就更不必谈了。“统计自成化至天启，一百六十七年，其间延访大臣，不过弘治之末数年，其余皆帘远堂高，君门万里。”[1]在这样情形之下，皇帝假如有什么事要内阁办理，或是内阁票来奏章需要商讨，便一律叫司礼太监代表前往，这样一来，太监们俨然是阁议的主席了。所以他们如有什么意见，阁臣是很少有违抗的。下面一则故事，可以看出这些太监参加阁议时，阁臣是怎样诚惶诚恐地会见他们。

---

[1] 赵翼：《陔余丛考》卷十八。

东白先生张吏侍延祥云："自余登朝，而内阁待中官之礼凡几变：英庙天顺间，李文达公贤为首相，司礼监巨珰以职事至者，便服接见之，事毕，揖之而退。后彭文宪时继之，门者来报，必衣冠见之，与之分列而坐。阁老面西坐东，太监第一人位对阁老第三人，常虚其上二位。后陈阁老文则送之出阁，后商阁老辂又送之下阶，后万阁老安又送至内阁门矣。今凡调旨议事则掌司礼者间出，其余或使小竖并用事者传命而已。"（原按：东白所言内阁送迎中官之礼，先后渐变固是，但言彭分列而坐，后陈送之出阁非也。成化丙戌李文达卒，陈为首，陈卒，彭继之）。[1]

从这一段事实中可以看出，似乎在李贤时候，司礼太监还不敢太放肆，不过实际上并不如此。当时司礼太监曹吉祥就曾派人喊过李贤去说话，后来李贤虽然严词拒绝没有去，但也由此可见那时太监早已不把阁臣放在眼中了。至于"使小竖传命"，也不必到朱见深末年，李贤死后，便是如此。这些都见于陆容《菽园杂记》卷四：

李文达公贤在内阁时，太监曹吉祥尝在左顺门，令人请说话。文达语云："圣上宣召则来，太监请不来也。"曹乃令二火者掖而至，文达云："太监误矣，此处乃天子顾问之地，某等乃谨候顾问之官。太监传圣上之命，有事来说，自合到此，岂可令人来召耶？"曹云："吾适病足耳，先生幸恕罪也。"闻李公殁，有事，司礼监只令散本内官来说，太监不至。今日阁老请太监议事，亦不至矣。

太监所派遣的传命小竖，多半是文书房的宦官，其程序是皇帝的命令传给司礼太监，太监传给文书房，文书房再传给内阁，这现象在朱祐樘时便已十分普遍，刘健就曾经谏奏过。

[1] 《弇山堂别集》卷二十五。

弘治十二年九月大学士刘健奏："今朝参讲读之外，不复见天颜，即司礼监亦少至内阁。上有命令，必传之内侍。内侍传之文书房，文书房传至内阁。臣等有陈说，亦必宛转如前达至御前。"[1]

所以，沈德符于此颇致深慨，而认为这现象是由来已久：

孝宗朝最称宫府一体，而阁臣密奏与主上密谕，上下传达，必内臣数转而始得寓目，盖扞格之端开已久矣。[2]

不过遇有特旨大事，太监们还是要亲来内阁商议的，这所谓商议，有时简直就是命令，根本没有讨论余地。梗直一点的阁臣，便对抗一番，有时也有点效果，软弱一点的呢，就只有遵命奉行了。在朱见深时便有两次阁议争辩得颇为热闹。第一次是为了上太后尊号的事，当时阁臣彭时争辩得甚为激烈，他亲记那时情况云：

二十三日议上两宫尊号，内臣夏逢迎（按指逢迎见深生母周贵妃也），倡言曰"钱（后）久病，只尊所生母为太后"。李（贤）曰："今日合遵遗命。"……夏曰："待请命。"既入，少顷出，传仁寿宫（按：周贵妃所居宫）旨曰："子为皇帝，母当为太后，岂有无子而称太后耶？宣德中自有例。"李色变，知事不成，因谓时曰："尔执笔。"时曰："今日事与宣德年不同，胡后曾上表让位，退居别宫，故正统初不加尊号。今名分固在，岂得不尊？"夏曰："既如此，便照例写让表。"牛（玉）亦助其言。时曰："正统、天顺初未曾如此行，今日谁敢擅写！为臣子者若阿谀顺从，是万世罪人也！"同议者心知不可，皆不发言。夏见诸人不言，乃作色厉词曰："你每偏向，怀二心，恐追究来不好。"时拱手向天曰："太祖太宗，神灵在上，谁敢有二心？钱娘娘已无后，

[1] 《万历野获编补遗》卷二，《内阁密封之体》。

[2] 《万历野获编补遗》卷二，《内阁密封之体》。

何所利而为之争？所以不敢不极言者，为全皇上圣德，非有他也，若推大孝之心，则两宫同尊为宜。”众乃皆曰：“如此事好。”夏色少怡，乃入请命，良久出曰：“得上位再三劝谕，已蒙俞允矣。”……是日同议惧逆夏意，有后患，隐然不言，唯李开端，时极力继其后……后数日，太监覃包至阁下言：“近日同尊二母，是上孝德同心，但屈于亲母，有难言者……非二先生力争，几误大事。为大臣正当如此，彼默默者，徒享厚禄何为？”时同僚有未发者，面听覃语有惭色。[1]

从这场争辩中可以看出宦官是怎样蛮横，阁臣是怎样受逼，正直一点的只好向天叫“太祖太宗”，怯懦一点的便只有“默默”了。这个“默默”的同僚，据《明史・彭时传》卷一七六载是当时阁臣陈文。

第二次是在成化十三年五月，大学士商辂、万安、刘翊、刘吉等上疏请罢西厂，并论汪直之罪，引起了朱见深的震怒，便——

命司礼监太监怀恩、覃昌、黄高至阁下，厉色传旨，谓辂等曰：“朝廷用汪直缉访奸弊，有何坏事？尔等遽如此说，是谁先主意？”辂等对曰：“汪直违祖宗法，坏朝廷事，失天下心。辂等同心一意为朝廷除害，无有先后。”恩曰：“不然，圣意疑此奏未必四人同然下笔，必有先之者。”安曰：“汪直挟势害人，人人要说，但不敢耳。某等同受朝廷厚恩，同一主意，谁独为先。”翊奋然泣曰：“某等奉侍皇上于青宫，迨今已二十年，幸而朝廷清明，四方无事，今忽汪直为害，使远近不安，何忍坐视？某等誓不与彼共戴天。”吉曰：“汪直之罪，纵使某等不言，不日必有言之者。今既奏入，贬黜谪罚，亦唯命耳，所不避也。”于是恩降辞色，徐曰：“朝廷命恩等开具奏之由，今皆执论如此，当具实回话。倘上召问，幸勿变前言。”辂等曰：“唯。”恩等去。[2]

[1] 彭时：《彭文宪公笔记》。

[2] 《弇山堂别集・中官考三》卷九十二。

经过这次辩论，西厂总算暂时罢设。但在这会议中，太监们的质问简直和考讯差不多，这态度实在谈不上是会商协议的态度。

朱见深时还有两次兵戎大事也是派司礼太监到内阁去商议。一次是成化四年都御史项忠讨满四不利，朝议命抚宁侯朱永将京军往援，朱见深曾派“中官怀恩黄赐偕兵部尚书白圭程信等至阁议”[1]。另一次是成化十四年春辽东巡抚陈钺“以掩杀冒功激变，中官汪直欲自往定之。帝令司礼太监怀恩等七人诣内阁会兵部议。恩欲遣大臣往抚，以沮直行。(马)文升疾应曰：‘善。’恩入白帝，即命文升往”。[2] 怀恩是明代太监中比较好的一个，这次不要汪直去的意见也是对的，但却由此可以看出太监在阁议中发言的重量。

朱祐樘曾有一次召阁臣至文华殿议事，这在明代帝王中是极稀有的事。但就在这稀有盛事中，仍有司礼太监列席：

> 丁巳三月，宣内阁臣徐溥、刘健、李东阳、谢迁至文华殿，上曰：“近前。”于是直叩御榻。司礼监诸太监环跪于案侧。上曰：“看文书。”诸太监取本付溥等。又分置硃砚笔，授片纸数幅。上曰：“与先生辈计较。”溥等看毕，相与议定批辞，以次陈奏。得允，乃录于纸上以进。[3]

朱厚照时也有两次阁议，阁臣和太监们争辩得很热闹。

第一次就是为了刘健等上疏请诛刘瑾，朱厚照派司礼太监王岳、李荣、范亨、徐智等八人赴内阁会议，一天之内竟去了三次。朱厚照的意思是想把刘瑾等安置南京，但是刘健、谢迁的意思却非杀不可。刘健甚至推案大哭，说道：“先帝临崩，执老臣手，付以大事，今陵土未干，

[1] 《明史·彭时传》卷一七六。

[2] 《明史·马文升传》卷一八二。

[3] 《治世余闻》上篇，卷二。

使若辈败坏至此，臣死何面目见先帝！”说得声色俱厉。太监王岳也终于受了感动，连声说：“阁议是。”[1] 这次结果虽然刘健、王岳等都失败，但会议情形是颇为精彩的。

第二次是在正德十四年，宁王朱宸濠反，八月朱厚照率师亲征，自称威武大将军。传旨内阁，令大学士杨廷和草敕。廷和说道：“朝廷亲征，奉行天讨，谁敢云差遣？又谁敢称威武大将军？”力辞不肯。于是——

> 中使复奏，少顷，上命萧敬等十人及谷大用、张永、钱宁至阁中，以阻挠军机促敕，公曰：“朝廷命臣下行事，乃用敕亲征，将谁敕乎？”敬曰：“上旨严切，今日无敕令，敬等自投金水河死，不容见也。”公曰：“公等必不死，朝廷止罪廷和一人耳，可以此言奏，再迟一年，亦不敢异初议也。”张锐、钱宁色怒曰：“上意决欲如此。”公曰：“天子有争臣，我辈意亦决欲如此。”萧等去，未几即来，相率跪拜花台下。公曰：“诸公贵人也，以此相待，置我于何地？我所知者，祖宗之法耳。‘奉天承运皇帝’六字，万世谁敢改称为此号耶？”萧等知不可夺，乃去。[2]

这次太监们虽然没有胜利，但气势汹汹，用死来要挟，这气焰也就够人难堪了。至于“相率跪拜花台下”，那也不是乞求，而是赌气，不然杨廷和为什么惶恐起来，说是“置我于何地”呢？

监　国

宦官参加阁议，而且可以左右阁议，这权力早凌驾宰相之上，所以后来竟叫宦官会同宰相来“摄政”了。原来在专制帝王时代，每当皇帝死去，新皇帝守丧不能视事的时候，照例是由宰相“摄政”的，所谓“百官听命于冢宰”。但在明代却由宦官领头，大臣反在其次，这实是前所

[1] 参见《明史·刘健传》；《弇山堂别集·中官考五》卷九十九。

[2] 《弇山堂别集》卷二十六。

未有的事，如朱祁镇死时，太子见深便这样办过：

> 是日有旨：命太监刘永诚、夏时、傅恭、牛玉会会昌侯孙继宗、怀宁伯孙镗，尚书王翱、李贤、年富、马昂，侍郎陈文并时为议事官，公同计议，处置军国重务，遵宣德十年例也。[1]

既然是“遵宣德十年例”，可见远在朱瞻基死时便已是如此了。

后来朱厚照南征宸濠时，便索性叫宦官“监国”。按照旧例，皇帝离开京师，应该是太子监国的，这就是代理皇帝。而现在竟派宦官来担任，并且敕谕宰相知道，这也是前所未有的事。这事的经过和敕谕，《弇山堂别集》卷十三记载甚详：

> 上南征宁庶人，是时无监国者，内则司礼太监萧敬等，大学士杨廷和、毛纪。外则五府会昌侯孙铭等，六部尚书陆完等，厂卫太监张锐等，团营太监谷大用、兵部尚书王琼等，皆有敕……今按正德内阁敕可考者：“皇帝敕谕大学士杨廷和等：朕今亲统六师，奉行天讨，剿除反逆，以安宗社。尚念根本重大，居守无人，一应合行事务，恐致废弛，特命尔等依照内阁旧规，同寅协恭，勤慎供事。每日司礼监发下在京在外各衙门题奏本，俱要一一用心看详，拟旨封进，奏请施行。其奏有军机紧急重大事情，合用军马钱粮器械关防符验之类，尤要详加审处，拟旨封进，听司礼监一面奏闻定夺，一面发各衙门依拟议处，毋致迟滞误事。尔等受兹重托，尤须尽心竭力，维持公道，不许徇私执拗，如违，责有所归，尔等其钦承之。”

这敕谕中一则说“司礼监发下在京在外各衙门题奏本，俱要一一用心看详”，再则曰“听司礼监一面奏闻定夺”，简直是明令宰辅要听命于司礼太监了，统治者信任宦官之专，竟以至于此！这事在明代虽然只

[1] 《彭文宪公笔记》。

此一次，但就凭这一次，就足够说明太监在统治者心目中的地位了。

处理内外一切奏章

明代统治者派宦官干预政治，除了要他们参加阁议这一重要事件而外，其次便是叫他们处理内外一切奏章。如若那时的统治者不太糊涂，他们还不敢过于胡来，假使是个昏庸的家伙，那他们就可以闹得不像话了。如朱厚照时的刘瑾批答奏章竟拿到自己家里和别人商议：

> 瑾不学，每批答章奏，皆持归私第，与妹婿礼部司务孙聪、华亭大猾张文冕相参决，辞率鄙冗（按：《中官考六》云："或多累数百言，往往有不可解者。"）焦芳为润色之。[1]

而当时群臣，事无巨细，必先关白刘瑾，而后奏闻。在外边镇以下官奏事，都是写成两份，以纸色分别，"先具红揭投瑾，号红本，然后上通政司，号白本"[2]，这简直是两个朝廷模样了。

朱翊钧时司礼太监冯保也是叫人代阅章奏的。《明史·李植传》卷二三六称：

> 十年冬，张居正卒，冯保犹用事。其党锦衣指挥同知徐爵居禁中，为阅章奏，拟诏旨如故。

有一次内阁奏事，他没有预闻，竟发脾气破口大骂起来：

> 居正以遗疏荐其座主潘晟入阁，保即遣官召之……晟中途疏辞。内阁张四维……拟旨允之，帝即报可。保时病起，诟曰："我小恙，

[1] 《明史·刘瑾传》卷三〇四。

[2] 参见《弇山堂别集·中官考五》卷九十四；《明史·刘瑾传》。

据无我耶！”[1]

朱翊钧时还有个怪现象，便是章奏递进，宦官们可以随便拆开来看：

故事，章疏入会极门，中官直达之御前，至是必启视然后进御。（曹）于汴谓乖祖制，泄事机，力请禁之。[2]

冯保之后，司礼太监田义甚至扣留章奏。万历二十年刑部员外郎于玉立特为此奏称：

田义本一奸竖，陛下宠信不疑。迩者奏牍或下或留，推举或用或否，道路籍籍，咸谓义簸弄其间。[3]

到了魏忠贤的时候，章奏的处理，就越发不成话了，兹录蒋之翘《天启宫词》所记二事，以见一斑：

凡章奏付王体乾、梁棟石、石元雅、李永贞、涂文辅诸监分看，遇要处即钤一白纸条，复于面叶上用指掐一重痕，关白忠贤。

贤擅政，各衙门章奏俱不由阁票，特用内旨，生杀予夺，惟贤与体乾为之。

而看奏章竟违例地跑到大殿去看，并且高声朗诵讲解起来：

旧制掌印率秉笔太监看文书俱在直房，忠贤、体乾等公然于乾清大殿上看。硬折实封，高声朗诵。贤不识字，体乾又为讲解。

---

[1] 《明史·冯保传》卷三〇五。

[2] 《明史·曹于汴传》卷二五四。

[3] 《明史·丁元荐传》卷二百三十六。

甚至魏忠贤因事出京，一切奏章都还要派人送往所在地，听候定夺：

> 贤往涿州进香，凡章奏要事托李永贞、石元雅、涂文辅，各派站马急驰，候贤可否。

另外，还有与宦官处理内外章奏有关的一件事，也可以附在这里说一下。那便是通政司两个参议，照例由宦官会同大臣挑选：

> 通政为大九卿之一，然两参议以读本为职，皆选仪貌正而声音洪者。其选时以大珰同大臣莅之，跪一香案前，震喉疾呼。间亦有不中选者。[1]

选中以后，则“例于莅选大珰投刺称门生”，所以，“有志者俱不屑就，或郎署为堂官所开送，多婉转避之，至有堂属相诟詈者”[2]。

为什么这两个参议宦官定要自己去挑选呢？这原因是由于通政司职务是“掌受内外章疏敷奏封驳之事。凡四方陈情建言，申诉冤滞，或告不法等事，于底簿内誊写诉告缘由，赍状奏闻”[3]。这是一个通达各方情事的机关，所以，统治者必须使宦官们去掌握它，但通政使究竟是朝廷九卿，不能胡乱叫宦官去选。所以，便叫他去选其所属的参议。有了“门生”在这机关里，那么，一切事情自然没有不知道的了。

创立法制更改旧章

宦官除了参加阁议，处理奏章，直接干预政治而外，有些时候他们竟创立法制，有所兴革。换句话说，便是他们可以随意立法。最著名的

[1] 《万历野获编》卷二十，《通政司官》。

[2] 《万历野获编》卷二十，《通政司官》。

[3] 《明史·职官志二》卷七十三。

例子便是刘瑾。

刘瑾自正德元年用事，五年伏诛，专权凡四年有余。其间改变法制，据《明史·刘瑾传》称瑾伏诛后，“廷臣奏瑾所变法，吏部二十四事，户部三十余事，兵部十八事，工部十三事”。其中最重要的，如像吏部方面，各地抚按官可以径自差委州县正官。兵部方面，各处镇守内外官可以请敕总制三司，裁决各衙门大小事。户部方面，差官查盘钱粮，等等。[1]这查盘钱粮为害甚烈，《明史纪事本末》卷四十三云：

> （正德二年十一月）始遣科道查盘各边刍粮。刘瑾素知边方召商中纳积弊，遣科道官三年一次查盘。回奏内有粮粗秕草浥烂者，瑾矫旨逮系各巡抚及管粮郎中下狱。既至，锁扭押至所任地方，勒令加倍赔偿。凡各商人纳过粮草，未给价银，皆没官不给。由是商贾困弊，边储日乏。

此外，还有不在上述各事之中的一些改变法制的事，如取回天下巡抚官，《万历野获编》卷二十二云：

> 正德二年十一月，刘瑾乱政，取回天下巡抚官。瑾诛，复设如故。

而箬陂《继世纪闻》卷三则记载此事较详：

> 逆瑾又欲革天下巡抚官，云旧制所无，天顺间亦曾革罢，遂将各处巡按都御史取回。后与内阁议不可，止将腹里巡抚革去，其漕运及边方都御史俱不革。又欲将各衙门添设官及提学兵备悉行裁革，内阁议提学不可革，从之。

又不准余姚人做京官：

[1] 《弇山堂别集·中官考六》卷九十五。

瑾以谢迁故，令余姚人毋授京官。[1]

又增减江西、陕西、河南乡试名额：

正德五年，礼部覆占城国使人亚刘凌迟处死罪名。刘本江西万安籍人，瑾矫旨谓江西土俗自来多玩法者，如彭华、李裕、尹直、徐琼、李孜省、黄景数人，多招物议，难以备举。且其地乡试解额数多，今宜裁革十五名，仕者不许选除京职。盖大学士焦芳有憾于华等故也。[2]

瑾又自增陕西乡试额至百名，亦为（焦）芳增河南额至九十名，以优其乡士。[3]

甚至干涉会试，增加名额。

正德戊辰（三年）大学士王鏊、尚书梁储主会试。相传刘瑾以片纸书五十人姓名欲登第，因开科额三百五十人。[4]

这所谓“相传”，怕是不会假，《万历野获编补遗》卷二亦云：

正德三年戊辰科……是科或传刘瑾以片纸书五十人姓名入闱，主者有难色，瑾特为增额五十名。其事未必真，而刘宇之子仁，焦芳之子黄中，俱以奸党冒上第。又传奉黄中等八人为庶常，俱非常之事。

[1] 《明史·刘瑾传》。

[2] 《弇山堂别集·中官考六》卷九十五。

[3] 《明史·刘瑾传》。

[4] 王世贞：《凤州杂编》四，《刘瑾片纸书姓名》。

刘瑾又创行罚米法。

复创罚米法，尝忤瑾者，皆擿发输边。故尚书雍泰、马文升、刘大夏、韩文、许进，都御史杨一清、李进、王忠，侍郎张缙，给事中赵士贤、任良弼，御史张津、陈顺、乔恕、聂贤、曹来旬等数十人，悉破家，死者系其妻孥。[1]

又创用枷法。

创用枷法，给事中吉时，御史王时中，郎中刘绎、张玮，尚宝卿顾璇，副使姚祥，参议吴廷举等，并摭小过，枷濒死，始释而戍之。[2]

以上所举，都是些荦荦大者，其他的更革事件，难以一一备述，姑摘录当时朝臣弹劾的奏章一二节，以见一斑。正德元年左都御史张敷华奏称刘瑾干政情形：

四十万库藏已竭，而取用不已。六七岁童子何知，而招为勇士。织造已停，传奉已革，寻复如故。盐法、庄田方遣官清核，而奏乞之疏随闻。中官监督京营、镇守四方者，一时屡有更易。政令纷拏，弊端滋蔓。[3]

同年工部尚书杨守随奏：

（刘瑾）窃揽威权，诈传诏旨，放逐大臣，刑诛台谏，邀阻封章，

[1] 《明史·刘瑾传》。

[2] 《明史·刘瑾传》。

[3] 《明史·张敷华传》卷一八六。

广纳货赂。传奉冗员，多至千百，招募武勇，收及孩童。紫绶金貂尽予爪牙之士，蟒衣玉带滥授心腹之人。[1]

这些恢复传奉织造，滥授紫绶蟒衣，都是属于变更法制的事。而招募六七岁孩子做勇士，更是荒唐到无以复加了。还有更可笑的则是“选除两广、南直隶、浙江官不用邻省人，漕运都御史不用江南人”[2]，也不知他闹得是什么鬼把戏。

刘瑾以后，魏忠贤变更法制更多，天启四年左副都御史杨涟疏劾忠贤二十四大罪，现在将疏中提及有关变更法制的各项摘录于下：

祖制，以拟旨专责阁臣。自忠贤擅权，多出供奉，或径自内批。坏祖宗二百余年之政体……

国家最重无如枚卜。忠贤一手握定，力阻首推之孙慎行、盛以弘，更为他辞以锢其出。岂真欲门生宰相乎……

爵人于朝，莫重廷推。去岁南太宰、北少宰皆用陪推，致一时名贤不安其位。颠倒铨政，掉弄机权……

用立枷之法，戚畹家人骈首毕命，意欲诬陷国戚，动摇中宫。若非阁臣力持，言官纠正，椒房之戚，又兴大狱矣……

给事中周士朴执纠织监，忠贤竟停其升迁，使吏部不得专铨除，言官不敢司封驳……

祖制，不蓄内兵，原有深意，忠贤与奸相沈漼创立内操，薮匿奸宄，安知无大盗、刺客为敌国窥伺者潜入其中？一旦变生肘腋，可为深虑。[3]

这些都还是天启四年以前的事，从这以后，“内外大权，一归忠贤”，

[1] 《明史·杨守随传》。

[2] 《弇山堂别集·中官考六》卷九十五。

[3] 《明史·杨涟传》卷二四四。

群臣奏疏都称之为“厂臣”而不名。“大学士黄立极、施凤来、张瑞图票旨亦必曰‘朕与厂臣’，无敢名忠贤者。山东产麒麟，巡抚李精白图象以闻。立极等票旨云：‘厂臣修德，故仁兽至。’……前后赐奖敕无算，诰命皆拟九锡文。”忠贤“所过，士大夫遮道拜伏，至呼九千岁，忠贤顾盼未尝及也”[1]。在这样情形之下，魏忠贤已俨然和皇帝一般，爱怎样便怎样，他的一句话就是法律，也无须改变什么法制了。

假传圣旨

说到这里，应该特别指明的，便是明代宦官可以矫诏行事，所谓矫诏，就是假传圣旨。刘瑾和魏忠贤矫诏已经是家常便饭，前面都已说到，但明代宦官矫诏是一件很常见的事，远在朱棣时便已如此：

> 永乐五年六月己亥，上谕都察院，谓：“去年曾命内侍李进往山西采天花，此一时之过，后甚悔之，更不令采。比闻进诈传诏旨，伪作勘合，招集军民，复以采办为名，大为民害……即遣御史二员径诣山西，将进等一干鞫问明白，械送京师，必寘重法。”[2]

朱瞻基时也有同样的事：

> 宣德四年七月，太监马麟矫旨下内阁书敕付麒复往交趾闸办金银珠香……上正色曰：“朕安得为此言……”然亦不诛麒也。[3]

朱祐樘时宦官李广曾“矫旨授传奉官”[4]。到朱厚照时，宦官矫旨竟成家常便饭。

---

[1] 《明史·魏忠贤传》卷三〇五。

[2] 《弇山堂别集·中官考二》卷九十一。

[3] 郑晓：《今言》卷三。

[4] 《明史·李广传》卷三〇四。

（正德）十五年……中旨以内官晁进、杨保分守兰州、肃州，（汪）元锡等言："二州逼强寇，不可增官守，累居民。"群小不悦，矫旨责之。[1]

朱载垕甚至庇护宦官矫旨。

杨松，河南卫人。历官御史，巡视皇城。尚膳少监黄雄徼子钱与民哄，兵马司捕送松所。事未决，而内监令校尉趣雄入直，诡言有驾帖。松验问无有，遂劾雄诈称诏旨。帝令黜兵马司官，而镌松三秩，谪山西布政司照磨。[2]

所以，到他临死时，冯保就矫遗诏与大臣同受顾命了：

帝得疾，大渐，召（高）拱与（张）居正、高仪同受顾命而崩。初，帝意专属阁臣，而中官矫遗诏命与冯保共事。[3]

明代不但宦官可以矫诏，一些佞幸特务也可以这样做，如朱厚照时的江彬、钱宁便是。

江彬是朱厚照后半期的特务头子，朱厚照曾命他管理东厂和锦衣卫，两个大特务机关都由他掌握，这在明代是空前绝后的事，其权势自然莫与伦比。朱厚照南征宸濠，江彬扈从，"在途，矫旨辄缚长吏"[4]，所经过的地方，都必"矫旨有所求，日数十至"[5]。宸濠既平，朱厚照返

[1] 《明史·汪元锡传》卷二〇三。

[2] 《明史·骆问礼传》卷二一五。

[3] 《明史·高拱传》卷二一三。

[4] 《明史·江彬传》卷三〇七。

[5] 《明史·乔宇传》卷一九四。

至通州，“彬尚欲劝帝幸宣府，矫旨召勋戚大臣议宸濠狱”。后又“矫旨改团练营为威武团练营，自提督军马”[1]。

钱宁在朱厚照时以左都督掌锦衣卫事，他原是太监钱能的家奴。钱能曾任云南镇守太监，所以，他和云南有些关系。有一次云南“土官凤朝明坐罪死，革世职。宁令滇人为保举，而矫旨许之”。[2]

假传圣旨在专制时代是杀头的罪名，但在明代这些宦官特务看来，竟丝毫不算一回事，口衔天宪，任何事都可以随心所欲了。

主持会审

以上是宦官干预政府中枢的情形，至于各个行政部门，统治者也派他们来插足过问，如像主持会审。

所谓“会审”，便是宦官会同三法司（刑部、大理寺、都察院）审录囚犯，本来明代一切重要案件都已归厂卫办理，三法司实际上已等于虚设，只管一些民间无关紧要的案件。但就凭这样，统治者还是不放心，还要派宦官来监视会审，这例子开始于朱祁镇时，史称：

> 内官同法司录囚，始于正统六年命何文渊、王文审行在疑狱，敕同内官兴安。周忱、郭瑾往南京，敕亦如之。时虽未定五年大审之制，而南北内官得与三法司刑狱矣。[3]

正统十四年，又派司礼太监金英“理刑部、都察院狱”[4]。朱祁钰景泰六年又命太监王诚会三法司审录在京刑狱。[5]朱见深时定五年一大

[1] 均见《明史·江彬传》卷三〇七。

[2] 《明史·唐龙传》卷二〇二。

[3] 《明史·刑法志三》卷九十五。

[4] 《明史·金英传》卷三〇四。

[5] 《明史·刑法志三》卷九十五。

审，命司礼掌印内臣主之，以后就永著为例。[1] 朱祐樘弘治九年曾不派内官，但十三年因为给事中丘俊上言，又复命会审，[2] 从这以后便没有改变过。

这些宦官主持大审的时候，声势非常煊赫，具有无上威权，史称：

> 凡大审录，赍敕张黄盖于大理寺，为三尺坛，中坐，三法司左右坐，御史、郎中以下捧牍立，唯诺趋走惟瑾。三法司视成案，有所出入轻重，俱视中官意，不敢忤也。[3]

更妙的是凡曾经奉命审录的宦官，死后还要“于墓寝画壁南面坐，旁列法司堂上官，及御史、刑部郎引囚鞠躬听命状，示后世为荣观焉”[4]。

这会审，三法司既“俱视中官意”，宦官们也就可以随便更改定案。如成化年间，有弟弟帮助哥哥打架而殴杀人的。宦官黄赐就要减这弟弟的罪，尚书陆瑜坚持不可，黄赐就生气说：“同室斗者，尚被发缨冠救之，况其兄乎？”吓得陆瑜等不敢再同他辩驳，只好依了他的意思，终于屈法了。还有一次，在朱翊钧万历三十四年大审的时候，御史曹学程以建言得罪，在牢里关了很久，群臣屡次请宥，朱翊钧都不准，这时刑部侍郎沈应文署理尚书，便联合都察院大理寺的长官，联名写了封信给司礼太监陈矩，请他宽恕学程的罪，陈矩答应了。会审狱具，署名同奏。陈矩又密奏“学程母老可念”，朱翊钧这才把他放了出来。这事虽是一件好事，但由此可见司礼太监的权力了。[5]

---

[1] 《万历野获编》卷十八，《刑部》之热审之始，朝审主笔，遣使审恤之始，恤刑诸条。

[2] 《明史·刑法志三》卷九十五。

[3] 《明史·刑法志三》卷九十五。

[4] 《明史·刑法志三》卷九十五。

[5] 均见《明史·刑法志三》。

监 修 工 程

在明代，各种工程的修建，也要派宦官去监督，或是主持，如像治河，朱祁镇、朱祁钰、朱祐樘都曾派过：

阮安……正统时……治杨村河……景泰中治张秋河。[1]

（景帝时）河决沙湾，命（工部尚书石璞）治之……命内官黎贤等偕御史彭谊助之。[2]

弘治七年河决张秋，诏都御史刘大夏治之，复遣中官李兴、平江伯陈锐继往。兴威虐綦，辱按察使。（山东副使杨）茂元摄司事，奏言："治河之役，官多而责不专。有司供亿，日费百金……乞召还兴、锐等，专委大夏，功必可成……"于是兴、锐连章劾茂元妄。诏遣锦衣百户胡节逮之。[3]

弘治四年，中官奏修沙河桥，请发京军二万五千及长陵五卫军助役……（工部尚书贾）俊皆执奏，得寝。[4]

还有修建宫殿，也多派宦官督造：

阮安有巧思，奉成祖命营北京城池宫殿及百司府廨，目量意营，悉中规制，工部奉行而已。正统时，重建三殿……并有功。[5]

（正德九年十月修乾清坤宁宫），传旨令太监谷大用张雄总理，皆赐之敕。[6]

[1] 《明史·金英传》卷三〇四。

[2] 《明史·石璞传》卷一六〇。

[3] 《明史·杨守陈传》卷一八四。

[4] 《明史·贾俊传》卷一八五。

[5] 《明史·金英传》卷三〇四。

[6] 《明通鉴》卷四十五。

（万历）十三年慈宁宫成，诸督工内侍俱荫锦衣。[1]

而工部一切政务，无不与宦官关联。

工部政务与内府监局相表里，而内官监专董工役，职尤相关。[2]

工部人员和宦官共事的情形，往往弄得进退两难。

工曹修造诸差，多与内监同事，迕之未免得祸。若与叶和，必同染腻秽，为清流所薄。后日吏议，每从此搜抉。以故有志者类托故辞之。间有辞而不得者，如芦沟之重建，则皖人胡伯玉瓒领之，桥成转大参而去，大计竟以贪处。福府之鼎建，则都人房潭柘楠领之，亦以劳得大参，至大计亦镌秩。盖皆中官所波累也。[3]

更可笑的是这些宦官因为和工部人员相表里的缘故，为了表示亲昵，竟呼他们为“表兄”，被呼的人也只好哭笑不得地承受。

近偶有一二西台谈及云：曾以视工至一冬曹郎私宅，适其同管工内官移庖在焉，邂逅欢甚，固留同集。但席间每呼曹郎为“表兄”，曹郎有赧色，西台怪询其故，则云：“吾与工部公偕勤王事，为表里衙门，故有此呼，以示亲昵。”西台骇笑而别。[4]

[1] 《明史·王学曾传》卷二三三。

[2] 《明史·贾俊传》卷一八五。

[3] 《万历野获编》卷十九，《工部差》。

[4] 《万历野获编》卷十九，《工部差》。

其 他

此外还有许多临时事件，宦官也径可以全权处理。如朱棣病死榆木川，宦官马云便主张秘不发丧，而大学士杨荣去驰赴皇太子，也得派一个宦官同去。

> 二十二年六月辛卯，上崩于榆木川，太监马云等以六师在远外，秘不发丧。与大学士杨荣、金幼孜议，含敛毕，载以龙辇，所至御幄朝夕上食如常仪。壬辰，次双笔峰，大学士荣、御马少监海寿驰赴皇太子。[1]

有时又临时派宦官出去巡视，如朱瞻基时。

> （四川右参政叶春）奉命与锦衣指挥任启，御史赖英、太监刘宁巡视。[2]

而明代有好多次军事行动也都是由宦官播弄成功的，如朱祁镇亲征也先，由于王振；朱见深时麓川之役，由于汪直；朱厚照亲征宸濠，由于张雄、江彬等。此外，各边各省的镇守宦官，有时统治者也赋予他们干预地方政治之权。而监督军队的监军，管理税务的税监，等等，也都和地方政治有纠缠不清的关系。这些都分别放在后面军事、经济各章详述，这里便不重复了。

出 使 外 国

政府地方各个部门的行政大事，明代统治者都派宦官们去干涉参与，在国内可以说是无孔不入，剩下的便只有外交了。

---

[1] 《弇山堂别集·中官考一》卷九十。

[2] 《明史·熊概传》卷一五九。

明代和外国来往，海上陆上都很多，奉使册封，统治者也照例是派宦官主持。因为奉使外国，多半是负有侦察调查的任务，统治者必须派遣自己的亲信特务来担任方才放心的。这例子开始于朱棣的时候。

> 本朝内使出使外国始于成祖时，如内臣李兴使暹罗国，又太监郑和勒兵使西洋满剌加诸国，不过奖劳赏赐之事。唯永乐三年，命内使王琮同给事毕进封真腊国长子参烈昭平牙为王，则衔锡土分茅之任，且与省垣法从为伍矣。[1]

朱棣派宦官出使，最初的意思是踪迹朱允炆的。《明史·郑和传》："成祖疑惠帝亡海外，欲踪迹之，且欲耀兵异域，示中国富强。永乐三年六月命和及其侪王景弘等通使西洋。将士卒二万七千八百余人。"而所派出的宦官，还不止《万历野获编》所说的那几个。

> 当成祖时，锐意通四夷，奉使多用中贵。西洋则和景弘，西域则李达，迤北则海童，而西番则率使侯显。[2]

此外，如永乐元年遣宦官马彬使爪哇，[3]尹庆使满剌加、柯枝、苏门答剌，[4]三年遣鸿胪少卿潘赐偕宦官王进使日本。[5]

从这以后，历朝相沿，宦官奉使外国，几乎是著以为例了。朱瞻基宣德二年二月又曾派侯显"赐诸番，偏历乌思藏、必力工瓦、灵藏，思达藏诸国而还"[6]。到朱见深时才停止派宦官册封国王，但奉使仍照旧。

---

[1] 《万历野获编》卷六，《内臣封外国王》。

[2] 《明史·郑和传》卷三〇四。

[3] 《明史·爪哇传》卷三二四。

[4] 《明史·满剌加传、苏门答剌传、柯枝传》。

[5] 《明史·日本传》卷三二二。

[6] 《万历野获编》卷六，《内臣封外国王》。

成化四年……上遣太监郑同、翟安册封朝鲜世子李晄为王，太监沈绘致故王祭。既行，辽东巡按御史侯英奏："同与安皆朝鲜人，祖宗坟墓，父兄宗族，皆在其地，于其国王未免行跪拜礼，及有所嘱托，殊轻中国之体。"礼部以闻。旨谓英所言是，今后赍赏遣内臣，册封等礼，仍选廷臣有学问者充正副使。[1]（按：《万历野获编》卷六亦载此事，并谓"本朝中贵膺册立之选，至是乃止"。可见在这以前都是膺册立之选也。）

但是"停止"只不过几年时间，到汪直用事，又是照旧了。朱祐樘即位仍因之未改。

汪直用事，刘珝当国，浊乱天下，复行旧事。至弘治十五年十二月，又命太监金英辅李珍充正副使，封朝鲜国王李㦕嫡长孙颢为世子。时刘文靖（刘健）当国，不能救正，况他相哉！[2]

朱厚照派遣宦官使西番，竟以十年为期：

正德十年，上用内臣言，西域僧有所谓活佛者，能知三生及未来事，遂传旨……特遣司礼太监刘允为使入番，往返以十年为期。[3]

朱厚熜以后情形：

至嘉靖间，则大珰例不遣矣。隆庆元年，始又命中官姚臣同行人欧希稷吊祭朝鲜，封其侄署国事李昖者为王……至今上（朱翊钧）

[1] 《弇山堂别集·中官考三》卷九十二。

[2] 《万历野获编》卷六，《内臣封外国王》。

[3] 《万历野获编》卷三十，《活佛》。

屡遣使其国，皆用词臣及使署充之，体统始正矣。[1]

沈德符是朱翊钧时人，不敢不说“体统始正”，事实上朱翊钧时仍是照样地派宦官出使外国，如万历三十八年三月“丙戌命内官监少监冉登往朝鲜册封嫡世子李祉”[2]。便是一例。

2. 从皇族到宫闱

明代宦官不但干预内外政治，由于他们住在宫中，和统治者亲同家人父子，所以，皇族宫闱的事，统治者也全命令他们去办。在专制宗法时代，皇家的事往往可以成为政治上一大事件，如宋赵曙（英宗）时的濮议，明朱厚熜时的大礼议，实际上只不过是太庙里几个神位安放的次序问题，无聊得很。然而在当时竟闹得朝议沸腾，所有大臣几乎全卷入这一纠纷之中，成为一个大的政治事件。现在明代宦官既然可以干预皇家的事，这就是说他们已经渗透到政治的最细微的地方了。

按治皇族诸王

明代皇族诸王因事犯罪，照例是派太监同大臣们去按治，兹据明史诸王列传汇录如下：

朱棣时谷王橞谋反，“蜀王闻之，上变告……立命中官持敕谕橞……且召橞入朝。橞至，帝示以蜀王章，伏地请死”[3]。

朱祁钰时广通王徽炸谋乱，“都御史李实以闻，遣驸马都尉焦敬、中官李琮徵徽煠入京师”[4]。

朱见深时郑王祁镁国“多不法，又待世子寡恩……帝遣英国公张懋，太监王允中赍敕往谕，始上书谢罪”[5]。

[1] 《万历野获编补遗》卷一，《封朝鲜》。

[2] 《明神宗实录》卷四六八。

[3] 《明史·谷王橞传》卷一一八。

[4] 《明史·岷王楩传》卷一一八。

[5] 《明史·郑王瞻埈传》卷一一九。

朱祐樘时平乐王安泛、义宁王安涘欺压他们的侄儿恭王睦欂，诬其母为淫乱，“帝命太监魏忠、刑部侍郎何鉴按治”[1]。

朱厚照正德九年鲁庄王阳铸误听长史马魁的话，奏称其子归善王当沍谋反，“帝遣司礼太监温祥、大理少卿王纯、锦衣卫指挥韩端往按问。祥等至，围当沍第执之”[2]。又十四年御史萧淮奏宁王宸濠不法诸罪，“帝命驸马都尉崔元、都御史颜颐寿、太监赖义持谕往收其护卫，令还所夺官民田”[3]。

朱厚熜嘉靖四年宁夏卫指挥杨钦诬庆定王台浤谋不轨，“帝使太监扶安、副都御史王时中等复按”[4]。又二十四年正月楚世子英燿弑其父愍王显榕，“诏遣中官及驸马都尉邬景和、侍郎喻茂坚往讯，英燿辞服，诏逮入京。是年九月告太庙伏诛，焚尸扬灰”[5]。又二十九年郑恭王厚烷被人诬为叛逆，“诏驸马中官即讯，还报：反无验，治宫室名称拟乘舆则有之”[6]。又三十五年徽浦城王载伦不法事发，也曾派中官按治。[7]

看了上面这些事实，便可发现有个特殊现象，就是派往按治的人，除了中官和政府的大员而外，还有一个驸马。大员多半是三法司的长官，是代表政府的。驸马是皇帝女婿，是代表皇家的。既有驸马代表皇家，还要加派宦官，这便可见统治者不但对政府大员不信任，就连对自己的女婿也不信任，他必须要派一个自己的特务来监视他们。这个宦官就是皇帝的私人代表，他是既代表政府又代表皇家的。

选驸马后妃

因为如此，所以，皇帝替自己女儿选驸马的时候，照例都派有宦官

[1] 《明史·周王橚传》卷一一六。

[2] 《明史·鲁王檀传》卷一一六。

[3] 《明史·宁王权传》卷一一七。

[4] 《明史·庆王栴传》卷一一七。

[5] 《明史·楚王桢传》卷一一六。

[6] 《明史·郑王瞻埈传》卷一一九。

[7] 《明史·徽王见沛传》卷一一九。

参加，陆钛《病逸漫记》云：

礼部选驸马，同司礼监太监钦天监官算命。

有时甚至由宦官全部操纵，下面两则故事，便是操纵的实例：

弘治八年，内官监太监李广受富民袁相重贿，选为驸马，尚德清公主。婚期有日矣，为科道官发其事，得旨斥相，命别选。诘责太监萧敬等选婚不谨，致有人言，而广置不问。[1]

万历十年，上因胞妹永宁公主将下嫁，选京师富室子梁邦瑞。其人病瘵羸甚，人皆危之。特以大珰冯保纳其数万之赂，首揆江陵公力持之，慈圣太后亦为所惑。未几合卺，鼻血双下，沾湿袍袂，几不成礼。宫监尚称喜，以为挂红吉兆。甫匝月遂不起。公主嫠居数年而殁，竟不识人间房帏事。[2]

另外，宦官还负有选后妃的责任。

武宗即位……中官吴忠奉命选后妃，肆贪虐。[3]

而远在朱见深时，就已有宦官操纵选后的事实。《明史•宪宗吴废后传》卷一一三载有朱见深废后诏，曾明白说出这事：

先帝为朕简求贤淑，已定王氏，育于别宫待期。太监牛玉辄以选退吴氏于太后前复选。

[1] 《万历野获编》卷五，《驸马再选》。

[2] 《万历野获编》卷五，《驸马再选》。

[3] 《明史・刘玉传》卷二〇三。

这件事在当时闹得很大，南京给事中王徽、王渊、朱宽、李翱、李钧等曾合疏上言，并牵连弹劾当时阁臣李贤。

伏维皇上嗣登大宝，只遵先帝遗命册立皇后，盖以继承宗祀为重。岂意贼臣牛玉，大肆奸欺，横贪贿赂，朦胧进退，其意欲固宠于内，擅权于外，包藏祸心，深不可测。幸赖陛下圣明，废退吴氏，盖亦出于不得已也。然遇此大变，处此非常，朝野腾喧，中外骇听，以为吴氏既退，则牛玉之罪当万死无疑矣。今不意牛玉得放南京，保全首领。夫牛玉故违先帝之命，其罪当死一也；谋立皇后，其罪当死二也；欺侮陛下，当死三也；使陛下负废后之名，其罪当死四也……然奸臣之恶，固所当诛，而内阁大臣不能无罪……方牛玉肆奸之初，婚礼尚未成也，掌礼之官畏其权势而阿附，及牛玉事发之后，王法不可恕也，执法之官念其旧情而苟容，李贤等坐视成败，不出一言。其初不言者，是党牛玉也；其后不言者，是畏牛玉之后复有如牛玉者而祸己也。党恶欺君，莫此为甚！[1]

谋易太子勒死旧君

宦官不但有这样大胆调换皇后，由于他们得到统治者的信任，以及对宫中情形的熟悉，他们甚而至于计划过更换太子。在朱祁钰病重时，便曾有过这事。

初景泰不豫，图富贵者因起异谋，学士王文与太监王诚谋，欲取襄王之子立为东宫。[2]

还有一次在朱厚照病重的时候：

[1] 《弇山堂别集·中官考三》卷九十二。

[2] 李贤：《天顺日录》。

明年（正德十五年）正月，帝郊祀呕血，舆疾归，逾月益笃。时帝无嗣。司礼中官魏彬等至阁言，国医力竭矣，请捐万金购之草泽。廷和心知所谓，不应，而微以伦序之说风之，彬等唯唯。[1]

这两件事虽然都没有成功，但宦官们敢于这样计划，这个胆量也可以说是包天了。不过，这包天大胆的养成，还是统治者纵容培养的。明代有一件大事，但正史上却没有记载，那就是朱祁镇重登皇位以后，曾派人将朱祁钰勒死，派去下手的人便是宦官蒋安。这事见于陆钎《病逸漫记》：

景泰帝之崩，为宦者蒋安以帛勒死。[2]

前任皇帝，自己的胞弟，竟派宦官去勒死，宦官执行了这一任务以后，还有什么事不敢做呢？

谗害后妃

所以，到了魏忠贤的时候，什么贵妃皇后便一概不在他的眼中，要废便废想杀便杀了。如朱由校的妻子，魏忠贤便曾诬陷过：

熹宗懿安皇后张氏……数于帝前言客氏、魏忠贤过失。尝召客氏至，欲绳以法。客、魏交恨，遂诬后非国纪女，几惑帝听。三年，后有娠，客、魏尽逐宫人异己者，而以其私人承奉，竟损元子……时宫门有匿名书列忠贤逆状者，忠贤疑出国纪及被逐诸臣手。其党邵辅忠、孙杰等欲因此兴大狱，尽杀东林诸臣，而借国纪以摇动中宫，冀事成则立魏良卿女为后……会有沮者乃已。[3]

[1] 《明史·杨廷和传》卷一九〇。

[2] 此事亦见查继佐《罪惟录》、孙之騄《二申野录》。

[3] 《明史·懿安张皇后传》卷一一四。

甚至打算实行暗杀：

上一日幸后宫，见几上书一卷，问："何书？"后曰："赵高传。"上默然。忠贤闻之益怒。次日伏壮士数人于便殿。上御殿，搜得之，身怀利刃。上大惊，送厂卫。逆阉欲诬后父国纪，谋立信王为不轨，以兴大狱。谋之王体乾，体乾曰："主上凡事愦愦，独于夫妇兄弟间不薄，脱有变，吾辈无噍类矣！"忠贤惧，乃亟杀之以灭口。[1]

对皇后尚且如此，皇后以下的妃嫔们自然更可以随便陷害了，如——

选侍赵氏者，光宗时未有封号。熹宗即位，忠贤、客氏恶之，矫旨赐自尽。选侍以光宗赐物列案上，西向礼佛，痛哭自经死。[2]

裕妃张氏，熹宗妃也，性直烈。客、魏恚其异己，幽于别宫，绝其饮食。天雨，妃匍匐饮檐溜而死。（按：《明史·魏忠贤传》称："张氏有娠，客氏谮杀之。"《先拨志始》卷上及杨涟《劾忠贤二十四大罪疏》均同此说。）又慧妃范氏者，生悼怀太子不育，复失宠。李成妃侍寝，密为慧妃乞怜。客、魏知之，怒，亦幽成妃于别宫。妃预藏食物檐瓦间，闭宫中半月不死，斥为宫人。[3]

像这一类的事，魏忠贤做得还多得很，《明史·魏忠贤传》称："所害宫嫔冯贵人等……甚众。禁掖事秘，莫详也。"一句话弄得家败人亡，这就是统治者信任宦官特务的结果！

这样说来，从内政到外交，从皇族到宫闱，统治者一律都派有宦官特务干涉参与，宦官特务之于明代政治，真是好像"水银泻地，无孔不

[1] 李逊之：《三朝野记》卷三。

[2] 《明史·赵选侍传》卷一一四。

[3] 《明史·张裕妃传》卷一一四。

入”了。

在这样情形之下，如果有人打算立一点事功，或是对腐败贪污的政治想有所补救的话，他必须委曲求全，甚至蒙污染垢笼络这些宦官特务，才可以弯弯曲曲地办到一些，否则准行不通。下面的一段，便就这方面加以叙述。

（二）降心辱志澳涊求全

明代宦官既然可以操纵大臣进退，而统治者又赋予干预内外政治的特权，口衔天宪，威柄独操，一切政务必须通过他们才能施行。在这种情形之下，没有骨气的人只有柔媚取容，以求加官进爵。正派的人呢，便宁愿遭受贬斥，也不和他们合作。但这也只是两个极端，这中间还有许多人既不愿苟合取容，但也不愿只求洁身自好，他们多半还想在这困难情形之下建立一点功业，或是希望对宦官特务的横暴有点补救。但要想达到这目的，就必须降心辱志、隐忍委曲，去笼络宦官，甚至去巴结宦官。虽然这巴结和那些没有骨气的家伙动机不同，目的不同，但其为巴结则实在没有什么区别。这结果呢，便是借着宦官的力量或帮助，成就一些功业。明代有许多赫赫大事及一些名臣名将的大功大业，多半是这样造成的，说穿了也实在不好听得很。这些名臣名将委曲求全的苦心，对于明王朝的统治确是很有帮助（虽然统治者并不承他们的情，甚至还讨厌他们），他们补救了宦官的横暴、朝政的阙失，也就是和缓了人民对统治者的愤恨。明代中叶有几次都具备了灭亡的条件，然而竟没有灭亡，这就不能不归功于这些名臣名将了。但由此也就明白这些名臣名将的苦心归根结底还是为统治者打算，于老百姓实是丝毫无关，而在和缓人民对统治者的愤恨这一点上去追究的话，则简直还是一种欺骗人民的行为了！

现在将这些名臣名将苦心孤诣借着宦官的力量造成的大功大业分述如下，至于一些小事便从略了。

周　忱

朱祁镇时江南巡抚周忱，在任达二十年，兴利除弊，甚得人心，《明史》称他“历宣德正统二十年间，朝廷委任益专。两遭亲丧，皆起复视事。忱以此益发舒，见利害必言，言无不听”[1]。这种“委任益专”“言无不听”的原因，并不是由于他兴利除弊，甚得人心。而是由于他会巴结王振，于是王振特别帮他的忙，所以，他才能“发舒”。这巴结的情形，说起来对于这位巡抚确是很难堪的。

> 周文襄忱之抚江南最久，功最大，三吴人至今德之。然亦正谲兼用。时王振新建私第，文襄密令人规度其厅事内室广狭长短，命松江府织绒地衣以馈。振铺之不爽分寸，因大喜。凡有奏请，其批答无不如意，以此得便宜展布。及振死虏中，景帝命籍之，得一金观音，背镂云：“孝孙周忱进。”为司籍没御史钱昕所目睹。盖委曲以从事，亦豪杰作用。[2]

这样“委曲从事”，是不是“豪杰作用”，且抛开不谈，但周忱如果不这样做，他在江南那些事业一定施展不出，那倒是可以断言的。

李东阳

朱厚照时是宦官特务最横行的时代，前有刘瑾，后有江彬、钱宁等，恣肆横暴，天下骚然。正人去国，宵小幸进。但当时也还有几个“名臣”留在朝廷，和宦官们委曲从事，力谋匡救。如刘瑾时的李东阳、王鏊等，因循隐忍，和刘瑾敷衍，虽然没有什么显著的补救，但暗中斡旋，有些事在无形中也就消去。

李东阳在正德初年原是和刘健、谢迁共同请诛刘瑾的，后来事情没有成功，他们二人都上疏乞去，但是“中旨去健、迁，而东阳独留”。这是因为他们请诛刘瑾的时候，在阁议中刘、谢二人都词色甚厉，惟东阳没有说什么，所以，刘瑾还不甚讨厌他，就把他留下，为了这，刘健

[1] 《明史·周忱传》卷一五三。

[2] 《万历野获编补遗》卷三，《周文襄》。

在临行时曾给他很大的难堪。

> 健、迁濒行，东阳祖饯泣下，健正色曰：“何泣为？使当日力争，与我辈同去矣。”东阳默然。[1]

这个“默然”，是惭愧，还是别有苦衷，不得而知，也许两者都有一点，但留下却也有点好处，何良俊曾这样说过：

> 刘瑾擅国日，人皆责李文正不去。盖孝宗大渐时，召刘晦庵（健）、李西涯（东阳）、谢木斋（迁）三人至御榻前同受顾命，亲以少主付之。后瑾事起，晦庵去，木斋继去。使西涯又去，则国家之事，将至于不可言，宁不有负先帝之托耶？则文正义不可去，有万万不得已者。[2]

事实上，李东阳也多少做了一点事：

> 瑾凶暴日甚，无所不讪侮，于东阳犹阳礼敬。凡瑾所为乱政，东阳弥缝其间，亦多所补救。尚宝卿崔璿、副使姚祥、郎中张玮以违制乘肩舆，从者妄索驿马，给事中安奎、御史张彧以核边饷失瑾意，皆荷重校几死。东阳力救，璿等谪戍，奎彧释为民。（按：东阳救崔璿、姚祥、张玮枷号事，据与东阳同在内阁之王鏊云：“此三人枷号，最瑾作威之初，公于时方称病不出，于何所奏？”[3]）
>
> 三年六月壬辰，朝退，有遗匿名书于御道数瑾罪者，诏百官悉跪奉天门外。顷之，执庶僚三百余人下诏狱。次日，东阳等力救，会瑾亦廉知其同类所为，众获宥……瑾患盗贼日滋，欲戍其家属并邻里及为囊橐者。或自陈获盗七十人，所司欲以新例从事，东阳言，

[1] 《明史·李东阳传》卷一八一。

[2] 《四友斋丛说》卷十五，史十一。

[3] 王鏊：《震泽纪闻》卷下。

如是则百年之案皆可追论也，乃免。刘健、谢迁、刘大夏、杨一清及平江伯陈熊辈几得危祸，皆赖东阳而解。其潜移默夺，保全善类，天下阴受其庇。[1]

但这点成绩得来也实在不易。李东阳在刘瑾当政期间，也不知受了多少委屈，遭了多少侮辱。对刘瑾低声下气简直到了极点。

瑾既得志，务摧抑缙绅……东阳悒悒不得志，亦委蛇避祸。而焦芳嫉其位己上，日夕构之瑾。先是东阳奉命编《通鉴纂要》，既成，瑾令人摘笔画小疵，除誊录官数人名，欲因以及东阳。东阳大窘，属芳与张彩为解乃已。[2]

从这以后，他才稍稍安稳一点，也就“一意奉瑾，每四方奉疏入，将批答，必先问曰：‘上面意云何？’有重大事难处者，令堂后官抱至河下问瑾（河下者，瑾所居也），得瑾旨，然后下笔”[3]。而撰拟敕旨，也极为称美：

瑾自建白本，送内阁拟旨，东阳等必极为称美。有曰：“尔刚明正直，为国除弊”等语。识者鄙之。[4]

甚至撰写碑文称颂：

正德三年十一月，刘瑾创玄真观于朝阳门外，大学士李东阳为

---

[1] 《明史·李东阳传》。

[2] 《明史·李东阳传》。

[3] 王鏊：《震泽纪闻》卷下。

[4] 《明史纪事本末》卷四十三。

> 制碑文，极称颂。[1]

然而就凭这样低声下气的巴结，有时仍不免碰刘瑾的钉子，比如有一次东阳眼看刘瑾困辱百僚太不成话，便上疏请宽恤，刘瑾就曾给他很大的难堪。

> 东阳疏言宽恤数事，章下所司。既而户部覆奏，言："粮草亏折，自有专司，巡抚官总领大纲，宜从轻减。"瑾大怒，矫旨诘责数百言，中外骇叹。[2]

至于他日常和刘瑾共事时，所受的委屈自然就更多了。

东阳这样因循隐忍，对刘瑾恭顺巴结，也实在做得太过分了一点。所以，当时有许多人很不满意他，如他的门生南京吏部侍郎罗玘就当面向他说："吾不复为公门下士矣！"且写信给他正式提出，并劝他早早引退。信上大略说："大事既无所措手，不俟终日，此言非欤？彼朝夕劝公依依者，皆为其身谋也。不知乃公身集百诟，百世之后，史册书之，此辈能救之乎？宜深思鄙言，痛割旧志，勇而从之。不然请先削玘门墙之籍。"东阳得到这信后，只有"俯首长叹而已"。还有人寄给他一首诗，其中有两句是"日暮湘江春草绿，鹧鸪啼罢子规啼"。"鹧鸪"是说"行不得"，"子规"是说"不如归"，也是劝他引退的意思[3]。

平心而论，李东阳拉拢刘瑾，也的确是过于卑屈，甚至有失立场，但较之焦芳等狐群狗党来，动机却是完全不同，不能相提并论。而《篬陂继世纪闻》竟说韩文之劾刘瑾，由于李东阳党于刘瑾，事先告了密，以致失败。《四库提要》卷五十三也说是"其事容或有之"，这怕是不大可靠的。告密的是焦芳，不是东阳，而刘健、谢迁，李东阳请诛刘瑾疏，

[1] 《明史纪事本末》卷四十三。

[2] 《明史·李东阳传》。

[3] 《震泽纪闻》卷下；《明史·李东阳传》。

据说还是东阳起草的。[1] 东阳虽巽顺，也还不致堕落到如此田地。王鏊和东阳同时在阁，对东阳素无好感，但他却说："大抵李公在阁几二十年，因事纳言，周旋粉饰，不可谓无。"[2] 这可算是持平之论。只是东阳在当时两面不讨好的情形之下，心情很为难过，据说他晚年和别人谈起受刘瑾委屈的事，还痛哭不已。[3]

王 鏊

和李东阳同时和刘瑾委蛇因循的还有王鏊和杨廷和两人。

王鏊是正德元年和焦芳同时入阁的。在阁中对时事也颇多匡救，《明史·王鏊传》卷一八一称：

> 宪宗废后吴氏之丧，瑾议欲焚之以灭迹，曰："不可以成服。"鏊曰："服可以不成，葬不可薄也。"从之。尚宝卿崔璿等三人荷校几死，鏊谓瑾曰："士可杀，不可辱，今辱且杀之，吾尚何颜居此？"李东阳亦力救，璿等得遣戍。瑾衔尚书韩文，必欲杀之，又欲以他事中健、迁，鏊前后力救得免。

但王鏊却不能像李东阳那样能够忍气，最后还是合不下去而自动引退，《明史·王鏊传》云：

> 时中外大权悉归瑾，鏊初开诚与言，间听纳。而（焦）芳专媕阿，瑾横弥甚，祸流缙绅。鏊不能救，力求去。四年，疏三上，许之。

[1] 《弇山堂别集·中官考五》卷九十四。

[2] 《二申野录》卷三。

[3] 《四友斋丛说》。

杨 廷 和

杨廷和是正德二年入阁的，从这以后，除丁忧外，终朱厚照之世，都在阁中。正德七年李东阳引退，他便继任首辅，一直到嘉靖三年方才致仕。当他刚入阁的时候，正是刘瑾专权，廷和也只有跟着李东阳后面“委曲其间，小有剂救而已”[1]。刘瑾被杀后，“中贵人谷大用、魏彬、张雄，义子钱宁、江彬辈横甚，廷和虽不为之下，然不能有所裁禁，以是得稍自安”[2]。在朱厚照时期，杨廷和始终是周旋于宦官特务之间，委蛇隐忍。直到朱厚照死时，他以首相总揽朝政，才设法把江彬杀掉，建立了不世功勋，但这仍是得了宦官帮助才成功的。《明史·杨廷和传》称：

> 廷和谋以皇太后旨捕诛（江）彬，遂与同官蒋冕、毛纪及司礼中官温祥四人谋。张永伺知其意，亦密为备。司礼魏彬者，故与彬有连。廷和以其弱可胁也，因题大行铭旌，与彬、祥及他中官张锐、陈严等为详言江彬反状，以危语怵之。彬心动，惟锐力言江彬无罪，廷和面折之。冕曰：“今日必了此，乃临。”严亦从旁赞决。因俾祥、彬等入白皇太后，良久未报，廷和、冕益自危。顷之，严至曰：“彬已擒矣。”彬既诛，中外相庆。

杨 一 清

朱厚照时期有两件大事：一是诛刘瑾，一是平宸濠。而这两件事若不是杨一清和王守仁与宦官们曲意拉拢，隐忍求全，还是不得成功的。

刘瑾之伏诛，完全是由于他和张永之间存有矛盾。杨一清看出了这一点，便和张永极力拉拢，利用他们之间的矛盾，把刘瑾杀掉。事件经过如下：

---

[1] 《明史·杨廷和传》卷一九〇。

[2] 《嘉靖以来首辅传·杨廷和》卷一。

> 安化王寘鐇反。诏起一清总制军务，与总兵官神英西讨，中官张永监其军。未至，一清故部将仇钺已捕执之。一清驰至镇，宣布德意。张永旋亦至，一清与结纳，相得甚欢。知永与瑾有隙，乘间扼腕言曰："赖公力定反侧，然此易除也，如国家内患何？"永曰："何谓也？"一清遂促席画掌作"瑾"字，永难之曰："是家晨夕上前，枝附根据，耳目广矣。"一清慷慨曰："公亦上信臣，讨贼不付他人而付公，意可知。今功成奏捷，请间论军事，因发瑾奸，极陈海内愁怨，惧变起心腹。上英武，必听公诛瑾。瑾诛，公益柄用，悉矫前弊，收天下心。吕强、张承业暨公，千载三人耳。"永曰："脱不济，奈何？"一清曰："言出于公，必济。万一不信公，顿首据地泣，请死上前，剖心以明不妄，上必为公动。苟得请，即行事，毋须臾缓。"于是永勃然起曰："嗟乎！老奴何惜余年不以报主哉！"竟如一清策诛瑾。[1]

后来朱厚熜即位，张永曾废退了一个时期，杨一清时为大学士，特向厚熜推荐起用。张永死了，他还给写墓志[2]。

王守仁

正德十四年宁王宸濠造反，右副都御史王守仁用了三十五天工夫便把他平定下来。当宸濠反讯传到京师时候，朱厚照受了宦官张忠和一些佞幸的撺弄，便下诏亲征。这些宦官佞幸原和宸濠就有勾结，这回怕王守仁揭穿他们的阴谋，又想冒功；于是便散布谣言，反说是守仁先和宸濠勾结，怕事不成，所以才起兵执宸濠。又要把宸濠再放到鄱阳湖中，待朱厚照自己去擒获。守仁见这情形不妙，便赶紧和张永拉拢，把宸濠交给了张永，表示自己并不要占这个功劳。

[1] 《明史·杨一清传》卷一九八。

[2] 《弇山堂别集·中官考十一》卷一百。

宁王宸濠反，帝南征，永率边兵二千先行。时王守仁已擒宸濠，槛车北上……(守仁)至杭州诣永。永拒不见，守仁叱门者径入，大呼曰："我王守仁也，来与公议国家事，何拒我！"永为气慑（按：《明史·王守仁传》云："守仁夜见永，颂其贤。"与此微异）。守仁因言江西荼毒已极，王师至，乱将不测。永大悟，乃曰："群小在侧，永来，欲保护圣躬耳，非欲攘功也。"因指江上槛车曰："此宜归我。"守仁曰："我何用此。"即付永，而与永偕还江西。[1]

同时有两个宦官到浙江、省，守仁又曲意奉承他们一番，将他们和宸濠交通勾结的信札当面交还。

二中贵至浙江，阳明张宴于镇海楼。酒半，撤去梯，出书简二箧示之，皆此辈交通之迹也，尽数与之。二中贵感谢不已，返南都，力保阳明无他，遂免于祸。[2]

王守仁这样布置了一番之后，回到南昌，张忠、许泰已经先到，得知宸濠已被守仁送去，他们冒不了功，便大怒，故意叫自己的军队侮辱守仁。

故纵京军犯守仁，或呼名谩骂。守仁不为动，抚之愈厚，病予药，死予棺遭丧于道，必停车慰问，良久始去。京军谓王都堂爱我，无复犯者。[3]

朱厚照班师以后，这些宦官佞幸还不断地造谣，说王守仁要造反，倒是张永因为王守仁先和他拉拢了的关系，很替守仁说了些话。但最后

[1] 《明史·张永传》卷三〇四。

[2] 《四友斋丛说》卷六。

[3] 《明史·王守仁传》卷一九五。

守仁还是把平定宸濠的功劳让出给他们，这事方才告一段落。

守仁乃易前奏，言奉威武大将军方略，讨平叛乱，而尽入诸嬖幸名，江彬等乃无言。[1]

王琼

当时有个兵部尚书王琼颇有才具，且善用人。王守仁之抚南赣并且假便宜提督军务，便是他派去的。后来宸濠造反，满朝文武都惴惴不安，他却很不在乎地说："诸君勿忧，吾用王伯安赣州，正为今日，贼旦夕擒耳。"[2] 后来果如其言。他在兵部也有些建树，但其能够如此，仍还是靠拉拢特务们得来的，《明史·王琼传》卷一九八称：

琼才高，善结纳。厚事钱宁、江彬等，因得自展，所奏请辄行。其能为功于兵部者，亦彬等力也。

乔宇、寇天叙

朱厚照南征宸濠抵达南京的时候，江彬百端横索，几致激变。当时，南京兵部尚书参赞机务乔宇和应天府丞寇天叙颇能持正不屈。如：

江彬索城门诸钥，都督府问宇，宇曰："守备者，所以谨非常，禁门锁钥，孰敢索？亦孰敢予？虽天子诏不可得。"都督府以宇言复，乃已。彬矫旨有所求，日数十至，宇必廷白之，彬亦稍稍止。[3]

[1] 《明史·王守仁传》卷一九五。

[2] 《明史·王琼传》卷一九八。

[3] 《明史·乔宇传》卷一九四。

而寇天叙呢，则——

> 每日戴小帽，穿一撒坐堂。自供应朝廷之外，一毫不妄用。若江彬有所需索，每差人来，寇……语之曰："南京百姓穷，仓库又没钱粮，无可措办。府丞所以只穿小衣坐衙，专待拿耳。"差人无可奈何，径去回话。每次如此。江彬知不可动，后亦不复来索矣。[1]

但乔、寇两人之所以能这样和江彬顶撞而不遭祸，还是得力于一个宦官王伟。

> 武宗南巡时，乔白岩（宇）为参赞机务，寇天叙为应天府丞。时缺府尹，寇署印。太监王伟为内守备。三人者同谋协力，持正不挠，故保南京无虞，不然祸且不测矣。[2]

而这个王伟则是朱厚照小时的"伴伴"。

> 王伟太监是小时与武宗同读书者，时适为南京内守备。武宗呼为"伴伴"而不名，从小相狎，唯其言是听。遂得从中调护，故乔、寇二公得行其志。[3]

如果不是这个"伴伴"，乔、寇两人恐怕早被江彬革斥陷害了。

俞大猷

朱厚熜时的俞大猷，是当时的抗倭名将，战功煊赫。但有一次若不是他和特务头子陆炳有来往，就几乎永远陷在狱中。

---

[1] 《四友斋丛说》卷六。

[2] 《四友斋丛说》卷六。

[3] 《四友斋丛说》卷六。

大猷先后杀倭四五千，贼几平。而官兵围贼已一年，（胡）宗宪亦利其去，阴纵之，不督诸将邀击。比为御史李瑚所劾，则委罪大猷纵贼以自解。帝怒，逮系诏狱，再夺世荫。陆炳与大猷善，密以己资投严世蕃，解其狱，令立功塞上。[1]

邹应龙

朱厚熜晚年，严嵩专政，他的儿子严世蕃尤其跋扈恣肆，廷臣弹劾，每每得祸，于是大家都相戒莫敢言。后来一个御史邹应龙从宦官那里得来一点消息，才将他弹劾去职，其经过如下：

方士蓝道行以扶乩得幸，故恶嵩，上问："天下何以不治？"道行因诈为乩语，具道嵩父子弄权状。上问："上仙何不殛之？"答曰："留待皇帝自殛。"上心动，欲逐嵩。

御史邹应龙方避雨内侍家，侦知之，因抗疏专劾世蕃。[2]

这次邹应龙如果不是和宦官有来往，能够避雨，也不会得着这消息，自然更不会抗疏弹劾了。

沈鲤

沈鲤是朱翊钧晚年的阁臣，是一个颇为端方的人物，一向不和宦官来往的。"初官翰林，中官黄锦缘同乡，以币交，拒不纳。教习内书堂，侍讲筵，皆数与巨珰接，未尝与交。"后来官礼部尚书时，朱翊钧有意大用他，但又嫌他过于方正，独自说道："沈尚书不晓人意。"宦官们听到这话，便赶紧去告诉沈鲤。司礼太监张诚也叫沈鲤的同乡宦官廖某

[1] 《明史·俞大猷传》卷二一二。

[2] 《明通鉴》卷六十二。

密告之，这意思当然是表示愿意拉拢勾结一番了。但沈鲤却答道：“禁中语，非所敢闻。”于是，大家都不欢而散。[1]就凭这样一个古板人物，到入阁以后，想请停罢天下矿税太监，仍不得不借宦官门路向朱翊钧进言：

> 明年（三十三年）长至（沈）一贯在告，鲤（朱）赓谒贺仁德门。帝赐食，司礼太监陈矩侍。小珰数往来窃听，且执笔以俟。鲤因极陈矿税害民状，矩亦戚然。鲤复进曰：“矿使出，破坏天下名山大川，灵气尽矣，恐于圣躬不利。”矩叹息还，具为帝道之，帝悚然，遣矩咨鲤所以补救者。鲤曰：“此无他，急停开凿，则灵气自复。”帝闻为首肯……越月果下停矿之命，鲤力也。[2]

到第二年，云南民变，杀死税监杨荣及其党二百余人。朱翊钧闻之大怒，要彻底从重究治。这次沈鲤又找陈矩设法帮忙，才算从轻发落。《明通鉴》卷七十三云：

> 事闻，上为不食者累日，欲逮问守土官。阁臣沈鲤揭争，且密嘱太监陈矩剖陈，上乃止诛首凶（贺）世勋等。

刘　一　燝

朱翊钧死后，他的儿子常洛嗣位，只做了一个月皇帝，便因好色过度而死。按规矩，他的儿子由校应该“当柩前即位”，但常洛的妃子李选侍却不让他出来和大臣们见面，要挟由校，想封自己为皇太后，并且冀图垂帘听政。当时代理首相刘一燝急得毫无办法，幸而宦官王安硬把由校抱了出来，这才勉强成礼。

---

[1] 《明史·沈鲤传》卷二一七。

[2] 《明史·沈鲤传》卷二一七。

九月朔，帝崩，诸臣入临毕，一燝诘群奄："皇长子当柩前即位，今不在，何也？"群奄东西走不对。东宫伴读王安前曰："为李选侍所匿耳。"一燝大声言："谁敢匿新天子者？"安曰："徐之，公等慎勿退。"遂趋入，白选侍，选侍颔之，复中悔，挽皇长子裾。安直前拥抱，疾趋出。一燝见之，急趋前呼万岁，捧皇长子左手，英国公张惟贤捧右手，掖升辇。[1]

从这以后，一燝便一意和王安拉拢。天启初年，宵小废斥殆尽，就是由于王安在里面帮助一燝的缘故。

一燝遂当国，与（韩）爌相得甚欢。念内廷惟王安力卫新天子，乃引与共事。安亦倾心向之，所奏请，无不从。发内帑，抑近幸，搜遗逸，旧德宿齿，布满九列，中外欣欣望治焉。[2]

叶 向 高

但这现象也维持不了多少时候，及至魏忠贤当政，便一反旧观，正派一点的人都纷纷斥退，刘一燝也在其中，那时首辅叶向高已经复职，还想和魏忠贤拉拢，以谋补救。

杨涟上疏劾忠贤二十四大罪。向高谓事且决裂，深以为非。廷臣相继抗章至数十上，或劝向高下其事，可决胜也。向高念忠贤未易除，阉臣从中挽回，犹冀无大祸。乃具奏称忠贤勤劳，朝廷宠待厚，盛满难居，宜解事权，听归私第，保全终始。[3]

[1] 《明史·刘一燝传》卷二四〇。

[2] 《明史·刘一燝传》卷二四〇。

[3] 《明史·叶向高传》卷二四〇。

但这一奏，还不是向高本意，奏入后，他曾扬言说是“门生逼我为之”，所谓“门生”，便是指缪昌期。

> 当应山（杨涟）疏初上，福清（向高）大不以为然，谓：“忠贤于上前亦时有匡正。一日有飞鸟入宫，上乘梯手攫之，忠贤挽上衣，阻之，不得升。有小珰偶赐绯，忠贤叱之曰：‘此非汝分，虽赐，不许穿！’其认真如此。若大洪（杨涟字）疏行，今后恐难再得此小心谨慎者侍上左右矣。”澄江（缪昌期）在座，正色曰：“谁为此言以欺老师，可斩也！”福清色变，不乐而出。[1]

向高还曾为忠贤撰碑记称颂忠贤。

> 西山碧云寺魏忠贤重修，天启三年少师福清叶向高撰记……福清记中颇称许魏氏。[2]

但就凭这样拉拢，魏忠贤对他还是不客气。有一次忠贤要廷杖御林汝翥，汝翥逃去，忠贤疑藏于向高处，便派小奄缇骑围着向高寓邸，遍行搜索。向高实在忍无可忍，这才上疏求去，疏中有云“阁臣之礼荡然”，便是指这件事说的。

以上所述的这些名臣名将，在历史上都是功业巍巍，但这巍巍功业成功的内幕却是如此，说穿了实在是无聊可笑得很，但也由此可见明代宦官特务们的权力之深且广了。

---

[1] 《先拨志始》卷上。

[2] 《枣林杂俎》逸典类。

第三节 狐群狗党的帮凶作恶

（一）做尽了天下无耻丑事

《明史·阉党列传序》说："明代阉宦之祸酷矣，然非诸党人附丽之，羽翼之，张其势而助之攻，虐焰不若是其烈也。"这几句话大体上说得倒是颇为中肯，只是对这些狐群狗党的无耻不免有些掩饰。"附丽之，羽翼之"都是事实，但绝不止于"附丽羽翼"，他们逢迎谄媚，做尽了天下无耻丑事，真正的百分之百地做到不复知人间有羞耻事了。

底下便是这些狐群狗党的无耻面孔。

王振、门达的狐狗

一般说来，在朱祁镇之前，这些谄媚特务的狐狗还顾一点脸皮，所以，还没有做出什么特别不要脸的事。到朱祁镇即位之后，王振擅权，这些狐狗就逐渐现出原形了。

当正统初年，王振势力还不甚显著的时候，就有一个御史借着税务的事来向他献媚：

> 正统二年五月，御史郑颙奏："张家湾宣课司及崇文门分司，商货贩到，积至数多，方命抽盘，不无停滞。张家湾宜专委内官抽分，崇文门宜令本门收钞内官兼管。"上曰："但戒所司勿滞，不必专委内官。"事竟不行。当时台长顾佐，号为清正，甫去位，而御史辄有此等建白。时王振初窃柄，颙奏非结交近侍而何？[1]

王振得势以后，一般大小官员也就不顾廉耻地去逢迎趋附了。

> 振既得权，喜人趋附，廷臣初不知，数以微谴见谪始惧。兵部

[1] 《万历野获编补遗》卷三，《御史阿内侍》。

尚书徐禧（按：《明史》作晞），工部侍郎王佑（《明史》作祐），俭邪小人，首开趋附之路，百计效勤，极尽谄媚之态。遂宣言于众曰："吾辈以某物相送，振大喜，以为敬己，待之甚厚。"且言："振意不进见致礼者为慢己，必得祸。"众闻知益惧，皆具礼进见，从此以为常。初惟府部院寺大臣，以后百执事俱行之，在外方面俱见之……被其容接者，若登龙门。[1]

后来这些狐狗觉得送礼还不足以表示尊敬，便开始下跪，如像徐晞、王祐便都曾下跪过。[2] 这一跪也的确有效，往往可以跪出官来。如——

河南鄢陵人刘睿者，为吏科都给事中。路遇王振，跪于道旁。振大喜，升为户部左侍郎，后升户部尚书，致仕归。[3]

至于王祐更其无耻，他除下跪之外，还认王振做爸爸：

户部（按：应作"工部"）侍郎王祐，出入太监王振之门。祐貌美而无须，善伺候振颜色，振甚眷之。一日问祐曰："王侍郎，尔何无须？"对云："老爹无须，儿子岂敢有须！"[4]

无耻到了这步田地，真令人不知如何说法了。那时甚至一些元老重臣为了保全自己的地位也不得不向王振低头谄媚，王鏊《震泽长语》载：

予在翰林，与陆廉伯语及杨文贞（士奇），廉伯曰："文贞功之首、罪之魁也。"予问："为何？"廉伯曰："内阁故有丝纶簿，文贞

[1] 李贤：《古穰杂录》。

[2] 《明史·王振传》卷三〇四。

[3] 《万历野获编补遗》卷三，《两六卿之进》。

[4] 吕毖：《明朝小史》卷六；此事也见于陆容：《菽园杂记》。

晚年以子稷故，欲媚王振，以丝纶簿付之。故内阁之权，尽移中官。”[1]

朱祁镇复辟后，特务头子门达专权。底下一节小事，便可看出当时狐狗们对门达的谄媚：

天顺间桂廷珪者，尝馆于锦衣门达家，刻私印曰：“锦衣西席。”[2]

汪直等的狐狗

朱见深时，内外大小官员对特务头子汪直的谄媚，较朱祁镇时朝臣之对王振更有过之无不及。底下一节记载，便可以看出来这些狐狗们无耻到了怎样的地步。

帝信任太监汪直，朝绅谄附，无所不至。其巡边也，所在都御史皆铠甲戎装将迎至二三百里，望尘跪伏，俟马过乃兴。及驻馆，则易小帽曳撒，趋走唯诺，叩头半跪，一如仆隶，揖拜之礼，一切不行。以是皆见喜，遂得进升工部、户部、兵部侍郎，时有谚云：“都宪叩头如捣蒜，侍郎扯腿似烧葱。”[3]

有时还为了献媚而争风吃醋起来：

成化间，汪直西厂用事，都御史王越特为直所厚。尚书尹旻等

[1] 按王鏊引陆语后，接着便说累朝丝纶簿具存内阁，无杨士奇私送司礼监事。但《四库提要》卷一百二十二“震泽长语”条下云：“考《复辟录》载：初朝廷旨意，多出内阁条进，稿留阁中，号丝纶簿。其后宦侍专恣，奏收簿秘内。徐有贞既得权宠，乃告上如故事，还簿阁中云云。则鏊时所见之簿，乃徐有贞重取以出，未可为士奇不送之证，其考订间有未审。”

[2] 文林：《琅玡漫抄》摘录。

[3] 《明朝小史》卷九。

欲诣直，属越为介。私问越："见直跪否？"越曰："安有六卿跪人事乎！"越先入白，旻使人阴伺，越跪床下白事竟，叩头而出。旻知之，直出，旻等以次谒。旻先跪，诸人皆跪，直大悦。既而越尤旻违约，旻曰："吾自见人跪来，吾不才，特效之耳。"[1]

甚至汪直手下一个爪牙韦瑛，也有大员向他献媚。

都御史李实迎风候旨，惟恐或后，复与（韦）瑛结为父子，恬不知耻。[2]

既然这样献媚，自然也就帮凶。如成化十三年五月，朱见深迫于廷臣意见，罢革西厂。这在朱见深和汪直自然是极不愿意的，当时就有几个无耻的御史戴缙、王亿等看了出来，便趁势帮凶。戴缙首先上疏歌颂汪直功德，并且"先以奏草示直所厚锦衣卫所千户吴绶，直得之，为言于上，然后奏之，于是直复开西厂，伺察益苛"[3]。至于王亿就更不像话，竟称颂汪直所做的事"不独可为今日法，且可为万世法"[4]。

朱见深时的官员除谄媚汪直之外，向其他的宦官特务也同样地谄媚。如：

成化六年，巡按云南御史郭瑞，奏镇守太监钱能刚果有为，政务归一。今能有疾，恐召还京师，乞圣恩悯念，永令镇守。[5]

又如：

[1] 何孟春：《余冬序录》一。

[2] 《病逸漫记》。

[3] 《弇山堂别集·中官考三》卷九十二。

[4] 《明史·汪直传》卷一五八。

[5] 《万历野获编补遗》卷三，《御史阿内侍》。

汤鼐劾……（礼部）右侍郎倪岳急于上进，昵近权要，缞服徒步送太监黄旸母柩。[1]

刘瑾的狐狗

朱厚照时的刘瑾，在有明一代是仅次于魏忠贤的大特务，所以，他的狐群狗党也特别多，许多坏事都是这些狐狗给想出的。王鏊《震泽长语》云：

刘瑾虽擅权，然不甚识文义，徒利口耳。中外奏疏处分，亦未尝不送内阁，但秉笔者自为观望。本至，先问此事当云何，彼事当云何，皆逆探瑾意为之。有事体大者，令堂后官至河下问之，然后下笔，故瑾益肆。使人人据理执正，牢不可夺，则彼亦不敢大肆其恶也。

这时阁臣是李东阳和焦芳等，焦芳便是最著名的狐狗之一。

焦芳在刘瑾未得势前，便“深结阉宦以自固”[2]。朱厚照即位，韩文会同同僚弹劾刘瑾，他那时已是吏部尚书，照例六部会同奏事，吏部应第一个签名，他便向刘瑾告了密，韩文因此失败。刘瑾得势后，他便以吏部尚书入阁辅政。明代规制，吏部不得兼阁务，因为内阁主看详拟票，吏部则操铨选，兼而有之，便是真宰相，权力太大，统治者不放心，所以悬为厉禁。这回算是被焦芳打破，统治者的祖宗之法，在特务们心目中只不过是一纸条文罢了。

焦芳入阁后，《明史》称其“居内阁数年，瑾浊乱海内，变置成法，荼毒缙绅，皆芳导之”。事实的例子如刘瑾讨厌翰林们骄傲，想把他们弄出去做外官，焦芳便和他的儿子焦黄中、检讨段炅等“教瑾以扩充政

[1] 《万历野获编》卷十九，《汤刘二御史再谴》。

[2] 《明史·焦芳传》卷三〇六。

事为名，乃尽出编修顾清等二十余人于部曹。”刘瑾陷害刘健、谢迁，增加解额，斥江西余姚人不得为京官，以及许多变更法制的事，多半是他播弄出来的。他非常恨南方人（焦芳是河南泌阳人），便作了一个“南人不可为相图”献给刘瑾。他自己对刘瑾更是卑鄙不堪，“每过瑾，言必称千岁，自称曰门下。裁阅章奏，一阿瑾意”[1]。

他自己当然更是贪污纳贿，“四方赂瑾者，先赂芳”[2]。致仕归家的时候，“盗窥其重载，尽劫以去”[3]。但这不过是些浮财，他历年搜刮的结果，早已是个大地主，所以归家后“治第宏丽，劳被数省，积财如山”[4]。他和他的儿子黄中荒淫无耻，有些简直是禽兽行为，如底下的一件事便是：

> 正德初年，广西田州土官岑濬妾以叛逆家属当没官。时焦泌阳芳为相，侦知其美，赂主者得之，嬖之专房。此妾厌其老，窃与焦之子、编修黄中通好。其父知之，争斗于室，时传以为笑。[5]

这样一个作恶万端的家伙，在刘瑾伏诛后，他却仅仅削职为民。所以，刘瑾的侄儿刘二汉临刑的时候曾愤慨不平地说：“吾死固当，第吾家所为，皆焦芳与张彩耳。今彩与我处极刑，而芳独宴然，岂非冤哉！”[6]

张彩是安定人，焦芳因为他和刘瑾同乡，便将他荐给刘瑾。他生得很漂亮，“白皙修伟，须眉蔚然”。见刘瑾的时候，穿着华丽的衣冠，谈论滔滔不绝，刘瑾大为喜爱，抓住他的手端详了半天说道：“子神人也，我何以得遇子！”立刻派他为吏部文选郎。到职不久，便伙同刘瑾把吏

[1] 均见《明史·焦芳传》。

[2] 均见《明史·焦芳传》。

[3] 《震泽纪闻》。

[4] 《震泽纪闻》。

[5] 《万历野获编》卷十八，《叛臣妻子没官》。

[6] 《明史·焦芳传》卷三〇六。

部尚书许进排斥去位，而以刘宇代为尚书。刘宇也是刘瑾的狐狗，他自信不及张彩得宠，张彩也不大睬他。于是，“铨政率由彩，多不关白宇。即白宇，宇必温言降接。彩抱案立语，宇俯偻不敢当”。及刘宇入阁，彩便代宇为尚书，“一岁中自郎署长六卿，僚友守官如故，咸惴惴白事尚书前，彩厉色无所假借”[1]。这威风可算透顶了！

张彩做尚书以后，第一件事便是树威，“不时考察内外官，纠摘严急，间一用薄罚，而诸司台谏谪辱日甚”。第二件事便是勒贿，“变乱旧格，贿赂肆行，海内金帛奇货相望涂巷间”。有钱有势之后，便更进一步地胡作非为了：

> 性尤渔色。抚州知府刘介，其乡人也，娶妾美。彩特擢介太常少卿，盛服往贺曰：“子何以报我？”介惶恐谢曰：“一身外皆公物。”彩曰：“命之矣。”即使人直入内，牵其妾，舆载而去。又闻平阳知府张恕妾美，索之不肯，令御史张禴按致其罪，拟戍。恕献妾，始得论减。[2]

张彩是刘瑾一个很忠实的走狗，而且也很有些心计，他看到刘瑾擅权太久，贪贿无已，恐怕结怨太多，引起变故，便很想替刘瑾缓和一下，就乘间向刘瑾说：“公亦知贿入所自乎？非盗官帑，即剥小民。彼借公名自厚，入公者未十一，而怨悉归公，何以谢天下？”这话说得很中听，刘瑾颇以为然，恰好那时“御史胡节巡按山东还，厚遗瑾，瑾发之，捕节下狱。少监李宣、侍郎张鸾、指挥同知赵良按事福建还，馈瑾白金二万，瑾疏纳金于官，而按三人罪。其他因贿得祸者甚众。”张彩这计策颇为奏效，甚至“中外或称彩能导瑾为善矣”。[3]但实际上这不过是麻痹政策，和缓人心，使刘瑾的剥削更可以永久下去而已。

张彩对刘瑾忠实，刘瑾对他也极宠爱。“瑾出休沐，公卿往候，自

---

[1] 《明史·张彩传》卷三〇六。

[2] 《明史·张彩传》卷三〇六。

[3] 《明史·张彩传》卷三〇六。

辰至晡未得见。彩故徐徐来，直入瑾小阁，欢饮而出，始揖众人。众以是益畏彩，见彩如瑾礼。彩与朝臣言，呼瑾为老者，凡所言，瑾无不从。”[1]

焦芳和张彩是刘瑾的两大走狗。但这两条狗之间，由于争权夺宠，引起很大的矛盾。焦芳自以为张彩是他推荐的，彩为吏部尚书，他便向彩天天保荐私人。彩恃着刘瑾的宠爱，有时竟不买他的账。同时一些小狗腿如段炅等原是依附焦芳的，后来看见刘瑾宠彩，便转而附彩，于是便在刘瑾面前将焦芳的隐事和盘托出。刘瑾大怒，便屡次在大庭广众中申斥焦芳父子。焦芳看看情势不对，只好和儿子一同致仕回家。

刘瑾的狐狗除这两人外，还有很多，第一节所引的刘瑾败后言官交劾党附刘瑾的廷臣名单，可以说全是这些东西，现在将这些狐狗们的无耻丑事略举若干，以见一斑。

左都御史刘宇因为“瑾好摧折台谏”，便“请敕钳制御史，有小过辄加笞辱”。刘瑾开始索贿时，希望并不大，只不过百金，而刘宇却第一个以万金为贽，刘瑾大喜说道：“刘先生何厚我。”立刻转他为兵部尚书，后又迁吏部。“宇在兵部时，贿赂狼藉。及为吏部，权归选郎张彩。而文吏赠遗又不若武弁，尝悒悒叹曰：‘兵部自佳，何必吏部也。’”其无耻如此。此外如曹元任兵部尚书时，“将校迁除，皆惟瑾命，元所入亦不赀。”[2] 又如“寇昇巡抚陕西，为瑾治第修坟，极其华侈，民受其殃。”[3]“给事中屈铨、祭酒王云凤请编瑾行事，著为律令。”[4] 而云凤且请瑾亲莅太学，如唐鱼朝恩故事。[5] 佥都御史韩福清理湖广粮饷，因“瑾喜操切，福希指益务为严苛”。又馈瑾白金数十万两。[6] 吏科给事中李宪谄事瑾，每率众请事于瑾，盛气独前，自号六科都给事中。时

---

[1] 《明史·张彩传》卷三〇六。

[2] 均见《明史·焦芳传》。

[3] 《弇山堂别集·中官考六》卷九十五。

[4] 《明史·刘瑾传》。

[5] 《万历野获编》卷二十，《王虎谷封事》。

[6] 《明史·张彩传》。

袖白金示同列曰：“此刘公所遗也。”[1] 给事中高涝“丈沧州，所劾治六十一人，至劾其父高铨以媚瑾”[2]。这些东西真正是十足的衣冠禽兽了。

至于这些禽兽谒见刘瑾的拜帖的称呼更其肉麻无耻，普通都是称“顿首拜禀见”：

> 正德初，刘瑾擅国，走其门者倾朝。名刺必红纸，揭帖具官某顿首拜禀见。不知受恩之人见时，又当作何体态，呜呼哀哉！[3]

有的竟称“顶上”：

> 朱恩松江人，与瑾有旧，自河南按察使超升佥都御史操江，未几升南京侍郎尚书。事瑾极恭，凡拜帖写“顶上”，不敢云“拜上”，“顶上”之称自此起。[4]

自称曰“门下小厮某”：

> 余初于西曹，见谈旧事投刺有异者，一大臣于正德中书太监刘瑾，云“门下小厮某上恩主老公公”。[5]

这些“小厮”这样拼命地去谄媚刘瑾，但刘瑾却并不把他们当作人看待的。如像上面所说的焦芳以大学士之尊，刘瑾竟在大庭广众中申斥他。还有当刘瑾令刘宇入阁辅政，宇大喜过望，“宴瑾阁中，极欢”，第二天便打算入阁办事，却不料刘瑾竟和他开了一个大玩笑，说道：“尔

---

[1] 《明史·张彩传》。

[2] 《明史·刘瑾传》。

[3] 《余冬序录》一。

[4] 《继世纪闻》卷一。

[5] 王世贞：《觚不觚录》。

真欲相耶？此地岂可再入！”把他弄得哭笑不得，只好“乞省墓去”[1]。韩福清理湖广民租，逢迎刘瑾，“劾所司催科不力，自巡抚郑时以下，凡千二百人。”满以为这一下可以巴结上了，却不料“瑾忽怒福，取诏旨报曰：‘湖广军民困敝，朕甚悯之。福任意苛敛，甚不称朕意。’令自劾。吏部举堪代者以闻。福引罪求罢。”[2]奴才们不管地位多么高，但终究是奴才，在主子眼中有时是连一条狗都不如的。

但这些奴才之所以这样谄媚主子，也只是为了自己升官发财，一旦主子失势，他们为自己打算，仍是可以回过头来咬主子一口的，如上面所说的李宪，当刘瑾下狱，便立刻劾瑾六事，连刘瑾在狱中都发笑道：“李宪亦劾我乎？”[3]

张永、冯保等的狐狗

和刘瑾同时的另一个特务头子张永，在当时也有许多狐群狗党去逢迎谄媚他。如——

> 河南汤阴人李燧者，历官工部尚书，致仕归。其后张永西征还京，过汤阴。燧敝衣破冠而束上所赐玉带，跪迎于路。永惊曰：“何至于是？”燧因以情乞怜。永至京师吏部荐之。召复故官，再长冬曹，又十二年致仕归。[4]

甚至上疏歌功颂德，比之皋陶伊尹。

> 正德五年，赞皇知县王銮疏称太监张永功：“今岁五月赤旱千里，永奏辞西征，过真定，大雨随注，百姓稽首曰：‘天上雨露，

[1] 《明史·焦芳传》。

[2] 《明史·张彩传》。

[3] 《明史·焦芳传》。

[4] 《万历野获编补遗》卷三，《两六卿之进》。

张永带来也。'永不坐乘，不张盖，不作威福，真今之皋夔伊傅。"先后数千言，极其谀媚。[1]

朱厚照死后，朱厚熜即位，曾将厚照时特务革退了几个，其时还有些狐狗给他们喊冤，希图再起。

锦衣千户张仪以附中官张锐黜革，御史杨百之忽为讼冤，言："仪当宸濠逆谋时，首倡大义，劝锐却其馈遗。今锐以是免死，仪功不录，无以示报。"（安）磐疏言："百之险邪，阳为仪游说，而阴与锐交关，为锐再起地。"[2]

朱翊钧时冯保擅权，张居正以首辅之尊，一代权相，竟向他投"晚生"帖子，前面已经说过。至于那时的公侯勋爵们，见了冯保则叩首呼老公公：

冯珰势张甚，固安武清以长乐尊父，见之亦叩头惟谨，呼"老公公"。冯小屈膝答之，曰"皇亲免礼"而已。若驸马叩头，则垂手小扶，其不为敬也。[3]

其他的官员自然更是叩头如捣蒜了。

国朝文武大臣见王振跪者十之五，见汪直而跪者十之三，见刘瑾而跪者十之八。嘉靖以来，此事殆绝。而江陵殁，其党自相惊，欲结冯珰以为援，乃至言官亦有跪膝者矣。[4]

---

[1] 《弇山堂别集·中官考六》卷九十五。

[2] 《明史·安磐传》卷一九二。

[3] 《觚不觚录》。

[4] 《觚不觚录》。

当时有些官员甚至见了一些“小特务”也作揖打恭，自居奴婢。如都御史陈瑞奔张居正父丧，麻冕加绖，伏哭尽哀。并且请见太夫人，“太夫人旁有小阉侍，居正所私留以役者也。太夫人睨而谓：‘陈君幸一眄睐之。’瑞拱之揖阉曰：‘陈瑞安能为公公重，如公公乃能重陈瑞耳。’公公者，中贵之尊称，臧获见而称者也。太夫人亦为之启颜”[1]。

朱翊钧中年，司礼掌印太监卢受也有些人逢迎谄媚他，如——

浙人喻养初安性者，授吏科给事，抗疏弹司礼掌印大珰卢受。有营缮郎中张寰应嘉言者，忽起击喻，谓其弹治中官，实党附山阴首揆。[2]

这以后便到了魏忠贤时代，狐群狗党就遍于天下，因为事迹太多，故特辟一节述之。

（二）干儿义孙生祠生像

朱翊钧时代，明代政治腐败已达极点，统治阶级内部发生重大混乱，朝臣士大夫们分成邪正两派，互相攻击，朱翊钧一二十年不上朝，所以概不理会。大致说来，邪派中有齐、楚、浙三党，而正派则为东林党。这里所谓党，也并没有什么不得了的严密组织，齐、楚、浙只是封建同乡的集团。而东林呢，则是因为吏部郎中顾宪成于万历二十二年开始在无锡东林书院讲学，议论时政，批评人物，以舆论力量对抗邪党，在朝一部分正派官员颇与之通声气，于是便有“东林党”之称。这两派斗争消长情形大致如下：万历二十年至三十年，为东林当政时期，三十年以后是两派相持时期，四十五年以后权归齐、楚、浙三党，天启初年东林又重得政权。但齐、楚、浙三党也并不是完全合作的，在四十五年得到政权以后，内部就发生了裂痕，东林党的汪文言乘机很起了一点破坏作用。

[1] 《嘉靖以来首辅传·张居正》卷八。

[2] 《万历野获编》卷二十，《张寰应工部》。

天启初年，东林得势，他们又以同乡关系组织起来对抗。

东林诸人虽号称清正，但内部也并不是毫无败类。同时他们壁垒森严，党见过深，凡是不合东林宗旨的人都斥为异党，加以攻击，有时就不免冤枉好人。《明史·崔景荣传》卷二五六赞云：“方东林势盛，罗天下清流。士有落然自异者，诟谇随之矣。攻东林者，幸其近己也，而援以为重。于是中立者类不免蒙小人之玷。核人品者，乃专以与东林厚薄为轻重，岂笃论哉！”这段话说得是相当公正的。

天启初年，东林得势，便雷厉风行地执行自己的政策。天启三年京察，东林赵南星为吏部尚书，把三党的党徒几乎一网打尽，于是这些人便一齐去依附魏忠贤，做了魏的走狗，合力谋陷正人。凡是主持正义爱惜名义的，不论在朝在野，一概指为东林党人，于是“东林”二字便成为犯罪的代名词了。史称：

> 当忠贤横时，宵小希进干宠，皆陷善类以自媒。始所击皆东林也，其后凡所欲去者，悉诬以东林而逐之。自四年十月迄熹宗崩，毙诏狱者十余人，下狱谪戍者数十人，削夺者三百余人，他革职贬黜者不可胜计。[1]

这就是邪党转成魏忠贤走狗的一段简略经过。

这些走狗的人数，多到不可胜计，自内阁六部至四方督抚几乎全是，详细名单已见本章第二节。这里便将这些走狗的帮凶作恶谄媚无耻的事实叙述如下。

魏 家 阁 老

先从内阁说起。内阁宰辅首先谄附魏忠贤的是顾秉谦和魏广微。

顾秉谦在天启元年任礼部尚书，由于依附忠贤，三年春与魏广微同时入阁，四年便为首相。“自四年十二月至六年九月，凡倾害忠直，皆

[1] 《明史·曹钦程传》卷三〇六。

秉谦票拟。《三朝要典》之作，秉谦为总裁，复拟御制序冠其首，欲用是钳天下口。朝廷有一举动，辄拟旨归美忠贤，褒赞不已。”其为人“庸尘无耻”，“曲奉忠贤，若奴役然”。[1]底下一件事，可以看出他无耻到了如何程度。

> 秉谦率其子叩首逆阉曰：“本欲拜依膝下。恐不喜此白须儿，故令稚子认孙。”珰领之。时其子方乳臭，即授之以尚宝丞。[2]

他不仅对魏忠贤曲尽谄媚，对一切宦官都极尽逢迎之能事。如——

> 内阁纷纷出镇，昆山（秉谦昆山人）献媚，票注“太监”二字，遂以为例。[3]

魏广微南乐人，其父“允贞，万历中建言著节，与赵忠毅、邹忠介诸公素称同志，道义交也。广微既贵，独疾视其父所交名节之士，而倾心于内阁。邹公（按：《明史》作赵）每语人叹：‘见泉无儿。’（见泉，允贞字）赵公则每见必以父执谊规之，不为加礼，以是益相忤。”[4]“后广微大拜，复往谒高邑（赵南星），三及门而阍人弗为通，曰：‘有事讲请坐，无事请回。’广微怫然曰：‘人可以不见，官不可以不见。’遂索取原刺以归，而决意逞宿愤矣”。他和魏忠贤同乡同姓，开头自称“宗弟”，后来竟自认为忠贤的侄儿。[5]所以和忠贤勾结得最早，在阁中与忠贤通信，“皆亲笔行书，外题曰：‘内阁家报’，订封钤白文：‘魏广微印’。

---

[1] 《明史·顾秉谦传》卷三〇六。

[2] 《三朝野记》卷二。

[3] 《先拨志始》卷下。

[4] 《三朝野记》卷二。

[5] 《先拨志始》卷上。

差心腹家人，送入阁直房，付李朝钦收掌”。[1]时人称为“外魏公”[2]。从这以后，他更无忌惮，肆行诬陷，“手写所欲起用之人黄克缵、王绍徽、王永光、徐大化、霍维华等五六十人，目为正人，各加两圈或三圈。又将《缙绅便览》中如韩炉、缪昌期、曹于汴、李邦华、郑三俊等约百余人目为邪党，重者三点，次者二点。托内阁王朝用转送逆贤处以行黜陟”[3]。

魏忠贤时的阁臣除顾秉谦、魏广微外，还有冯铨、黄立极、施凤来、张瑞图、李国橧、来宗道、杨景辰等。

冯铨，涿州人，初为翰林，年轻而貌美，同馆颇狎之，缪昌期狎之尤甚，大概是个龙阳君之类的人物。[4]天启初年魏忠贤赴涿州进香，“时铨被劾家居，跪谒路次，送迎供帐之盛，倾动一时。且涕泣陈盛明（按：盛明，冯铨之父）之冤，为东林陷害，逆贤怜其姣媚，已心许之”[5]，而“逆贤未阉时有妻冯氏，亦涿州人，疑与铨同宗，颇有故剑之思，甚注意焉”[6]。杨涟劾忠贤二十四大罪时，忠贤很惶窘，求助外廷，于是“冯因具书于贤侄良卿，言外廷不足虑，教之行廷杖，兴大狱以劫制之。又时时刺得外廷情事，密报逆贤，使为之备，贤感之刺骨”[7]。因此便想叫冯铨入阁，“因令王体乾侍上时，为举甘罗故事。铨又令御史张枢催请枚卜，内有‘……少年学士，黑头相公，则英妙未可少也’”[8]的话。冯铨就这样做了宰相。魏忠贤所陷害的人，大半都是他的密谋，如杨涟、左光斗之狱便是他和霍维华等鼓动起来的。《酌中志》卷二十四：“及汪文言再入诏狱，冯与霍维华、李鲁生、杨维垣、崔呈秀等朝夕计议，罗织多人，密封付良

[1]《三朝野记》卷二。

[2]《明史·魏广微传》卷三〇六。

[3]《先拨志始》卷上。

[4]《先拨志始》卷上。

[5]《酌中志》卷二十四。

[6]《先拨志始》卷下。

[7]《酌中志》卷二十四。

[8]《先拨志始》卷下。

卿，转送逆贤。”熊廷弼之死，也是他陷害的。《先拨志始》卷下云：“辽难之发，冯铨父子鼠窜南奔（冯父盛明时为辽阳兵备）。书坊中有刊卖《辽东传》者[1]，内列‘冯布政父子奔逃’一回。铨以为大辱，先令卓迈上廷弼急宜斩之疏，遂于讲筵袖出此传，面奏请旨正法，阁中拟谕以进，王体乾等曰：‘此明系小冯欲杀熊家耳，与皇爷何与？’”他又和“田尔耕最昵，每促膝夜语，即亲近僮仆不得与闻”[2]。这所商议的自然都是谋杀陷害别人的事了。明亡后，他又投降了满清，仍做宰相，可谓无耻透顶了。

黄立极与冯铨同时入阁，杀熊廷弼时，阁臣商议，日中不决，他出主意说：“此不过夜半片纸即可了当矣。”[3]施凤来“素无节概，以和柔媚于世”，张瑞图则专写忠贤生祠碑文[4]。他们三人票旨必曰“朕与厂臣”，不敢称忠贤名。“山东产麒麟，巡抚李精白图象以闻。立极等票旨云：‘厂臣修德，故仁兽至。’其诬罔若此。”[5]来宗道为崔呈秀父请恤典，疏中竟有“在天之灵”的话，时人称他为“清客宰相”。杨景辰曾三次上疏颂美忠贤。[6]忠贤做寿，他们都撰有诗文，后来籍没忠贤时，曾在家中搜出“顾秉谦寿六十寿文一篇，张瑞图庆荣寿序一篇，黄立极叠承恩论序一篇，冯铨祝上寿上公俚言百韵”[7]。

当时人称这些宰相们叫“魏家阁老”，底下一段话，可以作为这些“魏家阁老”的总结：

> 或谓逆珰时拜相者皆魏家阁老，其然岂其然乎？然统计内阁称颂共二十八本，而票拟谀旨赞导过当者，不可胜举。盖自魏广微倡先附内，倒授太阿，而顾秉谦票拟，厂臣与皇上并称，黄立极、来

[1] 《辽东传》：章回小说之类，其书颇推崇熊廷弼。

[2] 《酌中志》卷二十四。

[3] 《先拨志始》卷下。

[4] 《明史·顾秉谦传》。

[5] 《明史·魏忠贤传》。

[6] 《明史·顾秉谦传》。

[7] 《枣林杂俎》和集。

宗道等相率效尤。则律以无将之诛，此辈安所逃哉！而施凤来之撰诗文，张瑞图之书联扁，直以文隶畜之，又不足道矣……呜呼，谓之为魏家阁老，岂诬也欤！[1]

阁老既是属于“魏家”，其他的六部九卿四方督抚就不顾羞耻地拜魏忠贤为父，自称干儿，甚至自称义孙，而干儿义孙的门下走狗又不可胜计，当时人曾将这情形写成《百子图演义》一书[2]，可见这些干儿义孙的“盛况”了。

五虎、五彪、十狗、十孩儿、四十孙

这些干儿义孙最著名有五虎、五彪、十狗、十孩儿、四十孙等称号。五虎是崔呈秀、田吉、吴淳夫、李夔龙、倪文焕，都是文臣，为魏忠贤主谋议的。

崔呈秀，蓟州人，是五虎的首领，也是魏忠贤最信任的一条走狗。他初见东林势盛，曾求加入，东林拒而不纳。后以御史巡按淮阳，贪污纳贿，无所不至。左都御史高攀龙尽发其贪污状，奏云：

淮阳士民无不谓自来巡方御史，未尝有如呈秀之贪污者。强盗，地方大害也，每名得贿三千金辄放。访犯，地方大恶也，每名得贿千金辄放。不肖有司应劾者，多以贿免，不应荐者，多以贿荐。[3]

奏上，吏部尚书赵南星议戍之，诏革职候勘。“呈秀大窘，夜走魏忠贤所，叩头乞哀，言攀龙、南星皆东林，挟私排陷，复叩头涕泣，乞为养子。当是时忠贤为廷臣交攻，愤甚，方思得外廷为助……得呈秀，恨相见晚，遂用为腹心，日与计画。”于是呈秀便“以间进《同志》诸录，

[1] 吴应箕：《启祯两朝剥复录》中。

[2] 《二申野录》卷七。

[3] 孙承泽：《春明梦余录》卷四十八。

皆东林党人。又进《天鉴录》，皆不附东林者。令忠贤凭以黜陟，善类为之一空。暮夜乞怜者，莫不缘呈秀以进，蝇集蚁附，其门如市”。同时他也就升为工部右侍郎，便上疏颂美忠贤，请赐奖谕。疏中竟无耻地说：“臣非行媚中官者，目前千讥万骂，臣固甘之。”疏上，朝野轰笑。天启六年七月进工部尚书，加太子太保兼左都御史，他自恃忠贤的宠爱，越发贪污。一般无耻之徒，也奔走逢迎，多拜为门下士，借以接近忠贤。他权高势大，便更为恣肆，“不附己及势位相轧者，辄使其党排去之……诸所倾陷，不可悉数，虽其党亦深畏之”。他的兄弟女婿亲等都是高官厚禄，甚至他的姨太太的兄弟一个戏子萧惟中也做了密云参将。七年八月“迁兵部尚书，仍兼左都御史，并绾两篆。握兵权宪纪，出入煊赫，势倾朝野”[1]。他始终是忠贤的心腹，从没有失宠过。朱由校死时，忠贤曾召他有所密议。

> 熹宗崩，廷臣入临，内使十余人传呼崔尚书甚急，廷臣相顾愕眙。呈秀入见忠贤，密谋久之，语秘不得闻。或言忠贤欲篡位，呈秀以时未可，止之也。[2]

朱由检即位后，忠贤自缢，崔呈秀自己也知道免不了一死，便“列姬妾，罗诸奇异珍宝，呼酒痛饮，尽一卮即掷坏之，饮已自缢”[3]。

倪文焕、李夔龙、吴淳夫、田吉四人都是由崔呈秀介绍给忠贤做义子的。倪文焕初为御史，曾劾周顺昌“给假回日，坐三大船，资货充盈，压沉一舟，狼藉河干，白镪暴露，通人掩口”。[4]其诬罔如此。后“出按畿辅，为忠贤建三祠”。后官至太常卿。李夔龙则“专承呈秀指，引用邪人，以媚忠贤”。官至左副都御史。吴淳夫是崔呈秀的走狗，官至

---

[1] 均见《明史·崔呈秀传》卷三〇六。

[2] 均见《明史·崔呈秀传》卷三〇六。

[3] 均见《明史·崔呈秀传》卷三〇六。

[4] 《三朝野记》卷三。

工部尚书。田吉官至兵部尚书。[1]

五彪是田尔耕、许显纯、崔应元、杨寰、孙云鹤，都是武人，专为魏忠贤屠杀异己的。

田尔耕在忠贤时掌管锦衣卫，“狡黠阴贼，与魏良卿为莫逆交。魏忠贤斥逐东林，数兴大狱。尔耕广布侦卒，罗织平人，锻炼严酷，入狱者率不得出。宵人希进者，多缘以达于忠贤，良卿复左右之，言无不纳，朝士辐辏其门。魏广微亦与缔姻，时有‘大儿田尔耕’之谣”。许显纯是田尔耕部下，掌镇抚司，“略晓文墨，性残酷，大狱频兴，毒刑锻炼，杨涟、左光斗、周顺昌、黄尊素、王之寀、夏之令等十余人，皆死其手”。崔应元官锦衣指挥，“凡显纯杀人事皆应元等共为之”。杨寰也隶籍锦衣，为东司理刑，是田尔耕心腹。孙云鹤则是东厂理刑官。[2]他们都是些杀人不眨眼的屠夫。

十狗首领是吏部尚书周应秋。周在万历中曾官工部侍郎，素极卑鄙，曾“求司空缺于赵高邑，至屈膝不已，赵鄙之，常语人曰：‘吾入山三十年，不意士风扫地至此’”[3]。及魏忠贤得势，为左都御史，“有家人吕庆善烹饪，每伺魏良卿过，即以烹蹄邀饭，时号煨蹄总宪”[4]。天启六年七月代王绍徽为吏部尚书，“秤官索价，每日勒足万金，都门有‘周日万’之目”[5]。甚至他的女婿都和他写信开玩笑：

> 虞大复，应秋之婿也，素以狂逸自负。致书应秋云：“挟泰山以超北海，在婿固不敢望，入宝山而空回，想岳亦不能忘情也。”盛为时传颂。[6]

[1] 《明史·崔呈秀传》卷三〇六。

[2] 均见《明史·田尔耕传》卷三〇六。

[3] 《三朝野记》卷三。

[4] 《启祯两朝剥复录》中。

[5] 《三朝野记》卷三。

[6] 《三朝野记》卷三。

他在吏部任内“清流未尽逐者，应秋毛举细故，削夺无虚日”[1]。初杨涟等拷死狱中，他“夜半叩户语其馆客曰：‘天眼开，杨涟、左光斗死矣。’”[2]他虽为吏部尚书，但自信不如崔呈秀之得宠，所以，“每朝候崔呈秀，极足恭之态”[3]。至于对魏忠贤就更其谄媚了，如底下一件事：

> 一日忠贤与语曰：“尔江南人如何好粥？”应秋误听以为竹也，寄书其子将园竹尽砍，以为魏上公不欲江南人好竹耳。及忠贤败，应秋捧其足而泣曰：“儿子如何过？”天下笑之。[4]

曹钦程也是十狗之一，他曾为吴江知县，贪污狼藉。冯铨是他的座主，他通过冯的关系，拜了忠贤做爸爸，在“群小中尤无耻，日夜走忠贤门，卑谄无所不至”。甚至他的同党都羞称之，但他却反向别人骄傲，说是魏忠贤欢喜他。大概是太卑鄙无耻了，连魏忠贤也讨厌他，说他“败群”，削去官籍。但他倒是一条忠实的走狗，还“顿首忠贤前曰：‘君臣之义已绝，父子之恩难忘。’絮泣而去”。忠贤败后，他入逆案首等论死，关在牢里很久，他家人又不给送饭，但他却有办法，“掠他囚余食，日醉饱”，其无耻一至如此。[5]

十孩儿之中有兵科给事中李鲁生、提学御史李蕃，这两人卑污无耻到了极点。两人原先谄事魏广微，广微败，改事冯铨，铨庞衰，又改事崔呈秀，最后得充忠贤义儿。时人称他两人为“四姓奴”。同官排击忠良，

---

[1] 《明史·王绍徽传》卷三〇六。

[2] 《明史·王绍徽传》卷三〇六。

[3] 《启祯两朝剥复录》中。

[4] 《启祯两朝剥复录》中。

[5] 《明史·曹钦程传》卷三〇六。

李蕃多为之代草。[1] 宦官李永贞家在通州富河庄，李蕃特制匾额送至其地。[2] 忠贤常出中旨行事，李鲁生便逢迎忠贤的意思，上疏说："执中者帝，用中者王，旨不从中出而谁出？"举朝大骇。他曾典试湖广，发策大骂杨涟，甚至连屈原、宋玉也骂起来。[3] 他两人又与周昌晋在忠贤门下称三杰。"蕃提挈大纲，发纵指示而已。昌晋论人，语多暗刺，不甚指斥姓名。鲁生则胸饶鳞甲，笔森戈戟，遭者无不立碎。时为之语曰：'一周二李，其权无比。'后昌晋持斧出，易以刘徽，改语曰：'二李一刘，其权莫俦。'"[4] 同时又有李恒茂为礼科给事中，与鲁生、藩日走吏兵二部，交通请托，时人为之语曰："若要起，问三李。"[5] 还有十孩儿之一的御史石三畏，是崔呈秀推荐的，"锻成杨、左之狱，咆哮特甚"。后来无意得罪了忠贤，罢归。[6]

布满中外的狐狗

当时魏忠贤的狐狗布满中外，除了这些虎、彪、狗之外，还有许多无耻的家伙，兹分别择其最著名者分述于下：

先看那时一些无耻的尚书们。

第一个是王绍徽，绍徽本是齐党，在万历年间素以排击东林为其党所重视。因此，忠贤得势首先便派他担任要职，一年之间，由左佥都御史进至吏部尚书。他感恩图报，"进退一人，必禀命于忠贤，时称'王媳妇'。尝造《点将录》，倾害东林诸君子。忠贤阅其书叹曰：'王尚书妩媚如闺人，今笔挟风霜乃尔，真吾家之珍也。'愈亲爱之"[7]。"忠贤为从子良卿求世封，绍徽即为奏请良卿封伯。请推崇其三世，绍徽亦

[1] 《明史·霍维华传》卷三〇六。

[2] 《先拨志始》卷下。

[3] 《明史·霍维华传》卷三〇六。

[4] 《先拨志始》卷下。

[5] 《明史·霍维华传》。

[6] 《明史·曹钦程传》。

[7] 《二申野录》卷七。

议如其言。”[1]他为了和缓人们对忠贤的怨恨，当忠贤派宦官出镇，他曾和同官陈四不可。王恭厂朝天宫并灾，他又劝忠贤不要诛杀过多，又上言用刑要宽。这些都是为忠贤市恩，但不料忠贤却不管这些，屡次予以申斥。后来狐狗中自相冲突，他被排挤去职。

霍维华曾任忠贤时的兵部尚书，起初“以崔呈秀、吴淳夫荐起用，其妾有为逆贤甥孙者，刺因称‘愚甥孙婿’”[2]。以此得接近忠贤，他曾和杨所修倡议修《三朝要典》，每陈奏必赞颂，中有“厂臣茅土，尚觉其轻，良卿太师，尚余一级”之语。他“与崔呈秀为忠贤谋主。所亲为近侍，宫禁事皆预知”[3]。朱由校生病，他便进什么“仙方灵露饮”，“其法取上号大米淘净，用甑蒸熟，内放银瓶蒸吸其汁饮之”[4]。朱由校先很欢喜吃，后来越吃身体越浮肿，医药无效，因此送命。忠贤败后，他曾弹劾崔呈秀以自白，但也终于定入逆案。

徐大化曾任工部尚书，先任大理少卿时，杨涟等被捕入狱，他向忠贤献计道：“彼但坐移宫罪，则无赃可指。若坐纳杨镐、熊廷弼贿，则封疆事重，杀之有名。”忠贤立刻采纳了他的计策，杨、左诸人皆惨死。他在工部任内，贪恣无忌，连忠贤也讨厌他，后来终于勒令闲住。[5]

此外像兵部尚书刘诏，“嗜利无耻，父事忠贤”。又一兵部尚书邵辅忠，“诸奸攻击正人，多其所主使”。工部尚书孙杰专弹劾正人，以博忠贤欢喜。[6]总督仓场侍郎薛贞，“以草场救焚颂魏忠贤，迁刑部尚书，时称火逼尚书”[7]。

至于当时言路方面则“争搏击清流，献谄希宠”。像御史张纳“为忠贤鹰犬，前后搏击用力多，忠贤深德之”。他又“请毁东林、关中、江右、

[1] 《明史·王绍徽传》。

[2] 《先拨志始》卷下。

[3] 《明史·霍维华传》卷三〇六。

[4] 《先拨志始》卷下。

[5] 《明史·霍维华传》卷三〇六。

[6] 《明史·刘志选传》卷三〇六。

[7] 《枣林杂俎》逸典类。

徽州诸书院”，以为这样便可以捣毁东林巢穴。又一御史卢承钦求媚忠贤，曾仿王绍徽《点将录》，胪列诸党人姓名，请榜示海内。[1]还有一个老而不死的刘志选，年已七十多，却“嗜进弥锐”，魏忠贤打算废斥由校的妻子张氏，他便立刻弹劾张氏的父亲张国纪，暗中隐指张氏非国纪所生。另一御史梁梦环也上疏附和。《三朝要典》修成，志选上疏歌颂，说是“命德讨罪，无微不彰，即尧、舜之放四凶，举元、恺，何以加焉，洵游、夏无能赞一词者”。忠贤大喜，升他为右佥都御史提督操江，[2]他便仗势向人民勒索古董玩好，贪横无忌。[3]还有一个左佥都御史谢启光“往来王绍徽、冯铨之门，时称红娘寄柬”[4]。

至于外边的督抚，如川湖总督张义续“贪淫非人类，一婢为魏忠贤同姓，因加于嫡妻之上，进京八抬，称魏太太，而珰呼我续为张姑爷云”[5]。又如岳和声“抚顺天，魏忠贤呼为岳三哥，着他在我家来做官”[6]。天津巡抚黄运泰“见忠贤屈膝，扶起以老黄呼之”[7]。此外，督抚几乎全替忠贤建立生祠，当于下面详述。

在魏忠贤直接指挥下的宦官特务，帮凶作恶，更为恣横，其中最著的有王体乾、李永贞、涂文辅。

王体乾是当时司礼掌印太监，“故事，司礼掌印者位东厂上。体乾避忠贤，独处其下，故忠贤一无所忌”。“忠贤不识字，体乾与永贞等为之谋主，遇票红文书及改票，动请御笔，体乾独奏，忠贤默然也。”李永贞与“体乾、文辅及石元雅共为忠贤心腹，凡章奏入，永贞等先钤识款要，白忠贤议行。崔呈秀所献诸录，永贞等各置小册袖中，遇有处分，

[1]《明史·曹钦程传》卷三〇六。

[2]《明史·刘志选传》卷三〇六。

[3]《启祯两朝剥复录》中。

[4]《启祯两朝剥复录》中。

[5]《启祯两朝剥复录》中。

[6]《启祯两朝剥复录》中。

[7]《启祯两朝剥复录》中。

则争出册告曰：‘此某录中人也。’故无得免者”[1]。至于一些小宦官自然更极尽谄媚之能事，甚至在演戏时也歌颂魏忠贤起来，如：

> 自天启六年以后，凡御前插科打诨，本有钟鼓司佥书王进朝，绰号王瘸子，抹脸诙谐，公然称赞惜薪司怎样轸恤商人，内府库怎样米积天堆，东厂怎样厘奸剔弊，宝和店怎样裕国通商。内修朝政，外镇边疆，或称好个魏公公，或夸好个魏太监。逆贤居之不疑，自以为美，先帝圣颜亦为喜悦。[2]

生祠生像

以上所说的这些狐群狗党，逢迎谄媚至于甘做义子义孙，也实在是“至矣尽矣，蔑以加矣”了，但他们还觉得不够，于是便在各地替魏忠贤建立生祠，并且在当时成为一种极普遍的风气。

第一个请建生祠的是浙江巡抚潘汝祯，天启六年六月他上疏称：“东厂魏忠贤，心勤体国，念切恤民。鉴此两浙岁遭灾伤，顿蠲茶果铺垫诸费。举百年相沿陋习积弊，一旦厘革，不但机户翻然更生，凡属兹士，莫不途歌巷舞，欣欣相告，戴德无穷，公请建祠，用致祝厘等因。”奉旨：“据奏，魏忠贤心勤体国，念切恤民，闽两浙连岁遭伤，革百年相沿铺垫。宜从众请，用建生祠。著即该地方营造，以求不朽，祠名‘永恩’。”（按：《明史及纪事本末》均云赐名“普德”。）从这以后，天下纷纷效尤，据《明史》统计，当时天下所建生祠计有：

> 其年（六年）十月，孝陵卫指挥李之才建之南京。七年正月，宣大总督张朴、宣府巡抚秦士文、宣大巡按张养素建之宣府、大同，应天巡抚毛一鹭、巡按王珙建之虎丘。二月，（阎）鸣泰与顺天巡抚刘诏、巡按倪文焕建之景忠山，宣大总督朴、大同巡抚王点、巡按

---

[1] 《明史·王体乾传》卷三〇五。

[2] 《酌中志》卷十六。

> 养素又建之大同。三月鸣泰与诏、文焕，巡按御史梁梦环建之西协密云丫髻山，又建之昌平、通州，太仆寺卿何宗圣建之房山。四月，鸣泰与巡抚袁崇焕又建之宁前，宣大总督朴、山西巡抚曹尔祯、巡按刘弘光又建之五台山，庶吉士李若琳建之蕃育署，工部郎中曾国祯建之卢沟桥。五月，通政司经历孙如洌，顺天府尹李春茂建之宣武门外，巡抚朱童蒙建之延绥，巡视五城御史黄宪卿、王大年、汪若极、张枢、智铤等建之顺天，户部主事张化愚建之崇文门，武清侯李诚铭建之药王庙，保定侯梁世勋建之五军营大教场，登莱巡抚李嵩、山东巡抚李精白建之蓬莱阁、宁海院，督饷尚书黄运泰、保定巡抚张凤翼、提督学政李蕃、顺天巡按文焕建之河间、天津，河南巡抚郭增光、巡按鲍奇谟建之开封，上林监丞张永祚建之良牧、嘉蔬、林衡三署，博平侯郭振明等建之都督府、锦衣卫。六月，总漕尚书郭尚友建之淮安。是月顺天巡抚卢承钦、山东巡按黄宪卿、顺天巡按卓迈，七月，长芦巡盐龚萃肃、淮扬巡盐许其孝、应天巡按宋祯汉、陕西巡按庄谦，各建之所部。八月，总河李从心、总漕尚友，山东巡抚精白、巡按黄宪卿、巡漕何可及建之济宁。湖广巡抚姚宗文、郧阳抚治梁应泽、湖广巡按温皋谟建之武昌、承天、均州。三边总督史永安、陕西巡抚胡延晏、巡按谦、袁鲸建之固原太白山。楚王华奎建之高观山。山西巡抚牟志夔、巡按李灿然、刘弘光建之河东。[1]

其中如阎鸣泰一人于蓟、辽建祠竟达七所，黄运泰两所，张朴三所。还有长芦巡盐龚萃肃已经和同官共建一祠，但还要自己另建一所，说是“同众乌见葵忱”[2]。

当时除建祠而外，还有请建坊的，如“大同巡抚张翼明疏请为厂臣

[1] 《明史·阎鸣泰传》卷三〇六。

[2] 《先拨志始》卷下。

建坊，有旨：宣镇赤城共请坊额，以示华夏，著与做‘一代宗功’。”[1]这坊就更多到不可胜数，不能一一列举了。

这些祠和坊都是奉旨建立，都有赐名，如“广恩”“崇仁”“崇德”“报功”“祝恩”……之类。祠修成后地方官要春秋祭享，并设游击一人守卫。

祠的建筑都极富丽堂皇之能事，“一祠之费，多者数十万，少者数万，剥民财，侵公帑，伐树木无算”[2]。如“吴淳夫临清祠毁民房万余间，河南建祠毁民房一万七千余间”[3]，祠多半是“宫殿九楹，仪如帝者”，“（朱）童蒙建祠延绥，用琉璃瓦”[4]。南昌建祠“至毁周程三贤祠益其地，鬻澹台灭明祠、曳其像碎之”[5]。织造太监李实建祠于“西湖之麓，居关壮缪、岳武穆之中，备极壮丽”[6]。而一般恶棍更借此敲诈，老百姓又加上许多额外的灾害。如：

> 当忠贤盛时，云间奸人徐姓者上言士民愿为厂臣立祠，实绝无其人也。恶生有周姓者，与徐为姻，相附丽，借此索诈恣行。[7]

各祠中都供有忠贤的生像，如蓟州、大同、湖广等地生祠是金像，头戴冕旒，执笏，俨如帝王。有的“像以沉香木为之，眼耳口鼻手足，宛转一如生人。腹中肺腑皆以金珠宝玉为之，衣服奇丽，髻上穴空其一，以簪四时香花。一祠木像头稍大，小竖上冠不能容，匠人恐急，削而小之，以称冠焉。小竖抱头恸哭，责匠人”[8]。

建祠的时候，狐狗们的文字谄媚，更是无所不至，如蓟辽总督阎鸣

[1] 《先拨志始》卷下。

[2] 《明史·阎鸣泰传》。

[3] 《二申野录》卷七。

[4] 《明史·阎鸣泰传》。

[5] 《明通鉴》卷八十。

[6] 《三朝野记》卷三。

[7] 夏允彝：《幸存录》。

[8] 《明史纪事本末》卷七十一。

泰疏请祠额，竟说忠贤“人心之依归，即天心之向顺”。山东巡抚李精白疏请建祠云：“厂臣仁威弹压乎山川，涉泽渗漉乎中外，尧天之巍荡，帝德难名；时雨之沾濡，元勋丕著”[1]。并且写的时候，将“巍”字的山字头移下，说是“惧压上公之首”[2]。有撰祠柱对联云：“至圣至神，中乾坤而立极。乃文乃武，同日月以长明。”[3]都是把魏忠贤当作皇帝来歌颂了。

祠建成之后，这些狐狗的丑态，更是不堪。蓟州巡抚刘诏建生祠成，迎忠贤像至，“率文武将吏五拜三稽首，呼九千岁”[4]。天津巡抚黄运泰“迎逆贤喜容于郊，五拜三叩头，乘马前导，如迎诏仪。及像至祠所，安置讫，运泰列拜丹墀，率文武诸官俱五拜三叩头。运泰复至像前万福，口称‘某名某年某事，蒙九千岁扶植’，叩头谢。又，‘某年某月，蒙九千岁升拔’，则又叩头谢。致辞毕，就班，仍五拜三叩头。旁观者皆汗下浃踵，运泰扬扬甚得意也。宁抚秦士文，晋抚牟志夔，亦至像前跪称：‘上公公万福。’五拜三叩头，各备极丑态云”[5]。而“天津河间真定等处……上梁迎像，行五拜礼，呼九千九百岁”[6]。淮扬巡盐许其孝建祠扬州，“上梁之日，熹庙哀诏已颁，其孝等哭临毕，仍脱衰绖易吉服，相率往拜，还，复易服哭临，旁观者咸为咋舌”[7]。

如果有对建祠表示不满意的，交刻便遭受打击，如：

> 都城数十里间，祠宇相望。有建之内城东街者、工部郎中叶宪祖窃叹曰：“此天子幸辟雍道也，士偶能起立乎？”忠贤闻，即削

[1] 《先拨志始》卷下。

[2] 梁绍壬：《两般秋雨庵随笔》。

[3] 《先拨志始》卷下。

[4] 《明史·耿如杞传》卷二四八。

[5] 《先拨志始》卷下。

[6] 《二申野录》卷七。

[7] 《先拨志始》卷下。

其籍。[1]

甚至连诧异叹息都不准。

时有原任提学副使黄汝亨过其地（按：指西湖生祠），微发诧异语，守祠之监丛殴之，立毙，地方不敢问。[2]

官员们如果不具建祠文竟至论死。

蓟州道胡士容以不具建祠文……下狱论死。[3]

见了忠贤生像不下跪也设法论死。

蓟州生祠成……兵备副使耿如杞见其像垂旒执笏，恶之，长揖不拜。刘诏遂参如杞，立遣缇骑逮下诏狱，打问追赃，送刑部拟罪。时尚书薛贞，坐以大辟论斩。[4]

后来没有等到执行，忠贤失败，才放了出来。

与孔子并尊

生祠也建了，生像也塑了，一切歌颂赞美皇帝的文词也都用上了；但是这些无耻的走狗还觉得不够，于是便异想天开地想到孔子身上来，要把魏忠贤和孔子并尊。因为在专制时代孔子是万世师表，至圣先师，皇帝到孔庙也要行礼，比皇帝还要高一等的。

---

[1] 《明史·阉鸣泰传》卷三〇六。

[2] 《三朝野记》卷三。

[3] 《明通鉴》卷八十。

[4] 《先拨志始》卷下。

第一个提出这建议的是国子监生员陆万龄，他于天启七年五月上疏请以忠贤配孔子，忠贤父配启圣公，疏略云：

> 恭遇申岳毓灵，尼山吐气，笃生圣辅督厂魏忠贤，提不世之贞心，佐一朝之乾断……其最有功于世道人心，为圣门攸赖者，芟除奸党，保全善类。自元凶就系，而天下翕然称明，此即厂臣之诛少正卯也。自要典昭垂，而天下翕然称明，此即厂臣之笔削春秋也。朝廷之上，昔为魍魉纠结之区，今日何由开朗？孔孟之门，昔为邪慝冒借之窟，今日何由清明？是厂臣驱蔓延之邪党，复重光之圣学，其功不在孟子下。臣等涵濡厂臣之教，佩服厂臣之训，念帝都为起化之地，国学为首善之区；伏愿于监西敕建厂臣生祠，后楹即祀宁国先公与启圣先圣之祀，同举并行；更愿皇上制碑文一道，勒名显扬[1]。

他拿了这奏折请国子监司业林钎代为奏请，林钎觉得太不像话，便拿起笔将这奏折涂抹了，当天晚上便挂冠棂星门而去，但后来还是被削了籍。[2]另一司业朱之俊却立刻代为奏上，同时还有生员曹代、何储奇也有同样的呈请，得旨："著即鸠工举行。"朱之俊又在大路上出告示，说是"上公之功，在禹之下，孟子之上"[3]。并在太学放了捐册，令太学生们捐助建祠费用。[4]另一个姓张的生员更想出新花样，倡议奏请奉魏忠贤像入孔庙与孔子并坐。[5]

后来甚至一些主考考试生员，竟异想天开地在试题上来歌颂谄媚，如：

---

[1] 《先拨志始》卷下。

[2] 《明通鉴》卷八十。

[3] 《先拨志始》卷下。

[4] 《明史·魏呈润传》卷二五八。

[5] 计六奇：《明季北略》卷三。

是时主试者，无不极力献谀。浙江主考陈盟论题："巍巍乎惟天为大，惟尧则之。"孟题："文王以民力为台为沼，而民欢乐之，谓其台曰灵台，谓其沼曰灵沼。"盖西湖逆祠甫落成也。应天拟题，有拟："此谓惟仁人为能爱人，能恶人"者，张士范矫手顿足，叹为绝妙得未曾有。同考武进知县岳凌霄抗众对曰："今日之事，上固不得罪于朝廷，下亦不可遗讥于清议。这'能恶人'三字也觉忒伤天地之和！"张面赤不能应，陈具庆以冷语解之。张次题仍出"见而民莫不敬，言而民莫不信，行而民莫不说，是以声明洋溢乎中国，施以蛮貊"[1]。

呼来踢去

这些走狗们这样谄附魏忠贤，照理该全都得到魏忠贤的欢心和信任了，但事实上却并不尽然。相反的，有时因为谄媚反倒召来了斥逐。这就全看魏忠贤高兴不高兴，没有多大道理可讲的。如：

石三畏亲呼忠贤为父，曾于客筵点刘瑾醉酒一剧，珰衔之，遂被褫。然是时以附逆珰而反为珰怒者，实有数人，如曹钦程、徐大化、徐兆魁、徐绍吉、乔应甲、王绍徽、冯铨、沈演、亓（诗教）、赵（兴邦）之类。[2]

曹钦程、徐大化均已见前，徐兆魁、沈演都是忠贤的走狗，都官刑部尚书，他们被革职的原因是——

刑部尚书徐兆魁奏辨厂疏，备陈李柱明、李承恩用贿求刘铎、方震儒居间恳御史温国奇求宽，已实不知，而司官不争，致衔役群

[1] 《先拨志始》卷下。

[2] 《启祯两朝剥复录》中。

抢李承恩之家，皆率属不严之过，宜提问各役正罪。奉旨：徐兆魁纵容司官吏书受贿卖法，全不知愧，而强辞饰辩，温国奇执法台臣，反为重犯求宽，都着闲住。[1]

（沈）演素与兄漼忤，而漼与内通，演复借兄以媚珰。遂得司寇，后为人所发，珰恶之，罢去。[2]

还有——

逆祠成，（陈）以瑞谒拜匐伏。及入佛殿，长揖而已。忠贤闻而怒曰："我岂大于佛耶？"未几削夺……时以附逆被处者，日亦不绝，特书此以为小人之戒云。[3]

这里所谓"日亦不绝"，其中如魏广微，当杨涟等六人之下狱，广微曾参加谋议，后来打问太凶，尚书崔景荣恐怕打死了，便请广微谏止，广微便上疏劝谏，内有"朝政日乱，与古之帝王大不相侔"的话，便"大忤忠贤意，广微惧，急出景荣手书自明，而忠贤怒已不可解，乃具疏乞休，不许。居两月，矫诏切责廷臣，中言'朕方率循旧章，而曰"朝政日乱"；朕方祖述尧舜，而曰"大不相侔"。盖即指广微疏语。广微益惧，丐秉谦为解，忠贤意少释。然广微卒不自安，复三疏乞休，六年九月许之去"[4]。

掉头反噬

忠贤对待这批家伙既然像对狗一样地呼来踢去，这些家伙对忠贤自然也就谈不上什么忠实，主子一旦倒台，他们也就掉过头张开嘴来咬自己的主子了。

---

[1] 《启祯两朝剥复录》中。

[2] 《启祯两朝剥复录》中。

[3] 《启祯两朝剥复录》中。

[4] 《明史·顾秉谦传》。

如霍维华当朱由校病重的时候，便“虑有后患，欲先自贰于忠贤，乃力辞宁、锦恩命，让功袁崇焕，乞以己荫授之。忠贤觉其意，降旨颇厉”[1]。忠贤败，与杨维垣多方弥缝。朱由检即位，附魏者多罢去，惟独他没有。给事中颜继祖极论其罪，说：“维华狡人也，珰炽则借珰，珰败则攻珰。”[2] 后来也终于定入逆案。

又如阮大铖与霍维华、杨维垣、倪文焕为死友，以附忠贤得为太常少卿。他表面上对忠贤极恭谨，但心里知道忠贤不可久恃，每次进谒忠贤，必厚赂忠贤的门房，索还名片。忠贤伏诛，他正家居，便赶紧写了两个奏疏寄给杨维垣。“其一专劾崔、魏。其一以七年合算为言，谓天启四年以后，乱政者忠贤，而翼以呈秀，四年以前，乱政者王安，而翼以东林。”并传语杨维垣，如果时局大变，便上劾崔、魏的那一份奏疏；如果时局还没有定，便上七年合算那一份。其时，正好杨维垣打算并指东林、崔、魏为邪党，于是便将七年合算一疏奏上以自助。[3]

至如杨维垣原来也是魏党，因为得罪了魏广微，广微便向忠贤说了他许多坏话，故终忠贤之世“效力甚至，而官不显”，后来看到忠贤将败，便和他的表叔徐大化密谋，先参崔呈秀以为翻身之地。[4] 后来又参魏良卿，疏中曾牵连到一个叫浴光的和尚，这和尚倒很有趣：

> 当逆珰盛时，曾以十万金购一佛刹，延浴光为主僧。珰既败，平时往来者俱绝迹矣。浴光独延之一饭。俄而维垣参疏，词及浴光，人尽为危之。浴光曰：“吾不出，无以安此法属。”挺身赴京，维垣见之大惊曰：“不意即师，业上疏矣，奈何！”[5]

[1] 《明史·霍维华传》。

[2] 《明史·霍维华传》。

[3] 《明史·马士英传》卷三〇八。

[4] 《先拨志始》卷下。

[5] 《三朝野记》卷四。

这“惊”一半是假惺惺，一半也是真的！原来杨维垣曾求浴光给荐引于魏忠贤，这时恐怕他说出来，但浴光却并无此意。所以，有人慨叹道：

> 夫以出家学道人，而受逆珰之供养，其人固无足取，然视维垣辈身列衣冠，而前后反覆，始则钻穴呈身，继则参论以博名高，其人之贤不肖，相去又何如哉。[1]

当时像杨维垣一样的为稳妥起见先参崔呈秀以为翻身之地的走狗还有很多，如贾继春、杨所修、李蕃、陈尔翼等都是。

贾继春官御史，曾力请“用杨所修言，亟修《三朝要典》”。后来朱由检即位，他知忠贤必败，便上疏“劾崔呈秀及尚书田吉、顺天巡抚单明诩、副都御史李夔龙”[2]。

杨所修曾和霍维华共同倡议修《三朝要典》。朱由检即位后，他“知局必败，因与同党陈尔翼、李蕃等谋，思将累年恶业尽卸之崔呈秀而参去之以自解。又以周应秋、冯铨贪秽无耻，议并除去，以孙杰代之，仍转所修于北，然后纠合众力，共持残局。故所修先发，陈继之，李又继之。所修疏上，内征点崔呈秀，后入应秋。呈秀闻其谋，至都察院骂李蕃，蕃不敢动。又指孙杰骂之曰：‘尔身从何得？尔官从何得？乃大家相图如此！’杰惶恐不能对”[3]。

此外还有龌龊无耻的，如上面说过的国子司业朱之俊，曾代监生陆万龄、曹代等奏请建忠贤生祠于国学傍的，他自己也曾这样倡议。及朱由检即位，他却立刻弹劾陆、曹等。[4]又如陕西总督王之采建忠贤生祠，“事败，乃与史永安互疏推卸，天下笑之”[5]。

---

[1] 《三朝野记》卷四。

[2] 《明史·贾继春传》卷三〇六。

[3] 《先拨志始》卷下。

[4] 《明季北略》卷三。

[5] 《启祯两朝剥复录》上。

狐狗间的互相倾轧

最后还要提一下的，便是这些走狗们为了争权夺宠，他们自己之间矛盾也很大，进而互相倾轧起来。

这矛盾倾轧首先表现在冯铨与崔呈秀之间，冯、崔原本沆瀣一气，后来冯铨入阁，李鲁生、李蕃投到他门下，想拥他为首辅。冯铨年岁很轻，中进士后十三年做到了宰相，而崔呈秀是忠贤心腹，倒反而没有，心里当然有些嫉妒，便“潜向逆贤谮之。适冯铨与霍维华、李鲁生伪造三案以锢诸君子。呈秀摘内数语，指为暗刺。于是逆贤旧好顿变，冯铨始不能安其位矣”[1]。同时霍维华、孙杰、徐扬先等认为呈秀最得忠贤宠爱，也想拥戴呈秀入阁，于是便与“卢承钦、陈朝辅、李灿然、王业浩、刘徽、龚萃肃等密谋，令吴淳夫先纠铨，卢、陈继之。铨去后，恐王绍徽不登启事，于是刘徽、袁鲸纠绍徽而萃肃出内外兼用一疏以坚之。绍徽廉得其事，于辨疏伐其谋，众惧珰心变，事遂寝。自是而鲁生与孙、霍分途矣”[2]。这次崔呈秀入阁虽然没有成功，但冯铨却因此落职，同时曹钦程、赵兴邦也被陈朝辅、吴淳夫劾去。[3]

而冯铨在内阁的时候，又曾将魏广微挤去。上面说过魏广微疏救杨涟，曾被旨切责，这旨便是冯铨拟的。同时他又令御史门克新参广微“误听崔景荣，识见潜移，脚跟不稳”，广微因此去职。[4]而老走狗顾秉谦也因同党倾轧，闹得心神不安，而自动辞职。

至于崔呈秀则是当时红人，如果谁得罪了他，或是为他所不满，便立刻被撤职，如李恒茂不知为什么“与呈秀交恶，削籍归”[5]，亓新教因“意气横恣，为呈秀所忌”，也免了职。[6]

---

[1] 《先拨志始》卷下。

[2] 《启祯两朝剥复录》中。

[3] 《先拨志始》卷下。

[4] 《先拨志始》卷下。

[5] 《明史·霍维华传》。

[6] 《启祯两朝剥复录》中。

后来狐狗们越来越多，官职有限，分配不开，于是“后进者求速化，妒诸人妨己，拟次第逐之”[1]。其时王绍徽为吏部尚书，这是一个官僚进退的总口，于是孙杰便令“御史袁鲸、张文熙诋绍徽朋比，鲸再疏列其鬻官椤状，遂落绍徽职”[2]。

从这以后，走狗“同党中日夜交轧，群小亦各有所左右”[3]，一直到魏忠贤失败后才完结。

[1] 《明史·王绍徽传》。

[2] 《明史·王绍徽传》。

[3] 《明史·顾秉谦传》。

第三章

全国经济的大搜刮

第一节　占尽了良田美地

（一）特务管理下的皇庄官地

中国封建社会历史无论怎样改朝换代，治乱相寻，但在本质上却并没有多大差别，全都是代表地主阶级利益的。而历代帝王本身也就是全国最大地主，这在明代，“皇庄”便是最好的证明。所谓“皇庄”，便是皇帝自己的庄田，皇帝自己直接领有庄田，这在明代以前是没有的。《菽园杂记》对这皇庄曾有一段介绍：

前代赐诸侯有汤沐邑，赐公主有脂粉田，而皇庄则未闻也。今所谓皇庄，大率皆国初牧地及民田耳。一岁计之入，有内官掌之，以为乘舆供奉。然国家富有天下，尺地莫非其地，府库仓廪，莫非其财，而又有皇庄以为己有，此固众人所不识也。闻大臣彭文宪尝言之，其疏留中不出。而言官不闻有议乞革罢者何耶？或云正统、天顺间尚无之。[1]

皇庄设立经过及其数量

所谓“正统天顺间尚无之”，只能说没有“皇庄”这个名称，实际上皇帝自己庄田的设立远在朱高炽时。高炽曾设有仁寿宫庄，其后又有清宁未央宫庄。以后朱祁镇天顺三年以诸王未出阁，供用浩繁，立东宫、德王、秀王庄田。朱见深时没收曹吉祥土地为宫中庄田，始正式定名为“皇庄”，其后庄田便遍于郡县。到朱祐樘弘治二年时，畿内已有五个皇庄，共地一万二千八百余顷。朱厚照即位不到一月，就建立了七个皇庄，其后增添到三百八十多处，单是直隶一省就有三十六处，总共计田二十万九百一十九顷二十八亩。[2] 从这以后，虽无明确数字，但有增无减是可以断言的。如朱翊钧时单是慈庆宫、慈宁宫、乾宁宫三宫庄田便是二万一千一百六十六顷十五亩，[3] 其他可想而知了。

至于皇帝赐给藩王勋戚宦官的田为数也并不少于皇庄，弘治二年勋戚中官庄田有三百三十二处，共地三万三千余顷。而徽、兴、岐、衡四王田，多至七千余顷。朱翊钧封他的爱子常洵为福王，便赐田至四万顷，群臣力争，始减其半，河南、山东、湖广等处膏腴之地几乎囊括殆尽。而朱由校时桂、惠、瑞三王及遂平、宁国二公主庄田，也都是动以万计。[4]

这些庄田再加上一些官地，总计起来竟占当时全国土地七分之一，《明史·食货志一》：

弘治十五年天下土田止四百二十二万八千五十八顷，官田视民田得七之一。

[1] 《菽园杂记》卷十。

[2] 《明史·食货志一》卷七十七。

[3] 《枣林杂俎》逸典类。

[4] 《明史·食货志一》卷七十七。

土地集中在皇家及其特务手中竟达如此可惊的程度，但这还是朱祐樘时的事，朱祐樘以后自然是更加集中了。

特务管理皇庄的方法一　侵占民田

这些庄田的来源，据前引《菽园杂记》说，是“国初牧地及民田”，但主要的还是侵占民田，《明史·食货志一》：“英宗时，诸王、外戚、中官所在占官私田，或反诬民占，请案治。比案问得实，帝命还之民者非一，乃下诏禁夺民田。”又如朱祐樘时“因御史言，罢仁寿宫庄，还之草场，且命凡侵牧地者，悉还其旧”，而“世宗初命给事中夏言等清核皇庄田，言极言皇庄为厉于民。自是正德以来投献侵牟之地，颇有给还民者，而宦戚辈复中挠之”。据夏言清核结果，皇庄计占民田三万七千五百九十五顷四十六亩。这种残酷的掠夺，也不知有多少农民在这一宰割之下饥饿死亡了！

这些掠夺行为都是宦官特务做出的，因为皇庄照例是派宦官管理，每庄管理人数则有管理之太监，奏订之旗校，跟随之名色，每处三四十人。正德元年二月朱厚照“从尚书韩文言，畿甸皇庄令有司征课，而每庄仍留宦官一人、校尉十人”[1]。但这也只是极短时期如此，后来仍是恢复了。这些宦官管理皇庄的方法，首先便是帮皇帝再扩大侵占民田，如《政纪纂要》所载：

> 成化十六年，景州、献县、阜城民田万顷，界接东宫庄。管庄内侍欲冒占，民甚冤之，讼于朝，遣户部员外郎官廉勘核，内侍密遣人要廉曰：“田如归我，讲读官可得也。”廉曰：“以万人之命易一官，吾弗为也。”至其地，遍集居民，指陈故迹。率以所占田尽归于民，援例起科，亩率三升，同事者惧有所奸，廉曰：“我户部也，有害吾独当。”

[1]《明史·刘瑾传》卷一八一。

而朱厚照增添的三百八十多所皇庄就是刘瑾奏请添置的。[1] 又如朱厚熜时——

兴都庄地八千三百顷，中官夺民田，复增八百顷，立三十六庄。帝（朱载垕）从抚按奏，属有司征租，还兼并者于民。中官张尧为请，又许之。[2]

特务管理皇庄的方法二　科索掠夺

这些宦官管理皇庄第二种方法便是率领爪牙在庄上鱼肉人民，掠夺科索，如弘治二年户部尚书李敏奏称：

管庄官校，招集群小，称庄头伴当，占地土，敛财物，污妇女。稍与分辩，辄被诬奏。官校执缚，举家惊惶，民心伤痛入骨。[3]

有一次甚至逮捕两万多老百姓。

是冬（弘治十七年），以南京鸿胪卿王璟为佥都御史，巡抚保定。时以庄田故，遣缇骑逮民二万余人，畿辅骚动。璟抗疏切谏。[4]

到朱厚照时这情形就更厉害，如正德元年大学士刘健奏称：

[1]《明史·刘瑾传》。

[2]《明史·魏时亮传》卷二二一。

[3]《明史·食货志一》。

[4]《明通鉴》卷四十。（按：《明史·王璟传》卷一八六称“遣缇骑逮民鲁堂等二百余人”，说是朱厚照即位后事，与此微异。）

管庄内官，假托威势，逼勒小民，其所科索，必逾常额。况所领官校，如饿豺狼，甚为民害。以致荡家鬻产、儿女，怨声动地，逃移满路，京畿内外，盗贼纵横，亦由于此。[1]

事实的例子如：

（正德初）中官张忠督直沽皇庄，纵群小牟利。（天京副使胡）文璧捕治之，为所构，械系诏狱。[2]

以后更变本加厉：

（正德七年）巡按直隶监察御史李嵩言：南宫、宁晋、新河、隆平四县管皇庄太监刘祥、金凤等先后十余人，专肆克剥，民甚苦之，恐相率为盗，乞将祥等取回，以侵地归民，税归有司。永平、河间诸府庄田亦如之。户部议复。得旨：皇庄以奉顺两宫，宜仍旧，祥等其取回，以太监马昂、左少监范礼代之，戒其毋蹈前弊[3]。

印绶监左少监谷岫，正德中差管杨村皇庄，科扰生事，侵占民田，为有司所发，下言官复实有验。[4]

至于装运输送，则向公家强索夫马，甚至擅立关隘，征收税额，如朱厚熜即位后夏言所奏：

其初管庄人员，出入及装运租税，俱自备车辆，夫马不干有司。正德元年以来，权奸用事，朝廷大坏，于是有符验之请，关文之给。

[1] 《弇山堂别集·中官考五》卷九十四。

[2] 《明史·张文明传》卷一八八。

[3] 《弇山堂别集·中官考五》卷九十五。

[4] 《弇山堂别集·中官考九》卷九十八。

经过州县，有廪饩之供，有车辆之取，有夫马之索。其分外生事，巧取财物，又有言之不能尽者。及抵所辖庄田处所，则不免擅作威福，肆行武断。其甚不靖者，则起盖房屋，搭架桥梁，擅立关隘，出给票帖，私刻关防。凡民间撑驾舟车，牧放牛马，采捕鱼虾螺蚌莞蒲之利，靡不括取。而邻近地土，则辗转移筑，封堆包，打界址，见亩征银，本土豪猾之民，投为庄头，拨置生事，帮助为虐，多方掊克，获利不资，输入宫闱者曾无十之一二，而私入囊橐者盖不啻十八九矣。[1]

事实的例子强索夫马，如：

正德九年甲寅，太监刘宁、刘允征皇庄子粒于通、蓟、河间，传白帖下兵部索夫马廪饩，兵部复请，皆许之。时中官厮养出，无不给驿，以私帖传递兵部，无敢违者。[2]

征收税额，如：

其在真定等府宁乡等县者，太监夏绶请岁加苇场之税，又欲勿听小民争讼，其在永清、隆平等县者，少监傅琢等请遣官履亩核实以便管理。小河之在宁晋庄前，太监张峻等又欲税往来客货，皆从之。[3]

朱厚熜即位，这些特务科扰的情形仍是照旧，如嘉靖六年大学士杨一清等奏称：

窃见近畿八府土田，多为各监局及戚畹豪势之家乞讨，或作草场，

[1] 王圻：《续文献通考》卷六。

[2] 《弇山堂别集·中官考七》卷九十六。

[3] 《弇山堂别集·中官考五》卷九十四。

或作皇庄。民既失其常产，非驱之死地，则去而为盗。[1]

朱载垕即位仍是如此，隆庆二年御史周弘祖奏称：

事涉内廷，辄见挠阻，如阅马、核库，诏出复停。皇庄则亲收子粒，大和则榷取香钱，织造之使累遣，纠劾之疏留中。[2]

朱翊钧时则越发厉害：

诸阉丈地征税，旁午于道，扈养厮役廪食以万计，渔敛惨毒不忍闻。驾帖捕民，格杀庄佃，所在骚然。[3]

而皇庄且更增多。

初，翊镠以帝母弟居京邸，王店、王庄遍畿内。比之藩，悉以还官，遂以内臣司之。皇店、皇庄自此益侈。[4]

又如万历二十年：

承天守备中官以征兴邸旧赋，请罪潜江知县及诸佃民，旨下抚按勾捕。[5]

至于诸王庄田也有许多是宦官管理，其科扰一如皇庄。如万历间“福

[1] 《明通鉴》卷五十三。
[2] 《明史·周弘祖传》卷二一五。
[3] 《明史·食货志一》。
[4] 《明史·潞简王传》卷一二〇。
[5] 《明史·郭惟贤传》卷二二七。

王封国河南，诏赐田二百万亩，跨山东、湖广境。既之国，遣中贵徐进督山东赋，势张甚”[1]。但这些与宦官特务系统无直接关系，这里便从略了。

坟园，上林苑

皇帝私人土地除了这些皇庄而外，还有许多坟园（这是靠近帝后们坟墓占来的土地），以及上林苑，也都是派宦官管理。这些宦官也像皇庄的宦官一样，侵占民田，科索百姓。管理坟园的情形如：

> （嘉靖元年）六月，康陵神宫监太监刘杲奏讨天寿山空地并九龙池草园，栽种果菜，以备四时供献，命户部给之。[2]
>
> 司礼监右监丞王敏请以宛平县民地一顷三十四亩为顺义郡主坟园。户部言非制，不当与。上从部议。[3]
>
> 先是营悼灵皇后陵，度用乡民尹甫元地六顷。已而守陵内臣郭鉴又度其地十五顷余，将为果园。[4]

至于上林苑地原本只用来养牲畜种蔬果以供皇帝之用的，后来宦官们也征收银课。其经过沿革及特务科扰情形如下：

> 永乐初，设上林苑监于京师，取山西平阳泽潞之民充之，使蕃育树艺，以供上用品物。时止设文官，职专进送，于民无扰。后增设内臣九员，至弘治间渐增一十八员，正德间添设总督佥书监工等，名至九十九员。于是科扰百出，擅将牲地草场征派子粒，占用伴当御牢名目，过索月钱，节年通计诛求至银三十五万余两，逼死人命

[1] 《明史·姜志礼传》卷二三七。

[2] 《弇山堂别集·中官考九》卷九十八。

[3] 《弇山堂别集·中官考九》卷九十八。

[4] 《弇山堂别集·中官考十》卷九十九。

数多。上登极（朱厚熜）诏汰革之。止存一十九员，民始称便。未几又传奉添设至六十二员，弊复滋甚。[1]

这里所谓“弊复滋甚”，便是又听宦官摔弄开始征收银课。

（嘉靖二年）九月，旧例上林苑地听牲户开垦为业，惟育牲种蔬果以供上用，不收子粒。弘治间太监宁诚始亩科银三分，嘉靖改元诏革去。至是以监臣奏，复命征收。户部参奏，各署内官，始则侵民田为牲地，终则夺牲地为己业，观其设心，不尽逐四署之民，而专聚一己之利不已也。宜恪守前旨，追寝近批，以安人心，不报。[2]

草　场

明代帝王除了分派特务去管理自己私人土地而外，还派他们去管理官地，这主要的便是草场。所谓草场就是草原，向分官有民有两种，官有的称为草场，民有的大概称为草地。官有草场主要的为牧马草场，其次有鹰房草场、马房草场、驼牛房草场、羊房草场等名目。民有草地当系民间一家一族或数族公用的草原，可以采牲畜的饲料、家用的薪柴、食用的野菜。其他修葺房屋的墙壁覆盖等都要取给于此，在人民经济上占有重要地位。

官有草场据《明史·兵志四》卷九十二称，共有十三万三千七百余顷，分布在九边及近畿一带，各地都派有宦官监督，这些宦官便借势占为己有。这远在朱祁镇时便已如此。

（正统）十年户部右侍郎焦宏等奏：“臣同司礼监左监丞宋文毅等奉命踏勘坝上大马房诸处草场，多被内官内使等人侵占，私役军

[1] 《弇山堂别集·中官考九》卷九十八。

[2] 《弇山堂别集·中官考九》卷九十八。

士耕种，甚者起盖寺庙立窑冶及借与有力之家耕种，以致草场窄狭，马多瘦损，请正其罪。”上曰：“朝廷设马场，令内官监之，而乃作弊如此，论法当罪，今姑宽贷，令速改过。其内官各赐地一顷，内使净军各赐五十亩，已盖寺庙者勿除，余悉还官。”[1]

或者借势强占民田，如朱祐樘时——

蓟州民田多为牧马草场所侵……命泰偕锦衣官会巡抚周季麟复勘。泰密求得永乐间旧籍，参互稽考，田当归民者九百三十余顷。[2]

朱厚照时特务侵占民间田地草场的更多，如：

皮厂起于马永成，鹰房创于谷大用，皆夺民业为之。[3]

朱厚熜即位，曾下令清理归还人民，但不久又听信宦官撺弄仍令照旧：

（嘉靖）二年正月户科给事中张汉卿等言：“日者皇上念畿辅庄田之害，命给事中夏言、御史樊继祖、主事张希尹会勘安州鹰房草场、会州熏皮厂，敕曰：‘自正德元年以后朦胧投献，及额外侵占者，尽给原主，管庄人悉取回。’大哉王言，民切仰戴，及言等勘报，户部复请，而两奉明旨，曰仍旧，曰留用，该部执奏再三，竟不之从，是非所以全大信昭至公也。先帝时群奸擅政，八党为首，故熏皮厂起于马永成，鹰房草场创于谷大用。今马俊、赵霦恃藩邸旧恩，妄乞免查，是复蹈永成、大用故辙也。渐不可长。乞……尽革鹰房草场、

[1] 《弇山堂别集·中官考二》卷九十一。

[2] 《明史·张泰传》。

[3] 《明史·张汉卿传》。

熏皮厂，并罪俊、霦，以为期妄之戒。”不允。[1]

御马监太监阎洪奏请外豹房永安庄地。户部言：“此地故皆永清右卫屯田，洪熙间以半为仁寿宫庄，其半以给太清观道士。弘治中改给指挥赵良。至先帝以豹房之故，遗祸无穷。幸奉明诏革除，而洪等仍欲修复，以开游猎之端，非臣等所愿闻也。臣请悉还原卫征屯子粒，以助军饷，庶可永除祸本。”诏以地十顷纳豹房，余令道士及赵恺分佃如故。[2]

这些草场原是牧马的，特务们却希望发财，于是便主张尽行征收地租。

（嘉靖）八年三月，御马监太监麦福复请尽征收牧马草场地租，户部言御马监辖二十马房，各草场共五十六府，熟地二万四千十一顷。皇上前从侍郎王轨之言，命科道勘处，因以熟地八千亩归监，以资公用，留生草地四十万亩，以备刍牧，其所余一千九百二十余顷，召民佃种征租，以充国家岁时之需，信公私两利经久可行之策也。福请不宜听许。上从部议，令如前旨行。[3]

特务们既然强夺民田，霸占公地，自然不愿意公家来勘查，纵是要查，也必须千方百计地派一个自己的人参加。如：

（嘉靖二年）先是上命御马监以牧马草场新旧图册给发科道官自行查勘。太监阎洪等请更遣内臣赍册至勘所，得从公对收。上复许之。于是给事中解一贯等言：“臣等奉诏查勘，十已得六七，今若添差内臣，如益薪止沸，举前功而尽弃之。若必不得已，宜别遣一二大臣令体

[1] 《弇山堂别集·中官考九》卷九十八。

[2] 《弇山堂别集·中官考九》卷九十八。

[3] 《弇山堂别集·中官考十》卷九十九。

统相当，以便行事。”上特纳之。[1]

这些管理皇庄草场的宦官特务之所以侵占民田，苛征暴敛，倒不一定是真替他们主子尽忠，主要的还是为了自己贪污揩油得更多一些。其贪污揩油情形说起来实在可惊，如朱厚熜时“命核先年顷亩数以闻，改称官地，不复名皇庄。诏所司征银解部，然多为宦寺中饱，积逋至数十万以为常”[2]，而南京“草场、芦课银率为中官杨奇、卜春及魏国公徐鹏举所侵蚀”[3]。

总括看来，占全国土地七分之一以上的皇庄和官地，几乎全部掌握在宦官特务手中，豪夺强占，苛敛盘剥。直接遭受到殃害的当然是耕种这些皇庄官地的农民，以及住在皇庄官地附近的老百姓。至于豪门贵族大官僚大地主和宦官特务息息相通，自然不会受到什么灾殃的。

（二）霸占民田逼勒献地

宦官特务除了帮着他们主子——皇帝管理庄田，剥削农民从中渔利而外，他们自己也还拥有大量的土地。这些土地获得的方法，主要的仍是从老百姓那里侵占来的。

侵占民田

如第一章第一节所述，明代宦官特务是分布各地的，所以，特务侵占民田不仅限于京城宦官，一切驻有宦官特务的地方，都有这类事件。因此，这种侵占民田简直可以说是遍于全国了。

据史称这种各地侵占民田的现象，开始于朱祁镇时，《明史·食货志一》：“英宗时，诸王外戚中官所在，占官私田，或反诬民占。”但事实却早在朱瞻基时便已发生。

[1] 《弇山堂别集·中官考九》卷九十八。

[2] 《明史·食货志一》。

[3] 《明史·王廷相传》卷一九四。

（宣德六年十二月）晓谕中外，凡先所差内官内使在外侵占官民田地及擅造房屋，所在官司取勘明白，原系官者还官，军民者还军民。[1]

但这种禁令实际上是无效的，所以，后来到朱祁镇时仍有这现象，朱祁钰即位，还是照样。

（景太五年）南京御史邹亮奏，定淮等门外城濠为太监陈公等占种莲藕禾苗，命南京户部委官勘核禁约。[2]

朱祁镇复辟后，天顺八年南京六科给事中王徽上言仍称："内官弟侄人等……田连千顷，马系千匹。"[3]而御史杨瑄印马畿内，"至河间，民诉曹吉祥、石亨夺其田"[4]。朱见深嗣位，太监汪直竟占了荒地二万多顷。

宝坻县七里海有荒地二万一千五百六十一顷，计二百五十二里，随时旱涝，占者无常，先是太监汪直立庄于其中。[5]

其时在外边的镇守宦官也照样侵占，所以，成化二十年掌都察院事朱英奏请"镇守中官、武将不得私立庄田，侵夺官地"[6]。而南京守备太监黄赐指沿江洲地为芦场，尽收其利。"民已失业，而岁额租课，仍责偿之民。"[7]

---

[1] 《弇山堂别集·中官考二》卷九十一。

[2] 《弇山堂别集·中官考二》卷九十一。

[3] 《弇山堂别集·中官考三》卷九十二。

[4] 《明史·杨瑄传》卷一六二。

[5] 《弇山堂别集·中官考十一》卷一百。

[6] 《明史·朱英传》卷一七八。

[7] 《明史·蒋琮传》卷三〇四。

朱祐樘即位，此风更甚。弘治初年南京“沿江芦洲率为中官占夺，托言备进奉费”[1]。而巡按御史张泰也奏永昌镇守太监傅德侵据屯田，称：“甘州膏腴地悉为中官、武臣所据，仍责军税。城北草湖资戍卒牧马，今亦被占。”[2]直到弘治十年礼科给事中叶绅等奏太监李广有大罪八，其中说：“畿甸百姓疲惫已极，乃假琬户为名，侵夺土地，几致激变良民。”[3]弘治十四年分守辽阳右少监刘恭“私役军余千余人，占种官地三百余亩，赃以千计”[4]。

朱厚照时宦官特务最为横行，侵占民田也更厉害，史称：“正德中，奄人多夺民业为庄田。”[5]甚至“锦衣叶琼倚钱宁势夺民田”。[6]谷大用占民田万余顷[7]。而刘瑾“修理庄田，擅掘天地坛后土，侵厂官地五十余顷，毁官民房屋三千九百余间，发民间坟二千七百余冢”[8]。

主子的赏赐

宦官特务们获得土地的第二个方法便是向主子乞求，主子也就滥予赏赐。其实呢，这仍是侵占人民土地，不同的只是奉旨侵占罢了。这种例子很多，兹举一二，以概其余。

> （正德元年）御用监太监张永奏求已故太监吴忠辞退七里海等处庄田。[9]

[1]《明史·何乔新传》卷一八三。

[2]《明史·张泰传》。

[3]《弇山堂别集·中官考四》卷九十三。

[4]《弇山堂别集·中官考四》卷九十三。

[5]《明史·郑自璧传》卷二〇八。

[6]《明史·杨淮传》卷一九二。

[7]《明史·林俊传》卷一九四。

[8]《明史纪事本末》卷四十三。

[9]《弇山堂别集·中官考五》卷九十四。

有时主子赐了田地，特务们还假惺惺地辞还。

（成化二十三年八月）……太监梁芳辞还原赐和远官店及永清县田。[1]

有时特务们得罪了主子，那么，赐的田当然要退出，但退出后，主子就不客气地留下了。如：

当宪宗末，中官、佞幸多赐庄田。既得罪，率辞而归之官，罪重者夺之，然不以赋民。[2]

刘瑾创玄明宫，糜财数十万，瑾死，奸人献为皇庄。帝（朱祐樘）即位，斥以予民，既而中旨令仍旧。[3]

到了朱翊钧时代，这种赏赐特务土地更滥，史称其“赉予过侈，求无不获”。[4]朱由校即位，大特务魏忠贤擅权，于是他“一门横赐尤甚”，所以，《明史》慨叹道：“盖中叶以后，庄田侵夺民业，与国相终云。”[5]这话是一点也不错的。

逼勒献地

宦官特务土地的第三个来源，便是老百姓的投献。

老百姓为什么白白地要献地呢？这是由于赋税的繁重，农民一年耕种所得，还不够缴纳田粮。同时有田就要服徭役，田地这时反成了自己的累赘，倒不如忍痛将田地如数奉给特务或是皇族权门，反正他们的田

[1] 《弇山堂别集·中官考四》卷九十三。

[2] 《明史·李敏传》卷一八五。

[3] 《明史·赵璜传》卷一九四。

[4] 《明史·食货志一》。

[5] 《明史·食货志一》。

是既不纳赋又不服役的。这是十分悲惨的事，《春明梦余录》曾将这情形说得很透彻：

> 今畿甸之民，差徭太繁，钳罗又密，涣散仳离，实不忍言。以职所闻，每亩约纳粮一百七八十文，杂差多至三四百文，恩避无门，惟有投献。

但这种投献统治者是不愿意的，因为投献特务和贵族的结果，赋税徭役都减少了，所以，统治者写的历史上称这些迫不得已而献地的农民为“奸人”！如朱见深时朱英曾请“治奸民投献庄田及贵戚受献者”[1]；又如朱祐樘时“灵寿奸民献地于中官李广”[2]；又如朱厚熜时“房山民以牧马地献中官韦恒”，“奸人冯贤等复献中官李秀”。[3]

统治者对这种投献曾屡次下令禁止，如朱祐樘时曾“定制献地王府者戍边”。朱厚熜时曾“讨奸民投献者”[4]。但是禁止尽管禁止，投献的仍然投献，这原因是统治者本身对这件事就存有矛盾，一方面他不愿人民投献而减少赋税徭役，另一方面对投献来的大批田地究竟不能无动于衷。所以，有些人索性就将田地献作皇庄，像朱祐樘时“奸民献大名地为皇庄”[5]。而特务也把老百姓献给他们的地转奉给主子以作诱惑，像朱祁镇时“御马太监刘顺进蓟州草场”，朱祐樘时“奉御赵瑄献雄县地为皇庄”。[6]

当然，也还有真正奸民献地给特务的，但他们的目的却是在勾结特务，以便借势欺压平民，而所献的地也并不是自己的田地。如：

---

[1] 《明史·朱英传》卷一七八。

[2] 《明史·周经传》卷一八三。

[3] 《明史·王轨传》卷二〇一。

[4] 《明史·食货志一》。

[5] 《明史·李敏传》。

[6] 《明史·食货志一》。

（南京）沿江芦场旧隶三厂。成化初，江浦县田多沉于江，而濒江生沙洲六，民请耕之，以补沉江田额。洲与芦场近，又瓦屑坝废地及石城门外湖地，故不隶三厂。太监黄赐为守备时，受奸民献，俱指为芦场。[1]

又如朱厚熜时：

宝坻县七里海……有水退地百余顷，奸民投献内监，欲夺民久业并入之。[2]

宦官特务就这样豪占霸夺勾结奸民扩充了自己的田地。在这种残酷的掠夺之下，人民陷于饥饿死亡的那就不知有多少了。

第二节　一切财源的管制

（一）税务和盐利

《明史·食货志五》载明代关税大略情形是这样：

官司有都税，有宣课，有司，有局，有分司，有抽分场局，有河泊所。所收税课，有本色，有折色。税课司局，京城诸门及各府州县市集多有之，凡四百余所……

凡税课征商估物货，抽分，科竹木柴薪，河泊取鱼课，又有门摊课钞，领于有司。

[1] 《明史·蒋琮传》卷三〇四。

[2] 《弇山堂别集·中官考十一》卷一百。

考核管理各项税务

统治者对这些分散各地的税官是不大放心的，唯恐其营私舞弊，或以多报少，所以，经常要派人去监督考核。派去的人除了照例有户部官员和御史而外，主要的便是宦官特务。这种派遣在朱元璋时便已开始：

（洪武）十年，户部奏：天下税课司局，征商不如额者百七八十处。遂遣中官、国子生及部委官各一人核实，立为定额。[1]

朱瞻基时又曾派锦衣卫特务，会同户部御史及兵马司官各一人，察收京城九门商税。[2]

到后来统治者觉得这种督核还是不可靠，便索性叫宦官特务们去直接管理各地税务了。这种直接管理大概开始于朱见深时，《明史·徐恪传》卷一八五称：成化二年“中官欲出领抽分厂”，以后便成了普遍现象。朱祐樘时，便有“太监许镛等各赍敕于浙江诸处抽运木植”[3]的事情。到朱厚照即位后，天下税务差不多全是特务管理了，而且听信特务的话，增添了许多税务机关，如：

武宗立，太监夏绶乞于真定诸府岁加苇场税……太监张峻欲税宁晋小河往来客货，诏皆许之。[4]

（正德）十二年，御史胡文静请革新设诸抽分厂。未一年，太监郑玺请复设于顺德、广平……寻命中官李文、马俊之湖广、浙江抽分厂与主事中分榷税。[5]

---

[1] 《明史·食货志五》卷八十一。

[2] 《明史·食货志五》卷八十一。

[3] 《明史·曾鉴传》卷一八五。

[4] 《明史·王璟传》卷一八六。

[5] 《明史·食货志五》。

这些特务并且开始收起寺庙的香钱来：

正德十一年，始收泰山碧霞元君祠香钱，从镇守太监言也。[1]

甚至包纳银单：

孝陵太监王琇于御马监建新宅，诱上居之，因奏揽纳户数人，专一包纳银单，所得利进于内，琇自为告示送户部出榜。[2]

又开始创设皇店：

（正德间）太监于经者，得幸豹房，诱上以财利，创开各处皇店，榷敛商货。[3]

于经首开皇店于九门关外、张家湾、宣大等处，税商榷利，怨声载路，每岁额进八万，外皆为己有。创寺置庄，动数万，暴殄奢侈，乃前此所未有者。[4]

这些皇店以后迄未废除，都由宦官掌管，其情形《酌中志》卷十六记载甚详：

宝和等店经管各处商客贩来杂货，一年所征文银约数万两，除正额进御前外，余者皆提督内臣公用……店有六：曰宝和，曰和远，曰顺宁，曰福德，曰福吉，曰宝延，而提督太监之厅廨，则在宝和店也。俱坐落戎政府街，凡奉旨提督者，亦无敕书，传云起自嘉靖年间，

[1] 《明史·食货志五》。

[2] 《继世纪闻》卷一。

[3] 《弇山堂别集·中官考八》卷九十七。

[4] 《罪惟录》。

> 裕邸差官征收，神庙时属慈宁宫圣母李老娘娘宫中收用。管事张隆、齐栋等总其事。先帝登极，逆贤攘为提督，委掌家王朝用经理之……按每年贩来貂皮约一万余张，狐皮约六万余张，平机布约八十万匹，粗布约四十万匹，棉花约六千包，定油、河油约四万五千篓，芝麻约三万石，草油约二千篓……南丝约五百驮，榆皮约二十驮，各省香馆分用也。北丝约三万斤，串布约十万筒，江米约三万五千石，夏布约二十万匹，瓜子约一万石，腌肉约二百车，绍兴茶约一万箱，松萝茶约二千驮，杂皮约三万余张，大曲约五十万块，中曲约三十万块，面曲约六十万块，京城自造细曲约八十万块，而内臣勋戚自制之曲不与也。四直河油约五十篓，四直大曲约一十万块，玉约五千斤，猪约五十万口，羊约三十万只，俱各有税，而马、牛、驴、骡不与也。如滇粤之宝石、金、珠，铅、铜、沙、汞、犀、象药材，吴、楚、闽、越、山、陕之币、帛、绒货又不与也。天启以前大概如此，今又不知何项增多，何项减少。

其中记载货物的数目实可惊人，唯云皇店“起自嘉靖年间”，实未深考。其实，朱厚熜不过是沿袭朱厚照的旧例罢了。

朱厚熜即位之初，曾罢革了朱厚照时一些弊政，史载：“世宗初，抽分中官及江西、福建、广东税课司局多所裁革，又革真定诸府抽印木植中官。”[1] 但实际上呢，不久以后，“太监李能请于山海关榷商税，行之数年”[2]。至于抽印木植，在诏书刚下不久的嘉靖元年二月，就又照旧了。

> 差内官监少监汪俊往真定印烙木植，巡按直隶御史朱越言：“前者镇臣侵越抽分，贻患地方，已奉旨革回，今侯俊（按：‘侯’字盖‘汪’字之误）虽以岁例印烙，恐蹈前弊，有累新政，工部复议请罢勿遣。”

---

[1] 《明史·食货志五》。

[2] 《明史·食货志五》。

上曰："印烙木植与抽分无与，令事毕即回，不许生事扰民。"[1]

等到嘉靖四年就又听从宦官的话派特务去主领抽分厂了。

(嘉靖)四年三月，御用监太监黄锦言等言："成造龙床及御用等器，木料不敷，乞行南京守备太监委官于芜湖抽分厂，并龙江瓦屑坝抽分局，将抽下杉木板枋，选择印记，令彼中军卫有司运送应用。"工部执奏谓："芜湖抽分专以成造运船及供应器具，其朝贡四夷赏赉折价，亦取给于此。每岁所抽竹木，易银不过二万余两，不足以供所费，今该监所需二十余万两，罄一岁之入曾不及十之一也……"上竟从锦所请云。[2]

而其时泰山香税虽罢，但其他香税仍由宦官管理，隆庆初年户部尚书刘体乾还奏请"太和山香税宜如泰山例，有司董之，毋属内臣"[3]。

明代京师税务主要的是九门，监税的全是宦官，他们极尽朘削之能事。朱祐樘时御史陈瑶曾言："崇文门监税官以掊克为能，非国体。"[4]朱厚熜时户部主事缪宗用亦言："顷臣监收税，窃见九门守视内官，每门增至十余人，轮收钱钞，竞为朘削，行旅苦之，乞查汰额外滥增冗员，而置一二贪刻最著者于法，以塞人怨。"[5]这些特务不但朘削普通行旅，就是进京赶考的举子也不免。甚至打死进京觐见的官吏，如《万历野获编》卷六所载万历三十五年一事：

外吏大计既竣，正月末旬，前任泰兴知县龙镗者，以重贬行，

[1] 《弇山堂别集·中官考八》卷九十七。

[2] 《弇山堂别集·中官考十》卷九十九。

[3] 《明史·刘体乾传》。

[4] 《明史·食货志五》。

[5] 《弇山堂别集·中官考十》卷九十九。

郁悒成病，扶曳出广渠门，管门内使邢相等索赂放行，镗奚囊空匮，不能满所欲，遂聚殴之。寻释去，数步即仆地，初犹谓暴疾试掖之，则僵卧气绝矣。

至于九门税收所入，在弘治初年“税入岁钞六十六万五千八十贯，钱二百八十八万五千一百三十文。至二十年后，岁入钞七十一万五千八百二十贯，钱二百五万四千三百文。及正德七年以迄嘉靖二年则岁入钞二百五十五万八千九百二十贯，钱三百一十九万三百六十文”。[1]

朱翊钧时税务最繁，如“宝坻银鱼厂，永乐时设，穆宗时，止令估直备庙祀上供。及是始以中官坐采，又征其税，后并税武清等县非产鱼之处。增苇网诸税，且及青县、天津”。[2] 其时各种税使，多如牛毛，横行霸道，天下骚然，敲骨吸髓，民不聊生，因其事迹繁多，当于下面另辟一节述之。

此外，这些管理税务的特务，大概还私自设立税卡，征收货税。弘治十七年李东阳奏：“游手之徒，托名皇亲仆从，每于关津都会大张市肆，网罗商税。”[3] 而“自隆庆以来，凡桥梁、道路、关津，私擅抽税，罔利病民，虽累诏察革，不能去也”[4]。这里虽没有明言是宦官特务干的，但如果不是特务，怕谁也不敢这样干，至少也是打着特务旗号的。

还有南北印马也照例是由宦官去办，《明史·张鹏传》卷一六〇称：

南北印马，率遣勋臣、内侍，后以灾伤止遣御史。是年(成化十八年)，帝复欲遣内侍，鹏执不可。帝勉从之，命俟后仍如故事。

[1] 《弇山堂别集·中官考十》卷九十八。

[2] 《明史·食货志五》。

[3] 《明史·李东阳传》卷一八一。

[4] 《明史·食货志五》。

市 舶 司

以上所述都是国内税务，至于海外贸易则设有市舶司管理。《明史·职官志四》卷七十五：市舶提举司“掌海外诸蕃朝贡市易之事，辨其使人表文勘合之真伪，禁通番，征私货，平交易，闲其出入而慎馆谷之”。这市舶司在洪武初年即曾设立“于宁波、泉州、广州。宁波通日本，泉州通琉球，广州通占城、暹罗、西洋诸国”。至永乐三年又复设福建、浙江、广东，“福建曰来远，浙江曰安远，广东曰怀远”[1]。

管理这些市舶司的一律是宦官特务，《明史·职官志四》云：“永乐元年复置设（按：《食货志五》作三年），官如洪武初制。寻命内臣提督之。”张燮《东西洋考》卷八云：

> 国初，又有提督市舶内官莅闽，卓洪、范士明俱宣德间遣，梁著、杨某俱正统间遣，韦查、董让俱弘治间遣。

起初这些宦官特务还只是按职权行事，到后来就逐渐越权了。朱见深时这些特务已经负有提督沿海的责任，这就是说凡是泛海船只都得受市舶司管理，而且可以随时调动官军。嘉靖四年兵部奏称：“市舶司太监原无提督沿海职任，虽有称成化间太监林槐例，系出一时创行，寻复改正。”[2]都给事中郑自璧亦言：“市舶提举司建于太宗之初年，而提举沿海之敕，乃颁于宪宗之末岁，准行之后，朝廷旋觉其非，即为厘正，虽以正德年间政体纷更，百弊滋光，而市舶一敕不敢轻议请换。”[3]但是郑氏后面这几句话却说错了，事实上正德年间提举市舶太监毕真就曾上言：“旧制，泛海诸船，皆市舶司专理，近领于镇巡及三司官，乞如旧便。”[4]后来到朱厚熜时“提督浙江市舶提举司太监赖恩比例乞换敕谕，

[1] 《明史·食货志五》。

[2] 《弇山堂别集·中官考十》卷九十九。

[3] 《弇山堂别集·中官考十》卷九十九。

[4] 《明史·食货志五》。

兼提督海道，遇警得调官军”[1]。竟也得到允许。

这些市舶太监既奉了皇帝的钦命，又握有军政大权，于是在他所在地区，便作威作福，鱼肉人民，凌辱官吏。兹举朱见深一代为例，如：“成化初，（宁波）市舶中官福住贪恣。”[2]成化中，两广总督朱英与“市舶中官韦眷忤，眷摭奏英专权玩贼……按皆无验，乃携芳二官谕眷协和共事”[3]，而韦眷又“纵贾人通诸番，聚珍宝甚富，请以广南均徭户六十隶市舶，布政使彭韶争之，诏给其半。眷又诬布政使陈选，被逮道卒。自是，人莫敢逆眷者”[4]。又如成化二十三年吴廷举除顺德知县，“市舶中官市葛，以二葛与之，曰‘非产也’，中官大怒”[5]。

甚而至于因贪贿而引起外患来，如：

> 嘉靖二年，日本使宗设、宋素卿分道入贡，互争真伪。市舶中官赖恩纳素卿贿，右素卿，宗设遂大掠宁波。[6]

以上是宦官特务管理税务的情形，底下再说盐课。

监视盐课

中国历史上历代盐利归官领，明初设“都转运盐使六：曰两淮、曰两浙、曰长芦、曰山东、曰福建、曰河东。盐课提举司七：曰广东、曰海北、曰四川、曰云南；云南提举司凡四，曰黑盐井、白盐井、安宁盐井、五井”[7]分理盐政。

明代统治者对这些各地盐官也和对各地税官一样的不放心，经常派

[1] 《弇山堂别集·中官考十》卷九十九。

[2] 《明史·张瓒传》卷一七二。

[3] 《明史·朱英传》卷一七八。

[4] 《明史·梁芳传》卷三〇四。

[5] 《明史·吴廷举传》卷二〇一。

[6] 《明史·食货志五》。

[7] 《明史·食货志四》。

些大臣去提督整治，但对大臣仍不能完全信任，另外又派些宦官特务去监视他们。《明史·食货志四》：

正统元年始命侍郎何文渊、王佐，副都御史朱与言提督两淮、长芦两浙盐课，命中官御史同往。

后来就索性派宦官会同大臣去共同整治了。

奏讨盐引

从《明史·食货志四》看来，明代中叶盐法便大坏，考其原因，主要的是由于：第一奏讨盐利的人太多，所谓“奏讨”，便是求皇帝批准一批盐给他们去贩卖。这样，盐商自然无法与之竞争。于是商盐不行，官盐也就跟着不行了。第二就是贩运私盐。

这种奏讨贩卖除了少数的贵族官僚外，都是宦官特务们干的。所以，盐法之坏是坏于宦官特务，而统治者却叫宦官特务去整治盐法，这真是天大的滑稽了。

宦官奏讨盐利大概在朱棣时便已开始，《明史·李庆传》卷一五〇：

（永乐五年）勋贵武臣多令子弟家人行商中盐，为官民害。

这里虽没有明指出有宦官，但所谓“贵”者，该就是指中贵而言的。到朱见深时宦官奏讨盐利的就十分普遍了，如：

成化二年，已准太监李棠开中辽东盐万引矣。自是赐太监陈玹万引，潘午万引（按每引大引四百斤，小引二百斤）。[1]

成化四年，尚膳监太监潘洪奏两淮积有余盐五万九千引，乞令

[1] 《弇山堂别集·中官考三》卷九十二。

其侄潘贵中纳关支。[1]

（成化十九年）中官梁芳有宠，假市珍玩名，侵盗库金以数十万计，不足则给以盐。上即位之初，太监李棠等乞开中辽东盐万引，许之。自是请者日众。芳前后请两淮存积余盐不下数十万引，皆怙宠辄行……计臣不能执争，凡所乞中盐至无算，商引壅不行，边储日匮。[2]

而成化二十一年御史汪奎奏称：

勋戚、内官奏乞盐利，满载南行，所至张钦赐黄旗，商旅不行，边储亏损，并宜严禁。[3]

贩运私盐

在明代宦官和锦衣卫特务都贩运私盐。朱祁钰时“锦衣吏益暴，率联巨舰贩私，有司不能诘”[4]。到朱见深时就更为普遍，如：“成化三年，扬州盐寇起，守兵失利，诏（南京右佥都御史高）明讨之……内官鬻私盐，据法没入。”[5] 可见那时宦官贩私盐已成为司空见惯的事了。

宦官们贩运私盐，并不是偷偷摸摸地搬运，而是冠冕堂皇地输送，甚至命令州县驿递或发卖，如果有人盘诘，他们就可以杀死他。如：

（成化）十四年十一月乙酉，南京内官监覃力朋进贡还，有马快船百艘，多载私盐，役民夫牵挽。且遍索州县驿递得银五百余两，

[1] 《弇山堂别集·中官考三》卷九十二。

[2] 《明通鉴》卷三十四。

[3] 《明史·汪奎传》卷一八〇。

[4] 《明史·食货志四》。

[5] 《明史·高明传》卷一五九。

钱帛称是。至马甲营，巡检司申报武城县，遣典史率人盘诘，力朋乃以其众拒击典史，折其齿，射一人杀之，伤者甚众。[1]

朱祐樘时特务贩运私盐仍是照旧，其时如有官吏阻止，他们便设法诬陷，如弘治六年盛应期以都水主事出辖济宁诸闸，“太监李广家人市私盐，至济，畏应期，投盐水中去。会南京进贡内官诬应期阻荐新船，广从中构逮应期及主事范璋下诏狱”[2]。还有一次，“岐王之国，中使携盐数百艘，抑卖于民”。为湖广巡抚徐恪查出，不肯放行。于是“其党密构于帝，居一岁，中旨改南京工部右侍郎”[3]。其时乞讨盐引之风仍很盛行，如弘治四年内官龙绶“请长芦盐二万引，鬻于两淮，以供织造费”[4]。弘治九年“中官织造者，请增给两淮盐课二万引……其后乃命岁予五千引”[5]。

宦官特务们奏讨盐引与贩运私盐有时候是分不清的，如朱厚照正德元年太监崔杲、王瓒等以督织造，乞盐万二千引，大学士刘健等上言：“崔杲奏讨引盐，不过变卖银两，若户部支与价银，尤为省径，若仍给盐支卖，必夹带数多，向来作弊射利之人因而附益……伏望收回成命，止照该部原拟，给与价银。”[6]但朱厚照还是要全部给予，便特召阁臣刘健、李东阳等至暖阁商议，底下这段问答把“夹带”情形说得很透彻：

问曰：“昨差承运库太监王瓒往南京浙江织造，瓒等乞长芦盐一万二千引，户部止与六千引，半与价银，今可全与。”健等对曰：“如是已足用矣。”上曰：“既与半价，何不全与引盐？”健等曰：

[1] 《弇山堂别集·中官考三》卷九十二。

[2] 《明史·盛应期传》卷二二三。

[3] 《明史·徐恪传》卷一八五。

[4] 《明史·李敏传》卷一八五。

[5] 《明史·周经传》卷一八三。

[6] 《弇山堂别集·中官考五》卷九十四。

"户部亦为朝廷节用耳。"上曰："该部既欲节用，何不留此半价，以引盐与之，不亦两便？"健等曰："价银不若盐引之费大。"上曰："何故？"大学士李东阳对曰："盐引数有夹带，如引一纸，使夹带数十引，以此私盐壅滞，皇盐不行。"[1]

至于这些特务领到盐引以后搬运的气焰，李东阳也和朱厚照说得很痛快：

此辈一得明旨，即于船首揭黄旗，书"钦赐皇盐"字样，势焰烜赫，州县驿递官酬应少误，即加笞辱。至于盐商灶户，虽凌虐万状，谁敢诉冤。[2]

但是朱厚照信任特务是要超过信任李东阳万倍的，所以，特务奏讨盐引仍是有求必应。而特务贩运私盐更是遍于天下了，如正德初御史涂祯"巡盐长芦，（刘）瑾纵私人中盐……祯皆据法裁之"[3]。正德元年"太监高凤恃宠弄权，交通李荣，引进商人谭景清，固欲买补革退残盐"[4]。正德三年户科都给事中周金上言："中官迎佛及监织造者滥乞盐引，暴横道路，当罢。"[5]同年陆震"除泰和知县，时刘瑾擅政，以逋盐课责县民偿者，连数百人，震力白之上官，得免"[6]。而御史余珊"巡盐长芦，发中官奸利事，为所诬，械系诏狱"[7]。正德四年，"内官监太监杨镇赍官银万两，长芦盐八千引，往南京易银买丝织造。乃以其银私自买盐，混同装载，用舟六百艘，沿途胁赂，得银一万六千二百两，家人韦庆等

[1] 《弇山堂别集·中官考五》卷九十四。

[2] 《弇出堂别集·中官考五》卷九十四。

[3] 《明史·周玺传》卷一八八。

[4] 《弇山堂别集·中官考五》卷九十四。

[5] 《明史·周金传》卷二〇一。

[6] 《明史·陆震传》卷一八九。

[7] 《明史·余珊传》卷二〇八。

所得银亦几千两。为（刘）瑾内行厂所发，下南京三法司会鞫。狱上，降镇奉御，南京闲住，庆等发辽东广宁卫充军”[1]。正德十年“司礼太监刘允奉令往乌斯藏迎活佛，给长芦见盐一万引，两淮正课盐六万引，变卖应用”[2]。

到朱由校时，魏忠贤当政，一手遮天，无论官盐私盐，都是他魏家的，所以也就无所谓奏讨私贩。《明史·食货志四》说那时“言利者恣搜括，务增引超掣。魏忠贤党郭兴治、崔呈秀等巧立名目以取之，所入无算。论者比之绝流而渔”。到朱由检时再想厘正，而明朝也就亡了。

（二）仓库和矿产

明代仓储，可分两种：一种是各布政司府州县的仓，以供地方官吏俸给及赈济灾荒之用，由各布政司府州县自己管理；另一种是转运漕粮的仓，是直属中央政府的。一共八个，五个分设会通河两岸旁的城市，以资转运，所以又叫做水次仓，计淮安、徐州、德州、临清、天津五处。另三个分设在武清卫、通州卫、京师。因为是屯集漕粮，所以仓都特别大，单是临清一仓，便可容三百万石。这些仓先由户部经理，朱瞻基时设总督仓场一员，由尚书侍郎兼任，专理仓务，不治部事。同时也就派下宦官来监督，《明史·食货志三》卷七十九：“诸仓初不设中官，宣德末，京、通二仓始置总督中官一人，后淮、徐、临、德诸仓亦置监督，漕輓军民被其害。”其后，“复增至二三十员，创设中瑞馆处之”[3]。正德中，“增至五十五人”。[4]

监督仓场贪污科索

这些监仓宦官首先就和一些正直的官员弄不好，如景泰中谢士元“督

[1]　《弇山堂别集·中官考五》卷九十四。

[2]　《弇山堂别集·中官考七》卷九十六。

[3]　《弇山堂别集·中官考八》卷九十七。

[4]　《明史·孙交传》卷一九四。

通州仓，陈四弊，屡与监仓宦官忤”[1]。又如景泰四年“山东河南饥民就食者坌至（徐州），廪不能给。惟徐州广运仓有余积，（巡抚王）竑欲尽发之，典守中官不可。竑往告曰：‘民旦夕且为盗，若不吾从，脱有变，当先斩若，然后自请死耳。’中官惮竑威名，不得已从之”[2]。

为什么会弄不好呢？原因就是这些特务敲榨贪污得太不成话。如天顺初，督江南粮储李秉“发内官金保监淮安仓科索罪”[3]。其科索情形如弘治九年御史胡献所奏：

京、通二仓总督、监督内臣每收米万石，勒白金十两。以岁运四百万石计之，入四千两。又各占斗级二三百人，使纳月钱。[4]

又如正德元年都给事中张文等请肃京储称：

京通仓提督太监蔡用等欲将已革晒夫囤基各色财物仍追收备奏，蒙俞允，岁计银七万四千两，乞置之法，以为奸贪坏事者之戒。[5]

这些监仓特务一年比一年增加，有时虽有裁减，但不久又添多起来。如：

先是，仓场监督内官依成化末年例裁减。（弘治）十一年秋，帝复增用少监莫英等三人。[6]

---

[1] 《明史·谢士元传》卷一七二。

[2] 《明史·王竑传》卷一七七。

[3] 《明史·李秉传》卷一七七。

[4] 《明史·胡献传》卷一八〇。

[5] 《弇山堂别集·中官考五》卷九十四。

[6] 《明史·周经传》。

有时户部奏请裁革，当然也不会得到允许。如：

（嘉靖元年）户部言："祖宗朝设尚书侍郎总领天下财赋，督察委之台官，放收属之郎署，当时不闻内官与事，法至善也……乞遂罢中瑞馆，尽取余人代还内府供役，及临清徐淮监督之使，宜一切罢勿遣。"疏入，得旨："前已厘革，自今第勿增加。"[1]

更可笑的是这些特务有时会像狗抢骨头似的互相咬起来：

（嘉靖）十四年正月，提督京通仓场内官监三凤、李慎，互以奸赃讦奏，诏下法司逮问。户科给事中管怀理因言："仓场钱粮，实皆户部职掌，顷者添用内官，惟肆贪赇，于国计无裨，请将二官裁革，其余督理内外各仓场内臣，如吕宣等七员，一并取回。"部复从之。[2]

以上是特务们监督转运漕粮的仓的情形，至于各省府州县的仓，也常派宦官特务去核实。如：

（永乐廿年）冬，十月，癸巳，分遣中官及朝臣八十人核天下仓储出纳之数。[3]

仓储的情形如此，底下再说库藏。

明代库藏概况

明代库藏亦如仓储，可分两种：一种是各省地方的库藏，另一种则是中央政府的库藏。中央政府的库藏最主要的便是内府十库，这十库名

[1] 《弇山堂别集·中官考八》卷九十七。

[2] 《弇山堂别集·中官考十》卷九十九。

[3] 《明通鉴》卷十七。

称及其贮藏，《明史·食货志三、职官志三》及《酌中志》卷十六所载微有异同，兹参用述之：一、内承运库，凡缎匹金银及诸宝货总隶之，而金花银最大，岁进百万有奇。所谓金花银又名折粮银，《明史·食货志三》云："初，岁赋不征金银，惟坑冶税有金银，入内承运库。其岁赋偶折金银者，俱送南京供武臣禄。而各边有缓急，亦取足其中。正统元年改折漕粮，岁以百万为额，尽解内承运库，不复送南京。自给武臣禄十余万两外，皆为御用。所谓金花银也。"二、广积库，贮硫磺硝石。听盔甲厂等处成造火药，凡京营春秋操演皆取给于此。三、甲字库，掌布匹颜料，以备御用监奏取。四、乙字库，贮胖袄、战鞋、军士裘帽。五、丙字库，贮棉花丝纩，内官冬衣、军士布衣皆取于此。六、丁字库，贮铜铁、兽皮、苏木。七、戊字库，贮盔甲、弓矢、刀剑。八、赃罚库，贮没入官物。九、广惠库，贮钱贯钞锭。十、广盈库，贮红丝纱罗绫锦绸绢。这十库本是按其所贮分属政府各部，乙字库属兵部，戊字、广积、广盈三库属工部，其余六库都属户部。但这不过是名义而已，统治者是不放心把财宝货物交给各部去管的。所以，各库都派有宦官，并且是正式派遣，负实际管理之责，并不是临时监督性质，而是立定的一种官制。《明史·职官志三》宦官一项下载明各库有"掌库一员，贴广佥书无定员"。各库并有关防，篆文一行直下曰"某库关防"[1]。而内承运库因为是大内库藏金银珠宝的总汇，更特设有"掌印太监一员，近侍佥书太监十余员，掌司写字监工数十员"[2]。此外由宦官管理的库还有两个，一是天财库，又名司钥库，贮各衙门管钥，凡乾清宫及东华午门锁钥，皆本库监工于五更三点时自宫中发出，分启各门。又贮藏铜钱，凡宝源局等处铸出制钱，该部交进本库，以备赏赐。设太监一员，管理佥书数十员。二是供用库，司宫内及各处宦官食米，每人每月四斗。附有油蜡等库，皇帝用的白蜡、黄蜡、沉香皆取办于此。设掌印太监一员，总理佥书写字监工共百余员。这个太监必须是皇帝最宠爱的才能担任。以上通叫做内库。还有在宫内

[1] 《酌中志》卷十六。

[2] 《明史·职官志三》。

的又有内东裕库，宝藏库，叫做里库。里库和政府各部无关。此外，会归门、宝善门迤东及南城磁器诸库则谓之外库。[1]

至于真正属户部管的只有一个太仓库，《明史·食货志三》："正统七年乃设户部太仓库，各直省派剩麦米，十库中绵丝、绢布及马草盐课关税，凡折银者，皆入太仓库。籍没家财，变卖田产，追收店钱，援例上纳者，亦皆入焉。专以贮银，故又谓之银库。"其实呢，这库虽然属于户部，但仍免不了宦官的搜刮，这底下再说。

特务管理各库的贪污横索情形

这些宦官管库的情形，《明史·食货志三》说得好："凡为仓库害者，莫如中官。内府诸库监收者横索无厌……内府收粮增耗，尝以数倍为率。"这种增耗在朱见深时便已十分普遍，《明史·王恕传》卷一八二称："中官横暴，四方输上供物，监收者率要羡入。"后来便越发厉害，索贿不得，便多方稽留。如：

> 正德时台州卫指挥陈良纳军器，稽留八载，至乞食于市。[2]

而最为民害的便是"白粮"，所谓"白粮"，是苏、松、常、杭、嘉、湖六郡每年照例要征解内府的白熟粳米，共计一十八万八百六十余石，朱厚熜时詹事霍韬曾上疏极言其弊害原委，云：

> 成化以前，粮户解纳白粮及合用料物，户工二部，委官同科道官验收，乃运送内府，粮户不与内臣相接，故内臣不得多取，小民不致亏害。弘治以后，部官避嫌，不肯验收，责小民运送内府，是故有白粮一石加至一石八斗，乃能上纳者矣（按"中官考"十载嘉靖三年十月应天巡抚吴廷举奏称："内官监监收白粳熟米，额外科索无厌，大率正粮一石加

[1] 《明史·食货志三》。

[2] 《明史·食货志三》。

费二石，方获批单。”与此微异）。各项料物有索取银四百余两，乃得批回者矣……乞敕各部改正旧法，俾贪暴不肆苛虐，小民不致重困，庶几弊政少除，民怨少息。[1]

奏上以后，朱厚熜令“所司议之以闻”，但结果呢，“而弊犹故也”！一石加到一石八斗或两石这是额外科索，其实就是按照旧例也是科索的，隆庆二年苏州知府蔡国兴便奏请按旧例办理，旧例是怎样呢？

内官监白熟细米每石加耗一斗，供用库白熟粳米，酒醋局白熟糯米，每石加耗五升，至于铺垫等费，每石酌议三分。[2]

奏上，朱载垕命令照办。但结果呢，积重难返，宦官们仍是置之不理，后来有增无已，到朱翊钧时竟加耗到十倍。

除了这种加耗外，宦官们还要另行索贿，这就是所谓铺垫钱。这铺垫钱后来竟成为公开的规矩，如朱厚熜时南京御马监太监牛宣因为勒索解户铺垫银被劾，牛宣竟上诉说是按照旧规，朱厚熜也就置之不问。连串同作弊的奉御宋得、长随赵文景都一概不治。南京刑部上言说铺垫之名乃正德以来积弊，并非旧规，朱厚熜仍是不听。[3]

还有惜薪司加耗科索也是十分厉害。惜薪司是专管大内薪炭的，有掌印太监一员，总理佥书等百余员，所用柴炭，朱祐樘以前每年二千万余斤，祐樘时加到四千万余斤。宦官们收柴炭时，照例是加耗十之三，但实际情形呢，则是：

中官辄私加数倍。逋负日积，至以三年正供补一年之耗。尚书李燧议，令正耗相准，而主收者复私加，乃以四万斤为万斤，又有

[1] 《万历野获编补遗》卷二，《江南白粮》。

[2] 《万历野获编补遗》卷二，《江南白粮》。

[3] 《弇山堂别集·中官考十》卷九十九。

输纳浮费，民弗能堪……万历中，岁计柴价银三十万两，中官得自征比诸商，酷刑悉索，而人以惜薪司为陷阱云。[1]

而“正德间惜薪司所收木柴，每于正数外暗加耗柴数倍……至有三年起运，不给一年上纳者”[2]。

这样高度的需索，因此便常常发生逼死人命的事，如隆庆五年：

甲字库内臣赵纲需索解户，致死无辜，俱会勘明白，依律议拟，竟从宥免。[3]

宦官们管理库藏除高度需索外，便是贪污偷窃，如弘治九年“给事中胡易劾监库中官贺彬贪黩八罪”。[4] 又如嘉靖元年大理寺卿郑岳言：

内臣贾全等侵盗仓库，宜伏正法。而特蒙曲贷，使左右效尤，恣意侵盗，设至败露，又图幸免，其害不可胜言。[5]

隆庆三年御史詹仰庇巡视十库，上疏言：

内官监岁入租税至多，而岁出不置籍。按京城内外园廛场地，隶本监数十计，岁课皆属官钱，而内臣假上供名，恣意渔猎。利填私家，过归朝宁。乞备核宜留宜革，并出入多寡数，以杜奸欺。再照人主奢俭，四方系安危。陛下前取户部银，用备缓急。今如本监所称，则尽以创鳌山、修宫苑、制秋千、造龙凤舰、治金柜玉盆。群小因乾没，

[1] 《明史·食货志六》。

[2] 《弇山堂别集·中官考八》卷九十七。

[3] 《弇山堂别集·中官考十》卷九十九。

[4] 《明史·胡献传》卷一八〇。

[5] 《弇山堂别集·中官考九》卷九十八。

累圣德，亏国计。望陛下深省。[1]

同时兵科给事中刘体乾上言：

又闻光禄库金，自嘉靖改元至十五年，积至八十万。自二十一年以后，供亿日增，余藏顿尽。进御果蔬，初无定额，止视内监片纸，如数供御。干没狼藉，辄转鬻市人。其他诸曹，侵盗尤多。[2]

这些宦官偷窃出来的珍宝奇异，仍然辗转卖给主子，如《万历野获编》卷六所记：

其时上（朱厚熜）索真龙涎香甚急，遍觅不得。户部尚书高耀百方高价购之，仅得八两。云买之民间，实亦内臣盗之内库。

又如朱载垕隆庆二年诏购宝珠，御史詹仰庇言：

宝石珠玑，多藏中贵家，求之愈急，邀值愈多。[3]

有时偷窃过多，恐怕查出，便干脆放火烧去，便无从查起。

内府盗窃，乃其本等长技。偶私攘过多，难逃大罪，则故称遗漏，付之一炬，以失误上闻，不过薄责而已。如嘉靖四十五年二月，供用库大管库暨盛与其党卢添保等，捏报被焚香料至十八万八千余斤。为同类发其奸，世宗下之狱。命给事张岳等严查，始知该库所焚乃别物，非香也，俱盛等侵匿妄报，上大怒，悉如律治罪。此偶败露者，

[1] 《明史·史詹传》卷二一五。

[2] 《明史·刘体乾传》卷二一四。

[3] 《明通鉴》卷六十四。

仅十之一耳。[1]

宦官们除了需索贪偷而外，有时还奏请加课。如：

（嘉靖元年）诏减岁供内府盐课之数。初弘治时，内府供用库岁派青白盐十七万五千斤，正德以来，太监吴海、杨先等，再请加课，递增至三十五万一千八百四十四斤，淮海之间，萧然烦费，至是御史郑光琬言……如弘治年制……从之。[2]

如果统治者有所蠲免，这些宦官一定还要再三奏请，如：

（嘉靖元年）内府供用库署库事太监梁政等言："上登极诏有云除漕运粮斛四百万石照旧征运。其余税粮等项不分存留起运，俱免五分，以苏民困。但本库岁计钱粮并黄白蜡等用。俱系各宫殿供用原有额例，难以减少。"户部复议，以诏旨既出，不可复改……从之。[3]

又如：

（嘉靖三年）四月，内供用库太监梁政等奏称："内官内使等月粮例人四斗，今十减其三，用不足，请于太仓补给。"户郎复议："本库岁额米八万五千四百八十石有奇，而食者一万五千余人，岁不过七万五千余石耳，裒多益寡，用宜有余，太仓军国重储，未可轻动。"上曰："元年所蠲三分，其暂听补给，他如故。"[4]

[1]《万历野获编》卷六，《尚衣失珠袍》。

[2]《弇山堂别集·中官考八》卷九十七。

[3]《弇山堂别集·中官考九》卷九十八。

[4]《弇山堂别集·中官考九》卷九十八。

如果臣下请减，宦官们一定要设法阻止，如朱载垕时——

（刘）体乾又乞承运库减税额二十万，为中官崔敏所格，不得请。是时内供已多，数下部取太仓银，又趣市珍珠黄绿玉诸物。[1]

有时还刮取太仓银入内库，如朱祐樘时——

三次取入太仓官银，至一百三十万两。[2]

朱厚照时——

内承运库中官，数言内府财用不充，请支太仓银。户部执奏不能沮。[3]

朱载垕时刮取更多：

上（载垕）自即位以来，岁取太仓银入承运库供采办，视嘉靖之末征求愈急，而中官复趣之，库藏为之一竭。[4]

刮取来的钱却去买黄金。

帝尝命中官崔敏发户部银六万市黄金。[5]

[1] 《明史·刘体乾传》。

[2] 《万历野获编》卷一。

[3] 《明史·食货志三》。

[4] 《明通鉴》卷六十五。

[5] 《明史·马森传》卷二一四。

甚至宦官以空头札子取银：

隆庆四年正月，内承运库以空头札子传谕户部进银十万两，部臣刘体乾执奏："京库钱粮所系至重，今以片纸取之，姓名不具，印信不钤，安知真伪，臣责在典守，不敢发也。"……上报有旨，所取银两，令如数以进。[1]

至于各省库藏，在朱厚照时也开始刮入内库，这是刘瑾创出来的。

（正德二年二月），刘瑾矫诏，遣科道查盘天下军民府库，其存留者，皆令解京。郡县积储，为之空匮。[2]

以后便没有停止过。

世宗时，闽、广进羡余，户部请责他省巡按，岁一奏献如例。又以太仓库匮，运南户部库银八十万两实之。而户部修上理财事宜，临、德二仓积银二十万两，录以归太仓。隆庆初，遣四御史分行天下，搜刮库银。神宗时，御史萧重望请核府县岁额银进部，未报上。千户何其贤乞敕内官与己督之，帝竟从其请，由是外储日就耗。至天启中，用操江巡抚范济世策，下敕督岁进，收刮靡有遗矣。[3]

而朱翊钧时的宦官，除了刮取各省库藏而外，还尽量设法增加内库供额，搜刮京师各官库。

[1] 《弇山堂别集·中官考十一》卷一百。

[2] 《明史纪事本末》卷四十三。

[3] 《明史·食货志三》。

（万历间）中官温泰请尽输关税、盐课如内库。[1]

神宗万历六年……内库岁供金花银外，又增买办银二十万两以为常，后又加内操马刍料银七万余两。久之，太仓、光禄、太仆银，括取几尽。边赏首功，向发内库者，亦取之太仆矣。[2]

到魏忠贤时，一切仓库都掌握在他手中，如他的亲信“太监涂文辅总督太仓银库节慎库，崔文升、李明道提督漕运河道，核京师通州诸仓”[3]。而涂文辅且“夺宁安大长公主第为廨，署曰户工总部，驺从常数百人，部郎以下皆庭参”[4]。后来魏忠贤连南京内库所藏金银珍宝都“矫旨取进，盗窃一空”，终于“内外匮竭、遂至于亡”[5]。

底下再述矿产。

提督查核矿务

明代矿产最为民害的便是金银矿，开始开采金银矿是在洪武末年，其各朝开采地点以及课额，据《明史·食货志五》卷八十一所载情形如下：

福建尤溪县银屏山银场局炉局四十二座，始于洪武末年。浙江温、处、丽水、平阳等七县，亦有场局。岁课皆二千余两。

永乐间，开陕州商县凤皇山银坑八所。遣官湖广、贵州采办金银课……又开福建浦城县马鞍等坑三所，设贵州太平溪、交址宣光镇金场局，葛容溪银场局、云南大理银冶……福建岁额增至三万余两，浙江增至八万余。宣宗初，颇减福建课，其后增至四万余，而浙江亦增至九万余。英宗下诏封坑穴……而岁额未除。岁办皆洪武

[1] 《明史·贾三近传》卷二二七。

[2] 《明史·食货志三》。

[3] 《明史·熹宗本纪》卷二十二。

[4] 《明史·王体乾传》卷三〇五。

[5] 《明史·食货志三》。

旧额也……言者复请开银场……乃命侍郎王质往经理，定岁课，福建银二万余，浙江倍之……景帝尝封闭……兵部尚书孙原贞请开浙江银场，因并开福建……课额浙、闽大略如旧，云南十万两有奇，四川万三千有奇，总十八万二千有奇。成化中，开湖广金场，武陵等十二县凡二十一场……复闭，而浙江银矿以缺额量减，云南屡开屡停。弘治元年始减云南二万两，温、处万两余，罢浦城废坑银冶。至十三年……云南九银场四场矿脉久绝，乞免其课……四川、山东矿穴亦先后封闭。武宗初……复开浙、闽银矿……岁进银二万两，刘瑾诛乃止。世宗初，闭大理矿场。其后蓟、豫、齐、晋、川、滇所在进矿砂金银，复议开采……户部尚书方钝等请令四川、山东，河南抚按严督所属，一一搜访，以称天地降祥之意。于是公私交骛矿利……天下渐多事矣。

隆庆初，罢蓟镇开采。南中诸矿山，亦勒石禁止……（万历）二十四年……开采之端启……于是无地不开。

提督查核开矿的人大部分由宦官担任，这种派遣远在朱棣时便已开始，如前引《食货志三》所称永乐间遣官往湖广、贵州采办金银课，便复遣“中官御史往核之”。还有一次命太监王彦等开黑山金场，“督夫六千人，三阅月，止得金八两”[1]。朱祁钰时开福建矿，曾“命中官戴细保提督之”。朱祁镇天顺四年也“命中官罗永之浙江，罗圭之云南，冯让之福建，何能之四川”[2]。朱见深成化三年“开浙江、福建、四川、云南银场，以内臣领之”[3]。朱厚熜时“武定侯郭勋请复各处镇守分守内臣，并委之取矿，以资国用。上乃命且着云、贵、两广、闽、蜀、楚、浙、江西、大同各用一人”[4]。

[1] 《明史·彭谊传》卷一五九。

[2] 《明史·食货志三》。

[3] 《明史·宪宗本纪》卷十三。

[4] 《万历野获编》卷二十。

宦官督矿有利可图，所以，播弄统治者开矿的也是宦官，如弘治四年“内官龙绶请开银矿，淇不可，帝从之”[1]。朱厚照初年“从中官秦文等奏，复开闽、浙银矿”[2]。

至于宦官开矿的情形，则是百端需索，弄得老百姓卖妻鬻子，甚至自杀，如弘治元年浙江巡御史锡亨奏称：

温、处二府银坑，岁额课银二万二千二百四十余两，近来矿脉衰耗，比之初年，什不及一。而太监张庆岁取耗银又三千两，皆百姓卖子鬻产以充其数，官司逼追，有因而自尽及散为盗贼者，乞量为裁损，止因所得多寡征之。[3]

宦官播弄开矿，主要的是为了兴动大工，好报销舞弊，鱼肉地方，勒索财物，至于开不开出矿产，在他们是无所谓的。如：

成化中，开湖广金场，武陵等十二县凡二十一场，岁役民夫五十五万，死者无算，得金仅五十二两。[4]（按：《明通鉴》卷三十二云仅得金三十余两。）

这哪里是开矿，简直是和老百姓开玩笑罢了。到朱翊钧时，矿场特务开不出矿时，便勒令老百姓赔偿，或是干脆不开矿而去发掘坟墓，硬指着老百姓田地房屋下有矿，勒索贿赂，这些情形下面一节将详细叙述。

[1] 《明史·李敏传》。

[2] 《明史·食货志三》。

[3] 《弇山堂别集·中官考四》卷九十三。

[4] 《明史·食货志三》。

第三节 朱翊钧时代的矿税特务

（一）敲骨吸髓天下萧然

明代矿税闹得最厉害的是朱翊钧时代，从万历二十四年以后，矿监税使遍于天下，奸淫掳掠，敲骨吸髓，把老百姓弄得倾家荡产，卖子抛妻，最后被逼得走投无路，便群起反抗，开头只是某几个地区，后来便遍于全国。因为这些宦官特务骚扰的地区广大，罪行太多，且与明代灭亡极有关系，故特辟本节述之。至于人民反抗情形，则于下面第七章详述。

鸦片烟鬼朱翊钧

朱翊钧是个极其糊涂的独夫，他在位四十八年，但从万历十七年以后就不上朝，在宫中吸食鸦片，纵情声色，一直到四十三年以“梃击”事才召见群臣一次。二十四年之中，满朝文武才算和皇帝见了这一次面。但以后他还是不上朝，这样一直到死。大臣们既然和他见不着面，上了奏疏他又不看，临到要辞职的时候也没法去辞，于是便照例上一封辞疏，也不管准不准，就挂印自去。去了以后，他还是不晓得，官也不补，万历二十八九年之间，“两京缺尚书三，侍郎十，科道九十四，天下缺巡抚三，布按监司六十六，知府二十五”[1]。到三十四年还是“九卿强半虚悬，甚者阖署无一人。监司、郡守亦旷年无官，或一人绾数符”[2]。这真正是无政府状态了。

朱翊钧这样不理朝政，不见大臣，住在深宫，除了尽情地享受专制独夫一切享受而外，便一天到晚在计算着如何去搜刮钱财。

这个独夫的贪财好货实在是很少见的，连当时他的臣下都毫不掩饰地在奏疏中公开地指出，如凤阳巡抚李三才奏称：“陛下病源则在溺志

[1] 《明史·田大益传》卷二三七。

[2] 《明史·王元翰传》卷二三六。

货财。”[1]户科给事中田大益一则曰：陛下“以金钱珠玉为命脉”。再则曰：“病源止在货利一念。”[2]像这样贪财如命的独夫，帑金库款的搜刮，自然不能够满足，于是他就命令宦官进奉钱财给他，《明史·李邦华传》卷二六五称：“神宗好货，中官有所进奉，名为孝顺。”后来他又想出一条奇妙的办法，来逼问宦官，把宦官拖来拷讯，献上钱来便罢，不献再拷。当时大理寺评事雒于仁在奏疏中就曾明白提出这事，说是“传索帑金，括取币帛，甚至掠问宦官，有献则已，无则谴怒”[3]。事实的例子像东厂太监张鲸的事便是，万历十六年“御史何出光劾鲸死罪八，并及其党锦衣都督刘守有，序班邢尚智”。结果是邢尚智论死，守有除名，而张鲸却献给朱翊钧许多金宝，只受了点斥责，任职如故。这事在当时大概已经闹得尽人皆知，有个吏科给事中李沂在奏疏中曾公开指出说：“流传鲸广献金宝，多方请乞，陛下犹豫，未忍断决。中外臣民初未肯信……及见明旨，许鲸策励供事，外议籍籍，遂谓为真。亏损圣德，夫岂浅尠！”[4]

矿监税使遍天下

但是这样的逼勒搜刮，究竟还是有限，仍是填不了这位皇帝的欲壑，于是他便想到征税和开矿上面来了。开矿征税始于万历二十四年，史称：“神宗二十四年，军府千户仲春请开矿助大工，遂命户部锦衣官各一人同仲春开采给事中程绍言嘉靖中采矿，费帑金三万余，得矿银二万八千五百，得不偿失，因罢其役。给事中杨应文继言之，皆不纳。由是卑秩冗僚，下至市井黠桀，奋起言利。而珰使四出，毒流海内，民不聊生。”[5]自二十四年以来，所派出去的开矿的宦官，真正是遍于天下，无地无之。据《明史·食货志五》载：“昌平则王忠，真、保、蓟、永、

[1] 《明史·李三才传》卷二三二。

[2] 《明史·田大益传》卷二三七。

[3] 《明史·雒于仁传》卷二三四。

[4] 《明史·李沂传》卷二三四。

[5] 《明史·傅好礼等传赞》卷二三七。

房山、蔚州则王虎（按据《明史·陈增传》尚有王亮），昌黎则田进，河南之开封、彰德、卫辉、怀庆、叶县、信阳则鲁坤，山东之济南、青州、济宁、沂州、滕、费、蓬莱、福山、栖霞、招远、文登则陈增，山西之太原、平阳、潞安则张忠，南直之宁国、池州则郝隆、刘朝用，湖广之德安则陈奉，浙江之杭、严、金、衢、孝、丰，诸暨则曹金，后代以刘忠、陕西之西安则赵鉴、赵钦，四川则邱乘云，辽东则高淮，广东则李敬，广西则沈永寿，江西则潘相，福建则高寀，云南则杨荣。”

征税之使的设立，也是遍于天下，万历二十四年十月“始命中官榷税通州，是后，各省皆设税使”[1]。如：“高寀于京口，暨禄于仪真，刘成于浙，李凤于广州，陈奉于荆州，马堂于临清，陈增于东昌，孙隆于苏、杭，鲁坤于河南，孙朝于山西，邱乘云于四川，梁永于陕西，李道于湖口，王忠于密云，张晔于卢沟桥，沈永寿于广西，或征市舶，或征店税，或专领税务，或兼领开采。”[2]而“通都大邑皆有税监，两淮则有盐监，广东则有珠监，或专遣，或兼摄”[3]。

矿税宦官的特权

这些遍于天下的矿税宦官，他们除了帮朱翊钧搜括民脂民膏而外，还负有侦察天下臣民的任务。为了顺利完成这一任务，朱翊钧便赋给他们许多特权，这特权最重要的有二：

第一是可以专折奏事，随时告密。朱翊钧虽然不上朝，不看大臣奏折，但对这些特务们的奏折却是“朝奏夕报，如响应声”[4]。有所请求，从来没有什么不答应的。最妙的是山东矿税特务陈增曾亲口告诉和他为难的益都知县吴宗尧说：“便是抚按官儿说咱的本也不下，只是咱的本便

[1] 《明史·神宗本纪二》卷二十。

[2] 《明史·食货志五》卷八十一。

[3] 《明史·陈增传》卷三〇五。

[4] 《明史·魏允贞传》卷二三二。

下得快些。”[1] 这情形在当时已成司空见惯，所以，郝敬慨叹道“陛下此意，外人虽心知之而不敢言，陈增公然言之而不知忌”[2] 了。这结果便如吏部右侍郎冯琦所说：“片纸朝入，严命夕传，纵抱深冤，谁敢辩理？不但破此诸族，又将延祸多人。但有株连，立见败灭。辇毂之下尚须三复，万里之外止据单词。遂令狡猾之流，操生杀之柄。此风一倡，孰不效尤？已同告缗之令，又开告密之端。臣等方欲陈诉，而奸人之奏又得旨矣。”[3] 这真是慨乎言之了。

第二个特权是可以节制有司，举刺将吏。如“山东税使陈增请假便宜得举刺将吏，淮、阳鲁保亦请节制有司”[4]。“遣高寀、暨禄、李凤榷税于京口、仪真、广东，并专敕行事”[5]。又令湖口税使李道节制有司。这些特务衔命横行，大权在手，生杀予夺，一任已便。地方官稍加阻碍，或是不与他合作的，便指名劾奏。只要弹章一上，朱翊钧就不问是非曲直，立刻派缇骑将该地方官逮问下狱。《明史·华钰传》卷二三七曾将这些被逮的官作了一个统计，兹录于下：

> 自矿税兴，中使四出，跆藉有司。谤书一闻，驾帖立下。二十四年，则辽东参将梁心；二十五年，则山东福山知县韦国贤；二十六年，则山东益都知县吴宗尧；二十七年，则江西南康知府吴宝秀、星子知县吴一元、山东临清守备王炀；二十八年，则广东新会在籍通判吴应鸿，举人劳养魁、钟声朝、梁斗辉，云南寻甸知府蔡如川，赵州知府甘学书及（富平知县王）正志；二十九年，则湖广按察佥事冯应京、襄阳通判邸宅、推官何栋如、枣阳知县王之翰、武昌同知卞孔时，江西饶州通判陈奇可；三十年，则凤阳临淮知县林锭；三十四

[1] 《御选明臣奏议》卷三十三，《郝敬劾矿使陈增疏》。

[2] 《御选明臣奏议》卷三十三，《郝敬劾矿使陈增疏》。

[3] 《明史·冯琦传》卷二一六。

[4] 《明史·戴士衡传》卷二三四。

[5] 《明史·包见捷传》。

年，则陕西咸阳知县宋时际；三十五年，则陕西咸宁知县满朝荐；三十七年，则辽阳海防同知王邦才、参将李获阳，皆幽系诏狱，久者至十余年。炀、应鸿、获阳毙狱中，其他削籍、贬官有差。至士民幽系死亡者，尤不可胜纪也。

他们这样横行无忌，当时朝臣弹劾纠举他们的也很多，“自大学士赵志皋、沈一贯而下，廷臣谏者不下百余疏”，但结果朱翊钧都是“悉寝不报”[1]。甚至到后来他连看也不看，于是这群特务自然更有所恃而无恐，越发大肆淫虐了。

求矿不必穴 而税不必商

特务布满天下，握有这样无上权威，又是明奉着皇帝圣旨到各府州县去搜刮财宝，这搜刮的对象当然是老百姓，于是老百姓的苦头可就吃不完了。这里且先看一看这群特务是在怎样的开矿征税。《明史·食货志五》说到开矿的情形是：

（税监）皆给以关防，并偕原奏官往。矿脉微细无所得，勒民偿之，而奸人假开采之名，乘传横索民财，凌轹州县。

至于征税呢，当时礼科给事中王士昌尝奏称：

近日御题黄纛，遍布关津；圣旨朱牌，委亵蔀屋。遂使三家之村，鸡犬悉尽；五都之市，丝粟皆空。且税以店名，无异北齐之市肆；官以内遣，何啻西苑之斜封。[2]

而开矿并不一定真是勘好了矿山再去开，征税也不定是征商货。万

[1] 《明史·陈增传》卷三〇五。

[2] 《明史·王宗沐传》卷二二三。

历二十八年户科给事中田大益曾指出这怪现象道：

内臣务为劫夺，以应上求。矿不必穴，而税不必商；民间邱陇阡陌，皆矿也，官吏农工，皆入税之人也。公私骚然，脂膏殚竭。[1]

所谓“求矿不必穴”，便是指那些“奋起言利”的“卑秩冗僚，市井黠桀”所奏勘的矿山，多半是胡说白道。如：“有请开云南塞外宝井者；或又言海外吕宋国有机易山，素产金银，岁可得金十万，银三十万……帝并欣然纳之。”这种胡说白道的真正企图，当时左都御史温纯曾揭明说：“机易山在海外，必无遍地金银，任人往取；不过假借诏旨，阑出禁物与番人市易，利归群小，害贻国家。”[2] 其在内地，更是胡作非为，万分酷虐，不是拆毁民房，就是发掘坟墓。拆民房便是硬指着你的房子说是下面有矿，如若送钱纳贿，便可罢休，否则便率领捕役，前来拆毁，不但抢劫家财，甚至辱及妇女。掘坟墓也是如此，掘开了便掠取殉葬的东西。当时吏部尚书李戴曾指出这情形说：

疮痍未起，而采榷之害又生不论矿税有无，概勒取之民间，此何理也？天下富室无几，奸人肆虐何极？指其屋而恐之曰：彼有矿，则家立破矣；彼漏税，则橐立罄矣。持无可究诘之说，用无所顾畏之人，蚩蚩小民，安得不穷且乱也。[3]

到三十二年吏部尚书赵世卿说得更为沉痛：

凿四海之山，榷三家之市，操弓挟矢，戕及良民；毁宝逾垣，祸延鸡犬。经十数年而不休者……貂珰渔猎，翼虎忽休。毁掘冢墓

[1] 《明史·田大益传》卷二三七。

[2] 《明史·温纯传》卷二二〇。

[3] 《明史·李戴传》卷二二五。

则枯骨蒙殃；奸虐子女而良家饮恨。[1]

所谓“而税不必商”，便是什么东西都要征税，而搜索检查，实际上就是抢掠。《明史·食货志五》载：

水陆行数十里，即树旗建厂。视商贾懦者肆为攘夺，没其全赀。负载行李，亦被搜索。又立土商名目，穷乡僻坞，米盐鸡豕，皆令输税。

二十七年湖广巡抚支可大也奏称：

至其在民，行货有税矣，而算及舟车；居货有税矣，而算及庐舍；米麦菽粟饔飧也而税；鸡豚肉食也而税；耕牛骡驴一畜产也而税。搜刮于十五郡之中，遍及于一百十六州县之内。一岁之中，驿递钱粮，动益千计，虽欲不扰地方，不可得矣。[2]

而且处处设卡，长江中舟行一日便须经过五六处税地。如万历二十九年五月直隶巡按刘曰梧上疏听言：

重征叠税，明旨叮咛告戒。以臣所属，上有湖口，中有芜湖，下有仪扬，旧设有部臣，新设有税监，亦云密矣。湖口不二百里为安庆，安庆不百里为池口，池口不百里为荻港，荻港不百里为芜湖，芜湖不数十里为采石，采石不百里为金陵，金陵不数十里为瓜埠，瓜埠不数十里为仪真，处处抽税。长江顺流扬帆，日可三四百里，今三四百里间五六委官，拦江把截，是一日而经五六税也，谓非重征叠税，可乎？[3]

---

[1] 《明史·赵世卿传》卷二二〇。

[2] 《明史纪事本末》卷六十五。

[3] 《明神宗实录》卷三五九。

进税的名目也特别多，《明史·食货志五》载：

> 诸所进税，或称遗税，或称节省银，或称罚赎，或称额外盈余。又假买办、孝顺之名，金珠宝玩、貂皮、名马，杂然进奉。

甚至抽税特务目击百姓惨况，自动奏请暂行停税，朱翊钧都不答应，如“三十二年苏、松税监刘成以水灾请暂停米税。帝以岁额六万，米税居半，不当尽停，令以四万为额。”所以，当时户部尚书赵世卿也就不客气说朱翊钧道：“岂恻隐一念，貂珰尚存，而陛下反漠然不动心乎。”[1]

这样搜刮的结果，究竟朱翊钧得到多少呢？据《明史·食货志五》载，单是矿税一项，“自二十五年至三十三年，诸珰所进矿税银几及三百万两”。但实际搜刮来的数目，还不知道要超过多少倍，这些都完全进了特务们的腰包。所以，《食货志五》在“三百万两”底下就接着说：“群小藉势诛索，不啻倍蓰”。而史又称：“大珰小监纵横绎骚，吸髓饮血，以供进奉。大率入公帑者不及什一，而天下萧然，生灵涂炭矣。”[2]当时辅臣沈鲤也奏明：“皇上只见其目前所入如此之丰盈，宁知其私充囊橐，十得八九。”[3]吏部尚书李戴也奏称矿税所入“大略以十分为率，入于内帑者一，克于中使者二，瓜分于参随者三，指骗于土棍者四；而地方之供应，岁时之馈遗，驿递之骚扰，与夫不才官吏指以为市者皆不与焉”[4]。

同时，他们所到之处，还要动用公款，一切费用，都要地方官支付。如陈增在山东“益都一县之中，一年之内，已支费过银二千两”[5]。山

[1] 《明史·赵世卿传》卷二二〇。

[2] 《明史·陈增传》卷三〇五。

[3] 《御选明臣奏议》卷三十三，《沈鲤请罢矿税疏》。

[4] 《明通鉴》卷七十二。

[5] 《御选明臣奏议》，《郝敬劾矿使陈增疏》。

东在那时共是六州二十九县，合起来数目也就大为可观了。

爪 牙 鹰 犬

这些特务搜刮掠榨的酷虐，已足够使老百姓求生不得求死不能了，而帮助他们掠刮的一些爪牙鹰犬小特务则更为可怕。那时每一个大特务手下都有若干小特务，叫做“参随”，而这些小特务手下又有小特务，合起来总有一千多个。万历二十七年辅臣沈一贯就曾略约计算了一下，他说：

中使衙门皆创设，并无旧绪可因。大抵中使一员，其从可百人，分遣官不下十人，此十人各须百人，则千人矣。[1]

而吏部左侍郎冯琦也说：

诸中使衔命而出，所随奸徒，动以千百。[2]

左都御史温纯也说：

税使窃弄陛下威福以十计，参随凭藉税使声势以百计，地方奸民窜身为参随爪牙以万计。[3]

三十年阁臣沈鲤也说这些特务是——

滥用群小，布满州闾，穷搜远猎。而群小之中，又各有爪牙羽翼，

[1] 《明史纪事本末》卷六十五。

[2] 《明史·冯琦传》卷二一六。

[3] 《明史·温纯传》卷二二〇。

虎噬狼吞，无端告讦，非刑拷讯。[1]

而这些爪牙鹰犬小特务，尽都是些流氓市棍，亡命之徒，甚至是小偷强盗。这些人一朝得势，还有什么事干不出来！万历二十八年山西巡按御史汪以时曾将这些爪牙和矿税特务的关系说得很清楚，他说：

> 中使见制于群小，群小愚弄乎中使，三五成群，昼夜攒谋，构成奏疏，但求中使用关防，诸棍即为赍奏。彼中使不通文义，常被欺哄。又心迹暧昧，常被挟吓。甚至中使失于关防，群小盗印空本，任意填写奏扰，中使朦然不知。及奉有明旨，只得以错就错，如马堂、孙朝辈，远近传笑。[2]

人民的惨况

在这样的高度地抢掠刮榨敲骨吸髓的淫威之下，老百姓生活已经濒于绝境，真正是到了求生不得求死不能的境地，我们且看一看当时人所叙述的老百姓的惨况。万历二十七年吏部侍郎冯琦奏称：

> 自矿税使出，而民间之苦更甚……贫富交困。贫者家无储蓄，惟恃经营。但夺其数钱之利，已绝其一日之生。至于富民，更蒙毒害。或陷以漏税窃矿，或诬之贩盐盗木。布成诡计，声势赫然。及其得财，寂然无事。小民累足屏息，无地得容。利归群奸，怨萃朝宁。[3]

同年三月户科给事中包见捷等又上言：

[1] 《御选明臣奏议》卷三十三，《沈鲤请罢矿税疏》。

[2] 《明神宗实录》卷三四八。

[3] 《明史·冯琦传》卷二一六。

迩来武弁参伍，表里为奸，交煽互惑，不崇朝而省直之间，开采棋置，榷税星满，甚至孤危如辽左，计且为之也。嗟嗟，世界至此，更无一处得干净；百姓至此，更无一方得安乐。[1]

同年闰四月沈一贯又言：

夫财者，民之命也。取民之财，是取民之命也。今穷无索产，罄地伐毛，尽宇宙间，靡有留利。黄旗相望于郊原，虎冠遍满于廛市。撤屋掘坟，搜藏发窖，无论奸民乘机劫夺，即良民亦宁能拱手授人以命乎！[2]

二十八年田大益又奏称：

陛下驱率狼虎，飞而食人，使天下之人，剥肤而吸髓，重足而累息。[3]

同年凤阳巡抚李三才奏称：

自矿税繁兴，万民失业。陛下为斯民主，不惟不衣之，且并其衣而夺之；不惟不食之，且并其食而夺之。征榷之使，急于星火，搜括之令，密如牛毛……千里之区，中使四布，加以无赖亡命，附翼虎狼……昨运同陶允明自楚来云："彼中内使，沿途掘坟，得财方止。"圣心安乎不安乎？[4]

[1] 《明神宗实录》卷三三二。

[2] 《明神宗实录》卷三三四。

[3] 《明史·田大益传》卷二三七。

[4] 《明史纪事本末》卷六十五。

又说：

孤人之子，寡人之妻，拆人之产，掘人之墓，即在敌国仇人，犹所不忍，况吾衽席之赤子哉！[1]

同年工科都给事中王德完又奏：

今出柙中之虎兕以吞餍群黎，逸圈内之豺狼以搏噬百姓。怨愤无处可伸，郁结无时可解……皇上……只知财利之多寡，不问黎元之死生。嗟乎！民何负于君？而今鱼肉而蚕食至此极耶！[2]

而三十年沈鲤言之更其痛切：

臣窃观天下之势，如沸鼎同煎，无一片安乐之地，贫富尽倾，农商交困，流离转徙，卖子抛妻，哭泣道途，萧条巷陌。[3]

肆虐天下二十年

这种敲骨吸髓的虐政，所造成的惨绝人寰的情形，自万历二十四年以来，一直继续到四十八年朱翊钧死去，凡二十余年之久。这中间曾下旨罢过两次，但都没有执行。第一次尤其是开玩笑！万历三十年朱翊钧病了，自己恐怕要死，便命停罢矿税，隔几天病好了，又听信特务们的播弄，后悔起来，收回前旨，其经过情形如下：

三十年二月，皇太子婚礼甫成，帝忽有疾，急召诸大臣至仁德门，

[1] 《明史纪事本末》卷六十五。

[2] 《明神宗实录》卷三四九。

[3] 《御选明臣奏议》卷三十三，《沈鲤请罢矿税疏》。

俄独命(沈)一贯入启祥宫……帝曰:“先生前。朕病日笃矣,享国已久,何憾。佳儿佳妇付与先生,惟辅之为贤君。矿税事,朕因殿工未竣,权宜采取,今可与江南织造、江西陶器俱止勿行,所遣内监皆令还京。”……一贯复叩首,出拟旨以进。是夕,阁臣九卿俱直宿朝房。漏三鼓,中使捧谕至,具如帝语一贯者。诸大臣咸喜。

翼日,帝疾瘳,悔之。中使二十辈至阁中取前谕,言矿税不可罢……一贯欲不予,中使辄搏颡几流血,一贯惶遽缴入……当帝欲追还成命,司礼太监田义力争。帝怒,欲手刃之。义言愈力。而中使已持一贯所缴前谕至,后义见一贯唾曰:“相公稍持之,矿税撤矣,何怯也!”[1]

田义原也不是什么好东西,看他敢于面唾当时首辅沈一贯,其威势也就可想。但这件事做得总还算差强人意,比起沈一贯来,倒是要好多了。

第二次罢矿税是在万历三十三年,《明史·神宗本纪二》卷二十一云:

(三十三年)十二月壬寅,诏罢天下开矿,以税务归有司,岁输所入之半于内府,半户工二部。

但这输入内府的一半,仍交由税监输解。《明神宗实录》卷四一六云:

(三十三年十二月)壬寅,谕户、工二部……其各省直税课俱着本处有司照旧征解税监一半,并土产解进内库,以济进赐供应之用。一半解送该部,以助各项工费之资,有余以济京边之用。其各处奏带员役,止着押解催儹钱粮行文差用,不许私设关津,指称委官,容令地方棍徒肆行攘夺,致民生不安,商旅不行,反亏国家正课,抚按官还同该监不时访拿治罪。

[1] 《明史·沈一贯传》卷二一八。

税监仍旧没有撤回，而抚按官拿问私设关津肆行攘夺的恶棍还要会同抚按办理，这些恶棍本就是税监私人，试问抚按如何敢办？这次和从前不同的只是令税监坐而解额，无督催之权。但就只这一点，仍是没有办到。《明神宗实录》卷四四〇云：

> 三十五年十一月……自税课之归有司也，税监坐而解额，诸爪牙无催督之权，然犹以新恩不敢与有司为难，至是高寀首发之，以课未归一，恐误上方为言。先是丙午七月，范涞为左布政，以春夏税额汇解寀处，寀受之，无以难也。诸爪牙以督催无权，实自涞始，会涞入觐告归，有闽抚之推未下，寀恐涞复出，遂疏诋涞……请自按月解征。

又如江西的潘相：

> 诏四方税务尽领于有司，以其半输税监，进内府半输户部。独江西潘相勒有司悉由己转输。（李）汝华极论相违诏，帝竟如相议，且推行之四方。[1]

既“推行之四方”，那就等于取消三十三年二月的诏书，于是一切都照旧办理，一直到朱翊钧死去，“始下遗诏罢矿税，撤诸中使还京”[2]。这些矿税特务肆虐天下凡二十余年之久。

（二）一群饿虎无数饥狼

朱翊钧时代矿税特务的罪行，真正是擢发难数。其中罪行最昭著的如陈增、陈奉、梁永、高淮、高寀、杨荣、马堂、孙朝、张忠、潘相等，兹分别叙述于下，其帮同作恶的著名爪牙也附述于后。

---

[1] 《明史·李汝华传》卷二二〇。

[2] 《明史·梁永传》卷三〇五。

陈 增

陈增于万历二十四年奉敕开采山东矿山，兼征山东店税。他初到山东，便“劾福山知县韦国贤，帝为逮问削职。益都知县吴宗尧抗增，被陷，几死诏狱。巡抚尹应元奏增二十大罪，亦罚俸”[1]。朱国桢《涌幢小品》述吴宗尧被陷情形如下：

> 吴宗尧，歙人，为益都令。税珰陈增至，横甚。诬奏福山令下诏狱。余皆震恐，往往长跽如属吏。吏白公，公叱曰：“须眉男子乃为阉屈膝耶？”不往见，而之登州谒海防使者。德王使人谕增：“此非他令比也。”增阳诺。公还，王使两珰来，翼公舆而入，增无可如何，下堂迎，卒成宾主之礼而退。然耻为公所亢，衔之深。公过金岭镇，镇驿长金子登拥驺从如上官，公诃之。已盛供张，复麾不纳。孟丘山有铅矿，子登说增：“此可鬻金，幸以相付，月得金若干为寿。”增遂檄之，公数诘责。子登遂行谗构。增逮诸富民，诬之盗矿，三日至五百人。公愤甚，疏其状。增反诬，遂被逮。

而孟丘山矿，陈增终于还是开采了，每日征发一千多人去挖凿，捶打死的工人不计其数。[2]

从这以后陈增越发放肆，他手下有个参随程守训，杀人勒贿，遍于大江南北，陈增很受他煽动。后来凤阳巡抚李三才设计离间他们，揭发程守训贪赃四十余万，逮送京师论死（详见后面）。朱翊钧也就因此怀疑陈增吞没金宝，结果陈增愧惧自杀，其情形如下：

> 增既失上佐，迹已危疑，其部曲亦有戒心，所朘取不能如岁额。上疑增屡岁所剥夺且不赀，又苛责之。李中丞（三才）又使人胁之，

[1] 《明史·陈增传》卷三〇五。

[2] 《明史·吴宗尧传》卷二三七。

谓阁臣密揭入奏，上又允矣。又曰：某日缇骑出都门矣。增不胜愧悔，一夕雉经死。名下狐鼠惧罪，即时鸟兽散去。[1]

陈增万历二十四年来山东，三十三年自杀，肆恶山东整整十年之久。

陈 奉

陈奉原本是御马监奉御，万历二十七年命征荆州店税，兼采兴国州矿洞丹沙及钱厂鼓铸事。一人兼领数使，恣行威虐，“每托巡历，鞭笞官吏，剽劫行旅”。“吓诈官民，僭称千岁。其党至直入民家，奸淫妇女，或掠入税监署中。”[2]“富家巨族则诬以盗矿，良田美宅则指以为下有矿脉，率役围捕，辱及妇女，甚至断人手足投之江。”[3]“伐冢毁屋，刳孕妇，溺婴儿。”[4]残暴酷虐，惨无人道，竟一至于此！还有二次他把兴国州境内坟墓完全掘开，原因是：“兴国州奸人漆有光，讦居民徐鼎等掘唐相李林甫妻杨氏墓，得黄金巨万。腾骧卫百户仇世亨奏之，帝命奉括进内库。奉因毒拷责偿，且悉发境内诸墓。”[5]但仇世亨所奏，与事实并不相符，只是想借端生事，敲榨百姓而已。当时审理这事的湖广巡抚王立贤曾奏称：

宵人言利太过，穷民赔补可悯，恳乞俯赐减免，并望停开古墓，以昭万万世盛德事。腾骧卫百户仇世亨奏：“兴国州民徐鼒掘开唐相李林甫夫人杨氏墓，有金牌、金童、金壶、金杯、金炉、瓶、烛台及金银窖未开。臣等誓天公审，据徐鼒招，止有金杯、金碗等数，事较原奏所开，百不及一，皆为穷民瓜分消化。”及查其地，则大冶县，而非兴国州，其坟则元卫国公吕文德，而非唐相李林甫，其

[1] 《万历野获编》卷六，《陈增之死》。
[2] 《明史·陈增传》。
[3] 《明史·食货志五》。
[4] 《明史·冯应京传》卷二三七。
[5] 《明史·陈增传》。

夫人则程氏，而非杨氏，其年月则二十五年十月，而非二十六年四月。即此推之，奏词可尽信乎？乃陈奉执奉原奏必欲取盈，百般毒拷，闻者酸鼻。臣恐寠人佣工百骨稜稜于杖下，而金必无可得。伏乞俯从量减，停止开掘，则愚民更生而朽骨沾恩矣。[1]

至于陈奉在任上，威权之大，也莫与伦比，竟然侮辱王妃，吓诈财物。二十九年七月刑科右给事中陈继奏：

税使陈奉凌逼亲藩，以恶言侮襄王妃，吓诈重贿，及前后赃银十五万，盗匿税银不计其数，乞追赃正法，并将参随沈事问等按究如律。[2]

他这种高度的剥削贪刮，连当时他同伙的特务们都看不下去，而上章弹劾，如督理江西湖口等处征收船料税店御马监监丞李道曾言：

臣驻扎之处，与湖广奉御陈奉壤地相接。奉之在楚也，水则阻塞舟商，陆则阑截贩贾，所辖十五府官，尽与为寇仇，周历数千里，民咸剥其肤肉。[3]

陈奉在湖广凡二年，“惨毒备至。及去，金宝财物巨万计”[4]。

[1] 《明神宗实录》卷三四五。

[2] 《明神宗实录》卷三四五。

[3] 《明神宗实录》卷三四五。

[4] 《明史·陈增传》。

梁 永

梁永原是御马监监丞，万历二十七年二月，朱翊钧派他往陕西征收名马货物。税监照例不带兵，但梁永却独畜马五百匹；招致亡命，用千户乐纲等，出入边塞，到处横行纳贿。“渭南知县徐斗牛，廉吏也。永责赂，捶毙县吏卒，斗牛愤恨自缢死。”[1]后来他又请兼镇守职衔，又请率兵巡花马池庆阳诸盐池，征其课。手下有兵，便越发横行起来，于是“帅诸亡命具旌盖鼓吹，巡行陕地。尽发历代陵寝，搜摸金玉，旁行劫掠。所至，邑令皆逃……税额外增耗数倍。蓝田等七关岁得七万”[2]。他在陕西贪虐情形，如：

（二十七年）陕西巡抚贾侍问疏参太监梁永赞画刘有源酷杀生员王守胤等，不报。既而永以同知宋言交通生员许显吾等倡乱耸奏，有旨命永与抚臣提举等官公同审究。江西道御史杨宏科上言：“杀命重辟也，戮士异变也，今置之勿问，而独行永言，岂遣使之臣，其言皆信，而封疆之臣，其言皆虚耶？近日诸珰目不识丁，举手倚乎心腹，食必择肉，御货恃乎爪牙。群小横行，莫敢谁何。”[3]

到三十四年正月，时朱翊钧已下了停矿分税的诏旨，而梁永却越发横行起来：

梁永以利权去已，坚执咸阳潼关委官不宜罢，益集无赖，纵横渔猎，滥捕平民高冲露等数十人，拷掠索财，人心汹汹。抚臣顾其志擒党恶王遇义等置之法，永大恨之。先是永用事胡奉者，咸阳人，以它事怨知县宋时际，因嗾永檄县取绒毡千五百条，计值四千金，时际怒不与。奉又激永缚咸阳平民王治邦死杖下，其弟化邦诉于抚

[1] 《明史·梁永传》卷三〇五。

[2] 《明史·梁永传》卷三〇五。

[3] 《明神宗实录》卷三四一。

臣。永闻，又捕化邦，痛决桁杨以示。适咸宁县生员邹顾等道行遇劫，则税使常随人役也。知县满朝荐捕得之，方在鞫讯，永疏称时际等抗旨劫去税银，刑禁税役。命下，械逮时际，以朝荐莅任未久姑降一级。[1]

同年二月陕西巡抚顾其志也曾疏称梁永的酷虐情况：

梁永怙恶不悛，擅作威福……擅铸兵器，私匿军士千余，战马五百，窝集亡命李鄂、李朝江等多至千人。责死县丞郑思颜、指挥刘应聘、生员李洪远等。及杀死平民王治邦等，强夺良民子弟如张准等男数十人，私行阉割，纵乐纲等宣淫占掳，家无宁室。[2]

当梁永在陕西肆虐的时候，咸宁知县满朝荐竟不为所屈，和他对抗。朝荐先曾捕获做强盗的税役，后来有个御史余懋衡巡按陕西，梁永派人去毒杀他，“事觉，朝荐捕获其人。永惧，率众擐甲入县庭。吏卒早为备，无所掠而去。城中数夜惊，言永反。或谓永宜自明，永遂下教，自白不反状，然蓄甲者数百。而朝荐助懋衡操之急，诸恶党多亡去”[3]。这些恶党亡去的时候，仍是十分凶暴，“其渠魁王九功、石君章等赍重宝，辎軿盈路，诈为上供物，持剑戟弓弩，结阵以行。而永所遣人解马匹者，已乘邮传先发。九功等急驰，欲追及与同出关。朝荐疑其盗，见九功等后至无验，逻兵与格斗，追至渭南，杀数人，尽夺其装。御史懋衡以捕盗杀伤闻。永大窘，听乐纲谋，使人系疏发中驰奏：‘九功等各贡名马、金珠、晴绿诸宝物，而咸宁知县朝荐承余御史指，伏兵渭南遮劫之，脔君章等，诬以盗。’帝怒曰：‘御史酖无恙，而朝荐代为报复，且劫贡物。’敕逮朝荐。”[4]

---

[1] 《明神宗实录》卷四一七。

[2] 《明神宗实录》卷四一八。

[3] 《明史·朝荐传》卷二四六。

[4] 《明史·梁永传》。

满朝荐能和残杀人民的特务对抗，人民当然是拥护他的，所以，“朝荐被逮旨到，彼中军民咸乱，梁永开门射死一人，所伤一人”[1]。这是万历三十五年七月间的事（按《明史·梁永传》说是三十四年的，兹据实录，《明史纪事本末》及《明史·朝荐传》）。

也就在这年，朱翊钧下命叫陕西巡抚护永等还京。计梁永在陕西作恶凡九年之久。

赵　钦

和梁永同时在陕西的还有开矿太监赵钦，其作恶程度虽不及梁永，但其凶横也和梁永差不多，如：

> 税使梁永赵钦肆虐，（富平知县王）正志捕其党李英杖杀之，因极论二人不法罪。钦亦以李英事讦奏，帝怒，命逮之。[2]

至其剥削百姓也是十分厉害，《明神宗实录》卷四一八云：

> 陕西开矿太监赵钦掊克无厌，积数十万，复命之驿递申报，除牛负马驮外，箱九十六抬，每抬用夫四名，尚颠踣不起。户科部给事中姚文蔚奉劾云：“陕西一省，有梁永之播毒，而赵钦佐之，遂无完肤，迨并行逮治。”不报。

高　淮

高淮是尚膳监监丞，万历二十七年三月派往辽东开矿征税，刚到不久，他的“委官廖国泰，虐民激变，淮诬系诸生数十人。巡按杨宏科救

---

[1] 《明神宗实录》卷四三七。

[2] 《明史·华钰传》卷二三七。

之，不报”[1]。于是高淮便越发放肆起来：“恶辽东总兵马林不为己下，劾罢之……巡按何尔健与淮互讦奏，淮遣人邀于路，责其奏事人，锢之狱，匿疏不以闻……三十一年夏，淮率家丁三百余，张飞虎帜，金鼓震天，声言欲入大内谒帝，潜住广渠门外。给事中田大益、孙善继、姚文蔚等言：‘淮搜刮士民，取金至数十万，招纳诸亡命降人，意欲何为？’吏部尚书李戴、刑部尚书肖大亨皆劾淮擅离信地，挟兵潜往京师，乃数百年未有之事……巡抚（赵）楫劾淮罪恶万端，且无故打死指挥张汝立。”[2]这些劾奏对于朱翊钧自然丝毫不起反应，于是高淮就渐渐地干涉到军事来了。便上疏自称“镇守协同关务”，兵部奏其妄，可是朱翊钧袒护他，竟向兵部撒谎，说是“朕固命之矣”！高淮从此更是毫无顾忌，“益募死士，时时出塞射猎，发黄票龙旂，走朝鲜索冠珠、貂马，数与边将争功，山海关内外咸被其毒”[3]。而其跋扈更是令人不可响迩，三十一年工科给事中宋一韩奏称：

淮在辽左杀人鬻狱，黩货无厌。其跋扈不可响迩……彼其所蓄者死士也，所驱者骁骑也，时时操演。在在射猎，俨然戎服而坐麾下，所少者大将军名号耳。且邮传惟其骚动，营卫惟其需索，山海惟其蹂躏，官兵惟其鞍靳，士夫惟其奴隶，军民惟其草菅，行人惟其劫掠。[4]

甚至诬劾辽东地区以外的同知罗大器。当时顺天巡抚李一颐奏称：

内监外僚，初无统摄……且辽阳矿税何预蓟门？若皆效淮所为，有司将无遗类。[5]

[1] 《明史·陈增传》卷三〇五。

[2] 《明史·陈增传》卷三〇五。

[3] 《明史·陈增传》卷三〇五。

[4] 《神庙奏疏·兵部》卷五，《貂珰弄兵疏》。

[5] 《明史·李颐传》卷二二七。

这些奏论朱翊钧当然都是照例置之不睬的。

至于高淮酷虐辽东人民的情形，则是“吏民小拂意，父子老弱系累相属于道。征税私赋倍之。每开市，夺其善马，驽者强勒堡军，以重价购偿”[1]。“春间当雪深丈余，人烟几断之时，带领家丁数百人，自前屯起辽阳镇江金复海盖一带，大小城堡，无不迂回遍历，但有百金上下之家，尽行搜刮，得银不下数十万，阁闾一空”[2]。而“辽阳城有四十七家，其家皆有数千之产，为淮搜索已尽，非死而徙，非徙而贫，无一家如故矣。”[3]

同时高淮还克扣军饷，三十六年协理京营戎政尚书李化龙奏称：“夫宁前卫弹丸之地，南至海，北至边，不过数里，此其军几何？乃淮扣银，一卫至六千余两，即此一处，二十五卫可知。”[4]

辽东在当时是国防重地，其时建州努尔哈赤正在整军备武，招抚流亡，野心甚大。而高淮却在大肆残虐，压榨百姓，两两相较，民心何去何从，还不够十分明显吗？所以，在二十七年朱翊钧派高淮赴辽的时候，户科都给事中包见捷便看到了这点，曾奏称：

> 辽左三面逼虏，蹂躏难支，加以倭奴发难，士马疲露，死伤殆尽，兹一开采榷，有八可虑焉：税役往来如织，供亿如山，滋置邮之犹，一也。塞外吏卒，本以罪徙边，轻去其土，若椎骨敲髓，徙携边氓之心，二也。士卒乘障，出万有一生之计，以捍疆围，又令之防矿防税，彼且谓上实芥视我，是挫战守之气，三也。阃以外原假便宜，而中使所经，炙手薰天，孰不望风解体，是掣将吏之肘，四也。开原市易，往实宽其途，今必铢括寸累，则属夷以为非香火之情，不露辮相向，

[1] 《明史纪事本末》卷六十五。

[2] 《皇明经世文编》卷四三六，朱赓《论辽东税监高淮揭》。

[3] 《神庙奏疏·兵部》卷一，李化龙《辽左危在旦夕疏》。

[4] 《神庙奏疏·兵部》卷一，李化龙《辽左危在旦夕疏》。

即掉臂以去，是开丑夷之隙，五也。朝鲜之八道之奄奄尫羸，而税使以衔命往，将彼为鱼肉，此为刀俎，是增属藩之怨，六也。边关出入禁甚厉，而冠带名目，动称钦遣，侯吏莫敢问，倘有桀骜，而欲为中行说者乎，则军情泄而虏谋张，七也。东征之师，撤还伊迩，即不悲杨柳歌，饥渴而已矣，而卒与矿市值，则鸣剑慷慨，何堪苛索，恐激兵噪之端，八也。夫辽东为神京左臂，种种艰危，何物奸弁，辄为祸首，此其结党，岂在林章王官下？陛下不惩以三尺，而并罢开采征税之令，则辽事必不可为，岂惟辽左，而国步随之矣。[1]

这些预言，后来都一一实现了，三十六年四月李化龙奏称：

若令淮依然虎踞边关，切齿痛心，日与辽人修怨，辽人且旦夕惊恐，转相告语，谓淮已深怨，积怨于全辽，必且饰词诬构，家户受灾。情见鱼骇鸟惊，相率投虏。今奴酋方布德行仁，招亡纳叛，而我复为渊驱鱼，为丛驱雀，不举二十五卫遗黎尽入穹庐不已也。[2]

就在这年，朱翊钧见到辽祸日亟，才把高淮召还，但辽东人民久在高淮虐政之下，早被逼得纷纷背井离乡，投向努尔哈赤。以后便兵连祸结，愈演愈烈，辽东终于丧失。追原溯始，这个祸首便是大特务高淮。

高淮以二十七年赴辽，三十六年召还，在辽东肆虐凡十年之久。

和高淮同样引起外患的还有高寀。

高　寀

高寀是福建税监，在他刚到任的时候，威势便十分煊赫：

[1] 《明神宗实录》卷三三二。

[2] 《神庙奏疏·兵部》卷一，李化龙《辽左危在旦夕疏》。

寀衔命南下，金钲动地，戈旗绛天，在在重足，莫必其生命。[1]

开矿则是：

其开采之役，漳龙岩亦与焉。寀不论有矿无矿，但与富人庐墓相连处，辄命发掘，必饱行贿乃止。其应开之山，聚徒跃冶，竟得不偿失，虚縻县官为名而已。[2]

抽税则是：

寀在处设关，分遣原奏官及所亲信为政，每于人货凑集，置牌书圣旨其上，舟车无遗，鸡豚悉算。然税额必漳、澄之贾舶为巨。寀躬自巡历，所过长吏望风披靡。

自后每岁辄至，既建委官署于港口，又更设于圭屿；既开税府于邑中，又更建于三都。要以阑出入，广搜捕。稍不如意，并船货没之。得一异宝，辄携去，曰："吾以上供。"[3]

甚至实行劫掠：

簪绅奉使过里，与寀微芥蒂者，关前行旅并遭搜掠。[4]

（施）德政擢神机营右副将军后军都督。（朱）文达私语寀，如许归装，悉异香大贝。寀心动，遣数百人邀之途，掠其装以去。[5]

[1] 张燮：《东西洋考·税珰考》卷八。

[2] 张燮：《东西洋考·税珰考》卷八。

[3] 张燮：《东西洋考·税珰考》卷八。

[4] 张燮：《东西洋考·税珰考》卷八。

[5] 张燮：《东西洋考·税珰考》卷八。

在市面上买物件，从不给钱：

> 里市贫民挟货无几，寀朝夕所需，无巨细悉行票取，久乃给价，价仅半额，而左右司出入者又几更横索，钱始得到手，如是者岁岁为常。[1]

而据当时福建巡抚袁一骥所奏，其情形直同抢夺：

> 寀……私派一切行户，金行取紫金七百余两，珠行取大珠五十余颗，宝石行取青红酒黄五十余块，盐商每引勒银二钱，岁银万两。其他绸缎铺户百家，编定轮日供应，日取数百计……出入陈兵，家丁三百余人，宾客谋士及歌童舞女百人，饮食珍奇及一应米菜酒果，尽取商店，日用五十余金，各项物价分毫不给。又听魏天爵等拨置设立，看验使用，寀受其献。而各棍人人取足，百金之产，编派无遗，擒拿拷逼，非投水即自缢，冤号动天，赴臣泣诉，日以百计，皆甘心以命与寀博。[2]

高寀这样地大量搜刮劫掠，“在闽一十六年，总得数十余万金”，其他珍宝不可胜计，而进献朱翊钧的“曾不满百中之一”[3]。

高寀除了这样劫掠压榨人民而外，还贩卖私盐，私与外夷通商，破坏海禁，甚至私下许以澎湖通市，以致引起外患。三十五年福建巡抚徐学聚曾胪陈高寀不法事实：

> 寀自数年以来，利尽山海，罪孽深重，诸细琐不具，论姑举其著者。闽中盐政引目，旧止附海一例，续请依山佐之，引悉贮司。

---

[1] 张燮：《东西洋考·税珰考》卷八。

[2] 《东西洋考·税珰考》卷八，袁一骥奏疏。

[3] 《东西洋考·税珰考》卷八，袁一骥奏疏。

自寀入闽，奸民林世卿导之，私造南京户部盐引，俱称依山，每封四百引，勒银四百余金，凡引百封，伪者过十之七，商人破家，吞声切齿自经死者，不独朱家相、洪士雅等数辈而已。又以海禁不通，则方物不至，每值东西洋船，私寄数金，归索十倍，稍不如意，则诬为漏税。一物相溷，动费千金，拷掠之毒，怨尽骨髓。又私遣人丁，四出越贩，动经年岁，搜求珍异，假国用以入私橐，亵皇灵以渔外服，尤王法之所不容也。所最可异者，三十二年以抚按并缺，令奸商潘秀等往贩和兰，勾引红夷，诈韦麻郎银钱三万，许以澎湖通市。臣等奉旨拒逐。今臣已告归，而红夷又至，杀戮商渔，荐窥内地，使沿海将士不得安寝者，是谁启之乎？自寀坏海禁，而诸夷益轻中国，以故吕宋戕杀我二万余人，日本声言袭鸡笼、淡水，门庭骚动，皆寀为之也。[1]

他和外国通商主要的对象是日本，据袁一骥奏所运贩的货物大多是禁物：

（寀）打造通倭双桅海船二只……置办通倭禁物，如番段、龙凤红袍，建铁刀胚、硝磺、铅、锡、毡单、湖丝，价数十万。[2]

这通倭大船往来海上，威风极大：

寀造船通倭，违禁之物无所不有，明竖上用黄旗，大书总督闽广，使官兵不敢盘诘，乘风往来海上，飞报旁午，谁得稽留。[3]

高寀一方面和外国通商，需要保护；一方面因为残虐人民，怕人民

[1] 《明神宗实录》卷四四〇。

[2] 《东西洋考·税珰考》卷八，袁一骥奏疏。

[3] 《东西洋考·税珰考》卷八，袁一骥奏疏。

反对他，于是便招兵买马，私藏军火。而这些兵丁竟多半是海洋大盗，袁一骥奏云：

> 寀知神人共愤，无所自容，大出金钱，召募海洋巨盗，以为兵卫。[1]

甚至竟招养流倭：

> 顽凶狡贼日长月滋，养流倭于私室，以召募亡命传习刀法，辟教场于城外，以侍卫亲军训练行阵。匠作百人，大修攻战之具……近日摆列发熕神飞炮、百子铳、佛郎机各样火器，放则百丸齐发，杀人千步之外。人情汹汹，无敢宁居。[2]

而据袁一骥奏，高寀竟有招倭谋叛的企图：

> 臣等因谍而得其凶谋首恨。往者冤聚之众，欲尽杀闽省官民，而据城招倭以叛。[3]

更骇人听闻的，是他竟敲食小儿脑髓，《万历野获编》卷二十八：

> 近日福建抽税太监高寀谬听方士言，食小儿脑千余其阳道可复生如故。乃偏买童稚潜杀之。久而事彰闻，民间无肯鬻者。则令人遍往他所盗至送入，四方失儿者无算。

据《东西洋考》卷八所载，献这个方子的是他手下爪牙魏天爵、林宗文两人：

---

[1] 《东西洋考·税珰考》卷八，袁一骥奏疏。

[2] 《东西洋考·税珰考》卷八，袁一骥奏疏。

[3] 《东西洋考·税珰考》卷八，袁一骥奏疏。

> 原奏官魏天爵、林宗文百计媚寀，由是得幸。忽进一方云：“生取童男女脑髓和药饵之，则阳道复生，能御女种子。”寀大喜，多买童稚，碎颅刳脑。贫困之家，每割爱以售。恶少年至以药迷人稚子，因而就寀，幸博多金者。税署池中，百骨齿齿。

此事袁一骥曾入之奏疏中，云：“椎击童男女至死，而吮其脑。”[1]可见这事是千真万确。这说起来，简直令人毛骨悚然，无怪乎沈德符说他是“飞天夜叉”化身了。

到万历四十二年，他在福建激起民变，这才奉召还京。他是二十七年来福建的，在福建肆虐凡十六年。

杨　荣

杨荣是云南的矿监，他于二十七年向朱翊钧妄奏，说是“阿瓦、猛密诸番愿内属，其地有宝井，可岁益数十万，愿赐敕领其事”[2]。于是朱翊钧便派他到云南去开矿。他是二月间去的，八月间就被云南诸生骂了一顿，《明史纪事本末》卷六十五：“云南税监李荣虐诸生，见诟，荣劾巡抚陈用宾，命下诸生于理。”于是杨荣便越发恃宠横行，“恣行威福，府第僭拟，人称之曰千岁”[3]。同时对人民和官吏便尽量地肆虐诬陷。他原先向朱翊钧说的那个一年可得数十万的宝井，本是瞎说，至是“所进不得什一，乃诬知府熊铎侵匿，下法司”。又“诬劾寻甸知府蔡如川、赵州知州甘学书，皆下锦衣狱。已又诬劾云南知府周铎，下法司提问”。又“怒指挥使樊高明后期，榜掠绝筋，枷以示众。又以求马不获，系指挥使贺端凤，且言将尽捕六卫官”。对官如此，对百姓自然更是残暴，“恣行威虐，杖毙数千人”。人民恨之入骨，便在万历三十四年群起反抗，

[1] 《东西洋考》卷八。

[2] 《明史·梁永传》卷三〇五。

[3] 《明神宗实录》卷四一九。

把他杀掉了。[1]

马 堂

马堂是天津税监兼辖临清税监，当他初到临清时，“诸亡命从者数百人，白昼手锒铛夺人产，抗者辄以违禁罪之。僮告主者，界以十之三。中人之家，破者大半，远近为罢市。”[2] 以此激起万余人的民变，杀死了他的党羽三十七人，时万历二十七年四月。事后，他大概有点恐怖，便奏称“地方风俗狡悍，市井十虎纵横”，借此卸脱责任。于是山东巡抚杨光训乃极论其怙恶掩罪，人心怨恨已极，奏疏中说：

> 名为十虎者，系堂私人；号为槌师棒手者，系堂招募；昼之攘臂白夺者，堂之委官；夜则杀人放火者，堂之厨役。商贾闭门而逃者，谁驱之？明贴匿名者，谁致之？堂之所言，何一非己所为？真怨詈滔天，神人共愤。不然，狡悍市虎，此守土者事，于税使何与？而堂顾虑之乎？[3]

奏疏上去，当然照例不报。到万历四十年又派他监税南直隶，《二申野录》卷六云：

> 直隶等处监税鲁保卒，抚按题请裁革，上命归并马堂……马堂原住扎天津，一闻是命，竟发牌上任，以此为利。附堂者复藉堂为利。先是在临清肆恶咆哮，人闻其风，魂魄消阻。由淮抵扬，虎而冠者，剑肝益膳，奋爪磨牙，所过无不抄抢，邑镇为之罢市，盐商逃窜。山阳等县门，被其打坏，县令逃匿扬州，城门数日不开，父老赤子，呼声振地。巡视江防御史恐激变地方，疏请撤回天津，不报。

[1] 《明史·梁永传》。

[2] 《明史·陈增传》卷三〇五。

[3] 《明神宗实录》卷三四三。

同时扬州巡盐御史徐缙芳也上疏劾马堂九大罪，朱翊钧仍是不睬。

孙朝和张忠

孙朝是山西税监，张忠是山西矿监。张先至，孙后至，二人串通作恶，百方诛求。当时山西巡抚魏允贞以他二人交毒官民，便自劾不职，奏云：

> 盖举劾之权，在内则科道，在外则抚按。前孙朝举太原知府周诗，今张忠又参夏县知县韩薰矣。然举劾犹其小者，而太平县典史武之杰，以张忠经过，知县失于迎接，迁怒提责致毙。建雄县丞李逢春被张忠、孙朝差人索钱不遂，备极凌辱而毙。二臣虽小，无可杀之罪也。至如商税不用天平而用大秤，压重无算。土仪帐幔、手帕、绒花、绒毡，一县多则千余，少则数百件，此皆民膏也。[1]

奏上，孙朝大怒，劾永贞抗命阻挠，谓其贪赃至三十余万，疏中甚至有“欲食其肉而寝其皮”的话。

潘相、李道、李凤等

潘相是江西税监，也是无恶不作，曾“殴折辅国将军谋垪肢，并系宗人宗达，诬以劫课，劾上饶知县李鸿主使。帝切责谋垪等，夺鸿官”[2]。

李道是湖口税监，暴虐贪横，“漕舟南还，乘风扬帆入湖口。道欲榷其货，遣卒急追之，舟覆有死者。道遣吏捕漕卒，（南康知府吴）宝秀拒不发。道怒。劾宝秀及星子知县吴一元、青山巡检程资阻挠税务，诏俱被逮”[3]。

李凤是广东税监，在任内“乾没五千余万，他珍宝称是”，又“劾

[1] 《明神宗实录》卷三四五。

[2] 《明史·吴达可传》卷二二七。

[3] 《明史·吴宝秀传》卷二三七。

逮乡官吴应鸿等”。[1] 后调赴云南。

此外像横岭矿监王虎，苏杭税监孙隆，通湾税监张华等，无不播虐逞凶，残害百姓。

矿税特务的爪牙

以上是矿税特务头子肆虐的情形，底下再看一看这些特务的爪牙是在怎样的为虎作伥，帮凶作恶。

如上所说，矿税特务每人手下都有一批爪牙，这些爪牙为非作恶也并不下于特务头子，有时甚至比特务头子还更厉害。如最著名的陈增参随程守训便是。

程 守 训

程守训是徽州歙县人，原是个市井无赖，曾拐骗过妓女，复倡言开矿，夤缘认识陈增，增便认他为侄婿。于是他便不屑与其他参随为伍，纳银助大工，特授中书舍人，直武英殿。随陈增至山东，自署头衔曰：“钦差总理山东直隶矿事务兼查工饷。”自称奉密旨访各处富商，搜求天下异宝。出来的时候煊赫异常，据当时直隶巡按刘曰梧目击的情形是：“旌盖车马，填塞街衢，首有朱红金字钦命牌二面，继有二牌：一书‘凡告富商巨室违法致富者随此牌进’。一书‘凡告官民人等怀藏珍宝者随此牌进’。四介胄骑士执之。其他戈矛剑戟，拥卫如卤簿。”刘曰梧看见这样仪卫竟比督抚还威武，便传令呵止，程守训答称：“你我都是奉出使，谁也不能管谁。”刘曰梧竟无话可答。明代制度不是镇抚不能立中军官，但他却擅立京棍仝治为中军，晨夕鼓吹举炮。行路的时候，仝治则另踞一船，逻卒数百，也有很多的爪牙。守训同时又在徽州原籍大建宅第，据时人沈德符亲眼看到的情形是——门左右竖立两大牌坊，中层署自己姓名，抚按以下俱列名于下一层。门前又竖六根旗杆，高揭黄旗，上书“帝心简在”。前堂榜曰“王恩三锡”，后堂曰“咸有一德”。乡党有人规劝他，

[1] 《明史·梁永传》。

他便答道："我自出都门，头已不在我颈矣。"[1]

至其剥削敲榨酷刑勒索人民的情形，如《明神宗实录》卷三四七所载：

每日放告，专命四方积猾揭首，匿名鬼状，平空架影，今日械一人，曰"尔富而违法"，明日系一人，曰"尔家藏珍宝"。又挟山东税监陈增前奏吴宗尧逆党文移，忽左指一人曰："某甲即某乙。"右指一人曰："赵某即钱某。"凡稍殷实者，即罗而织之。其初逮也，不遽讯也，铁锁索项，三木曳身，令过都历市，遍使观者股栗，而后就讯舟次，设水牢于舟中，昼夜浸之，绝其食饮。已乃诡出之岸，令舆皂厮养竞谇而迭殴之，非法刑阱，备极惨毒。其人求死不得，无奈倾家鬻产，跪献乞命，多则万金，少亦不下数千。如仪真监生李梁材，南京盐商王懋信，淮扬高、汪、方全诸家，立见倾荡丧身，人心汹惧，弃家远窜。

还有借诬罔吴宗尧来牵连许多人，用以吓诈索贿：

守训乃讦宗尧多赃巨万，潜寄徽商吴朝俸家，上如所奏严追。宗尧徽人，与朝俸同宗也。自是徽商皆指为宗尧寄赃之家，必重赂始释。[2]

陈增只奉令督山东矿税，程守训是他的鹰犬，索诈自然也只该在山东境内，但他却找了一个借口到徐淮江南一带搜刮起来，借口是：

徽州大商吴养晦者，家本素封，荡尽。诡称有财百万在兄叔处，愿助大工。上是之，行抚按查核。守训与吴姻连。遂伪称勘究江淮

[1] 参见：《明神宗实录》卷三四七；《野获编》卷六及卷十六。

[2] 《万历野获编》卷六，《陈增之死》。

不法大户，及私藏珍宝之家。[1]

于是便“自江南北至浙江大作奸弊……募人告密。诬大商巨室藏违禁物，所破火什百家，杀人莫敢问”[2]。甚至，“凡衣食稍温厚者，无不严刑拷诈，祸及妇孺矣”[3]。此外一路上便“宴饮游玩，挥金如土，赏倡优动以百金，且曰‘吾将赏汝一官’。私买婢妾，辄曰：‘吾将进御。’其号于人曰：‘我天子门生，奉有密旨，部院不得考察，不得纠劾。’”[4]

程守训这种杀人逼贿残暴酷虐的情形，就连当时特务们自己也觉得太不成话，同时他又侵犯了其他特务的利益，于是有些特务便提出弹劾。如两淮盐务少监鲁保于二十八年三月便奏参守训并及其爪牙云：

> 税监陈增委官程守训率领虎党王文、洪修之等百余人到扬州仪真，假托奉旨提人，纵听流棍项九川、吕尚文等诳捏通倭漏税等情，斩门擒捉抄产毒刑数百余家，小则破家，大则绝命，逞强娶妾，逼人投水，商灶哄然，几激成乱，伏乞严敕。矿税盐务，各有职掌，民间犯罪，有司官禁治，毋侯矿税衙门纠察，请一切禁绝越例受词，严驱奸徒倚托。[5]

奏上，朱翊钧照例不报，五月间鲁保又上疏极言：“商民贫困，程守训假势吓诈，又有张大亨等假牌提拿，诉害多赃。”鲁保究竟是宦官特务，特务奏疏终是容易上达的，这回朱翊钧便有旨：“张大亨……即同抚按严拿问拟……程守训……着陈增勘明奏请定夺，不许徇私庇护。”[6]而

[1] 《万历野获编》卷六，《陈增之死》。

[2] 《明史·陈增传》卷三〇五。

[3] 《万历野获编》卷六，《陈增之死》。

[4] 《明神宗实录》卷三四七。

[5] 《明神宗实录》卷三四五。

[6] 《明神宗实录》卷三四七。

陈增得旨，却“特疏巧为程守训卸罪，而移罪于洪修之等，乞问遣正法”[1]。但这回朱翊钧又没有看这奏疏，仍是不报。结果程守训仍逍遥法外，连洪修之也一点事都没有。

但程守训这样跋扈，和陈增之间就渐渐有了矛盾，特别是不受陈增约束，更使陈增大不快意。于是凤阳巡抚李三才便利用这一点，通过陈增把程守训杀掉，事件经过见《万历野获编》卷六《陈增之死》条：

> （李三才）佯以好语陈增曰：“公大内贵臣，廉干冠诸敕使，今微有议者，仅一守训为祟耳。他日坏乃公事，祸且及公，虎兕出柙，盍自缚而自献之。”增初闻犹峻拒，既又歆之曰：“守训暴敛，所入什佰于公，公以半献之朝，以半归私帑，其富可甲京师也。”增见守训跋扈渐彰，不复遵其约束，心愠已久，因微露首肯意。李中丞（三才）觉之，潜令其家奴之曾受守训酷刑者，出首于增。云：“守训有金四十余万，他珍宝瑰异无算，并畜龙凤僭逆之衣，将谋不轨。”李又怵增急以上闻：“公不第积谤可雪，上喜公勤，即司礼印可得也。”增以为诚言，果以疏闻，上即命李三才捕送京师治罪。

守训被押解到京后，鞫治论死。干掉这样一个特务爪牙，竟费了这么大周折，如若不是李三才计诱陈增自己出首，恐怕谁也动不掉他的。程守训于二十四年随陈增一同到山东，捕送入京论死，大概是在三十二年。[2] 蹂躏各地，几及十年之久。

其他特务爪牙

这些特务爪牙肆虐的情形，今日姓名尚可考见的还有陈奉的爪牙王继贤。二十九年二月湖广巡抚王立贤奏：

---

[1] 《明神宗实录》卷三四八。

[2] 据《明史·陈增传》，陈增死于三十三年，是程死不能在三十三年后，而李三才传系捕治程事于三十一年九月上疏陈政后，是程死以在三十二年可能最大。

税监委官王继贤因开矿无砂，谋为寇盗，白昼持刀入谷城县堂，拷打署印主簿，欲开县库不得，逾城而去。[1]

梁永手下的爪牙除了前面提到了的乐纲几个人而外，还有杭大贤。

三十三年三月，陕西税监梁永委官杭大贤，冒称钦差催税，领众入渭南县，横索无厌，逼骂知县徐斗中致愤卒，殴仓吏王兴国，馆夫赵应贵、娼妇石小城，毙之。[2]

高淮手下有杨承恩：

（三十年四月）辽东巡按御史何尔健劾棍恶宋希曾等勾引税监高淮委官杨承恩等，逼诈赃私，乡民无告，至欲顺虏逃生，请将诸恶严究正罪，以弭变安边。[3]

马堂手下有康宁：

天津税监马堂用参随康宁……责备银鱼于武清。[4]

这个康宁后来也许是失了马堂的宠，马堂又参奏了他。

（三十七年八月）天津税监马堂自奏其参随康宁。上以康宁钻冒校

[1] 《明神宗实录》卷三五六。

[2] 《明神宗实录》卷四〇七。

[3] 《明神宗实录》卷三七一。

[4] 《明神宗实录》卷四五四。

尉，横肆贪暴，辄自奔逃，法纪何在，命会抚按官严提追赃，拟罪具奏。[1]

高寀手下有魏天爵、林宗文，这两人便是教高寀吃小儿脑髓的，他们得到高寀信任后，便——

益自为得计，导之横噬，如阴云毒雾，蒙被草木，无不焦枯。子衿路相遇，避尘稍缓，因辱随之。[2]

他们对高寀的谄媚，更是无微不至，如：

诸棍受寀意，指讽人为立碑平远台，颂寀功德，恬不为怪。[3]

他们手下还有一些小爪牙：

黠吏、逋囚、恶少年、无生计者，率望膻而喜。营充税役，便觉刀刃在手，乡里如几上肉焉。[4]

孙朝手下有陈保：

孙朝所携程守训、陈保辈，至捶杀命吏，毁室庐，掘坟墓。[5]

张忠手下有毛凤腾、马化龙等，二十八年六月山西巡按汪以时上言：

[1] 《明神宗实录》卷四六一。

[2] 张燮：《东西洋考》卷八。

[3] 张燮：《东西洋考》卷八。

[4] 张燮：《东西洋考》卷八。

[5] 《明史·张问达传》卷二四一。

张忠委官毛凤腾带有书房陈涵初、方遇春系赵古元逆党，被旗尉崔德缉获，凤腾何人，敢于纳叛？是安可置不诘也！又矿税两府差假官马化龙斩关而入富平之察院，吊打马夫，嚷入县堂，击碎圣谕之碑亭，又何可置不诘也。[1]

潘相手下有王四：

江西税监潘相舍人王四等于饶州横恣激变，致毁器厂。相诬奏通判陈奇可不能捕救。得旨系逮，奇可疏自白，不报。[2]

张华手下有刘大伦，二十八年四月户部尚书陈渠奏称：

神棍刘大伦，捏牙税之说，诳诱通湾少监张华（按原文作烨），忽于京城内外经纪，勒取牙税一万五千两，责宛大二县征解。且珠宝市不常有，本无牙行，此辈饥寒憔悴，日不聊生，乃鞭笞以索其税，立见颠踣号呼，可悯千百穷民，何忍从绝其命？直恐民穷虑易，一旦祸发萧墙，即蓄如山积，何所用之。[3]

此外据三十年户科都给事中姚文蔚所奏，陈增尚有王桐石、李凤、裴宗翰、杨荣、张安民。他陈述这些人肆虐的情形是：

掘人冢、坏人庐、淫人室、荡人产、劫人财，以济溪壑之欲。甚至航海通夷，威逼杀令。[4]

[1] 《明神宗实录》卷三四八。

[2] 《明神宗实录》卷三四六。

[3] 《明神宗实录》卷三四六。

[4] 《明神宗实录》卷三七〇。

而二十八年凤阳巡抚李三才也奏陈过一堆特务爪牙，奏云：

> 无赖亡命，翼如虎狼。如含山之潘元等，和州之陈所蕴等，淮安之马如壮等，扬州之蒋柔等，瓜州之酆奔、纪四，仪征之吴大川、汪王等，泰州之郭寔，宿州之顾其礼、戴环等，假雕印信，公行吓骗。[1]

至于这些爪牙隶属于哪些特务，今日已无法确指了。

以上这些特务爪牙，姓名都见于大臣奏疏，他们的威势自然也就可以想见，然而已经这么多，至于他们下面的鹰犬，自然更不计其数了。

朱翊钧派出这么多特务，特务又派出这么多爪牙，爪牙又派出无数小爪牙，散布全国，横行各地，真如驱一群饿虎到羊群中，老百姓还能幸免么？《明史·神宗本纪》赞中曾慨叹道："论者谓明之亡，实亡于神宗，岂不谅欤！"这样去论断朱翊钧，倒是一点也不过分的。

第四节　千方百计的搜刮

从古到今独夫统治者的生活情况，无一不是穷奢极欲、荒淫无度，从衣食住行珠宝玩好，一直到草木花卉珍禽异兽，无一不是极天下之选，以奉一人，明代独夫们自然也是如此。事实的例子多到不可胜举，现在姑以膳食一项为例。据《明史·食货志六》卷八十二称，在朱祁镇时，单是做饭的厨子，就有六千三百多人，用的膳食器皿有三十万七千多件。一年之中，光禄寺所需果品物料竟达百二十六万八千余斤，鸡鹅猪羊费三四万，后来又加到四倍。而据说朱祁镇时还是最节省的，最节省的时期都还是如此，那么，不节省的时期自然不问可知了。

这种穷奢极欲，自然全部都是从老百姓那里括榨来的，独夫们把这

[1] 《明神宗实录》卷三四八。

些刮来的物资叫做“上供”，刮榨的方法叫做“采造”。采是采办，便是派人到物品出产地去采买，或是该地例有进贡，便派人去押运来京。造是制造，便是派人驻在该地监督制造，如苏杭织造等。而主持这些采造的全是宦官特务，《明史·食货志六》对采造二事曾有一段扼要的叙述：

采造之事，累朝侈俭不同。大约靡于英宗，继以宪、武，至世宗、神宗而极。其事目繁琐，征索纷纭。最巨且难者，曰采木。岁造最大者，曰织造、曰烧造。酒醴膳羞则掌之光禄寺，采办成就则工部四司，内监司局或专差职之，柴炭则掌之惜薪司。而最为民害者，率由中官。

（一）采办满天下

采办

现在先说采办。

明代采办的物资可以说是没有范围的，全国任何物产都在采办之列，从金银珠宝，一直到果品海味时鲜香蜡药物全包括在内。而且也没有一定的时期，任何时候，只要皇帝一想起要什么，便立刻派宦官特务出去采办。特务们对这种差使自然是特别乐意的，只要奉旨外出，便俨然钦差大臣，可以为所欲为，什么坏事都可以做出来了。

派宦官特务出外采办，最早开始于朱棣时，《明史·食货志六》：

永乐初……内使之出，始终是时。工役繁兴，征取稍急，非土所有，民破产购之。

如马麒在交阯采办，竟激成民乱。

（永乐十五年）交阯复乱。大军之还也，交人故好乱，会中官马麒以采办至，大索境内珍宝，人情骚动。[1]

朱棣在明代是一个英狠的皇帝，但那时已有特务敢于诈传诏旨，出去采办：

> 永乐五年六月己亥，上谕都察院，谓去年曾命内侍李进往山西采天花，此一时之过，后甚悔之，更不令采。比闻进诈传诏旨，伪作勘合，招集军民，复以采办为名，大为民害，所在官司，都不奏来。[2]

自己做错了事，却反而怪别人，那时官司们对奉旨的特务趋奉逢迎，唯恐不暇，哪里还敢问诏旨是真是假？这些朱棣也不是不知道，所以这样说，只不过为自己解嘲罢了。

出去采办是一个肥差使，所以，到朱高炽即位后，又有宦官诈传诏旨出去采办的事：

> （永乐）二十二年十月庚辰，内官马麒传仁宗旨，谕翰林院书敕付麒，复往交阯阅办金银珠香。时麒被召还未久，本院官复奏，上正色曰："朕安得有此言？卿等不闻渠前在交阯荼毒生民乎？交阯自此人归，一方如解倒悬，今又可遣耶？遣之非独诏书不信，将坏大事。"乃止。[3]

这里奇怪的是朱高炽既知道马麒诈传诏旨，却对马麒一点惩罚也没有！

到朱瞻基时，宦官出去采办的更多，虐民也更甚。《菽园杂记摘抄》四云：

---

[1] 《明通鉴》卷十六。

[2] 《弇山堂别集·中官考二》卷九十一。

[3] 《弇山堂别集·中官考二》卷九十一。

> 宣德年间，朝廷起取花木鸟兽及诸珍异之好，内官接迹道路，骚扰甚矣。

如苏州一地：

> 中使织造采办及购花木禽鸟者踵至。郡佐以下，动遭笞缚。[1]

还有许多宦官出外公干，却假采办之名，搜刮财物。宣德六年曾将这些宦官杀掉一些：

> 六年十二月，内官监太监袁琦，内使阮巨队、阮诰、武莽、武路、阿可、陈友、赵准、王贵、杨四保、陈海等伏诛。初巨队等往广东等地公干，以采办为名，虐取军民财物。事觉，下锦衣卫，究其由，皆琦指使。于是籍其家，金银以万计，宝货锦绮诸物称是。又所用金玉器皿，僭侈非法，皆四保与海为之。事觉，上下法司议罪，命凌迟琦，而斩巨队等十人于市。时太监裴可烈亦以贪暴下锦衣狱拷死。马俊回至良乡自经死，命锦衣卫磔其尸，枭首于市。唐受亦以公差南京害民，捕至狱，具械赴南京，凌迟于市，枭首示众。[2]

统治者杀特务，这并不等于统治者不要特务。英狠一点的独夫，一方面为了欺骗人民，装点门面，另一方面为了加强自己对特务的管制，他常常是要来这一手的，但这却又并不妨碍他对特务的信任。所以，朱瞻基杀了这十多个特务以后，仍是照旧派特务出去。这样“恩威并施”，特务执行交下来的任务自然会更加彻底了。

朱祁镇初年，据说是曾“罢诸处采买”，但到正统八年还是有“以

[1] 《明史·况钟传》卷一六一。

[2] 《弇山堂别集·中官考二》卷九十一。

买办扰民”的记载。[1]

他的儿子朱见深即位，特别重用宦官特务，“购书采药之使，搜取珍玩，靡有孑遗。抑卖盐引，私采禽鸟，糜官帑，纳私赂，动以巨万计”[2]。如成化十九年十一月江南巡抚王恕奏参太监王敬及段英情形，奏云：

近见内官监太监王敬赍来驾帖，止开前往苏常，采取药饵，收买书籍，别无行拘大户，索要银两缘由。何期王敬动以朝廷为名，需索银两，无有纪极，东南骚然，民不堪命。王敬方来，太监段英又至，造办药料冰梅，苏、松、常三府已办与价银六千两，镇江、太平、池州、宁国、安庆、徽州、广德七府州与银一千五百两，又发钞四百块，于松江府索银二千两。王敬发盐一万五千五百引与宁国等府逼银三万二千五百两，又有盐数百船发去江北、庐州等府卫，江西南昌等处逼卖，不知又得几千万两。至苏、常等府刑驱势逼，索取官民银三万六千余两。其在江浙二布政司并南京沿途索要官民金银不知又有几千万数。千户王臣专弄左道邪术，而王敬听伊拨置，舳舻相衔，满载而归，亏损国体，大失人心。[3]

而王敬和王臣骚扰苏州更甚，《四友斋丛说》云：

妖人王臣，尝为奸盗，被楚伤胫，号王瘸子……内竖王敬挟臣采药江南，横索货宝，痛棰吏民，吴越大被其害。尝觅金蜈蚣，拷讯无有，里胥通赇，乃喜……至苏州，拘诸生录妖书，陆完辈忿欲击之，走匿以免。敬方具奏，适王端毅公（恕）以巡抚至，疏其罪恶，大致激变，攫其财物元宝至二千余锭。

[1] 《明史·食货志六》。

[2] 《明史·食货志六》卷八十二。

[3] 《弇山堂别集·中官考三》卷九十二。

其朘削百姓情形，祝允明《祝子志怪录》所记更为详细：

成化壬寅，命大珰王敬偕（王）臣行直隶诸郡，及江西省地，征发府库，箕敛富室，金帛累巨万。辗转至苏杭，科需尤甚。信意出一纸，录诸闾右名家，拘迫括取金玉，无得免者。或挈室而窜，白日闭户。途路行人，妄传其徒将来，则市人空肆而匿，东南骚然，有类大变。郡县无如之何，亦或闭门不敢治事。

其时锦衣卫特务也时时出去，诈称采办，肆虐人民。如：

梁芳弟锦衣镇抚德以广东其故乡，归采禽鸟花木，害尤酷。[1]

朱见深以后，宦官出外采办的更多，如朱厚照时“太监毕真初差天津取海鲜，敛财数万请换敕起自天津历山东沿海达于苏松福建，所致刮取民财，凌辱官吏，莫敢声言”[2]。朱厚熜“中年以后，营建齐醮，采木采香，采珠玉宝石，吏民奔命不暇，用黄白蜡至三十余万斤……沉香、降香、海漆诸香，至十余万斤。又分道购龙涎诸香，十余年未获，使者因请海舶入澳，久乃得之。方泽、朝日坛，爵用红黄玉，求不得，购之陕西边境，遣使觅于阿丹，去土鲁番西南二千里”。[3]同时“中官梁谏请下部采金玉珠石”[4]。于是“猫儿睛、祖母绿、石绿，撒孛尼石、红刺石、北河洗石、金刚钻、朱蓝石、紫英石、甘黄玉，无所不购”[5]。到他的儿子载厚即位，便购珠宝益急，御史詹仰庇言：“宝石珠玑，多

[1] 《明史·彭韶传》卷一八三。

[2] 《继世纪闻》卷九十二。

[3] 《明史·食货志六》。

[4] 《明史·秦金传》卷一九四。

[5] 《明史·食货志六》。

藏中贵家，求之愈急，邀值愈多。”[1]朱翊钧是个最贪财的皇帝，因为大量搜求珠宝，珠宝价竟增加二十倍。“至于末年内使杂出，采造益繁。内府告匮，至移济边银以供之。熹宗一听中官，采造尤伙。”[2]宦官采办之为害，可以说是终明之世。

押送贡品

这些宦官除了奉命采办之外，还有押运贡物的差使，押运的时候和采办一样科索百姓，骚扰人民。

明代上供物品分两大宗：一是前面所说的采办，一是岁办，便是各地每年例贡的物品。凡是稍有著名产物的地方差不多全有岁办的差使。如：

> 南直江阴县贡子鲚，起于洪武间。太祖幸江阴侯吴国兴宅，以鲚贡御膳。上赏其味，命岁贡万斤，为一县大害。至隆庆二年，用光禄寺赵锦言，始减其半。国兴即吴良，时未改名也。松江府大红云布，至今为巨害重繁之役。相传其乡人钱文通溥为翰林时，服以进讲，为英宗所属目，问知出于松江，遂命岁充御服。又太仓州白苎布，本闾左所衣，不足供上方。偶有以饷寿宁者，服以侍内廷曲宴，孝宗与孝康后亟称其嘉，命本州岁贡六十匹。[3]

总之，无论名产土产，只要让独夫知道了，便要办“岁办”。所以，有些还肯替人民想一想的地方官往往将土产隐瞒起来，如：

> 常熟知县郭南，上虞人，虞山出软栗，民有献南者，南亟命种者悉拔去，云：“异日必有殃害常熟之民。”其为民远虑如此。[4]

---

[1] 《明史·詹仰庇传》卷二一五。

[2] 《明史·食货志六》。

[3] 《万历野获编补遗》卷二，《贡害》。

[4] 《菽园杂记》卷一。

其实，郭南也不一定全是为人民打算，至少有一半也是为自己打算，因为岁办照例是地方官的事，办得不好，撤职杀头都说不定。如：

楚中鱼鲊之贡，始自成化初年，盖镇守内臣私献耳。为数不过千斤。后渐增至数万，改属布政司，贡船至十二号。孝宗仁恕，仍命属中使，减去船十支，累朝因之。今上（朱翊钧）壬辰，以楚贡粗恶，至褫左方伯官为编氓。盖又属藩司，但不知改于何年耳。[1]

如果一县有岁办差使，那所贡物品数量只有逐渐增加，永远不会减少。如：

宣德六年，常州知府莫愚奏：本府宜兴县旧贡茶额只一百斤，渐增至五百斤，近年乃至二十九万斤。[2]

而岁办数量最大的则是南京内府各监局，那是分门别类来承办的。如：

司礼监则曰神帛、笔料，守备府则曰橄榄茶橘等物，在司苑局则曰荸荠芋藕等物，在供用库则曰香稻苗姜等物，御用监则铜丝纸帐等物，御马监则苜蓿一物，印绶监则诰敕轴，内官监则竹器，尚膳监则天鹅鹧鸪樱菜等物，其最急冰鲜，则尚膳监之鲜梅枇杷鲜笋鲥鱼等物。[3]

这些岁办的数量，实在大得惊人：

[1] 《万历野获编补遗》卷一，《贡鲜贡茶》。

[2] 《万历野获编》卷一，《贡鲜贡茶》。

[3] 《万历野获编》卷十七，《南京贡船》。

南京贡船，司礼监制帛二十扛，船五，笔料船二。内守备鲜梅枇杷杨梅各四十扛或三十五扛，各船八，俱用冰。尚膳监鲜笋四十五扛、船八，鲫鱼先后各四十扛，各船七，俱用冰。内守备鲜橄榄等物五十五扛，船六，鲜笋十二扛，船四，木犀花十二扛，船二，石榴柿四十五扛，船六，柑橘甘蔗五十扛，船一。尚膳监天鹅等物二十六扛，船三，腌菜薹等物百有三坛，船七；笋如上，船三，蜜饯樱桃等物七十坛，船四，干鲥鱼等百三十合，船七，紫苏糕等物二百四十八坛，船八，木樨花煎百有五坛，船四，鸬鹚鸨等物十五扛，船二。司苑局荸荠七十扛，船四，姜种芋苗等物八十扛，船五，苗姜百扛，船六，鲜藕六十五扛，船五，十样果百四十扛，船六。内府供应库香稻五十扛，船六，苗姜等物百五十五扛，船六，十样果百十五扛，船五。御马监苜蓿种四十扛，船二。[1]

这都是驻在南京的宦官特务替主子在各地搜刮来的。

而北京御用监又向各地征收物料，这在各地也就是岁办。如：

（嘉靖元年）诏御用监岁征物料如弘治例。先是工部议，上弘治以前例；坐浙江金箔二千贴。河南水胶二千五百斤，黑铅五百斤。山东椴木五百丈，檀木二十根。山西大甘锅三千个。广东白圆藤五百斤。陕西明羊角二百斤，羊毛五百斤。苏州府白长节猫竹三百根。大名府细铜丝三百斤，矾红土五百斤。河间府瀛沙三千斤，土硝四百斤。永平府滦州榜纸三千张，炉甘石万斤。顺天府青甘土五百斤，水和炭三十万斤，工部石灰五万斤。易州山厂木柴炭各二十万斤。视正德十省八九。[2]

[1] 《枣林杂俎·逸典类》。

[2] 《弇山堂别集·中官考九》卷九十八。

这样巨大的数目，还只是正德间的十分之一二。那么，正德时，以及朱翊钧、朱由校时，其数目恐怕更要惊人了。

这些岁办照例是由地方官或是镇守宦官办理（关于镇守宦官进贡的事，别见下章），但贡品的运送，却多半是宦官督押，有时还不止一个，如南京贡品，便是“每纲（便是每一部门）必以宦官一人主之”[1]。贡物多半是由水运，有专船装载，《枣林杂俎·逸典类》称：

> 南京贡船……共船百六十六只，龙衣板方黄鱼等船不预焉。兵部马快船六百只，俱供进贡。

这些船有专门办差的夫役，且有专人管理：

> 南都入贡船，大抵俱属龙江广洋等卫水军撑驾，掌之者为车驾司副郎，专给关防行事，入贡抵潞河，则前运俱归，周而复始，每年必往还南北不绝，岁以为常。[2]

宦官们对这些船只，往往假托虚增。如：

> 南京锦衣江淮等卫，原设水军马快战船。永乐间迁都北京，遂专以运送郊庙献新，及上供品物军需器仗。其后管运内臣假托虚增，肆为奸利。[3]

朱厚熜时南京兵部尚书王廷相奏称：

> 法久弊生，管运内官乃有假进贡以规利者，拨船之际，虚张品物，

---

[1] 《万历野获编》卷十七，《南京贡船》。

[2] 《万历野获编》卷十七，《南京贡船》。

[3] 《弇山堂别集·中官考八》卷九十七。

务求多船，以济己私。[1]

所谓“以济己私”，便是挟带私货，这种私货，地方官是不敢揭发的，如若揭发，结果一定要大吃苦头，如正德十三年宦官王敬的事：

戊辰，降徐州兵备副使余祐为广西南宁府同知，徐州知州樊准为云南宁州同知。先是南京尚膳监奉御王敬进鲜过徐州，例外索折干钱不得，因与准及指挥王良争诟，良发其舟中私带硫磺诸违禁物。敬诣祐求解，不应。敬遂诬奏准良殴击之。并祐俱逮至镇抚司鞫治，且命刑部从重拟罪，当赎杖还职。特旨各降二级，调边方边卫叙用。[2]

如果裁减船只，宦官们一定要再三奏请，如朱厚熜即位时：

诏……进解船只如旧例，每起不过三只。南京兵部尚书乔宇因奏裁船数，视弘治间减十之四。正德间减十之七，上皆从之。至是诸监局内臣竞请乞如正德中例，守备太监戴义以闻。[3]

此外便是勒索民夫，常常因此逼死人命。曳船夫照例是“上水二十名，下水八名”[4]，但他们是不管这些例的，正德九年右副都御史王镇陈言：

应天府龙江驿递，差役浩繁，钦差针工巾帽二局内官六员取占驿所夫二百五十余名，亲下乡追取佣钱。并提督织造太监吴经成造乐器袍服，左监丞林秀等行取驿递船只人夫，每月责官吏追纳佣钱。及南京尚膳监管取鳞鱼内官取占船只人夫共一百二十名，占用所夫

[1] 《弇山堂别集·中官考十》卷九十九。

[2] 《弇山堂别集·中官考七》。

[3] 《弇山堂别集·中官考八》。

[4] 《弇山堂别集·中官考七》。

二百九十七名。前任该所大使李臻、李俊俱为追逼缢死，妻子流离，怨声载道。乞敕兵部尽行禁止，庶几穷民少苏。[1]

或勒索银两，如：

（正德十二年）南京进贡太监康灌，少监王钊等，从进贡至天津卫索夫价二百三十两有奇。灌又捽缚指挥刘良容辱之。[2]

南京鲥鱼厂，岁取里长二十名，名索银二十两，正德时复倍取其数。起运内臣索茶果银百二十两，水夫银二百两，及鲜船时发，又取夫四千三百有奇，民不堪命。[3]

所谓"鲜船"，便是指装运新鲜果品鱼虾之类的船，因这些东西容易腐烂，必须加快行驶，昼夜不停，所以，沿途骚扰也就更为厉害。但木船行驶无论怎样快，从南京到北京，总得若干时日，这些新东西仍是不免腐烂。其中尤以鲥鱼为最甚：

鲜鲥则以五月十五日进鲜于孝陵，始开船，限定六月末旬到京，以七月初一日荐太庙，然后供御膳。其船昼夜前征，所至求冰易换，急如星火，然实不用冰，惟折干而行。其鱼皆臭秽不可响尔……到京始洗刷进充玉食……贵珰辈杂调鸡豕笋蒩以乱其气，用以银沙锣饷遗近臣，侈为珍味，然实不堪下箸。[4]

而打鱼进贡的时候，宦官们也百端科索：

[1] 《弇山堂别集·中官考七》卷九十六。

[2] 《弇山堂别集·中官考七》卷九十六。

[3] 《弇山堂别集·中官考九》卷九十八。

[4] 《万历野获编》卷十七，《南京贡船》。

金陵城外临江，旧设鲥鱼厂，每打鱼时，内官出视，科索百端，大为渔户及地方之害。[1]

采木和采珠

宦官特务们除了担任一般采办和督押贡品而外，还有两件事最为人民祸害的：一是采木，二是采珠。

采木是为了修治宫殿，始于朱棣。永乐四年曾派遣大批官员到各地收采：尚书宋体到四川，侍郎古析到江西，师逵金纯到湖广，副都御史刘观如到浙江，佥都御史史仲诚到山西。到朱高炽时便开始派宦官来担任。《明史·弋谦传》卷一六四称：

时中官采木四川，贪横。帝以谦清直，命往治之……遂罢采木之役。

但到朱瞻基时又恢复起来，“宣德元年修南京天地山川坛殿宇，复命侍郎黄宗载、吴廷用采木湖广。未几，因旱灾已之。寻复采大木湖广……他处亦时采时罢”。朱厚照时“采木湖广、川、贵，命侍郎刘丙督运。太监刘养劾其不中梁栋，责丙陈状，工部尚书李燧夺俸”。朱厚熜时采木费用，单是湖广一省就费去三百三十九万余两。“又遣官核诸处遗留大木，郡县有司以迟误大工，逮治褫黜非一，并河州县尤苦之。”朱翊钧时“采楠杉诸木于湖广、四川、贵州，费银九百三十余万两”，都是从民间征取来的。而采鹰平条桥诸木于浙江省，商人逮值至二十五万。[2]这些事件大部分都是宦官特务拨弄出来，而钱财当然也大部分刮到特务自己腰包里去了。

更悲惨的则是因采木而伤亡的老百姓，其痛苦悲惨情况如朱翊钧时

[1] 《万历野获编》卷十七，《南京贡船》。

[2] 均见《明史·食货志六》。

刑部侍郎吕坤所奏：

> 以采木言之。丈八之围，非百年之物。深山穷谷，蛇虎杂居，毒雾常多，人烟绝少，寒暑饥渴瘴疠死者无论矣。乃一木初卧，千夫难移，倘遇阻艰，必成伤殒。蜀民语曰：“入山一千，出山五百。”哀可知也！至若海木，官价虽一株千两，比来都下，为费何止万金？臣见楚、蜀之人，谈及采木，莫不哽咽。[1]

当时人曾将这惨状画了十五幅图画，每幅附有说明，叫做“按运图说”，兹录其画题如下：一、山川险恶，二、跋涉难危，三、蛇虎纵横，四、采运困顿，五、飞桥渡险，六、悬木吊崖，七、饥饿流离，八、焚劫暴戾，九、疫疠时行，十、天车越涧，十一、巨浸飘流，十二、追呼逮治，十三、鬻卖偿官，十四、验收找运，十五、转输疲弊。[2]单是看看这十五幅画题，也就可以想象当时人民采木的惨痛了。

直到朱由检初年，“大奄运皇木梗河道，参随鸱张，炮石交下”[3]。采木所加于人民的灾害，也是终明之世的。

采珠地点在广东，设有珠池，照例数十年一采。远在朱瞻基宣德三年，锦衣指挥钟法保便请采珠东莞。[4]到朱祁镇时开始派宦官去监视：

> （天顺三年二月）遣御史吕洪同内官往广东雷州、廉州采珠，从太监福安请也。[5]

这以后宦官便监守珠池，开始为非作恶起来：

---

[1] 《明史·吕坤传》卷二二六。

[2] 《春明梦余录》卷四十六。

[3] 《牧斋有学集》卷二十八，《侍读学士许公墓志铭》。

[4] 《明史·宣宗本纪》卷九。

[5] 《明通鉴》卷二十八。

（天顺）四年七月甲午，广东廉州知州李逊为镇守珠池，内使谭记诬奏其纵部民窃珠，下逊锦衣卫狱，逊悉发记杖人至死，及强入民家夺财物诸罪状。[1]

朱见深时守珠池宦官更是横行：

……珠池黄福，皆以进奉为名，所至需求，民不胜扰。[2]

后来甚至干涉地方军政：

（成化十八年）……守珠池宦官韦助乞往来高、肇、琼、廉，会守巡官捕寇……帝竟许之。[3]

朱祐樘弘治十二年也曾命采珠于廉州：

命采珠于廉州。旧制，广东珠池十年一采，而守珠中官，英宗始设。天顺间，尝一采之，至是以中官请，复有是命。[4]

到十五年曾罢设，原因是得不偿失。

罢广东采珠，召中官还。自十二年之采，中官岁守之费以万计，而所得不偿。是年得珠较多，而岁久珠老不堪用，上始悟而罢之。[5]

---

[1] 《弇山堂别集·中官考二》卷九十一。

[2] 《明史·彭韶传》卷一八三。

[3] 《明史·张鹏传》卷一六〇。

[4] 《明通鉴》卷三十九。

[5] 《明通鉴》卷三十九。

但到朱厚照正德九年又恢复设置，并又干预地方行政，直到朱厚熜初年还是如此。

嘉靖元年四月……户部上言："广东看守珠池内臣，前已奉诏旨不许干预廉、琼、高、雷地方。今太监安川又复夤缘传奉兼管地方，事属欺罔。乞申前令，管市舶珠池者，名专职任，不许干预地方事务。"[1]

这些宦官不但自己作恶，手下的爪牙同样的杀人越货。例如：

（万历间）中官李敬辖（广东）珠池，其参随擅杀人。[2]

（万历三十年二月）临淮知县林综为广东采珠太监参随赵安诬称经过其治，不应夫役，裂勘合，抢银扛，得严诏系逮。至是扭解起程。[3]

至于老百姓下水采珠的情形，也和采木一样的悲惨，嘉靖八年两广巡抚林富奏称：

五年采珠之役，死者五十余人，而得珠仅八十两，天下谓以人易珠。恐今日虽以人易珠，亦不可得。[4]

同时给事中王希文亦奏：

雷、廉珠池，祖宗设官监守，不过防民争夺。正德间，逆竖用事，传奉采取，流毒海滨。陛下御极，革珠池少监，未久旋复。驱无辜之民，

[1] 《弇山堂别集·中官考九》卷九十八。

[2] 《明史·徐贞明传》卷二二三。

[3] 《明神宗实录》卷三六八。

[4] 《明史·食货志六》。

> 蹈不测之险，以求不可必得之物，而责以难足之数，非圣政所宜有。[1]

采办、押贡、采木、采珠，遍于天下，人民的生命的财产受宦官特务的残杀掠夺，几乎是无地无之，独夫们只顾他一人的享受，人民的灾害，他是从来没有想到也永不会想到的。

光 禄 寺

另外还要在这里提一下的，便是独夫们对一些采办消费机关，也往往派宦官特务去提督，如光禄寺便是一例。光禄寺是“掌祭享、宴劳、酒醴、膳羞之事”[2]的。宦官提督光禄寺情形，可以朱厚熜时一事为例：

> 内官监太监杜泰提督光禄寺，贪甚，所干没内库银以巨万计。[3]

提督人员如此，他的手下人更是胡作非为，他们购买物件，实际就是抢掠。如朱见深时给事中陈钺言：“光禄市物，概以势取。负贩遇之，如被劫掠。”大学士彭时亦言：“光禄寺委用小人买办，假公营私，民利尽为所夺。”所谓小人买办的情形是这样：“初，光禄寺俱预支官钱市物，行头吏役因而侵蚀。乃令各行先报纳而后偿价，遂有游手号为报头，假以供应为名，抑价倍取，以充私橐。”这样的结果便弄得富商规避，应役者都是贫弱下户，这些贫弱下户，自然榨不出什么油水来。于是户部便立下一条核实编审的办法，嘉靖二十七年给事中罗崇奎曾奏明这种编审的办法不对，他说：“诸商所以重困者，物价贱则减，而贵则不敢增。且收纳不时，一遭风雨，遂不可用，多致赔累。既收之后，所司更代不常，不即给值，或竟沈阁。幸给直矣，官司折阅于上，番役齮龁于下，名虽平估，所得不能半。诸弊若除，商自乐赴，奚用编审？”他这建议自然是不会

---

[1] 《明史·食货志六》。

[2] 《明史·职官志三》。

[3] 《弇山堂别集·中官考十一》卷一百。

被采用的，结果便是商人“相率避匿”。到朱翊钧时商家越来越少，于是便索性强迫老百姓做商人，“乃佥京师富户为商。令下，被佥者如赴死，重贿营免。官司密钩，若缉奸盗……至熹宗时，商累益重，有输物于官终不得一钱者”[1]。

这就是宦官特务提督光禄寺的情形。

（二）制造遍都邑

制造，主要的是织造，其次是烧造。

织 造

织造，是织绣各种龙衣章服，以备宫中服着及赏赐四夷宦官大臣之用。朱元璋时曾在南京设有神帛堂供应机房，在苏杭等府设有织染局，朱棣时又令陕西织造驼毾，朱祁镇时又在泉州设织造局。比较经常设立的是南京和苏、松、杭、嘉、湖五府，这些规模都很大，弘治九年，户部尚书周经曾言“织造工匠不下千余人”[2]。其余的织造局则时设时罢，没有一定。

这些织造一律是宦官特务管理。南京、苏、杭都设有提督织造太监一员，有敕谕关防，地位在太监中甚高。据《酌中志》卷十六称：“秩视秉笔，而安逸尊富过之。”这是由于驻在地商业繁盛，民殷物阜，可以大肆搜刮的缘故，所以，宦官“以此差为登仙”，而他的门下小阉便“踞以为外府”[3]了。

因为“安逸尊富”是“登仙”的差使，所以，宦官特务便都想谋得这份差使，于是便纳贿司礼监来钻营求委。如朱厚熜时御史张曰韬奏称：

> 臣闻织造一官，行金数万方得之。既营之以重赀，而欲其不责

[1] 均见《明史·食货志》卷八十二。

[2] 《明史·周经传》卷一八三。

[3] 《万历野获编》卷十七，《南京贡船》。

偿于下，此必无之事也。[1]

同时给事中张嵩等十三道御史程启元等也说：

蒙俞允遣官南京织造……差去官员，由贿而得，计非贪黩，无以偿之。[2]

这些宦官特务钻来这份差使以后，其“登仙”情形是作威作福，凌辱官吏，搜刮平民。如弘治十七年大学士李东阳所奏：

织造内官，纵群小掊击，闸河官吏莫不奔骇，鬻贩穷民所在骚然。[3]

到朱厚照时这些特务横行得越发凶狠，如史宣便是一例：

（王銮）为都水主事，出辖徐沛牐河，十一年，织造中官史宣过其地，索挽夫千人，沛县知县胡守约给其半。宣怒，自至县捕吏，銮助守约与抗。宣诬奏于朝，逮系诏狱。[4]

据南京吏科给事中孙懋等奏称其凶恶情形是：

宣在途酗酒作威，肆行凶恶，所过州县，纵令家丁索赂，折干多或百两。[5]

[1] 《明史·张曰韬传》卷一九二。

[2] 《弇山堂别集·中官考十》卷九十九。

[3] 《明史·李东阳传》卷一八一。

[4] 《明史·徐文溥传》卷一八八。

[5] 《弇山堂别集·中官考十》卷九十六。

他并且捏造说有什么赐棍，竟随便打死吏民。

织造中官史宣列黄梃二于驺前，号为“赐棍”。每以抶人，有致死者，自都御史以下莫敢问。[1]

所打死的人，据孙懋等奏：

威逼宿迁主簿孙锦，杖泰州船户孙富俱死矣。宣所过，邑里逃窜，鸡犬不宁。[2]

从这以后，织造宦官无不凶横暴戾，如朱厚熜时礼科给事中章侨言：“添设织造内臣，贪横殊甚。行户至废产鬻子以偿。”[3]朱载垕时给事中孙枝奏称织造太监们“声势尊严，有司承奉惟恐不及，一切供亿，皆民脂膏”[4]。而朱翊钧末年时常令税监兼管织造，如孙隆等，残虐百姓，更加厉害。朱由校时“织造中官李实素贪横，妄增定额，恣诛求。苏州同知杨姜署府事，实恶其不屈，摭他事劾之。（周）起元至，即为姜辩冤，且上去蠹七事，语多侵实。实欲姜行属礼，再疏诬逮之”[5]。

以上是织造宦官在任上的情形，及至龙衣织成以后，用船运到北京，他们一路上更是万分凶横。如《万历野获编》卷十七南京贡船条所记万历间龙袍船情形：

近来龙袍船尤为恣横，远出冰鲜之上。即凶恶如漕卒粮船，亦

[1] 《明史·张士隆传》卷一八八。

[2] 《弇山堂别集·中官考七》卷九十六。

[3] 《明史·章侨传》卷二〇八。

[4] 《弇山堂别集·中官考十一》。

[5] 《明史·周起元传》卷二四五。

敛避不敢较，至仕绅乘传者为其所凌，噤不敢出声，何况行旅？

甚至织造太监乘船回京，威势亦复如此。如正德五年：

尚衣监太监乔忠自南京织造还，过淮南时，南京给事中刘宏亦以公事赴京……忠舟数十艘方开，怒宏舟阻碍，执其二卒榜笞之。[1]

此外织造龙衣章服原有定额，定额织完，提督宦官便须还京，宦官们为了拖延时间以便长期剥削，往往播弄统治者增加额数。这种增额，开始于朱祁镇时，当时曾有大臣执谏，还因此下狱。

（天顺）四年命中官往苏、松、杭、嘉、湖增织彩币七千匹。（工部右侍郎翁）世资以东南水潦，民艰食，议减其半。尚书赵荣、左侍郎霍瑄难之，世资请身任其咎，乃连署以谏。帝果怒，诘主议者。荣等委之世资，遂下诏狱。[2]

朱厚照时竟增到一万七千余匹。

正德元年，尚衣监言："内库所贮诸色纻丝、纱罗、织金、闪色、蟒龙、斗牛、飞鱼、麒麟、狮子通袖、膝襕，并胸背斗牛，飞仙、天鹿，俱天顺间所织，钦赏已尽。乞令应天、苏、杭诸府依式织造。"帝可之，乃造万七千余匹。[3]

又如朱载垕时，"诏南京织造太监李佑趋办袍缎千八百余匹"，同时"切责太监崔敏，传命南京加造缎千余万匹，（朱）衡议停新造，但责

[1] 《弇山堂别集·中官考六》卷九十五。

[2] 《明史·杨鼎传》卷一五七。

[3] 《明史·食货志六》。

岁额，得减新造三之二”[1]。到朱翊钧时增造更多，竟“岁至十五万匹”，且增加“浙江、福建、常、镇、徽、宁、扬、广德诸府州分造”[2]。

各地织造照例织完便停，宦官特务失去了这“登仙”差使，自然是不愿意的。所以，时时拨弄统治者重开，如朱祐樘弘治十六年“召还织造中官，中官邓瑢以请，帝又许之”。而内织染局又“请开苏、杭诸府织造，上供锦绮为数二万四千有奇”。同时“司设监请改造龙毯、素毯一百有奇”[3]。而且“给中官盐引，鬻于淮以供费”[4]，朱厚照时根本就没有停止过，中官乞盐引关钞无已。朱厚熜即位之初，曾令停止，但不久又恢复。朱载垕也是如此，开头下诏取回织造内臣，但就在隆庆元年就又“复遣中官督苏、杭织造”[5]。朱翊钧万历七年也曾令“取回织造内臣”，但“未几复遣中官”，这以后便“相沿日久，遂以为常”[6]了。

其实就是下诏停止，宦官们也还是不肯照办的。如：

> 神宗即位，首命停织造，而内臣不即奉诏，且请增织染所颜料。[7]

甚至嗾使爪牙捏称机户的意思上奏保留，如：

> （浙江）织造中官刘成死，命归其事于有司，别遣中官吕贵录成遗赀。贵嗾奸民纪光诡称机户，诣阙保留贵代成督造。[8]

以上所述是南京及苏、松、杭、嘉、湖五府的织造。至于陕西织造

[1] 《明史·朱衡传》卷二二三。

[2] 《明史·食货志六》。

[3] 《明史·曾鉴传》卷一八五。

[4] 《明史·食货志六》。

[5] 《明史·郝杰传》卷二二一。

[6] 《明史·食货志六》。

[7] 《明史·朱衡传》卷二二三。

[8] 《明史·李邦华传》卷二六五。

主要是织绒袍、驼毯等御寒服用，朱棣时曾一度派遣，以后是“弘、正间偶行，嘉、隆时复遣，亦遂沿为常例”[1]。派去的宦官自然一样的专横，而陕西贫瘠，人民所遭到的苦楚，自然比苏、杭更厉害。如朱厚照正德十二年二月令增设陕西织造中官，给事中任忠上言云：

陕西地瘠早寒，民多穴居，衣皮铺藿，无他生计。况沿边郡县屡遭寇掠，耕牧旷废。其腹里不被兵者，又以调集士马，挽运刍粮，亦皆疲敝。麸麦槁于春夏，苗稼尽于雪霜。逃窜流移，十室而九。近闻复遣太监往监织造，费辄数万，催督峻急，民不堪命。夫鸟穷则啄，兽穷则攫，臣不意胜外之虞，民或啄以攫也。[2]

又如朱厚熜嘉靖五年工科给事中张嵩等言：

陕西织造羊绒，已奉诏裁革，今太监刁永复以四宫缺用为辞，乞遣官织造。陛下姑以奉亲之故，屈意从之。殊不知陕西外困番丑，内被征徭，民困未息，不堪中使之扰。[3]

至于所织的数量虽较苏、杭为少，但朱翊钧时陕西织造的羊绒竟达七万四千有奇，[4] 这数目也就大为惊人了。

烧　造

制造除织造外，还有烧造。烧造是烧制瓷器，以供统治者玩用的。地点在江西，也是派宦官管理监督的。因为派遣的次数不多，所以，这些特务的罪行记载也比较少，《明史·食货志六》烧造条述其沿革原委

[1] 《明史·食货志六》。

[2] 《明通鉴》卷四十七。

[3] 《弇山堂别集·中官考十》卷九十九。

[4] 《明史·食货志六》卷八十。

甚详，兹节录于下：

宣宗始遣中官张善之饶州，造奉先殿几筵龙凤文白瓷祭器，磁州造赵府祭器。逾年，善以罪诛，罢其役。正统元年……宫殿告成，命造九龙九凤膳案诸器，既又造青龙白地花缸，王振以为有璺，遣锦衣指挥杖提督官，敕中官往督更造。成化间，遣中官之浮梁景德镇，烧造御用瓷器，最多且久，费不赀。孝宗初，撤回中官，寻复遣。弘治十五年复撤。正德末复遣。

自弘治以来，烧造未完者三十余万器。嘉靖初，遣中官督之。给事中陈皋谟言其大为民害，请罢之。帝不听。十六年新作七陵祭器。三十七年遣官之江西，造内殿醮坛瓷器三万……隆庆时，诏江西烧造瓷器十余万。万历十九年命造十五万九千，既而复增八万，至三十八年未毕工。自后役亦渐寝。

第四章

天下兵马的总监督

第一节　一手握定天下兵权

（一）总督戎政

在专制独夫时代，全国军队都是独夫的私人军队，虽然对外有时也抵御外侮，捍卫国家，但从本质上去看，那时候皇帝就是国家，保卫国家也就是保卫皇帝。而主要的还是对内，那就是用来镇压人民的反抗，巩固独夫的权位和利益，压迫全国人民在刀枪剑戟之下，服服帖帖地做顺民。因此，独夫们对这些军队自然是特别重视的。

所谓“重视”，是有两方面意义的：一方面是独夫要依靠这些军队来保护自己，另一方面也是更重要的，他怕统率军队的将官们反叛他，来“取而代之”。所以，历来独夫们对于防备自己将官的反叛都是特别注意的。

防备的方法自然很多，在明代便是大量地使用宦官特务去监视或直接带兵。

使用特务监视军队并不始于明代，在唐宋两朝便已有“监军”的设置，但在明代却使用得最为普遍。无论战时平时，军营边塞，都有宦官特务在里面提督监察。从朱棣起到朱由检止，一直没有停止过。而朱由检使用得更多更杂，直接关系明代的灭亡，故特辟第八章详述之，不附于此。

明代兵制概况

在叙述明代宦官特务掌握天下兵权之前，必须先知道一些明代兵制。明代兵制大略可分为三：一是京兵，二是卫所兵，三是边兵。京兵又分为二，一是锦衣等上十二卫，用以保卫宫禁，所谓“天子亲军”，无所隶属；一是京营，是从全国各卫所更换调来，用以保卫京城的。卫所兵分列各省及要害之地，每卫约计兵五千六百人，每千户所一千一百二十人，每百户所一百一十二人，下设总旗二人，小旗十人。边兵则是捍御各边，屯戍要塞。

这三种军队，最重要的部分要算是京兵中的京营。卫所兵和边兵分散各处，每处人数也不多，不能成为一个军队的集团。只有京营因为是保卫京城的，同时遇有大征伐还要调遣一部分出去作战，所以，最为庞大，也最为精锐。在洪武初年，京营劲旅就有七八十万之多，后来虽有裁减，但常额军也还保持着三十八万之巨的数目。这一大部分军队是关系独夫们生死存亡的，所以，明代历朝统治者都十分重视它，统率这些军队的人是勋戚重臣和宦官特务掺杂任用。一方面使特务统有军队，另一方面还可以监视那些勋戚重臣。

提督京营

底下便叙述这京营与宦官特务关系的沿革情形。

明代京营编制，大体说来一共变更了三次：朱棣时是三大营，朱祁钰改为十二团营，朱厚照又改为两官厅，朱厚熜时又恢复三大营制度，其中小变动还很多，底下再说。但无论如何改编，宦官特务的提督监视始终没有改动。

宦官特务监督京营，据王世贞说是开始于朱祁镇时，《凤洲杂编》

卷五："正统中添设提督坐营监枪太监。"孙承泽《思陵典礼记》卷四引蒋德爆、王锡襄奏疏则谓"景泰中始有分坐十营或称监枪者。"而刘献庭《广阳杂记》卷一云："成化初，再革二年而复又增为十二营……用中贵人监之，曰监枪。"但据《明史》，却远在朱棣开始成立三大营时，便已经有提督内臣了。

《明史·兵志一》卷八十九："京军三大营：一曰五军，一曰三千，一曰神机。其制皆备于永乐时。"这三大营成立经过情形是——朱棣迁都北京，增京卫为七十二，又分步骑军为中军左右掖左右哨，岁调中都山东河南大宁兵，番上京师隶之，名曰五军营，后来得边外降丁三千，成立三千营，分五司，分掌大驾旗，传宣号令，载御宝及兵仗之属。后征交阯，得火器法，立营肄习，号神机营。五军营设提督内臣一人，武臣二人。三千营设提督内臣二人，武臣二人。神机中军坐营内臣一人，武臣一人。其下四司，各设监枪内臣一人，这是因为火器在当时是最厉害的武器，所以，底下四司都设有宦官特务督视。至于这些宦官特务的派遣照例是由司礼监，外庭兵部不能过问，如朱祐樘时——

> 司礼监太监陈宽等奉命拣选坐营近侍内官，上命刘尚书大夏往预其事。大夏对曰："国朝故典，外官不得干预此事。"[1]

三大营自朱棣至朱祁镇相沿未变，朱祁镇土木被掳，京军几乎完全覆没。朱祁钰用于谦为兵部尚书，"谦以三大营各为教令，临期调拨，兵将不相习，乃请于诸营选胜兵十万，分十营团练，每营都督一，号头官一，都指挥二，把总十，领队一百，管队二百。于三营提督中推一人充总兵官，监以内臣，兵部尚书或都御史一人为提督。其余军归本营，曰老家，京军之制一变"[2]。这里所说的"监以内臣"，是由下而上层层监视的，从各营一直到总节制全有宦官特务参加，这十团营成立后的

[1] 《治世余闻》卷三。

[2] 《明史·兵志一》。

统率情形如下：

景太三年总督少保尚书于谦，总兵武清侯石亨等议选精兵十五万，分为十营。太监阮让都督杨俊提督四营，太监陈瑄、卢永，都督郭震、冯宗各提督三营，俱听谦亨及太监刘永诚（曹）吉祥节制。[1]

朱祁镇复位，取消团营恢复三大营，命司礼太监曹吉祥总督之。[2]在这以前，京营虽有宦官特务在里面提督节制，但还不是一人专掌，宦官特务一人专掌京营，是从这时开始的。

朱见深即位之初，又恢复团营，增为十二："有奋、耀、练、显四武营，敢、果、效、鼓四勇营，立、伸、扬、振四威营。命侯十二人掌之，各佐以都指挥，监以内臣，提督以勋臣。"[3]而总听太监刘永诚节制。成立之初，各营宦官特务如下：

命太监周中于奋武营，右少监王亨耀武营，太监唐顺练武营，右少监林贵奉显武营，太监张温敢勇营，右少监赵永果勇营，奉御郑达效勇营，右少监米童鼓勇营，左副使高廉立威营，奉御王璇伸威营，右副使张璘扬威营，奉御张绅振威营监神枪，仍听太监刘永诚节制。[4]

后来汪直得宠，便叫汪直一人总督十二团营。

朱厚照即位之初越发重用宦官，正德元年正月便命太监陈宽传旨神机营中军二司："内官监太监刘瑾管五千营，御用监太监张永管神机营

[1] 《弇山堂别集·中官考一》卷九十。

[2] 《明史·曹吉祥传》卷三〇四。

[3] 《明史·兵志一》。

[4] 《弇山堂别集·中官考一》。

并显武营，神机营右掖御马监徐智调中军头司管奋武营。”[1]到十月便又令“张永督十二团营兼神机营，魏彬督三千营”[2]。这些宦官特务并奉旨携带军伴，如正德二年，“增提督团营太监苗达、张永军伴各百人，坐营坐司太监黎安等各三十五人。又增五军神机三千等营太监马永成、魏彬、宁瑾、谷大用军伴各百人，坐司内官刘倍等各三十人”[3]。

正德八年边将江彬得宠，江彬也是个大特务，后来曾兼督东厂锦衣卫两大特务机关，这时朱厚照命他及另一特务许泰分领京营。不久又改设两官厅，仍以彬、泰分领之[4]。所谓两官厅是“选团营及勇士、四卫军于西官厅操练，正德元年所选官军操于，东官厅。自是两官厅军为选锋，而十二团营且为老家矣”[5]。同时江彬想借边兵以自固，便请朱厚照调兵入卫，于是“调辽东、宣府、大同、延绥四镇军号外四家，纵横都市，民被其患。每团练大内，间以角抵之戏。帝戎服临之，与彬联骑出，铠胄相错，几不可辨”。这四镇军统由江彬率领，将官们都头戴“遮阳帽，帽植天鹅翎，贵者三翎，次二翎。兵部尚书王琼得赐一翎，自喜甚”[6]。

朱厚熜即位，团营两官厅都照旧设立，照旧派宦官特务领营。到嘉靖二十九年又罢设团营两官厅，恢复三大营旧制，但将三千营改为神机营，同时又罢去提督监枪等内官。终明之世宦官特务监督京营只是在这时才算暂时停止了一下。[7]

朱载垕即位之初，又下旨“以太监吕用等分监团营兵”，大学士徐阶奏免之。[8]朱翊钧是个糊涂皇帝，只晓得贪财好货，根本不重视京营。

---

[1]《弇山堂别集·中官考一》卷九十。

[2]《明史·武宗本纪》卷十六。

[3]《弇山堂别集·中官考一》卷九十。

[4]《明史·武宗本纪》。

[5]《明史·兵志一》。

[6]《明史·江彬传》卷三〇七。

[7]《明史·兵志一》。

[8]《嘉靖以来首辅传·高拱》卷六。

朱由校时魏忠贤当政，“又增内臣为监视及把牌诸小内监”[1]。朱由检即位，曾一度撤去内臣，但不久复用，“京营自监督外，总理捕务者二员，提督禁门，巡视点军者三员，帝皆以御马监、司礼、文书房内臣为之，于是营务尽领于中官”[2]。而明朝也就因此灭亡了。还有，在这里要附带说一下的，便是明代阅兵大典，照例是由司礼太监主持，《明通鉴》卷六十四：“故事，京营兵每三年遣司礼太监一人阅视。”同阅的人无论地位如何尊贵，也不能和他并坐，如朱祐樘时——

> 北虏火筛寇边，势甚猖獗。马钧阳文升以少傅兼太子太傅为兵书，朝廷特所倚重，命阅兵于教场，又命司礼监太监李荣同阅。马欲与李并坐，往返言再三，荣竟不允，遂各居一幕而递阅之。夫以保傅之官，掌本兵之柄，又值弘治之世，而宦官乃若此，其可骇也夫！[3]

提督四卫营掌管各门禁

明代统治者既将京营大权交给特务掌握，他还觉得不是万全之策，于是便将保护宫禁近乎自己的私人卫队也交给特务管理，这就是腾骧左右卫，武骧左右卫，所谓“四卫营”。

四卫营是侍卫上直军的一部分，朱元璋初年设锦衣、旗手、金吾前后、羽林左右、府军、府军左右、府军前后、虎贲左等上十二卫。朱棣时又增设金吾左右、羽林前、燕山左右前、大兴左、济阳、济州、通州等上十卫，总称上廿二卫。其中锦衣卫专掌巡察缉捕，管理诏狱，为一大特务机关，已详第一章。其他廿一卫只是更番看守皇城门禁，或是皇帝出来时拿拿仪仗，不能算是正式军队。于是到朱瞻基时便正式成立了四卫营，叫宦官特务统率操练。

---

[1] 《明史·兵志一》。

[2] 《明史·兵志一》。

[3] 《治世余闻》上篇卷二。

四卫营虽正式成立于朱瞻基时，但实际上在朱棣时便已存在，而且那时就已由特务管理，《明史·兵志一》：“四卫营者，永乐时，以迤北逃回军卒供养马役，给粮授室，号曰勇士。后多以进马者充，而听御马监提调，名隶羽林，身不隶也。”到朱瞻基宣德六年，“专设羽林三千户所统之，凡三千一百余人，至是改武骧、腾骧左右卫，称四卫军。选本卫官四员，为坐营指挥，督以太监，别营开操，称禁兵”[1]。从这以后，一直都由太监管理。朱厚照时设两官厅，曾一度选四卫勇士隶西官厅，由边将江彬、太监张永掌管，但四卫还是照旧。

这四卫营由于是宦官特务直接统率，所以，“器械、衣甲异于他军，横于辇下”[2]。同时他们的给养服装不必通过兵部便可领得，《菽园杂记》卷八云：

> 近有中官怙宠市恩，以结人心，腾骧左右等四卫勇士小厮及养马军，奏乞悉给以胖袄裤鞋，事不下议，部即可之。

还有明代京城各门禁也全是由宦官特务管理的，禁城皇城各门各设门正一员，管事无定员，内外城正阳等九门，永定等七门，各设正副提督二员，并有关防一颗，任务是“司晨昏启闭，关防出入”[3]。

内　操

京军、侍卫、城门全由特务掌管，统治者也许还觉得不保险，所以，又兴起“内操”一种兵制。

所谓“内操”，就是将一些宦官们加以军事训练作为贴身卫队，在宫禁中开辟教场操演：

[1] 《续文献通考》卷一二六。

[2] 《明史》卷八十九。

[3] 参见：《明史·职官志三》卷七十四；《酌中志》卷十六。

（正德）三年太监李荣传旨：御马监官勇士旗军，系禁兵重务，其令太监谷大用提督，太监杨春坐勇士营，李堂坐四卫军营。[1]

据王世贞说这就是“内教场之渐”，这以后朱厚照便训练一批宦官，亲自率领，在宫禁中操演。

上乃自领阉人善骑射者为一营，谓之中军，晨夕下操，呼噪火炮之声，达于九门，浴铁文组照耀宫墙间，上亲阅之。其名曰“过锦”，言度眼如锦也。时诸军悉衣黄罩甲，中外化之，虽金绯锦绮，亦必加罩甲于上，市井细民，无不效其制，号时世装。[2]

这个“中军”从领队到士卒全由宦官充任，在独夫们看来，当然是最可靠的私人卫队了，所以，后来朱厚熜嘉靖三十一年二月又“建内府营，操练内侍”[3]。朱载垕初年也“命修内教场，勒中贵人习骑射”，以大学士徐阶切奏，没有实现。[4]到朱翊钧时便又大规模兴起内操来，《明史·卢洪春传》卷二三四云：“十二年，帝集内竖三千人，授以戈甲，操于内廷。”朱由校初年宦官刘朝、魏忠贤（其时名李进忠）勾结阁臣沈漼又请恢复内操，即由刘、魏二人掌管，并决定巡视榆关。周宗建上疏谏阻，内称：“内官非行边之官，禁兵无轻试之理。”加以刘、魏二人之间也有矛盾，方才作罢。后来魏忠贤得势，又“增置内操万人，衷甲出入，恣为威虐”[5]。这些人又叫做“内丁”，“内丁下各有亲丁余丁，合之数万人”。[6]在明代内操中算是规模最大的了，朱由检即位后，忠贤虽然被诛，但内操

[1]《弇山堂别集·中官考一》卷九十。

[2] 毛奇龄：《武宗外纪》。

[3]《明史·世宗本纪》卷十八。

[4]《嘉靖以来首辅传·高拱》卷六。

[5]《明史·魏忠贤传》卷三〇五。

[6] 见《二申野录》卷七，引《妖媪传》。

仍是照旧。

这些特务兵由于直接由独夫统率，任何人都管不了，所以威权极大，横行各处，莫敢谁何。朱翊钧时兵部尚书张学颜奏其放肆情形说：

> 皇上恭奉圣母，扶辇前驱，拜祀陵园，考卜寿域，六军将士十余万，部伍齐肃。惟内操随驾军士，进止自恣。前至凉水河，喧争无纪律，奔逸冲突，上动天颜。今车驾已还，犹未解散。谨稽旧制，营军随驾郊祀，始受甲于内库，事毕即还。宫中惟长随内侍许佩弓矢。又律：不系宿卫军士，持寸刃入宫殿门者，绞，入皇城门者，戍边卫……今皇城内被甲乘马持锋刃，科道不得纠巡，臣部不得检阅。又招集厮养仆隶，出入禁苑，万一骤起邪心，朋谋倡乱，哗于内则外臣不敢入，哗于夜则外兵不及知，哗于都城白昼则曰天子亲兵也。驱之不肯散，捕之莫敢撄，正德中，西城练兵之事，良可鉴也。[1]

疏入，宦官特务们都切齿痛恨，造谣中伤张学颜，朱翊钧虽然也知道是造谣，但对张学颜的话仍是不用。只是这些特务兵平日养尊处优，实际上是不堪操练之苦的，朱翊钧时刑部主事董基就说过这些特务兵一点也不中用，他说：

> 内廷清严地，无故聚三千之众，轻以凶器尝试，窃为陛下危之。陛下以为行幸山陵，有此三千人可无恐乎？不知此皆无当实用。设遇健卒劲骑，立见披靡，车驾不可恃以轻出也。夫此三千人安居美食，筋力柔靡，一旦使执锐衣坚，蒙寒犯暑，臣闻顷者竟日演练，中暍濒死者数人，若辈未有不怨者……且自内操以来，赏赉已二万金。长此不已，安有殚竭！[2]

[1] 《明史·张学颜传》卷二二二。

[2] 《明史·卢洪春传》卷二三四。

这番话朱翊钧当然是不爱听的，疏入大怒，命贬二秩调远方。

占役买闲

明代统治者既这样信任宦官特务，派他们统率京营大军和自己亲军，在统治者看来，这该是可以高枕无忧了。但结果呢，明王朝的灭亡就亡在这上面。这原因《明史·兵志一》说得好："京军积弱，由于占役买闲。其弊实起于纨袴之营帅，监视之中官，竟以亡国云。"

底下便叙述这些宦官特务"占役买闲"的情形。

占是"吃空额"，役是替私人服役做工，买闲是纳贿替代。这些现象开始大概很早，到朱见深时就已经发展得甚为严重了。据《明史·兵志一》：

> 帝在位久，京营特注意，然缺伍至七万五千有奇，大率为权贵所隐占。

《明通鉴》卷三十四也说：

> 时团营弊日滋，营帅中官习以军士供私役，谓之应役。市井游贩之徒，以赂窜名军籍，避操惮调，率贿将弁祈免，谓之买闲。而提督守营诸官，又诡以空名支饷，缺伍辄以万计。

这些情形从当时臣工奏疏中也可以看出，如成化二年正月御史魏瀚上言：

> 今京师军士不下三十余万，或占役于私家，或借工于公府，或买闲而输月钱，或随从而备使令。其操练者不过老弱充伍。[1]

[1] 《明通鉴》卷三十。

成化廿一年御史汪奎奏称：

内外坐营、监枪内官增置过多，皆私役军士，办纳月钱，多者至二三百人。[1]

朱祐樘时，宦官特务用士兵做工的情形也很严重：

孝宗即位……是时营军久苦工役……尚书刘大夏陈弊端十事，复奏减修乾清宫卒。内臣谓其不恤大工。[2]

朱厚照时役占情形更可怕，即位之初，“十二营锐卒仅六万五百余人，稍弱者二万五千而已”[3]。当时御史蒋瑶曾奏明宦官私役军士的情形是：“内府军器局军匠六千，中官监督者二人，今增至六十余人，人占军匠三十。他局称是，行伍安得不耗。”[4] 及至正德末年则京营戎政益大坏，给事中王良佐奉敕选军，“按籍三十八万有奇，而存者不及十四万，中选者仅二万余”[5]。其时纵有一二较好的将官不愿这样做，即使声望甚高，也制伏不了宦官特务们，如：“英国公（张）懋自五军营来代，英国公颇老成，不腹军士，而监军大珰谷大用、陆闾等横甚，不制也。”[6]

朱厚熜即位时，京营“额兵十万七千余人，而存者仅半”[7]。嘉靖十五年都御史王廷相提督团营，曾指三种弊病是：

一、军士多杂派，工作终岁，不得入操，虽名团营听征，实与

[1] 《明史·汪奎传》卷一八〇。

[2] 《明史·兵志一》。

[3] 《明史·兵志一》。

[4] 《明史·蒋瑶传》卷一九四。

[5] 《明史·兵志一》。

[6] 《凤洲杂编》卷五。

[7] 《明史·兵志一》。

田夫无异。二、军士替代，吏胥需索重贿。贫军不能办，老羸苟且应役，而精壮子弟不得收练。三、富军惮营操征调，率贿将弁置老家数中。贫者虽老疲，亦常操练。[1]

弊病虽然指出，但宦官特务及营帅占役仍然照旧，如：

（嘉靖中）边报岁益急，团营见兵少，乃仅选三万骑听征，号曰东西二官厅，各都督一人总之。而团营所余者，非老弱则入元帅中贵私家矣。[2]

嘉靖廿九年俺答犯京师之后，兵部尚书王邦瑞又曾揭出京营腐败情形：

今武备积弛，见籍止十四万余，而操练者不过五六万。支粮则有，调遣则无。比敌骑深入，战守俱称无军。即见在兵，率老弱疲惫、市井游贩之徒，衣甲器械取给临时。此其弊不在逃亡，而在占役；不在军士，而在将领。盖提督、坐营，号头、把总诸官多世胄纨袴，平时占役营军，以空名支饷，临操则肆集市人，呼舞博笑而已。[3]

这种士兵当然无法作战，所以，俺答犯京师的时候，把这些兵驱出城门，竟痛哭流涕不敢向前。

是时册籍皆虚。禁军仅四五万，老弱半之，又半役内外提督大臣家，不归伍，在伍者亦涕泣不敢前……久之不能军。乃发居民及

[1] 《明史·兵志一》。

[2] 《凤洲杂编》卷五。

[3] 《明史·兵志一》。

四方应武举诸生乘城。[1]

而“诸将领亦相顾变色”[2]，这就是宦官特务监督管理京营的结果。但当俺答烧毁了宦官特务们的城外园宅时，他们却又去嫁祸别人：

（俺答犯京师），毁城外庐舍。城西北隅火光烛天，内臣园宅在焉，环泣帝前，称将帅为文臣制，故寇得至此。[3]

这“占役买闲”种种腐败情形，到朱由检时已经病入膏肓，纵想整治，宦官们也要千方百计地阻止，终于人民义师四处蜂起，海内土崩，“宦竖降于关门，禁军溃于城下，而国遂以亡矣”[4]。

至于四卫营是由宦官特务直接率领，隐占虚冒，在朱棣时便“军卒相冒，支粮不可稽”。朱瞻基时仍是“往往为中官占匿”，朱祐樘时人数竟增到“勇士万一千七百八十人，旗军三万一百七十人，岁支廪粟五十万”。但这人数并不是真的，因为四卫营招进新兵，照例不必由兵部查验，宦官特务们便虚报人数，支取粮金。这时人数竟加到这样多，朱祐樘才派人查核，并令“内臣所进勇士，必兵部验送而后给廪，五年则籍其人核其数，著为令”[5]。这样一来，一年竟省去数十万金钱。但到朱厚照即位，占役情形却又变本加厉，《春明梦余录》卷四十二：

腾骧四卫，旧称禁军。正德中隶中官，诡冒依附为奸欺，不可诘。

又如《明史·刘菃传》卷一八八称：

[1] 《明史·丁汝夔传》卷二〇四。

[2] 《明史·兵志一》。

[3] 《明史·杨守谦传》卷二〇四。

[4] 《明史·兵志一》。

[5] 《明史·兵志一》。

> 武宗立，诏清核腾骧诸卫及在京七十二卫军。给事中葛嵩剔抉无所徇，得各监局占役者七千五百余人，有旨送各营备操。既而中官魏兴、萧寿等挠之，格不行。

于是宦官宁瑾便趁势乞留以前淘汰的人数，又得允许。朱厚熜即位，开头曾下诏“自弘治十八年存额外，悉裁之，替补必兵部查驳”。但不上几年，“御马太监闵洪复矫旨选四卫官。给事中郑自璧劾欺蔽，不报”[1]。嘉靖九年正月御马太监麦福又奏乞“腾骧左等四卫军士，见操者不必差科道点阅，新补者不必由兵部审验。兵部复言，委官验审，科道点阅，皆弘治间旧例。又屡奉皇上诏旨申饬，宜如旧为便”[2]。这回算是从了部议，但十六年“又命收复登极诏书所裁者，凡四千人”。后五年“内臣言，勇士仅存五千余，请子令侄充选，以备边警。部臣言：‘故额定五千三百三十人。八年清稽，已浮其数，且此营本非为备边设者。’帝从部议。然隐射、占役、冒粮诸弊率如故”。朱翊钧即位，初曾“减坐营官二员。已复定营官缺由兵部择用。其后，复为中官所挠，仍属御马监”。万历四十二年给事中姚宗文点阅四卫营，说是：“官勇三千六百四十七，仅及其半。马一千四十三，则无至者。官旗七千二百四十，止四千六百余。马亦如之。乞下法司究治。”但是朱翊钧竟不能问。[3]

以上是宦官特务直接统率的四卫营上役冒粮的情形。

掌管查核、选拔、训练及军需

明代统治者不仅派宦官特务统率和监督军队，其他一切军事部门的工作，差不多全派宦官特务去掌管，如清理京营文案：

[1] 《明史·兵志一》。

[2] 《弇山堂别集·中官考十》卷九十九。

[3] 《明史·兵志一》。

（成化三年三月）户部尚书马昂及副都御史林聪，清理京营文案，阁臣陈文谓“必得内臣共事，始可划除宿弊”，因荐太监怀恩，从之。[1]

如选拔官军：

（正德六年五月）丙子，命太监张永会兵部尚书何鉴及科、道官各一员，选京营军，南京太监黄伟会科、道官各一员选南京军，备讨贼也。[2]

（正德六年十月）太监张永奉敕拣选团营官军，得十二万三千七百有奇。[3]

如训练军士：

（正统十四年六月）命平乡侯陈怀，驸马都尉井源，都督王贵、吴克勤，太监林寿分练京军于大同、宣府，备卫喇特也。[4]

甚至连军队的器械、服装、马匹也大部分交给宦官特务管理。器械服装归内库各局：

刀牌、弓箭、枪弩、狼筅、蒺藜、甲胄、战袄，在内有兵仗、军器、针工、鞍辔诸局，属内库，掌于中官。在外有盔甲厂，属兵部，掌以郎官。[5]

[1] 《明通鉴》卷三十。

[2] 《明通鉴》卷四十四。

[3] 《明通鉴》卷四十四。

[4] 《明通鉴》卷二十四。

[5] 《明史·兵志四》卷九十二。

而马匹则归御马监：

> 明制，马之属内厩者曰御马监，中官掌之，牧于大坝，……牧于官者为太仆寺、行太仆寺、苑马寺……牧于民者，南则直隶应天等府，北则直隶及山东、河南等府。[1]

宦官特务们掌管这些东西，当军官们来领取的时候，往往故意刁难，甚至军情紧急，他们也是照样。如嘉靖廿九年，俺答犯京师，京营“从武库索甲仗，主库奄人勒常例，不时发”[2]。而管马匹的宦官虚报马匹，冒领草料更是稀松平常的事了。

总括以上所述：有明一代兵事，从军队的统率监督训练一直到兵器衣服马匹统由宦官特务掌管或监视，在统治者的意思，也许认为只有这样才万无一失。但结果呢，却正相反，自己的江山竟亡在这批宦官特务手中，这就是信任特务的下场，倒是统治者始料之所不及的。

（二）大将军，太上大将军

明代统治者在平时对自己的将官们都不信任，还要派许多宦官特务到军队里去监视统率，那么，在战时自然更不信任将官了。所以，每逢战事发生，有时就干脆派宦官特务率领兵马前往作战。如若派遣将官，那就同时派一个宦官特务到军队中去监军。这个监军的任务便是代表皇帝监视统帅，他可以随时向皇帝密奏。统帅如果不和他拉拢好，他一封奏折上去，这个统帅便当不成，甚至有杀头的危险。所以，统帅对监军俨如下属，低声下气。上焉者，事事和他商议，曲尽拉拢，使其不和自己掣肘。当然，打胜了仗，功劳还是要分给他的。下焉者便一切秉命而行，希望他说些好话，自己可以加官进爵。即便打败了仗，监军在皇帝面前包涵几句，也就可以大事化小，小事化无。所以，明代统兵作战的宦官

[1] 《明史·兵志四》卷九十二。

[2] 《明史·丁汝夔传》卷二〇四。

特务是大将军，而监军的宦官特务是太上大将军。

朱元璋父子的军事特务

特务统兵出去作战开始于朱棣。

永乐三年命太监郑和、王景弘等“通使西洋。将士卒二万七千八百余人，多赍金币。造大舶，修四十四丈，广十八丈者六十二。自苏州刘家河泛海……以次遍历诸番国，宣天子诏，因给赐其君长，不服则以武慑之”[1]。这可以说是宦官特务统兵征伐的第一次。

郑和经朱棣、高炽、瞻基三朝，前后通使凡七次，所历凡三十余国，据《明史·郑和传》载曾在海外作战三次，第一次是和旧港。

> 旧港者，故三佛齐国也，其酋陈祖义，剽掠商旅。和使使招谕，祖义诈降，而潜谋邀劫。和大败其众，擒祖义。[2]

永乐五年郑和还国献俘，戮祖义于市。第二次是和锡兰山。

> （永乐）六年九月再往锡兰山。国王亚烈苦奈儿，诱和至国中，索金币，发兵劫和舟，和觇贼大众既出，国内虚，率所统二千余人，出不意攻破其城，生擒亚烈苦奈儿及其妻子官属。劫和舟者闻之，还自救，官军复大破之。九年六月献俘于朝。帝赦不诛，释归国。[3]

第三次是和苏门答剌。

> 十年十一月复命和等往使，至苏门答剌。其前伪王子苏干剌者，方谋弑主自立，怒和赐不及己，率兵邀击官军。和力战，追擒之喃勃利，

[1] 《明史·郑和传》卷三〇四。

[2] 《明史·郑和传》。

[3] 《明史·郑和传》。

并俘其妻子，以十三年七月还朝。[1]

以上是派往国外的，至于领兵在国内作战的则有山寿：

（永乐三年六月）遣中官山寿等帅兵出云州，时上命武城侯王聪出觇边塞，别遣寿帅骑兵出云州北行会之，人赍一月粮，每三十里置五骑，以待驰报。自上即位后，中官出使，岁以为常，此又典兵之始云。[2]

至于监军则远在朱元璋起兵时便已开始，他最初是招收许多义子，长成以后，便派到各军队中去做监视侦察的工作：

太祖于国初以所克城池专用义子作心腹，与将官同守。如得镇江用周舍，得宣州用道舍，得徽州用王驸马，得严州用保儿，得婺州用马儿，得处州用柴舍，真童，得衢州用金刚奴也先，得广信用舍，即沐英也。[3]

及至做了皇帝以后，便开始派宦官来担负这任务。洪武九年八月曾派遣宦官赵成赴军中：

先是（西番）多尔济巴率部落内附，上授熊鼎为岐宁卫经历。鼎至，知寇伪降，密疏论之。上遣使慰劳，复遣中使赵成召鼎还。鼎既行，寇果叛，胁鼎北还，鼎责以大义，骂之，遂与赵成及知事杜寅俱被杀。[4]

---

[1] 《明史·郑和传》。

[2] 《明通鉴》卷十四。

[3] 刘辰：《国初事迹》。

[4] 《明通鉴》卷六。

又如洪武十一年，曾两遣内使观军：

杨仲名讨五开蛮，吴面儿遁。上初遣内臣吴诚观军，至是又遣尚履奉御吕玉视捷……然是役也，两遣内臣出使，宦官之预兵事自此始。[1]

朱棣完全承袭了他父亲的一套，在他做燕王时率兵南下打他的侄子朱允炆，营中便有宦官特务了。

建文四年……六月癸丑朔，燕王命都指挥吴庸集高邮通泰船于瓜州，命内官狗儿领都指挥华聚为前哨。[2]

及至做了皇帝以后，军中便大量地派遣特务，如：

（永乐）八年，都督谭青等营，有内官王安、王彦之、三保、脱脱。[3]

同年又派王安到左都督吴允诚营中，和吴允诚“追阔脱赤，至把力河获之”[4]。后来这个王安到朱瞻基时还担任监军任务。

（宣德五年）曲先卫都指挥使散即思邀劫西域往来使臣为梗，（都督佥事史）五年夏昭率师会中官王安、王瑾讨之。长驱至曲先，散即思望风遁，击败其党答答不花等。[5]

[1] 《明通鉴》卷六。

[2] 《明史纪事本末》卷十六。

[3] 《续文献通考》卷九十三。

[4] 《明史·吴允诚传》卷一五六。

[5] 《明史·史昭传》卷一七四。

朱棣时还有个宦官刘永诚，“尝为偏将，累从北征。宣德、正统中，再击兀良哈。后监镇甘、凉，战沙漠有功。景泰末，掌团营……成化中，永诚始卒”[1]。这个刘永诚在明代名气倒颇大，沈德符《万历野获编》卷六：

> 今京师大家所张围屏，多画刘永诚西征事者，自选入内廷，以擎米多力见知于上。遂被任使，至御马太监。出征入阵，戴假髯以冲锋。至凯旋受赏，诸得意状竟不知皆实事否也……刘永诚小名马儿，至今京师人犹以此称之。

至于朱棣每次亲征的时候，军中特务就更多，如永乐十二年亲征卫喇特时，“内侍李谦恃勇，导皇太孙追敌于九龙口，几败，上大惊，亟遣人追还，谦惧罪自经死”[2]。

朱瞻基时交阯几次战事，军中的宦官特务也很多。如宣德二年黎利攻昌江，城陷，死难诸人中有内官冯智。[3]同年十二月征夷将军王通从交阯退却时，“令太监山寿与陈智等由水路还钦州”[4]。而王瑾则更著名：

> 瑾，初名陈芜。宣宗为皇太孙时，朝夕给事。及即位，赐姓名，从征汉王高煦还，参与四方兵事，赏赉累巨万。[5]

这些宦官们在军中虽然没有“监军”名义，但实际上却是负了监视侦察的责任，所以，王世贞在谭青营有中官一条下便明确地注出：“此

[1] 《明史·曹吉祥传》卷三〇四。

[2] 《明通鉴》卷十六。

[3] 《明史·陈洽传》卷一五四。

[4] 《明史·王通传》卷一五四。

[5] 《明史·金英传》卷三〇四。

内臣监军之始。”[1]

朱祁镇的军事特务

宦官有正式监军的名义则始于朱祁镇。正统二年“十月甲子，镇守甘肃左副总兵任礼充总兵官……讨阿台朵儿只伯。兵部尚书王骥、太监王贵监督之”[2]。以后每次军事行动都正式派遣，正统六年“蒋贵麓川之役，曹吉祥监督军务”[3]。“（正统）十三年，宁阳侯陈懋为总兵官，率师讨邓茂七等，太监曹吉祥、王瑾监督神机火器”[4]。曹吉祥在军中权力极大，跋扈异常，可以“先斩后奏”。如：

（正统十三年）福建邓茂七反，按察副使邵某字宏誉领兵杀贼，失机。监军金尚书濂与邵为同年，邵私谒求免死，方入，都统太监曹吉祥忽来，急索邵斩之。邵窜入浚幕。时周先生鼎在幕中，视邵之貌曰：“公杀气定矣。”饮之以茶匿于床下，曹不获而去。[5]

至于宦官特务直接统兵的有：

（正统）四年遣太监吴诚、（曹）吉祥监督诸军讨麓川宣慰司思任发，败绩。[6]（王世贞云：“此为内臣总兵之始。”）

（正统）九年，太监僧保出喜峰口，曹吉祥出界岭口，刘永诚出刘家口，但住古北口，同成国公朱勇等各率精骑万人征乌梁海，升赏有差。[7]

---

[1] 《弇山堂别集·中官考一》卷九十。

[2] 《明史·英宗前纪》卷十。

[3] 佚名：《明事断略》。

[4] 《弇山堂别集·中官考一》卷九十。

[5] 王锜：《寓圃杂记》卷下。

[6] 《弇山堂别集·中官考一》卷九十。

[7] 《弇山堂别集·中官考一》卷九十。

而王振所造成的“土木之变”，便是统治者让特务统兵的一大教训。

王振是当时司礼太监，其专横恣肆情形，已见第一章。“土木之变”的起因就是他造成的：

瓦剌者，元裔也。十四年，其太师也先贡马，振减其直，使者恚而去。秋七月，也先大举入寇。[1]

于是王振便劝朱祁镇亲征，命令下后二日，便同王振率大军五十万出发。“廷臣交谏，弗听。至宣府，大风雨，复有谏者，振益虓怒。成国公朱勇等白事，咸膝行进。尚书邝野、王佐忤振意，罚跪草中……八月己酉，帝驻大同，振欲益北。镇守太监郭敬以敌势告，振始惧。班师，至双寨，雨甚。振初议道紫荆关，由蔚州邀帝幸其第，既恐蹂乡稼，复改道宣府。军士迂回奔走，壬戌始次土木。”[2]

土木是一个镇堡，距怀来只二十里。朱祁镇是下午到达的，假如赶到怀来，还可以不致被掳，但却因王振辎重没有到，便驻了下来。其时也有人极力主张不驻土木的，如：

邝野再上章请车驾疾驱入关，而严兵为殿。不报。又诣行殿力请，振怒曰：“腐儒安知兵事，再妄言必死。”野曰：“我为社稷生灵，何得以死惧我？”振愈怒，叱左右扶出。[3]

到后来想走，敌人已经包围拢来，走不脱了。

敌复四面攻围，兵士争先奔逸，势不能止。铁骑蹂阵而入，奋

---

[1] 《明史·王振传》卷三〇四。

[2] 《明史·王振传》卷三〇四。

[3] 《明史纪事本末》卷三十二。

长刀以砍大军，大呼解甲投刀者不杀。众裸袒相蹈籍死，蔽野塞川，宦侍、虎贲矢被体如猬。上与亲兵乘马突围不得出，被拥以去。[1]

这一仗打得全军覆没，衣甲器械辎重尽为瓦剌所得，单是骡马便有二十多万，诚如李贤所说："自古胡人得中国之利未有盛于此举者，胡人亦自谓出于望外。"[2]死难的大臣有英国公张辅，泰宁侯陈瀛，驸马都尉井源，平乡侯陈怀，襄城伯李珍，遂安伯陈埙，修武伯沈荣，都督梁成、王贵，尚书王佐、邝野，学士曹鼐、张益，侍郎丁铉、王永和，副都御史邓棨等。[3]

至于王振也在这一役中丢了性命。据说是在军事混乱的时候，有个"护卫将军樊忠者，从帝旁以所持锤捶死振，曰：'吾为天下诛此贼！'遂突围杀数十人，死之"[4]。但《明史·王振传》却说是为乱兵所杀。

祁镇被掳，祁钰即位，所有监军，仍都照旧。如正统十四年九月山西巡抚朱鉴奏请"悉罢监军中贵……上虽嘉纳之，不能从"[5]。同年十月额森带着朱祁镇攻京师，已经被副总兵武兴击退，却因宦官争功，反转胜为败，武兴战死，《明通鉴》卷二十四云：

（额森）至彰义门，副总兵武兴邀击，败之。而内官数百骑，欲乘胜争功，跃马竞前，阵乱，兴中流矢死。

朱见深父子的军事特务

朱见深即位，统兵监军的宦官特务更为频繁，兹按时间先后，大略

[1] 《明史纪事本末》卷三十二。

[2] 《古穰杂录》。

[3] 《明史·英宗前纪》卷十。

[4] 《明史纪事本末》卷二十九。

[5] 《明通鉴》卷二十四。

汇录于下：

广西瑶僮流剽广东，残破郡邑殆遍。成化元年正月大发兵，拜都督赵辅为总兵官，以太监芦永、陈瑄监其军。[1]

成化元年，荆、襄贼刘千斤等作乱。敕抚宁伯朱永为总兵官，都督喜信、鲍政为左右参将，中官唐慎、林贵奉监之。[2]

（成化二年六月）壬子，杨信为平虏将军，充总兵官，太监裴当监督军务，御寇延绥。[3]

（成化三年）……四川戎县山都掌蛮数叛，陷合江等九县。廷议发大军讨之。以襄城伯李瑾充总兵官，太监刘恒为监督。[4]

（成化四年）七月癸酉，都督同知刘玉为平虏副将军，充总兵官，太监刘祥监军，副都御史项忠总督军务讨满俊。[5]

（六年三月）壬寅，诏延绥屯田。朱永为平虏将军，充总兵官，太监傅恭、顾谦监军，王越参赞军务，备阿罗出于延绥。[6]

（十年）八月辛卯，都督同知赵胜为平虏将军，充总兵官，太监刘恒、覃平监军，讨乩加思兰。[7]

（十五年）秋七月癸酉，汪直行大同、宣府边。[8]

（十五年）冬十月丁亥，抚宁侯朱永为靖虏将军，充总兵官，汪直监军，御伏当加。[9]

（十六年春正月）丁酉，保国公朱永为平虏将军，充总兵官，王越

[1] 《明史·韩雍传》卷一七八。

[2] 《明史·白圭传》卷一七二。

[3] 《明史·宪宗本纪一》卷十三。

[4] 《明史·程信传》卷一七二。

[5] 《明史·宪宗本纪一》卷十三。

[6] 《明史·宪宗本纪一》卷十三。

[7] 《明史·宪宗本纪一》卷十三。

[8] 《明史·宪宗本纪二》卷十四。

[9] 《明史·宪宗本纪二》卷十四。

提督军务，汪直监军，御亦思马因于延绥。[1]

（十七年），亦思马因犯宣府。五月己亥，汪直监督军务，王越为平胡将军充总兵官，御之。秋七月……命所在镇守总兵巡抚听汪直、王越节制。[2]

（成化）十九年秋，小王子入边，宣、大告急……以（朱）永为镇朔大将军，中官蔡新监其军。[3]

（二十年三月）己酉，太监张善监督军务，定西侯蒋琬充总兵官，同总督尚书余子俊备大同、宣府。[4]

这些宦官特务在军中极其放肆，如唐慎“征荆襄还，杖死淮安知事谷渊”，竟“自奏丐免”，当时左都御史贾铨请治其罪，但朱见深只“付慎等司礼监，命法司罪其从人”[5]。

其中最骄横放肆的是汪直。

汪直统兵监军，据上面统计一共是四次，第一次是成化十五年巡宣大边务，这时他的势焰已经甚大，巡边的时候——

率飞骑日驰数百里，御史、主事等官，迎拜马首，捶挞守令。各边都御史畏直，服櫜鞬，迎谒，供张百里外。[6]

十五年他和朱永御伏当加，则乱杀贡使，掘坟墓割死人首级报功。

汪直、陈钺等出辽东塞，遇贡使六十人，诬以窥边，掩杀之，

[1]《明史·宪宗本纪二》。

[2]《明史·宪宗本纪二》。

[3]《明史·朱谦传》卷一七三。

[4]《明史·宪宗本纪二》。

[5]《明史·贾铨传》卷一五九。

[6]《明史·汪直传》卷三〇四。

焚其庐舍，更发墓斫髑髅以张级数。[1]

至于诬蔑将官、倾害边臣的事，更是多到不可胜数了。

朱祐樘时历年统兵监军的宦官特务计有：弘治六年十月命湖广总兵官镇远侯顾溥，贵州巡抚都御史邓廷瓒，太监江德会师讨贵州黑苗。十三年四月火筛寇大同，命平江伯陈锐为靖虏将军充总兵官，太监金辅监军，户部左侍郎许进提督军务御之。六月，又召陈锐金辅还，保国公朱晖太监扶安往代。十四年火筛连小王子入延绥宁夏，命保国公朱晖提督军务，都御史史琳监军，太监苗逵分道进师延绥。[2] 这些宦官特务中以苗逵最为著称，败坏军事也最多，如：

（弘治十四年）春，火筛连小王子，大入延绥、宁夏。右都御史史琳请济师。复命（朱）晖佩大将军印……而以中官苗逵监其军。至宁夏，寇已饱掠去，乃与琳、逵率五路师捣其巢于河套。寇已徙帐，仅斩首三级……未几，寇入固原，转掠平凉、庆阳，关中大震……晖等畏怯不急赴，比至，斩首十二人还……遂以捷闻。是役也，大帅非制胜才，师行纡回无纪律，边民死者遍野。诸郡困转输饷军，费八十余万，他征发称是，先后仅获首功十五级。廷臣连章劾三人罪。帝不问。已而上捣巢有功将士万余人……帝先入逵等言，竟录二百十人，署职一级，余皆被赍。及班师，帝犹遣中官赍羊酒迎劳。[3]

当时给事中屈伸劾奏说：

此一役糜京帀及边储共一百六十余万两，而首功止三级。是以

[1] 《明通鉴》卷三十四。

[2] 均见《明史·孝宗本纪》卷十五。

[3] 《明史·朱谦传》卷一七三。

五十万金易一无名之首也。[1]

这一役以后，苗逵在延绥甚久，侵蚀军储，括取财物，曾被户科给事中许诰弹劾过。[2]至于他第二次监军的时候，其情形则是：

> 武宗即位，寇大入宣府，复命晖偕逵、琳帅师往。寇转掠大同，参将陈雄击斩八十余级，还所掠人口二千七百有奇。晖等奏捷，列有功将士二万余人，兵部侍郎阎仲宇、大理丞邓璋往勘，所报多不实。终以逵故，众咸给赐。[3]

这一役苗逵根本就没有和敌人接触，只是“闭城自守”，怯懦不堪。当时御史高良弼曾言：

> 太监苗逵受命监督戎务，而辄肆欺罔，奏与御史刘淮亲冒矢石斩获首级，是何异指鹿为马耶？且边民被虏，破产荡业，哭声震天，僵尸蔽野，不能发一矢以雪其愤，徒闭城自守，自损国威甚矣。乞枭逵首于边，以快将士之心，以示欺罔之戒。[4]

但奏上之后，朱厚照却认为良弼“语言狂悖，宜执问，姑宥之”[5]。

朱厚照的军事特务

朱厚照时宦官特务最为横行，统兵监军的特务威权更是煊赫万分，其中最著名是张永、谷大用、江彬、张忠等。

[1] 《明史·屈伸传》卷一八〇。

[2] 《明史·许进传》卷一八六。

[3] 《明史·朱谦传》卷一七三。

[4] 《弇山堂别集·中官考五》卷九十四。

[5] 《弇山堂别集·中官考五》卷九十四。

张永是保定新城人，正德初年曾总督团营，正德五年安化王寘鐇反，便命他“总督宁夏等处军务，御马太监陆訚管理神枪，选京营精兵三万人讨安化王寘鐇。兵部言旧无总督军务太监关防，特造给之”[1]。原来总督军务头衔在明代极为尊贵，为文帅第一重任，事权无可复加，宦官得这头衔，仅仅张永一人。后来谷大用也曾称用过这头衔，是沿张永之例，以后即不再有过。永临行时，朱厚照又特赐金瓜钢斧，自己并着戎服亲送东华门，典礼隆重，前所未有。

同时厚照又用右都御史杨一清总制宁夏、延绥、甘凉军务，泾阳伯神英充总兵官，就地前往讨伐。杨一清《西征日录》有一节记和张永第一次会晤的情形，可见张永威势一斑：

> 初九日，予迎张公于郊，至官厅，开敕宣读毕，延入后堂，厉声曰：“宁夏镇巡将王府宫眷，不待吾至，先发过河可乎？”

但张永的兵刚出发不久，寘鐇已被游击将军仇钺平定，于是张永便奏凯还朝，朱厚照又“戎服御东安门，文武诸大臣候于桥东”[2]，迎接一番。

正德九年，小王子犯宣大边地，朱厚照又命张永“总制提督宣府、大同、延绥等处军务，发京营兵二万人御边，复发京兵六千人使太监张忠监督之，听永节制”[3]。张永又奏请“凡军前机务悉听便宜从事，违者先处以军法，然后奏闻，且请给勘合三百道，银牌五百面，彩缎五百匹以赏有功，许之”[4]。出发的时候，又赏给京边兵卒银人各二两。张永及其部将又奏带参随，多的四五百人，少的也不下一二百，都一并得到赏赐，费去十多万银子。[5]

---

[1] 《弇山堂别集·中官考一》。

[2] 《弇出堂别集·中官考六》。

[3] 《弇山堂别集·中官考一》卷九十。

[4] 《弇山堂别集·中官考七》。

[5] 《弇山堂别集·中官考七》。

正德十四年宁王宸濠反，朱厚照自己亲征，命永率边兵两千人先行，时王守仁已将宸濠擒获，他便从王守仁手中将宸濠夺取，归功自己。朱厚照死，他曾提督九门防变。朱厚熜即位，连遭降斥，但不久仍起用提督团营，未几死。这是朱厚照时一员最著名的宦官特务大将。

谷大用在刘瑾时曾提督西厂，瑾死辞职。正德六年，刘六、刘七反，兵部侍郎陆完屡以边兵获胜，大用和张忠心想刘六等可以即平，便计划督军以出，希望像张永之于宁夏。于是朱厚照便命他总督军务，伏羌伯毛锐充总兵官，太监张忠监管神枪，统领京营官军五千人，会侍郎陆完前往镇压。时陆完以部堂为文帅，仅得提督，还要听大用指挥。大用兵发，驻扎临清，又召边将许恭、却永、江彬、刘晖等入内地听调遣。久之召还。大用自惭无功，便奏称："副总兵许泰、刘晖、冯桢、时源，参将金辅，神周，游击将军却永等屡有斩获功，都御史陆完，娴于戎务，侍郎杨潭督饷不乏，请亟施大赉。"又言军中劳苦及赈恤数事。这一方面是掩饰自己的无功，另一方面便是想邀爵赏，果然，朱厚照便下旨说："大用统率军旅，多效勤劳，兵部会官议以闻。"廷议结果，觉得无功封爵实在说不过去，但又不敢违抗大用的意思，只得委委婉婉地夸赞了一番，说是：

> 四方盗贼蜂起，自出师以来，所向克捷。诸将亲冒矢石，其功居多，而督军督饷者亦与有力，升赏宜厚。但始者奏定格例，谓歼灭山东、河南大伙贼尽绝者，乃如宁夏例论功封拜，今贼首未擒，难以卒议，且泰、桢、永、源、周及完近已加升，宜通候功成之日，奏请定夺，若军士首功，勘籍已至者，请即如例升赏，其未至者，令纪功官以次勘报。[1]

议上，大用特赐敕奖励。这以后他仍是不断地管理军务，如正德十二年八月，朱厚照便服出居庸关，不愿廷臣追谏阻止，便叫大用守关，

[1] 《弇山堂别集·中官考六》卷九十五。

不准放出一人。[1] 朱厚熜即位，大用降守康陵。

江彬是宣府人，初任大同游击，曾杀良民诬为盗贼。《明通鉴》卷四十五：

> （正德八年六月）丙午，给事中潘埙等复劾奏："游击江彬讨流贼，次新河县苏添村不进，乃杀其居民康强等四十一人，阚学等九人耦而耕，又召而杀之……以冒首功。请行勘按治。"诏令彬等停俸，竟不之罪也。

其时钱宁得宠，他便贿赂钱宁，被朱厚照召见。彬相貌魁伟，力量很大，又善骑射谈兵，机警会逢迎，甚得厚照喜爱。便擢他为都督佥事，出入豹房，共同卧起，赐姓朱氏，认为义儿。江彬于是劝厚照将辽东、宣府、大同、延绥四镇兵调入京师，号外四家，掌握兵权，气焰渐大，于是便怂恿厚照到各地游历，说是"宣府乐工多美妇人，且可观边，驰骋瞬息千里，何郁郁居大内"。于是厚照便开始各处巡游，荒淫佚戏，无所不为，并且越发信任江彬。正德十三年八月，厚照自称威武大将军总兵官朱寿，命彬为威武副将军。十四年又命他提督十二团营。宸濠反，彬播弄厚照下令亲征，厚照便令他提督赞画机密军务，并督东厂锦衣官校办事，两大特务机关由一人掌管，这在明代不但是空前也是绝后的事。[2]

江彬随着厚照南行，权势遮天，他所率领的边卒数万，都是"骄悍之极，行游市中，强买货物，民不堪命"[3]。而江彬自己则"不时传旨征索旗牌官，拷缚郡县长吏，有如奴隶。通判胡琮，惧而自缢；南京守备成国公朱辅见彬长跪；总兵官镇远侯顾仕隆稍不为屈，彬数窘辱之。又遣官校四出至民家，矫传上旨，索鹰犬、珍宝、古玩，民皆惴惴不敢诘。

[1] 《明史·谷大用传》卷三〇四。

[2] 《明史·江彬传》卷三〇七。

[3] 《四友斋丛说》卷六。

近淮三四百里间，无得免者”[1]。到扬州时，“江彬欲夺富民居为威武副将军府，瑶执不可。彬闭瑶空舍挫辱之，胁以帝所赐铜瓜，不为慑。会帝渔获一巨鱼，戏言值五百金，彬即畀瑶责其直，瑶怀其妻簪珥、袿服以进，曰：‘库无钱，臣所有惟此。’帝笑而遣之”[2]。江彬又传旨“要扬州报大户，蒋曰：‘扬州只有四个大户：其一是两淮盐运司，其二是扬州府，其三是扬州钞关主事，其四是江都县。扬州百姓穷，别无大户。’江又传旨云：‘朝廷要选秀女。’蒋曰：‘扬州只有三个秀女。’江彬问：‘今在何处？’蒋曰：‘民间并无，知府有亲女三人，朝廷必欲选时，可以备数。’江语塞，其事遂寝”[3]。后来蒋瑶却因此吃了很大的苦头，厚照回北京时，特务们一定要他护驾，到了宝应，宦官邱得用铁索将他捆起，几天后才解开，一直走到临清，才放回来。[4]

厚照回京后不久便病倒，江彬还矫旨改团营为威武团营，自己提督兵马。厚照死，杨廷和以遗命罢去，江彬心中很怀疑不安，便打算谋反，廷和用太后旨将他逮捕，朱厚熜即位，伏诛。

张忠霸州人，为御马太监，曾与大盗张茂为邻，结为弟兄，并且“分入所掠”[5]。后来他竟将张茂引入豹房，陪朱厚照蹴鞠为戏。张茂一面陪皇帝顽耍，一面仍在做强盗。后来屡次为河间参将袁彪所败，弄得没有办法，便向张忠求救。于是——

> 忠置酒私第，招茂、彪东西坐。酒酣，举觞属彪字茂曰：“彦实吾弟也，自今毋相厄。”又举觞属茂曰：“袁公善尔，尔慎毋犯河间。”彪畏忠，唯唯而已。[6]

---

[1] 《明通鉴》卷四十八。

[2] 《明史·蒋瑶传》卷一九四。

[3] 《四友斋丛说》卷六。

[4] 《明史·蒋瑶传》卷一九四。

[5] 《弇山堂别集·中官考八》卷九十七。

[6] 《明史·马中锡传》卷一八七。

就是这么一个和强盗结拜、分强盗赃货、窝藏强盗的特务，朱厚照却屡次派他去打强盗，这也可算得滑稽透顶了。

正德九年小王子犯宣大边，命张永总制宣大、延绥等处军务，派张忠监督，他还不愿意，“奏欲事权与永敌，不受节制，相持久之，诏不许，惟符验旗牌，准如例给之”[1]。十一年七月“小王子犯蓟州白羊口”，又命他监督军务，“左都督刘晖充总兵官，率东西官厅军御之”[2]。宸濠造反，他和江彬播弄厚照亲征，厚照便命他同威武副将军许泰率禁军先行，未至，王守仁已擒获宸濠，张忠、许泰便赶快跑到南昌，“而守仁已俘宸濠赴浙江。忠等失望，大恨。（江西按察使伍）文定出谒，遂缚之。文定骂曰：‘吾不恤九族为国家平大贼，何罪？汝天子腹心，屈辱忠义，为逆贼报仇，法当斩。’忠益怒，椎文定仆地”[3]。于是便“穷搜逆党，士民被诬陷者不可胜计。诛求刑戮，甚于宸濠之乱”[4]。后来朱厚熜即位，伍文定陈述他们的罪状道：

> 曩忠、泰与刘晖至江西，忠自称天子弟，晖称天子儿，泰称威武副将军，与天子同僚。折辱命吏，诬害良民，需求万端，渔猎盈百万，致饿殍遍野，盗贼纵横。虽寸斩三人，不足谢江西百姓。[5]

总计宸濠之乱，这些领兵特务还没有到达，宸濠既已被擒，根本就不曾打仗，然而功劳却全归了他们。

> 宸濠叛，都御史王守仁倡义讨之。濠既就擒，而安边伯朱泰，

[1] 《弇山堂别集·中官考七》。

[2] 《明史·武宗本纪》卷十六。

[3] 《明史·伍文定传》卷二〇〇。

[4] 《明史·江彬传》卷三〇七。

[5] 《明史·伍文定传》。

左都督朱晖，太监张忠，张永等，乃复冒功升赏。于是纪功官给事祝续等言："泰等兵至江西时，去宸濠就擒之日已将两月，其所捕治，止是助逆郡王将军及从逆文武职官军民人等，俱事定归府，或逃匿民间束手待罪，非既解复聚临阵克获之功。及平虏伯朱彬随驾驻扎南京，未尝亲到江西，所报功次，俱系扬州府等处系解人犯，事属攘冒，其先曾给赏官军银牌，并宜追夺。"疏入，下其事于兵部。[1]

至于真正平定宸濠的功臣，除了极少数的几个而外，便如王守仁上疏所言：

或赏未及而罚已先行，或虚受升职之名而因使退闲，或冒蒙不忠之号而随以废斥。[2]

祝续和王守仁上的这两封奏疏都是在朱厚熜即位之后，至于在当时是谁也不敢说话的。

以上是朱厚照时代最著名的几个统兵特务，至于监军的特务如：

（正德）七年二月拜（仇钺）平贼将军，偕都御史彭泽讨河南盗刘惠、赵燧，以中官陆訚监其军。[3]

这个陆訚也是一个很老的军事特务，正德元年都给事中艾洪等便劾奏他说："所报冲锋三次当先之将士，或身在京师而冒报名姓，或令人顶替而妄作己功。"[4]

此外监军特务还有很多，如魏彬等等，便不一一叙述了。

[1] 《弇山堂别集·中官考八》卷九十七。

[2] 《明史·伍文定传》。

[3] 《明史·仇钺传》卷一七五。

[4] 《明通鉴》卷四十一。

朱厚熜以后的军事特务

朱厚熜即位之初，曾把厚照的军事特务惩治了一下，但不久仍然使用。如张忠在嘉靖三年便又监起军来。

> （九月）土鲁番入寇，围肃州。兵部尚书金献民总制军务，署都督佥事杭雄充总兵官，太监张忠提督军务御之。[1]

而二十九年俺答犯京师的时候，又“分遣文武大臣各九人，守京城九门……而以锦衣都督陆炳，礼部侍郎王用宾，给事御史各四人，巡视皇城四门”[2]。这个陆炳便是当时掌管锦衣卫的大特务头子。同时厚熜又秘密派遣特务到军中去刺探：

> 二十九年，俺答大举犯古北口，忬奏言潮河川有径道，一日夜可达通州，因疾驰至通为守御计……帝密遣中使觇军，见忬方厉士乘城。还奏，帝大喜。[3]

朱载垕在位时间较短，朱翊钧则一天到晚只知贮积金宝，所有大特务都派出开矿收税，替他搜刮钱财去了，所以，统兵监军的特务都很少派出。到朱由校即位，魏忠贤当政，辽东军事紧张，于是又继续派遣，而且叫东厂也担任这任务。

> 帝好察边情，时令东厂遣人诣关门具事状奏报，名曰“较事”。[4]

其时孙承宗以大学士督师山海关，忠贤便派有特务在他左右。

---

[1] 《明史·世宗本纪一》卷十七。

[2] 《明史·丁汝夔传》卷二〇四。

[3] 《明史·王忬传》卷二〇四。

[4] 《明史·孙承宗传》卷二五〇。

（鹿）伯顺从公（承宗）于关门，奄所遣刺事者旁午帐下，公每厉声诃问："你家老公云何？"不少假颜色。[1]

有时派人去劳军，实际上却是负调查侦缉的任务。

魏忠贤窃政，遣其党刘朝、胡良辅、纪用等四十五人赍内库神炮、甲仗、弓矢之属数万至关门，为军中用，又以白金十万、蟒、麒麟、狮子、虎豹诸币赉颁将士，而赐承宗蟒服、白金慰劳之，实觇军也。承宗方出关巡宁远，中路闻之，立疏言："中使观兵，自古有戒。"帝温旨报之。使者至，具杯茗而已。[2]

后来忠贤看见承宗功高，又叫特务去拉拢他，想使他成为自己势力。

（会）承宗叙五防效劳，诸臣且引疾乞罢，乃遣中官刘应坤等赍帑金十万及他物犒将士，而赐承宗坐蟒、膝襕，佐以金币。

当是时，魏忠贤益盗柄。以承宗功高，欲亲附之，令应坤等申意。承宗不与交一言，忠贤由是大憾。[3]

不过，孙承宗终究有点骨气，不但不和忠贤勾结，而且还打算弹劾他，于是忠贤又使出特务侦察手段。

会忠贤逐杨涟、赵南星、高攀龙等，承宗方西巡蓟、昌。念抗疏帝未必亲览，往在讲筵，每奏对辄有入，乃请以贺圣寿入朝而奏机宜，欲因是论其罪。魏广微闻之，奔告忠贤。"承宗拥兵数万将

[1] 《牧斋初学集》卷二十八，《取节录序》。

[2] 《明史·孙承宗传》。

[3] 《明史·孙承宗传》。

清君侧，兵部侍郎李邦华为内主，公立齑粉矣。”忠贤悸甚，绕御床哭。帝亦为心动，令内阁拟旨。次辅顾秉谦奋笔曰：“无旨难信地，非祖宗法，违者不宥。”夜启禁门召兵部尚书入，令三道飞骑止之。又矫旨谕九门守阉，承宗若至齐化门，反接以入。承宗抵通州，闻命而返。忠贤遣人侦之，一仆被置舆中，后车鹿善继而已。[1]

最后孙承宗终于不安其位，自请解职。

以后魏忠贤便逐渐收揽兵权，到天启六年，南北兵马大权便全在他私人特务手中了。六年十一月以刘廷元为南京兵部尚书，廷元说逆珰说：

“金陵重地，愿往收其人心。”珰喜用之。而北都则崔呈秀为本兵，天下兵马大权，两人一手握定，忠贤拥戴之势成矣。[2]

朱由检即位之初，也曾振作一番，罢免一些监军特务，但不久却又重用起来，其时李自成、张献忠农民义师纷起，军事行动也多，于是派出的统兵监军的特务也就超越有明各朝，这些都留到最后一章再详说。

总括以上看来，有明一代统治者所派出去的统兵监军的宦官特务，除了郑和还打了几次胜仗而外，其余的不是侵吞军饷，贻误戎机，便是骚扰地方、残害百姓。正德元年有个吏部主事安磐在奏疏中说得好：

今日弊政，莫甚于内臣典兵。夫臣以内称，外事皆不当预，矧可使握兵柄哉！前代盛时，未尝有此，唐、宋季世始置监军，而其国遂以不永。今九边镇守、监枪诸内臣，恃势专恣，侵克百端。有警则拥精卒自卫，克敌则纵部下攘功。武弁藉以夤缘，宪司莫敢讦问。所携家人头目，率恶少无赖。舌噬争攫，势同狼虎，致三军丧气，

[1] 《明史·孙承宗传》。

[2] 《启祯两朝剥复录》中。

百职灰心。[1]

这不仅是正德一朝如此，有明一代全都是如此的。

（三）脚踏两只船

特务原像狗一样，谁给他肉吃，谁就可以做他的主子，他绝不会牺牲自己真的去给主子效忠拼命的，无论主子对他多么好，怎样信任他，只要主子有一点不稳，或是他自己感到有些不妥，便立刻脚踏两只船，以便望风转舵，或直接投降到主子的敌人那边去，传统的封建道德——什么忠孝节烈、礼义廉耻，在他们身上是一点影子也找不出的。

明代统治者对特务们总可以说是信任万分了，举凡政治、经济、军事等等大权一律交给他们去侦察监督，但是这些特务却仍然背叛他的主子，而且就是主子叫他掌管军事防备别人背叛的特务，如监军镇守之类的家伙。

徐　训

朱瞻基时，交阯之役，便有一个军中特务宦官徐训泄露军机。其经过如下：

（征夷将军）王通诡与贼和，而请济师于朝，为贼所遮不得达。贼遣使奉表入谢。通乃遣（何）忠及副千户桂胜与偕行，以奏还土地为辞，阴令请兵。至昌江，内官徐训泄其谋。贼遂拘忠、胜。[2]

亦失哈、跛儿干、喜宁

朱祁镇时勾通敌人的有亦失哈，投降敌人反为敌人利用的有跛几干

[1] 《明史·孙磐传》卷一八九。

[2] 《明史·陈洽传》卷一五四。

和喜宁。

亦失哈在正统九年便任辽东镇守太监，常常冒功得赏禄米。“敌犯广宁，亦失哈禁官军勿出击。百户施带儿降敌，为脱脱不花通于亦失哈。正统十四年冬，带儿逃归，巡按御史刘孜并劾亦失哈及他不法事。”时朱祁钰已即位，却只“命诛带儿，而置亦失哈不问”[1]。

跛儿干“本降虏，给事宫禁数十年，及土木之败，即助虏反攻，射内使黎定。既又为敌使，至京有所需索，（朱祁钰）命执而诛之”[2]。

喜宁也是降虏，给事宫中，权势甚大。曾于“（正统）十二年，太监喜宁侵太师英国公张辅，辅不从，宁弟胜率自净身家奴毁辅佃户居室，殴家人妻堕孕死”[3]。土木之变，随朱祁镇陷瓦剌，于是便投降也先，成为也先腹心，屡次引导入边境掳掠，“中朝患之，购擒斩宁者赏黄金千两，白金二万两，爵封侯”[4]。后来喜宁又“劝也先西犯宁夏，掠其马，直趋江表，居帝（朱祁镇）南京”[5]。朱祁镇在也先处探知其谋，于是“乃言于额森，欲使宁及总旗高鐢达于纳克楚还京索礼物，额森许之。上皇乃命校尉袁彬以密书报宣府，宁至独石，遂为参将杨俊所诱（按《明史·杨洪传》：‘宁为都指挥江福所获，而俊冒其功。’），擒至京”[6]。于是文武大臣并科道等官劾奏：“宁猥以俘虏，洊沐恩荣，受到圣之深恩，居太监之重任。而乃欺天负国，背义忘恩。属奸臣之不轨，致上皇之蒙尘。喜宁回自敌中，诈传诏旨，妄指迎驾为名，重要朝廷金帛。既又乘机复往，主令贼首来侵，扰我边境，犯我京畿。上而宗庙震惊，下而军民荼毒，虽天威所加，而数万之众遂遁，奈生灵受害，而千古之恨难消。若不正之典刑，碎尸万段，不惟无以大彰天讨，垂戒将来，抑亦无以慰宗社之灵、

[1] 《明史·曹吉祥传》卷三〇四。

[2] 《弇山堂别集·中官考二》卷九十一。

[3] 《弇山堂别集·中官考二》卷九十一。

[4] 《明史·杨洪传》卷一七三。

[5] 《明史·袁彬传》卷一六七。

[6] 《弇山堂别集·中官考二》卷九十一。

臣民之忿。”[1] 奏上，朱祁钰诏群臣杂鞫之，命磔于市。

钱宁、毕真、刘琅

朱厚照时宸濠造反，厚照的特务差不多大部分都和他有勾结，其中最著名的在京内有钱宁等，在外边有镇守太监毕真、刘琅等。

钱宁家世不知所出，小时候其父卖给太监钱能为奴才（按：《万历野获编补遗》卷一云：“宁初名福宁者是也本李巡检之家生子。”）钱能很喜欢他，收为养子，于是便冒姓钱。正德初年以谄媚刘瑾得见朱厚照，宁为人狡猾柔佞，颇得厚照欢心，便赐国姓，认为义子，使掌锦衣卫，典诏狱，言无不听。于是钱宁权势日重，名片自称皇庶子，引乐工臧贤等以秘戏导厚照为淫乐。自念富贵已极，而朱厚照又没有儿子，便和宸濠勾结，为宸濠营复护卫屯田，且令宸濠进献金玉玩好，使厚照不疑心。同时他又暗下窥伺朝廷动静，报告宸濠。凡宸濠派遣到京师行贿权贵的私人，都住在臧贤家中，通过钱宁，分致各处。正德十四年五月，宸濠反谋渐渐显露，厚照便派太监赖义、驸马都尉崔元、都御史颜颐寿往按。钱宁便密遣侦卒林华飞报宸濠，宸濠立即举兵。厚照这时才开始对钱宁怀疑，钱宁大惧，便将罪状全部推到臧贤身上，又将宸濠派到京师来的私人卢孔章献出。于是臧贤定罪戍边，宁又恐臧、卢两人泄露秘密，便使校尉在路上将臧贤杀死灭口，又将卢孔章在狱中谋死。但结果由于江彬、张永和他有矛盾，便把他和宸濠勾通情状全都告诉了厚照，于是下狱按治。朱厚熜即位处死。[2]

此外像司礼太监张雄、萧敬、李英，东厂太监张锐，太监商忠、杜裕、张忠，少监卢明、秦用、赵秀等，都和宸濠有勾结。其勾结情况如下：

> 司礼太监张雄，东厂太监张锐，嬖幸用事，宸濠欲结纳焉。赂伶官臧贤以通锐，（商）忠、（卢）明以通雄，馈各万计。由是问遗相

[1] 《弇山堂别集·中官考二》卷九十一。

[2] 《弇山堂别集·中官考八》卷九十七。

属，凡所奏求，二人必助成之。明与（秦）用、（赵）秀俱办事文书房，濠每厚赂以探中朝消息……（杜）裕守宣武门，为濠使出入所经，亦受其赂而馆之。[1]

辛酉，传旨令司礼监太监萧敬、李英闲住，亦以尝与宸濠通也。[2]

（张）忠、（许）泰言："宁府富厚甲天下，今所蓄安在？"守仁曰："宸濠异时尽以输京师要人，约内应，籍可按也。"忠、泰故尝纳宸濠贿者，气慑不敢言。[3]

毕真初镇守山东，后调江西，就和宸濠勾结，凡是宸濠所忌恨的人，他就尽力倾陷。如御史范辂清军江西，尝劾宸濠乐官，毕真便诬奏其罪，逮下锦衣狱。后来宸濠又替他出钱运动，改为浙江镇守，以作应援。他便带了许多随从亲信，都是江西大盗。到浙江后出军器堆积如山。又"厚赏诸卫官军，费数万，亦濠资之也。及濠反，密遣人驰报真，真即倡言：'濠世子来取浙矣。'浙中大震。会进圣节表，三司及府卫众官当集于镇守署。真先夕收城门钥，令官军夜半皆甲以入。"[4]"将举城应之。（按察使梁）材与巡按张缙劫持真，夺其兵卫。"[5]这场大事才算消灭。

刘琅是当时南京守备太监，早与宸濠勾通，南京城里人都知道，人言啧啧，于是"琅乃遣人缉捕流言者，治以军法，众益惊惧"[6]。宸濠反，刘琅招集家丁数百，以空棺贮火药军器出城，打算响应宸濠。南京兵部尚书乔宇"刺得其情，诘琅用事者，琅惧不敢动。宇乃大索城中，斩所伏壮士三百人，悬首江上。宸濠失内应，且知有备，不敢东"[7]。

此外像镇守太监刘璟、许满、王宏都受过宸濠贿赂，有过勾结。

[1] 《弇山堂别集·中官考八》卷九十七。

[2] 《弇山堂别集·中官考八》卷九十七。

[3] 《明史·王守仁传》卷一九五。

[4] 《弇山堂别集·中官考八》卷九十七。

[5] 《明史·梁材传》卷一九四。

[6] 《弇山堂别集·中官考八》卷九十七。

[7] 《明史·乔宇传》卷一九四。

以上这些是有姓名可查的，至于无名可稽的还不知有多少。王守仁打平宸濠以后，获得这些特务和宸濠来往的书信有两大箱之多，守仁恐怕结怨，全给烧掉了。

到朱由检时特务背叛主子的事更是层出不穷，而明代也就因此灭亡，这些都留到最后一章再说。

第二节　驻满全国的军事特务机构

（一）镇守和守备

明代统治者既将全国兵权交给宦官去掌握监督，平时统领提督京营，战时充任大将或监军，但以全国之大，各边要塞繁多，他对防守将官们仍是不放心，于是便在各省各边设置一个永久的特务机构，由宦官特务主持，监视那些边将。这机构便是镇守和守备。起初的时候，还只在各边设置，主要任务只限于军事，后来统治者大概觉得这机构对巩固专制独裁很有用，便扩大到内地各省，甚至各道各府。于是任务也就随之扩大，除军事而外，政治措施、地方官吏、民间情事均在其监视侦察之中。换言之，就是等于东厂和锦衣卫派驻各地的分号。

明代镇守和守备的沿革及其职权大略如下：

镇　守　沿　革

所谓镇守，原是明代武官的职衔，有镇守，分守等级，“总镇一方者为镇守，独镇一路者为分守”[1]。担任镇守的都是总兵官，担任分守的则多半是参将。各边各省都设有镇守总兵官，掌握一方一省的兵马大权。宦官之有镇守分守等名目，便是因袭这制度来的。

---

[1]　《明史·职官志五》卷七十六。

宦官镇守各地沿革情形，据《明史·职官志三》说：

镇守太监始于洪熙，遍设于正统，凡各省各镇无不有镇守太监，至嘉靖八年后始革。

这只是一个大概的说法，并不绝对正确，而且其间增设变化很多，兹汇述于下：

镇守太监的设置，远在朱棣时代。

（永乐元年）始命内臣出镇。初，建文帝御内臣严，燕师渡江，率逃入军中，漏泄朝廷虚实，然上甚德之。及即位，行封赏，诸宦官言功不已，上患之。会遣顾成、韩观、何福等出镇贵州、广西、宁夏诸边，别选宦官有谋略者与之偕行，赐公侯服，位诸将上。未几置三大营，又命以提督监京军。由是大权悉以委寄，遂为一代厉阶之梗云。[1]

（永乐八年）敕内官马靖往甘肃巡视如镇守。“西宁侯宋琥处事有未到处，密与之商议，务要停当，尔却来回话。”[2]

这虽然只是巡视，但敕内所赋予的职权是“如镇守”，这就是镇守太监的开始。到朱棣末年各边镇守宦官就逐渐加多，大概已经正式有“镇守”衔名，而且竟挟制总兵官了。

自文皇任宦官监军分镇，遂至擅用威福，激生事端，一时边镇总兵为所挟制，往往畏之。[3]

[1] 《明通鉴》卷十四。

[2] 《弇山堂别集·中官考一》卷九十。

[3] 《明通鉴》卷二十。

事实的例子如：

> 永乐时，诸边率用宦官协镇，恣睢专军务，（甘肃总兵官费）瓛亦为所制。仁宗知之，赐玺书责之曰："尔以名臣后，受国重寄，乃俯首受制于人，岂大丈夫所为，其痛自惩艾，图复效。"[1]

朱高炽时，"镇守太监"头衔正式出现，"（洪熙元年）二月，敕甘肃总兵官都督费瓛镇守太监王安"。据王世贞说："此镇守之始见者也，计永乐末已有之矣。"[2]

朱瞻基即位，除各边照派镇守外，又开始派往内地。如："宣德元年七月，上以汉王反，遣指挥谭顺，内官黄让，内使陈锦，助平江伯陈瑄镇守淮安。"[3] 其时镇守宦官更是恣肆不法，如："（郑）亨……在大同时，镇守中官挠军政，亨裁之以理，其人不悦。"[4]

朱祁镇即位之后，便大量地派起来，甚至派到各府，如：

> 正统十年，进士授御史，浙闽盗起，简御史十三人与中官分守诸府。[5]

朱祁钰即位，也是大量地派遣镇守宦官：

> 本朝自己巳之变（按土木之变，为正统十四年己巳），各边防守之寄，益周于前。如各方面有险要者，俱设镇守太监、总兵官、巡抚都御

[1] 《明史·费瓛传》卷一五五。

[2] 《弇山堂别集·中官考一》卷九十。

[3] 《弇山堂别集·中官考一》卷九十。

[4] 《明史·郑亨传》卷一四六。

[5] 《明史·朱英传》卷一七八。

史各一员，下人名为“三堂”。[1]

有时甚至一城两人，如景泰七年右副都御史年富上言云：

诸镇边守监枪内官增于前，如阳和、天城，一城二人，扰民殊甚，请减汰。[2]

并且还有所增设，如：

（景泰）乙亥春正月，命太监班佑镇守两广，两广镇守太监始此。[3]

更奇怪的是其时镇守太监竟可以上章干涉朝政！

当朱祁镇被也先掳去，祁钰监国，给事中王竑等将王振党羽马顺王贵等当祁钰面前打死，浙江镇守太监李德竟上书指王竑等为“贼臣”，疏言：

锦衣指挥马顺长随王贵等罪犯，亦宜取自圣断。各臣乃肆奸宄，即于御前捶死之。变祖宗法度，逐朝廷正人，悖礼犯分，闻者切齿。宿卫官员，无一人遮护，使无内臣左右侍立，各臣必生别衅，此正贼臣犯阙，不宜任用，可任者，莫若亲近。[4]

祁钰便将这奏章发下廷议，于是文武大臣于谦等言：“马顺乃王振之爪牙，王贵等乃王振之心腹。党恶既深，遂谋不轨，逼驾亲征，乘舆不返。群臣同时捶死，是春秋诛乱臣贼子之大义。”议上之后，祁钰倒也颇以为然，

[1] 《菽园杂记》卷五。

[2] 《明史·年富传》卷一七七。

[3] 《二申野录》卷二。

[4] 《万历野获编》卷六，《内臣李德》。

但对于李德，却说道："李德所言，卿等其亦置之。"[1]一点惩罚也没有，这原因据沈德符说是：

> 当时内竖盘结于内，联合于外。帝即洞知李德狂悖，而终不能去。且其时喜宁方被获，甫磔于市，此辈尚哆口横恣如此，况平居乎？[2]

这样说来，竟连祁钰对他们也毫无办法了。

朱见深即位，对于原设的镇守太监一概保留。如成化廿一年兵部尚书张鹏奏"四方镇守、监枪、守备内官，非正统间原设者，悉宜诏还"。但结果是"帝尽留之"[3]，并且不仅尽留，反而设置得更多，同年御史汪奎奏：

> 镇守、守备内官视天顺间逾数倍。[4]

其各地添设的如《菽园杂记》所载：

> 近来添设尤多，姑举北直隶言之，如蓟州、永平、山海等处，密云、古北等处，居庸关等处，各有镇守内官。鲇鱼石等营，黄崖口等营，台头营、山海等处，永平太平寨，青山营，峨眉山营，遵化、滦阳等关，刘家口等处，黄花镇、紫荆关、倒马关，凡二十四处，各有守备内官，武官称是。

这还只是北直隶一省的数目，其他各省再加上，更不知有多少了。

朱祐樘时镇守内官稍稍减少了一点，但内地各省仍常常派出，有时

[1] 《万历野获编》卷六，《内臣李德》。

[2] 《万历野获编》卷六，《内臣李德》。

[3] 《明史·张鹏传》卷一六〇。

[4] 《明史·汪奎传》卷一八〇。

一省且有好几个。如“山东既有内臣镇守，复令李全镇临清”，[1]“云南有镇守中官，复遣监丞孙叙镇金腾”。[2]有时又派其他特务兼守，如弘治十八年“十一月命太监韦兴往太和山司香，兼分守湖广行都司地方”[3]。一直到朱厚照嗣位之初，刘大夏还“请撤四方镇守中官非额设者。帝止撤均州齐元，大夏复议上应撤者二十四人”[4]。这些“非额设”的地方，据正德元年“兵部复请，如山东临清之镇守，湖广行都司，密云、怀来、建昌之分守，宣大、甘宁、广宁之监枪，山海、龙门、永宁、大同、朔州之守备，皆所当革”[5]。可见朱祐樘时镇守太监减少得也实在有限了。

朱厚照时是镇守太监极盛时代，边塞各地，差不多全都设有。

> （正德）二年太监李荣传旨，边关隘口等处切近京师，旧设守备内官，仍旧添补。蓟州、黄崖口等营以都知监左少监屈让，台头营以都知监右少监王鉴，永平、太平寨、青山营以司设监左少监万钊，遵化、滦阳等关以印绶监右少监刘睿，刘家口营以都知监右少监丞高永，蓟州、鲇鱼石等处以印绶监右少监李准，峨眉山等营以御马监左少监冯旺，黄花镇以都知监左监丞张鼎，天城兼管神锐以御马监左监丞张仁，淮安卫等处以都知监左监丞王景和，龙门所等处以都知监右少监孟山各守备，万全左卫等处，以都知监右少监毕安分守，盖自时诸边无余地矣。[6]

此外如潼关、山海关，边远如兰靖等地全都设有分守宦官[7]，至于各省重镇那就更不用说了。

---

[1] 《明史·杨守陈传》卷一八四。

[2] 《明史·屈伸传》卷一八〇。

[3] 《弇山堂别集·中官考五》卷九十四。

[4] 《明史·刘大夏传》卷一八二。

[5] 《弇山堂别集·中官考五》卷九十四。

[6] 《弇山堂别集·中官考一》卷九十。

[7] 《明史·汪元锡、王果传》卷二〇三。

据前引《明史·职官志三》所称，朱厚熜嘉靖八年曾革去所有镇守太监，但事实上并没有完全革去。嘉靖十七年武定侯郭勋又奏请复设：

> 武定侯郭勋陈时政，极诋大小诸臣不足任，请复遣内侍出镇守。诏从之。[1]

于是仍"许云贵、两广、四川、福建、湖广、江西、浙江、大同等边，各仍设一人"[2]。这样又设了一年，"十八年四月，以彗星示变，将新复镇守内臣尽皆取回，遂不再设"[3]。这里所谓"尽皆取回"，也只是大概言之，实际上还是留下了黄花镇一处，一直到嘉靖四十年直隶巡按御史黄纪劾奏该镇太监纪阳，方才撤回。

这以后，朱载垕、朱翊钧两朝镇守太监都设置得很少，但这设置少并不等于取消了这些各边各省的侦察机关，他是拿别种名义机构代替了，如朱翊钧派出许多矿税特务分驻各地，兼负侦察政治军事的责任，较之镇守太监权力更大。何况镇守太监又并非完全不设，如太和山守备一职，朱载垕时就反复争论多次，还是照设。

> （隆庆元年）七月，巡按湖广御史陈省劾太和山守备太监吕祥七罪，乞徽祥还……已而司礼监举御马监右监丞刘进代祥，上仍命提督分守湖广行都司等处。于是兵科都给事中欧阳一敬疏言……上悟，遽命罢进，问："司礼监孰可代进者？"于是内官监左监丞柳朝自司礼典籍得推用，仍兼分守。兵部尚书郭乾曰……上是之，命改给朝提督太和山关防，毋兼分守。[4]

---

[1] 《明史·谢瑜传》卷二一〇。

[2] 《万历野获编》卷六，《镇守内臣革复》。

[3] 《弇山堂别集·中官考五》卷九十四。

[4] 《弇山堂别集·中官考十一》卷一百。

而万历间还是命“太和山提督中官田玉兼分守事”[1]。

朱由校时镇守太监又完全恢复设置，那是因为魏忠贤当政的缘故。《三朝野记》卷二云：

> 逆贤擅政，内阉纷纷出镇，秉谦献媚，俱票注太监二字，遂以为例。[2]

并且发内旨指明任务是密察：

> 内旨：“命差太监刘应坤等分镇山海关等处，一应事务与文武将吏计议而行，不时写密封走报。”[3]

朱由检即位之初，曾一度罢免，但不久仍觉得自己的特务可靠，又陆续派出，而且偏于各边，结果是“宦寺降于关门”，大明王朝就是这样灭亡的。

守 备 沿 革

至于守备太监和镇守太监一样，都是负责侦察各地军民的，但有一点不同，便是守备太监在表面上还负有一种比较明确的任务，如南京守备太监是护卫留都，凤阳守备太监便是护卫皇陵，不像镇守太监只是空洞地总镇一方或一省。（分守一地的宦官有时也叫做守备，但实际还是分守的职务，和这里所说的守备太监不同，不能混淆。）

明代设有守备太监的地方，计有：南京守备，凤阳守备，天寿山守备，湖广承天府守备，而以南京守备最为煊赫。

原来明代自朱棣迁都北京以后，便将南京称为留都，为南方政治军

---

[1] 《明史·蔡时鼎传》卷二三〇。

[2] 《三朝野记》卷二。

[3] 《三朝野记》卷三。

事的重心，照样设有六部九卿，但以守备及参赞机务总其成，《明史·职官志五》卷七十六：

> 南京守备一人，协同守备一人。南京以守备及参赞机务为要职。守备，以公、侯、伯充之，兼领中军都府督事。协同守备，以侯、伯、都督充之，领五府事。参赞机务，以南京兵部尚书领之。其治所在中府，掌南都一切留守防护之事。

这是朱棣时的定制，以这样一个关系东南半壁安危的重镇，统治者自然不放心交给这几个公、侯、伯去掌管的，朱高炽洪熙元年便命郑和以下西洋的军队守备南京，于是郑和便成为第一任南京守备太监，当时给予他的任务：

> 洪熙元年正月丁未，命内官监太监郑和领下番官军守备南京，在内与太监王景弘、昭布哈、唐观保协同管事。遇外有事，同襄城伯李隆、驸马都尉沐昕计议而行。[1]

设立以后，统治者对这守备太监是特别重视的，因为他是“护卫留都，为三千里外亲臣”[2]，所以，定为“司礼监外差”[3]。换言之，便是南方特务总机关。

初设立时，守备太监只有一人，后来增为二人，一正一副。朱厚照、厚熜时竟增至四人。正德元年，都给事中张文等称：

> 余庆、黄准、黄忠、刘云同守南京。[4]

[1] 《弇山堂别集·中官考一》卷九十。

[2] 《酌中志》卷十六。

[3] 《明史·职官志三》。

[4] 《弇山堂别集·中官考五》。

> 嘉靖四年闰十二月初，有旨添设南京守备太监卜春，南京御史王献等以为冗滥，疏请停革，兵部复议：“南京守备已增至三员，若添设愈多，则职掌不一。且南京岁灾民困，一切供用皆取诸民，乞俯从停革，以重根本。”诏如前旨。[1]

这些守备太监和守备南京的那些公、侯、伯，同是守备，表面上好像是平行，但实际上太监是“钦差”，是皇帝代表，公、侯、伯们还是要俯首听命的。这在公堂座次上便可以看出来，坐的时候，照例太监是“据首席，而协同者为侯伯则上坐，都督则侧坐”[2]。而当他们进表的时候，“率以两御史监礼”[3]。以宦官而役使御史，威武可谓非常了。

凤阳是朱元璋老家，所以也设有太监一员，护卫他的祖宗坟墓，兼管高墙犯罪宗室（明代诸王如犯罪，便发往凤阳高墙禁锢）。后来又兼“操练中都留守司八卫一所军马”[4]。

天寿山是朱棣以下的各独夫坟墓所在地，所以也派有守备太监一员，“辖各陵守陵太监，职司护卫”[5]。

湖广承天府原是朱厚熜任藩王时的旧邸，他父亲的坟墓在那里，所以也派有守备太监一员护卫，并规定兼“辖承德、荆襄地方”。[6]

这些守备太监由于有护卫皇陵的职务，所以都是永久设立，从来没有罢设过。

镇守和守备太监的沿革大概如此，底下再说他们的职权。

---

[1] 《弇山堂别集·中官考十》卷九十九。

[2] 《凤洲杂编》卷一。

[3] 《明史·王炌传》卷二〇一。

[4] 《弇山堂别集·中官考七》。

[5] 《明史·职官志三》卷七十四。

[6] 《明史·职官志三》卷七十四。

镇守和守备太监的职权

镇守太监的职权，始终没有明确规定过。正德十三年大学士梁储等言："各处镇守守备内官，其当行事务，旧有定规。祖宗累朝敕谕，彼此不同，盖亦各有深意，不当轻改。"[1]一面说"旧有定规"，一面又说"彼此不同，盖有深意"，自相矛盾，很明白可以看出是一句饰词，实际上特务的任务如何可以明白规定出来呢！

但即就特务的任务而言，根据以上所述的沿革情形来看，最初是监视边防军事，后来派镇各省，照例也应该是监视军事，但内地各省，平时无军事可言，政治民情自然也就在其监视之中。不过，无论怎样说，也只能是止于监视，决不能直接干涉或管理地方军政的。但是由于职权规定得不明确，他们便肆无忌惮地向统治者请求种种事权，统治者为了使自己的特务能顺利完成任务起见，对他们的请求也就无不照准。弄到后来，这些镇守太监对地方政事便无所不管，甚至成为各地方官的直接上司了。

这现象开始甚早，朱祁镇时便有些无耻的官员奏请守备太监考察官吏：

> 正统五年，南京御史魏淡……疏言："南京诸司，富者朋比为私，贫者孤立无助。若凭风宪考察，少合公论，守备太监刘宁忠直公平，乞令体察，上不许。"[2]

朱祁钰时仍有无耻官员有同样奏请：

> 景泰二年镇守福建刑部尚书薛希琏，奏请会同右监丞戴细保考察文武方面官员。吏科纠之云："考察之任，向不以属内臣，希琏

[1] 《弇山堂别集·中官考七》卷九十六。

[2] 《万历野获编补遗》卷一，《请内官体访考察》。

乃借以媚权，殊失大体，有负重任，乞正其罪。”上诏考察仍如旧例，宥希琏不问。[1]

到朱见深时这些镇守太监便得逮治四品以下官吏，成化二十一年御史汪奎奏称：

浙江张庆、四川蔡用得逮治四品以下官，尤伤国体。[2]

而那时守备太监也同样地干预地方刑名政事，如成化十八年中都（凤阳）留守指挥郭玉奏称：

守备中官徇奴隶之言，掣诸司之肘，决狱惟货，多不以情。[3]

这现象到朱祐樘时发展得更为普遍，弘治二年右都御史秦纮奏称：

（今）天下镇守官皆得擅执军职，受民讼，非制，请严禁绝。[4]

同年御史姜绾也奏劾南京守备太监蒋琮十大罪，这十大罪几乎全和地方行政有关，奏称：

琮以守备重臣，与小民争利，假公事以适私情，用揭帖而抗诏旨，扬言阴中，协以必从。其他变乱成法，厥罪有十。以内官侵言官职，罪一。妒害大臣，妄论都御史秦纮，罪二。怒河闸官失迎候，欲奏罢之，罪三。受民词不由通政，罪四。分遣腹心，侵渔国课，罪五。按季

[1] 《万历野获编补遗》卷一，《请内官体访考察》。

[2] 《明史·汪奎传》卷一八〇。

[3] 《明通鉴》卷三十四。

[4] 《明史·秦纮传》卷一七八。

收班匠工银，罪六。擅收用罢闲都事，罪七。官僚忤意，辄肆中伤，罪八。妄奏主事周琦罪，欺罔朝廷，罪九。保举罢斥内臣，窃天子威柄，罪十。[1]

到朱厚照时，这些镇守太监便正式成为所镇守地方的最高长官，地方一切官吏都得听他指挥了。

（正德二年三月），敕各镇守太监预刑名政事。[2]

所谓“预刑名政事”，具体情形便是“总制三司裁决各衙门大小事”[3]。这敕是刘瑾传出的，开始请求的是四川镇守太监罗龠。《继世纪闻》卷九十三：

四川镇守太监罗龠请便宜行事，瑾实主之。由是各处镇守皆比例奏要，如巡抚都御史之任，干预刑名诸政。刘瑾捏旨批出，皆许便宜而行。

于是一些小的分守也纷纷乞请，如分守四川建昌上都司地方太监赵钦便兼领川南道[4]，而密云分守竟奏讨符验旗牌。

在密云者，亦止以分守名，仍听蓟州镇巡官节制。正德以来，中贵恣横賫缘内批，奏讨符验旗牌，兼辖地方，奏改镇守或充副总兵官，越分行事，民甚苦之。[5]

[1] 《明史·姜绾传》卷一八〇。

[2] 《明史·武宗本纪》卷十六。

[3] 《弇山堂别集·中官考六》卷九十五。

[4] 《弇山堂别集·中官考八》卷九十七。

[5] 《弇山堂别集·中官考八》卷九十七。

这种“符验旗牌”，按明代制度是只有大将出征及诸边守将才有资格执有的，现在一个小小分守竟也领用了。

到后来这些镇守太监更加放肆，竟巡历起地方来，如正德十年六科给事中汪玄锡等所奏：

镇守湖广太监杜甫，假郴桂流贼为名，奏乞巡历地方，兵部谓不可，陛下特允所请，不知甫何以得此……甫在镇一年，迹其所行，不过牟利自殖，无补分毫。今使出巡，有司馈遗，仆从骚扰，仓卒生变，则楚之可忧，不独瑶僮而已……十三省皆有镇守，亦有盗贼，诚恐旬月之内，皆援甫例，奏牍纷至，是甫不独祸一方，又将祸天下矣。先朝虽添设镇守等官，未曾许其巡历，惟逆瑾擅政，乃许接受民词，瑾之败诛，孽亦坐此，甫可不知所惩乎？[1]

甚至保举、迁调、降斥地方官吏，如正德元年南京十三道御史所奏：

都御史柳应辰为太监刘琅保留，江西参政王纶为太监董让旌举。[2]

河南镇守太监廖堂也是如此：

（正德三年），镇守河南太监廖堂奏保司府州县官员贤能，具拟升调某职，吏部多所复从。[3]

河南镇守太监廖堂挟势奏举三司官贤能，并劾不职者。[4]

[1] 《弇山堂别集·中官考七》。

[2] 《弇山堂别集·中官考五》。

[3] 《弇山堂别集·中官考五》。

[4] 《继世纪闻》卷九十一。

同样的，守备太监也援例乞请兼管地方，如：

> 凤阳守备中官邱德及镇守延绥、宁夏、大同、宣府诸中官皆乞更敕书兼理民事，帝许之。[1]

凤阳守备所管的是庐、淮、扬三府，徐、滁、和三州。这以后虽然也曾停止，但不久太监们又照旧乞请，如嘉靖四年：

> 王德乞更换敕书，兼管庐、凤、淮、扬、徐、滁和地方事，诏许之。[2]

又如嘉靖十八年：

> 守备凤阳太监张信乞兼统摄庐、淮、扬三府，徐、滁、和三州，如前太监黄准例。[3]

他们也照样的乞请旗牌，如正德二年黄准便这样请过：

> 中官黄准守备凤阳，从其请，赐旗牌。[4]

凭着这样的威势，这些镇守太监和地方长官相处，自然一切凌驾地方长官之上了，即以公堂座次为例，照例是镇守太监上坐，就是以总督之尊，也不能平列，《明史·朱英传》卷一七八：

[1] 《明史·梁储传》卷一九〇。

[2] 《弇山堂别集·中官考十》卷九十九。

[3] 《弇山堂别集·中官考十》卷九十九。

[4] 《明史·曾鉴传》卷一八五。

镇守中官与督抚，总兵官坐次，中官居中，总督居总兵官左。

而会同奏事自然也是署列第一名。《菽园杂记》：

景泰间，各边镇守巡抚官会本奏事，及兵部复奏，皆与总兵官为首，今皆首内臣。

事实的例子如朱见深时何乔新往勘播州，疏中称引一件文书开头便是：

会同钦差镇守四川太监刘，巡抚右副都御史刘，巡按监察御史何问得犯人……[1]

而统治者所下诏书，也是将镇守太监列在前面，如朱见深给何乔新的敕谕：

兹特命尔同锦衣卫指挥刘纲，备词前去四川，会同镇守太监刘雅，巡抚右副都御史刘璋，巡按监察御史何钧亲诣播州[2]。

这些镇守太监守备太监的派遣，照例是由特务总机关司礼监主持，大臣是不能推荐的。如果推荐便是犯法，如朱祁镇时大同巡按李秉以“天城守备中官陈例久病，秉请易以罗付。帝责秉专擅，征下诏狱……斥为民”[3]。

由于这种镇守差使可以大量搜刮剥削人民，所以，特务们都千方百计地谋这差使。于是司礼监便勒索贿赂，后来甚至统治者自己也伸手要

[1] 《勘处播州事情疏》。

[2] 《勘处播州事情疏》。

[3] 《明史·李秉传》卷一七七。

钱了。底下一则故事便是实例。

> （刘瑾）又说：“司礼监亦揽权纳贿，如各处镇守出去，皆司礼监举用，受钱至多。如不信，只将司礼监见掌印李荣抄了，就有金银可满三间房。今若将各处镇守内官取回，另换一番人，着他各备银一二万两送上谢恩，恰不胜如司礼监要了。”由是上信之，传旨将天下镇守取回，新用者论地方大小，借贷银两进献，即得差用。如内官韦兴、齐玄等皆先朝犯赃问发，亦夤缘差出分守，所至剥削民财，全无顾忌。[1]

差使既是花钱买来的，那自然要在这差使上来取偿，于是在军事上便是克扣粮饷，在地方上便是搜刮敲榨，什么都可以做出来了。

（二）败坏边防，凌辱官吏

如前所说，明代统治者设置镇守太监，初意原是监督防地军事的。后来普遍设置，监督防地军事仍是主要任务之一。不过，这些特务根本就不懂得军事，除了干些卑鄙无耻的侦察官民工作而外，便是牵制守将，克扣军饷。一旦有警，向守将身上一推还是好一点的，坏一点的呢，还要从中捣鬼。朱厚熜时户科给事中张翀对这些家伙曾有两句很扼要的批评，他说：“时平则坐享尊荣，肆毒百姓，遇变则心怀顾望，不恤封疆。”[2]朱见深时陆容也曾指出这些特务败坏军事的原因道：

> 夫武官分布要害，遇有警急，各任其责。内官之设，既非令典……况此辈原无禄食，太平之时，日费颇丰，不免取诸所部，孰敢谁何？万一事起不测，折冲御侮，必赖将臣，彼亦无能为也。或犯吏议，

[1] 《继世纪闻》卷九十一。

[2] 《明史·张翀传》卷一九二。

朝廷又多原之，军力之疲敝，军政之不修，有由然矣。[1]

败 坏 边 防

这种败坏边防，远在朱棣时便已开始，如马骐和山寿两人镇守交阯的情形便是实例。

马骐镇守交阯在山寿之前，永乐十八年，交阯“左参政冯贵，练士兵二万余人，每出战有功，马骐疾之，尽夺其兵，仅余羸兵数百人……而贼势披猖，官军失援……力战死之”[2]。

山寿镇交阯则在永乐二十二年，其时朱高炽已即位，“诏都督方政，同荣昌伯陈智镇交阯，是时黎利复围茶笼州，智暗懦，素无将略，因借抚以愚朝廷，且与政迕，坐视不救。会山寿至，力持抚议，以故贼益猖獗不能制”[3]。

朱瞻基宣德三年交阯失陷，文武诸臣追究祸根，曾弹劾他们两人，说是“山寿曲获叛贼马骐，激变交民”[4]，这追究是一点也不冤枉他俩的。

朱祁镇时，这些镇守太监竟有通敌情事，如镇守大同太监郭敬便“岁造箭镞数十瓮，以（王）振命遣瓦剌，瓦剌辄报以良马”。后来朱祁镇亲征，“西宁侯宋瑛，驸马都尉井源为前峰，遇致阳和，敬又挠使败”[5]。而正统十三年闽浙农民义师纷起，朱祁镇便派一些宦官特务分守两省交界要隘，但农民义师一来，这些特务便吓得要逃跑。

朝廷虑闽浙贼合，命御史朱瑛与中官分守两省交界要隘，瑛……以计擒贼党周明松等数人，械至庆元，谍报贼众三万来劫明松等，

[1] 《菽园杂记》卷五。

[2] 《明通鉴》卷十七。

[3] 《明通鉴》卷十八。

[4] 《明通鉴》卷二十一。

[5] 《明史·王振传》。

中官大惧，欲走。[1]

朱见深时镇守开原太监韦朗坐失律当逮治，他的同伙竟以诸葛亮、韩琦为比请求宽恕，而见深也竟听从。

镇守开原太监韦朗坐失律当逮治……其同官镇守太监李良上言：“昔武侯失律街亭韩琦丧师西夏，兵家之常。未尝以一眚遂弃。请宥朗戴罪立功。”兵部复奏，谓：“朗私役军人，贻误大事，岂得以诸葛韩琦为比！宜勿许。”然内批仍赦不问。[2]

此外如朱祐樘时辽阳分守刘恭：

（弘治十五年）九月，降右少监刘恭官三级，仍分守辽阳……会敌入东州，攻掠村堡，恭等失于防御，御史复请罪之……有旨罢其分守。而恭复自疏乞留，乃有是命。于是兵部及科道各论其贪墨之罪，乞罢黜。且言东州之败，总兵孙文毅已坐死罪，恭不宜独免。不听。[3]

朱厚熜时黄花镇守备太监纪阳贪残不法，大坏边防，曾为直隶巡按御史黄纪所劾，结果黄纪反因此降职。[4]

有时这些镇守太监遇到敌人深入，又往往和守将串通隐瞒起来，逃避责任。如朱见深时：

（辽东）敌大入，中官韦朗、总兵官缑谦等匿不以闻。[5]

[1] 《明通鉴》卷二十四。

[2] 《明通鉴》卷三十。

[3] 《弇山堂别集·中官考四》卷九十三。

[4] 《弇山堂别集·中官考十》。

[5] 《明史·强珍传》卷一八〇。

有时这些镇守太监还和敌人私自交易。

> 景泰二年，镇守内官陈海以铁剑与夷人哈丹易马，御史郑绍劾奏，捕鞫之。[1]

此外便是诈冒军功，如朱棣时交阯左参政冯贵“骁果善战……数击贼有功，中官马骐尽夺之”[2]。陈桓“弘治初，镇宁夏，中贵人多以所亲冒功赏”[3]。朱厚照时“阿尔秃斯、亦不剌与小王子战败，引所部驻甘肃塞外，时入寇，掠陷堡砦五十有三。巡抚张翼、镇守太监朱彬等反冒奏首功千九百有余，以捷奏者十有一”[4]。而到朱厚熜时竟连太监家人也冒功了。

> （嘉靖四年）十一月，镇守蓟州等处太监李能奏其家人李和等青山口斩获有功，已注羽林右街小旗，复求改驻锦衣卫。兵部执奏，言其诈冒军功，不可许，诏许之。[5]

如果无功可冒，便诬杀良民，指为盗贼，奏请升赏。如：

> （正德）四年，陕西镇守太监廖堂及参随副千户廖鹏擒斩回贼百三十四人议功堂，加岁禄十二石，鹏升指挥佥事，盖妄杀也。[6]

[1] 《弇山堂别集·中官考二》。

[2] 《明史·陈洽传》。

[3] 《明史·陈珪传》卷一四六。

[4] 《明史·张文明传》卷一八八。

[5] 《弇山堂别集·中官考十》卷九十九。

[6] 《弇山堂别集·中官考五》。

有时甚至滥杀外国贡使冒赏，如朱祐樘时：

辽东镇守等滥杀贡夷冒赏。[1]

克扣军饷　役占兵丁

至于克扣军饷、役占兵丁，更是这些宦官特务的家常便饭。如天顺二年王宇以右副都御史巡抚宣府时，“中官严顺、都督张林等令家人承纳刍粮”[2]。成化四年彭谊以右副都御史巡抚辽东时，“镇守中官横征诸属卫”[3]。成化五年巡抚贵州都御史陈宣奏称：“少监郑忠，南京伯毛荣，各带参随，纵其役占军伴，办纳月粮，奴辱有司，营求贿赂。”[4]朱祐樘时右少监刘恭分守辽阳“私役军余千余人”[5]。朱厚照时“于喜前以太监守备宣府，侵盗官库，克减军储”[6]。这种扣饷私役在厚照时已十分普遍，风气养成，所以，到朱厚熜初年似乎更为厉害，如：

（嘉靖元年）十月，巡抚大同右副都御史张文锦劾奏阳和天城分守太监李睿报纳官草，累军采运，侵占庄田，役军耕种。[7]

（嘉靖元年）二月，巡按陕西御史许翔凤劾奏镇守甘肃太监王欣、赵林、陶俊、申永、孔学苛克官军月粮草束，与甘州左卫千户孙智等违法事。[8]

（嘉靖七年）时边政久弛，壮卒率占工匠私役中官家，守边并羸

[1] 《弇山堂别集·中官考四》。

[2] 《明史·王宇传》卷一五九。

[3] 《明史·彭谊传》卷一五九。

[4] 《弇山堂别集·中官考三》卷九十二。

[5] 《弇山堂别集·中官考四》。

[6] 《弇山堂别集·中官考十》。

[7] 《弇山堂别集·中官考九》。

[8] 《弇山堂别集·中官考八》。

老不任兵。又番休无期，甚者夫守墩，妻坐铺。[1]

（嘉靖）十年……太监窦宽等占役洒扫诸旗军，岁侵役银数百计。[2]

而嘉靖元年边军几致哗变：

（嘉靖元年）宣大两镇连岁凶荒，军粮久缺，米价腾贵，宣府镇守太监于教场操练，一军鼓噪求粮，几致为变。[3]

这虽然是灾荒所致，但宦官特务们的克扣军饷怕也是主要原因之一。

至如南京守备，兵权更重。前面已经说过南京在明代是留都，和北京一样，设有一切中央机构，所以也有京营。

京营之在南者，永乐北迁，始命中府堂府事官守备南京，节制在南诸卫所。洪熙初，以内臣同守备。[4]

这守备太监的权力是在南京一切官吏之上的，所以，南京营的兵权实际上是在他的掌握之中。于是冒粮吞饷役占的事就层出不穷了。这情形在朱见深时已很严重，下面一事，便可为例：

宪宗命南给事御史时至二场点阅。成国公朱仪及太监安宁不便，诡言军机密务，御史诘问名数非宜。帝为罪御史，仍令守备参赞官阅视，著为令。[5]

---

[1] 《明史·翟鹏传》卷二〇四。

[2] 《弇山堂别集·中官考十》。

[3] 《弇山堂别集·中官考八》。

[4] 《明史·兵志一》。

[5] 《明史·兵志一》。

御史们如果查出缺额照实劾奏，结果一定是自己倒霉，如朱祐樘时御史张昺与给事中周纮“奉命阅军，军多缺伍，两人欲劾奏中官蒋琮，琮先事劾两人……乃调昺南京通政司经历，纮南京光禄寺署丞”[1]。这以后始终不曾清理过，朱厚熜时言官还“数奏南营耗亡之弊”[2]。而役占情形这时也极严重，如嘉靖九年“南京兵科给事中秦鳌上言，南京内外守备三弊，一曰投托，二曰役占，三曰威虐”[3]。这种役占，守备太监们甚至公开奏请，毫无顾忌。如：

（嘉靖三年）五月，守备南京内官监太监王堂请拨孝陵等卫军三千名，看守房屋，已得旨许之。兵科都给事中安磐因劾堂欺慢，谓本朝事例，私役军人过十名者据法论，而堂公然自拟名数，具牍上请，其视私役轻重又何如也。[4]

从这以后，积弊越来越深，南京营军额原本十二万，到万历十一年实际人数只有两万多，其余的饷额全被宦官们冒领去了。

诬陷地方官吏

统治者给这些镇守或守备宦官特务的任务，除了监督防地军事而外，还有一个重要的任务，便是侦察地方官吏。因为他们握有这样特权，于是对地方官便随意诬陷。而统治者认为这正是宦官、特务尽忠于他，即使知道是裁诬，也绝不会反坐宦官特务们的罪，如朱棣时：

安南既平，郡县其地，命（黄）福以尚书掌布政、按察二司……

[1] 《明史·张昺传》卷一六一。

[2] 《明史·兵志一》。

[3] 《弇山堂别集·中官考十》卷一百。

[4] 《弇山堂别集·中官考九》。

镇守中官马骐怙宠虐民，福数裁抑之，骐诬福有异志。帝察其妄，不问。[1]

又如朱祁钰时命都督佥事孙安修复独石马营龙门卫所四城，而——

守备中官弓胜害安，奏安疾宜代。帝以问（叶）盛，言“安为胜所持，故病。今诸将无逾安者”。乃留安。[2]

最高限度也只是把宦官特务调回而已，如：

（大同）镇守中官陈公忌（总兵官郭）登，会有发公奸赃者，公疑登使之，遂与登构。帝（祁钰）谓于谦曰：“大同吾藩篱也，公与登如是，其何以守？”遣右监丞马庆代公还，登愈感奋。[3]

但这只是极少数的例外，一般说来，统治者还是相信宦官特务的诬告，将地方官调开，或竟是降职免职。如朱见深时韩雍以左都御史总督两广，韩氏是当时重臣，战功甚著，威风极大，在任时“三司皆长跪白事。军门设铜鼓数十，仪节详密。裨将以下，绳枊无所假。两地镇守宦官素骄恣，亦惕息无敢肆”。但终于被镇守宦官所诬陷：

广西镇守中官黄沁素憾雍抑己，因讦雍，且言其贪欲纵酒，滥赏妄费。帝遣给事中张谦等往勘，而广西布政使何宜、副使张敩衔雍素轻己，遂共酝酿成其罪。谦还奏，事虚实交半，竟命致仕去。[4]

[1] 《明史·黄福传》卷一五四。

[2] 《明史·叶盛传》卷一七七。

[3] 《明史·郭登传》卷一七三。

[4] 《明史·韩雍传》卷一七八。

而成化二十一年余子俊以“左都御史，巡抚大同。中官韦敬谗子俊假修边多侵耗，又劾子俊私恩怨，易将帅”。结果也勒令子俊致仕。[1]

以后朱祐樘、朱厚照、朱厚熜三朝无论是宦官特务诬告或是宦官特务与地方官互讦，全是袒护宦官特务的，兹各举一例如下：

（弘治元年浙江巡按畅亨）请罢温、处银课，而置镇守中官张庆于法。章下所司，银课得减，责庆陈状。庆因讦亨考察不公，停亨俸三月。亨又劾佥事邹滂，滂亦讦亨。庆等构之，逮亨，谪泾阳知县。[2]

（正德）十年丁巳，镇守宣大太监于喜部下军私乘操马，总兵官郤永杖之。喜怒，相争诟。遂奏永专权自恣，拟为不轨。永辞任，且自辩……诏喜承受命镇守，不能协心济事，乃以小忿讦奏，本当重治，姑免勘。喜降敕切责，永调宁夏。[3]

（云南）镇守太监杜唐、黔国公沐绍勋相比为奸利，长吏不敢问，群盗由此起。（云南巡抚欧阳）重疏言：盗率唐、绍勋庄户，请究主者。又奏绍勋任千户何经广诱奸人，夺民产，唐役占官军，岁取财万计。因极言镇守中官宜革。帝（厚熜）颇纳其言，频下诏饬绍勋，命唐还京待勘。二人惧且怒，遣人结张璁，谋去重。会重奉命请异姓冒军弊，都司久未报，给饷后期。唐等遂嗾六卫军哗于军门。巡按御史刘臬以闻，劾重及唐、绍勋处置失当。璁从中主之，解重职，责臬党庇，调外任，唐、绍勋不问。[4]

其实，这样降职免职还算是优待的，有些地方官因奏劾宦官特务而被诬陷竟逮下诏狱，如朱厚照一朝便不断发生：

[1] 《明史·余子敬传》卷一七八。

[2] 《明史·姜洪传》卷一八〇。

[3] 《弇山堂别集·中官考七》卷九十六。

[4] 《明史·欧阳重传》卷二〇三。

（范辂清军江西），劾镇守太监毕真贪虐十五事，疏留不下。真乃摭他事诬之，遂逮下诏狱。[1]

（张泾）出按宣府，劾镇守中官于喜贪肆罪，为喜所讦，逮系诏狱。[2]

正德十三年，驾幸昌平，民间妇女惊避。（永平知府毛）思义下令言："大丧未举，车驾必不远出。非有文书，妄称驾至扰民者，治以法。"镇守中官郭原与思义有隙，以闻。立逮下诏狱，系半岁。[3]

下狱后自然要挨打受刑，有时还要充军：

（正德二年），监察御史马允中刷卷南京，参究指挥张瀚等，瀚伺其枉道回家发之。守备太监郑强奏闻。逮下锦衣狱拷讯，狱具，命司礼监官监杖三十，发为民。[4]

（广东副使吴廷举）发总镇中官潘忠二十罪。忠亦讦廷举他事，逮系诏狱。刘瑾矫诏，枷之十余日，几死。戍雁门。[5]

有的甚至活活打死。

（正德中云南佥事盛应期）与御史张璞、副使晁必登抑镇守中官梁裕。裕劾三人，俱逮下诏狱，璞竟拷死。[6]

到朱厚熜时仍还有这类事情发生，如：

---

[1] 《明史·范辂传》卷一八八。

[2] 《明史·张文明传》。

[3] 《明史·张文明传》。

[4] 《弇山堂别集·中官考五》卷九十四。

[5] 《明史·吴廷举传》卷二〇一。

[6] 《明史·盛应期传》卷二二三。

（包节）按湖广。显陵守备中官廖斌擅威福，节欲绳之，语先泄。斌俟节谒陵时，故献膳羞，遽使撤去，诡称节麾出之。钟祥民王宪告斌党庇奸豪周章等，节捕章，毙之杖下。斌益怒，遂奏节不以正旦谒陵，次日始谒，时当进膳，不旁立，亵慢大不敬。奏已入，节始奏斌前事。帝大怒，以节抵罪，逮诣诏狱，搒掠，永戍庄浪卫。[1]

有时镇守宦官特务们竟横蛮凶狠到擅自笞辱地方官，而且这现象还经常发生，如：

（正德十五年）庚申，上至宝应，复渔于范光湖，镇守太监丘得索进贡物不得，以铁索系知府蒋瑶，窘辱备至，数日乃得释。[2]

又如朱厚熜时：

（嘉靖十六年）罢镇守湖广太监李镇回京，以巡按直隶监察御史孙元劾镇扈驾襄阳箠辱知府吴华也。[3]

又如朱翊钧时：

守太和山中官黄勋嗾道士殴辱知府。[4]

而在朱祁镇时竟有镇守宦官笞辱藩臣的事：

工部右侍郎霍瑄，先以参政掌大同府镇守，右少监韦力转恨瑄，

---

[1] 《明史·包节传》卷二〇七。

[2] 《弇山堂别集·中官考八》卷九十七。

[3] 《弇山堂别集·中官考八》卷九十七。

[4] 《明史·孙居相传》卷二五四。

送都御史年富家，众杖十余。至拜亚卿，始奏力转诸不法，上命逮治力转，亦天顺元年事也。内竖敢笞方面，抑更异矣。其后力转蒙上宥，而瑄亦不问。[1]

这些地方官受了宦官特务们这般侮辱，自己既无力和他对抗，统治者又不给申冤，白白地挨了一顿打，竟一点办法都没有，也真够可怜了！

至于地方官将镇守宦官弹劾去职或是治罪的，当然也并非绝对没有，如朱祁钰时许仕达“巡按福建，劾镇守中官廖秀，下之狱”[2]。朱祐樘时，“辽东巡抚韩重劾镇守中官廖玘，（给事中邹）文盛偕郎中杨茂仁勘实其罪，谪长陵司香”[3]。但这些在明代真是像凤毛麟角似的稀少，独夫们偶然做了一两件，臣下们就要歌颂不止了！

（三）搜刮人民，孝顺主子

明代镇守太监既可以公开地克扣军饷，诬陷长官，又有皇帝给他们撑腰，纵使有人弹劾，也不会有什么大不了的惩办。统治者既然放任他们胡作非为，于是他们便尽量地作威作福搜刮百姓，来饱填私欲了。

底下便是明代镇守太监作威作福搜刮百姓的劣迹概况。

先从朱祁钰时谈起：

朱祁钰时镇守太监的搜刮肆虐

朱祁钰即位之初便有山东右布政使裴纶奏称，镇守太监科索人民不法等情事，但祁钰却反将裴纶申斥了一顿。

（景泰元年）十月庚寅，山东右布政使裴纶言：“山东内地，与边徼异，已有都御史洪英巡抚，督同三司常操军士，保固城池。兼

[1] 《万历野获编》卷二十二，《藩臣被笞》。

[2] 《明史·许仕达传》卷一六四。

[3] 《明史·邹文盛传》卷一九四。

今岁禾稼丰登，流移复业，正当静以优恤，不宜烦扰。今内官唐广来镇兹土，有司日逐供给，未免动取民财，以一科十。且广随侍人，不无诈冒名目，生事侵渔。请敕廷臣会议，凡非边境有巡抚官处，俱命回京，庶内臣无轻出之劳，有司免供应之扰。”帝曰：“往岁各处贼寇生发，人民流散，因令内官镇守，得知事情缓急。今纶擅欲取回，主意安在？尔都察院令其陈状，如饰词，不宥。”六科给事中上章谓：“镇守巡抚，内外官员，俱受朝廷委托，恐其从人需索财物，如纶所言者，亦不可必其无也。”命巡按御史及按察司官廉有此等之人即执之，具闻处置。既而纶陈情服罪，宥之。[1]

以后宣府巡抚李秉又奏请罢去凡使者往来及宦官镇守供亿科敛者，又论守独石内官弓胜田猎扰民。[2] 福建巡按倪敬又奏称镇守内臣戴细保贪横。[3]

朱见深时镇守太监的搜刮肆虐

朱见深即位后，镇守太监在各地更为横行，他们手下都有一批爪牙，帮着他们搜刮剥削，如延绥镇守太监韦敬“刚愎自用，与总兵官丘嵩、都御史吕雯屡争小忿，敬会客，坐雯于西，坐嵩于下，而自据上坐。其下有边刚黄让者，招权纳贿，所在侵牟，商贾不敢至其境”[4]。而其时“郑忠镇贵州，韦朗镇辽东，（钱）能镇云南，并恣纵，而能尤横”[5]。

钱能是女直即女真人，兄弟四个，都有宠于朱见深，能号三钱，他出镇云南在成化四年，当其出镇时，一路上便是需索百端，闹得民间鸡犬不宁。巡抚贵州都御史陈宣奏云：

---

[1] 《弇山堂别集·中官考二》卷九十一。

[2] 《明史·李秉传》卷一七七。

[3] 《明史·倪敬传》卷一六二。

[4] 《弇山堂别集·中官考四》。

[5] 《明史·梁芳传》卷三〇四。

顷者太监钱能出镇云南，道经贵州，从行官舍，需索百端，民吏骇窜。[1]

到云南以后，便大肆贪虐：

太监钱能镇守云南，恃宪宗之宠，大肆贪虐，滇人如在水火，而无敢言者。[2]

他的贪虐方法，有时简直匪夷所思，如：

钱能……出镇云南，其怙宠骄蹇，贪淫侈虐，尤为古所未有。其时有二事最可资笑：云南有富翁病癞，其子颇孝，能召其子曰："汝父癞，传于军士不便，且又老矣，今将沉于滇池。"其子大恐，出厚资乃免。又王姓者，业卖槟榔致富，人呼为槟榔王家。则执其人曰："汝庶民也，敢惑众僭号二字王！"复尽出所有方免。后继之者，虽贪求无厌，闻斯事，未尝不失笑也。[3]

他除了在地方上搜刮而外，还派他的爪牙指挥使郭景跑到土司那里诈取钱财。

遣景与指挥卢安等索宝货于干崖、孟密诸土司，至逼淫曩罕弄女孙。[4]

[1] 《弇山堂别集·中官考三》卷九十二。

[2] 《四友斋从说》卷七，史三。

[3] 《万历野获编补遗》卷一，《镇滇二内臣》。

[4] 《明史·梁芳传》。

同时这些爪牙们又时时到云南矿场帮钱能搜刮，甚至打死守矿官吏。

能左右时至矿场有所求取，会有言守矿千户三人私矿银者，能不奏请，辄遣人械系击之。三人皆惧，共以官课千两馈能，能意不满，召明遂同临问，以巨梃杖之。[1]（按：《明史·梁芳传》云：“杖死一人。”）

于是巡抚云南都御史王恕、巡按云南监察御史甄希贤均上章弹劾，钱能也上章攻讦。朱见深便派刑部郎中钟藩等来云南按勘，报称所奏都是实事。都察院请逮钱能等至京治罪，但朱见深却特命宽宥，只下个敕谕责备了一下，敕谕却写得十分恳切，有如家人父子，敕云：

法司奏鞫尔违法事皆实，及尔所奏巡抚官事皆诬。罪状显著，本欲械尔至京，依律问拟。但念在边岁久，姑曲法宥宽贷。尔以镇守责任为务，以地方人心为重，严束下人，毋得于所属军卫有司骚扰。况土官化外之人，祖宗以来，但俾其以时纳贡，羁縻之而已，比之内地不同。今后事事须与黔国公沐琮并抚按御史三司官公议，委三司廉明官员抚谕勘问。毋得任情擅遣无籍之徒仍前需索诈骗，以起衅召乱。万一有失，咎将谁归？尔其戒之慎之！[2]

这样，钱能算是一点罪也没有了，但为了敷衍王恕等人面子，便下令逮治钱能爪牙九人，可是其中竟有指挥姜和李祥两人“怙势潜匿，不肯就逮”，而钱能“复为二人求宥，称其不避险难，有劳边方，且以恕等诬陷为词”，结果朱见深“竟从其奏”[3]。

但王恕在当时是个很有威望的人物，也很耿直，他在云南一天，钱能就一天放心不下，于是便“急属贵近请召恕还……遂改恕掌南京都察

[1]《弇山堂别集·中官考三》卷九十二。

[2]《弇山堂别集·中官考三》卷九十二。

[3]《弇山堂别集·中官考三》卷九十二。

院参赞守备机务”[1]。这样钱能算是完全胜利了。

钱能在云南大约有十多年之久，成化二十年调任南京守备，又和王恕共事。王恕待他倒很坦率，不以从前弹劾过他为嫌，他大概颇受感动，同时在云南也刮饱了，便向人说：“王公，天人也，吾敬事而已。”[2]因此，他在南京倒比较安分。弘治末年死于京师，朱厚照即位赐葬最胜寺。他的死据说是钱宁给毒死的。《万历野获编补遗》卷一云：

> 其幼畜钱宁于滇，晚俾专锁钥，能病，宁利其所有，遂进毒于能而死。

朱祐樘时镇守太监的搜刮肆虐

朱祐樘时镇守太监虐民的情形并未稍减，如弘治二年右都御史总督两广军务秦纮奏称：“中官、武将总镇两广者，率纵私人扰商贾，高居私家，擅理公事，贼杀不辜，交通土官为奸利。”[3]而兵部尚书刘大夏也向祐樘言四方镇守中官之害，祐樘询问实际情况，大夏说：“臣在两广，见诸文武大吏供亿不能敌一镇守，其烦费可知。”[4]事实的例子如宦官吉庆镇守金齿，搜刮民财，如同掳掠，竟致引起他自己随从的垂涎，结果将他害死。

> 弘治中，内官吉庆出守金齿路，选京师恶少从行，括民财不遗锱铢，势若掳掠。所收货皆宝石，择最珍者椟以自随，籥扃一室，昼夜守之。群傔垂涎不能得，日谋所以死庆者。会庆病渴，各傔禁

[1] 《明史·王恕传》卷一八二。

[2] 《明史·王恕传》卷一八二。

[3] 《明史·秦纮传》卷一七八。

[4] 《明史·刘大夏传》卷一八二。

水弗与。医来，私赂之，进金石药。庆燥极，呼亲信出椟中宝易水活命。得宝者复驰去不顾。庆突地而号，发焦肤裂死。从者各载货逃去。尸蛆逾月，官司方为瘗之……孝宗朝号极治，而中官之横至此。即滇南一方，而普天可知矣。[1]

而提督武当山宦官领着道士扰民更甚：

武当道士先止四百，至是倍之，所度道童更倍。咸衣食于官，月给油蜡香楮，洒扫夫役以千计。中官陈善又携道士三十余人，各领护持敕，所至张威虐。[2]

朱厚照时镇守太监的搜刮肆虐

朱厚照时镇守太监最为放纵，据《明史·刘菃传》卷一八八称："孝宗在位时，深悉内臣出镇之害，所遣皆慎选。刘瑾窃柄，尽召还之，而代以其党。菃言：'用新人不若用旧人，犹养饥虎不若养饱虎。'不听。"于是大量派出，其虐民最甚者有：廖堂、刘瑯、刘璟、毕真、杜甫、黄玉等。

廖堂曾做过河南、陕西两地镇守太监，所至之地，都刮得民穷财尽，流毒四方。在河南镇守任上"奏兼管修河，剥取民财，遍于乡野，辇送数千余万于京师"[3]。正德六年给事中孙祯等曾劾奏他道：

镇守河南太监廖堂，守备南京太监彭恕，大肆奸贪，流毒远近。皆听信其下锦衣卫指挥廖鹏、杨瓒等导引所致。[4]

[1] 《万历野获编补遗》卷一，《镇滇二内臣》。

[2] 《明史·梁璟传》卷一八五。

[3] 《继世纪闻》卷二。

[4] 《弇山堂别集·中官考六》卷九十五。

这个廖鹏是他的弟弟，也是他最亲信的爪牙，其人“奸琐诡猾，貌寝如鬼”，帮着廖堂“百计朘削，公私一空”[1]。正德六年巡抚河南都御史邓庠曾奏陈他兄弟俩为害情形道：

河南盗起，民穷财尽，皆由先镇守太监廖堂与其弟指挥使鹏括利害人，擅作威福，纠用群小朱文寀等所致，乞正鹏典刑，并鬻其私宅以给公费。[2]

奏上，恰好廖鹏和当时权贵有些小误会，没有人帮他说话，终果是“诏鹏降二级为指挥佥事，南京闲住。仍鬻其私宅，并逮捕其党治罪”。于是，“鹏大惧，欲求解于朱宁，思财货珍宝，百无当其意者。乃令后房素所宠者一人，出入宁家，宁遂留之。因其兄奏办，又复其职。自是鹏拜宁为恩父，宁每自豹房休沐归，辄过鹏家止宿，鹏不知耻，反以夸诩于众”[3]。无耻到这般田地，真不知令人如何说法了。后来他的儿子廖铠又随另一个镇守太监赴陕西，朘削人民也和他父亲一样，“河陕之人，怨之刺骨”[4]。

廖堂在河南的罪恶，一直到正德十二年十三道御史陈良玉等还奏称：

昔太监廖堂在河南违制听讼，考察官吏，而河南盗起，流毒至今。[5]

至于他从河南调到陕西后的情形，如《明史·陈寿传》卷一八六所称：

中官廖堂镇陕西贪暴……奉诏制毡幄百六十间，赢金数万，将

[1] 《弇山堂别集·中官考八》卷九十七。

[2] 《弇山堂别集·中官考六》卷九十五。

[3] 《弇山堂别集·中官考六》卷九十五。

[4] 《弇山堂别集·中官考八》卷九十七。

[5] 《弇山堂别集·中官考七》卷九十六。

遗权幸。寿檄所司留备振，复戒谕堂勿假贡献名有所科取。堂怒，将倾之。寿四疏乞休。不得。堂爪牙数十辈散府县渔利，寿命捕之，皆逃归。

又如《明史·张文明传》卷一八八称：

（陕西）镇守中官廖堂贪恣，文明捕治其爪牙二十四人，堂大恨。

还有两个巡按御史被廖堂诬陷去职。

（正德）九年戊子，降监察御史刘天和为金坛县丞，王廷相为赣榆县丞。时陕西镇守太监廖堂诛求无厌，天和、廷相相继按其地，稍裁抑之，遂致怨。会堂奉旨于兰州等处造办进贡烧饼，宜关白巡按，天和以兰州为御史马溥然所辖，辞不往。又洛川妖民邵进禄谋为乱，事觉，自首于官，廷相释之。堂遂摭奏天和违命，并及廷相释贼事。诏遣官校械系二人至京，送镇抚司拷讯。狱久未释，言者多救之，乃付法司拟罪，当赎杖还职，内批特降之，盖堂以厚赂结同类诸权幸，为之助也。时各处镇守者罔利作威，甚于虎狼，而堂为尤甚。御史既连得罪，由是官司无敢与抗，民不胜其扰矣。[1]

刘瑯、刘璟、毕真都曾勾通宸濠，已详前节。刘瑯在朱祐樘时便镇守河南，其时威势已经很大。

镇守河南中官刘瑯乞皂隶，帝命予五十人，故事，尚书仅十二人，（屈）伸等力争，诏止减二十人，自后中官咸援例陈乞，祖制遂坏。[2]

[1] 《弇山堂别集·中官考六》卷九十五。

[2] 《明史·屈伸传》卷一八〇。

朱厚照即位以后，他交结刘瑾，守备南京，威势更张。

守备太监刘瑯藉刘瑾势张甚，或自判状送法司，莫敢抗者。[1]

刘瑾败后，他也受到一些挫折，但不久又复被任用。

（正德）八年，南京六科给事中史鲁等劾奏守备太监刘瑯，先年守备，毒害军民。今闻复用，人心惊怖，乞令照旧闲住……诏瑯安静行事，毋再致人言。[2]

刘璟“初镇浙江，贪利无厌，赂钱宁改两广总镇，及还，又赂宁得再镇河南”[3]。嘉靖元年浙江巡按御史何钺曾追论他及王堂等在浙江朘削情形云：

先任浙江镇守太监刘璟、王堂、浦智……皆黩货害民，虽遭罢革，未泄众愤。[4]

但第二年朱厚熜却又派他去镇守浙江了，这次他仍然朘削放肆如故。

嘉靖二年浙江镇守太监刘璟坐违例任所置买田宅，为有司所发。上罪其参佐，谪戍边者二人，而田宅与璟如故。[5]

毕真曾镇守山东、江西、浙江三地。镇山东时依附刘瑾，“侵牟巨

[1] 《明史·魏校传》卷二八二。

[2] 《弇山堂别集·中官考六》卷九十五。

[3] 《弇山堂别集·中官考八》卷九十七。

[4] 《弇山堂别集·中官考六》卷九十七。

[5] 《弇山堂别集·中官考八》卷九十八。

万”[1]；镇江西时，据正德十三年巡按江西监察御史范辂奏称的情形是：

到任之初，擅作威福，人人自危。迹真所为，视瑾尤甚。及今不为之处，将来地方之变，有不忍言者。臣谨条具真贪酷不法一十五事上闻，伏乞将真取回闲住。[2]

镇浙江时他手下“又有周管家者，凌辱有司，毒害人民，勒取财物，已逾十万，残虐罪恶，不可纪极”[3]。

杜甫是湖广镇守太监，他曾奏请巡历所部，已见前节。他在任上剥削敲榨，曾向府库借支盐商缴纳的银两。

湖广盐商船例赴武昌府挂号纳银贮库，以资军饷，至是（正德十三年）镇守太监杜甫以修公署，援前镇守王润、赵荣例奏借，且为进贡费。[4]

黄玉是潼关镇守太监，他在潼关任上，“贪暴恣肆，邑井无赖多投之，指挥彭松、贲铉、王臣等倚势为奸，横索行旅之赀，即小民任负，仕宦行李，无得免者。至抑勒故官，欲发其棕，求藩府馈遗，不厌，则杖杀其使者，积赀以巨万计”[5]。

除此而外，朱厚照时还有许多镇守太监或假借名目，科敛百姓，如正德十一年南京六科给事中孙懋等言：

[1]　《弇山堂别集·中官考六》卷九十五。

[2]　《弇山堂别集·中官考七》。

[3]　《弇山堂别集·中官考八》卷九十七。

[4]　《弇山堂别集·中官考七》卷九十六。

[5]　《弇山堂别集·中官考十》。

镇守太监王堂以编画地图为名，每县科银至二百两。[1]

或强买民物，不付价钱：

（余祐）为福州知府，镇守太监市物不予值，民群诉于祐，涕泣慰遣之。[2]

或置官店擅马市：

（辽东）镇守太监朱秀置官店，擅马市。[3]

或侵吞公款：

（御史黎贯）刷卷福建，劾镇守内官尚春侵官帑状，悉追还之。[4]

当时镇守太监遍于天下，而且又时有更代，饱虎既去，饿虎又来，没有一个不是剥削人民，残虐百姓的。如正德元年刘大夏所奏江西的董让、陕西的刘云，都是“贪残尤甚”[5]。而这些太监手下又都带有很多的爪牙，这些爪牙名叫“头目”，原规定有一定数目的，但当时镇守太监全都超过，正德元年兵部奏称：“其奏带头目，通行严禁，不许逾数”，但却有“旨不许”[6]，于是除一群饥虎而外，又加上无数饿狼，横行全国，民不聊生，一直到朱厚熜时虐焰还没有全息。

---

[1] 《弇山堂别集·中官考七》卷九十六。

[2] 《明史·胡居仁传》卷二八二。

[3] 《明史·马中锡传》卷一八七。

[4] 《明史·黎贯传》卷二〇八。

[5] 《明史·刘大夏传》。

[6] 《弇山堂别集·中官考五》卷九十四。

朱厚熜时镇守太监的搜刮肆虐

这虐焰如嘉靖元年四川巡抚胡世宁奏称："分守建昌太监赵钦，贪暴不法，恶党依凭煽虐。"言官又劾"分守凉州太监刘德弟志倚宠横肆"[1]。嘉靖四年正月"镇守蓟州等处太监李能言：沿边关堡墩台无修理费，乞于山海关往来商旅，量取其税。……得旨，从能言，令镇守巡抚委官抽取"。同年五月"守备凤阳右少监王德，欲令经过盐商照引挂号"[2]。这些都是实例。

朱载垕父子时镇守太监的搜刮肆虐

朱载垕、朱翊钧两朝镇守太监设置很少，但守备太监仍然骄纵。如朱载垕隆庆元年征还太和山守备太监吕祥，代以刘进，都给事中欧阳一敬疏言："刘进……尝守显陵，诛求万状，肃皇帝下之狱……今逃籍易名，复得进用代祥，此退饱虎得饥虎也。"[3]又如隆庆三年巡按直隶御史张起元劾凤阳守备太监赵芬"贪残骄僭，大坏法守"[4]。至于朱翊钧时，则如万历三十九年"承天守备太监杜茂，郢人呼为大府，从来闾左齐民，性命家产，任其齑粉，罔不如意。倚藉玺书，虚张声势。知县李来命讲礼不合，以茶扛事陷之，罢归。擅造三百斤大枷，枷死陈鉴等十余人。狡丁阳忠等犯，该大辟，借旨威迫府县，悉从宽假。凡诸生有完租细事，语言相触者，辄便渎奏"[5]。

孝顺和额外孝顺

明代镇守宦官除了为填满自己私欲去搜刮人民而外，还要帮他的皇帝主子去搜刮人民，这就是进贡，他们叫做"孝顺"。这孝顺大概从初

[1] 《弇山堂别集·中官考八》。

[2] 《弇山堂别集·中官考十》。

[3] 《弇山堂别集·中官考十一》。

[4] 《弇山堂别集·中官考十一》。

[5] 《二申野录》卷六。

设置镇守宦官时起，便已开始。

> 各镇戍镇守内官竞以所在土物进奉，谓之孝顺。陕西有木实名榅桲，肉色似桃，而上下平正如柿，其气甚香，其味酸涩，以蜜制之，岁为进贡，然终非佳味也。太监王敏镇守陕西时始奏罢之，省费颇多。敏本汉府军余，善蹋鞠，宣庙爱而阉之。[1]

王敏是朱瞻基时的镇守太监，这时“始奏请罢之”，可见这项“孝顺”历史当已甚久，恐怕在朱棣时便已开始了。

这一“孝顺”，老百姓苦头可就吃不尽了。如朱见深时，“云南镇守太监钱能进金灯，扰道路”[2]，又驿进黄鹦鹉。[3]其他镇守太监进贡时，科扰人民，为害道路，不可纪极。而这些宦官也就借这孝顺之名，大量搜刮，《明通鉴》卷三十四成化十八年条下云：

> 时内府供用日繁，守备分守中官布列天下，率以进奉为名，糜帑纳赂，动以巨万计。

在最初，这些孝顺大概还有一定的额数，但镇守宦官们一方面为了向主子讨好，另一方面为了借以向人民多刮一点，于是便常常进献额外的孝顺，如朱祐樘即位之初，便曾诏罢四方额外供献，但事实上镇守宦官们还是照样贡上。其实，朱祐樘的诏书原不过为了说得好听而已，既然贡来，当然收下。到后来地方官奏请停运这些额外贡献，他还要下旨索取了。如：

> 巡抚云南都御史王诏等言：“故镇守太监王举不遵诏例，造作

[1] 《菽园杂记》卷一。
[2] 《明史·彭韶传》卷一八三。
[3] 《明史·王恕传》卷一八二。

奇玩器物，额外进贡。请以其物之重大难致如屏风石床之类，发本处库藏收贮。金银器皿熔化之，与宝石珍珠象牙漆器等物，解送户、工二部备用。寄养象只堪充仪卫者解京，不堪者付与近边土官，令出马以给驿递。”有旨：“悉解送来京。”[1]

于是镇守宦官们便越发借进贡之名，苛敛百姓，如弘治元年浙江巡按御史畅亨所奏：

太监张庆以进贡为名，敛百姓财物，岁计数万。而所贡之物，仍出民间。卖钞鬻盐，四时馈献，商税之利，锱珠不遗。金玉珍玩，奇禽异卉，充满第宅。土木人工，无时休暇。而又擅作威福，滥受词讼，私行立事，惊骇人心。官吏受其辱挫，军民被其荼毒。[2]

朱厚照即位后，镇守宦官们借进贡之名，苛扰得更凶。

初镇守河南太监廖堂附逆瑾势，假以进贡，无名之征百出。其后继之者，率以为常。于是河南巡抚都御史李充嗣言：“近时镇守太监进贡，有古铜器、窑变盆、黄鹰、锦鸡、猎犬、羔羊皮之类，皆假名科敛，自为取财之计。此外又有拜见银、须知银、图本银、税课司银、出办椿草银、扣除驿传银、马价银、甲首夫银、快手月钱银、河夫歇役银，动以数十万计。而左右用事之人，私于下属卖马、卖布、卖纸、卖纱、卖铺陈。又于沿河抽索客货，其弊甚多。乞行禁止，以苏民困。”诏进贡如旧，其下人科取者禁之。[3]

有时传旨索要贡品，而索要的也十分奇怪，如土豹之类的东西。于

[1] 《弇山堂别集·中官考四》卷九十三。

[2] 《弇山堂别集·中官考四》卷九十三。

[3] 《弇山堂别集·中官考七》。

是太监们便领兵出去采办，和土豹作战了。

正德二年巡抚甘肃都御史曹元言："分守凉州太监张昭自谓奉旨于境内取土豹并诸野味，以时入献。近又谓内侍传旨催促，令守备官领兵出境采办。山永等处寇贼不时出没，万一遇警，所系不细。乞即停止。"上不听，仍责镇巡等官，依时采取野味，造办如先年例。土豹捕二三十只，以渐遣人进献。[1]

甚至像陕西地瘠民贫的边境，也得要办贡品，如给事中任忠所言：

臣奉使陕西，传闻有张太监者来办进贡诸物。陕西北邻边境，西接番戎。地瘠早寒，民多穴居野处，农皮哺藿，无他生计……又以调集士马，日费刍粮，千里转输，亦皆疲敝。况春夏亢阳，麰麦少熟，继以霜雪，苗稼尽死。流离逃窜，十室九空。去岁取黄羊皮及织造龙衣，费辄数万。今太监复至，催督峻急，窃恐民不堪命矣。[2]

于是闹得民穷财尽，天下萧然。其时吏科都给事中张原曾上疏说得非常痛切：

天下幅员万里，一举事而计臣辄告匮，民贫故也。民何以贫？守令之裒敛，中官之贡献为之也。比年军需杂输十倍前制，皆取办守令。守令假以自殖，又十倍于上供。民既困矣，而贡献者复巧立名目，争新竞异，号曰"孝顺"。取于民者十百，进于上者一二，朝廷何乐于此而受之。[3]

[1] 《弇山堂别集·中官考五》卷九十四。

[2] 《弇山堂别集·中官考八》。

[3] 《明史·张原传》卷一九二。

但这番痛切的话仍是打动不了朱厚照的，他照旧叫镇守太监们“孝顺”，而且地方官如有阻碍这“孝顺”的，只要镇守太监一封奏折，便立刻不分青红皂白将地方官逮系起来。如：

> （正德十一年）勒浙江按察司佥事韩邦奇为民。初镇守太监王堂采办土产鲜品进贡，邦奇奏言不便，宜停止。又轻堂，凡事不以关白。堂积忿，遂奏其沮格上供，欲沽美名，而使怨归朝廷，为不敬，且僭用乘轿，用刑酷刻，皆违法。诏逮至锦衣狱拷讯……有旨特黜为民。[1]
>
> 王相……（正德）十二年巡按山东。镇守中官黎鉴假进贡苛敛，相檄郡县毋辄行。鉴怒，诬奏于朝，逮系诏狱。[2]

朱厚熜即位之初，也曾诏罢四方贡献，但结果也和朱祐樘初年一样，只不过说得好听而已，镇守太监们照样贡上，而他也照样收入，后来便索性命令“如旧例行”了。

> 凤阳府例有岁贡果品，上初即位罢之，守备太监张阳以旧规为请。礼部复议，明诏已革，不宜复增。上命如旧例行，第严为禁约，不许生事扰民。[3]

这所谓“不许生事扰民”，自然更是一句空话，贡献的东西哪一件不是扰民得来的！同时额外贡献也仍然照旧。

> 元年诏书禁额外贡献，凤阳守备太监张阳复进贡新茶。给事中张翀言：“宁夏所贡红花，及镇守总兵到任贡马谢恩，皆非令甲，

[1] 《弇山堂别集·中官考七》卷九十六。

[2] 《明史·张文明传》卷一八八。

[3] 《弇山堂别集·中官考九》卷九十八。

宜罢。”[1]

《明史·黎贯传》卷二〇八称：

登极诏书禁四方贡献，后镇守中贵贡如故。贯上言：“陛下明诏甫颁，而诸内臣曲说营私，希恩固宠。其假朝命以征取者谓之额，而自挟以献者谓之额外。”

这一切奏请停罢，朱厚熜照例是置之不理。

（嘉靖）初，湖广镇守太监李景儒岁进鱼鲊……礼部议：“额外进献，不免烦民，每岁科敛，动以千计，罢之便。”诏禁毋科敛扰民。[2]

此外像云南进贡大理石，开山攻凿，竟压死军民无算，这较之科敛扰民更为厉害了。《明史·欧阳重传》卷二〇二：

云南……大理太和苍山产奇石，镇守中官遣军匠攻凿。山崩，压死无算。

综观本节所述，镇守宦官们在各地一方面帮统治者侦察官吏军民，密封走报，一方面又帮统治者搜刮百姓，增加财富。前者是统治者的耳目，后者是统治者的爪牙，和统治者关系之密切，任何人也比不上。所以，无论是勋戚重臣也好，地方大吏也好，如若和他对抗，那就等于和统治者对抗，结果一定是如螳臂当车，自己不遭灾祸，便是天大的福气了。

[1] 《弇山堂别集·中官考八》。

[2] 《弇山堂别集·中官考九》卷九十八。

第五章

杀人如草不闻声

第一节　天罗地网攀染栽诬

明代统治者虽然派出无数特务宦官去参预监视政治经济军事各部门，但这些在统治者看来还只是限于上层，不能深入民间，而且这些特务参与各个行政部门各有专务，势不能作全盘的一般的调查侦缉。所以，统治者必须专派一些特务来执行这一任务，这主要的便是由东厂、锦衣卫以及由统治独夫或几个特务头子直接指挥的爪牙来担任。他们第一步工作便是侦缉、罗织、诬陷，撒下了天罗地网来攀染栽诬，使天下臣民战战兢兢缩在这网罗之中，不敢大声出气，他们才心满意足。有明一代从开国到亡国，这网罗始终没有放松过。本章便按时代先后叙述于下。

（一）朱元璋父子的侦缉网

明代派特务侦缉天下臣民，远在那位开国的“太祖高皇帝”朱元璋就开始了。

朱元璋的特务侦缉

朱元璋以一个市井无赖游方和尚，从元末许多农民义师手中篡夺了政权，做了皇帝，为了巩固自己的统治，他便想出种种方法来镇压天下臣民，这方法不外乎两种：一是侦缉，二是屠杀。屠杀留待下节再说，这里只说侦缉。

朱元璋用特务侦缉，远在他未统一天下之前。如：

至正十九年，上遣帐下卫士何必聚往探江西袁州守将欧平章。年已老，其动静侦知之，上问："汝到袁州有何为记？"答曰："欧平章门有二石狮，吾断其尾尖。"后克袁州，果然。[1]

即位以后曾用了许多"检校"，专干特务侦缉勾当，他自己曾把这些检校比做"恶犬"，这些人有高见贤、夏煜、丁光眼、凌说、杨宪等。

太祖用高见贤为检校，尝察听在京大小衙门官吏不公不法，及风闻之事，无不奏闻太祖知之。又与佥事夏煜惟务劾人，李善长等畏之。及兵马指挥丁光眼巡街生事，无引号者拘拏充军。又凌说杨宪执法不阿。太祖尝曰："有此数人，譬如恶犬则人怕。"见贤又建言："在京犯赃官经断官吏，不无怨，其容辇毂之下居之；及在外犯赃官吏，合发江北和州无为住坐。波种荒田甚多，每人拨与二十亩开垦，亦且得人纳粮当差。"[2]

此外，还有耿忠、毛让等人：

耿忠即耿三舍，初与毛让等参随太祖，以心腹亲信特命浙江等处，

[1] 钱谦益：《国初群雄事略》卷四引：《俞本纪事录》。

[2] 《国初事迹》。

访察官吏，问民疾苦。时绍兴、金华、衢州秋旱，农民无收，有司不准告疾，回京奏，太祖怒，提问官吏。[1]

这些检校的足迹无处不到，任何小事都要向朱元璋打报告，如洪武四年元璋下的一条手令，便是根据这些报告下的，令云：

如今北平都卫里及承宣布政司里快行，多是彼土人民为之。又北平城内有个黑和尚，出入各官门下，如常与各官说些笑话，好生不妨他。又一名和尚，系是江西人，秀才出身，前元应举不中，就做了和尚，见在城中与各官说话。又火者一名姓崔，系总兵官庄人，本人随别下泼皮高丽黑哄陇问，又有隐下的高丽不知数。遣文书到时，可将遣人都教来，及那北平、永平、密云、蓟州、遵化、真定等处乡市，旧有僧尼，尽数起来。都卫快行承宣布政司快行，尽数发来。一名太医，江西人，前元提举，即自在各官处用事。又指挥孙苍处有两个回回，金有让子家奴也教发来。[2]

帮朱元璋打天下的一些大将，朱元璋也是十分提防的，所以，也经常派有检校在他们家中侦缉。

太祖尝使人察听在京将官家，有女僧诱引华明高、胡大海妻敬奉西僧，行金天教法。太祖怒，将二家妇人及僧投于水。[3]

至于一般大臣家中，也都有特务来往踪迹，如：

（宋）濂性诚谨……尝与客饮，帝密遣人侦视。翌日，问濂昨饮

[1] 《国初事迹》。

[2] 《弇山堂别集》卷八十六。

[3] 《国初事迹》。

酒否，坐客为谁，馔何物。濂具以实对。笑曰："诚然，卿不朕欺。"[1]

又如吏部尚书吴琳已经告老回到故乡黄冈，朱元璋还要派特务去调查他：

吴琳……洪武六年，自兵部尚书改吏部，尝与同迭主部事。逾年，乞归。帝尝遣使察之。使者潜至旁舍，一农人坐小杌，起拔稻苗布田，貌甚端谨。使者前曰："此有吴尚书者，在否？"农人敛手对曰："琳是也。"使者以状闻。帝为嘉叹。[2]

以后朱元璋屡次兴起党狱，功臣宿将，屠杀殆尽，这里特务的侦缉也起了极大作用。如蓝玉一狱族诛至一万五千人，起因便是特务告密的。

（洪武二十六年），锦衣卫指挥蒋瓛告玉谋反，下吏鞫讯……狱具，族诛之。诸徹侯以下坐党夷灭者不可胜数……至九月，乃下诏曰："蓝贼为乱，谋泄，族诛者已万五千人。自今胡党、蓝党概赦不问。"……于是元功宿将尽矣。[3]

当时下狱的人株连攀染，亲戚朋友都一网打尽，叫做"逆党"。于是告密风起，一直到永乐间还有这现象。

（永乐间）时有告党逆者。（黄）准言于帝曰："洪武末年已有赦禁，不宜复理。"[4]

[1] 《明史·宋濂传》卷一二八。
[2] 《明史·陈修传》卷一三八。
[3] 《明史·蓝玉传》卷一三二。
[4] 《明史·黄准传》卷一四七。

据一般历史记载，明代派遣宦官缉事是开始于朱棣，其实这是不甚确实的，朱元璋就早已用宦官缉事了。虽然他屡次下诏禁止宦官干预外事。据《中官考二》所记洪武元年、二年、三年、四年、十年、十七年都有禁止宦官干预政事的诏谕，而且每次都谆谆告诫，不厌其烦。但这从反面看来也就说明了那时已有宦官干预外事了，不然为什么老是这样翻来覆去地说个不休呢？而这也正是朱元璋厉害的地方，他暗里用了这些特务，在表面上却又口口声声地说这些特务不能寄以心腹，借以蒙蔽臣民。这远在他未得天下之前就是这样了，如：

徐达围苏州，太祖特命指挥傅有德，领马军三百与同徐州升参政出哨济宁，以警中原。赐友德宴，命叶国珍陪饮，拨与朝妓十余人。太祖令内官觇视，得国珍令妓妇脱去皁帽褙子，穿华丽衣服混坐。太祖怒，令壮士拘执叶国珍与妓妇连锁于马坊，劓去鼻尖，国珍称说："死则死，何得与贱人同锁？"太祖曰："尔不遵我分别贵贱，故以此等贱人辱之。"鞭讫十，发瓜州做坝夫，后释之。[1]

又如洪武十二年十二月——

占城入贡。（胡）惟庸等不以闻，中官出见之，入奏，上怒，敕责省臣。惟庸及（汪）广洋顿首谢罪。[2]

又如：

太祖命乐人张良才说平话，良才因做场，擅写省委教坊司招子，贴市门柱上。有近侍入言太祖曰："贱人小辈，不宜宠用。"令小

[1] 《国初事迹》。

[2] 《明通鉴》卷六。

先锋张焕缚投于水；尽发乐人为穿甲匠，月支米五斗。[1]

还有一件事也可以证明朱元璋曾派遣宦官缉事。

> 洪武间，内使云奇守西华门。时丞相胡惟庸谋大逆，居第距门甚迩，奇刺知其事，冀欲发，未有路。适惟庸谩言所居井涌醴泉，邀上往赏，驾果当西出。奇虑必有祸，会走犯跸，勒马衔言状，气方勃崒，舌揿不能达意。上怒其不敬，左右挝捶乱下，奇垂毙，右臂将折，犹奋指贼臣第，上乃悟。登城瞰顾，见彼第内壮士伏甲数匝，丞返棕殿，罪人一一就缚，奇气息断矣。上追悼，赐葬太平门外钟山西，赠少司监，命有司春秋致祭，仍给守冢六人。[2]

云奇如果不负有缉事责任，怎么会知道胡惟庸要谋反？如果不是朱元璋命令他这样做，怎么他用手指了一下，朱元璋便会“乃悟”？至于朱元璋为什么要打死他，那只怪这个特务太老实了一点，他不该当着驾出的时候公开地来说，这还成什么告密？何况朱元璋成天地在嚷着禁止宦官干预外事，这样岂不是拆穿了朱元璋的虚伪面目，这打死当然是“咎由自取”了。但朱元璋究竟是个英明毒辣的人，他懂得怎样驾驭特务，所以立刻便又赐葬、赐祭、赐官，鼓励其他特务仍然继续告密。据他自己告诉他的侍臣说，他驾驭宦特的方法是“但常戒饬，使之畏法，不可使之有功，有功则骄恣，畏法则检束，检束则自不敢为非也”[3]。所以，终朱元璋之世，只有他用宦官特务，而宦官特务却无法利用他。但这种驾驭特务的方法，没有朱元璋的魄力和手腕，是不会运用得恰到好处的。他的孙儿允炆是个怯懦的皇帝，但却用乃祖的手法去驾驭宦官，结果是宦官们都偷偷地跑到燕王朱棣那里“输送国情”去了。说起来也可笑，

[1] 《国初事迹》。

[2] 《明史纪事本末补编》卷五。

[3] 《弇山堂别集·中官考二》卷九十一。

朱元璋生时是苦心积虑地替自己孙儿打算，杀尽了元功宿将，使后人可以稳坐江山，留下一世宦官特务，使后人可以巩固统治，以为这样，孙儿应该可以高枕无忧了。但恰恰相反，杀尽元功宿将，却使朱棣可以毫无阻挡地长驱直入，留下一些宦特，却替朱棣报告国情。爱之适足害之，朱允炆就在乃祖的布置中断送江山生命，这也是朱元璋始料之所不及的吧。

朱元璋派出去缉事的人不仅有宦官，而且有和尚，如洪武十五年四月：

诏征东南戒僧屡建法会于蒋山，应对称旨者辄赐金襕袈裟衣，召入禁中，赐坐讲论。吴印、华克勤之属，皆骤擢至大官，时时寄以耳目。由是其徒横甚，谗谤大臣，举朝莫敢言。[1]

和尚云游各方，熟知民间情况江湖活动，用作缉事特务，自然是非常相宜的。而朱元璋对他们也十分信任，如吴印和山东按察使张孟兼争讦，印上奏言状，朱元璋便将孟兼杀死，而且诏印曰："吾除尔害矣，善为之。"[2]

朱元璋的特务虽多，但究竟不能散布到全国，于是他便设法奖励人民告密，使天下老百姓互相监视。一些刁滑痞棍贪图厚赏，便纷纷告起密来，而且竟成为一时风气。如洪武十七年萧岐上十便书，大意便说朱元璋"刑罚过中，讦告风炽，请禁止实封。以杜诬罔，依律科狱以信诏令"[3]。

甚至朱元璋自己也常常微服侦缉，如：

太祖在婺州，夜出私行，遇巡军阻之。小先锋张焕从行，谓巡军曰："是大人。"巡军曰："我不识是何大人，只知犯夜者。"执之言

[1] 《明通鉴》卷七。

[2] 《静志居诗话》卷二。

[3] 《明史·萧岐传》卷一三九。

之再三，已之。次日太祖赏巡军米二石，不复夜出。[1]

而野史记载他微服侦缉的故事更多，兹摘录一二则如下：

太祖行京城中，闻一老媪密呼之为老头儿，因大怒……亟传令召五城兵马司总诸军至，曰："张士诚小窃江东，吴民至今呼为张王，今朕为天子，而此邦居民呼朕为老头儿，何也？"即命籍没民家甚众。[2]

太祖尝于上元夜微行，京师时俗好为隐语相猜以为戏，乃画一妇人赤脚怀西瓜，众哗然。帝就视，因谕其旨，谓淮西妇人好大脚也。甚衔之，明日，命军士大僇居民，空其室。盖马后祖贯淮西故云。[3]

记载中像这类故事还多得很，事情虽不一定是真，但从流传之广且多这点看来，朱元璋之喜欢微行侦缉，大概是无可怀疑的了。

朱元璋死后，孙儿允炆嗣位，如前所说，他是一个庸懦的皇帝，但即位之初，也曾派了三个特务去侦伺朱棣，可是结果其中之一却背叛了他，替朱棣做特务了。

张信临淮人……惠帝初即位，大臣荐信谋勇，调北平都司。受密诏，令与张昺、谢贵谋燕王……成祖称病，信三造燕邸，辞不见。信固请，入拜床下，密以情输成祖。成祖惧然起立，召诸将定计起兵，夺九门。[4]

而当朱棣兵临江上的时候——

[1] 《国初事迹》。

[2] 徐祯卿：《翦胜野闻》。

[3] 徐祯卿：《翦胜野闻》。

[4] 《明史·张信传》卷一四六。

诸宦官喧然谓不如避位，有窃宝敕出见文庙者。[1]

从这点看来，朱允炆驾驭特务的方法，大概不甚高明。而驾驭宦官特务尤其不行，他只知道承袭乃祖的那套严厉作风，但却没有乃祖的手腕。而朱棣英狠毒辣却大有父风，结果朱元璋留下的宦官特务反为朱棣所用了。

朱棣的特务侦缉

朱棣是奠定并巩固明代特务组织的独夫，他能够很快地夺取了自己侄儿的江山，主要原因之一便是靠了特务的帮助，也可以说他是以特务起家的。

当他初在北平起事的时候，便收买朱允炆的宦官替他做特务工作，史称他“刺探宫中事，多以建文帝左右为耳目。”[2]起兵之后，战事打得并不怎么得意，自己也不敢放开手去做，恰好这时又有允炆的宦官来奔，具言南京空虚可取，他这才下了决心率兵南下。这次如果没有这宦官来告密，他怕是不会有这胆量来冒险的。

（建文三年）十一月乙巳，（燕）王自为文祭南北阵亡将士。当是时，王称兵三年矣。亲战阵，冒矢石，以身先士卒，常乘胜逐北，然亦屡濒于危。所克城邑，兵去旋复为朝廷守，仅据有北平、保定、永平三府而已。无何，中官被黜者来奔，具言京师空虚可取状。王乃慨然曰：“频年用兵，何时已乎？要当临江一决，不复返顾矣。”十二月丙寅，复出师。[3]

这次出师不过半年光景便打到南京，一路上都有允炆的宦官跑来泄

---

[1] 姜清：《姜氏秘史》五。

[2] 《明史·刑法志二》。

[3] 《明史·成祖本记一》。

露南京虚实。

燕师逼江北，内臣多逃入其军，漏朝廷虚实。[1]

朱棣在南京方面不仅布有宦官特务，并且还有其他特务给他刺探消息，如徐增寿、王宁都是。

建文帝疑燕王反，尝以问增寿。增寿顿首曰：“燕王先帝同气，富贵已极，何故反。”及燕师起，数以京师虚实输于燕。帝觉之，未及问。比燕兵渡江，帝手诏增寿诘之，不对，手剑斩之殿庑下。（燕）王入，抚尸哭。即位，追封武阳侯，谥忠愍。寻进封定国公。[2]

（王）宁寿州人，既尚（怀庆公）主，掌后军都督府事。建文中尝泄中朝事于燕，籍其家，系锦衣卫狱。成祖即位，称宁孝于太祖，忠于国家，正直不阿，横遭诬构。封永春侯。[3]

朱棣既以特务起家，即位以后，他就更加强特务侦缉，要靠特务来巩固他的统治了。

他即位后第一件不放心的事便是朱允炆的下落。原来当他攻进南京时，宫中火起，允炆不知所终，或云允炆由地道出亡。当时传说不一，“或以为匿西平侯家，或云泛海入西洋诸国”[4]。这事特别使朱棣放心不下，于是便派出许多特务去分头侦缉，国内国外，陆上海中，侦缉了十余年之久。《万历野获编》对此有一段概括的叙述：

文皇初平内难，即使给事中胡濙以访仙为名，潜行人间。又遣

[1] 《明史·宦官传序》卷三〇四。

[2] 《明史·徐达传》卷一二五。

[3] 《明史·公主传》卷一二一。

[4] 赵士喆《建文年谱》。

内臣郑和等将兵航海，使东南诸夷。最后则中使李达内部郎陈诚使西域……陈诚以永乐十一年十月返命，偕哈密等国使臣来朝贡，上厚礼之。次年六月遣归，又命诚及中使鲁安赍敕伴送……文皇初以逊国伏戎为虑，以故轺车四出，几丁上穷碧落下黄泉矣。[1]

在国内侦缉的主要人物是胡濙，他在外侦缉了前后凡十五年之久，足迹所到，遍于天下。

惠帝之崩于火，或言遁去，诸旧臣多从者，帝疑之。（永乐）五年遣（给事中胡）濙颁御制诸书，并访仙人张邋遢，遍行天下州郡乡邑，隐察建文帝安在。濙以故在外最久，至十四年乃还。所至亦间以民隐闻……擢礼部左侍郎。十七年复出巡江、浙、湖、湘诸府，二十一年还朝，驰谒帝于宣府。帝已就寝，闻濙至，急起召入。濙悉以所闻对，漏下四鼓乃出。先濙未至，传言建文帝蹈海去，帝分遣内臣郑和数辈浮海下西洋，至是疑始释。[2]

在国外侦缉的主要人物是郑和。

成祖疑惠帝亡海外，欲踪迹之，且欲耀兵异域，示中国富强。永乐三年六月命（郑）和及侪王景弘等通使西洋。[3]

当时除西洋外，陆上各国，朱棣也派许多宦官特务。如李逵使西域，海童到迤北各地，侯显使西番，表面上说是通四夷，实际上还是去侦缉允炆的。

关于这类侦缉允炆的事，明人记载的很多，如从亡致身诸录所记允

[1]《万历野获编》卷三十，《使西域之赏》。

[2]《明史·胡濙传》卷一六九。

[3]《明史·郑和传》卷三〇四。

炆出亡等事，虽不一定可信，但叙述朱棣的侦缉的严密却不会是假的。

朱棣这个天下得来是十分不名誉的，按照专制时代法律来说是篡位，是一种“大逆不道”的行为，他当然怕天下臣民议论他。同时他屠杀忠于允炆的臣民也残酷异常，株连攀染，甚至把全村的人都杀光，称之为“奸党”，这点也是不能得人同情的。所以，他即位之后，特别严申禁止“诽谤”，鼓励告密。于是民间告密之风大盛，而挟仇诬陷的事也就层出不穷了。

> 永乐二年，有典仗率军卒往安庆采木。道过民家，纵军强取民财。民将诉于官，典仗教军诬民为诽谤，缚送刑部，狱具以闻。帝虑民受诬，命五府六部都察院共讯，得其实，遂释民，而抵官军罪。夫以一夫受冤，辄命为官杂治之，可云辨释无辜矣。然前此三年四月有锦衣卫校尉讦朝臣诽谤时政者，是年十月通政司引告有发人诽谤而引其毋为证者，后五年五月山阳县民丁钰讦其乡诽谤罪数十人，钰遂擢为刑科给事中，当时侧目重足之象亦可想见。[1]

这个丁钰告密完全是诬陷的，《明通鉴》卷十五记此事较详：

> （永乐五年六月），以山阳民丁钰为刑科给事中。钰居山阳，见时严诽谤之禁，乃讦其乡人里社赛神事，指为聚众谋不轨，坐死者数十人。法司希指谓“钰才可用”，立擢之。由是阴伺百僚，有小过辄以闻，举朝因侧目。卒以贪黩被劾戍边。

有一次几乎酿成大狱。

> （永乐间）南京敕建报恩寺，役囚万人。蜚语言役夫谤讪，恐有变，命（监察御史郑）辰往验。无实，无一得罪者。[2]

[1] 《续文献通考·刑考二》卷一三六。

[2] 《明史·郑辰传》卷一五七。

这个诽谤之禁，终朱棣之世。直到他的儿子高炽即位后，还有告密诽谤的事：

> 上谕刑部尚书金纯……等曰："往者法司无公平宽厚之意，尚罗织为功能，稍有片言涉及国事，辄论诽谤。中外相师成风，奸民欲嫁祸良善者，辄饰造诬罔，以诽谤为说，一罣名于此，身家破灭，莫复辨理。今数日间觉此风又萌……卿等宜体朕心，自今告诽谤者悉勿治。"[1]

至于朱允炆的臣下，自他即位后差不多已杀尽灭绝，但他还疑心有他们的戚友漏网，还要各处侦缉，为他担任这任务的主要人物是都御史陈瑛和锦衣卫指挥使纪纲。

> 都御史陈瑛灭建文朝忠臣数十族，亲属被戮者数万人。纲觇帝指，广布校卫，日摘臣民阴事。帝悉下纲治，深文诬诋。帝以为忠，亲之若肺腑。擢都指挥佥事，仍掌锦衣。[2]

这个纪纲是当时大特务头子，作恶最多，他原是临邑的一个"劣行被黜生"[3]。朱棣起兵，从临邑经过，他便叩马请自效。他善骑射，为人"便辟诡黠，善钩人意向"[4]。朱棣十分宠爱他，即位后便叫他搞特务工作。他用指挥庄敬、袁江，千户王谦、李春等为羽翼，到各地侦缉，诈财诬陷，无恶不作。如浙江按察使周新便是他诬陷死的。

---

[1] 《仁庙圣政记》卷上。

[2] 《明史·纪纲传》卷三〇七。

[3] 《明史·高贤宁传》卷一四三。

[4] 《明史·纪纲传》卷三〇七。

锦衣卫指挥纪纲使千户缉事浙江，攫贿作威福。（浙江按察使周）新欲按治之，遁去。顷之，新赍文册入京，遇千户涿州，捕系州狱，脱走诉于纲，纲诬奏新罪。帝怒，命逮新。旗校皆锦衣私人，在道榜掠无完肤。既至，伏陛前抗声曰："陛下诏按察司行事，与都察院同。臣奉诏擒奸恶，奈何罪臣？"帝愈怒，命戮之。临刑大呼曰："生为直臣，死当作直鬼。"[1]

至于他诈取财物，连死囚也不放松。

帝所怒内侍及武臣下纲论死，辄将至家，洗沐好饮食之，阳为言，见上必请赦若罪，诱取金帛且尽，忽刑于市。[2]

有些狡猾的富人就干脆将财物献出，讨其欢心，然后再仗他的势去诈取别人。

吴中故大豪沈万三，洪武时籍没，所漏赀尚富。其子文庆蒲伏见纲，进黄金及龙角、龙文被、奇宝异锦，愿得为门下，岁时供奉。纲乃令文度求索吴中好女。文度因挟纲势，什五而中分之。[3]

而老百姓遭受锦衣校卫缉事之害的，更是厉害，深文周纳，无所不用其极，连买卖货物都在侦缉之中，如：

锦衣卫尝执奏卫民与外国使人交通罪，帝诘实。对曰："以毡衫市而与之，交语甚久。"[4]

[1] 《明史·周新传》卷一六一。

[2] 《明史·纪纲传》卷三〇七。

[3] 《明史·纪纲传》卷三〇七。

[4] 《续文献通考·刑考四》卷一三八。

这连朱棣也觉得不大像话，说是“细人治生，富则以钱易物，贫则以物易钱，值之多寡，固非一语可决，彼岂知所谓交通禁哉。其释之。”[1]但是缉事的人却没有听说有什么惩罚。

朱棣以藩王篡取侄儿天下，他以己度人，所以，对一切亲藩都不放心，常常派人侦察。负这责任的便是那个背叛允炆投降他的特务张信。

> 凡察藩王勤静诸密事，皆命信。[2]

事实的例子如：

> 宁献王权，太祖第十七子……永乐元年二月改封南昌……已而人告权巫蛊诽谤事，密探无验，得已。自是日韬晦，构精庐一区，鼓琴读书其间，终成祖世得无患。[3]
>
> 谷庶人谋不轨，复命（郑）辰察之，尽得其踪迹。帝语方宾曰：“是真国家耳目臣矣。”[4]

甚至连自己的儿子高炽也在侦缉之中。

> 建文三年，燕王师在德外，而朝遣锦衣千户张安持诏谕世子降，许以燕王之位。世子不发封，并缚安诣军前。时中官黄俨从留守，以奸险为世子所恶，而素结三郡王。乃先遣人驰报上曰：“朝廷与世子通密谋矣。”王不信，俄而世子所缚安及书至。王大感悦。[5]

---

[1] 《续文献通考·刑考四》卷一三八。

[2] 《明史·张信传》。

[3] 《明史·宁王权传》卷一一七。

[4] 《明史·郑辰传》卷一五七。

[5] 《弇山堂别集·中官考二》卷九十一。

这里虽没有明说黄俨便是监视侦缉高炽的，但他敢于向朱棣诬告这样大事，同时朱棣明白真相以后也并不惩罚他，便可见他是负有朱棣的使命的了。而这以后朱棣仍经常派人侦察高炽，也可见这次并非黄俨擅自诬告。

高煦夺嫡谋愈急，蜚语谮太子。（永乐）十二年北征还，悉征东宫官属下狱。以（金）忠勋旧不问，而密令审查太子事。忠言无有。帝怒。忠免冠顿首流涕，愿连坐以保之。以故太子得无废。[1]

到永乐十六年六月又派胡濙侦察过一次。

六月遣礼部侍郎胡濙巡江浙诸郡。陛辞，谕曰："人言东宫多失德，汝至京师，可多留数日，试观何如，密奏来。奏字须大，晚至即欲观也。"濙至京师，居稍久。杨士奇等疑之，趣之行，濙以治冬衣为辞。比行至安庆，以皇太子诚敬孝谨七事密奏之，自是上疑始释。[2]

至于用宦官缉事，如前所述他在燕藩时便已实行，即位以后便越发加强。如：

驸马都尉梅殷，拥重兵淮上。文皇既即位，迫公主。公主，高皇后长女，大长公主也。公主啮指血作书招殷……乃还京……久之，殷不能平，时见词色。文皇尝夜遣小中官潜入殷第，察之。[3]

又如永乐七年十二月：

[1] 《明史·金忠传》卷一五〇。

[2] 《明通鉴》卷十七。

[3] 《明史纪事本末》卷十八。

守京城门内使言："城门郎擅离所守，纵酒废事。"城门郎亦言："尝以母病，白内使暂归，未尝擅离。"盖常以事忤内使，故挟私诬构。皇太子曰："城门郎无罪，内使小人纵私，上罔朝廷，下诬无罪之人，岂可复用。"命下锦衣卫治之。乃命司礼监榜示："今后内官内使有言事不实，及挟私枉人者，悉置重典。"[1]

到永乐十八年便索性成立宦官缉事专门机关——东厂，竟使之公开合法，在内部组织方面，也日趋严密而系统化。从这以后，东厂权力便超乎一切执法机关之上，人民在它的威势之下喘息达二百余年之久，一直到明王朝崩溃为止。

（二）逯杲和门达

特务缉事，朱棣时最为恣横，朱棣死后，稍稍好了一点，到他的曾孙祁镇即位，又复放肆起来，《明史·刑法志三》云：

盖自纪纲诛，其徒稍戢。至正统时复张，天顺之末祸益炽，朝野相顾不自保。

所谓"稍戢"，并不是等于停止。同时这里是指厂卫而言，至于独夫直接派出侦察的特务并不在内的。这里我们不妨先看看这段"稍戢"时期。

这段时期是从朱棣之死到朱祁镇即位，算起来只不过十年光景。朱棣的儿子高炽在位还不到一年，时间太短，大概还没有顾及特务侦缉上面，所以，没有什么可述。但他也曾屡次派内使出去采办，这是从他的儿子瞻基登极后下诏停止内官采办可以知道的。朱瞻基在位整整十年，刚即位便派宦官去侦缉亲藩：

[1] 《弇山堂别集·中官考二》卷九十一。

太监刘永诚……奉宣宗使侦汉邸逆谋。[1]

（宣德二年三月）内使刘信等告（晋王）济熿擅取屯粮十万余石，欲应高煦，并发其宫中事皆实。召至京废为庶人，幽之凤阳。[2]

可见所谓“稍戢”也者，也只是比较言之而已。

朱祁镇即位时只是一个九岁小孩子，宦官王振逐渐擅权。但那时高炽的妻子张氏还在，王振尚有几分怕她，同时内阁三杨——杨士奇、杨荣、杨溥都是几朝元老，颇有一部分势力，王振也还不敢过于放肆。到正统七年张氏病死，三杨也老去，王振这才放开胆子为所欲为。用锦衣卫指挥马顺替他侦缉，史称其“流毒天下”[3]。这情形延续六七年之久。土木之变，祁镇被也先掳去，王振死于军中，马顺被朝臣王竑等活活打死，气焰才稍稍压下一点。

祁镇被掳，他弟弟祁钰嗣位，开头惩于马顺之害，倒还申戒锦衣卫，说是“有诬罔者重罪”[4]。但不久之后，又复信任起来。《明通鉴》卷二十六景泰三年三月：

初王振之乱，马顺既诛，廷臣因极言官校缉事之弊，上切责其长，令所缉悉送法司，官校稍稍敛戢。及是上欲阴察外事，乃命指挥同知毕旺专司侦访，自此锦衣卫官复渐用事。

于是，这些锦衣官校便横行无忌了。

景泰五年……卫卒伺百官阴事，以片纸入奏即获罪，公卿大夫

[1] 唐枢：《国琛集》卷下。

[2] 《明通鉴》卷十九。

[3] 《明史·刑法志三》。

[4] 《明史·刑法志三》。

莫不惴恐。公行请属，狎侮官司，即以罪下刑部者，亦莫敢捶挞。[1]

朱祁镇复辟后，首先便叫宦官蒋安将祁钰勒死，又杀掉于谦，大概自己也觉得这样做不协舆情，于是便急于知道外边的事，便加强特务侦缉。《明史·佞幸传·门达传》称："是时英宗虑。廷臣党比，欲知外事，倚锦衣官校为耳目。"他先后信任两个特务头子，这便是逯杲和门达。底下便是这两个特务头子侦缉事实。

逯 杲

逯杲原是门达部下一名校尉，"为达及指挥刘敬心腹，从'夺门'。帝大治奸党，杲缚锦衣百户杨瑛，指为张永亲属，又执千户刘勤于朝，奏其讪上，两人并坐诛……用曹吉祥荐，擢指挥佥事。帝以杲强鸷，委任之"。于是"杲得大幸，达反为之用"[2]。

逯杲既得宠幸，便日夕揣度祁镇意旨，侦缉罗织，"立程督并，以获多为主"[3]。于是朝臣等便遭殃了！

> 杲乃摭群臣细故以称帝旨……石亨恃宠不法，帝渐恶之，杲即伺其阴事。亨从子彪有罪下狱，命杲赴大同械其党都指挥朱谅等七十六人。杲因发彪弟庆他罪，连及者皆坐……明年复奏亨怨望，怀不轨，亨下狱死……以杲发亨奸，益加倚重。[4]

既然有功，便越发胡作非为，诈财诬陷了。

> 杲益发舒，势出达上。白遣校尉侦事四方，文武大吏、富家高

[1] 《明史·毛吉传》卷一六五。

[2] 《明史·门达传》卷三〇七。

[3] 《明史·刑法志三》。

[4] 《明史·门达传》卷三〇七。

门多进伎乐贷贿以祈免，亲藩王亦然。无贿者辄执送达，锻炼成狱。天下朝觐官大半被谴，逮一人，数大家立破。[1]

最冤枉的便是诬奏朱奠壏母子通奸一案：

（天顺初）锦衣卫指挥逯杲听诇事者言，诬（弋阳王）奠壏烝母。帝令（靖王）奠培具实以闻，复遣驸马都尉薛桓与杲按问。奠培奏无是事，杲按亦无实。帝怒，责问杲。杲惧，仍以为实，遂赐奠壏母子自尽，焚其尸。是日雷雨大作，平地水深数尺，众咸冤之。[2]

还有诬李斌谋反，竟冤杀二十八人。

指挥使李斌尝构杀弘农卫千户陈安，为安家所诉，下巡按御史邢宥复谳，石亨嘱宥薄斌罪。至是，校尉言："斌素藏妖书，谓其弟健当有大位，欲阴结外番为石亨报仇。"杲以闻，下锦衣狱，达坐斌谋反。帝两命廷臣会讯，畏杲不敢平反。斌兄弟置极刑，坐死者二十八人。[3]

还有一次几乎冤杀几十个和尚，事情虽没有说是逯杲所做，但发生在天顺初年，自然也是逯杲干的。

（天顺初）有僧为妖言，锦衣校逻得之，坐以谋反。中官牛玉请官逻者，（岳）正言："事纵得实，不过坐妖言律，逻者给赏而已，不宜与官。"僧党数十人皆得免。[4]

[1] 《明史·门达传》卷三〇七。
[2] 《明史·宁王权传》卷一一七。
[3] 《明史·门达传》卷三〇七。
[4] 《明史·岳正传》卷一七六。

逯杲原是石亨和曹吉祥推荐的，到后来却将石亨害死，又密告曹吉祥和他的侄儿曹钦阴事，曹吉祥、曹钦恨之入骨。天顺五年七月曹钦谋反，便将逯杲杀了，在这变乱中，逯杲的爪牙为杲报仇，冤杀了很多人。

天顺四年，曹钦反。将士妄杀，至割乞儿首报功。市人不敢出户……锦衣官校恶钦杀指挥逯杲，悉捕钦姻识。千户龚遂荣及外舅贺三亦在系中。人知其冤，莫敢直。[1]

门 达

当逯杲用事时，门达已掌锦衣卫事，但却一切听命于逯杲。逯杲死后，门达复得祁镇信任。于是便欲"踵杲所为，益布旗校于四方。告讦者日盛，中外重足立，帝益以为能"[2]。

门达在开头也和逯杲一样，先调查一些实事加以附会，以示诚实无欺，来结祁镇欢心，坚定祁镇的信任。

外戚都指挥孙绍宗及军士六十七人冒讨曹钦功，达发其事。绍宗被责让，余悉下狱。盗窃户部山西司库金，巡城御史徐茂劾郎中赵昌，主事王珪、徐源疏纵，达治其事，皆下狱……御史樊英、主事郑瑛犯赃罪，给事中赵忠等报不以实。达劾其徇私，亦下狱谪官。[3]

等到既得信任以后，便任意罗织栽诬，胡作非为了。

给事中程万里等五人直登闻鼓。有军士妻愬冤，会齐戒不为奏。达劾诸人蒙蔽，诏下达治。已，劾南京户部侍郎马谅，左都御史石璞，

[1] 《明史·林聪传》卷一七七。

[2] 《明史·门达传》。

[3] 《明史·门达传》。

掌前府忻城伯赵荣，都督同知范雄、张斌老瞶皆罢去……御史李蕃按宣府，或告蕃擅挞军职，用军容迎送御史杨琎按辽东，韩琪按山西，校尉言其妄作威福。皆下达治，蕃、琪并荷校死。[1]

此外像陕西督储参政娄良，福建佥事包瑛等十二人都被校尉所发下狱，包瑛是一个很好的官，并无错处，气愤自缢而死，其余的人多遣戍。在遣戍的时候，门达还派有人在后面跟踪侦缉。

（张）鹏与杨瑄俱以言事得罪，谪戍两广……时（李秉）以都御史巡抚南直隶……至见二人同桎梏不能起，命左右出之。二人不肯曰："吾二人死则已矣，其敢累公，此门锦衣亲封，且有逻者在后，事且不测。"[2]

在这种严密的侦缉风气之下，民间一些痞棍也纷纷起来告密，而且一告必准，甚至将被告者处死。

天顺七年，河南裕州民告其知州秦永昌贪暴。上命锦衣官校核之，逮至京师鞫，籍没其家，斩永昌于市。时五月初旬，非行刑时也。且以部民讦州官，至论殊死，此古来奇事。时曹石虽诛，而告密之风转炽，始掌锦衣者为逯杲，以酷暴激曹钦。及杲见杀，门达继之，酷加甚焉。故终天顺一朝，刑戮乃尔。[3]

这一案还牵连了很多的人，如布政使侯臣、按察使吴中以下及先后巡按御史吴琬等四人，都分别下狱贬斥。[4]

[1] 《明史·门达传》卷三〇七。

[2] 王鏊：《守溪笔记》。

[3] 《万历野获编补遗》卷一，《王振恩恤》。

[4] 《明史·门达传》卷三〇七。

门达自天顺五年用事，到天顺八年朱祁镇死后朱见深即位被斥充军而死，锦衣卫势焰才稍稍敛戢，但汪直的西厂却继之而起，比门逯等更加酷烈了。

在门达掌锦衣卫之前，还有一个掌卫的袁彬，他和祁镇一同被也先掳去，伺候祁镇极其忠心，祁镇复辟便叫他掌卫事。据说这人也不坏，但事实上却也“当受中官夏时嘱，私遣百户李福侦事江西。”[1] 可见所谓不坏者，也只是比较言之罢了。

朱祁钰锦衣卫侦缉似乎也不下于祁镇时代，如：

> 毛吉……景泰五年进士。除刑部广东司主事。司辖锦衣卫。卫卒伺百官阴事，以片纸入奏即获罪，公卿大夫莫不惴恐。公行请属，狎侮官司，即以罪下刑部者，亦莫敢捶挞。[2]

（三）从汪直到刘瑾

汪 直

汪直是朱见深的一个大特务头子，他主持西厂，专权擅政的情形，已分见第一、二两章，这里只是叙述他的侦缉事实。

汪直大概是有一点特务本领的，当成化十二年他第一次奉朱见深之命出外侦察，《明书》说他“布衣小帽，时乘驴或骡，往来京城内外，人皆不之疑”[3]。而且“大政小事，方言巷语，悉采以闻”[4]。这样便十分得到朱见深的欢心。第二年正月便设立西厂，叫汪直主持其事。汪直主持的西厂情形是怎样呢？《明史・刑法志三》称：

[1] 《明史・袁彬传》卷一六七。

[2] 《明史・毛吉传》卷一六五。

[3] 《明书・宦官传・汪直》卷一五八。

[4] 《明史纪事本末》卷三十七。

所领缇骑倍东厂。自京师及天下，傍午侦事，虽王府不免。直中废复用，先后凡六年，冤死者相属。

而《明史·汪直传》卷三〇四亦云：

自诸王府边镇及南北河道，所在校尉罗列，民间斗詈鸡狗琐事，辄置重法，人情大扰。

他手下有几名得力的爪牙，其中最著名的害人最多的是韦瑛，韦瑛是当西厂成立时，便来告密因而和汪直结识得到信任的，其经过情形如下：

（杨）瞖，少师荣曾孙也，坐与其父泰杀人，为仇家所讦……瞖亡入京师，因其姊婿礼部主事董序求计于中官韦瑛。瑛素无赖子，鬻于宦官韦姓为家人，冒延绥功授百户，方欲从直刺事无徭也。乃诺瞖为营解，倾取其赀而潜报直，谓："瞖父子杀人惧罪，辇金巨万匿序所，将贿诸用事者，以缓其狱。"直信之，即遣人捕瞖序。顾瞖赀已尽于瑛，大索序家，无所得，因拷讯瞖……（瞖）妄言寄金于其叔父兵部主事仕伟所，瑛遂夜率逻卒突入仕伟家，缚仕伟，拷掠及其妻子。[1]

这一案结果是瞖瘐死狱中，泰论斩，仕伟序并谪官。当韦瑛夜入仕伟家拷掠时候，隔壁有个翰林陈音胆量颇为不小，爬在墙上大喊道："尔擅辱朝臣，不畏国法耶？"逻卒应曰："尔何人，不畏西厂！"音厉声曰："我翰林陈音也。"[2]后来韦瑛似乎也并没有把他怎样。西厂是正月成立的，这事发生在二月，可以说是西厂第一次大出手，于是朱见深便越发信任

[1] 《明通鉴》卷三十三。

[2] 《明史·张元祯传》卷一八四。

汪直，而汪直，也就越发看重韦瑛。

直既发勰事，颇诬左右大臣多得勰贿，上隐不发，然愈谓直可信任。而瑛亦以此结直，直遂倚瑛如左右手，气焰熏灼。[1]

他们逮捕朝臣，许“先捕后闻”。

百户韦瑛为（汪直）鹰犬，遣人四出，所得赃吏一二，然自达官以下，许先报（疑捕字之误）后闻，凡文官无辜受其屈辱者甚多。[2]

当时大学士商辂曾率同官奏引其事：

陛下委听断于直，直又寄耳目于群小如韦瑛辈。皆自言承密旨、得颛刑杀，擅作威福，贼虐善良。[3]

又称：

朝臣无大小，有罪皆请旨收问，渠敢擅抄札三品以上京官。大同宣府，北门锁钥，一日不可缺人守者，渠一日擒械数人。南京祖宗根本重地，留守大臣渠敢擅自收捕。诸近侍渠敢擅自损易。此人不黜，国家安乎危乎。[4]

事实的例子就在四月间便发生多次：

[1] 《明通鉴》卷三十三。

[2] 陆釴：《病逸漫记》。

[3] 《明史·商辂传》卷一七六。

[4] 《四友斋丛说》卷七，史三。

夏四月，汪直令韦瑛执左通政方贤、太医院判蒋宗武下西厂狱（《明通鉴》卷三十三谓“瑛以索院中药不得”之故）。礼部郎中乐章、行人张廷纲使安南还（《明通鉴》卷三十三谓“厂校执之，鞫其受馈遗有迹”），刑部郎中武清广西勘事还（《明通鉴》卷三十三谓“厂校谓其有所齐载”），浙江布政使刘福起复至京，汪直并令韦瑛执击之。御史黄本云南、贵州清军刷卷还，汪直令韦瑛搜得象笏一，执送锦衣卫，问为民。[1]

至于对老百姓，则是预设圈套，引诱为奸，然后从而诈财逮捕，为害更不可胜言。

时西厂旗校以捕妖言图官赏，多为赝书诱愚民而后捕之，冤死相属，廷臣莫敢言。有通判曹鼎、知县薛方者，宁晋人也，会罢闲家居，厂校诬其邑人王凤与瞽者康文秀受妖书，株连及之。发卒围其家，拷掠诬伏。既论死，鼎方两家人数声冤，下法司复验，狱果妄。[2]

但是奏上之后，朱见深却置之不问，“而西厂之刺捕者如故”。同时镇守宦特们也妄报妖言，如：

而分守怀来中官廖礼，复兴妖人赵大狱，所收系甚众，巡抚殷谦等具奏如礼言。狱成，命官按之亦妄。于是左都御史李宾奏请“今后妄报妖言者坐斩”。上但下诏责礼等，谕“法司慎鞫，毋或瞻徇，以虐非辜”[3]。

韦瑛这种诬陷良民的豹狼作风，直到他被斥后还是如此，但也终于因此而被处死。

[1] 《明史纪事本末》卷三十七。

[2] 《明通鉴》卷三十三。

[3] 《明通鉴》卷三十三。

百户韦瑛者，尝为太监汪直羽翼，生事害人，人皆怨之。直败，调任口外，然其害人之心未已也。尝掩捕百姓十余人，械送京师告变，上命会官鞫之，则皆诬也。盖瑛媒糵其状，原藉此以立功耳。反坐弃市，枭首于其掩捕之地。[1]

汪直爪牙除韦瑛外，还有一个叫吴绶的，大概是替他做一些设计参谋的工作。

（成化十三年）辛卯，太监怀恩传奉圣旨："锦衣卫副千户吴绶于镇抚司同林峦问刑，千户杨瑛仍还本所治事。"绶貌陋而心险，颇通文移，善词翰。时西厂虽革，上犹密召汪直察外间动静，且令访能文事者，以为之辅。有一军卒报直云："锦衣千户吴绶能写本，通行移。"直遂召至，拟三批答，封进，称旨，遂有是命。绶后以银壶一，谢其荐己者云。[2]

至于当时主持东厂的特务是太监尚铭，也俯首听命于汪直，如兵部尚书项忠被斥，便是汪直嗾使东厂诬奏的。《明史·汪直传》：

未几，令东厂官校诬奏项忠，且讽言官郭镗、冯贯等论忠违法事。帝命三法司、锦衣卫会问。众知出直意，无敢违，竟勒忠为民。

而朱见深有时也叫东厂缉事：

中官阿九者，其兄任京卫经历，以罪为（兵部郎中刘）大夏所笞。宪宗入其谮，捕系诏狱，令东厂侦之无所得。会怀恩力救，乃杖

[1] 《菽园杂记》卷十。

[2] 《弇山堂别集·中官考三》卷九十二。

二十而释之。[1]

因此，当时东厂缉事为害之烈也仅次于西厂，当时给事中孙博便曾痛切言之：

（成化）十六年正月，兵科给事中孙博言："东西二厂缉事旗校，多毛举细故以中伤大臣，旗校本厮役之徒，大臣则股肱之任，岂旗校可信反过于大臣，纵使所访皆公，亦非美事，一或失实，所损实多……"时汪直闻博奏涉西厂事，怒甚，呼博面加切责。[2]

汪直既然这样地得到主子信任，口衔天宪，专擅威福，于是特务中为了争权夺宠，便发生了矛盾。那时东厂太监尚铭久在汪直指挥之下，心中早已不服。有一次尚铭因获贼得厚赏，事前没有告诉汪直，于是汪直大怒，把尚铭叫来痛骂了一顿。尚铭气愤不过，便设法侦缉汪直的一些隐事，偷偷地报告了朱见深。这样朱见深才渐渐和汪直疏远，最后在成化十七年调往南京，停罢西厂。

西厂既停办，一切侦缉事权自然又归东厂，于是尚铭便得起势来，和汪直一样地罗织诬陷。

西厂废，尚铭遂专东厂事，闻京师有富室；辄以事罗织，得重贿乃已。卖官鬻爵，无所不至。[3]

尚铭专横凡三年之久，被他罗织诬陷的人不计其数，成化二十年因事被斥，但不久之后，朱见深也就死了。

[1] 《明史·刘大夏传》卷一八二。

[2] 《弇山堂别集·中官考三》卷九十二。

[3] 《明史·汪直传》。

朱祐樘的特务侦缉

见深的儿子祐樘据《明史》上说是一个好皇帝，但这个好皇帝对特务侦缉一事却丝毫不肯放松。史称。

孝宗励精图治，委任大臣，中官势稍绌，而张天祥及满仓儿事皆发自东厂，廷议犹为所挠。[1]

满仓儿事发生在弘治九年，事件经过如下：

千户吴能以女满仓儿付媒者鬻于乐妇张，绐曰："周皇亲家也。"后转鬻乐工袁璘所。能殁，妻聂访得之。女怨母鬻己，诡言非己母。聂与子劫女归。璘讼于刑部，郎中丁哲，员外郎王爵讯得情。璘语不逊，哲笞璘，数日死。御史陈玉，主事孔琦验璘尸，瘗之。东厂中官杨鹏从子尝与女淫，教璘妻诉冤于鹏而令张指女为妹，又令贾校尉属女亦如张言。媒者遂言聂女前鬻周皇亲矣。奏下镇抚司，坐哲、爵等罪。复下法司、锦衣卫谳。索女皇亲周彧家，无有。复命府部大臣及给事、御史廷讯，张与女始吐实。都察院奏，哲因公杖人死，罪当徒。爵、玉、琦及聂母女当杖。狱上，（刑部典吏徐）珪愤懑，抗疏曰："聂女之狱，哲断之审矣。鹏拷聂使诬服，镇抚司共相蔽欺。陛下令法司锦衣会问，惧东厂莫敢明，至鞫之朝堂乃不能隐。夫女诬母仅拟杖，哲等无罪反加以徒，轻重倒置如此，皆东厂威劫所致也……臣愿陛下革去东厂，戮鹏叔侄并贾校尉及此女于市，谪戍镇抚司官极边，进哲、爵、琦、玉各一阶，以洗其冤，则天意可回，太平可致……"帝怒，下都察院考讯。都御史闵珪等抵以奏事不实，赎徒还役。帝责具状，皆上疏引罪，夺俸有差。珪赎徒毕，发为民。既而给事中庞泮等言哲等狱词复奏已余三月，系狱者凡三十八人，

[1] 《明史·王献传》卷一八〇。

乞早为省释。乃杖满仓儿，送浣衣局；哲给璘埋葬赀，发为民。爵及琦玉俱赎杖还职。时弘治九年十二月也。[1]

张天祥事则发生在弘治十七年，已是朱祐樘临死的前一年了。

（张）天祥者，辽东都指挥佥事斌孙也。斌以罪废，天祥入粟得祖官。有泰宁卫部十余骑射伤海西贡使，天祥出毛喇关掩杀他卫三十八人以归，指为射贡使者。巡抚张鼐等奏捷。（巡按御史王）献臣疑之。方移牒驳勘，会斌妇弟指挥张茂及子钦与天祥有郤，诈为前屯卫文书呈献臣，具言劫营事。献臣即以闻。未报，而献臣被征。帝命大理臣吴一贯、锦衣指挥杨玉会新按臣余濂勘之，尽得其实。斌等皆论死，天祥毙于狱。

天祥叔父洪屡讼冤，帝密令东厂廉其事，还奏所勘皆诬。帝信之，欲尽反前狱。召内阁刘健等，出东厂揭帖示之，命尽逮一贯等会讯阙下。健等言东厂揭帖不可行于外。既退，复争之。帝再召见，责健等。健对曰："狱经法司谳，皆公卿士大夫，言足信。"帝曰："法司断狱不当，身且不保，言足信乎？"谢迁曰："事当从众，若一二人言，安可信？"健等又言众证远，不可悉逮。帝曰："此大狱，逮千人何恤。苟功罪不明，边臣孰肯效力者？"健等再四争执，见帝声色厉，终不敢深言东厂非。一贯等既至，帝亲御午门鞫之，欲抵一贯死。闵珪、戴珊力救，乃谪嵩明州同知，献臣广东驿丞，濂云南布政司照磨，茂父子论死，而斌免，洪反得论功。[2]

这不过是两件著名的冤枉案子，其他的像王献臣在弘治六年也被东厂侦缉陷害过一次，那时他以御史巡按大同，"尝令部卒导从游山，为东厂缉事者所发，并言其擅委军政官。征下诏狱，罪当输赎。特命杖

[1] 《明史·孙磐传》卷一八九。

[2] 《明史·王献臣传》卷一八〇。

三十，谪上杭丞”[1]。至于那时厂卫一般侦缉情形，则是挟仇诬陷，敲诈纳贿，不一而足。满朝大臣都不敢说话，只有几个大胆的小官冒死上言。其中所反映的厂卫情形，并不比汪直时代好多少，如弘治九年刑部典吏徐珪上疏言：

> 臣在刑部三年，见鞫问盗贼，多东厂镇抚司缉获，有称校尉诬陷者，有称校尉为人报仇者，有称校尉受首恶赃而以为从、令傍人抵罪者。刑官洞见其情，无敢擅更一字。上干天和，灾异迭见……如不罢东厂，亦当推选谨厚中官如陈宽、韦泰者居之，仍简一大臣与共理。镇抚司理刑亦不宜专用锦衣官。乞推选在京各卫一二人及刑部主事一人，共莅其事。或三年、六年一更，则巡捕官校，当无有作奸擅刑，诬及无辜者矣。臣一介微躯，左右前后皆东厂镇抚司之人，祸必不免。顾与其死与此辈，孰若死于朝廷。愿斩臣头，以行臣言，给臣妻子送骸骨归，臣虽死无恨。[2]

同年御史胡献也奏称：

> 东厂校尉，本以缉奸，迩者但为内戚、中官泄愤报怨。如御史武衢忤寿宁侯张鹤龄及太监杨鹏，主事毛广忤太监韦泰，皆为校尉所发，推求细事，诬以罪名，举朝皆知其枉，无敢言者。臣亦知今日言之，异日必为所陷，然臣弗惧也。[3]

还有，朱祐樘也和明代其他的独夫一样，除了信任厂卫侦缉以外，他还直接派有宦官特务侦缉朝臣。如：

---

[1] 《明史·王献臣传》卷一八〇。

[2] 《明史·孙磐传》卷一八九。

[3] 《明史·胡献传》卷一八〇。

（弘治八年）文武大臣以灾异陈时政，（吏部侍郎周）经为具奏草，而斥戏乐一事，语尤切直。帝密令中官廉奏草者。[1]

刘　瑾

朱祐樘的儿子厚照是一个极其荒唐糊涂的人，先后信任大特务刘瑾、谷大用、江彬、钱宁等人。他在位十六年，在这十六年之中，厂卫缉事之酷烈超过了他以前的任何一个独夫。

刘瑾原是厚照做太子时的一个听候使唤的宦官，厚照即位后立刻得到信任。于是他便专擅朝政、作威作福的情形，已分见各章，这里只说他的侦缉事件。

当他刚一抓到政权，第一件事便是攫取并增设特务侦缉机关。杀死政敌东厂太监王岳，以他的党羽丘聚代之。锦衣卫使石文义也是他的私人。又恢复西厂，令他的亲信谷大用主持。设立内行厂，直接由自己指挥。这许多特务机关连成一气，争着侦缉罗织，于是特务多如牛毛，布满天下，穷乡僻壤，都有他们的踪迹。上至朝廷大臣，下至老百姓，都笼罩在极端恐怖的气氛中，有朝不保夕之感，《明史·刑法志三》有一段颇为生动的叙述：

两厂争用事，遣逻卒刺事四方……远州僻壤，见鲜衣怒马作京师语者，转相避匿。有司闻风，密行贿赂……天下皆重足立。而卫使石文义亦瑾私人，厂卫之势合矣。

《明史·刘瑾传》也称：

瑾势日益张，毛举官僚细过，散布校尉，远近侦伺，使人救过不赡。

其时侦缉之密，可以由此想见。甚至于江西一个偏僻县份的老百姓

[1] 《明史·周经传》卷一八三。

于端午节竞渡龙船，也被他们侦缉成为罪名。

> 正德三年西厂太监谷大用遣逻卒四出，刺访江西南康县民吴登显等三家于端午节竞渡，以擅造龙舟捕之，籍其家。[1]

至于其他的事情，自然不问可知了。

至于刘瑾自己直接指挥的内行厂，更是无恶不作，有些事件，简直是离奇古怪，无中生有。

> 时既立西厂，以谷大用领之。瑾又立内厂自领之，京师谓之内行厂，比东西二厂尤为酷烈，中人以微法往往无得全者。市井游食无业之人，如酒保、磨工、鬻水者，皆逐之四出，千余人集于城外东郊，持白梃劫人；声言自分必死，欲甘心刺瑾，瑾惧，乃复之。瑾又令寡妇尽嫁，及停丧未葬者尽焚弃之，京师哄然。瑾恐有变，乃罪其首倡言者一人，以安众心，皆立内厂后事也。[2]

其时锦衣卫便是石文义，但主要负责的是高得林和杨玉，因为：

> 石文义与张彩表里作威福，时称为刘瑾左右翼。然文义常侍瑾，不治事，治事者高得林。[3]

至于杨玉则是一个都指挥，他在卫里“考选军职，擅自去留，贪财坏法，奸恶万状，遍差旗校，多树爪牙，密共奸谋，亲为心腹，刘瑾之恶，由玉以成”[4]。

---

[1] 《弇山堂别集·中官考五》卷九十四。

[2] 《弇山堂别集·中官考五》卷九十四。

[3] 《明史·刑法志三》。

[4] 《弇山堂别集·中官考六》卷九十五。

这样，东西厂锦衣卫彼此合作，汇成了一个巨大的特务网。那时官吏被谪，或是出差到任，后面都有特务盯梢，他们一不高兴，立刻可以加上罪名，随意逮捕下狱。如：

> 韩尚书文……罢职为民，（刘瑾）仍令逻卒伺察于途。文知之，止乘一骡宿野店而归，逻卒无所得。适郎中张玮、尚宝卿崔璿各以公差，御史姚祥以升任，在途各乘轿及带家小驰驿。逻卒回奏其事，逆瑾方欲窃柄张玮，遂差官校逮捕下狱。[1]

刘瑾甚至命令这些特务在半路上将人害死。如：

> 刘瑾操弄国柄……（王）伯安上疏言之，谪贬贵州驿丞，未行，寓杭州胜果寺……昼见二军校至。"有旨赐汝溺，不可缓。"窘迫之……为二校面缚，挟至江边投之。[2]

所以，那时官吏即使罢职闲居，也都提心吊胆。如杨一清家居时，安化王寘鐇反，朝廷派人起用他去讨伐，使者刚到，他疑心是特务，饱受一场虚惊。其所著《西征日录》云：

> 正德五年五月初一日，兵部差锦衣舍人王诰驰驿，赍文至镇江府属。时贼瑾用事，政令苛急，锦衣使者所至，人心惊动。比开，则吏部公文，有旨起臣一清赴京听用。

至于在任官吏被侦缉诬陷的那就更多了，如：

> 熊绣……正德元年擢右都御史，总督两广军务兼巡抚事……刘

[1] 《继世纪闻》卷一。

[2] 《二申野录》卷三引《客座新闻》。

瑾以前汰勇士事深疾绣，伺察无所得。召掌南京都察院事，寻以中旨罢之。[1]

又如：

正德五年，刘瑾乱政。（秦）纮家奴憾纮妇弟杨瑾，以纮所遗火炮投缉事校尉，诬瑾畜违禁军器。刘瑾怒，归罪于纮。籍其家，无所得。[2]

像这类事件简直多到不可胜计，有些也已散见各章，这里不一一再述。如若算一笔总账的话，那么，《明史·刑法志三》所说在刘瑾时“官吏军民非法死者数千”，这数千人绝大多数便是东西厂锦衣卫侦缉来的。

钱宁、张锐等

正德五年，刘瑾伏诛，西厂内行厂都罢设，石文义也被杀掉，丘聚、高得林等均罢去，而以张锐领东厂，钱宁掌锦衣卫事，两人狼狈为奸，势焰熏灼，缉事罗织之风仍和刘瑾时一样。史称：

太监张锐领东厂缉事，横甚，而宁典诏狱，势最炽，中外称曰“厂卫”。[3]

而正德十一年南京六科给事中孙懋等奏称那时厂卫缉事情形是：“旗校络绎于天下，缙绅骈首于狴犴，远近震骇，上下屏气”[4]。

钱宁原是宦官钱能的家奴，因刘瑾得和朱厚照接近，厚照非常宠爱他，认为义子。在豹房喝醉了酒，便枕着他睡觉。“百官候朝，至晡，莫得

[1] 《明史·熊绣传》卷一八六。

[2] 《明史·秦纮传》卷一七八。

[3] 《明史·钱宁传》卷三〇七。

[4] 《弇山堂别集·中官考七》卷九十六。

帝起居，密伺宁，宁来，则知驾将出矣。”[1] 凭着这样气焰，自然可以为所欲为，底下的爪牙们自然更是无恶不作了。如：

锦衣千户王注与宁昵，挞人至死，员外郎刘秉鉴持其狱急。宁匿注于家，而属东厂发刑部他事。尚书张子麟亟造谢宁，立释注，乃已。[2]

太仆少卿赵经初以工部郎督乾清宫工，干没帑金数十万。经死，宁佯遣校尉治丧，迫经妻子扶榇出，姬妾、帑藏悉据有之。[3]

至于诬害老百姓，他手下的那些小特务毒计更多，如：

东厂锦衣卫每捕获妖言，辄蒙重赏。至有预设逻卒于乡村，诱愚民为非，寻以妖言发之，文致以法。法司心知其冤，不敢与辩。至是厂卫旗校言：贼人刘学孟等为妖言，聚众数百人于河南地方，将为乱，寻捕获之，遂以为谋逆，命三法司官会鞫。拟凌迟处死，仍诏有司督捕未获者。[4]

嘉靖中给事中安磐曾追述这些情形是：

贪饕搏噬，有若虎狼。其捕奸盗也，或以一人而牵十余人，或以一家而连数十家，锻炼狱词，付之司寇，谓之“铸铜板”。其缉妖言也，或用番役四出搜愚民诡异之书，或购奸僧潜行诱愚民弥勒之教，然后从而掩之，无有解脱，谓之“种妖言”。数十年内，死

[1] 《明史·陆炳传》卷三〇七。

[2] 《明史·陆炳传》卷三〇七。

[3] 《明史·陆炳传》卷三〇七。

[4] 《弇山堂别集·中官考八》卷九十七。

者填狱，生者冤号。[1]

钱宁是朱厚照义子中最著名的一个，那时朱厚照义子多到一百二十七人，这些人都是些市井无赖，恐怕都负一些特务侦缉的任务。

正德七年九月……丙申，赐义子一百二十七人皆国姓。初，中官奴卒及市井桀黠，偶为上所悦者，辄收为义子。永寿伯朱德及都督朱宁、朱安为首，其次朱国、朱福、朱刚皆至都督，余则授都指挥、指挥千百户、镇抚、旗舍不等。时有朱静等五人皆亡虏，亦至千户。自后赐姓者日益多云。[2]

张锐在东厂则是“每缉事，先令逻卒诱人为奸，乃捕之，得贿则释，往往以危法中人”[3]。

当时也有少数官吏将厂卫专横情形入奏，但结果都遭到诬陷。

张锐、钱宁掌厂卫，连构缙绅狱，（欧阳）重皆力与争。锐等假他事系之狱。[4]

在朱厚照时期还有一大部分不属于厂卫系统的特务，如张忠吴经许泰等，他们也都派人四出缉事，为祸也不下厂卫，这里便不一一赘述了。

这些直到朱厚照死后，方才稍稍敛迹一点，但继位的朱厚熜却又另用一批特务出来，老百姓所遭受的灾害，仍是没有减轻。

[1] 《明史·安磐传》卷一九二。

[2] 《明通鉴》卷四十四。

[3] 《明史·谷大用传》。

[4] 《明史·欧阳重传》。

（四）两个在位最久的独夫的特务侦缉

明代有两个在位最久的独夫，一个是朱厚熜，在位四十五年，另一个是他的孙子朱翊钧，在位四十八年。中间再加翊钧的爸爸载垕在位六年，三人合起来一共是九十九年，占整个明代统治时期三分之一还要多。

这里我们便将这一百年中特务侦缉情形看一下：

朱厚熜的特务侦缉

朱厚熜以藩王入登帝位，他是一个刚愎暴厉的独夫，而且疑心极大。即位之初，虽然将朱厚照的特务斥去了一些，但很快地又任用一批自己的特务侦缉臣民。这些特务之恣肆一如往昔，张居正叙述那恣肆情形是：

> 肃皇帝以威严驭下，大狱数起，群言事忤旨，辄逮系锦衣卫讯治，或杖之于廷，有立毙者。而当事者亦以鸷击为能，侦伺校卒，猛若乳虎。一旦不如意，所夷灭不可胜道，京师为之重足。[1]

这情形在朱厚熜即位之初便是如此。嘉靖初年东厂太监芮景贤颇得到他信任，景贤任用爪牙陶淳等诈财诬陷，作恶极多。如：

> （嘉靖）二年十月，临洮知府郭九皋为滦州民赵纪诬以前任永平府事，讦告东厂。太监芮景贤奏闻，命差官校提问。巡按陕西御史刘翀言："东厂之设，专主缉访在京奸伪，无受理词状远差官校拿人之例。赵纪细民，不诉抚按，而越诉东厂，实由书手陶淳通贿景贤所致也。乞将赵纪陶淳九皋同解法司问理。"[2]

同年给事中刘最以弹劾中官崔文贬谪外任，芮景贤还派人跟踪侦缉，

[1] 《张文忠公全集》文集四，《朱忠僖公神道碑》。

[2] 《弇山堂别集·中官考九》卷九十八。

栽诬陷害。

十一月刘最既调广德州判官去，而东厂太监芮景贤复奏最在途仍用礼科旧衔，乘坐船，取大役，而长芦巡盐御史黄国用复遣纸牌送之，并属违例。上命逮最、国用下诏狱，镇抚司具狱上，得旨：最谪戍，国用降远方杂职。[1]

同时和刘最同行的有个颜如环，用了黄色包袱裹行李，也被芮景贤诬奏擅用禁物下狱。当时刑科给事中刘济曾因此极言特务侦缉之害云：

国家置三法司，专理刑狱……自锦衣镇抚之官专理诏狱，而法司几成虚设。如最等小过耳，罗织于告密之门，锻炼于诏狱之手，旨从内降，大臣初不与知，为圣政累非浅。[2]

结果是厚熜大怒，命令夺刘济俸钱一月。

这时有个厚照时的锦衣革职百户王邦奇，看见厚熜仍旧信任侦缉，便请求复职，竟然得到允许。而王邦奇便随意诬陷大臣。《明通鉴》卷五十三：

（嘉靖六年二月，张璁桂萼嗾）锦衣卫百户王邦奇上书言哈密事，遂诬奏致仕大学士杨廷和、尚书彭泽，并及阁臣费宏、石珤……上信之，下（廷和子）惇等狱……既罢，下五府九卿议。镇远侯顾仕隆等覆奏“邦奇言皆虚妄”。

结果朱厚熜对王邦奇不过是切责之而已。而杨惇还是“斥为民”。

而这时锦衣校尉已经跑出京外缉事，如嘉靖六年南京礼部侍郎顾清

[1] 《弇山堂别集·中官考九》卷九十八。

[2] 《明史·刘济传》卷一九二。

上言：

锦衣职侍卫，祖宗朝非机密不遣……近乃遣千户勘扬州高淪争私财事，囚其女妇，憯毒备加。请自今悉付所司，停旗校无遣。[1]

奏上，朱厚熜不但不采纳，反而下诏鼓励告密。

（嘉靖）八年……诏许六部历事监生发廷臣奸弊……于是无赖子率持朝士阴事，索赀财，妄构事端入奏，诸司为惕息。[2]

从这以后，特务缉事便越发加强，特务们也就越发肆无忌惮。如：

采木侍郎黄衷事竣归家，乞致仕，未许。缉事者奏衷潜入京师。帝怒，夺衷职。[3]

又如嘉靖二十三年：

（兵部尚书翟鹏）下诏狱，坐永戍。行至河西务，为民家所窘，告钞关主事杖之，厂卫以闻。复逮至京，卒于狱。[4]

而罢官回家，特务还要盯梢侦查。如嘉靖二十一年文选郎中王与龄忤严嵩罢官归去。“锦衣遣使侦其装，袱被外无长物，称叹而去。”[5]

至于一般老百姓所遭受的冤屈更是不可胜言。

[1] 《明史·顾清传》卷一八四。

[2] 《明史·许进传》卷一八六。

[3] 《明史·魏良弼传》卷二〇六。

[4] 《明史·翟鹏传》卷二〇四。

[5] 《明史·王与龄传》卷二〇七。

京师民张福诉里人张柱杀其母，东厂以闻，刑部坐柱死。不服，福姊亦泣诉官，谓母福自杀之，其邻人之词亦然。诏郎中魏应召覆按，改坐福。东厂奏法司妄出人罪，帝怒，下应召诏狱。（右都御史熊）浃是应召议，执如初。帝愈怒，褫浃职，给事中陆粲、刘希简争之，帝大怒，并下两人诏狱。侍郎许赞等遂抵柱死，应召及邻人俱充军，杖福姊百，人以为冤。[1]

厂卫既是这样嚣张，于是一般无赖痞棍便都献钱给特务头子，请求做校尉，然后再刮榨老百姓取偿。《明史·颜鲸传》卷二〇九云：

锦衣帅受诸侠少金，署名校尉籍中，为民害。

而各地刁民奸宄也纷纷告起密来。如：

嘉靖九年，故太监张容家奴朱继宗，告阁臣杨一清受其家主张永等赂遗。又云一清盗宁府库金。一清致仕去，次年夺职。十年江西刁民王荣，告其乡人原任文选郎中夏良胜刊所上大礼疏，及为夏所厚江西参议知县等官。上逮窜良胜极边充军，参议等官斥降。[2]

那时锦衣卫特务头子先是朱宸，后来有骆安、王佐、陈寅等，代替陈寅的是陆炳。朱厚熜南游时，驻卫辉，行宫失火，陆炳曾将他救出，所以十分得到宠幸，威势煊赫。他掌卫时，有一个时期，卫权竟凌驾东厂之上。

陆炳是一个比较有点能力的特务，他懂得同各方面拉拢，《明史》说："帝数起大狱，炳多所保全，折节士大夫，未尝构陷一人，以故朝士多

[1] 《明史·熊浃传》卷一九七。

[2] 《万历野获编》卷十八。

称之者。”[1] 但事实上这不过是他的手腕，夏言、仇鸾都是他陷害死的，虽然夏仇两个也并不是什么好人，但他的构陷，也只是为了私仇。同时，他又“任豪恶吏为爪牙，悉知民间铢两奸，富民有小过辄收捕，没其家”[2]。而那时锦衣卫所用的旗校也最多，竟达十余万人。至于他在京师的措施，其凶恶强横，有时简直和刘瑾差不多。

（嘉靖二十六年十月）湖广道试御史陈其学劾锦衣卫掌事、都督同知陆炳。先是炳以“京师流寓人多，恐潜藏奸宄，乞行禁戢”，从之。至是其学劾“炳肆行威福，矫下逐客之令”。又以盐法劾“炳与京山侯崔元加抽病民，且受奸商徐二请托，请一并究治”。[3]

至于朱厚熜时一般宦官缉事之风，据《明史·刑法志三》说：“世宗驭中官严，不敢恣。”但这只不过和朱厚照比较言之罢了，事实上那时宦官缉事之风还是很盛，《明史·郭英传》卷一三〇说：“（郭）勋以族叔郭宪理刑东厂，肆虐无辜。”便是一证。事实的例子，如：

中官刚聪诬漕卒掠御服，坐二千人。[4]

还有一次捕了五百。

中官黄锦诬劾高唐判官金坡，诏逮之，连五百余人。（御史马）录言：“祖宗内设法司，外设抚、按，百余年刑清政平。先帝时，刘瑾、钱宁辈蛊惑圣聪，动遣锦衣官校，致天下汹汹。陛下方勤新政，

[1] 《明史·陆炳传》卷三〇七。

[2] 《明史·陆炳传》卷三〇七。

[3] 《明通鉴》卷五十九。

[4] 《明史·胡世宁传》卷一九九。

不虞复有高唐之命。”给事中许复礼等亦以为言，狱得少解。[1]

而厚熜自己也经常地直接派宦官侦缉朝臣。

俺答薄都城，谩书求贡。诏百官廷议……时帝遣中使瞷廷臣，日中莫发一语，闻（司业赵）贞吉言，心壮之。[2]

甚至一些极琐碎无聊的事，也要派宦官去侦察真伪。如赵文华称病请假，他就曾“令司礼监觇视真伪”[3]。还有派遣宦官出京，去侦察在外奉使的朝臣。

郑王厚烷以言事废，徙凤阳。（瞿）景淳奉敕封其子载堉为世子，摄国事。世子内惧，赆重币，景淳却之。时恭顺侯吴继爵为正使。已受币，惭景淳，亦谢不纳，既而语景淳曰：“上遣使密诇状，微公，吾几中法。”[4]

朱载垕的特务侦缉

朱厚熜死后，他的儿子载垕即位，载垕是个极端荒淫好色的独夫。据说他的死就是由于好色过度，把春药吃得太多了，以致“阳物昼夜不仆”而死的[5]。就是这样一个昏庸混蛋的东西，他仍是不放松特务侦缉，还下诏明白宣布要加强厂卫。

[1] 《明史·马录传》卷二〇六。

[2] 《明史·赵贞吉传》卷一九三。

[3] 《花当阁丛谈》卷八。

[4] 《明史·瞿景淳传》卷二一六。

[5] 《万历野获编》卷二十一，《进药》。

隆庆初……诏言灾眚洊至，由部院政事不修，令厂卫密察。（给事中舒）化偕同列言："厂卫徼巡辇下，惟诘奸宄、禁盗贼耳。驾驭百官，乃天子权。而纠察非法，则责在台谏，岂厂卫所得干？今命之刺访，将必开罗织之门，逞机阱之术，祸贻善类，使人人重足累息，何以为治？且厂卫非能自廉察，必属之番校，陛下不信大臣，反信若属耶？"御史刘思贤等亦极陈其害。帝并不从。[1]

至于那时特务侦缉之为害，从当时给事中欧阳一敬疏中可以看出大概情形。他说：

缉事员役，其势易逞，而又各类计所获功次，以为升授。则凭可逞之势，邀必获之功，枉人利己，何所不至。有盗经出首幸免，故令多引平民以充数者；有括家囊为盗赃，挟市豪以为证者；有潜构图书，怀挟伪批，用妖言假印之律相诬陷者；或姓名相类，朦胧见收；父诉子孝，坐以忤逆。所以被访之家，谚称为划，毒害可知矣。乞自今定制，机密重情，事干宪典者，厂卫如故题请。其情罪不明，未经谳审，必待法司详拟成狱之后，方与纪功。仍敕兵刑二部勘问明白，请旨升赏。或经缉拿未成狱者，不得虚冒比拟，及他词讼不得概涉，以侵有司之事。如狱未成，而官校及镇抚司拷打伤重，或至死者，许法司参治。法司容隐扶同，则听科臣并参。如此则功必覆实，访必当事，而刑无冤滥。[2]

朱翊钧的特务侦缉

载垕的儿子翊钧也和他父亲一样，虽然昏庸，却并不放松特务侦缉。他即位的时候才只十岁，太监冯保以司礼首珰兼督东厂，勾结大学

[1] 《明史·舒化传》卷二二〇。

[2] 《明史·刑法志三》。

士张居正专权擅政，首先便诬陷他的政敌高拱，那时高拱已经失败罢职回家了。

> 万历元年正月，有王大臣者，伪为内侍服，入乾清宫，被获下东厂。保欲缘此族拱，与居正谋，令家人辛儒饮食之，纳刃其袖中，俾言拱怨望，遣刺帝。大臣许之。逾日，锦衣都督朱希孝等会鞫。大臣疾呼曰："许我富贵，乃掠治我耶！且我何处识高阁老？"希孝惧，不敢鞫而罢。会廷臣杨博、葛守礼等保持之。居正亦迫众议微讽保。保意稍解，乃以生漆酒喑大臣，移送法司坐斩，拱获免。[1]

而据《万历野获编》所载，当王大臣下狱的时候，冯保已经派特务去逮高拱了。幸而高拱究竟是做过宰相的人，明白朝章故事，没有被逮去，否则一条性命便保不住了。

> 今上（翊钧）初元，王大臣事起，冯珰密差数校至新郑，声云"钦差拿人"。胁高文襄，令自裁，家人皆痛哭。高独呼校面诘，索驾帖观之。诸校词窘，谓"厂卫遣来奉慰耳"。非高谙故典，几浪死矣。[2]

万历十年，翊钧已经二十岁了，冯保还把他当小孩子看待。他对冯保反感甚大，便趁着张居正病死，冯保失去外援的当儿，将冯保谪降南京，而令自己亲信特务张鲸掌东厂。

张鲸是新城人，朱翊钧斥逐冯保，他在暗中为之策划，所以很得宠幸。他在东厂时的情形是——

> 其在东厂兼掌内府供用库印，颇为时相所惮。而其用事司房邢尚智，招权受赇。万历十六年冬，御史何出光劾鲸及其党鸿胪寺序

[1] 《明史·冯保传》卷三〇五。

[2] 《万历野获编》卷二十一，《驾帖之伪》。

班尚智与锦衣都督刘守有相倚为奸，专擅威福。[1]

奏上，张鲸送上许多金宝给翊钧，竟得无事。

张鲸之后，掌东厂的有张诚、孙暹、陈矩等，但这时候翊钧已经信任派在外边的一大批矿税特务，所以，东厂侦缉事件便比较少。但诬陷的事也还是有，如《明史·梅之涣传》卷一四八便说万历间有“东厂太监李浚诬拷商人”。

而派在外边侦缉的特务，仍然遍地都是。如万历二十八年王德完上书言建立太子的事，下诏狱，廷杖谪归。临走的时候，冯琦给他一封信劝他说：

柴车就道，形迹宜晦。即遇故旧，一夫一马，亦勿受之。貂珰满涂，百凡宁过，慎耳行矣。[2]

至于那时锦衣卫特务也是十分横行，如“锦衣都督刘守有与僚属张昭、庞清、冯昕等，皆以籍罪人家多所隐没，得罪”[3]。便是一例。

此外，朱翊钧也和他的列祖列宗一样，经常自己直接派特务出去侦察臣民。如：

大兴知县王阶坐挞乐舞生下吏，帝密遣两校尉侦之，诹日为巡风御史主事孙承荣所拒。校尉还奏。帝怒诘（刑部尚书李）世达，世达言侦伺非大体。承荣竟夺俸。[4]

朱厚熜、朱翊钧这两个在位最久的独夫，历史上都说他祖孙俩对特

[1] 《明史·张鲸传》卷三〇五。

[2] 王士祯：《池北偶谈》卷六。

[3] 《明史·冯保传》卷三〇五。

[4] 《明史·李世达传》卷二二〇。

务侦缉比较放松，但事实情形却是如此！

（五）魏忠贤的侦探和黑名单

朱翊钧死，儿子常洛即位。朱翊钧在世时曾打算立郑贵妃的儿子做太子，但迫于众议，没有成功，所以很不喜欢他，甚至出阁讲学的时候，连火炉都不设[1]，弄得他非常痛苦。幽囚久了的人，一旦做了皇帝，便有些飘飘然，就无限制地放纵荒淫起来，《先拨志始》卷上云：

> 光庙御体羸弱，虽正位东宫，未尝得志。登极后，日亲理万机，精神劳瘁。郑贵妃欲邀欢心，复饰美女以进。一日，退朝内宴，以女乐承应。是夜一生二旦俱御幸焉，病体由是大剧。

常洛就这么好色过度死了，在位不到一个月。

常洛死后，儿子由校即位，年十六岁。这个青年皇帝却是一个很好的艺术人才，他喜欢亲自动手建筑房屋，雕刻木器，髹漆器皿，据说都还十分精巧，但对于朝政却一概不管。于是太监魏忠贤便专权擅政，天启一朝，特别是后几年，实际皇帝便是魏忠贤。

魏忠贤的侦探

魏忠贤以司礼秉笔太监兼掌东厂，其时东厂侦缉之酷虐，据《明史·魏忠贤传》卷三〇五称：“当是时，东厂番役横行，所缉访无虚实辄糜烂。”事实的例子如：

> 戚臣李承恩者，宁安大长公主子也，家藏公主赐器。忠贤诬以盗乘舆服御物，论死。中书吴怀贤读杨涟疏，击节称叹。奴告之，毙怀贤，籍其家。武弁蒋应阳为（熊）廷弼讼冤，立诛死。[2]

---

[1] 《明史纪事本末》卷六十七。

[2] 《明史·魏忠贤传》卷三〇五。

其时侦缉特务多如牛毛，大街小巷，不分昼夜，都有他们踪迹。“民间偶语，或触忠贤，辄被擒僇。”[1] 如《明史·刑法志三》所载一事：

有四人夜饮密室，一人酒酣，谩骂魏忠贤，其三人噤不敢出声。骂未讫，番人摄四人至忠贤所，即磔骂者，而劳三人金。三人者魄丧不敢动。

至于派在外边的特务，也是无地无之。特别是天启五六年之间，大狱数起，派出的特务更是繁密。

天启五年三月，魏忠贤诬杨涟、左光斗、袁化中、魏大中、周朝瑞、顾大章等受熊廷弼贿，一时侦骑四出，道路汹汹。凡是与这六个人有关系的都被跟踪盯梢，随时都有送命的可能。如魏大中被逮后，他的儿子学洢偷偷地跑到京师，刺探他父亲消息，“既抵都，逻卒四布，变姓名匿旅舍，昼伏夜出”[2]。又如杨涟的亲家陈愚，因救杨涟，就有特务上他家去踪迹：

陈愚，字元朴……以其女妻忠烈之长子之易……忠烈被祸，元朴倾身经纪其家，逻者交迹于门。[3]

有些人甚至恐惧自杀：

(苏)继欧，许州人，历知元氏、真定，柏乡。入为吏部稽勋主事，累迁考功郎中。将调文选，中旨谓为杨涟私党，削籍归。时缇骑四出，

[1] 《明史·魏忠贤传》卷三〇五。

[2] 《明史·魏大中传》卷二二四。

[3] 《牧斋初学集》卷五十八，《陈儒人张氏墓志铭》。

同里副使孙织锦素附忠贤，遣人怵继欧曰："逮者至矣。"继欧自经死。[1]

在这样情形之下，除了几个极少数有血气的人而外，其他亲戚朋友不但不敢营救，连探问一下都不敢，家家关门闭户，有如大祸临头。顾大章被逮，一路上他的朋友很多，都不敢和他相见，他曾有《道经故人里门》一诗，对此深致感慨。诗云：

槛车尘逐使车辕，一路知交尽掩门。犹喜多情今夜月，斜窥树隙照离尊。[2]

从这首诗中固然可以看出当时人情的浅薄，但同时也可见特务的威焰了。

天启六年二月，魏忠贤又嗾使苏杭织造太监李实诬奏周起元、周顺昌、高攀龙、缪昌期、李应升、周宗建、黄尊素七人，逮捕至京，又兴起一次大狱。这时特务侦缉情形较之以前更为严密。这从当时人朱祖文写的一部《北行日谱》中便可以看出。

朱祖文是周顺昌的一个同乡好友，当顺昌自家乡苏州被逮赴京，他曾先期冒险到京设法营救顺昌，又到定兴吴桥各地去借钱替顺昌"完赃"。后来他将这一路经过事实写成一部《北行日谱》，其中所记魏忠贤广布特务侦缉的情形，简直像撒了天罗地网，没有一处没有。当朱祖文刚从苏州出发时，便有特务注意。

偕公使唐元、严秀二人先公而往，拟从云阳登陆，而唐元以骡贵欲走瓜州。会此时彼地诸旗群集，恐为物色，遂从其说。至瓜州，则天雨泥泞，而又计从清江浦登途为便，乃遂往清江浦。二十九日

[1] 《明史·万爆传》卷二四五。《三朝野记》卷三亦载此事，云："杨忠烈被逮过，苏周旋之于槛车中，旋有以其事入告者，将遣骑逮问，先使人恐吓之，苏因惧祸自缢云。"

[2] 《静志居诗话》卷十七。

舟抵维扬候关，两仆登岸，有长髯呼之曰："尔已来乎？"不为应。则又则曰："尔苏人也。"若素相识者然。回述于文，殊为之异。四月初二从清江浦登陆，有差骑一人，马已驰过，忽复驰回，向文亦曰："尔已来乎？"不为应，则又亦曰："尔苏人也。"为之唯唯，始去。方宿逆旅，唐元私语文曰："顷之差骑寓适相对，又复相问，而其语若知我等踪迹。"文疑此必织造之使，物色偕来者。此时有公致鹿职方、孙孝廉两函，遂欲焚之以灭迹，而又念非此无以取信二公。方扰扰胸中，忽有群捶逆旅之门者，其声甚厉，则谓必差骑我擒无疑，静听乃县役呼里役也。[1]

到了北京以后，情形更为严重，世交好友，都不敢留他住宿。

十八日晚抵都门，念都中戒严，必先得藏身之所乃可。有宗都督者，其父讳礼，于世庙时死国难，先都督因与定交，文与宗氏有世讲谊，妄意此可暂为居停。十九卯刻及其门，诡以他事往，求为信宿。于时都督伯子宦游，惟仲子太医、叔子文学在舍。两君相对颦蹙告曰："此间大非昔比，即戚里侯门，无不惴惴危惧。倘客非其人，十家连坐。君以异乡入吾门，比邻已有密为觇伺者，君其务就逆旅乎！"即求一宿且不可，即欲行装暂入其门亦不可。不得已，主仆三人反扬鞭长安道上，索客肆而解征鞍焉。[2]

连周顺昌一个好友朱尽吾都不敢留他，说是"寝所不便"，有一天晚上朱祖文又向他求宿，"朱以是夕移樽饯者若而人，于文不便为解，力为之拒，不得已而始纳，究竟无一人至者，一时彼此畏祸景象可知也"。

当时旅馆也都和特务串通，替他们做眼线，朱祖文在北京不过十多天，旅馆老板便十分注意他。

---

[1] 《北行日谱》。

[2] 《北行日谱》。

逆旅主人见文谢绝宾客，而又与周使时时密语，业有猜意。畴昔之夕，已有长髯居然闯入，四顾其行装者……是时届行，偿主人日费，严秀计及秋毫，主人几出猜语。文乃解行装一事为赠，以惬其意，乃释。[1]

当时特务对押解来京的犯人以及犯人在京的亲属同乡都派有爪牙侦缉监视，如朱祖文初到京时访寻周顺昌的朋友，便感到“其非吾乡，既难轻谒，而一属吾乡，又恐缉事于彼出没”。又告诉顺昌的仆人钱真说：

尔主人左右皆缇骑，此时初至，正觇探者群伺之秋。[2]

不久钱真也打听出来，说是：

厂卫缉访果有其人，且五十余辈。[3]

又说：

黄公白安封翁抵京，为逻卒所获，罄其腰缠六十余金，犹欲送问，赂以五百余金始脱。[4]

而朱祖文友人蒋士衡又告诉他说：

闻厂卫耑为吾公密遣缉事者三十余辈缉其用事之人，凡其善为

[1] 《北行日谱》。

[2] 《北行日谱》。

[3] 《北行日谱》。

[4] 《北行日谱》。

藏身计。[1]

所以，当时朱祖文在京活动，十分提心吊胆，和人接洽，都在萧寺古庙之中，信件不是“折成指大，糊之壁间”，便是“折成指大，粘之敝袜底中”。

京师近郊特务巡逻侦缉也十分严密，如朱祖文由京赴定兴访鹿善继，特意走城外小路，但结果——

行不二十里，即有番卒三人叱下骑搜检。是时急甚，文与严秀先以行囊与此三人，一一简视，而更以他语支吾。唐元则乘此之隙，将前书嚼去，毫无踪迹，乃免于难。[2]

到了定兴，去京师已二百余里，但因“鹿之北闾，无非阉宦，主仆二人，深藏如处子，不敢一窥户外”。后来朱祖文又到吴桥找范景文，吴桥“去京几七百里矣，范公亦相戒勿入市中”[3]。

看了这些记载，便可以想象到当时特务所造成的恐怖阴惨情况，真如地狱一般了！

自从这两次大狱以后，魏忠贤的特务侦缉更是一天比一天加强。天启六年十月便索性传谕内阁令其督促特务机关“广布军番，严加体访”，谕云：

自朕冲龄践祚之际，值东林邪党盈朝，陷朕孝德不光，或弃祖宗封疆不顾。幸荷上天默佑，宝玺呈祥，牖朕憬然，群奸败露。其元恶大憝，虽伏芟除，而胁从宵壬，不无漏网。前已屡屡持谕，开晓再三，欲令易面革心，咸与更始。不谓法纪凌替之后，人心迷罔

---

[1] 《北行日谱》。

[2] 《北行日谱》。

[3] 《北行日谱》。

已深，乃尚有等未尽奸徒，怙恶不悛，密弄线索。或巧布流言蜚语，或捏造匿名文书，害正党邪，荧惑视听。卿等可传示厂卫都察院五城巡捕缉事衙门，广布军番，严加体访。如有前项奸逆，仍蹈前愆，确有的据，即先将正身拿住具奏，细细严审，必要穷究到底，根鞫造谋主使之人，明正典刑，以息邪说，昭朕一代平明之治。[1]

但到第二年八月由校病死，朱由检即位，魏忠贤被斥自杀，他的特务侦缉也就崩溃结束，代之而起的便是朱由检的特务侦缉了。

魏忠贤的黑名单

在魏忠贤当政的几年之间，他的侦缉诬陷，是有计划的。他和他的爪牙拟出了许多黑名单，照着名单去侦缉诬陷或是逮捕。

首先拟黑名单的是郭巩，那时魏忠贤还名叫进忠，势力还不太大。天启三年二月周宗建上疏云：

臣于去岁指名劾奏，进忠无一日忘臣。于是乘私人郭巩入都，嗾以倾臣，并倾诸异己者。巩乃创为“新幽大幽”之说，把持察典，编廷臣数十人姓名为一册，思一网中之。又为匿名书，罗织五十余人，投之道左。给事中则刘弘化为首，次及周朝瑞、熊德阳辈若而人；御史则方震孺为首，次及江秉谦辈若而人，而臣亦其中一人也。既欲罗诸臣，以快报复之私，更欲独中臣，以释进忠之恨。[2]

继之而起的是魏广微，他“将缙绅便览中如韩炉、缪昌期、曹于汴、李邦华、郑三俊等约百人，目为邪党，重者三点，次者二点”，托内阉王朝用转送忠贤处，以凭谪斥。[3]

[1] 《启祯两朝剥复录》中。

[2] 《明史·周建宗传》卷二四五。

[3] 《先拨志始》上。

这以后忠贤的爪牙就纷纷拟出黑名单进献了。这些名单今天尚存的计有：王绍徽的《东林点将录》，崔呈秀的《同志录》，魏应嘉的《夥坏封疆录》。

《东林点将录》是当时黑名单中最著名的一个，王绍徽造这名单时倒也颇费心机，为了要魏忠贤看了有趣，是以《水浒传》晁盖、宋江等一百零八人天罡地煞之名，分配于当时所要陷害的朝臣，兹录其前三名，以见这名单的款式：

东林开山元帅
托塔天王南户部尚书李三才　　　　晁　盖
总兵都头领二员
天魁星呼保义大学士叶向高　　　　宋　江
天罡星玉麒麟吏部尚书赵南星　　　卢俊义

以后一直到“地魔星云里金刚四川道御史宋师襄”为止，共一百零八人。[1]

据说魏忠贤看了这名单以后非常欢喜，说是“王尚书斌媚如闺人，笔挟风霜乃尔，真吾家之珍也”[2]，便兴冲冲地拿给朱由校去看，不料由校不解托塔天王为何语，忠贤便述水浒传溪东西移塔事，由校忽鼓掌叫道：“勇哉！”“忠贤于是匿其书，不复上闻。”[3]

崔呈秀的《同志录》，大概便是今传的《东林同志录》[4]，录题下注云：“补点将录”。内中开列政府叶向高以下六人，词林孙慎行以下十九人，部院李三才以下五十七人，卿寺顾宪成以下七十三人，台省魏大中以下

[1] 按：《东林点将录》今传者有《酌中志余》《先拨志始》《遣愁集》三种本子，计六奇《明季北略》所载不全，其中均微有差异，兹据《酌中志余》本。又点将录作者，亦多异说，《明史》魏忠贤传及王诏徽传并云绍徽所作，兹从之。

[2] 《遣愁集》卷十三。

[3] 《天启宫词》。

[4] 《酌中志余》。

七十六人，部曹王象春以下四十一人，藩臬郡邑顾大章以下二十六人，赀郎武弁山人吴养春以下二十一人。

魏应嘉的《夥坏封疆录》列执政刘一燝一人，司礼大珰王安一人，部堂周嘉谟等五人，卿寺刘道隆等三人，翰林李腾芳等七人，台谏惠世扬等十六人，部署顾大章等二人。魏应嘉并且作了一篇自序，后半段说："此辈人神共愤，罪通于天。已经察处者，当思忏业于来生，尚挂虚衔者，莫望燃灰于今世。秽迹既彰，敷天共恨。孝子慈孙，百世能改乎哉！苟有补于国家，虽晁错十世之冤，予一人任之矣。"其丧心无耻如此！

此外邵辅忠、卢承钦、岳和声、阮大铖也都拟有名单，但今天已不知其内容如何了。邵辅忠拟名单事见《启祯两朝剥复录》中：

> 时忠贤将以妖谚疑皇亲张国纪及被斥诸臣，而孙杰、邵辅忠密为具袖珍小摺，开具应剪诸臣姓名，欲令忠贤乘此杀张国纪，危中宫，复因国纪兴大狱，杀林下诸臣。此谕出，远近不寒而栗矣。

卢承钦拟的名单则似乎是模仿王绍徽的《点将录》，有些什么敢死军人土木魔神之类的名目：

> （卢）承钦，余姚人，由中书舍人擢御史……因言：东林自顾宪成、李三才、赵南星而外，如王图、高攀龙等谓之副帅，曹于汴、汤兆京、史记事、魏大中、袁化中谓之先锋，丁元荐、沈正宗、李朴、贺烺谓之敢死军人，孙丕扬、邹元标谓之土木魔神。请以党人姓名罪状榜示海内。忠贤大喜，敕所司刊籍，凡党人已罪未罪者，悉编名其中。[1]

岳和声则是和虞廷陛合拟的，也叫作《天鉴录》，谈迁《枣林杂俎》和集云：

[1] 《明史·曹钦程传》卷三〇六。

嘉兴岳和声、虞廷陛合谋作《天鉴录》，谓东林枉做小人，不赢东林，得为君子。列名分注，凡五百七十人，品目三日夜。书成，托浙抚后墙把总口密致之逆贤，以把总其寄腹也。

阮大铖拟的黑名单，叫作《百官图》：

（左）光斗同郡阮大铖者，谒忠贤，进百官图。曰："某宜先驱，某宜后击，某宜正攻，某宜旁射。"于是忠贤大喜，按图杀诸君子，往往多用大铖之策。[1]

阮大铖是个拟黑名单的能手，有人说王绍徽的《点将录》也是他代作的（计氏《明季北略》及阎若《潜邱劄记》均如此说），直到南明福王由嵩时他还作有《正续蝗蝻录》《蝇蚋录》来陷害东林复社诸人。

另外还有《东林籍贯》《东林朋党录》《盗柄东林夥》[2]三个黑名单，今天已不知是谁所拟的了。

《东林籍贯》是将东林党人按照籍贯开列的，计北直孙承宗等八人，南直缪昌期等四十一人，浙江朱国桢等十一人，江西邹元标等十六人，湖广罗喻义等二十人，河南蔡毅中等七人，福建董应举等五人，山东王象乾等十三人，山西韩圹等十五人，陕西王图等十八人，四川欧阳调律等五人，广东曾陈易一人，云南王元翰一人，贵州王祚远一人。

《东林朋党录》共两个名单，前列赵南星等九十四人，后列东林胁从顾秉谦等五十三人。每人之下除各系科分籍贯外，还有座主姓名。明代士大夫最讲究座主门生之谊，往往结成朋党，这大概是准备株连或调查背景的。另外更值得注意的是每人姓名底下都用小字注出"已处""重处""未处""回籍""在籍""降级""革任""闲住""见任""已故"等等，注得非常详细，这大概是魏忠贤手头用的名单，随时登记注明，

[1] 戴名世：《戴南山集》卷七，《左忠毅公传》。

[2] 《酌中志余》。

以备遗忘的。

《盗柄东林夥》分三门：一、“东林初”，以邹元标为“鼻祖”。二、“东林盛”，下注“入主出奴，渐移国柄”，以杨时乔为“鼻祖”。三、“东林晚”，下注“朋执朝政”，以刘一燝为“鼻祖”，而以叶向高为“东林初盛晚教主”。每门详列诸人姓名官爵，而且多半注有几句这个人的为人和罪状，诬蔑得极其丑恶，如于玉立名下注云“四路占风，八面招邀”，吴默名下注云“军师”，汪若霖名下注云“厥状与鬼行同”，等等。又，李应昇、周宗建诸人名下均已注明“死狱”字，则这个名单当是天启末年所拟的了。

这些名单制出以后，李永贞等都抄成小册，放在袖中，“遇有处分，则争出册告曰：‘此某录中人也。’故无得免者”[1]。

还应该指出的，便是这些名单所列诸人，固然大部分都是反对魏忠贤的，但其中也有几个还是魏党，或名在“逆案”，如《东林点将录》中的魏应嘉，《东林同志录》中的张我续，《东林籍贯》中的郭巩、薛贞，《东林朋党录》中的顾秉谦等人。这原因许是当拟名单时，这些人还没有附魏，或是内部有矛盾，借此倾陷。所以看的时候，应该考其究竟，不能据之以为定论的。

此外魏忠贤命令许显纯动手逮人时，也发有名单。《牧斋初学集》卷三十四“赠锦衣吴公进秩一品序”云：

> 天启中逆奄用事，其私人许显纯掌诏狱……群小构大狱，以一网尽海内正人君子，嗾奄授意，而显纯操刀焉。每出片纸，所署姓名累累如保牒。

（六）假特务

明代侦缉特务既然这样繁多，散布各地，可以随意指派人民罪名，

[1] 《明史·王体乾传》卷三〇五。

刮榨财物，同时他们势焰熏天，行动诡秘，谁也不敢向他们要证据，或是问询他们的身份。于是流氓无赖便趁机出动，冒充特务，或挟仇诬陷害，或敲诈财物，真特务已经把老百姓弄得倾家荡产，叫苦连天。再加上这批假特务，就真正把老百姓弄到求生不得求死不能的境地了！

在明代假特务的出现是在朱祁镇时代，那时特务头子逯杲、门达相继用事，在逯杲时便有——

四方奸民诈称校尉，乘传纵横，无所忌。[1]

在门达时又有这类事件发生，但发现以后假特务竟然逍遥法外。

湖广诸生马云罢黜，诈称锦衣镇抚，奉命葬亲，布政使孙毓等八人咸赙祭。事觉，法司请逮问，卒不罪云。[2]

朱见深时竟有人冒充特务头子汪直，而且呼朋引类，从芜湖、苏、杭直到宁波，撞骗了好几省地方。事情发生在成化十三年——

江西人杨福，诈称太监汪直，事觉，问拟斩罪。福尝奴事崇内使，随入京，而背之。还过南京，遇所识者，谓其貌似直。福乃诈称为直，而所识者伪为校尉。先导自芜湖县，乘传食廪。历常、苏，由杭州、绍兴、宁波诸府，有司皆承奉恐后，市舶司内官亦信而畏之。官民多持词讼往诉，或为之理。至台、温、处州，及建宁、延平，皆操盘粮以张威。所过虽假廉以取信，然为伪校尉所得者已多。及抵福州，称有敕旨，自三司官以下，迎候惟谨。小官忤意者，即杖之。竟以无符验为镇守太监卢胜等所察知，执问如律，时直势振天下，故小

[1] 《明史·门达传》卷三〇七。

[2] 《明史·门达传》卷三〇七。

人乘之以扰害人如此。[1]

朱祐樘时有假特务逮捕人的事发生。

（弘治）十八年，南京御史李熙等奏："迩者小人徐俊、程真，妄造谣言帖子，特给驾帖，密差锦衣官校至南京缉拿所指王升，远近震惊。然兵部无此官，亦无此事。官校轰然而来，寂然而返。后日奸人效尤，又不但如所指而已。"刑部覆奏："驾帖之出，殊骇听闻，奸人伪造，为害尤大。"[2]

朱厚照时也有诈称访事的：

有锦衣卫百户沈彬者，因贿杨玉入东司房办事，往往诈称访事，煽惑人心，以张瑾威。[3]

朱厚熜时，竟有强盗冒充特务，到县衙门内捆辱知县，诈取帑金的事。

张佳胤……嘉靖二十九年进士。知滑县。剧盗高章者，诈为缇骑，直入官署，劫佳胤索帑金。佳胤色不变，伪书券贷金，悉署捕卒名，召入擒贼。[4]

那时冒充特务的人大概很多，以致外省官吏把真特务当作假特务看待。

---

[1] 《弇山堂别集·中官考三》卷九十二。

[2] 《万历野获编》卷二十一，《驾帖之伪》。

[3] 《弇山堂别集·中官考六》卷九十五。

[4] 《明史·张佳胤传》卷二二二。

嘉靖四年有锦衣官校侦事广东，(副使孙)懋与按察使张祐疑其伪，执之。事闻，逮下诏狱。[1]

朱翊钧中年矿税特务，遍于天下，其时冒充特务税监或是参随的事，曾一再发生。

时税使四出，海内骚然。

二十六年冬，奸民张礼等伪为官吏，群小百数十人分据近京要地，税民间杂物，弗予，捶至死。[2]

二十九年九月，山西巡按赵文炳言……大奸丁文灿、马三聘等假称参随，所至吓骗。[3]

至于诈取一般老百姓财物的事就更多，而且越到后来越严重，崇祯四年给事中许国荣曾痛切陈奏，并举出许多实例，他说：

今日肆毒无忌者，不尽在真厂卫，而在假充厂卫之人。盖以厂卫二字为破胆之霹雳，而奸棍恶少遂假为吓诈装头。敢就所闻，错陈其概：如绸商刘文斗行货到京，奸棍赵瞎子等口称厂卫，捏指漏税，密擒于崇文门东小桥庙内，因搜其底账，载有铺户罗绍所李思怀等十余家，并行拿拷，共诈银二千余两矣。长子县教官推升县令，忽有数棍拥入其寓内，口称厂卫，指为营干得来，诈银五百两矣。菜市口鱼行酒馆遵禁罢肆，忽有奸棍刘科等口称厂卫，排其户指有宿酝鱼腥，各诈钱数十贯矣。山西解官买办黑铅，照数交足，众棍窥有余剩，在潞绸铺内口称厂卫，指克官物，捉夺王铺等四家，各诈银千余两矣。苏州顾监生挟数百金为加纳资，众棍窥其愚稚可唆，

[1] 《明史·孙懋传》卷二〇三。

[2] 《明史·傅好礼传》卷二三七。

[3] 《明神宗实录》卷三六三。

口称厂卫拿人，罄劫其资，一哄散矣。医士杨四置买纱绢，众棍疑有积蓄，口称厂卫，因告行提，锁禁碾儿胡同，席卷其橐而后释放矣。此犹肆诈于城市者也。风闻蓟门孔道，假侦边庭，往来如织。如玉田马户项福等，先经有四棍假称厂卫索骑于前，未几而踵至索骑者复有多人，一日之内，两被驿骚，穷诘之，始知赝鼎。则其假诈边方，未经败露者不知几何人矣。凡此特千百中之一二也。至于散在各衙门者，藉口密探，故露踪迹，纪言纪事，笔底可操祸福，书吏畏其播弄风波，不得不醵金阴饵之，遂相沿为例而莫可问矣。总之，真厂卫之坏事，厂卫之臣得而惩之。唯疑真疑假，触处设阱，被害者吞声饮恨，而举朝又畏言发祸随，姑俟其自败。臣拼死为皇上陈其大略，伏乞敕下该衙门益加严戢，此后敢有假冒，务置诸法。[1]

但这以后假特务仍是横行无忌，如崇祯十五年御史杨仁愿上言云：

臣待罪南城，所阅词讼，多以假番故诉冤。[2]

由以上这些事实，可见当时假特务也是遍于全国，无地无之。而且这些事实不过是“千百中之一二”，则人民所遭受到的祸害灾殃也不知悲惨到怎样程度。一个统治者腐化恶化到这样地步，纵使人民被屠杀镇压得怎样驯良，也不得不奋起推翻这个政府了。

第二节 血肉横飞尸虫满狱

明代的刑法极其残酷，而这残酷的形成，却是由于特务。

---

[1] 《春明梦余录》卷六十三。

[2] 《明史·刑法志三》。

这刑法可分三项来说：一是廷杖，二是酷刑和惨杀，三是诏狱。但这三项却又往往有连带关系，如朝臣被廷杖以后却往往又下诏狱，而在下了诏狱以后却又大部分受酷刑或是惨杀，所以，绝对分开是不可能的。这里为了叙述方便，大略地这么分了一下，如若一件事牵涉到两项或是三项，那么，只能看这事情偏重在哪一项便放在哪一项叙述，或者两处互见，读者可以参看。至于文字狱，则以其起原因为文字，所以另为一节，附在后面。

（一）廷杖

廷 杖 概 况

所谓“廷杖”，便是在朝廷之上，行杖打人。这在第一章已大略地说过一下。在明代这廷杖是没有法律规定的，无论多大官员，只要皇帝一不高兴，立刻就给拖下去鞭打，打完了一丢完事，打死了是活该。打的时候，照例是特务执行，锦衣校尉拿棍子打，司礼太监坐在上面监视。

打的地点在午门外，打时的情形是：

> 众官朱衣陪列午门外西墀下，左中使，右锦衣卫，各三十员。下列旗校百人，皆衣襞衣，执木棍。宣读毕，一人持麻布兜，自肩脊以下束之，左右不得动，一人缚其两足，四面牵曳，惟露股受杖，头面触地，地尘满口中。[1]

被打的人在朱见深以前不去衣，刘瑾用事后，才令脱衣受打，以后便成故事。

> 成化以前，凡廷杖者不去衣，用厚绵底衣重毡叠帊，示辱而已。然犹卧床数月，而后得愈。正德初年，逆瑾用事，恶廷臣，始去衣，

[1] 《魏叔子文集·外篇》卷十七。

遂有杖死者。[1]

朱厚熜时竟有朝服予杖的事。如嘉靖二十三年——

正旦朝贺，怒六科给事中张思静等，皆朝服予杖，天下莫不骇然。[2]

被杖的人，大半事前知道，都先吃点药准备挨打，如果突然被杖，则很少能活的。

凡廷杖者俱预知状，或自分疏入必不免，多服药节啬以待，然间有死者。惟廖恭敏庄谏上皇事，久留中不报矣，以母忧领勘合入见，景皇想旧事，大怒，命锦衣卫着实打八十，送吏部贬驿丞。此而不死，真天祐也。余同年有为刑官者曰："凡卒然予杖，即十下亦可死。有意待杖，至百亦难毙。盖心血不上冲故也。"然刑人者亦可念矣。[3]

被打的人如果昏迷，据说喝人尿可以醒过来。受伤青痕如果不过膝盖，还可以救活。

杖数折，公昏绝不知人，弟垓时官行人，口含溺吐公饮之。名医吕邦相夜视公曰："杖青痕过膝者不治，吾以刀割创处，七日而痛，为君贺矣。"半月去败肉斗许，乃苏。[4]

但救好以后，却往往成为残废，如邹元标被杖后直到晚年行路还是

[1] 《涌幢小品》卷十二，《廷杖》。

[2] 《明史·刑法志三》。

[3] 《涌幢小品》卷十二，《廷杖》。

[4] 《魏叔子文集·外篇》卷十七。

不方便。《静志居诗话》卷十五邹元标条下云：

> 先生晚总西台，入朝而蹶。御史前纠失仪，先文恪公进言曰：“元标在先朝直言受杖，至今余痛未除也。”

还有最值得注意的是，被杖的人杖得轻重死活，和行杖及监杖的特务，关系极大。据说锦衣校尉行杖时，只看监杖的司礼太监的两只靴尖，如若两只靴尖向外成八字形，那么，他们还不致将人打死，如若两只靴尖向内一敛，那么就休想活命了。所以，廷杖表面上是独夫下令执行，而生死之权却是操纵在特务手中的。

以上是明代廷杖大概情形，自朱元璋到朱由检廷杖一直没有停止过。兹荟萃述之于下。

朱元璋到朱见深时的廷杖

明代廷杖开始于朱元璋。朱元璋是个杀人不眨眼的大刽子手，他平定天下以后，唯恐廷臣对他不忠实，便用这廷杖来威吓镇压，折辱士气，剥丧廉耻，使当时士大夫们在这血肉淋漓之中，一个个俯首帖耳如犬马牛羊，他这才满足。

朱元璋施行廷杖开始于洪武八年。《明史·茹太素传》卷一三九称：

> 茹太素……（八年）陈时务……言多忤触，帝怒，召太素面诘，仗于朝。

从这以后，便经常施行，如张孟兼为山东按察副使，“与吴印争讦，印两上封事言状，帝怒，械至阙下。命卫士捽发捶之，垂死，论弃市”[1]。又如谢肃“出按漳泉，坐事被逮，孝陵御文华殿亲鞫，肃大呼曰：‘文华非拷掠之地，陛下非问刑之官，请下法司。’乃下狱。狱吏以布囊压

[1] 《静志居诗话》卷二。

死”[1]。有时甚至当场打死，如洪武十三年“永嘉侯朱亮祖及其子府军卫指挥暹俱鞭死”。十四年“工部尚书薛祥坐累杖死”。十五年大理寺卿李仕鲁谏信佛，“上大怒，命武士捽搏之，立死阶下”[2]。

因此闹得那些士人以服官为畏途，如“贵溪儒士夏伯启叔侄断指不仕，苏州人才姚润、王谟被征不至”[3]。但结果朱元璋却将他们“诛而籍其家”，并且定下了“寰中士夫不为君用”一条法律，不准士人不做官。于是这些官员们可就惨了，《廿二史札记》卷三十二云：

> 明祖惩元季纵弛，特用重典驭下，稍有触犯，刀锯随之。时京官每旦入朝，必与妻子诀，及暮无事，则相庆以为又活一日（原注见《草木子》），法令如此，故人皆重足而立，不敢纵肆。

朱棣屠杀臣民较之乃父更为凶残，重则杀戮，轻则下狱，所以，廷杖的事倒反而不多见了。

朱高炽在位虽不及一年，但仍有廷杖的事。《万历野获编补遗》云：

> 李文忠时勉初为侍读，以疏忤旨下狱，时永乐初年，至二十一年始释，得复官。已而洪熙改元，复上二疏，言人所不敢言，其一乞留中。疏入，召问，对不屈。命金瓜士扑之，凡十七瓜而肋断，恍惚中见有朱衣人庇之，曳出下狱。

朱瞻基初即位，即捶死兵部侍郎戴纶[4]。宣德三年又“怒御史严皑、方鼎、何杰等沉湎酒色，久不朝参，命枷以徇”[5]。

---

[1]　《静志居诗话》卷四。

[2]　《明通鉴》卷七。

[3]　《明史·刑法志二》。

[4]　《明通鉴》卷十八。

[5]　《明史·刑法志三》。

朱祁镇时王振擅权，“殿陛行杖习为故事”[1]。

朱祁钰景泰四年曾杖大理少卿廖庄于阙下。[2]

朱见深时汪直擅政，“诬陷侍郎马文升、都御史牟俸等，诏责给事御史李俊、王浚辈五六人容隐，廷杖人二十”[3]。御史许进得罪了汪直，直便“摘进他疏伪字，廷杖之几殆”[4]。

同时南京也开始廷杖，“成化十八年，南御史李珊等以岁祲请振。帝摘其疏中讹字，令锦衣卫诣南京午门前，人杖二十，守备太监监之”[5]。

朱厚照时的廷杖

朱厚照时刘瑾用事，大学士刘健、谢迁被逐，给事中艾洪、吕翀、刘蒞，南京给事中戴铣、李光翰、徐蕃、牧相、任惠、徐暹及御史薄彦徽、陆昆、葛浩、黄安甫、王蕃、史良佐、李熙、任诺、姚学礼、张鸣凤、蒋钦、曹闵、黄昭道、王弘、萧乾元等二十一人，或独自上章，或连名抗疏，请留刘健、谢迁，而劾刘瑾、马永成、高凤等，于是刘瑾便激怒朱厚照将这二十一人全部逮捕，杖于阙下，人各三十。戴铣打得最厉害，死于杖下。蒋钦则三次上疏，三次被杖，死得最惨。

> 正德元年，刘瑾逐大学士刘健、谢迁，钦偕同官薄彦徽等切谏。瑾大怒，逮下诏狱，廷杖为民，居三日，钦独具疏……疏入，再杖三十，系狱。
>
> 越三日，复具疏曰：“臣与贼瑾势不两立。贼瑾蓄恶已非一朝，乘间起衅，乃其本志。陛下日与嬉游，茫不知悟。外内臣庶，凛如冰渊。臣昨再疏受杖，血肉淋漓，伏枕狱中，终难自默……臣骨肉都销，

[1] 《明史·刑法志三》。

[2] 《明史·章论传》卷一六二。

[3] 《明史·刑法志三》。

[4] 《明史·许进传》卷一八六。

[5] 《明史·刑法志三》。

涕泗交作……臣诚不愿与此贼并生。”疏入，复杖三十。方钦属草时，灯下微闻鬼声。钦念疏上且掇奇祸，此殆先人之灵欲吾寝此奏耳。因整衣冠立曰：“果先人，盍厉声以告。”言未已，声出壁间，益凄怆。钦叹曰：“业已委身，义不得顾私，使缄默负国为先人羞，不孝孰甚！”复坐，奋笔曰：“死即死，此稿不可易也！”声遂止。杖后三日卒于狱，年四十九。[1]

同时营救他们的人也有好多被廷杖，如“江西清军御史王良臣闻（陆）昆等被逮，驰疏救，并逮下诏狱，杖三十，斥为民”[2]。兵部主事王守仁疏救戴铣，“瑾怒，矫诏杖五十，毙而复苏，谪贵州龙场驿丞”[3]。

朱厚照正德十四年又举行了一次大廷杖，那是特务江彬等一手造成的。原因是江彬撺弄厚照南游，十四年二月厚照便下谕礼部拟定巡幸仪制，说是“总督军务威武大将军总兵官太师镇国公朱寿将巡两畿、山东，祀神祈福，其具仪以闻”。于是朝臣纷纷谏阻。[4]

首先上疏的是兵部郎中黄巩，他的疏中说：“首开边事，以兵为戏，使陛下劳天下之力，竭四海之财，伤百姓之心者，则江彬之为也。彬，行伍庸流，凶残傲诞，无人臣礼。臣但见其有可诛之罪，不闻其有可赏之功……天下切齿怒骂，皆欲食彬之肉。陛下亦何惜一彬，不以谢天下哉！”其时兵部员外郎陆震也打算上疏谏阻，见巩疏，称赞不已，便毁去已稿与巩连署奏上。同时修撰舒芬、庶吉士汪应轸、江晖、王廷栋、马汝骥、曹嘉也同上疏谏阻。第二天吏部员外郎夏良胜、礼部主事万潮、太常博士陈九川又连疏奏谏。于是吏部郎中张衍瑞等十四人，刑部郎中陆俸等五十三人继之，礼部郎中姜龙等十六人兵部郎中孙凤等十六人又继之。诸疏既上，厚照及江彬大怒，便将良胜、潮、九川及巩、震逮下

[1] 《明史·蒋钦传》卷一八八。

[2] 《明史·陆昆传》卷一八八。

[3] 《明史纪事本末》卷四十三。

[4] 《明史·武宗本记》卷十六。

诏狱，芬及衍瑞等百有七人罚跪午门外五日，而大理寺正周叙等十人，行司副余廷瓒等二十人，工部主事林大辂、何遵、蒋山卿三人又连疏进谏，极言江彬怙权倡乱，巩等无罪。厚照更怒，并下诏狱。又特令叙、廷瓒、大辂三人与巩、震等六人俱跪阙下五日，并加桎梏，到晚上仍系狱中。诸人晨入暮出，累累若重囚，道涂观者无不叹息泣下。[1]

舒芬等百有七人五天跪完以后，厚照便下令杖于午门，人各三十，“方芬等之受杖也，江彬怒诸臣等斥其罪恶，阴助上怒，杖之特重，呼号之声彻于禁掖。芬创甚几毙，舁至翰林院中，掌院者惧得罪，命标出之，芬曰：‘吾官此，即死此耳。’既谪，裹创就道。时以为荣”[2]。这是三月戊午那一天的事。

到四月戊寅那天，又杖下狱的黄巩、陆震等六人，周叙、余廷瓒、林大辂三人各五十，余三人各四十。黄巩被杖后，斥为民，江彬还派人在路上想刺杀他，幸而他事前得到消息，方才走脱。[3]这一次一同被杖的还有姚继岩等二十二人。

这两次廷杖先后被打死的有：陆震既杖创甚，江彬必欲致之死，绝其饮食，死于狱中。何遵与震同时受杖，打得肢体俱裂，两天后死去。大理评事林公辅以身体太弱，不胜杖而死。还有余廷瓒及行人李绍贤、孟阳、詹轼、刘概、李惠和何遵一同死于杖下。其在何遵之前受杖而死的还有刑部主事刘校，照磨刘珏。刘校是起草刑曹谏疏的，杖将死，大呼曰：“校无恨，恨不见老母耳。”子元娄，年十一，哭于旁。校曰：“尔读书不多，独不识事君能致身义乎？善事祖母及母，毋愧尔父。”遂绝。打死的一共十一人。其受伤稍后死者还有三人：计礼部员外郎冯泾，验封郎中王銮，行人王瀚。在舒芬等一百零七人跪午门时，另外一个金吾卫指挥佥事张英肉袒戟刃于胸，持谏疏，当跸道跪哭，并自刺其胸，诏

[1] 《明史·黄巩、陆震、夏良胜传》卷一八九；《明通鉴》卷四十八。

[2] 《明通鉴》卷四十八。

[3] 《明史·黄巩传》卷一八九。

杖八十，遂死。[1]

总计这两次被打的一共一百六十八人，打死的十五人。

朱厚熜时的廷杖

朱厚熜即位后，又施行了一次大规模的廷杖，原因是为了“争大礼”。所谓“大礼”，实在是一件很无聊的事。原来朱厚熜是朱祐樘的弟弟兴献王祐杬的儿子，厚照死无子，祐樘妻张氏便命他嗣位，算是承继祐樘，称自己父母叫“本生父母”。嘉靖三年七月乙亥那一天，厚熜忽然下旨叫除去“本生”之称，这意思便是不愿做祐樘嗣子了。于是廷臣大哗，自尚书金献民侍郎何孟春以下凡二百二十九人，在戊寅那天，俱跪伏左顺门力争，厚熜“令司礼中官谕退，众皆曰：‘必得谕旨乃敢退。’自辰至午，凡再传谕，犹跪伏不起。上大怒，遣锦衣先执为首者。于是杨慎、王元正乃撼门大哭，众皆哭，声震阙庭。上益怒，命收系四品以下马理等凡一百三十有四人”。五天之后，便“杖马理等于庭。编修王相、王思，给事中毛玉、裴绍宗，御史张曰韬、胡琼，郎中杨淮、胡琏，员外郎申良、张灿，主事安玺、仵谕、臧应奎、余桢、殷承叙，司务李可登，凡十六人，皆病创先后卒”。再过四天之后，“复杖修撰杨慎，检讨王元正，给事中刘济、安磐、张汉卿、张原，御史王时柯七人于庭。慎等前已被杖，越数日，有言‘前此朝罢，群臣已散，纠众伏哭，乃慎等七人倡之也’。上怒，命再杖，原受伤创重卒。”[2]

这一次被打的一共一百三十四人，打死的十七人。

这次的“争大礼”，与上面说的厚照时的“谏南巡”，是明代两次最有名的廷杖，在历史上也是空前绝后的。

这是朱厚熜即位之初的廷杖情形，以后他越发暴戾，《明史·刑法志三》说他：

[1] 《明史·陆震、夏良胜、何遵传》。

[2] 均见《明通鉴》卷五十一。

> 中年刑法益峻，虽大臣不免笞辱。宣大总督翟鹏、蓟州巡抚朱方以撤防早，宣大总督郭宗皋、大同巡抚陈耀以寇入大同，刑部侍郎彭黯、左都御史屠侨、大理卿沈良材以议丁汝夔狱缓，戎政侍郎蒋应奎、左通政唐国相以子弟冒功，皆逮杖之。方、耀毙于杖下，而黯、侨、良才等杖毕，趣治事。公卿之辱，前所未有……四十余年间，杖杀朝士，倍蓰前代。

至于职位较低的官吏被杖的自然就更多，不一一列举了。

此外，还有些人已经下了诏狱榜掠，却又拖出来廷杖，如嘉靖中郭君弼上书言事，“逮锦衣狱，复奏，上着拿来午门前打四十棍。锦衣夹拶已近百矣，两腿露骨，死而复苏”[1]。又如南京兵部主事刘世龙亦以上书言事，“械系至京，下诏狱拷掠。狱具，复廷杖八十，斥为民”[2]。

朱厚熜还喜欢亲自拷问臣下，如嘉靖六年之拷问杨言，便“亲鞫于午门，群臣悉集。言备极五毒，落其一指”[3]。有时候厚熜竟亲自监杖，如嘉靖十三年之拷掠张选，“时享太庙，遣武定侯郭勋代。选上言……命执选阙下，杖八十。帝出御文华殿听之，每一人行杖毕，辄以数报。杖折者三。曳出，已死。帝怒犹未释……选出，家人投良剂得苏”[4]。

朱载垕以后的廷杖

朱载垕即位，也常施行廷杖，如隆庆二年正月吏科给事中石星上疏请养圣躬，讲圣学、勤视朝、速俞允、广听纳、察谗谮六事——

> 疏入，上怒，以为恶言讪上，命廷杖六十，黜为民。时中官滕祥者，

[1] 《池北偶谈》卷五引《葛端肃公家训》。

[2] 《明史·刘世龙传》卷二〇七。

[3] 《明史·杨言传》卷二一九。

[4] 《明史·张选传》卷二〇七。

以造作奇巧得幸。会监杖，星大诟之，祥怒，予重杖，星绝复苏。[1]

这次廷杖据《二申野录》卷五所载，朱载垕和他父亲一样，曾偷偷地去监杖。

朱翊钧初年张居正擅政，屡次施行廷杖。如万历五年，张居正的父亲死了，他不回籍居丧，于是编修吴中行上疏弹劾，检讨赵用贤、主事艾穆、沈思孝、进士邹元标相继上章弹劾。结果五个人均予廷杖，吴中行、赵用贤各杖六十，艾穆、沈思孝、邹元标各杖八十，一个个都打得血肉淋漓，死而复苏。吴中行的情形是：

中行等受杖毕，校尉以布曳出长安门，舁以板扉，即日驱出都城。中行气息已绝，中书舍人秦柱挟医至，投药一匕，乃苏。舆疾南归，刲去腐肉数十脔，大者盈掌，深至寸，一肢遂空。[2]

赵用贤的情形是：

用贤体素肥，肉溃落如掌，其妻腊而藏之。[3]

艾穆、沈思孝的情形是：

穆、思孝皆八十加梏拲，置之诏狱。越三日，以门扉舁出城，穆遣戍凉州。创重不省人事，既而复苏，遂诣戍所。[4]

而以邹元标打得最毒，《万历野获编》云：

[1] 《明通鉴》卷六十四。

[2] 《明史·吴中行传》卷二二九。

[3] 《明史·赵用贤传》卷二二九。

[4] 《明史·艾穆传》卷二二九。

谏止江陵夺情被杖诸贤，闻吴赵稍轻，然亦创甚。第二疏为沈艾，则加重矣。最后邹疏入，杖最毒。余曾见沈继山先生云：杖之日，交右股于左足之上，以故止伤其半，出则剔去腐肉，以黑羊生割其臑，傅之尻上，用药缝裹，始得发生。乃行戍东粤，徒步过岭，血犹涔涔下也。邹南皋先生为余言：每遇天阴，骨间辄隐隐作痛，以故晚年不能作深揖。[1]

这次廷杖主要是张居正和冯保的意思。张、冯败后，朱翊钧年岁已大，廷臣被杖的更屡见不鲜，多的竟至打一百棍。

丙戌年卢礼部洪春，以修省疏忤旨得杖。至戊子，给事中李沂，以论厂珰张鲸得杖。壬辰春，则孟给事养浩，请建储杖一百。又数年庚子，而王给事德完请厚中宫，亦杖一百。[2]

朱由校时魏忠贤擅政，又一再用廷杖。

天启时，太监王体乾奉敕大审，重笞戚畹李承恩，以悦魏忠贤。于是万燝、吴裕中毙于杖下。[3]

万燝是屯田郎中，于天启四年六月疏劾魏忠贤，被打得最惨：

忠贤大怒，矫旨廷杖一百，斥为民。执政言官论救。皆不听。当是时，忠贤恶廷臣交章劾己，无所发忿，思借燝立威。乃命群奄至燝邸，摔而殴之。比至阙下，气息才属。杖已，绝而复苏。群奄

[1] 《万历野获编》卷十八，《廷杖》。

[2] 《万历野获编》卷十八，《廷杖》。

[3] 《明史·刑法志三》卷九十五。

更肆蹴踏，越四日即卒。时四年七月七日也。[1]

而樊良材《万忠贞公传》记当时小特务们凶横之状，简直和野兽一般：

> 彼一时也，缇骑甫出，群聚蜂拥，绕舍骤禽，饱恣拳棒，摘发捉肘，拖沓摧残，曳至午门，已无完肤。迨行杖时，逆珰引小竖辈奋袂而前，执金吾止之曰："留人受杖。"逆珰嗔目监视，倒杖施威，施辣手而甘心焉。杖已，血肉淋漓，奄奄殆尽。

吴裕中则是因为丁诏轼陷死熊廷弼，上疏弹劾，激怒了魏忠贤，便说裕中是廷弼亲戚，代之报仇，令"拿午门前着实打一百棍，削夺为民。杖毕，舁至寓死"[2]。

其时阁臣叶高曾上言力阻，说是"数十年不行之敝政，竟数见于旬日，万万不可再行"。于是魏忠贤便表面上停止了廷杖，但是却以"所欲杀者悉下镇抚司，士大夫益无噍类矣"[3]。

朱由检即位以后，又恢复了廷杖。这些留到最后一章再说。

（二）酷刑和惨杀

有明一代酷刑，差不多全是朱元璋、朱棣父子俩设立的，替他们执行这些酷刑的人，就是厂卫特务们。而这些酷刑也就是这些特务们想出而经朱元璋父子采纳再被他们的"圣子神孙"继承使用的。

朱元璋是个极其残暴的独夫，他设立的酷刑极多，以后特务们所有的几乎没有超出他所设置的范围。

[1] 《明史·万燝传》卷二四五。

[2] 《三朝野记》卷三。

[3] 《明史·刑法志三》。

剥 皮

朱元璋常用的一种丧失人性的酷刑便是剥皮，并且定下了条律。但这件酷刑，《明史》却没有明白记载，只是在别处透露了一点这消息，《明史·海瑞传》卷二二六云：

瑞年已七十二矣，疏言……因举太祖法，剥皮囊草。

这个“法”就是条律，《明史》大概是为尊者讳罢，将这一件大事只这么轻描淡写地在这儿点了一笔。但野史记载可就多了，《廿二史札记》卷三十三引《草木子》就对这剥皮的条律有较详细的叙述：

按《草木子》记明祖严于吏治，凡守令贪酷者，许民赴京陈诉，赃至六十两以上者，枭首示众，仍剥皮实草。府州县衙之左，特立一庙，以祀土地，为剥皮之场，名曰皮场庙。官府公座旁，各悬一剥皮实草之袋，使之触目警心。[1]

但据另一记载，却是将这张人皮披在公座上，作为椅垫，叫后来的官去坐的，祝允明《野记》：

有剥皮剥脏。酷吏皮置公座，令代者坐警。

李默《孤树裒谈》也有同样的记载。还有皇甫录《皇明纪略》也提及这剥皮的条文，说是宦官犯罪就用这刑：

皇明祖训所以教戒后世者甚备，独委任阉人之禁无之，世以为怪。或云本有此条，因板在司礼监，削去耳。阉人当刑，无斩者，惟剥

[1] 按今本《草木子》无此记载，当为《草木子余录》，屡见前人征引，未见其书。

皮凌迟二条，以其刑余之人也。

这酷刑不但施之于一般官吏和人民，就是功臣宿将也都不免，如凉国公蓝玉便曾受了这刑，欧阳直《蜀乱》云：

初献贼入蜀王府，见端礼门楼上奉一像，公侯品服，金装，人皮质，头与手足俱肉身。讯内监云：明初凉国公蓝玉，蜀妃父也，为太祖疑忌，坐以谋反，剥其皮，传示各省。自滇回蜀，王奏留之。

到了朱棣做了皇帝以后，就把他父亲这残酷手段全部接收过来，他的“靖难”之役，就剥了不少人的皮，像景清、胡闰就都是被剥的。

（景）清……乃起植立漫骂。抉其齿，且抉且骂，含血直喷御袍。乃命剥其皮，草楦之，械系长安门，碎磔其骨肉。[1]

至于死后剥皮的方法，据说是用“灰蠡水”浸脱的。

（胡）闰不屈，命力士以瓜落其齿，齿尽，骂声不绝。文皇大怒，缢杀之，以灰蠡水浸脱其皮，剥之，实以草，悬武功坊。[2]

这种酷刑直到朱元璋七世孙厚照还在使用，《明史·刑法志二》云：

磔流贼赵鐩等于市，剥为魁者六人皮……寻以皮制鞍镫，帝每骑乘之。

到魏忠贤擅政时，这酷刑又大量施用过，《明史·魏忠贤传》云：

[1] 《明史纪事本末》卷十八。

[2] 《明史纪事本末》卷十八。

民间偶语，或触忠贤，辄被禽僇，甚至剥皮刲舌，所杀不可胜数。

事实的例子如复允彝《幸存录》所载一事：

忠贤凶恶非常，国史当备载之。余见术士徐姓者，言游都下，时有五人共饮于旅寓，忽一人从言忠贤之恶，不久当败。余四人或默或骇，讽以慎言。此人大言："忠贤虽横，必不能将我剥皮，吾何畏？"至夜半熟卧，忽有人排有户而入，以火烛其面，即擒去。旋缇四人，并入内地，见所擒之人，手足咸钉门板上。忠贤语四人曰："此人语我不能剥其皮，姑试之。"即命取沥青浇其遍体，用椎敲之，未几，举体皆脱，其皮壳俨若一人。四人骇欲死，忠贤每人赏银五两为压惊钱纵之出。

铲头会，刷洗，钩背，抽肠

朱元璋所用的酷刑，除了常用的剥皮而外，还有很多。据《大诰》所载：有族诛，有凌迟，有极刑，有枭令，有斩，有死罪，有墨面文身，挑筋去膝盖，有剥指，有断手，有刖足，有阉割为奴。有剁趾枷令，有常枷号令，有枷项游历，有重刑，有免死罚广西拿象，人口迁化外，有充军，有全家抄没，有戴罪还职，有戴罪充书吏三十余种。这其中有些项目今天已不甚明白，如凌迟本极酷之刑，而《大诰》内凌迟之外又有极刑，这刑的残酷程度如何，实在是无法想象了。

然而朱元璋残酷之刑还不止此，如上节所说的剥皮，这里就没有列入，另外据明代野史所记还有所谓铲头会、刷洗、钩背、抽肠等刑，其残酷惨厉简直令人不忍听闻。如祝允明《野记》所载的两则故事：

高皇恶顽民窜逃缁流，聚犯者数十人，掘泥埋其头，十五并列，特露其顶，用大斧削之，一削去数颗头，谓之铲头会。

国初重辟，凌迟处死外，有刷洗，裸置铁床，沃以沸汤，以铁刷刷去皮肉。

有枭令，以钩钩背悬之。有称竿，缚置竿彼末，悬石称之。有抽肠，亦挂架上，以钩入谷道，钩肠出，却放彼端石，尸起肠出。

这些惨不忍闻的酷刑，怕也只有完全丧失人性的朱元璋才能想出了。

身受这些酷刑的人，正史野史上都有记载。如高启被腰斩，就被截成八块。[1] 张士诚的臣僚黄敬太、蔡彦文、叶德新三人就被刳出肚肠，而且悬挂示众，以致干枯。[2] 叶伯巨上书言事，触犯了朱元璋，他竟要手射之。[3] 通政使曾秉正罢官，贫不能归，卖去四岁的女儿，朱元璋竟置之腐刑。还有一次他竟打算将千余人都置之腐刑：

洪武九年丙辰，营谨身殿，误奏中等匠作为上等。上怒，命悉弃市，不许复奏。时工部尚书薛祥极谏，上乃命用腐刑。祥又奏曰："若是则千人皆成废人矣，莫若杖而复之。"始可其情。[4]

此外犯了极其轻微的罪（有的简直不成为罪名），也都要断手卸脚。

洪武二十二年三月二十五日奏圣旨："在京但有军官军人学唱的，割了舌头。下棋打双陆的，断手。蹴圆的，卸脚。做买卖的，发边远充军。府军卫千户虞让男虞端，故违吹箫唱曲，将上唇连鼻尖割了。又龙江卫指挥伏颙与本卫小旗姚晏保蹴圆，卸了右脚，全家发赴云南。"又二十五年九月十九日礼部榜文一款："内使剃一搭头，官民之家儿童剃留一搭头者阉刑，全家发边远充军。剃头之人不分

[1] 祝允明：《野记》。

[2] 徐祯卿：《翦胜野闻》。

[3] 《明史·叶伯巨传》。

[4] 《万历野获编》卷十八，《国初用法严》。

老幼罪同。”[1]

朱棣和朱元璋一样的残酷，《明史纪事本末》卷十八记载他用过的酷刑就很多，有的肢解：

> 刑部尚书暴昭被执，抗骂不屈。文皇大怒，先去其齿，次断手足，骂声犹不绝，至断颈乃死。

有的“洗刷”：

> 佥都御史司中召见不屈，命以铁帚扫其肤肉，至尽而死。

有的油煎：

> 文皇乃令舁大镬至，纳油数斛熬之，投(铁)铉尸，顷刻成煤炭。[2]

而《明史》还载朱棣有一种“坎埋露首”的刑，奇怪的是被埋的人埋了七天竟没有死。

> 陈谔……尝言事忤旨，命坎瘗奉天门，露其首，七日不死。[3]

此外，还有许多极惨酷的刑法，如：

> 永乐十一年正月十一日，本司右韶舞邓诚等于右顺门里口奏：有奸恶齐泰的姐并两个外甥媳妇，又有黄子澄妹四个妇人，每一日

---

[1] 顾起元：《客座赘语》卷十，《国初榜文》。

[2] 《明史纪事本末》卷十八。

[3] 《明史·陈谔传》卷一六二。

一夜，二十条汉子守着，年小的都怀身节，除夕生了个小龟子，又有个三岁的女儿。奉钦依，由他，“小的长到大，便是摇钱的树儿”[1]。

又如：

洪武三十五年十二月二十四日，教坊司右韶舞安政等于奉天门题奏：有毛大芳妻张氏年六十岁。病故。奉旨：“着锦衣卫分付上元县抬去门外着狗吃了。钦此。”[2]

又如：

礼部引犯人程亨等男妇五名，为奸恶事。奉钦依，“是，这张昺的亲是铁，差锦衣卫拿去着火烧”。[3]

还有腐刑，朱棣的特务头子纪纲也曾大量使用过，《明史·纪纲传》卷三〇七称其曾“腐良家子数百人充左右”。

朱元璋、朱棣的这些残酷刑法，多半被他的子孙承袭下来，如腐刑：

宣帝时尚用腐刑，即士人往往罹之。正统初年，靖远伯王骥征麓川，擅阉幼童，见之弹章，上贷不问。至天顺二年七月，命宫盐徒四十四名，则似乎淫刑。[4]

又如自己用箭射人，朱瞻基也曾做过：

[1] 袁䌹：《奉天刑赏录》引《教坊录》。

[2] 袁䌹：《奉天刑赏录》引《教坊录》。

[3] 袁䌹：《奉天刑赏录》引《宋端仪立斋闲景》。

[4] 《万历野获编》卷十八，《国初用法严》。

> 宣德间有刑部主事郭循者，以开拓西内皇城，大兴土木，极谏不可。上命以毡裹至大内，问之不屈。乃射伤其颅，血流被面，下锦衣狱。至正统改元，遇恩宥复职。[1]

又如断手足之刑，朱祁镇便曾施之于于谦：

> 天顺元年正月，英宗复辟。刑官奏于谦等罪恶情由，越二日得旨云："于谦、王文、舒良、王诚、张永、王勤，本当凌迟处死，从轻决了，去其手足罢。"……今史抹却谦等去手足不书者，虑为先帝新政累故削之耶？[2]

到魏忠贤时厂卫刑法更是惨酷，以其多半在诏狱中行之，便放在下节叙述。

残忍的兽性

猫儿捉到老鼠，并不是一下就给它咬死的。一把抓来，先将它吓昏过去，然后再将它拨弄醒来，然后再将它吓昏，这样一而再，再而三，最后才将它一口咬死。这种残忍的兽性，朱元璋也完全具备。他杀人也是并不一下就给杀死的，他先使被杀者尝遍了死的恐怖和痛苦，他却从一旁欣赏，似乎当作一种娱乐，最后才一刀砍下头来。

《大诰》中记有医卖毒药一事，就十足表观出朱元璋这种狠毒的兽性，兹将原委摘录如下：

> 医人王允坚卖药为生。锦衣卫受监者厨子王宗，自知罪不可逃，虑恐刃加于项，令家人买毒，王允坚即时卖与……拿至……令卖药人王允坚吞服，本人持药在手，颜色为之变，其态忧惊，犹豫未吞，

[1] 《万历野获编补遗》卷一，《直谏奇刑》。

[2] 《万历野获编》卷十八，《法外用刑》。

督之乃服。既服之后，随谓之曰：“此药以何料成？”曰：“砒霜巴豆，饭粘为丸，朱砂为衣。”曰：“服后何时入丧？”曰：“半昼。”语既，允坚泪堕。朕谓曰：“尔所以凄凉者，畏死如此乎？眷恋妻子如此乎？”曰：“一子见军，一子在外，故悲焉。”……随问允坚：“此毒还可解乎？”曰：“可。”“何物也？”曰：“凉水，生豆汁，熟豆汤，可愈。”朕谓曰：“此解不速，余何速解？”曰：“粪清插凉水。”……于是遣人取凉水半碗，粪清一鸡子，许候至毒作，方与之解。少顷，允坚身不自宁，手搔上下，摩腹四顾，眼神张皇。朕谓曰：“毒何尔患？”对曰：“五脏不宁，心热气升。”谓曰：“此毒身死，伤何经络？”允坚对曰：“五脏先坏，命绝矣，身墨黑。”谓曰：“几时可解，何时不解？”曰：“三时候不解。”朕见毒兴，令人与之解。本人痛利数番，其毒洁然，人复如初。明日，枭令以正其罪。

朱元璋这种灭绝人性的暴行，并不仅是用来对付老百姓，朝廷官员也是照样，如《明史·王朴传》卷一三九所载：

(王朴)旋起为御史……一日，遇事争之强。太祖怒，命戮之。及市，召还，谕之曰：“汝其改乎？”朴对曰：“陛下不以臣为不肖，擢官御史，奈何摧辱之至此？使臣无罪，安得戮之？有罪，又安用生之？臣今日愿速死耳。”太祖大怒，趣命行刑……竟戮死。

朱元璋这种残忍行为，渐渐地形成一种心理变态，这变态到晚年似乎更厉害，他有几次竟要杀自己的儿子朱标。据说朱标曾有一次谏朱元璋“诛夷过滥”，他竟“移所坐榻射之”。又一次有一个贵妃死了，他要朱标“服齐衰杖期”，朱标不肯，他竟“以剑击之”。他又觉得朱标“性仁柔不振”（实在是他太残酷了！），有一天他就令人装一大车死尸骨头从朱标面前走过，朱标看了非常难受，他却从一旁得意地鼓掌叫道：“善哉，善哉！”[1]

到后来他竟疑神疑鬼起来，如：

> 洪武十三年五月四日，雷震谨先殿，上亲见霹雳火光自空中下，乃再拜曰：“陛下赦臣，臣赦天下。”盖帝时刑戮过厉故云，或云雷火绕宫中追帝。[2]

又如：

> 上径行国学，见悬尸连比，尸手足动，以为尚活，语之曰：“汝欲放，吾行放矣。”既还，未几晏驾。[3]

什么“亲见霹雳火光自空中下”，什么“尸手足动”，恐怕都是他自己的精神作用，事实上是不会有的。

以上所述虽然有些是野史所记，但从朱元璋的性格残忍这一点来看，这些行为都是十分可能的，即或就是传说，这传说也必有所依据。

朱棣也是如此，如“靖难”之役，他将大理寺丞刘端的鼻子割下，却笑着问道：“作如此面目，还成人否？”最后还是捶杀之。又割下兵部尚书铁铉的耳鼻和肉，烧热塞其口中，叫他吃下，还问“甘否？”礼部尚书陈迪和他的儿子凤山等六人，将杀之前，却令割下凤山等鼻舌叫陈迪吃下。[4] 其灭绝人性的程度，并不下于朱元璋。

枷 和 立 枷

枷，这种刑法，在专制时代原是很普通的。但在明代枷的重量及方

[1] 《翦胜野闻》。

[2] 《翦胜野闻》。

[3] 《翦胜野闻》。

[4] 《明史纪事本末》卷十八。

法都有些特别，所以也成了一种酷刑。如朱祁镇时王振枷国子祭酒李时勉，其枷竟重达一百斤。王锜《寓圃杂记》卷上云：

> 正统间李时勉为祭酒……中官王振生辰，诸大臣皆往贺，先生独不往。振衔之，坐以擅斫文廊前古木为不敬，特置百斤枷，命枷先生与司业赵琬掌馔金鉴。有一枷特重数斤，为先生设也。金曰："鉴年颇壮，当荷此。"先生曰："老夫筋骨甚坚。"即以自荷。

时正盛暑，枷三日不解，于是激动了公愤，"监生李贵等千余人诣阙乞贷。有石大用者，上章愿以身代。诸生围集朝门，呼声彻殿廷"[1]。这一来王振可有些恐慌了，恰好祁镇的母亲也知道了这事，便叫祁镇释放了李时勉。

到刘瑾时更创大枷，"重至百五十斤，不数日辄死"[2]。被枷的人也特别多。如：

> 给事中安奎，御史张彧，因查盘钱粮还，瑾索赂不足，以为参官不当，辄发怒，用一百五十斤枷，枷于东西公生门。时暑雨昼夜不辍，莫敢少移。都御史刘孟到任延迟，亦逮至京，枷于吏部门外。御史王时中枷于三法司牌楼下，远近聚观垂泪。文臣垂首丧气，莫敢近觑。[3]

此外被枷的还有给事中吉时，郎中刘绎、张玮，尚宝卿顾浚，副使姚祥，参议吴廷举，而吴献臣以劾刘瑾竟"枷号午门前一月"[4]，其余枷死者无数。[5]

---

[1] 《明史·李时勉传》卷一六三。

[2] 《明史·刑法志三》。

[3] 《继世纪闻》卷二。

[4] 《四友斋丛说》卷九，史五。

[5] 《明史·刘瑾传》。

至于一般平民被枷死的就更多了。如：

> （孝陵太监王琇）奏揽纳户数人，专一包纳银……瑾遂枷其揽纳户于户部门外，命锉其枷，不得屈伸，皆即日死。[1]

带普通枷的人，起坐跪卧大概还可以随意，至于立枷则是带着站在那里，连坐跪都不允许。这枷创始于朱翊钧，重者竟至三百斤。

> 厂卫承冯保余威，滥受民讼；抚按访察奸猾，多累无辜；有司断狱，往往罪外加罚；帝好用立枷，重三百余斤，犯者立死。[2]

带这枷的人，几日后必死。

> 本朝枷号，始渐滥行……然亦未闻有立枷之说也。近来厂卫多用重枷，以施御囚，其头号者，至重三百斤，为期至二月，已百无一全。而最毒则为立枷，荷此者不旬日必绝。偶有稍延者，命矬低三数寸，则顷刻殒矣。以余所见闻，盖不胜数，大抵皆因罪轻情重，设为此法以毙之。或得罪禁廷，万无可活之理。惟壬辰年之乐新炉以及诸龙光，则实出圣意，命东厂速以死上闻，盖痛恨游棍之流谤也。[3]

假使没有到期死去，还不准埋。

> 凡枷未满期而死，守者掊土掩之，俟期满以请，始奏闻以埋。若值炎暑，则所存仅空骸耳。故谈者谓酷于大辟云。[4]

---

[1] 《继世纪闻》卷一。

[2] 《明史·孙玮传》卷二四一。

[3] 《万历野获编》卷十八，《立枷》。

[4] 《万历野获编》卷十八，《立枷》。

假如想苟延残喘，据说也有办法，但这办法也就惨得很。

曾闻京师人云，倘非厂卫注意，及有仇家者，夜间窃雇乞丐，背承其尻，稍息足力。每日啖一生猫，亦可偷生，未知果否。[1]

到魏忠贤主持东厂时，这立枷便成了家常便饭。

忠贤领东厂，好用立枷，有重三百斤者，不数日即死，先后死者六七十人。[2]

当时许誉卿也曾奏云：

厂卫一奉打问之旨，五毒备施。迩复用立枷法，士民槁项毙者不知凡几。[3]

朱由检即位后，曾说这刑太惨，但是否废除，却不知道，《明史·刑法志三》云：

庄烈帝问左右："立枷何为？"王体乾对曰："以罪巨奸大憝耳。"帝愀然曰："虽如此，终可悯。"忠贤为颈缩。

·般刑具

明代特务们除了使用以上这些特别酷刑而外，还有一般刑具。如锦

[1] 《万历野获编》卷十八，《立枷》。

[2] 《明史·李应升传》卷二四五。

[3] 《明史·许誉卿传》卷二五八。

衣卫镇抚司的刑具便有十八套，其中最常用的有五种：

一械，坚木为之，长尺五寸，阔四寸许，中凿两孔著臂上，虽受刑时亦不脱。入狱则否。凡杀中，惟械手则甚便。故周公（朝瑞）之死，郭贼诱之上堂，上堂理应着此物也。

一镣，铁为之，即锒铛也。长五六尺，盘左足上，以右足受刑，不使动也（按此句《诏狱惨言》作“不便故也”）。

一棍，削杨榆条为之，长五尺，曲如匕，执手处大如人小指，着肉处径可八九分。每用棍，以绳急束其腰，二人踏绳之两端，使不得转侧。又用绳系两足，一人牵绳背立，使不得伸缩。

一拶，用杨木为之，长尺余，径四五分。每用拶，两人扶受拶者起跪，以索力束其两端，随以棍左右敲之，使拶上下则加痛。

一夹棍，杨木为之，二根长三尺余，去地五寸许，贯以铁条，每根中间，各帮拶三付，凡夹人则直竖其棍，一人扶之，安足其中，上急束以绳，仍用棍一具支足之左，使不得动。又用大杠一根，长六七尺，围四寸以上，从右畔猛力敲足胫。[1]

这些刑具，据说以拶为最厉害，无法假借。

诸刑俱可应故事，惟拶指则毫难假借。盖紧拶则肉虽去而骨不伤，稍宽则十指俱折矣。[2]

还有一种叫作“昼夜用刑”。

嘉靖四十五年，户部主事海瑞上疏规劝上过，已下锦衣拷问，刑部拟绞，其疏留中久不下。户部司务何以尚者，疏请宽宥之，上大怒，

[1] 《碧血录》下，《燕客天人合征纪实》。

[2] 《万历野获编》卷二十一，《镇抚司刑具》。

杖之百，下锦衣镇抚司狱，命昼夜用刑。初意用刑不间昼夜，不浃日必死矣……心尝疑之，以问前辈仕人，云此刑以木笼四面攒钉内向，令囚处其中，少一转侧，钉入其肤，囚之膺此刑者，十二时中但危坐如偶人。[1]

还有一种叫作“琵琶”，《明书》卷七十三：

其最酷者曰琵琶，每上百骨尽脱，汗下如水，死而复生，如是者二三次，荼酷之下，何狱不成！

另外据《明史·刑法志二》载当时酷吏所用之刑有“挺棍、夹棍、脑箍、烙铁及一封书，鼠弹筝、拦马棍、燕儿飞或灌鼻、钉指，用径寸懒杆，不去棱节竹片，或鞭脊背、两踝致伤”等等，这些大概都在十八套之内的。至于镇抚司一般用杖的轻重，则看特务头子所下的手谕而定。

凡厂为所廉谋反弑逆及强盗等重辟，始下锦衣之镇抚司拷问。寻常止云“打着问”，重者加“好生”二字。其最重大者则云“好生着实打着问”，必用刑一套。凡为具十八种，无不试之。[2]

但这在明代也有前后期的不同，朱国祯《涌幢小品》卷十二云：

成弘间下诏狱，惟叛逆妖言强盗好生打着问，喇虎杀人打着问，其余常犯送锦衣镇抚司问，转法司拟罪。中间情重始有来说之旨。正德以后，一概打问，无复低昂矣。

[1] 《万历野获编》卷二十一，《昼夜用刑》。

[2] 《万历野获编》卷二十一，《镇抚司刑具》。

（三）十八层地狱——诏狱

诏 狱 概 况

所谓诏狱便是锦衣卫狱。特务逮来的人及独夫下令交给特务问讯的人都关在这狱里。狱由北镇抚司专领，这司原本是锦衣卫使的下属，成化十四年，增铸北司印信，一切刑狱不必关白本卫，连卫所下的公事也可以直接上请皇帝解决，卫使不得干预，至于外廷的刑部大理寺都察院三法司自然更不敢与之抗衡了。

这牢狱环境十分阴惨，真是十八层地狱。

> 镇抚司狱，亦不比法司。其室卑入地，其墙厚数仞，即隔壁嗥呼，悄不闻声。每市一物入内，必经数处验查，饮食之属，十不能得一。又不能自举火，虽严寒，不过啖冷炙，披冷衲而已。家人辈不但不得随入，亦不许相面，惟拷问之期，得于堂下遥相望见。[1]

这“遥相望见”开始还执行得并不严格，还可以低声说话，但到魏忠贤时便不同了。《燕客天人合征录》称：

> 镇抚中，惟比较日，家属因交赃得伏胁下细语。（许）显纯后恐密露其恶，勒令跪一丈外，高声问答，不许为方言。

犯人在里面生活连畜牲也不如：

> 太仓陆昶字孟昭，历官参政，尝为刑官，一日录囚狱中，见重囚皆三木，偃卧于床不能辗转，鼠夜夜啮之，流血涔涔，孟昭悯焉，

[1] 《万历野获编》卷二十一，《镇抚司刑具》。

遂买数猫置狱中，鼠患顿息。[1]

害起病来，根本没有医药，只好喝尿：

轮回酒，人尿也。有人病者，时饮一瓯，以酒涤口，久之有效……南京吏侍章公纶，在锦衣狱六七年不通药饵，遇胸膈不利，眼痛头痛，辄饮此物，无不见效。[2]

这狱和刑部狱比起来，竟有天堂与地狱之别。瞿式耜在《陈政事急着疏》中云：

往者魏崔之世，凡触凶网，即烦缇骑，一属缇逮，即下镇抚，魂飞汤火，惨毒难言，苟得一送法司，便不啻天堂之乐矣。[3]

而顾大章《狱中杂记》说他的亲身经验是：

予入诏狱百日，而奉旨暂发刑部者十日，有此十日之生，并前之百日皆生矣。何则？与家人相见，前之遥闻者皆亲证也。

被提的人，一下了这狱，便无申诉余地，只有坐在那里受刑挨打。魏大中《自记年谱》云：

十三日入都，羁锦衣卫东司房……二十八日许显纯、崔应元奉旨严鞫。许既迎二魏（忠贤、广微）意，构汪文言招辞而急毙之以灭口。对簿时遂断断如两造之相质。一拶敲一百，穿梭一夹，敲五十扛子，

[1] 张萱《西园闻见录》卷八十五。

[2] 《菽园杂记》卷十三。

[3] 《瞿忠宣公集》卷一。

打四十棍，惨酷备至，而抗辩之语悉罔不得宣。

关于这些情形，下面当详细叙述，这些只是一个“诏狱鸟瞰”而已。

朱元璋父子时的诏狱

朱元璋晚年数兴大狱，杀戮极多。其时锦衣卫已经设立，这些人犯虽不一定全下锦衣卫狱，但和锦衣卫有关，则是可以断言的。

朱元璋所兴起的大狱，每次诛戮都达数万人，如郭桓之狱：

> 其推原中外贪墨所起，以六曹为罪魁，郭桓为诛首。郭桓者，户部侍郎也。帝疑北平二司官吏李彧、赵全德等与桓为奸利，自六部左右侍郎下皆死，赃七百万，词连直省诸官吏，系死者数万人。核赃所寄，借遍天下，民中人之家大抵皆破。[1]

还有有空印之狱，将天下各省布政司府州县吏都牵连狱中，或论死，或搒掠戍边：

> 十五年空印事发。每岁布政司、府州县吏诣户部核钱粮、军需诸事，以道远，预持空印文书，遇部驳即改，以为常。及是帝疑有奸，大怒，论诸长吏死，佐贰榜百戍边。[2]

当时宁海人郑士利曾上书讼冤，说得极有道理。他说：

> 先印而后书，此权宜之务。所从来久，何足深罪，且国家立法，必先明示天下而后罪犯法者，以其故犯也。自立国至今，未尝有空

[1] 《明史·刑法志二》。

[2] 《明史·刑法志二》。

> 印之律。有司相承，不知其罪。今一旦诛之，何以使受诛者无词。[1]

疏上之后，朱元璋大怒，复杖责戍边。

这两狱所杀已达数万，其后又兴胡惟庸、蓝玉两狱，杀戮几达五万人。

胡惟庸以谋反被杀，事在洪武十三年。同诛的仅陈宁、涂节数人。其后朱元璋想大肆杀戮功臣，便借胡惟庸为题，于二十三年兴起胡党之狱。其时距胡惟庸之死已十余年，赵翼说得好："岂有逆首已死，同谋之人至十余年始败露者，此不过借惟庸为题，使狱词牵连诸人，为草剃禽狝之计耳。"[2]胡党既诛，朱元璋还以为没有杀尽，于二十六年又兴蓝党之狱，于是功臣宿将始尽。这两狱所诛人数，赵翼根据《明史》曾约略统计了一下：

> 今案坐胡党而死者李善长、陆仲亨、唐胜宗、费聚、赵庸、郑遇春、黄彬、陆聚、金朝兴、叶升、毛骐、李伯升、丁玉、邓愈之子镇，及宋濂之孙慎（濂亦安置茂州）。身已故而追坐爵除者，顾时（其子敬坐死），杨璟、吴桢、薛显、郭兴、陈德、王志、俞通源、梅思祖、朱亮祖、华云龙（其子中坐死）。坐蓝党而死者傅友德、曹震、张翼、朱寿、何荣、詹徽、傅友、文察罕（纳哈出之子），张温、陈桓、曹兴、黄辂、汤泉、马俊、王诚、聂纬、王铭、许亮、谢熊、汪信、萧用、杨春、张政、祝哲、陶文、茹鼎等。身已故而追坐爵除者，桑世杰（其子敬坐死）、孙兴祖（其子恪坐死）、何荣（其子荣贵安皆坐死）、韩政（其子勋坐死）、濮英（其子玙坐死）、曹良臣（其子泰坐死）。此皆见于列传者。胡狱有《昭示奸党录》，族诛至三万余人。蓝狱有《逆臣录》，诛至万五千余人，今二录不可考，而胡蓝二传备载其数。[3]

[1]　《明史·郑士利传》卷一三九。

[2]　《廿二史札记》卷三十二。

[3]　《廿二史札记》卷三十二。

至于这两狱株连蔓延的情形，更为可怕，人犯彼此牵连，甚至连吃酒看画都成了罪名。如《静志居诗话》卷四所记：

> 愚山云："陶九成吊黄鹤山樵诗序云：'洪武乙丑九月十日卒于秋官狱。'考清教录，僧知聪招云：'十二年正月往胡丞相府，见王叔明、郭傅、华克勤在彼吃茶看画。'则知叔明坐罪亦以胡党也。"

以上是著名的四次大狱；其他不在这四狱之内的，杀戮的也很多。如《明史·刑法志二》称："凡三诰所列凌迟、枭示、种诛者，无虑千百，弃市以下万数……其三编稍宽容，然所记进士监生罪名，自一犯至四犯者犹三百六十四人。幸不死还职，率戴斩罪治事。"而官吏有罪，谪凤阳屯田的至万余人。[1]这些情形，从当时臣僚的奏疏中也反映了出来。如洪武九年平遥训导叶伯巨上书云：

> 臣观当今之事，太过者三：分封太侈也，用刑太繁也，求治太速也。
>
> ……古之为士者，以登仕为荣，以罢职为辱。今之为士者，以溷迹无闻为福，以受玷不录为幸，以屯田工役为必获之罪，以鞭笞捶楚为寻常之辱。其始也，朝廷取天下之士，网罗捃摭，务无余逸，有司敦迫上道，如捕重囚。比到京师，而除官多以貌选，所学或非其所用，所用或非其所学。洎乎居官，一有差跌，苟免诛戮，则必在屯田工役之科。率是为常，不少顾惜……窃见数年以来，诛杀亦可谓不少矣，而犯者相踵。良由激劝不明，善恶无别……致使朝不谋夕，弃其廉耻，或事掊克，以备屯田工役之资者，率皆是也……
>
> ……法出而奸生，令下而诈起。故或朝信而暮猜者有之，昨日所进，今日被戮者有之。乃至令下而寻改，已赦而复收，天下臣民

[1] 《明史·韩宜可传》卷一三九。

莫之适从。[1]

到洪武二十一年解缙又上书说：

> 国初至今，将二十载，无几时不变之法，无一日无过之人。尝闻陛下震怒，锄根剪蔓，诛其奸逆矣……
>
> 近年以来，台纲不肃，以刑名轻重为能事，以问囚多寡为勋劳……天下皆谓陛下任喜怒为生杀。[2]

这些奏谏，朱元璋当然是照例置之不理，但由此却可以看出朱元璋的杀戮之多且久了。

朱元璋晚年曾废去锦衣卫，他儿子朱棣即位后又恢复起来。朱棣以藩王篡取自己侄儿允炆的帝位，对忠于允炆的臣子便屡兴大狱，大肆杀戮，戚族朋友转相攀染，惨不忍闻。谷应泰在《明史纪事本末》中慨叹地将受祸最惨的人约略统计了一下：

> 文皇甫入清宫，即加罗织，始而募悬赏格，继且穷治党与，一士秉贞，则袒免并及，一人厉操，则里落为墟，虽温舒之同时五族。张俭之祸及万家，不足比也。乃若受僇之最惨者，方孝孺之党，坐死八百七十人；邹谨之案，诛僇者四百四十人；练子宁之狱，弃市者一百五十人，陈迪之党，杖戍者一百八十人；司中之系，姻娅从死者八十余人；胡闰之狱，全家抄提者二百七十人；董镛之逮，姻族死戍者二百三十人；以及卓敬、黄观、齐泰、黄子澄、魏冕、王度、卢元质之徒，多者三族，少者一族也……嗟呼！暴秦之法，罪止三族；强汉之律，不过五宗。故步阐之门皆尽，机云之种无遗。世谓天道好还，

[1] 《明史·叶伯巨传》卷一三九。

[2] 《明史·解缙传》卷一四七。

而人命至重，遂可灭绝至此乎！[1]

其中最惨的是方孝孺，诛及十族。

初，籍十族，每逮至，辄以示孝孺，孝孺执不从，乃及母族林彦清等，妻族郑元吉等。九族既僇，亦皆不从，乃及朋友门生廖镛、林嘉犹等为一族，并坐。[2]

而杀得村里为墟的则是景清：

（朱棣）命赤其（景清）族，籍其乡，转相扳染，谓之瓜蔓抄，村里为墟。[3]

那时屠杀逮捕，多半是根据主犯的族谱，这是再完备也没有的族戚关系名单了。

左拾遗戴德彝被执，责问不屈，死之。德彝死时，有兄俱从京师，嫂项氏家居，闻变，度祸且赤族，令尽室逃，并藏德彝二子于山间，毁戴族谱，独身留家。及收者至，一无所得，械项氏焚炙，遍体焦烂，竟无一言。戴族遂全。[4]

这种株连攀染，不仅终朱棣之世如此，一直到他的子孙都还在治究，《明史·刑法志二》说："亲党谪戍者，至隆万间犹勾伍不绝也。"执行这"勾伍"的自然又是锦衣卫的特务了。这"勾伍"直到朱由校时方

[1] 《明史纪事本末》卷十八。

[2] 《明史纪事本末》卷十八。

[3] 《明史纪事本末》卷十八。

[4] 《明史纪事本末》卷十八。

才解除，《明通鉴》：

（天启元年二月）丙申，除齐泰黄子澄戚属戍籍。

解除以后，明朝也就亡了。

此外，明代诏狱中往往可以随便处死囚犯，或由主子授意特务，或由特务自己处置。这事也是开始于朱棣时，如永乐十三年解缙便是这样处死的。

前交趾参议解缙死于狱。时锦衣卫纪纲上囚籍，上见缙姓名，曰："缙犹在耶？"纲遂希指醉缙酒，埋积雪中，立死。[1]

朱元璋父子的迭兴大狱，屠杀逮捕，这些人犯虽不一定完全下诏狱，但和锦衣卫有关则是可以断言的。这情形到朱高炽、朱瞻基两朝才稍放松了一点，但也不过十年光景，到朱祁镇时，诏狱又重兴盛起来。

朱祁镇父子时的诏狱

朱祁镇初年承袭他父祖余风，诏狱还算稀静，及至王振擅政，下诏狱的人便络绎不绝了，只要得罪了他，哪怕极小的事也都送下诏狱。如正统九年七月：

下驸马都尉石璟于狱。璟詈其家奄，振恶其贱己同类也，遂构之下狱。[2]

而在狱中杀人竟毫无顾忌。如刘球便死得极惨。刘球是当时翰林侍讲，正统八年六月因雷震上言陈得失。球前曾奏阻麓川之师，王振早已怀恨

[1] 《明通鉴》卷十六。

[2] 《明通鉴》卷二十三。

在心。那时有个钦天监正彭德清和球同乡，是王振的心腹，倚振势作恶为非，公卿大人多奔走其门，而刘球却绝不和他来往，德清当然也恨他。便趁刘球上疏激王振道：“公知之乎，刘侍讲疏之三章盖诋公也。”振大怒，想置之死地。球疏中又有太常官不可用道士宜易儒臣语，修撰董璘便自请愿为太常官，于是乃逮璘及球俱下狱。[1]接着王振就动手杀害刘球了：

令其党锦衣卫指挥马顺以计杀球。一夕五更，顺独携一校推狱门入，球与董璘同卧。小校前持球，球知不免，大呼曰：“死诉太祖、太宗！”校持刀断球颈，流血被体，屹立不动。顺举足倒之，曰：“如此无礼。”遂支解之，裹以蒲，埋卫后隙地。董璘从旁匿球血裙，寻得释，密归球家，家人始知球死。子钎、钺求尸，仅得一臂，乃以血裙葬焉。小校，卢氏人，故与耿九畴邻。一日，见九畴，视其瘠不类平时，曰：“汝得无疾乎？”校具以实告，且曰：“马顺将举事，密语我曰：‘今夕有事，汝当早来。’至则使怀刃相随，迫于势不得不尔。比闻刘公忠，吾侪小人，死有余罪矣。”因恸哭死，未几，马顺子亦死，死时捽顺发，拳且蹴之，曰：“老贼！令尔异日祸逾我。我刘球也。”[2]

祁镇复辟以后，信任太监曹吉祥，锦衣特务逯杲、门达，罗织臣民，诏狱为满。

天顺初……十三道掌道御史张鹏、盛颙、周斌、费广、张宽、王鉴、赵文博、彭烈、张奎、李人仪、邵铜、郑冕、陶复及御史刘泰、魏翰、康骥将劾（石）亨（曹）吉祥诸违法事。先一日给事中王铉泄于亨，亨与吉祥泣诉帝，诬鹏等为已诛内官张永从子，结党排陷，欲为永报仇。明日疏入，帝大怒……下（杨）瑄鹏及诸御史于狱。榜掠备至，诘主

[1] 参见《明史·刘球传》卷一六二。

[2] 《明史纪事本末》卷二十九。

使者，瑄等无所引，乃坐都御史耿九畴、罗绮主谋，亦下狱。论瑄、鹏死，余遣戍。[1]

逯杲派千户黄麟到广西去逮捕御史吴祯，“索狱具二百余副，天下朝觐官陷罪者甚众”[2]。而南雄知府刘实为中官所谮，竟下狱瘐死。

中官至南雄，入谮言，府僚参谒，留实折辱之，民兢前拥之出。中官慚，将召谢之，实不往。中官去至韶州，闻韶人言：南雄守且讼与朝矣，惧，驰奏，诬实毁敕，大不敬，逮下诏狱。[3]

门达兼掌镇抚司时，狱刑更惨。如：

构指挥使袁彬，系讯之，五毒更下，仅免。朝官杨瑄、李蕃、韩祺、李观、包瑛、张祚、谏万钟辈皆锒铛就逮，冤号道路者不可胜记。[4]

如果有反对他的，下了狱，纵使极小的事，也被打得死去活来。

门达怙宠肆虐。百官遭遇率避马，（刑部主事毛）吉独举鞭拱手过，达怒甚。吉以疾失朝，下锦衣狱。达大喜，简健卒，用巨梃榜之。肉溃见骨，不死。[5]

后来竟弄得囚犯多到牢狱容不下，另外加建牢狱。

---

[1] 《明史·杨瑄传》卷一六二。

[2] 《明史·刑法志三》卷九十五。

[3] 《明史·刘实传》卷一六一。

[4] 《明史·刑法志三》。

[5] 《明史·毛吉传》卷一六五。

> （天顺六年九月）广锦衣卫狱……（门）达……布旗校于四方，告讦者日盛。寻以囚多，狱舍不能容，请城西武库隙地增置之。[1]

朱祁钰时牢狱中也常有杀人的事，而且是祁钰指使的。如景泰三年御史锺同疏请复沂王为太子，同时仪制郎中章纶也上疏说这事，疏入以后——

> 帝大怒，时日已暝，宫门闭。乃传旨自门隙中出，立执纶及锺同下诏狱，榜掠惨酷，逼引主使及交通南宫状。濒死无一语。会大风扬沙，昼晦，狱得稍缓，令锢之。明年杖廖庄阙下，因封杖就狱中杖纶、同各百。同竟死，纶长系如故。[2]

朱见深时汪直用事，诏狱又重兴盛起来，这情形已分见前节，为了避免重复，这里只举一例：

> （牟俸）以右副都御史改抚苏、松……中官汪直有事南京，或谮俸。直归，未发也。俸初在山东，与布政使陈钺负气不相下。后钺从容言俸短，直信之。十四年，俸议事至京，直请执俸下诏狱。先是，所亲学士江朝宗除服还朝，俸迓之九江，联舟并下。所至，有司供张颇盛。直因谓朝宗有所关说，并下狱，词连佥事吴瑀等十余人，俱被逮系狱。[3]

朱祐樘父子时的诏狱

朱祐樘时代号称承平，但下诏狱的人仍然有的是。如：

---

[1] 《明通鉴》卷二十九。

[2] 《明史・章纶传》卷一六二。

[3] 《明史・牟俸传》卷一五九。

（弘治十五年，御史车梁奏称）：“东厂锦衣卫所获盗，先严刑具成案，然后送法司，法司不敢平反。请自今径送法司，毋先刑讯。”章下，未报。而主东厂者言梁从父郎中霆先以罪为东厂所发，挟私妄言，遂下梁诏狱。[1]

到了朱厚照即位，刘瑾擅权，排除异己，诬构陷害，诏狱为满。如正德二年——

秋八月，钦天监五官监侯杨源奏：“自正德二年以来，火星入太微垣帝座之前，或东或西，往来不一。”劝上思患预防，意盖指刘瑾也。瑾大怒，曰：“源何官，亦学为忠臣耶！”矫旨逮送锦衣卫，杖三十，谪戍肃州，至怀庆卒。妻度氏斩芦荻覆尸，葬于驿后。[2]

又如：

魏国公徐俌与民争田，（常州推官伍）文定勘归之民。刘瑾入俌重贿，兴大狱，巡抚艾朴以下十四人悉被逮。文定已迁成都同知，亦下诏狱，斥为民。[3]

其时虽老臣宿望如刘大夏亦所不免：

（兵部尚书刘大夏）尝请严核勇士，为刘瑾所恶。刘宇亦憾大夏……（正德三年）九月，假田州岭猛事，逮系诏狱。瑾欲坐以激变律死，都御史屠滽持不可。瑾谩骂曰：“即不死，可无戍耶？”初拟广西，芳曰：

[1] 《明史·胡献传》卷一八〇。

[2] 《明史纪事本末》卷四十三。

[3] 《明史·伍文定传》卷二〇〇。

“是送若归也”，遂改肃州。大夏年已七十三，布衣徒步过大明门下，叩首而去，观者叹息泣下。[1]

还有一次竟逮捕京朝官三百余人下诏狱：

（正德）戊辰六月，执京朝官三百余人下诏狱，寻释之。[2]

此外据《明史》卷二〇七诸传所载，给事中御史们下狱被杖的计有邓继曾、朱浙、马明衡、陈逅、季本、林应聪、刘安、薛侃、喻希礼、石金、杨名、程文德、黄直、徐申、黄正色、杨思忠、凌儒等。而因张延龄之狱榜掠提牢主事凡三十七人。

至于在狱中被杖而死的有周玺和涂祯，周玺是顺天府丞，“论谏深切，率与中官抵牾，刘瑾等积不能堪。至是，命玺与监丞张淮、侍郎张缙、都御史张鸾，锦衣都指挥杨玉勘近县皇庄。玉，瑾党，三人皆下之。玺词色无假，且公移与玉止牒文。玉奏玺侮慢敕使，瑾即矫旨逮下诏狱，搒掠死。”[3] 涂祯是江阴知县，还朝遇瑾，长揖不拜，“瑾怒，矫旨下诏狱……遂杖三十，论戍肃州，创重竟死狱中”[4]。

至于一般老百姓之被逮系狱而死的，牵连攀染，就更不知有多少了：

一家犯，邻里皆坐。或瞰河居者，以河外居民坐之。屡起大狱，冤号遍道路。[5]

刘瑾败后，诏狱的惨酷仍未稍减，如王守仁弟子冀元亨便曾在狱中

---

[1] 《明史·刘大夏传》卷一八二。

[2] 《二申野录》卷三。

[3] 《明史·周玺传》卷一八八。

[4] 《明史·周玺传》卷一八八。

[5] 《明史·刘瑾传》。

受炮烙之刑。

> 宸濠败，张忠、许泰诬守仁与通。诘宸濠，言无有。忠等诘不已，曰："独尝遣冀元亨论学。"忠等大喜，榜元亨，加以炮烙，终不承，械系京师诏狱。世宗嗣位，言者交白其冤，出狱五日卒。[1]

朱厚熜时的诏狱

如前所述，朱厚熜是一个刚愎暴戾的独夫。他在位甚久，常常杖死臣下。下诏狱的更是络绎不绝。囚犯下了诏狱，他还常常派人去刺探在狱中情况，所以，诏狱中的残酷情形，也较之以前更甚。这残酷情形在厚熜初年已是如此，如嘉靖十一年御史冯恩上疏论大学士张孚敬、方献夫，右都御史汪宏三人之奸——

> 帝得疏大怒，逮下锦衣狱，究主使名。恩日受搒掠，濒死者数，语卒不变。[2]

这以后诏狱里面更备加残酷，如嘉靖二十年御史杨爵："疏诋符瑞，且词过切直。帝震怒，立下诏狱搒掠，血肉狼藉，关以五木，死一夕复苏。所司请送法司拟罪，帝不许，命严锢之。狱卒以帝意不测，屏其家人，不许纳饮食。屡滨于死，处之泰然。"二十四年厚熜因扶乩有感。将他放出，但尚书熊浃恰好又论扶乩之妄，于是厚熜"复令东厂追执之。爵抵家甫十日，校尉至。与共麦饭毕，即就道。尉曰：'盍处置家事。'爵立屏前呼妇曰：'朝廷逮我，我去矣。'竟去不顾……系镇抚狱。桎梏加严，饮食屡绝"。一直到二十六年十一月方才放出。"爵之初入狱也，帝令东厂伺爵言动，五日一奏。校尉周宣稍左右之，受谴。其再至，

---

[1] 《明史·王守仁传》卷一九五。

[2] 《明史·冯恩传》卷二〇九。

治厂事太监徐府奏报。帝以密谕不宜宣，亦重得罪。”爵先后在狱七年，巡按陕西御史浦铉，主事周天佐上章论救，都逮下诏狱。浦铉“搒掠备至，除日复杖之百，锢以铁柙。爵迎哭之，铉息已绝。徐张目曰：‘此吾职也，子无然。’系七日而卒”。周天佐“杖之六十，下诏狱”。“体素弱，不任楚。狱吏绝其饮食，不三日即死，年甫三十一”[1]。又如嘉靖二十一年秋，厚熜听信方士陶仲文的话，建祐国康民雷殿于太液池西，工部员外郎刘魁打算谏阻，心想一定要得重祸，于是便先命家人买棺以待，疏上以后，“帝震怒，杖于庭，锢之诏狱。时御史杨爵先已逮系，既而给事中周怡继至，三人屡濒死，讲诵不辍。系四年得释，未几复追逮之。魁未抵家，缇骑已先至，系其弟以行。魁在道闻之，趣就狱，复与爵、怡同系。时帝怒不测，狱吏惧罪，窘迫之愈甚，至不许家人通饮食。而三人处之如前……又三年，与爵、怡同释”[2]。

周怡则是因为弹劾严嵩被杖下狱的。同时因劾严嵩被杖下狱的还有很多，其中受祸最惨的是沈束和杨继盛。

沈束是当时礼科给事中，劾严嵩得罪，“杖于廷，仍锢诏狱……系久，衣食屡绝……后同邑沈链劾嵩，嵩疑与束同族为报复，令狱吏械其手足。徐阶劝，得免。”“帝深疾言官，以廷杖遣戍未足遏其言，乃长系以困之。而日令狱卒奏其语言食息，谓之监帖。或无所得，虽谐语亦以闻。一日，鹊噪于束前，束谩曰：‘岂有喜及罪人耶？’卒以奏，帝心动……释束还其家……系狱十八年。”[3]他长期在狱，其家庭痛苦更是不堪言状。当严嵩去职时，他在狱已十六年，他妻子张氏曾上书请求代他下狱，书中备言痛苦之状云：

> 臣夫家有老亲，年八十有九，衰病侵寻，朝不计夕。往臣因束无子，为置妾潘氏。比至京师，束已系狱，潘矢志不他适。乃相与寄居旅舍，

[1] 《明史·杨爵传》卷二〇九。

[2] 《明史·刘魁传》卷二〇九。

[3] 《明史·沈束传》卷二〇九。

纺织以供夫衣食。岁月积深，凄楚万状。欲归奉舅，则夫之饘粥无资；欲留养夫，则舅又旦暮待尽。辗转思维，进退无策。臣愿代夫系狱。令夫得送父终年，仍还赴系，实陛下莫大之德也。[1]

杨继盛在兵部员外郎任内曾弹劾大将军咸宁侯仇鸾得罪被谪，后仇鸾伏诛，调任南京户部主事。其时严嵩与仇鸾争宠，看见杨继盛第一个攻击仇鸾，便引为同调，要重用他，便改任继盛为兵部武选司员外郎。但殊不知继盛恶严嵩更甚于仇鸾，抵任甫一月，便奏劾严嵩十大罪五奸。厚熜见奏大怒，便下继盛诏狱，予杖一百，打得非常惨毒，而继盛却表现得正气凛然，令人感动。

继盛之将杖也，或遗之蚺蛇胆。却之曰："椒山自有胆，何蚺蛇为！"椒山，继盛别号也。及入狱，创甚。夜半而苏，碎瓷盌，手割腐肉。肉尽，筋挂膜，复手截去。狱卒执灯颤欲坠，继盛意气自如。[2]

继盛系狱凡三年，最后严嵩还是把他杀死。

朱翊钧时的诏狱

朱翊钧是个不理朝政的独夫，但对诏狱却并不放松，经常有人下狱，狱中惨毒万状：

万历中建言及忤矿税珰者，辄下诏狱。刑科给事中杨应文言："监司守令及齐民被逮者百五十余人，虽已打问，未送法司，狱禁森严，水火不入，疫疠之气充斥囹圄。"卫使骆思恭亦言："热审岁举，俱在小满前，今二年不行。镇抚司监犯且二百，多抛瓦声冤。"镇

[1] 《明史·沈束传》卷二〇九。

[2] 《明史·杨继盛传》卷二〇九。

抚司陆逵亦言："狱囚怨恨，有持刀断指者。"俱不报。[1]

到后来，史称："帝亦无意刻核，刑罚用稀，厂卫狱中至生青草。"[2]无意刻核，并不是朱翊钧有了什么悔悟，而是因为他二十多年不上朝，一切都停顿下来的缘故。但这结果更坏。已下诏狱的人，没有得到他的诏旨是不能释放的，而他高居深宫，一概不问，于是这些人便长久系在诏狱之中，甚至竟达几十年之久。

万历三十四年大审，御史曹学程以建言久系（按《明通鉴》卷七十一："万历二十四年、御史曹学程以言事下狱，长系十年。"），群臣请有，皆不听。刑部侍郎沈应文署尚书事，合院寺之长，以书抵太监陈矩，请宽学程罪。然后会审，狱具，署名同奏。矩复密启，言学程母老可念，帝意解，释之。[3]

那时还有一个钱若赓系狱更久。钱若赓是临江知府，先在礼部时以选妃事得罪了朱翊钧，翊钧便想杀掉他。后若赓出守，坐以酷吏，诏置之死。当时阁臣申时行等心知若赓冤枉，便与法司密议，连年请缓决，而以长系慢慢替他设法。长系三十七年之久，终不得释。万历四十七年其子敬忠成进士，上疏鸣冤，请以身代。疏中沥诉其父三十七年牢狱生活惨状，以及家破人亡颠沛情形。凡三上疏，其第一疏述其父不得释放之原因云：

臣父……深幽黑狱，忽忽三十七年，今已七十九岁，每年热审，既以去天万里而不获开，五年钦恤，又以惧干天威而不敢释。[4]

---

[1] 《明史·刑法志三》卷九十五。

[2] 《明史·刑法志三》卷九十五。

[3] 《明史·刑法志三》。

[4] 全祖望：《鲒琦亭象》卷六，《宁国知府玉尘钱公神道碑》。

第二疏则详述牢狱生活及家庭惨状，真是一字一泪，和血写成。其时牢狱之毒惨，如在目前。

臣父下狱时，年未及四十，臣甫周一岁，未有所知，祖父祖母，年俱六十，见父就狱，两岁之中相继断肠而死。未几，嫡母张氏年未五十以忧怖死。臣父有子之妾二人，一时改嫁，子母生离，两弟以忆母，五岁而殇。两姊既丧嫡母，别无亲人，日夜号咷成疾，未嫁而夭。止余臣兄弟三人，俱断乳未几，相依圜土。父以刀俎残喘，实兼母师之事。父子四人聚处粪溷之中，推燥就湿，抱哺煦濡，每洒血和铅，含酸授简……臣自一岁而至三十八岁矣，桁杨梐柜之间，沮洳臭秽之地，履影吊心，酸鼻痛骨。臣父自强年而艾而耆而耄，而今且耋矣！每涉旬月，迫季冬，天光沉阴，命危朝露，或三日不食以待尽，或仰天扼吭以求绝。昔人所谓拘囹圄者，以日为修；当死市者，以日为短。臣父三十七年之中，兼尝其恶趣，但赊一死，而冤苦穷抑，实倍于死矣……且幽拘日久，气血尽衰，监房卑湿，蒸成郁毒，浓血淋漓，四肢臃肿，疮疡满身，更患脚瘤，步立俱废，耳既无闻，目既无见，手不能运，足不能行，喉中尚稍有气，谓之未死，实与死一间耳！只今死于狱中与死于牖下，亦只在旦夕间耳。但臣为人子，年已长大，身玷衣冠，自儿童时不忍见父受苦，今何能两眼看父断送圜中，且何能手持父尸独生出狱门。臣尔时必无逃于一死，而尔时死究何益？生为行尸，死为冤鬼，臣不揣昧死侥幸，愿以臣余年，及臣父犹未死，代父伏法，使臣两兄得裹父残躯舁至祖父母之墓洒血长号，一写终天之痛，而臣父得免于拖尸之恶名，臣虽身首异处，死有余荣，含笑入地矣。[1]

[1] 《鲒埼亭集》卷六，《宁国知府王尘钱公神道碑》。

魏忠贤的大屠杀

在魏忠贤当政的几年之间，排斥异己，陷害朝臣，送下诏狱的人，前后踵接。在诏狱中处死人犯，更为家常便饭。而且都是非刑处死，尸体溃烂，残缺不全，其惨毒残忍，简直暗无天日。当时掌诏狱的是田尔耕、许显纯、孙云鹤、杨寰、崔应元几个大特务。《明史·刑法志三》有一段叙述魏忠贤时的诏狱惨况如下：

> 田尔耕、许显纯在熹宗时为魏忠贤义子，其党孙云鹤、杨寰、崔应元佐之，拷杨涟、左光斗辈，坐赃，比较，立限严督之。两日为一限，输金不中程者，受全刑。全刑者曰械、曰镣、曰棍、曰拶、曰夹棍。五毒备具，呼謈声沸然，血肉溃烂，宛转求死不得。显纯叱咤自若，然必伺忠贤旨，忠贤所遣听记者未至，不敢讯也。一夕，令诸囚分舍宿。于是狱卒曰："今夕有当壁挺者。"壁挺，狱中言死也。明日，涟死，光斗等次第皆锁头拉死。每一人死，停数日，苇席裹尸出牢户，虫蛆腐体。狱中事秘，其家人或不知死日。

魏忠贤陷害死的朝臣，据吴应箕《熹朝忠节死臣列传》统计如下：

> 初，魏忠贤乱政，首撄祸杖死者，万爆也。后因汪文言狱逮死者六人：杨涟、左光斗、魏大中、袁化中、周朝瑞、顾大章。后因李实诬奏逮死者七人：则周起元、周顺昌、高攀龙、李应升、黄尊素，并先逮周宗建、缪昌期也。以吏部尚书遣戍遇赦，为逆党所抑，卒死于戍所者赵南星。以争挺击首功为逆党论劾逮死狱中者王之寀，各有传，共十六人。他如刘铎之以诗语讥讪弃市；夏之令以阻挠毛帅逮死；苏继欧、丁乾学、吴裕中、张汶、吴怀贤或缢死，怖死，仰药死，杖死，皆以逆珰死者也。

这里面除万爆、苏继欧、吴裕中已见前节，赵南星戍死，高攀龙投水死，刘铎、丁乾学见后外，其余的全是在诏狱中处死的。兹分别叙述于后：

因汪文言狱逮死的杨涟、左光斗等六人，是魏忠贤第一次所兴起的大狱。汪文言是安徽歙县人。“初为县吏，智巧任术，负侠气。于玉立遣入京刺事，输赀为监生，用计破齐、楚、浙三党。察东宫伴读王安贤而知书，倾心结纳，与谈当世流品。光、熹之际，外廷倚刘一燝，而安居中以次行诸善政，文言交关力为多。魏忠贤既杀安，府丞邵辅忠遂劾文言，褫其监生。既出都，复逮下吏，得末减。益游公卿间，舆马尝填溢户外。大学士叶向高用为内阁中书。（魏）大中及韩圹、赵南星、杨涟、左光斗与往来，颇有迹。”“会给事中阮大铖与光斗、大中有隙，遂与（章）允儒定计，嘱（傅）櫆劾文言，并劾大中貌陋心险，色取行违，与光斗等交通文言，肆为奸利。疏入，忠贤大喜，立下又言诏狱。”[1] 到天启五年三月，魏党梁梦环又劾文言，“有旨：‘汪文言着锦衣卫差的当官旗扭解来京究问。’初傅櫆参汪文言，已逮问受杖矣。至是逆贤恨杨、左甚，冯铨与霍维华、杨维垣、李鲁生等密谋，说逆贤兴大狱，借汪文言口以杀杨、左，特令梦环出此疏，从此缇骑遍地矣”[2]。文言下狱后，大理寺丞徐大化又出主意告诉忠贤，说是杨、左等“但坐移宫罪，则无赃可指，若坐纳杨镐、熊廷弼贿，则封疆事重，杀之有名”[3]。于是忠贤大喜，便叫许显纯严治汪文言的罪，要他招出杨、左纳熊廷弼贿贪赃情形。文言受刑不过，仰天大呼曰：“世岂有贪赃杨大洪哉！”[4] 结果备受五毒，终不承认。“显纯乃手作文言供状。文言垂死，张目大呼曰：‘尔莫妄书，异时吾当与面质。’显纯遂即日毙之。涟、大中等逮至，无可质者，赃悬坐而已。”[5] 计许显纯捏造各人所受赃银：杨涟、左光斗均二万；

[1] 《明史·魏大中传》卷二四四。

[2] 《先拨志始》卷下。

[3] 《明史·霍维华传》卷三〇六。

[4] 《明史·杨涟传》卷二四四。

[5] 《明史·魏大中传》卷二四四。

魏大中三千；周朝瑞一万；袁化中六千；顾大章四万。[1]

杨、左等六人入诏狱后，有一个不知姓名的“燕客”，是个任侠豪杰之士，有心探听他们情况，便化装吏人住在诏狱旁边，和里面的马夫狱卒厮混欢狎，慢慢地便混进镇抚司，备见六君子在狱中受刑惨死情况，写了一篇《天人合征录》，[2] 从头到尾，记得十分详细，兹节录如下，以见当时诏狱惨毒实况：

周、袁二公俱于五月初到北司。顾公五月廿六到南镇抚，廿八日送北司。杨、左二公六月廿六日到南镇抚，次日送北司。又次日之暮，严刑拷问。诸君子虽各辩对甚正，而堂官许显纯袖中已有成案，第据之直书，具疏以进。是日诸君子各打四十棍，拶敲一百，夹杠五十。

七月初四日，比较。六君子从狱中出，各两狱卒挟扶左右手，伛偻而东，一步一忍痛，声甚酸楚。客不觉大恸。诸君子俱色墨而颠秃。用尺帛抹额，裳上浓血如染，杨公须白为最。顷之，至厅事前，俱俯伏檐溜下，杨居中，左居杨之左，魏居杨之右，顾居魏之右，周居左之左，袁居周之左，显纯处分毕，还狱。

初九日，比较。显纯犹作尔汝声，嗣后则呼名，诧叱如趋走吏矣，五君子各打十棍，袁以病特免。

十三日，比较。午饭后，六君子到堂，显纯辞色颇厉，勒五日一限，限输银四百两，不如数与痛棍。左、顾哓哓置辩；魏、周、袁伏地不语；杨呼家人至腋下，大声曰：“汝辈归，好生服事太奶奶，分付各位相公不要读书！”是日各毒打三十棍，棍声动地。嗣后受杖诸君子股肉俱腐，各以帛急缠其上，而杨公独甚。

十五日为杨公诞辰，诸君子各裹巾揖贺，是日公始知珰意不可回，每晨起多饮凉水，以求速死。兼贻书家人，索脑子甚苦，前此犹望

[1] 见《明史》以上诸人传。

[2] 《碧血录》附燕客《天人命征纪实》。

生还也。

十七日，比较。杨、左各三十棍。是日，显纯辞色更恶，勒五限各完名下所坐赃数，不中程，受全刑。

十九日比较。杨、左、魏俱用全刑：杨公大号而无回声；左公声呦呦如小儿啼；周、顾各受二十棍，拶敲五十，袁拶敲五十。魏呼家人至前，谓之曰："吾十五日已后，闻谷食之气则呕，每日只饮寒水一器，苹果半只而已。命尽想在旦夕，速为吾具棺。然家甚贫，无能得稍美者，盖足掩骼可也！"家人守其言，以十五金买柏棺以殓。

二十日，中丞家人送饭，芽茶中杂金屑以进，为狱吏所觉。家人辈俱默逃去，中丞嗣后遂绝传单者矣。

二十一日，比较。杨、左俱受全刑，魏三十棍，周、顾各二十棍。显纯呼杨公名叱之曰："尔令奴辈潜匿不交赃银，是与旨抗也，罪当云何？"杨公举头欲辩而口不能言，遂俱舁出。彼时诸君子俱已进狱，独杨、左投户限之外，臀血流离，伏地若死人。已而杨大声曰："可怜！"后乃舁入。左公转回而东顾其家人。是日雨，棍湿重倍常，且尽力狠打，故呼号之声更惨。

二十四日，比较。杨，左、魏各受全刑，顾拶敲五十。刑毕，显纯呼狱卒前张目曰："六人不得宿一处！"遂将杨、左、魏发大监。客闻之以问狱吏，吏嗟呼曰："今晚各位大老爷当有壁挺（方言死也）者！"是夜三君子果俱死于锁头叶文仲之手。叶文仲为狱卒之冠，至狠至毒；次则颜紫；又次则郭二。刘则真实人也。

二十七日，比较。顾公独受廿棍。是日狱吏犹称犯官，显纯怒骂曰："此等俱犯人也，何官之有？"嗣后遂呼犯人。

二十九日，比较。三君子之尸俱从诏狱后户出。户在墙之下，以石为之，如梁状，大可容一人匍匐。是日刑曹验毕，籍以布褥，裹以苇席，束以草索，扶至墙外，臭遍街衢，尸虫沾沾坠地。（按：《明史纪事本末》卷七十一称杨死状是"土囊压身，铁钉贯耳，仅以血溅衣裹置棺中"。魏死状是"方溽暑殷雷，越六七日始出尸牢穴中，尸溃甚惨"。）

这六个人，就是顾大章死在刑部狱中。《先拨志始》卷下：“顾大章送刑部拟罪，罪定仍还镇抚追比，顾公语家人曰：‘此福堂也，不死何待？’遂自尽刑部狱中。”

至于六君子受刑最惨的是杨、左。其他诸君子则较杨、左为少，但也打得惨不忍睹，如燕客所记：

> 魏公受刑较之杨、左为少，而困惫独先。七月十三日加刑，叫声便不能朗。十七以后，两足直挺如死蛙，不能屈伸。
>
> 袁公素善病，到北司后，遂僵卧不能起，阴囊大如三斗器。行履颇有所妨。然竟以病故，竟死不受一棍。唯夹拶二刑加三五番而已。
>
> 顾公对簿后遂病创，卧至七月中方能行履，右股创溃，中堕腐肉一块如小鼠。

诸君子在狱中想留一些遗书，都万分困难，往往为特务们搜去。侥幸流传出来，也费尽九牛二虎之力，如燕客所记：

> 杨公有遗稿二千余言，又亲笔誊真一通，叩首床褥以托顾公。狱中耳目严密，无安放处，藏之关圣画像之后，已而埋卧室北壁下，盖以大砖。后公发别房，望北壁真如天上。倩孟弁窃之以还，随寄弁弟持归。（按《二申野录》卷七云：“杨涟入狱时，度不时免，啮指血草章千言，冀以尸谏，埋卧所，为许显纯所发，付之火。”历记与此略有出入。）
>
> 杨公又有血书二百八十字，藏之枕中，冀死后枕出；家人拆而得之。竟为颜紫所窃，紫亦号于人曰：“异日者吾持此赎死。”
>
> 周公家书一通向藏顾公处，周死，狱情加严，无从得出。顾作蝇字帖密付客，客持金俟诏狱后户，至周尸出日，厚贿狱卒获之。后客南还，托友人寄其家。

至于诸君子家属交“赃”时情形，据燕客目击是——

每镇抚比较日侵晨，各家属持银候大门内。当事者到后，衙役出问各属："本日纳赃多少？"报数讫，鸣鼓升堂而坐。坐定开狱，呼各犯官到厅事前跪伏，方出手牌唤家属入二门，随跪门之左右，以次交赃。

镇抚纳赃如以石投水，不敢争轻重之衡，亦不敢问多寡之数，纳已，急驱而下。

主持审问的是许显纯，但魏忠贤对他并不十分放心，每次审问时必派人来听记指挥，事后报告。听记的人没有来，许显纯是不敢审问的，这也是燕客目击情形：

镇抚每当比较日，珰遣听记人坐显纯后，棍数之多寡及刑之轻重惟其意所指，而显纯又加之虐。一日听记者以他事出，显纯袖手至晚，抵暮方回，始敢审问。

而每一人处死后，显纯还要于死人身上取一信物报告忠贤。《先拨志始》卷下：

每一公死，显纯即剔喉骨用小盒封固，送逆贤示信。

这信物可也真残酷极了！

诏狱虽然防范极严，但狱卒中也还有有良心的人，所以，机警一点的人还是可以混进去探听消息，如燕客便是。此外如果破费一点钱，也还是可以设法化装进去和犯人见一见面。如左光斗的学生史可法便曾混进去过。兹将这一段会晤情形抄下，以见诸君子虽在惨酷非刑之下，仍是正气凛凛，关心国事，真可算是威武不屈了！

左公为逆阉害，下诏狱。史公冀求一见，逆阉防伺甚严。久之，闻左公被炮烙，旦夕且死，史公持五十金涕泣谋于禁卒。卒感焉，使吏敝衣草履，伪为除不洁者，引至左公处。则席地倚墙而坐，面额焦烂不可辨，左膝以下，筋骨尽脱矣。史公跪抱公膝而呜咽。左公辨其声，而目不可开，乃奋臂以指拨眥，目光如炬，怒曰："庸奴！此何地也，而汝来前？国家之事，糜烂至此，汝复轻身而昧大义，天下事谁可支持者？不速去，无俟奸人构陷，吾即先扑杀汝！"因摸地上刑械，作投击势，史噤不敢发声。趋而出。后常流涕述其事以语人曰："吾师肺肝，皆铁石所铸造也！"[1]

魏忠贤自兴起这次大狱以后，便索性放开手接二连三地干起来了。杨、左死后一年便是天启六年，又兴起第二次大狱。这就是吴应箕所谓"李实诬奏"逮死的周起元、周顺昌、高攀龙、缪昌期、李应升、周宗建、黄尊素等七人之狱。

这里所谓"李实诬奏"，实际还是魏忠贤闹的把戏。这里不如将周起元等七人和魏忠贤结仇的原因略述一下：其时李实为苏杭织造太监，周起元是苏松巡抚。"实素贪横，妄增定额，恣诛求。苏州同知杨姜署府事，实恶其不屈，摭他事劾之。起元至，即为姜辩冤，且上去蠹七事，语多侵实。实欲姜行属吏礼，再疏诬逮之，起元再疏雪姜，更切直。魏忠贤庇实，取严旨责起元，令速上姜贪劣状。起元益颂姜廉谨，诋实诬毁，因引罪乞罢。"[2] 因此得罪了李实，也得罪了忠贤，终于削籍。高攀龙是赵南星门生，时任右都御史，曾劾崔呈秀，被严旨诘责，放归。李应升、黄尊素、周顺昌三人得罪忠贤原因则是——

（缪）昌期初以代杨涟草疏传于忠贤，及涟等去国，昌期率送之郊外，执手太息，忠贤益衔之。会昌期亦具疏乞体，有小珰至阁曰："此人尚可留之送客耶？"遂传旨落职。（周）宗建首劾"忠贤目不识丁"，应升、尊素皆继涟抗疏力攻忠贤者。而应升并劾魏广微，

[1] 顾公燮：《消夏闲记摘抄》上。

[2] 《明史·周起元传》卷二四五。

尊素尤有智虑，为群小所深忌。逆党曹钦程希忠贤指，劾宗建、应升、尊素为东林护法，皆削籍。[1]

顺昌为人，刚方贞介，疾恶如仇。巡抚周起元忤魏忠贤削籍，顺昌为文送之，指斥无所讳。魏大中被逮，道吴门。顺昌出饯，与同卧起者三日，许以女聘大中孙。旗尉屡趣行，顺昌嗔目曰："若不知世间有不畏死男子耶？归语忠贤：我故吏部郎周顺昌也。"因戟手呼忠贤名，骂不绝口。旗尉归，以告忠贤。[2]

至于这次大狱兴起的近因，则是——

会吴中讹言："尊素欲效杨一清诛刘瑾故事，用李实为张永，授以秘计。"忠贤大惧，遣刺事者至吴凡数辈。侍郎沈演家居乌程，奏记忠贤曰："事有迹矣。"于是忠贤遣使谯诃实，实惧，遣人持空印白至京师。忠贤知实与起元有隙，乃使李永贞伪为实奏，诬劾"起元为巡抚时乾没帑金十余万，日与攀龙辈往来讲学"。因窜入顺昌等名，矫旨并逮。遂复起大狱。[3]

忠贤既伪造李实疏，奏上后又传旨：

周起元背违明旨，擅减原题袍假数目；又捐勒袍价，致连年误运；且托名道学，引类呼朋，各立门户。一时逢迎附和，有周宗建、周顺昌、高攀龙、李应升、黄尊素，尽是东林邪党，与起元臭味亲密，干请说事，大肆贪婪，吴民恨深切齿。除宗建、昌期已经逮解外，其周起元等五人都着锦官卫差的当官旗扭解来京究问。李实仍安心供职，

[1] 《明通鉴》卷八十。

[2] 《明史·周顺昌传》卷二四五。

[3] 《明通鉴》卷八十。

该部知道。[1]

这七个人除高攀龙在缇骑到家时便投水自杀外，其余的全逮下诏狱，全部酷刑致死，主持审问的人仍是许显纯。周顺昌入狱受刑的情形是——

五日一酷掠。每掠治，必大骂忠贤。显纯椎落其齿，自起问曰："复能骂魏上公否？"顺昌噀，血唾其面，骂益厉。[2]

朱祖文《北行日谱》根据给顺昌送饭的仆人顾选所说月日较详——

公之入狱也，以是月（四月）之二十八日……另有一旨开读，开读毕，裸形加绑，以解理刑。一至理刑，彼时即公随身之仆俱不克睹矣。闻公于理刑陈词侃侃，声振一堂，挞棍四十，继之以夹水火棍六十，又继之以拶参梭一百二十，诬坐赃金二千两。续奉严旨，五月初又加以夹，复诬赃银一千，公至此不死者亦几希矣……比至六月初旬，又挞十棍，数虽少而惨更甚。十六公犹强饭，十七子丑之际，不知用何物镇压公首而亡。动手者则锁头颜紫也。

死后尸体情况是——

四体五官幸不全坏，第面似有物压之者，鼻为之平，已不可认，惟须与手足为血肉不能变处，则顾选犹能识之，所备之衣已不能服，第安置棺中。

缪昌期受审时则"慷慨对簿，词气不挠。竟坐赃三千，五毒备至。

[1] 《三朝野记》卷三。

[2] 《明史·周顺昌传》卷二四五。

四月晦，毙于狱”[1]。“其敛也，十指堕落，捧掬置两袖中，盖阉以草奏，故属狱吏加梏拲焉，其他楚毒备至又可知也。”[2]

黄尊素也是“搒掠备至，勒赃二千八百，五日一追比”[3]。“卒前一日，狱吏告尊素曰：‘公休矣，内传欲毙公，公何语？即书以寄家。’尊素略不及他事，即于三木上赋诗。是夜卒。”[4]“越五日出狱，肌肉涨烂，头面不可别识。”[5]

李应升则坐赃三千，死后，“兄应炅出其尸，骨肉断烂，竟不如其死何状”[6]。

周宗建坐纳廷弼贿万三千，“逮至诏狱，鞫时捶楚较众更毒，宗建偃卧不能出声。许显纯骂之曰：‘此时尚能说魏公不识一丁否？’……卒毙于狱”[7]。据《明季北略》说：“珰命钉以铁钉，不死。复令着锦衣，而以沸汤浇之，顷刻皮肤卷烂，赤肉满身，婉转两日而死。”

周起元被“许显纯酷搒掠，竟如实疏，悬赃十万。罄赀不足，亲故多破其家。九月，毙之狱中”。[8]

这两狱被陷的人死后，家属情况也是凄凉万状。如杨涟家“素贫，产入官不及千金。母妻止宿谯楼，二子至乞食以养”[9]，“尸棺之归，负以二骡，其子从一二苍头踉跄道上，知者皆为之饮泣。”[10]左光斗死后，“赃犹未竟。忠贤令抚按严追，系其群从十四人。长兄光霁坐累死，母以哭子死。都御史周应秋犹以所司承追不力，疏趣之，由是诸人家族

[1] 《明史·缪昌期传》。

[2] 《牧斋初学集》卷四，《侍读学士缪公行状》。

[3] 《明史·黄尊素传》卷二四五。

[4] 《明史纪事本末》卷七十一。

[5] 《牧斋初学集》卷四，《侍读学士缪公行状》卷五十，《太仆寺卿黄公墓志铭》。

[6] 《牧斋有学集》卷二十九，《李忠毅公墓志铭》。

[7] 《明史纪事本末》卷七十一。

[8] 《明史·周起元传》卷二四五。

[9] 《明史·杨琏传》卷二四四。

[10] 《碧血录》下《附燕客传略》。

尽破”[1]。其他诸人无不弄得家破人亡，流离道路。

这些人的冤枉，到朱由检即位后，忠贤伏诛，定了逆案，才一律昭雪。他们的儿子也纷纷上书讼父冤。如周顺昌之子茂兰两次刺血，手书贴黄，诣阙诉冤。[2]魏大中之子学濂也刺血上书。黄尊素之子宗羲当会讯许显纯、崔应元时，出庭对簿“出所袖锥锥显纯，流血蔽体……又欧应元，拔其须……又与吴江周承祚、光山夏承共锥牢子叶咨、颜文仲，应时而毙”[3]。又与李实对簿，复以锥锥之。逆案定后，又“偕同难诸子弟设祭于诏狱中门，哭声如雷，闻于禁中，庄烈帝知而叹曰：‘忠臣孤子，甚恻朕怀。’”[4]

至于吴应箕所称王之寀、夏之令、张汶、吴怀贤在诏狱中拷死的经过如下：王之寀以讯梃击一案得罪群小，天启五年“二月，魏忠贤势大张，其党杨维垣首翻梃击之案。力诋之寀，坐除名。俄入之汪文言狱中，下抚按提问。岳骏声复讦之……及修《三朝要典》，其梃击事以之寀为罪首。府尹刘志选复重劾之，遂逮下诏狱，坐赃八千，之寀竟瘐死”[5]。夏之令之死则在天启六年，之令“授御史。尝疏论边事，力诋毛文龙不足恃。忠贤庇文龙，传旨削之令籍，阁臣救免。及巡皇城，内使冯忠等犯法，劾治之，益为忠贤所衔。崔呈秀亦以事衔之。遂属御史卓迈劾之令党比熊廷弼，有诏削夺。顷之，御史倪文焕复劾之令计陷文龙，几误疆事。遂逮下诏狱，坐赃拷死”[6]。吴怀贤官中书舍人，死于天启五年。“杨涟劾忠贤疏出，怀贤书其上曰：‘宜如韩魏公治任守忠故事，即时遣戍。’又与工部主事吴昌期书，有‘事极必反，反正不远’语。忠贤侦知之，大怒曰：‘何物小吏，亦敢谤我！’遂矫旨下诏狱，坐以结纳汪文言，为左光斗、魏大中鹰犬，拷掠死。”[7]张汶官后军都督府经历，

---

[1] 《明史·左光斗传》卷二四四。

[2] 《碧血录》下。

[3] 《鲒琦亭集》卷十一，《梨洲先生神道碑文》。

[4] 《鲒琦亭集》卷十一，《梨洲先生神道碑文》。

[5] 《明史·王之寀传》卷二四四。

[6] 《明史·万爆传》卷二四五。

[7] 《明史·万爆传》。

"尝被酒诋忠贤，下狱拷掠死"[1]。

以后，天启六年六月，忠贤又兴起徽州吴养春一狱。

吴养春是安徽歙县人，"家世饶富，祖守礼尝输边二十一万。养春官中书，有黄山，收息不赀"[2]。素与族人吴孔嘉有世仇。孔嘉中天启乙丑探花，以纂修《三朝要典》得接近魏忠贤，便拜忠贤为父，企图报仇。恰好吴养春与弟养泽（按："养泽"系据《三朝野记》，陈怡山《海滨外史》卷二作"其弟怀贤"）不协，"方构争，弟有仆名吴荣，最黠，恒倚谋焉，某（养春）欲杀之，讼于官，挥数千金行贿赃，捕甚急，仆惧，亡入都，投嘉。嘉大喜，引见忠贤"[3]。"诬其私占黄山，历年获租税六十余万金。"[4]忠贤大喜，便欲"借此网，以杀三吴名士"[5]。于是，"矫旨逮养春至京，坐养春赃六十余万，程梦庚赃十三万六千（按：《三朝野记》尚有王君实一人）。其山场木值估价三十余万，命官变易之，以助大工……养春等俱拷死，工部遣主事吕下问至歙追产，吴氏家已破，其妻女俱自缢。吕下问专召富家派买，坐累至破家者甚多，激民变，下问遁回。忠贤复命太仆寺丞许志吉（按：《三朝野记》作'大理寺副许忠吉'，《先拨志始》作'中书许志吉'）至歙续追。志吉即徽人，其酷不减下问"[6]。当吕下问至歙时，"波累合邑。惨杀多人"[7]，"株累者数百家，知府石万程不能堪，弃官去"[8]。阉党李鲁生反疏参万程，有旨"削籍为民"[9]。

至于一般人民被特务们诬陷入狱，无辜惨死的更不知有多少了。《明史·顾大章传》卷二四四称：

[1] 《明史·万爆传》。

[2] 《明史纪事本末》卷七十一。

[3] 《海滨外史》卷二。

[4] 《明史纪事本末》卷七十一。

[5] 《启祯两朝剥复录》中。

[6] 《明史纪事本末》卷七十一。

[7] 《三朝野记》。

[8] 《明史·霍维华传》。

[9] 《先拨志始》卷下。

（天启元年）自辽阳失，五城及京营巡捕日以逻奸细为事。稍有踪迹，率论死，绝无左验者二百余人。所司莫敢谳，多徙官去，囚未死者仅四之一。大章言于（刑部尚书王）纪曰："以一身易五十人命且甘之，矧一官乎！"即日会谳，系三人，余悉移大理释放。

《明史·魏忠贤传》称：

辽阳男子武长春游妓家，有妄言，东厂擒之。许显纯掠治。故张其辞云："长春敌间，不获且为乱。"

朱由检即位，魏忠贤伏诛，曾经将诏狱清理了一下，受冤的多半放出。但诏狱仍然照旧，不久之后，他自己的特务又捕来许多人把诏狱填满了。

（四）文字狱

知识分子，就是旧时代所谓读书人，也就是所谓士，在统治独夫的心目中是既可爱又可恶的一群。可爱的是这群人多半有点才能，可以帮助他们巩固自己的统治；但也正因为如此，这群家伙如果捣起乱来，也就比较厉害，至少，他们可以在文字上诽谤几句，这对于统治者的统治也是不利的。所以，历来统治者对于这些读书人总是采取两面政策，一方面用高官厚禄来引诱羁绊他们，使他们为自己所用；另一方面便是用屠杀来镇压。这屠杀的借口除了一般常用的而外，对读书人还有一个特别的借口，那便是文字的禁忌。

朱元璋时的文字狱

朱元璋东征西讨，饱经忧患，他是深深知道上面说的那一套的。所以，当他做了皇帝天下渐渐平定下来之后，便一方面大杀功臣宿将，一方面刀锋也就渐渐地移向读书人头上来了。

当时因诗句而得杀身之祸就很多。如高启便是因为一首《宫女图》

诗得祸，原诗云：

女奴扶醉踏苍苔，明月西园侍宴回。小犬隔花空吠影，夜深宫禁有谁来？

钱谦益《列朝诗集》注中说这首诗得祸的缘由云：

《吴中野史》载季迪因此诗得祸，余初以为无稽。及观《国初昭示诸录》所载李韩公子侄诸小侯爰书，及高帝手诏豫章侯罪状，初无隐避之词，则知季迪此诗盖有为而作。讽谕之诗，虽妙绝古今，而因此触高帝之怒，假手于魏守之狱，亦事理之所有也。

这里所谓“魏守”是魏观，借口仍是一段文字——上梁文缘由，《明史·高启传》卷二八五：

启尝赋诗，有所讽刺，帝嗛之，未发也。及归居青邱，授书自给，知府魏观为移家郡中，旦夕延见甚欢。观以改修府治获谴，帝见启所作上梁文，因发怒，腰斩于市。

当时还有个御史张尚礼也因诗句得祸，徐釚《本事诗》云：

按《尧山堂外纪》载：洪武间金华张尚礼为监察御史，一日作宫怨诗云：“庭院沉沉昼漏清，闭门春草共愁生。梦中正得君王宠，却被黄鹂叫一声。”高帝以其能摹写宫阃心事，下蚕室死。

还有佥事陈养浩也因诗句被投于水：

佥事陈养浩作诗云：“城南有嫠妇，夜夜哭征夫。”太祖知之，以其伤时，取到湖广，投之于水。[1]

还有许多因诗句得祸的和尚，如僧一初和止庵：

元末高僧，四明守仁字一初，钱塘德祥字止庵，皆有志事业者也。遭时不偶，遂髡首而肆力于诗……入国朝皆被诏至京，后官僧司，一初题《翡翠》云："见说炎州进翠衣，网罗一日遍东西。羽毛亦足为身累，那得秋林静处栖。"止庵有《夏日西园诗》："新筑西园小草堂，热时无处可乘凉。池塘六月由来浅，林木三年未得长。欲净身心频扫地，爱开窗户不烧香。晚风只有溪南柳，又畏蝉声闹夕阳。"皆为太祖见之，谓守仁曰："汝不欲仕我，谓我法网密耶？"谓德祥曰："汝诗热时无处乘凉，以我刑法太严耶？又谓六月由浅，三年未长，谓我立国规模小而不能兴礼乐耶？频扫地，不烧香，是言我恐人议而肆杀，却不肯为善耶？"皆罪之而不善终。[2]

又如僧来复：

僧来复谢恩诗，有"殊域"及"自惭无德颂陶唐"之句。帝曰："汝用'殊'字，是谓我'歹朱'也，又言'无德颂陶唐'，是谓我无德，虽欲以陶唐颂我而不能也。"遂斩之。[3]

又有一次一个庙里壁上题了一首诗，被朱元璋见了，便将全寺和尚杀尽。

太祖私游一寺，见有题其诗曰："大千世界活茫茫，收拾都将

[1] 《国初事迹》。

[2] 郎瑛：《七修类稿》卷三十四。

[3] 《廿二史札记》卷三十二。

一袋藏。毕竟有收还有散，放宽些子也何妨！”因尽诛僧。[1]

除了挑剔诗句而外，朱元璋又喜欢在臣下进的表文中找毛病。他的文义本来不通，再加上猜忌疑心，于是一切文字都可以触犯他的忌讳。如《朝野异闻录》所载，就因为他这种近乎精神失常的猜忌，杀死了很多人：

> 三司卫所进表笺，皆令教官为之，当时以嫌疑见法者，浙江府学教授林元亮为海门卫作《谢增俸表》，以“作则垂宪”诛。北平府学训导赵伯宁为都司作《万寿表》，以“垂子孙而作则”诛。福州府学训导林伯璟为按察使撰《贺冬表》，以“仪则天下”诛。桂林府学训导蒋质为布按作《正旦贺表》，以“建中作则”诛。常州府学训导蒋镇为本府作《正旦贺表》，以“睿性生知”诛。澧州学正孟清为本府作《贺冬表》，以“圣德作则”诛。陈州学训导周冕为本州作《万寿表》，以“寿域千秋”诛。怀庆府学训导吕睿为本府作《谢赐马表》，以“遥瞻帝扉”诛。祥符县教谕贾翥为本县作《正旦贺表》，以“取法象魏”诛。亳州训导林云为本府作《谢东宫赐宴笺》，以“式君父以班爵禄”诛。尉氏县教谕许元为本府作《万寿贺表》，以“体乾法坤，藻饰太平”诛。德安府学训导吴宪为本府作《贺立太孙表》，以“永绍亿年，天下有道，望拜青门”诛。盖“则”音嫌于“贼”也，“生知”嫌于“僧”也，“帝扉”嫌于“帝非”也，“法坤”嫌于“发髡”也，“有道”嫌于“有盗”也，“藻饰太平”嫌于“早失太平”也。

黄溥《闲中今古录》曾载这些表祸的起因云：

> 蒋景高象山人，元末遗儒也，内附后任本县教谕，罹表笺祸，

[1] 郎瑛：《七修类稿》卷三十七。

至京斩于市。斯祸也，起于左右一言。初洪武甲子开科取士，向意右文，诸勋臣不平。上语以故曰：“世乱则用武，世治则用文，非偏也。”诸勋进曰：“是固然，但此辈善讥讪，初不自觉，且如张九四原礼文儒，及请其名，则曰‘士诚’。”上曰：“此名甚美。”答曰：“孟子有‘士诚小人也’句，彼安知之？”上由此览天下所进表笺，而祸起矣。

《明史·苏伯衡传》卷二八五：

苏伯衡……为处州教授，坐表笺误，下吏死。

《闲中今古录》又云：

杭州教授徐一夔撰贺表有“光天之下，天生圣人，为世作则”等语。帝览之大怒曰：“‘生’者，僧也，以我尝为僧也，‘光’则薙发也，‘则’字音近贼也。”遂斩之。

像这样的文字忌讳，简直和阿Q因癞头皮而讳光讳亮一样，像是在开玩笑，然而朱元璋就这样玩笑似的杀死了许多人。而且他挑剔表笺忌讳，不但施于臣下，对于藩国也是一样，如对朝鲜便是一例：

（朝鲜国王李成桂旦）进表笺，有犯上字样，太祖罪其使者，供称姓郑名撰文（按当是郑总）。太祖所贡金鞍等方物发还李旦，追要原撰笺文姓郑者。旦惧，即以郑集送至京。太祖罪之，发云南安置。仍令辽东都司禁边不许高丽人通界，亦不许客商贸易，永远绝也。[1]

朱元璋除了挑剔表笺而外，他还要挑剔别人替他代撰的文告，所以，这些撰稿人也往往容易得祸。《静志居诗话》卷二：

[1] 《国初事迹》。

明孝陵恩威不测，每因文字少不当意，辄罪其臣……当日有事圜丘，恶祝册有予我字，将谴撰文者。桂正字彦良言于帝曰："予小子履，汤用于郊；我将我享，武歌于庙。以古率今，未足深谴。"帝怒乃释。

还有引用古书，说不定也会引起触忌而得杀身之祸。皇甫录《皇明纪略》云：

太祖尝命状元张信训诸王子，信以杜诗"舍下笋穿壁"四句为字式。太祖怒曰："堂堂天朝，何讥诮如此！"腰斩以殉经生。

此外，还有因著书得祸的。《闲中今古》云：

陈子桱作《通鉴续编》……遭我高皇之戮，后弟侄相继沦没，世绪以绝。

在这样毫无理性的文字禁忌之下，于是文人们多半不愿去做官。《廿二史札记》卷三十二云：

明初文人多有不欲仕进者，丁野鹤、戴良之不仕，以不忘故国也。他如杨维桢以纂礼乐书，征至京师，留百余日，乞骸骨去……胡翰应修元史之聘，书成，受赉归，赵埙、陈基亦修元史，不受官，赐金归。张昱征至，以老不仕。陶宗仪被荐不赴。王逢以文学征，其子掖为通事司，叩头以父年高乞免，乃命吏部符止之。盖是时明祖惩元季纵弛，一切用重典，故人多不乐仕进。

这里所谓"重典"，文字禁忌便是其中之一了。

更奇怪的是这种文字禁忌，朱元璋不仅用来对付活人，他还用来对付几千年前的死人，而这死人竟是孟子！全祖望《鲒琦亭集》卷三十五“辨钱尚书争孟子事”引“典故辑遗”说：

> 上读孟子，怪其对君不逊，怒曰：“使此老在今日宁得免耶！”时将丁祭，遂命罢配享。明日，司天奏文星暗。上曰：“殆孟子故耶？”命复之。

“使此老在今日宁得免耶”一句话，杀心勃勃，活脱是一个暴戾独夫的口吻。无奈孟子已死，没有办法，只好将他的神位撤出孔庙来出气。要不是天上文星暗了，朱元璋疑神疑鬼地以为和孟子有关而又恢复了孟子神位，恐怕终朱元璋之世，孟子的孔庙冷猪肉是吃不成的了。

这是洪武二年的事。[1] 孟子虽然恢复配享，但朱元璋对孟子这书仍然感到头痛，这原因是他做了皇帝以后，曾想出一个统治思想愚弄士子的办法，那便是以八股文考试取士，八股文特点之一便是题目只限用四书五经。现在要天下士子都读这个“对君不逊”的孟子，而且还要用他出题考试，这在猜忌成性的朱元璋自然是不放心的。这件事在他心里嘀咕了二十多年，到洪武二十六年，他大杀胡、蓝两党之后，这恐怖政治的狰狞面目，便由对付活人而转向到孟子头上。洪武二十七年他开始检查删节孟子，书中被认为言论荒谬的共八十五章，一律删去，几占全书三分之一。执行检查的是一个八十二岁的老头子翰林学士刘三吾。删定后的孟子叫作《孟子节文》。

刘三吾原是元朝的广西省靖江路儒学副提举，元亡降明，极会谄媚逢迎，元璋很喜欢他。许多礼制和三场考试法，都是同他商定的，所以《孟子节文》也叫他去主办[2]。当时有个孙芝曾力争，骂他是“佞臣”[3]，他

[1] 按:《明史·礼志四》说洪武五年罢孟子配享，明李之藻“类宫礼乐疏”则谓在洪武三年，全祖望《辨钱尚书争孟子事》又谓在洪武二年，此用全氏之说。

[2] 《明史·刘三吾传》卷一三七。

[3] 全祖望：《鲒琦亭集》卷三十五，《辨钱尚书争孟子事》。

也不管。删好以后，还写了一篇《孟子节文题辞》，迎合朱元璋的意思，大骂孟子引汤誓“时日曷丧，予及汝偕亡”为太过，说只有君主才能享受“雪宫”之乐，说人民生活不好而非议君主也是太过，说君主把人臣看成草芥，人臣便报复地把君主看成寇仇是不该。最后他下了一个判断和决定，说是——

> 孟子一书，中间词气之间抑扬太过者八十五条，其余一百七十余条，悉颁之中外校官，俾读是书者知所本旨。自今八十五条之内，课试不以命题，科举不以取士。

这书是洪武二十七年十月奏上的，立刻便刊刻成书，颁行天下。

现在《孟子节文》已经不容易见到了，国立北平图书馆（编者按：现国家图书馆古籍馆）还藏有一部，拿来和《孟子》足本比对一过，便十足地看出朱元璋残酷地统治思想的办法，以及疑神疑鬼的刻毒的猜忌心情。这被删去的八十五条多半是属于底下的这几类的话：

一、不许说统治者及其走狗官僚的坏话——如“庖有肥肉，厩有肥马，民有饥色，野有饿莩，此率兽而食人也。兽相食，且人恶之。为民父母，行政不免于率兽而食人，恶在其为民父母也。仲尼曰：‘始作俑者，其无后乎’，为其象人而用之也，如之何使斯民饥而死也”[1]等章。

二、不许说统治者要负转移风气的责任——如“君仁莫不仁，君义莫不义，君正莫不正，一正君而国定矣”[2]等章。

三、不许说统治者应该行仁义之政——如“得百里之地而君之，皆能以朝诸侯有天下，行一不义，杀一不辜，而得天下，皆不为也”[3]等章。

四、不许说反对征兵征税和战争的话——如“有布缕之征，粟米之征，

[1] 《孟子·梁惠王》。

[2] 《孟子·离娄》。

[3] 《孟子·公孙丑》。

力役之征，君子用其一，缓其二，用其二而民有殍，用其三而父子离”[1]。“古之为关也，将以御暴；今之为关也，将以为暴”[2]。“争地以战，杀人盈野，争城以战，杀人盈城。此所谓率土地而食人肉，罪不容于死，故善战者服上刑”[3]等章。

五、不许人民说可以反抗暴君可以对暴君报复的话——如“贼仁者谓之贼，贼义者谓之残，残贼之人谓之一夫，闻诛一夫纣矣，未闻弑君也”[4]。“君之视臣如手足，则臣视君如腹心；君之视臣如犬马，则臣视君如国人；君之视臣如土芥，则臣视君如寇仇”[5]等章。

六、不许说人民应该丰衣足食——如“是故明君制民之产，必使仰足以事父母，俯足以畜妻子，乐岁终身饱，凶年免于死亡，然后驱而之善，故民之从也轻。今也制民之产，仰不足以事父母，俯不足以畜妻子，乐岁终身苦，凶年不免于死亡。此惟救死而恐不赡，奚暇治礼义哉？”[6]等章。

七、不许说人民有地位和权利的话——如“民为贵，社稷次之，君为轻”[7]等章。

总体来说，凡是侵犯到统治者及其爪牙的话，以及主张应该把人民当作人看待的话，哪怕是极细微的一点，全都要被查禁删去。但也有与这些无关的平常的话也被删节，如《离娄》篇“齐人有一妻一妾”章就被删去，这原因大概是由于这故事是讽刺那些虚伪粉饰只在口头说漂亮话而做的事却极其无耻下流的人，和朱元璋口口声声说是爱民如子，实际上却是暴虐残杀的行为有些相似，所以，他看了也不顺眼，便将它删去了。著作检查到了这样细微严密的地步，这在明代以前是不曾有过的。

[1] 《孟子·尽心》。

[2] 《孟子·尽心》。

[3] 《孟子·离娄》。

[4] 《孟子·梁惠王》。

[5] 《孟子·离娄》。

[6] 《孟子·梁惠王》。

[7] 《孟子·尽心》。

刘三吾这样奉承主子，照理该得到主子的信爱了，然而朱元璋对他却并没有放弃忌刻之心，结果刘三吾还是因文字得祸。《景泰实录》七年八月，大学士陈循劾考官刘俨等疏云：

> 洪武三十年，礼部会试贡士，考官刘三吾等出题，内有讥讽朝廷及凶恶字，并考试有不公。御史劾奏，治以重罪。

这“讥讽朝廷及凶恶字”是如何，实录没有说。但据《千顷堂书目》引当时长史黄章等《薄福不臣榜文》载：“黄章与侍读张信等十余人翻阅学士刘三吾主考会试落第卷，以不用心批阅，且所进卷有‘一气交而万物成’，及‘至尊者君，至卑者臣’等语，坐罪，皆置于法。”这两句为什么竟牵扯到“讥讽朝廷”或是“凶恶”上面，没有解释，今天我们也无法明白了。至于“置于法”，据《明史》记载则是判了个充军到边远地方的罪。

朱棣时的文字狱

朱元璋这种统治思想、查禁著作的作风，全部被他的儿子朱棣继承下来。他即位之初，杀了方孝孺之后，就下令“藏方孝孺诗文者，罪至死”。（那时幸而孝孺门人王稌偷偷抄录下来，改名《侯城集》，才得行于后世。[1]）事实的例子，如：

> （永乐三年十一月）杀庶吉士章朴，朴坐事与序班杨善同诖误，家藏有方孝孺诗文，善借观之，遂密以闻。上怒，逮朴，僇于市。而复善官。[2]

直到正统七年十月，高炽之妻张氏临死的时候，杨士奇还请求她驰

[1] 见《明史·方孝孺传》卷一四一。

[2] 《明通鉴》卷十四。

除这个禁令[1]，可见这禁令到那时候还没有解除。

那时不仅方孝孺的诗文要查禁，连其他人诗文中与方孝孺有关，或是提及方孝孺的也要删节。如孝孺的老师宋濂诗集中有“送方生还宁海”七言长古一首，这方生便是孝孺。据陈田《明诗纪事》卷七云：

> 此诗有作赠郑楷者，盖遵革除之禁也。牧斋谓于内殿见《潜溪文粹》（宋濂文集），孝孺氏名皆用墨涂乙，此可知矣。

还有，练子宁的《金川玉屑集》当时也在查禁之列，一直到朱厚照时方才流传出来。《静志居诗话》卷五云：

> 革除诗文之禁，甚于元丰，然《逊志斋集》（方孝孺集），《金川玉屑》之编（练子宁集），久而日星不灭也。是编（按：即指《金川玉屑集》）至正德中始出。

当时除了朱允炆殉难诸臣的诗文被禁外，其他一切与朱允炆有关的文字全在查禁之列，而且鼓励告密。

> （永乐九年九月）通政司上言：“黄岩县民告豪民持建文时士人包彝古所进楚王书，聚众观之。书中多干犯语，请下法司究治。”[2]

但朱棣查禁文字并不仅限于与朱允炆有关的方面，其他方面无不如是，如他即位之初便曾查禁烧毁过一大批戏曲，并且下令：如有收藏印卖，全家杀头：

> 永乐九年七月初一日，该刑科署都给事中曹润等奏：“乞敕下

---

[1] 《明史·仁宗诚孝皇后传》卷一一三。

[2] 《明通鉴》卷十六。

法司，今后人民倡优装扮杂剧，除依律，神仙道扮义夫节妇孝子顺孙劝人为善及欢乐太平者不禁外，但有亵渎帝王圣贤之词曲驾头杂剧，非律所该载者，敢有收藏传诵印卖，一时拿送法司究治。"奉旨："但这等词曲，出榜后，限他五日都要干净，将赴官烧毁了。敢有收藏的，全家杀了。"[1]

此外还有因出试题得祸的，如：

永乐七年己丑，命翰林院侍讲邹缉，左春坊左司直郎徐善述为考试官，取中陈璲等……御史劾出题《孟子节文》《尚书·洪范·九畴》偏题，邹缉等俱下狱。[2]

还有因进书得祸的，如：

永乐二年，饶州府士人朱季支献所著书，专斥濂洛关闽之说，肆其丑诋。上览之怒甚，曰："此儒之贼也。"……即敕行人押季支还饶州，会布政司府县官及乡之士人明谕其罪，笞以示罚，而搜检其家所著书会众焚之。[3]

朱祁镇、祁钰、见深、厚照等时的文字狱

朱棣以后，文字之祸稍稍好了一点，但也还不断地发生。如朱祁镇正统十四年都御史张楷作除夕诗有云："静夜深山动鼓鞞，斯民何苦际斯时。"又云："乱离何处觅屠苏，浊酒三杯也胜无。"又云："庭院不须烧爆竹，四山烽火照人红"等句，流传京师，人多传诵，为礼科给

[1] 顾起元：《客座赘语》《国初榜文》。

[2] 《弇山堂别集·科试考》。

[3] 杨士奇：《三朝圣谕录》。

事中王诏所劾，坐罪免职。[1]

朱祁钰时有刘俨等以试题犯讳被劾。“景泰七年丙子，太常寺少卿兼翰林院侍读刘俨，左春坊左中允兼翰林院编修黄谏，主顺天试。内阁大学士陈循、王文等言考中译字官刘淳送试不中，为失旧制，诏俨等回话，宥之。王文、陈循又言循子瑛，文子伦不中式，为考官忽略之故，又出题偏驳犯宣宗御讳。”[2]

朱见深时有陈公懋以进书得罪。《皇明宪章类编》云：“成化二十年五月，无锡处士陈公懋删改朱子《四书集注》进呈，命毁之，仍递回有司治罪。”

朱厚照时有韩邦奇以诗句下狱。《明史·韩邦奇传》卷二〇一云：“韩邦奇……迁浙江佥事……闵中官采富阳茶鱼为民害，作歌哀之。（镇守太监王）堂遂奏邦奇沮格上供，作歌怨谤。帝怒，逮至京，下诏狱。廷臣论救，皆不听，斥为民。”

朱厚熜时的文字狱

朱厚熜是个猜忌极强的独夫，他又喜欢修玄炼丹，求长生不死之法，所以，忌讳也特别多，于是臣下因文字得祸的也就屡屡出现。如河南巡抚胡缵宗就以上迎驾诗被斥，并且几乎兴起大狱。

> 河南巡抚胡缵宗尝以事笞阳武知县王联。联寻为巡按御史陶钦夔劾罢。联素凶狡，尝殴其父良，论死。久之，以良请出狱。复坐杀人，求解不得。知帝喜告讦，乃摭缵宗迎驾诗“穆王八骏”语为谤诅（按“穆王八骏”据《实录》原句为“穆王八骏空飞电，湘竹英皇泪不磨”）。言缵宗命已刊布，不从，属钦夔论黜，罗织成大辟。候长至日，令其子诈为常朝官，阑入阙门讼冤。凡所不悦，若副都御史刘隅等百十人，悉构入之。帝大怒，立遣官捕缵宗等下狱，命（刑部尚书刘）讱会法司

[1] 《明英宗实录》正统十四年五月。

[2] 《弇山堂别集·科试考》。

严讯。讱尽得其诬罔，仍坐联死，当其子诈冒朝官律斩，而为缵宗等乞宥。帝既从法司奏，坐联父子辟，然心嗛缵宗，颇多诘让，下礼部都察院，参议。严嵩为之解，乃革缵宗职，杖四十。讱亦除名，法司正贰停半岁俸，郎官承问者下诏狱。[1]

还有吴廷举也以引用古人诗句得祸：

廷举……寻改南京工部尚书，辞不拜，称疾乞休。帝慰留。已，复辞，且引白居易、张咏诗（按所引白居易诗为“月俸百千官二品，朝廷雇我作闲人”。张咏诗为“幸得太平无一事，江南闲煞老尚书”。见《世宗实录》），语多诙谐，中复用“呜呼”字。帝怒，以廷举怨望无人臣礼，勒致仕。[2]

而科场中由于试题或试卷文字触犯忌讳得祸的更多。如江汝璧等以策问语有讥讪嫌疑被逮治：

十六年，应天府进试录，考官评语失书名，诸生答策多讥时政。帝怒，逮考官谕德江汝璧，洗马欧阳衢诏狱，贬官，府尹孙懋等下南京法司。[3]

又如王本才等以试录文体及人名称呼乖谬逮治：

嘉靖中，礼部尚书严嵩奏：“广东所进试录字，如‘圣谟’‘帝懿’‘四郊’‘上帝’俱不行抬头；及称陈白沙伦迂冈之号，有失君前臣名之义。且录中文体太坏，词义尤为荒谬，宜治罪。”得旨：“学正王本才等，布政陆杰等，按察司蒋淦等，俱命巡按官逮问。

[1] 《明史·刘讱传》卷二〇二。

[2] 《明史·吴廷举传》卷二〇一。

[3] 《明史·吴悌传》卷二八三。

本才等夺其礼币，御史余光命法司逮问。仍通行天下提学官严禁士子敢有肆为怪诞，不遵旧式者，悉黜之。”[1]

又如叶经等以策问语有讥讪嫌疑被逮治：

（嘉靖中），上览山东所进乡试小录手批其第五问防边御政策，曰：“此策内含讥讪，礼部其参看以闻。”于是尚书张璧等言：“今岁敌未南侵，皆皇上庙谟详尽，天威所慑；乃不归功君上，而以敌人餍饱为词，诚为可恶。考试官教授周矿、李弘，教谕刘汉、陶悦、胡希颜、程南、吴绍曾、叶震亨、胡侨率意为文，叛经讪上，法当重治。监临官御史叶经漫无纠正，责亦难辞。其提调官布政使陈儒，参政张杲，监试官副使谈恺、潘恩均有赞襄之职，俱属有罪。”上曰：“各省乡试，出题刻文，悉听之巡按，考试教官莫敢可否。此录不但策对含讥，即首篇论语义‘继体之君不道’，叶经职司监临，事皆专任，并同矿等，陈儒等，俱令锦衣卫差官校逮系至京治之。”寻逮经、儒、杲、恺、恩至，上以经狂悖不道，命廷臣杖八十为民，及降儒等边方杂职，经遂死于杖下，及补儒等为宜君县典史，寻贵州试录至，亦以忤旨，御史为民，右参政等各降三级。[2]

又如李默以试题有讪谤嫌疑下狱：

（嘉靖中，吏部尚书李）默博雅有才辩，以气节自负，初由吏部侍郎擢冢卿，旋忤旨罢去久矣，上念默，召复其官。时官邪赂彰，文武辐辏严氏所，吏部卿正唯唯受成而已……是时吏部尚书李默颇与嵩异同，（赵）文华自江南旋，恣睢暴戾，公卿多所凌侮，无敢抗者。默独以盛气折之……由是嵩、文华恶默滋甚。及是文华谋所以自解者，

[1] 《弇山堂别集·科试考》。

[2] 《弇山堂别集·科试考》。

> 稔上(世宗)喜告讦，乃指默部试选策目，有“汉武唐宪咸以英睿兴盛业，晚节乃为任用匪人所败”等语，指为谤讪，奏之[1]。

世宗览奏大怒，因下默镇抚司拷讯，竟瘐死狱中。

至于因笺表文字而得祸的也有，如《明通鉴》卷六十嘉靖三十三年正月：

> 杖六科给事中张思静等于廷，各四十，以元旦贺表中失抬万寿字故也。

朱厚熜时还有两个进步的思想家颜钧、梁汝元因为讲学关系为统治者所忌，结果颜钧被捕充军，梁汝元被杀于狱中。

颜钧字山农，是王艮的再传门徒，王艮是灶丁出身，受业王守仁，但思想上与守仁并不一致，他可以说是当时农民阶级思想的代表。山农思想和他很接近，所以，明史说他“诡怪猖狂”[2]。但《明儒学案》卷三十二《泰州学案》却说他：“游侠，好急人之难，赵大洲赴贬所，山农偕之行，大洲感之。徐波石战殁元江府，山农寻得其骸骨归葬，颇欲自为于世，以寄民胞物与之志……然世人见其张皇，无贤不肖皆恶之。以他事下南京狱……以戍出，年八十余。”无贤不肖皆恶之，可见其影响之大，所以，他的门徒对他都崇敬备至，他下狱时，几乎被杀，其所以能够得减戍，全是门徒罗汝芳“破产救之”，在狱时，汝芳“供养狱中”，出狱后，汝芳又“事之，饮食必躬进”[3]。

梁汝元是山农的学生，字夫出，后改名何心隐，吉州承丰人。“时吉州三四大老方以学显，心隐恃其知见，辄狎侮之。”[4]他曾经试行一

[1] 《皇明驭倭录》卷七。

[2] 《明史·王畿传》卷三八三。

[3] 《明史·王畿传》。

[4] 《明儒学案》《泰州学案》。

种空想的社会主义：

> 谓大学先齐家，乃构萃和堂以合族，身理一族之政，冠婚丧祭赋役，一切通其有无。行之有成。[1]

他这种理想在当时颇得到一部分群众拥护，而且声势相当浩大。如他在京师时，曾“辟各门会馆，招来四方之士，方技杂流，无不从之”[2]。这样明显地宣传自己主张和地主阶级作斗争，统治者自然放他不过。他曾下过两次狱，第一次是在他的家乡。

> 邑令有赋外之征，心隐贻书以诮之。令怒，诬之当道，下狱中。孝感程后台在胡总制幕府，檄江抚出之。[3]

第二次是在孝感，这一次是大地主阶级代表者张居正下令要逮捕的，结果死于狱中。

> 心隐故尝以术去宰相，江陵不能无心动。心隐方在孝感聚徒讲学，遂令楚抚陈瑞捕之，未获而瑞去。王之垣代之，卒致之。心隐曰：“公安敢杀我？亦安能杀我？杀我者，张居正也！”遂死狱中。[4]

从“公安敢杀我，亦安能杀我”这两句话看来，可见他在当时的确有一部分群众力量的。

---

[1] 《明儒学案》《泰州学案》。

[2] 《明儒学案》《泰州学案》。

[3] 《明儒学案》《泰州学案》。

[4] 《明儒学案》《泰州学案》。

朱翊钧、由校时的文字狱

朱翊钧时也有个进步思想家李贽因思想关系被统治者杀死。

李贽，字卓吾，福建泉州晋江人，曾“为姚安知府，一旦自去其发，冠服坐堂皇，上官勒令解任，居黄安，日引士人讲学，杂以妇女”[1]。他讲学是站在农民阶级立场的，对数千年来地主阶级的政治学说——儒学，给予极严厉的抨击。他指出儒学不但无益于天下国家，相反的，却是致乱的东西。自以为有知识的儒学者，实际是毫无知识的。他认为所谓是非都不是绝对的，而是相对的，由于历史条件的变化及各种人生活条件的不同，而不能有是非的定论和定质。所以，拿孔子学说的原则作为是非的标准，其实是抹杀是非的。从而，他在他的著作《藏书》中便排击孔子，别立褒贬，凡千古相传之善恶，无不颠倒易位。更进而揭穿当时地主阶级拿孔子教条来欺人，以及外面像是仁义而内里却是十分卑鄙的假面具。并赞扬“力田者”和“做生意者”的言行一致。

由于他这种农民阶级的立场及言论的新奇，在当时便极为轰动，很得到人民和进步知识分子的欢迎。

> 温陵李卓吾聪明盖代，议论间有过奇，然快谈雄辩，益人意智不少。秣陵焦弱侯，泌水刘晋川皆推尊为圣人。流寓麻城，与余友邱长儒一见莫逆，因共彼中士女谈道，刻有观音问等书，忌者遂以帏箔疑之。然此老狷性如铁，不足污也。[2]

他的著作如《藏书》《焚书》等在当时也流传极广，这样明目张胆抨击地主阶级，而且拥有很多群众的思想家，统治者自然不能放过他而要对付他了。万历三十年礼科给事中张问达便具疏劾奏，其中极尽诬蔑，略云：

---

[1] 《明史·耿定向传》卷二二一。

[2] 《万历野获编》卷二十七，《二大教主》。

> 李贽壮岁为官，晚年削发。近又刻《藏书》《焚书》《卓吾大德》等书，流行海内，惑乱人心。以吕不韦、李园为智谋，以李斯为才力，以冯道为吏隐，以卓文君为善择佳偶，以司马光论桑弘羊欺武帝为可笑，以秦始皇为千古一帝，以孔子之是非为不足据。狂诞悖戾，未易枚举，大都刺谬不经，不可不毁者也。尤可恨者，寄居麻城，肆行不简，与无良辈游于庵，挟妓女白昼同浴。勾引士人妻女，入庵讲法，至有携衾枕而宿庵观者，一境如狂。又作《观音问》一书，所谓观音者，皆士人妻女也。后生小子，喜其猖狂放肆，相率煽惑，至于明劫人财，强搂人妇，同于禽兽而不之恤。迩来缙绅士大夫亦有捧咒念佛，奉僧膜拜，手持数珠，以为律戒，室悬妙像，以为皈依，不知遵孔子家法，而溺意于禅教沙门者，往往出矣。近闻贽且移至通州，通州离都下四十里，倘一入都门，招致蛊惑，又为麻城之续。望敕礼部，檄行通州地方官，将李贽解发原籍治罪。仍檄行两畿各省，将贽刊行诸书并搜简其家未刊者，尽行烧毁，毋令贻乱于后，世道幸甚。[1]

奏上，得旨：

> 李贽敢倡乱道，惑世诬民，便令厂卫五城严拿治罪。其书籍已刊未刊者，令所在官司尽搜烧毁，不许存留。如有徒党曲庇私藏，该科及各有司访参奏来并治罪。[2]

这时卓吾住在通州马诚所家，被逮赴狱，审问的时候，仍是十分倔强不屈。结果瘐死狱中，年七十六岁。

他的书经过这次焚毁，但仍然流行，天启五年又焚毁过一次：

---

[1] 《明神宗实录》卷三六九。

[2] 《明神宗实录》卷三六九。

天启五年九月，四川道御史王雅量疏，奉旨：李贽诸书怪诞不经，命巡视衙门焚毁，不许坊间发卖，仍通行禁止。[1]

但结果呢，统治者的心机是白费了，卓吾的书仍是照样流行，陈明卿说：

卓吾书盛行，咳唾间非卓吾不欢，几案间非卓吾不适，朝廷虽禁毁之，而士大夫则相与重锓，且流传于日本。[2]

顾炎武也说："虽奉严旨，而其书之行于人间自若也。"又说："士大夫多喜其书，往往收藏，至今未灭。"[3]

此外，朱翊钧时也有因出试题得祸的，如万历七年高启愚主应天乡试事：

（十二年）御史丁此吕追论礼部左侍郎兼翰林院侍读学士高启愚主试应天时，命题"舜亦以命禹"，为阿附故太师张居正，有功进受禅之意，为大不敬。得旨免究矣，吏部参论，此吕谪外，遂夺启愚官，削籍还里，并收其三代诰命。[4]

至于朱由校时的魏忠贤则是个目不识丁的家伙，但他的特务四出侦缉，也往往侦缉到文字方面来。如：

刘铎……由刑部郎中为扬州知府。愤忠贤乱政，作诗书僧扇，

[1] 《日知录》卷十九。

[2] 吴虞：录《明李卓吾别传》引。

[3] 《日知录》卷十八。

[4] 《弇山堂别集·科试考》。

有“阴霾国事非”句。侦者得之，闻于忠贤。倪文焕者，扬州人也，素衔铎，遂嗾忠贤逮治之。[1]

纵观上述，文字之祸，有明各朝，都不断地发生，读书人的言论思想在这种极端的严密的统制之下，大部分都俯首帖耳去做奴隶，稍稍放纵一点的也不敢多说话，只有纵情声色，放浪不羁，麻醉自己了。

[1] 《明史·万爆传》卷二四五。

第六章

特务的权势财富及其内部矛盾

第一节　炙手可热势绝伦

以上几章所述，总括起来，都可以说是特务的威焰。但由于篇目分配关系，上几章只能限于政治、经济、军事、刑法等大的部门。至于特务们平日生活的骄纵放肆、威福自恣、笞辱朝臣、草菅民命等恶迹，以及统治者对他们纵容袒护、加官进爵的特殊恩典，都没有详细提及，所以，便总在本节叙述一下。先说几个著名的特务头子，然后再及一般。

（一）几个特务头子的威焰

提到明代特务头子，按时代来说，第　个自然要数到工振。

王　振

王振是山西蔚州人，曾侍朱祁镇于东宫，祁镇即位，他就慢慢擅权，那时祁镇的祖母张氏还在，他还有点怕她，有一次几乎被她杀掉，事在正统二年。

（太皇）太后尝遣振至内阁问事，士奇拟议未下，振辄施可否，士奇愠，三日不出。太后闻之怒，立鞭振，仍令诣士奇谢罪。且曰："再尔，必杀无赦！"一日，太后御便殿，召英国公张辅，内阁杨士奇、杨荣、杨溥、尚书胡濙入朝。太后左右女官，杂佩刀剑，侍卫凛然。上西向立太后旁，五臣东西稍下。太后召问，人皆有奖劝之词……有顷，宣太监王振至，俯伏，太后颜色顿异，曰："汝侍皇帝起居多不律，今当赐汝死。"时女官加刃振颈，上跪为之请，五臣皆跪。太后曰："皇帝年幼，岂知此辈自古祸人家国。我听帝暨诸大臣留振，此后不得令干国事也。"振自此稍敛戢。已而太皇太后病，遂跋扈不可制矣。[1]

张氏死后，王振第一件事便是毁去宫门内的一块"内臣不得干预政事"的祖训铁碑。

初，洪武中，鉴前代宦官之祸，置铁碑高三尺，上铸"内臣不得干预政事"八字，在宫门内，宣德时尚存。至是（王）振以太皇太后崩，益无忌，遂盗毁之。[2]

以后便凌辱公卿，威福自擅，如：

正统九年，谪监察御史李俨戍辽东铁岭卫。俨在光禄寺监收祭物，太监王振过之，怒俨应对不跪，遂下锦衣狱。已而谪之。[3]

甚至竟以周公辅成王自比。

---

[1] 《明通鉴》卷二十二。

[2] 《明通鉴》卷二十三。

[3] 《弇山堂别集·中官考二》卷九十一。

世言王振之横也，公卿皆往拜于其门，天子亦以先生呼之。三殿初成，宴百官，故事宦官虽宠，不预外廷之宴。是日，上使人视王先生何为，振方大怒曰："周公辅成王，我独不可一坐乎？"使人复命，上为戚然。乃命东华开中门，由以出入。振至问故，曰："诏命公由中出入。"振曰："岂可乎？"及至门外，百官皆候拜，振始悦。[1]

既然权势遮天，便想长生不死，于是便大兴土木，修建寺院。

（正统十三年）二月，太监王振重修庆寿寺，凡役军民万余人，糜帑数十万。寺在西长安街，元初所建，振以媚佛，故新之……（冬十月），寺成壮丽甲京师，诏赐名大兴隆寺……上幸寺中，亲传法称弟子，公侯以下趋走如行童焉。[2]

至于朱祁镇对王振的礼数之优，也是莫与伦比，如正统十年下的褒奖他的敕书，简直将他当作顾命元臣看待了。敕云：

朕惟旌德报功，帝王大典，忠君报国，臣子至情。此恩谊之兼隆，古今之通谊也。尔振性资忠厚，度量宏深。昔在皇曾祖时，特以内臣选拔，事我皇祖，深见眷爱，教以诗书，玉成令器，委用既隆，勤诚益至。肆我皇考，念尔为先帝所器重，特简置朕左右。朕自春宫，至登大位，前后几二十年，而尔夙夜在侧，寝食弗违，保卫调护，克尽乃心。赞翊维持，靡所不至，正言忠告，裨益实多。兹特敕赐给赏，擢为尔后者以官，诗曰：无德不报。书曰：谨终惟始。朕眷念尔贤劳，昕夕不忘。尔尚体至意，始终如一，致我国家有无疆之休，尔亦有

[1] 《守溪笔记》。

[2] 《明通鉴》卷二十四。

无穷之闻。[1]

如果有人诽谤王振，祁镇便立刻将诽谤者处死。

（正统）十年，锦衣卫卒王永为匿名书数太监王振罪恶，揭之通衢，及振侄王山家。缉事者得之，刑部论以造妖言斩罪，诏即磔之于市，不必复奏。[2]

而赏赐之优，也往往过分。

蟒衣为象龙之服，与至尊所御袍相肖，但减一爪耳。正统初始以赏虏酋，其赐司礼大珰，不知起自何时，想必王振、汪直诸阉始有之。[3]

在祁镇以前，宦官从没有世袭的，到祁镇时便在王振身上破了例。

（正统十一年正月）予太监王振侄林世袭锦衣卫指挥佥事官……中官世袭，实始于此。[4]

而这个侄儿也作威作福，仗着王振的势欺压朝臣。

（正统）十二年武功中卫指挥使华嵩宿娼事发，当杖赎，特命髡其首漆之，枷示教坊门，满日，充大同卫军，坐与王振侄争娼故也。[5]

[1] 《弇山堂别集·中官考一》卷九十。

[2] 《弇山堂别集·中官考二》卷九十一。

[3] 《万历野获编补遗》卷二，《阁臣赐蟒之始》。

[4] 《明通鉴》卷二十三。

[5] 《弇山堂别集·中官考二》卷九十一。

王振死于土木，祁镇还思念他不止。七年之后，祁镇复辟，第一件事便是“诏复司礼监太监王振官爵，立祠，赐额曰旌忠”[1]。这又是一件破例的事，在这以前宦官无论怎样得主子宠爱，死后还没有立祠的。立祠以后，自然不免有些臣下说闲话，但若被祁镇知道，便立刻处死。

> （天顺二年）前副都御史罗绮……乡人告“绮在家，有磁州同知龙约自京还，与绮言天子仍宠宦官，刻香木为王振形事，相与讪笑……”上闻奏大怒，诏捕绮，下吏坐死，籍其家。[2]

王振这个木像，据沈德符说，到朱翊钧时，还存在智化寺中，仍是香火不绝。[3]

刘 瑾

刘瑾是陕西兴平人，本姓谈，曾侍朱厚照于东宫。厚照即位，掌司礼监，逐刘健、谢迁等，擅权自恣，除了排除杀戮反对他的人而外，他还想出一些奴辱朝臣的办法，树立自己的声威。大概他最讨厌的是那些谏官，所以，便先从他们身上下手，如：

> 令六科寅入酉出，使不得息，以困苦之。[4]

还有一次在御道上发现一件骂他的匿名书，便令百官全跪在奉天门下，昏死三人。其威焰之甚，一至如此。以后有些朝臣为其威势所震，见了他竟不知不觉地屈膝跪下。

---

[1] 《弇山堂集·中官考二》卷九十。

[2] 《通明鉴》卷二十八。

[3] 《万历野获编补遗》卷一。

[4] 《明史·刘瑾传》卷三〇四。

> 左都御史屠滽掌院事。一日，上审录重囚本，内写“刘瑾传奉”字重复数多，瑾怒骂之，滽率十三道御史谢罪。御史跪于阶下，瑾数其罪斥责，皆叩头不敢仰视，久乃起。[1]

又如：

> 何编修塘，当刘瑾用事，诸司有事必往见，约相见长揖不得屈。诸司同僚以事诣瑾，畏其势，不觉屈跽。何公疾声曰：“礼惟长揖，何以为此？”瑾曰：“先生之言是也。”[2]

当时像这位何塘，实是百不得一的了。还有一个邵二泉因刘瑾发怒，竟吓得屎尿俱下。

> 刘瑾擅国日，邵二泉先生与同官一人以公事往见，此人偶失刘瑾意，瑾大怒，以手将桌子震地一拍，二泉不觉蹲倒，遗溺于地。二泉甫出，而苏州汤煎胶继至。瑾与汤最厚，常以兄呼之，瑾下堂执汤手而入，因指地下湿处语汤曰：“此是你无锡邵宝撒的尿。”盖二泉本正人，但南人恇怯，一震之威，乃可至此。[3]

而刘瑾对于朝臣也极侮辱之能事，如：

> 祭酒王云凤，先提学陕西，搒笞生徒，有同囚讯。瑾闻而迁之。云凤于是往见瑾，瑾叱曰：“何物祭酒，一嘴猪毛耶！”云凤惶恐谢。

[1] 《明史纪事本末》卷四十三。

[2] 陈沂：《畜德录》。

[3] 《四友斋丛说》卷十五。

既退，请瑾临视太学，如唐鱼朝恩故事。[1]

在这种威势之下，外边发生了重大事故，只要接触到刘瑾的，谁也不敢奏闻。如寘镭之反便是一例：

安化王寘鐇反，传檄四方，用讨刘瑾为名。他镇畏瑾，不敢以闻。[2]

而有些比较正派的官吏，因为惧祸往往自杀：

方瑾用事，横甚，尤恶谏官，惧祸者往往自尽……平定郗夔，弘治十五年进士，为礼科给事中。正德五年，出核延绥战功，瑾属其私人，夔念从之则违国典，不从则得祸，遂自经死。

琼山冯颙，弘治九年进士。为御史，尝以事忤瑾，为所诬，自经死。[3]

还有都给事中许天锡想弹劾刘瑾，便以尸谏：

（天锡）清核内库，得瑾侵匿数十事。知奏上必罹祸，乃夜具登闻鼓状，将以尸谏，令家人于身后上之，遂自经。时妻子无从者，一童侍侧，匿其状而遁。或曰瑾惧天锡发其罪，夜令人缢杀之，莫能明也。[4]

官吏们得罪他固然不得了，即便得罪了他的同类也都要下狱论罪。如：

---

[1] 《明史纪事本末》卷四十三。

[2] 《明史·黄珂传》卷一八五。

[3] 《明史·许天锡传》卷一八八。

[4] 《明史·许天锡传》卷一八八。

刘天麟……分司吕梁，奄人过者不为礼，诉之瑾，逮下诏狱。[1]

至于一般趋炎附势之人，自然纷纷奔走他的门下，如刘瑾的哥哥之死，便热闹非凡。

（正德五年），后军都督府同知刘景祥卒，以瑾兄赐祭葬加等。公卿吊赙恐后，车马填塞，东华私第至不能容。将葬，又往设祭，重致钱帛，谓之辞灵。瑾败之夕，密旨封瑾门，景祥柩曳出弃于路，既而追削其官，焚其尸。[2]

朱厚照对他自然更是恩礼备至，如刘瑾为其父修坟盖祠，自己并造生圹建祠，都蒙特许（见中官考六正德五年工部查奏）。刘瑾又想夸耀乡里，便在他住家所在地马嵬镇建了一座义勇武安王庙，厚照“赐额忠义，令有司岁供祭祀”，后又“颁敕防护，立碑镌祭器房屋之数，以禁侵盗”[3]。

明代宦官全都十分迷信，信仰仙佛，大概是富贵既足，想求长生吧。刘瑾也是如此，建了许多寺院，其中最著名的便是玄明宫。

（正德）四年……瑾擅权得志，纳赂既多，于京师朝阳门外斥地数百顷，创建玄明宫，土木之费，至以数十巨万计。[4]

后来又为玄明宫请求田地，供奉香火。于是侵占民田，挖掘坟墓，老百姓流离道路，冤号腾沸。

---

[1] 《明史·叶钊传》卷一八九。

[2] 《弇山堂别集·中官考六》卷九十五。

[3] 《弇山堂别集·中官考五》卷九十四。

[4] 《弇山堂别集·中官考五》卷九十四。

正德四年，以朝阳门外揣行厂地给付玄明宫，初瑾奏请作供奉玄帝，祝延圣寿，上既赐之额，而瑾复请揣行厂空地供奉香火，上复许之。仍命工部履亩定价以闻。即咨请户部蠲其常税，民间坟墓责令迁改。盖所谓揣行厂者，止据传闻，工部亦无册籍可考。军民庐于内，久已为业，从便营葬者，亦无虑千家，自是民皆他徙，其所葬骸骨，力能徙葬者亡几，余皆发毁暴露，冤号之声，沸于郭外。[1]

刘瑾后来以谋反伏诛，他的反迹虽然并不十分显著，但从一件小事，却可看出他确有此意，那便是他不许臣民用“天”等字做名号。

逆瑾擅政，禁臣民不许用“天”等字为名，如郎中方天雨但令名雨，参议倪天民为倪民，御史刘天和为刘和，中外纷纷，尤为可异。[2]

朱厚照时几个著名的特务头子

朱厚照时特务最多，也最凶横，除最著名的刘瑾之外，还有一些特务头子，现在将他们威势，总在这里说一说。

和刘瑾同时并称的有所谓“八虎”——计为张永、马永成、高凤、罗祥、魏彬、丘聚、谷大用，这些人都作威作福，专权害政。当时人民切齿痛恨，曾制成歌谣。《二申野录》卷三云：

（正德元年）北京童谣云：“马倒不用喂，鼓破不用张。”马永成、张永、谷大用、魏彬四宦专权害政，后皆废出，鼓即谷也。燕京之音呼谷为鼓云。

但朱厚照却十分宠幸他们，除了本身加俸进官而外，他们的父亲也

[1] 《弇山堂别集·中官考五》卷九十四。

[2] 《继世纪闻》卷二。

都加恩实授官爵，这是以前所没有的事。

（正德二年）太监李荣传旨，御马监太监谷大用之父奉，御用监太监张永之父俱升锦衣卫指挥使。[1]

父母死去的也赠官赐祭，这也是以前所没有的。

（正德二年）又赠御马监太监丘聚、司设监太监马永成、御马监太监魏彬之父俱锦衣卫指挥使，母赠淑人，各与祭一坛。[2]

到后来竟然赐葬，这更是破天荒的事了。

（正德九年）赠司礼太监张准父全为锦衣卫都指挥使，母李为夫人，廖銮父文应，母张亦如之，皆予祭葬（王世贞曰：赠都指挥之有祭葬，自全文应始）。[3]

明制，宦官有功，例不许封爵，只准移封给他们的兄弟或侄儿。厚照时宦官弟侄封爵便成了一件极平常的事：

正德中泰安伯张富，司礼太监永兄也。安定伯容，永弟也。高平伯谷大宽，提督团营太监大用兄也。永清伯大亮，大用弟也。镇安伯魏英，司礼太监彬弟也。平凉伯马山，提督东厂太监永成侄也。镇平伯陆永，监枪太监訚侄也。皆冒永等恩泽封，后俱革。[4]

---

[1] 《弇山堂别集·中官考一》卷九十。

[2] 《弇山堂别集·中官考一》卷九十。

[3] 《弇山堂别集·中官考一》卷九十。

[4] 《弇山堂别集·中官考一》卷九十。

至于传授较低的官职，就更不计其数。如马永成一家，便授官至九十余人：

> 正德十四年兵科左给事中徐（按据《明史》当为“齐”字之误）之鸾等疏言，故太监马永成等尊显用事者十有余年，且叠受恩荫，侄姓以下，皆都高爵列美官，亦已过矣，而太监赵亨复为陈乞升授，见任者至九十余人。[1]

王世贞说“中官陈乞之典，先朝间有，惟正德为盛”[2]，这话是完全合乎事实的。

他们的子弟虽然贵盛，但在家仍替宦官执仆隶之役，如马永成的侄儿平凉伯马山便“衣蟒围玉，为永成汲水浇花，调马于庭，他亦往往类是”[3]。仆役都是侯伯，这威风可也真够瞧了。

还有一次，张永因捕获一个妖人（实际是捏造的！）有功，竟想破祖例将自己封侯。

> 永兄弟皆已封伯，至是欲自为侯，至以刘马儿三保太监为言，辅臣辩二人非身受，永意沮，乃佯为辞免。廷议因而成之。又方为同类者所忌，故不遂。[4]

这一次要不是他们自己内部互相争讧，张永竟然可以如愿以偿了。但到后来魏忠贤爵封上公，这祖例仍被打破。

朱厚照死后，厚熜即位，曾将这些宦官惩办了一些，但他们的势力仍在暗中存在，竟敢公行贿赂，有的免死，有的减罪，有的竟然漏网，

---

[1] 《弇山堂别集·中官考八》卷九十七。

[2] 《弇山堂别集·中官考十》卷九十九。

[3] 《弇山堂别集》卷十五。

[4] 《弇山堂别集·中官考六》卷九十五。

如嘉靖二年四月给事中张翀上言："穷奸之（张）锐、（张）雄，公肆赂遗而逃籍没之律；极恶之（廖）鹏、（廖）铠，密行请托而逋三载之诛；钱神灵而王英改问于锦衣；关节通而于喜竟漏于禁网。"[1] 甚至"谷大用既谪孝陵司香"，还竟敢"奏乞留京调理"[2]，可见他们的神通广大了！

朱厚熜即位，厚照时得罪宦官仍多未伏法，后且宽宥。如安磐所奏："先朝内外巨奸，若张忠、刘养、韦霦、魏彬、王琼、宁杲等，漏网得全要领。其货赂可以通神，未尝不夤缘觊复用。"[3]而"时大珰张锐、于经论死，或言进金银获宥"[4]；张雄在武宗时已逮治，"又获宽假"[5]；嘉靖三年赵汝实奏"二廖诸张尚然缓死，李隆、苏晋竟得无他"[6]。都是极明显的例子。

宦官之所以在厚照时，这样得势横行，主要的自然是由于厚照的过于宠幸信任，据说厚照自己曾"佩都太监牙牌"[7]。由此可见太监在他心目中的地位了。

厚照时除了这一群宦官特务而外，还有两个锦衣卫大特务头子——江彬和钱宁。

江彬事迹已见第四章，他起居生活和朱厚照经常在一起，《明史》本传称其与厚照"出入豹房，同卧起。尝与帝奕不逊，千户周骐叱之。彬陷骐搒死"[8]。厚照自称"威武大将军"，便命江彬任"威武副将军"，威势仅次于厚照，到正德十四年又命他提督东厂兼锦衣卫。这两大特务机关向例是直接听命于皇帝的，现在又派一人来总其成，在有明一代仅江彬一人，《明通鉴》卷四八说：

[1] 《明通鉴》卷五十。

[2] 《明通鉴》卷五十一。

[3] 《明史·安盘传》卷一九二。

[4] 《明史·杨慎传》卷一九二。

[5] 《明史·顾济传》卷二〇八。

[6] 《明史·彭汝实传》卷二〇八。

[7] 《万历野获编》卷一，《武宗托名》。

[8] 《明史·江彬传》卷三〇七。

（正德十四年八月）命江彬提督东厂兼锦衣卫。彬具疏辞，不允，优诏答之。时张锐居东厂，钱宁居锦衣卫，而彬又兼之，自是内外大权皆归于彬矣。

朱厚照南巡时，江彬沿途作威作福，更是气焰熏天。

武宗南巡至扬……江彬欲夺富民居为威武副将军府。（蒋）瑶执不可。彬闭瑶空舍挫辱之，胁以帝所赐铜瓜，不为慑。会帝渔获一巨鱼，戏言直五百金，彬即畀瑶责其直。瑶怀其妻簪珥、袿服以进，曰："库无钱，臣所有惟此。"帝笑而遣之。[1]

至于他的党羽喽啰更形同强盗：

武宗南巡，江彬纵其党横行州县。将抵常州，民争欲亡匿。[2]

这些喽啰不但江彬袒护他们，连朱厚照也袒护他们。

江彬遣小校米英执人于平谷，恃势横甚。（御史董）相收而杖之，将以闻。彬遽谮于帝，械系诏狱。[3]

和江彬同时的钱宁，势焰也并不下于江彬。他曾"淫人之妻，而杀其夫，逃入豹房"[4]。得到朱厚照宠幸，还被认为义子，于是他的名片，便自称"皇庶子"。和厚照同起居，"帝在豹房，常醉枕宁卧。百官候朝，至晡莫

---

[1] 《明史·蒋瑶传》卷一九四。

[2] 《明史·张曰韬传》卷一九二。

[3] 《明史·张文明传》卷一八八。

[4] 郑晓：《今言》卷二。

得帝起居，密伺宁，宁来，则知驾将出矣”[1]；因此，当时大臣自然特别巴结他，据说“时大臣有设宴以会钱宁者，一席之费，遂至千金”[2]。

由于江彬、钱宁的威势，锦衣卫的极小官吏也都气派煊赫，不可一世。如锦衣卫千户王“德诣刑部，见尚书侍郎皆与揖拜，若宾客礼”[3]。甚至连校卒也都目中无人。

> 时厂卫声势赫奕，校卒至各部白事，呼卿佐为“老尊长”，卿佐亦降颜礼遇之，皆钱宁、江彬等奥援也。[4]

冯 保

冯保是深州人，朱翊钧即位，他矫载垕遗诏入掌司礼监，那时翊钧年幼，他里面倚仗太后李氏，外面勾结权相张居正，专擅威福。翊钧上朝，他竟敢站立宝座旁边，受群臣朝拜，《明史》称：

> 神宗初即位，冯保窃权。帝御殿，保辄侍侧。（都给事中雒）遵言：“保一侍从之仆，乃敢立天子宝座，文武群工拜天子邪，抑拜中官邪？欺陛下幼冲，无礼至此。”[5]

有时候他出来的仪式竟“俨若天子”。

> （邹龙）为太常，省牲北郊，东厂太监冯保传呼至，导者引入，

[1] 《明史·钱宁传》卷三〇七。

[2] 《明通鉴》卷四十六。

[3] 《涌潼小品》卷十二。

[4] 《明通鉴》卷四十七。

[5] 《明史·雒于仁传》卷二三四。

正面爇香，俨若天子。应龙大骇。[1]

同时他倚着太后的势，对年幼的朱翊钧也十分骄蹇无礼。

（冯保）内倚太后，外倚张居正，专擅威福……上呼为大伴，颇惮之，有所尝罚，非出保口，无敢行者。上积不能堪，以迫于太后、居正，不能去也。

这情形并且持续很久，直到翊钧结婚后，他还借一些琐碎的事掇弄太后，给翊钧许多难堪。但朱翊钧迫于内外情势，还不能不优待他，如“屡赐牙章曰‘光明正大’，曰‘尔惟盐梅’，曰‘汝作舟楫’，曰‘鱼水相逢’，曰‘风云际会’”。像这些词句，如“鱼水相逢”简直和朋友一般，超出君臣礼制之外了。

冯保在翊钧婚后曾上过一封辞职的奏折，其中叙述自己的经过和劳绩，措辞傲慢，直以顾命老臣自居，兹录如下：

司礼监太监冯保奏：为衰年有疾恳乞天恩容令休致以延残喘事，臣嘉靖十五年蒙选入内中馆读书，十七年钦拨司礼监六科廊写字，三十二年转入房掌印，三十九年升管文书房，蒙简拔秉笔，与同黄锦一同办事。赏蟒衣玉带禄米，许在内府骑马，寻赐坐蟒。四十五年龙驭上宾，恩典照旧，赐凳杌，命提督东厂官校办事，又命掌御用监事。隆庆六年五月内，圣躬不豫，特召内阁辅臣同受顾命。以遗嘱二本令臣宣读毕，以一本恭奉万岁爷爷，一本投内阁三臣。次日卯时分，先帝强起，臣等俱跪御榻前，两宫亲传懿旨：“孟冲不识字，事体料理不开，冯保掌司礼监印。”蒙先帝首允，臣伏地泣辞。又蒙两宫同万岁俱云：“大事要紧，你不可辞劳，知你好，才用你。”迄今玉音宛然在耳，岂敢一日有忘，万历六年，举大婚，臣得以奉

[1] 《明史·邹应龙传》卷二一〇。

> 敉赞襄。累年荷蒙眷注之隆，荫锡之宠，臣不能恭述万一。为此感激，矢效犬马，事事经心，时时惕念，任劳任怨，以答三朝天高地厚知遇之恩。臣于此际，正宜鞠躬尽瘁，死而后已，何忍言去？但犬马之年，见逾六十，精力日衰，疾病屡作。万历三年，臣因思虑伤脾，积成湿热，毒流遍体，几损厥生。仰仗圣母万岁怜念孤忠，祈神保佑，始获痊愈。五年，复发于背。上廑宸衷，今春首右足破伤，痛关心肺，医药罔效，伏蒙屡赐存问，愈自跼蹐不宁。兹者恭逢圣龄日长，圣聪日开，大婚大礼，籍田谒陵，俱已完毕。迄今三月以来，气血顿觉衰惫，步履日益艰难。顷因随侍圣驾，不过斯须微劳，辄不能勉强支持。且臣自觉多涉颠倒，诸症一时复发，力不从心，有辜任使。臣见万岁前后左右，多有贤能堪用，伏望恤臣犬马效劳四十余年，容臣在外调治，少延残喘，朝夕焚香，祝延圣寿，仰答终始，成就罔极洪恩。臣不胜感戴天恩之至。[1]

这辞职原不过是倚老卖老的虚伪做作，明知道翊钧是不敢答应的，奏上，便立刻有旨：

> 尔受皇考遗嘱，保护朕躬，永奉两宫圣母，忠慎勤劳，夙夜匪懈。今宫门肃雍，内外宁谧，实赖尔匡襄之力，朕倚任方殷，岂可引疾求退？宜仰遵皇考付托之意，不准辞。[2]

但从这以后，冯保威势也就到了日薄西山的时候，张居正病死，朱翊钧立刻便设法将他降斥了。

魏忠贤

魏忠贤是肃宁人，他最初得势，完全是由于他的一个姘头客氏。原

[1] 《弇山堂别集·中官考十一》卷一百。

[2] 《弇山堂别集·中官考十一》卷一百。

来魏忠贤在万历中初进宫时，是一名无足轻重的小宦官。那时司礼太监王安有权，他便设法和王安名下的魏朝拉拢。客氏是皇长孙朱由校的乳母，和魏朝私通[1]，忠贤既与魏朝接近，又设法和客氏勾搭上，曲尽奉承，渐渐地客氏便有些讨厌魏朝。及至朱由校即位，客氏以乳母缘故得宠，便封客氏奉圣夫人，又以客氏之故，便迁忠贤司礼秉笔太监。忠贤既得势，还和魏朝争风吃醋，结果闹到由校那里，由校却将客氏判给忠贤：

> 初魏朝与忠贤同属客氏私人，曰大魏二魏，一夕于乾清暖阁内争宠相殴，时已丙夜。上惊起曰："客奶只说心里要谁管事，我替你断。"客素憎朝狷薄，意颇向贤，遂斥朝。[2]

从这以后，忠贤和客氏便情爱日笃。"客氏置一第在席市街北，忠贤置第街南，相去数武。春日游西苑，沥酒私誓，他年予告归休，愿同居偕老于此。"[3] 而一些阴谋诡计忠贤都和客氏商议，教客氏从中促成。在宫中，"忠贤用红轻纱绣花鸟作大幔，恒与客氏密语其中"[4]。

忠贤既得到客氏在里面撑腰，于是威焰日张。天启六年正月，开始矫诏赐敕奖励自己。

> 六年正月，敕谕东厂太监魏忠贤："我祖宗建都于燕，赖东南漕运以给兵饷。若北新仓主事李柱明幸滥科甲，情怀穿窬，心如厕中硕鼠，形如梁上鸮鸱，不思粒粒皆万民脂膏，竟以汶汶润一家囊橐。偷盗之米已盈二千九百石之多，入己之赃已有一千八百两之数。赖尔忠贤，甘劳怨而如饴，发台谏所未纠。去贪剔蠹，严勒还仓。盖

[1] 秦兰徵《天启宫词》谓客氏初与兵仗局掌印王国臣相通，而忠贤与国臣结盟为弟兄，潜通客氏。但《明史》魏传及蒋之翘《天启宫词》均谓与魏朝通，兹据之。

[2] 蒋之翘：《天启宫词》。此事秦兰徵《天启宫词》作王国臣，并云忠贤据客氏后，寻缢杀国臣。

[3] 秦兰徵：《天启宫词》。

[4] 秦兰徵：《天启宫词》。

一举而上关国计，下儆官邪，茂绩如斯，褒嘉何靳？除赐银币羊酒外，仍赠荫奖励。”[1]

此端一开，以后便“赐奖敕无算，诰命皆拟九锡”。而阁臣票旨，也必将忠贤与皇帝并列，称“朕与厂臣”。魏忠贤自己进封上公，加恩三等。他的侄儿魏良卿封宁国公，加太师，赐宅第庄田，颁赐铁券。良栋封东安侯，加太子太保。侄孙鹏翼封安平伯。时良栋仅三岁，鹏翼二岁。其他族属如忠贤族叔魏志德都督佥事，兄钊锦衣千户，族孙希孔、希孟、希尧、希舜、鹏程，姻戚董芳名、王选、杨六奇、杨祚昌皆左右都督及都督同知佥事等官，魏抚民又从锦衣改尚宝卿。客氏弟客光先子侯国兴也都封官爵。魏忠贤并封赠四代。而良卿“至代天子飨南北郊，祭太庙，于是天下皆疑忠贤窃神器矣”[2]。

关于宦官对皇帝的称呼，忠贤也一反旧例：

先朝内阁上疏称“万岁爷”，自称“奴婢”，逆贤时尽废此礼，曰“皇上”，曰“陛下”，曰“臣”，竟与外廷等矣。[3]

而其他宦官竟尊称他为九千岁：

魏忠贤生于正月晦日……各衙门内官祝寿者……当拜贺时，老爷，千岁千千岁，九千岁之声，殷訇若雷，上彻御座。[4]

外臣更有称九千九百岁者：

[1] 《先拨志始》卷下。

[2] 参见《明史·魏忠贤传》；《明史纪事本末》卷七十一。

[3] 《三朝野记》卷三。

[4] 秦兰徵：《天启宫词》。

太监魏忠贤，举朝阿谀，顺指者俱拜为乾父。行五拜三叩头礼，呼九千九百岁爷爷。[1]

忠贤每次出游的时候，仪仗俨如天子：

岁数出，辄坐文轩，羽幢青盖，四马若飞，铙鼓鸣镝之声，轰隐黄埃中。锦衣玉带靴裤握刀者，夹左右驰，厨传、优伶、百戏与隶相随属以万数。百司章奏，置急足驰白乃下。所过，士大夫遮道拜伏，至呼九千岁，忠贤顾盼未尝及也。[2]

客氏出来的时候，也煊赫异常，一如天子，底下侍从称她为老祖太太。

内侍王朝忠等数十人，着红玉带前驱。客氏盛服倩妆，乘舆由嘉德门经月华门，至乾清宫前亦不下舆。出西下马门，呼殿、侍从之盛，远过圣驾。灯炬簇拥，荧然白昼，衣服鲜华，俨若神仙，都人士所罕见也。其到私宅，升厅事，自管事至近侍，挨次叩头，老祖太太千岁之声，喧阗震天。[3]

还有一些琐事，也可看出忠贤的威势之盛，如《池北偶谈》卷三云：

《辍耕录》云：中书右丞相伯颜所署官衔，计二百四十二字。明天启中魏阉擅权，仿《缙绅》为《内官便览》，首列己衔，亦至二百许字。古来权奸，如出一辙。《为（疑“酌”之误）中志》略云：天启中凡司礼监题本，年月之下，上层排臣王体乾、臣魏忠贤，下层排梁栋、李永贞、石元雅、涂文辅诸人，及刻《内臣便览》，体

[1] 吕毖：《明朝小史》。

[2] 《明史·魏忠贤传》。

[3] 《明史纪事本末》卷七十一。

乾复让忠贤居首，特高一字。

又如忠贤和客氏所用的印也违例用黄金铸成，重三百两。

上命御用监铸黄金印赐二奸，各重三百两。一曰“钦赐奉圣夫人客氏印”，一曰“钦赐顾命元臣忠贤印”。[1]

又如忠贤所经营的生圹也极其威崇。

魏珰有墓在西山香山碧云寺后麓，墓有穹碑，大书“钦差总督东厂官旗办事掌惜薪司内府供用库尚膳监印务司礼监秉笔总督南海子提督保和等殿完吾魏公忠贤之墓”。隧道深闳，翁仲簪笏环侍，羊虎驼马罗列。此系阉贼自营生圹，既磔其尸，其后遂忘毁灭耳。直至清康熙间为江南道监察御史张瑗奏刬平之。[2]

（二）奴辱朝臣，草菅民命

明代特务的威焰之盛，除了上面叙述的几个著名特务头子而外，其他的一般特务也是一样的凶横肆虐。这里略加分类，汇述如下：

诟骂鞭笞内外官员

明代特务随便侮辱朝臣的记载，真可以说得上史不绝书，而且被侮辱的只有忍气吞声，自认晦气，如：

弘治三年秋，诏修斋于大兴隆寺。理刑知县王岳骑过之，中使

[1] 秦兰徵：《天启宫词》。

[2] 见东培山民《一澄研斋笔记》卷一。

捽辱岳，使跪于寺前。[1]

这类的事，朱翊钧时代发生得最多，随便一个小宦官都可以侮辱御史给事中，甚至侍郎，如：

（万历初）南京有小奄，醉辱给事中。[2]

（万历中）中官邢洪辱御史凌汉翀于朝。[3]

（万历中御史汤兆京）巡视西城，贵妃宫阉竖涂辱礼部侍郎敖文祯，兆京弹劾，杖配南京。[4]

有时竟聚众行凶，如万历四十七年国子博士徐大相曾劾司礼中官卢受，天启初迁吏部员外郎，因事谪降。“大相方候命，群奄党受者数十辈，持梃噪于门。比搜大相橐，止俸金七十两，乃哄然散”。[5]

到魏忠贤时，小阉们竟闹到了内阁。

（魏忠贤）欲杖御史林汝翥，诸言官诣阁争之。小珰数百人拥入阁中，攘臂肆骂，诸阁臣俯首不敢语。（黄）尊素厉声曰：“内阁丝纶地，即司礼非奉诏不敢至，若辈无礼至此！”乃稍稍散去。[6]

被侮辱的人如果申诉，结果吃亏的还是自己，统治者往往不分青红皂白两方面都打一顿完事，如：

[1] 《明史·胡献传》卷一八〇。

[2] 《明通鉴》卷六十六。

[3] 《明通鉴》卷七十五。

[4] 《明史·汤兆京传》卷二三六。

[5] 《明史·徐大相传》卷二三四。

[6] 《明史·黄尊素传》卷二四五。

（成化）二十一年十一月，尚宝司丞许瀚道遇太监邓才护不之避，为其从人持杖击之。碎瀚所悬牙牌。奏闻，才护并从人及瀚俱下锦衣卫狱，才护送司礼监发落，瀚亦杖三十，释之。[1]

以上还只不过是侮辱而已，更厉害的是宦官们竟可以随便鞭打官吏，被打的也只有忍辱吞声。如朱见深时汪直的爪牙韦英竟在路上打人。

御史黄本以道遇韦英失敬，遂为英鞭挞不可言……自后尚书以下人人自恐，至内官黄赐等亦受窘迫。[2]

又如：

（弘治元年）掌尚宝司事左通政李溥，尚宝监奉御姜荣，奉天门用宝，忿争，荣殴溥，致破鼻流血，事闻，下狱。上以荣逞凶殴辱京朝官，甚为不法，溥忍辱不言，有玷朝列，荣令司礼监杖二十，降小火者。溥亦冠带闲住。[3]

有时竟在午门外行凶殴打。

（天启）甲子，（给事赖）良佐患痰嗽，随例退班。又署掌科印，于午门外谢恩。突遇二人诘问，佐以实对。即以柳条扑打，衣冠毁裂，诟詈不已。讯其名，乃赵进忠、韩文远也。[4]

有时甚至啸聚一百多人，手持棍棒，当着百官上朝的时候，动手殴打。

[1] 《弇山堂别集·中官考三》卷九十三。

[2] 《病逸漫记》。

[3] 《弇山堂别集·中官考三》卷九十三。

[4] 《二申野录》卷七。

（隆庆二年）七月，内使许义坐挟刃吓人财事发，巡视中城御史李学道不候参提，遂执而笞之。其党皆忿恨不平。是日朝罢，有内使百余人突出至左掖门外，捽学道众中，奋挺殴之踣地。百官相顾错愕。[1]

有时竟在朝廷之上哄聚殴打。如万历二十五年：

四月以张差阅宫一事，召方德清、吴崇仁二相入内商榷。方惟叩首唯唯，不能措他语。吴则口噤不复出声。及上怒，御史刘光复越次进言，厉声命拿下，群阉哄聚殴之。事出仓卒，崇仁惊怖，宛转僵卧，乃至便液并下。上回宫，数隶扶之出，如一土木偶，数日而视听始复。[2]

有时竟假传圣旨，打上门来，而且将人打死，如天启六年：

锦衣卫百户高守谦殴死翰林院检讨丁乾学于家。乾学于甲子年典试江西策问中，有触忤魏忠贤语，奉旨降调矣。已又因御史徐复阳参同典试官郝士膏，复传旨将乾学削夺。乾学籍居京城，守谦微时故与有隙，至是已夤缘珰门下为锦衣官，知乾学方以触珰惧祸，拥集二十余人，突入其家，称奉驾帖拿问，乾学方俯伏听旨，诸奸将棍石乱击，又倾抢财物，一哄而散。乾学竟以殴伤郁愤而死。[3]

甚至以皇亲驸马之尊，得罪了宦官，他们照样可以动手殴辱。

[1] 《弇山堂别集·中官考十一》卷一百。

[2] 《万历野获编》卷一，《召对》。

[3] 《三朝野记》卷三。

今上丙戌正月望后，驸马都尉侯拱宸夜归府，遇一人，偃蹇太甚，执而挞之。少顷则有中使赵祚者倚醉入府，扭结拱宸，窘辱甚至。询之，则被挞者其家奴，而祚则永宁公主所役也。拱宸愤甚，上疏，旨下，笞祚而已，仍戒拱宸毋生事。[1]

有时连公主也遭受诟詈。

壬子之秋，今上（神宗）爱女寿阳公主，为郑贵妃所出者，选冉兴让尚之，相欢已久。偶月夕，公主宣驸马入，而管家婆名梁盈女者，方与所耦宦官赵进朝酣饮，不及禀白。盈女欠怒，乘醉挟冉无算，驱之令出。以公主劝解，并詈及之。公主怨忿不欲生，次晨奔诉于母妃。不知盈女已先入肤诉，增饰诸秽语，母妃怒甚，拒不许谒。冉君具疏入朝，则昨夕酣饮宦官，已结其党数十人，群挟冉于内廷，衣冠破坏，血肉狼藉，走出长安门。其仪从舆马又先捶散。冉蓬跣归府第，正欲再草疏，严旨已下，诘责甚厉，褫其蟒玉，送国学省愆三月，不获再奏……内官之群殴驸马者不问也。[2]

这事《二申野录》也有一段记载，略有不同，可以参看：

万历壬子七月内监赵进朝[3]与梁盈女殴驸马都尉冉德让[4]于府中，既而复殴于朝门，吏科等曹于忭疏劾妇寺恣横已极，恳乞奋乾纲速正典刑，不报。进朝殴之于府也，公主仓惶往救，进朝动骂无耻，至令公主造室跪谢。德让八日三疏，皆不得达。究其故，巨珰卢受李恩用事，进朝以数十箱金宝馈之，因而壅蔽，多方阻绝，进朝反

[1] 《万历野获编补遗》卷一，《主婿遭辱》。

[2] 《万历野获编》卷五，《驸马受制》。

[3] 《明史·杨鹤传》作彭进朝。

[4] 《明史·杨鹤传》作冉兴让。

得单词肤受。上第知两珰回复，东厂奏报，而驸马屡次被殴，与教习官贾之凤、御史耿鸣雷各疏言国体凌替之极，皆不得上达。是以驸马挂冠于长安门而逃，东厂以闻。上大怒，下旨切责锦衣卫寻访，夺其父职为民，并罚教习主事贾之凤俸。

还有一次竟啸聚一千多人打到工部大堂，其目无法纪，跋扈嚣张，竟一至于此！

钟羽正……拜工部尚书。故事，奄人冬衣隔岁一给。是夏（天启三年）六月，群奄千余人请预给，蜂拥入署，碎公座，殴掾吏，肆骂而去。盖忌羽正者嗾奄使发难也。羽正疏闻，因求罢。诏司礼太监杖谪群奄，而谕羽正出视事。[1]

杀人不偿命

宦官特务既然可以随便殴辱朝臣，那么，对老百姓自然更是可以任意蹂躏，往往一不高兴，便将人打死杀死，为所欲为。如成化十八年：

有尚膳监中官赍荐新节物，道出南旺湖，辟行舟，或避之缓，缚其人悬于樯，笞之死。[2]

那时宦官杀死人可以不偿命，已经成为惯例：

（成化二十一年）内官熊保奉命往河南……道出兴济县，怒挽船夫不足，杖皂隶一人致死……还京为东厂缉事官校所奏，下锦衣卫狱……上曰：熊保擅作威福，沿途贪暴，致死人命，不畏法度。免运炭，

[1] 《明史·钟羽正传》卷二四一。

[2] 《明通鉴》卷三十四。

发南海子充净军种菜……是时中官打死人者，多不偿命，后遂以为常，虽有言者，卒不听云。[1]

这以后宦官杀人的事也是时有所闻，如朱祐樘时有：

内官王明、苗通、高永杀人，减死遣戍。[2]

朱厚熜时有：

（嘉靖）二十五年，内使侯章之母笞杀使女，章恐事露，支解其尸，入瓮中，欲投之河以灭迹。事发拟绞。[3]

朱载垕时有：

（隆庆四年）校尉负尸出北安门，兵马指挥孙承芳见之，疑有奸，系狱鞫讯，词连内官李阳春。阳春惧，诉于帝。言尉所负非死者，出外乃死，承芳妄生事，刑校尉。帝信之，杖承芳六十，斥为民。[4]

朱翊钧时宦官杀人的事更多，如：

内使王文进杀人，下司礼议罪，其余党付法司。（刑部尚书孙）玮言一狱不可分两地，请并文进下吏，不听。[5]

内官张德殴杀人，帝令司礼按问，蔽罪其下。（给事中杨）其休

[1] 《弇山堂别集·中官考四》卷九十三。

[2] 《明史·彭韶传》卷一八三。

[3] 《弇山堂别集·中官考十一》卷一百。

[4] 《明史·舒化传》卷二二〇。

[5] 《明史·孙玮传》卷二四一。

乞并付德法司，竟报许。[1]

有内竖杀人，逃匿禁中。（刑部尚书孙）不扬奏捕，卒论戍。[2]

狗仗人势的家奴

宦官特务们不仅自己横行霸道，他们的家奴更是狗仗人势、招权纳贿、白昼杀人。这些“与奴才做奴才的奴才”，其凶恶殃民并不下于他们的奴才主子。

朱祁钰时太监金英的家人便时常犯法。

（景泰中）中官金英家人犯法，都御史陈镒、王文治之，不罪英。[3]

有些官员竟向他的家奴乞怜请托：

锦衣指挥佥事吕贵因贼侵境，升署都指挥佥事，出征。及还，贵恐调出失势，托（金）英家人锦衣卫百户金善以贿英，得辞升职，仍旧官。[4]

而有些事件竟是金英纵使的。

（金英）纵家奴郭廉、赵显多支浙盐……又运同郑崇受英家人贿，多支盐。[5]

---

[1] 《明史·李献可传》卷二三三。

[2] 《明史·孙丕扬传》卷二二四。

[3] 《明史·林聪传》卷一七七。

[4] 《弇山堂别集·中官考二》卷九十一。

[5] 《弇山堂别集·中官考二》卷九十一。

朱厚照时宦官家奴杀人的事更时有所闻。如：

司礼太监萧敬家奴杀人。[1]

有时竟是太监指使的。

凤阳奉侍皇陵太监郭旺，监丞秦宗，往白塔寿春等王坟所，怒中卫指挥霍璋不迎，令家奴殴之至死。[2]

朱厚熜时太监崔文的家奴也时时犯法，事发之后，崔文则千方百计地袒护。

世宗即位……中官崔文家人李阳凤索匠师宋钰贿不获，嗾文杖之几死，下刑部治未决，而中旨移镇抚司。（刑部尚书林）俊留不遣，力争不纳。明日又奏，帝怒责陈状。俊言："祖宗以刑狱付法司，以缉获奸盗付镇抚。讯鞫既得，犹必付法司拟罪。未有夺取未定之囚，反付推问者。文先朝漏奸，罪不容诛，兹复于内降。臣不忍朝廷百五十年纪纲，为此辈坏乱。"帝惮其言直，乃不问。[3]

有时因袒护家奴，竟侮辱到尚书身上，如嘉靖初给事中赵汉所奏：

太监崔文乱政，巧逞奸欺，不特庇一李阳凤而已。工部尚书赵璜发文家人罪。文辄捕其谍者，痛杖几死，曰："此杖寄与赵尚书。"其无状至此。[4]

[1] 《明史·欧阳铎传》卷二〇三。

[2] 《弇山堂别集·中官考七》卷九十六。

[3] 《明史·林俊传》卷一九四。

[4] 《明史·刘世扬传》卷二〇六。

其他种种劣迹

朝臣可以随便殴打，人民可以随便屠杀，威虐至此，其他的事自然更是可以为所欲为。例如，他们可以随时强占别人田宅。

（景泰二年）司礼太监高显恃强夺人房屋，仍饰奏。[1]

（弘治中福建）中官夺宋儒黄干宅为僧庵。[2]

虽公主元勋的田宅有时也不免被他们霸占，如：

（正德二年）夺故永平大长公主第为酒醋面局外厂，时署局事太监请之也。[3]

（正统十二年）六月，夺英国公张辅田。初，太监喜宁侵辅田宅，辅不从。宁弟胜，帅奄奴殴辅家人妻，堕孕死，辅诉于上，上宥宁胜而戍奄奴于边。至是宁嗾青县知县奏辅占民田二十顷，上命以田还民，而置辅不问。辅实未尝占也。[4]

此外他们还窝藏盗匪：

弘治初……降人杂处畿甸多为盗，事发则投戚里、奄竖为窟穴。[5]

奸人阎姓者犯法，匿锦衣都督陆炳家，（刑部员外郎王）世贞搜得之。

[1] 《弇山堂别集·中官考二》卷九十一。

[2] 《明史·庞泮传》卷一八〇。

[3] 《弇山堂别集·中官考五》卷九十四。

[4] 《明通鉴》卷二十三。

[5] 《明史·彭程传》卷一八〇。

炳介严嵩以请，不许。[1]

或狎侮妇女：

（万历中）慈宁宫近侍侯进忠、牛承忠，私出禁城，狎妇女。逻者执之，为所殴。[2]

而京师宛、大两县每天审理刑名案件无不和他们有关。

礼科给事中周永春疏言……京师宛、大两县日问刑名，强半干连宦官。[3]

至于狎侮官吏，更是常事，如朱翊钧时，虽地位最低之宦官小火者遇阁部大臣竟不避道，其他的可以想见了。

太祖旧制，内臣出外非跟随亲王驸马及文武大臣者，凡遇朝廷尊官，俱下马候道旁，待过去方行。今小火者值部阁大臣，俱扬鞭直冲其中道矣。[4]

他们可以随意玩弄大臣，如：

万历改元，中官不乐（礼部尚书陆）树声，屡宣诣会极门受旨，且频趣之。比趋至，则曹司常事耳。树声知其意。连疏乞休。[5]

---

[1] 《明史·王世贞传》卷二八七。

[2] 《明史·李沂传》卷二三四。

[3] 《明神宗实录》卷四七六。

[4] 《万历野获编》卷十三，《旧制一废难复》。

[5] 《明史·陆树声传》卷二一六。

甚至开玩笑似的和大臣们认同年谱籍之谊。

近见阉宦辈以年兄年弟相呼，盖同时选入内廷者。曾闻于中甫比部谈及同邑先达王恭简公为南中卿贰时，与彼中一守备大珰席间谈次，问王何科得第，答曰："嘉靖丁未科。"珰大喜曰："我亦以是年简进皇城，然则与公同年也。"因讲谱籍之谊，王惭怒无策，后竟以计避之。[1]

一些没骨气的官员也就阿谀逢迎，唯恐不至，兹举一例，以概其余。

司礼太监黄赐母死，廷臣皆往吊，翰林不往。侍讲徐琼谋于众，（编修陈）音大怒曰："天子侍从臣，相率拜于内竖之室，若清议何？"琼愧沮。[2]

主子的宠异

宦官特务们之所以敢如此横行，主要原因自然是得到主子的信任，而主子对他们的宠爱褒赏，也绝非一般阁部大臣所能企及。即如蟒衣一事，在朱翊钧以前只有司礼首珰可以得到，功臣首相全没有份儿。

今揆地诸公多赐蟒衣，而最贵蒙恩者，多得坐蟒。则正面全身，居然上所御衮龙。往时惟司礼首珰常得之。今华亭、江陵诸公而后，不胜纪矣。[3]

[1] 《万历野获编》卷二十六，《非类效仕宦》。

[2] 《明史·张元祯传》卷一八四。

[3] 《万历野获编》卷一，《蟒衣》。

这虽然是件小事，但在专制时代是有关礼数，不能随便假借的。

至于平时的宠异褒赏，更是时时逾格破例。如朱瞻基宣德七年便曾赐司礼太监金英、范弘等免死诏，略云："克勤夙夜，靡一事之后期，致谨言行，惟一心之在国，退不忍于欺蔽，进必务于忠诚，免尔死罪于将来，著朕至意于久远。"[1] 朱瞻基时还有一个太监陈芜，一生之中也备得宠异。

御用监太监陈芜，交阯人，永乐丁亥入内府。宣庙为皇太孙，芜在左右，既御极，即升太监，赐姓名曰王瑾，字润德，又赐肃慎图书，武定州还，赐玉带、金鞍、厩马、金帛、宝楮。陈庐陵循志云，东夷、北虏、西戎、南闽窃发，芜皆与征行，皆被重赐。又尝被赐诗章，及范金为图书四：曰"忠肝义胆"、曰"金貂贵客"、曰"忠诚自励"、曰"心迹双清"以赐之，且予两夫人及养子陈林一官，令亦从其姓曰王春也。其景泰中疾，命太医官八人络绎赍御药往视，中官遗金帛饮馔，问安否不绝于道。既卒，官其族与从者十二人，赐祭赐帛，赐钞五十万缗。谓内臣恩宠，鲜有出其右者。盖芜又有保抱皇子之功，志秘不言也。中官之宠任，肇于文皇，如孟继诸人，可知自后益盛矣。尝记童时芜过太仓，封西洋宝船，势张甚，此志所不具闻。[2]

宦官而赐予两夫人。这真可谓"异数"了。至于赐图书，当时金英、范弘也都赐有，以后宦官之赐图书者，便时有所闻，王世贞曾约略统计了一下：

司礼太监金英、范弘各有银记之赐……景庙于兴安、王诚、舒良辈亦各有赐。宪庙赐司礼太监谭昌牙记二：曰"忠诚不怠"，曰"谦亨忠敬"；银记一，曰"才华明敏"；石记一，曰"补衮宣化"。

---

[1] 《弇山堂别集·中官考一》卷九十。

[2] 叶盛：《水东日记》卷三十四。

世庙赐司礼太监张佐银记四：曰“集谋补德”，曰“端忠诚慎”，曰“辅忠”，曰“励忠”。麦福银记一，曰“公勤端慎”。右皆于墓碑中录得之，正史所不载也，然则内臣之膺赐者。盖不止于此矣。[1]

至于宦官弟侄封爵荫官更是常事，封爵始于朱祁镇时：“（天顺元年）封司礼监太监曹吉祥侄钦为昭武伯”[2]。以后，朱见深初年御马监太监刘永诚的侄儿刘聚也封宁晋伯，到朱厚照时，封爵更繁而且滥，均见前节，不赘。

宦官弟侄荫官，也是始于朱祁镇时。

（正统）十年赐司礼太监王振并各监太监钱僧保、高让、曹吉祥、蔡忠白金、宝楮、彩币诸物。仍命振侄林为锦衣卫世袭指挥佥事，僧保侄亮，让侄玉，吉祥弟整，忠侄英俱为锦衣卫世袭副千户。[3]

这荫官有时竟荫到异姓戚友：

（嘉靖五年十一月）日者官司礼监太监黄英家八人……为指挥者一，正千户者一，副千户者二，百户者三，镇抚者一。八人之中尚有异姓如陈吴者，亦获厕名。[4]

如果没有族属，便以家奴承袭。

（嘉靖三年）七月，上以司礼太监张钦有赞襄功，荫弟侄一人为锦衣卫指挥同知，世袭。钦朝鲜国人，无族属，以家人李贤承袭。

[1] 《弇山堂别集·中官考一》卷九十。

[2] 《弇山堂别集·中官考一》卷九十。

[3] 《弇山堂别集·中官考一》卷九十。

[4] 《弇山堂别集·中官考十》卷九十九。

至是贤故，其子儒乞袭职。[1]

而家奴也可以荫官，如曹吉祥“门下厮养冒官者多至千百人”[2]。而嘉靖四年四月兵科都给事中郑自壁言：

> 比者甘肃之捷，陛下嘉诸臣劳勋，恩荫有差……但参随人等，均任一级，似为过滥。臣查得……太监张忠至九十余名……冠裳滥及舆台，名器贱同瓦砾，非所以劝有功也。[3]

而宦官子弟也竟有登进士第者，如英宗时有司礼太监李永昌之子李泰（此当生泰后始自宫）景帝时御马监太监成敬之子成凯，司礼监监丞牛玉之侄牛轮等。[4]

宦官们的禄米也多得惊人，明代正一品的文武官禄米不过七十石，而宦官竟有多至数百石者。

> 汪直初以缉事功加岁米……累至四百八十石……张永累至三百余石。大约米至七十二石，则视文武官为正一品，而傔从衣料亦累增益不可胜计，盖又王振、刘瑾之所无也。自永后，谷大用、魏彬、张雄、张锐、张忠辈亦及之。案张司礼佐初加岁米四十八石，其后复加禄十有七，皆十有二石，当为二百四十二石，麦司礼福至三百七十石，黄司礼锦至五百石，皆在嘉靖间，具神道碑，其他可以类推矣。[5]

[1] 《弇山堂别集·中官考九》卷九十八。

[2] 《明史·曹吉祥传》卷三〇四。

[3] 《弇山堂别集·中官考十》卷九十九。

[4] 《万历野获编》卷十五。

[5] 《弇山堂别集·中官考一》卷九十。

宦官死后，往往建祠赐额，这种荣宠，一般大臣是很难得到的，而在宦官却是十分平常的事。

成化中，御马监太监刘永诚祠曰“褒功”，弘治司礼太监怀恩祠额曰“显忠”，此二臣皆可纪者，自是而后，繁且滥矣。[1]

因为“既繁且滥”，有些宦官就索性预修起来，有的还附带修造坟墓和碑亭。嘉靖九年工部尚书章拯等奏：

内官已故，往往赐葬造碑亭享堂，皆出特恩。或有因而盛兴土木，华靡逾分。又有豫修越制之工，以冀后来恩宠。积弊既久，玩袭为常，非止张忠、张永一二家而已。[2]

还有，竟修建生祠，如前面说到的刘瑾，此外，朱厚照时还有两个——刘璟和王堂。

（正德九年）赐镇守浙江太监刘璟生祠额获敕。[3]

（正德）十三年，赐镇守浙江太监王堂生祠额，并获敕。先是太监刘璟讽杭民为己请建生祠，既许之，堂袭璟故智，复讽杭民以请，且盛陈在浙有靖盗安民功。下礼部覆奏，以见任立碑，律令所禁，不可。诏特许之。堂既得请，乃择西山胜地，大兴土木，与璟祠相望，民居古墓多罹毁掘者。嘉靖初，祠皆没官，杭人快之。[4]

刘瑾建生祠于前，刘璟、王堂建生祠于后，到了魏忠贤就生祠遍天

[1] 《弇山堂别集·中官考一》卷九十。

[2] 《弇山堂别集·中官考十一》卷九十九。

[3] 《弇山堂别集·中官考一》卷九十。

[4] 《弇山堂别集·中官考七》卷九十六。

下了。

宦官不仅替自己和父母建祠立额，而且又欢喜修造寺院，祈求长生，修好后还请皇帝临幸，如景泰四年三月：

太监兴安，自金英废后，益专用事，佞佛甚于王振。又见振建大兴隆寺，请乘舆临幸，思有以敌之，乃请别建大隆福寺，费数十万。是月寺成，上命克期临幸。[1]

他们所修的寺院多到不可胜数，直到今天，北京城内城外还有许多存在的。

这些当然都是主子对他们的恩宠，而他们有所干请，也无不立应，于是他们便恃宠而骄，有时竟请主子出榜格购募自己的仇家来了。

或为匿名书列曹吉祥罪状，吉祥怒，请出榜购之。帝使（岳）正撰榜格，正与吕原入见曰："为政有体，盗贼责兵部，奸宄责法司，岂有天子出榜购募者？……"帝是其言，不问。[2]

主子对他们既然这样宠爱，自然也就特别袒护，虽以驸马之亲，也敌不过他们。

戊子（神宗）冬，驸马万炜奏司宫老婢沈银蟾与内使李忠盗金银等物，反遭诟辱。上大怒，谓圣母生辰烦渎，尽革其蟒玉，并夺所掌宗人府印，送国子监习礼三月再奏。而宫婢内使盗窃诟辱等事不问也。[3]

[1] 《明通鉴》卷二十六。

[2] 《明史·岳正传》卷一七六。

[3] 《万历野获编补遗》卷一，《主婿遭辱》。

至于锦衣卫特务们所得到的主子恩宠，虽不及宦官，却也十分优越，逾格破例的事也数见不鲜。如朱厚熜时的陆炳以太保兼少傅，“三公无兼三孤者，仅于炳见之”[1]。这便是极少见的破格，而陆炳关于这类破格的事还有，如——

故事锦衣官侍朝，俱乌帽吉服，以便拿人。炳自制朝服，立于本班之首。前乎此，后乎此，未有也。[2]

举进士恩荣宴时，陆为廷试巡绰官，乞与宴，诏许之，班尚书列中。[3]

而锦衣卫的一些爪牙走卒，其服用仪仗也都逾礼越分：

向见锦衣奉使出者，俱坐八人轿，覆褐盖，虽试百户亦然，不知始自何时。有一溧阳人蒋文兴者，史元秉继书家奴也。史为缇帅，文兴因冒功官百户，差至浙江拿人，亦用此体。今上庚子年事，予亲见于杭城中。若内官衔命而出，无论崇卑真伪，遂无一青伞。要之，此辈不可理喻，不足深诘也。[4]

由于他们这样得到主子宠爱，所以，他们在外面胡作非为，主管官吏见到了也不敢究问，如果认真起来，便立刻遭殃，如——

（隆庆三年）尚衣监右少监黄雄者，乾清宫近侍也。尝以番休日私出徵子钱，与居民哄斗市中，兵马司捕系之。明旦执送御史（杨）松所，事不决。而内监以雄不入直，令校尉趣之。校尉诡言有驾帖

[1] 《明史·陆炳传》卷三〇七。

[2] 《万历野获编》卷五，《大臣恣横》。

[3] 《万历野获编》卷五，《大臣恣横》。

[4] 《万历野获编》卷十三，《褐盖》。

召雄。松验问无状。乃劾奏雄暴横不法，诈称诏旨。雄亦自辩不如松言。上以松奏事不实，不奉旨辄拘系内侍官，命降调。而黜兵马之捕雄者为民。雄亦降三级发南京。[1]

甚至连厂卫小卒也不能怠慢，如若开罪他们，照样请你下狱。如正德十二年七月：

丙戌，下大理寺评事沈光及司务林华于锦衣卫狱。时有厂卫校卒喧争三法司道上，华出，不避，因杖之。校卒仍不逊，光大复杖而囚之。钱宁遂奏“校乃执驾人役，二人擅辱之”。有旨，俱下狱拷讯。且令法司从重拟罪。[2]

同样，特务的家奴们也是不能得罪的。如万历三十八年十月——

尚膳监太监冯进朝家人相嚷致死，诘告刑部，发宛平县简究。知县李嗣善刑讯之。进朝怨，诬奏嗣善索钱，肆虐职官。有旨令部院查明具奏。而司礼监太监高昇又党诉之。上震怒，将李嗣善同进朝下法司推问。[3]

虽以尚书之尊，得罪了宦官家属，照样免官。

（万历五年八月）刑部尚书刘应节罢。时锦衣冯邦宁者，保之从子，与应节道遇不引避，应节叱下之。保不悦，属给事中周良寅劾之，遂坐罢。[4]

---

[1] 《弇山堂别集·中官考十一》卷一百。

[2] 《明通鉴》卷四十七。

[3] 《明神宗实录》卷四七六。

[4] 《明通鉴》卷六十六。

至于宦官奉令在外办事，地方官招待稍有不周，也立刻逮系降谪。如成化十六年二月：

逮河间知府滕佐下狱。时中官陈喜，以事出河间，会岁饥，佐率属分振在外，失迎谒，仓猝治供具不当意。喜怒，归白于上，遂逮佐等，寻论谪戍有差。[1]

又如嘉靖元年：

逮济宁管闸主事陈嘉言下狱。先是太监温祥，赍册宝诣安陆，还诉嘉言欺侮，上震怒，遂命锦衣官校逮问。[2]

（三）煊赫道路

以上所述宦官们的威势，是在京师之内的情形。京师是皇帝所在地，他们都敢这样的胡作非为，那么，在京师之外，自然更是无法无天了。

在京师之外各地的宦官除了镇守守备织造等常驻在各要地的太监而外，还有许多临时派遣的。奉旨前往，事毕还京。这些宦官就是皇帝的代表，比钦差大臣的身份还高，谁也奈何他们不得，一路上作威作福，鱼肉人民，自然比在京师更甚。

派遣宦官出去办事，在朱元璋洪武八年便已开始：

（洪武八年五月）遣中官赵成赍罗绮绫绢并巴茶往河州市之，马渐集，中官出使自此始。[3]

---

[1] 《明通鉴》卷三十四。

[2] 《明通鉴》卷五十。

[3] 《明通鉴》卷五。

洪武二十五年又派遣过一次：

> 洪武二十五年（二月己丑），遣尚膳太监而聂，司礼太监庆童赍敕往谕陕西河州等卫所属番族，令其输马，以茶给之。[1]

朱元璋威柄独操，驾驭他们颇为得法，所以，这些宦官在外面似乎还没有什么为非作歹的事。但此例一开，后来就不可收拾了。

到朱瞻基时，奉使在外的宦官，作威作福的事便不断出现。

> （宣德）二年十一月，（司礼太监侯泰）复以奉命直隶选驸马，擅作威福，凌虐职官，捶义勇经历董纯至死，又受人赃贿事觉，始下都察院狱。[2]

有时宦官们为害太甚，瞻基偶尔也派员去考核调查，但派遣的仍是宦官。

> 宣德六年……上闻内官内使差遣在外者，多贪纵为害，已尝罪其尤者。上以太监刘宁清谨忠良，命同监察御史驰往各处，尽收其资橐，并其人械送京师。[3]

但这实在是极偶然的事，一般说来是知道了也不管的。如：

> （宣德中）中官陈武以太后命使江南，横甚，（巡按御史王）来数抑之。武还，诉于帝。帝问都御史顾佐："巡按谁也？"佐以来对。

[1] 《弇山堂别集·中官考一》卷九十。

[2] 《弇山堂别集·中官考二》卷九十一。

[3] 《弇山堂别集·中官考二》卷九十一。

帝叹息称其贤。[1]

既然“叹息称其贤”，但对陈武却没有听说有什么责罚。

朱祁镇、朱见深父子在位时，宦官奉使在外，仗势杀人，贪纵恣肆，始终不曾间断。如：

正统九年，内官陈景先送女官吴淑清还扬州，索取府卫白金、彩币等物，且治私事，逾期复命，诏锦衣卫鞫实。[2]

（成化二十二年十二月），内官熊保奉命往河南，以鸿胪寺带俸右寺丞黄钺等二十人自随。道出兴济县，怒挽船夫不足，杖皂隶一人致死。又多载私盐，强抑州县发卖，所过辄求索财货。至河南，三司镇守官及王府馈遗甚厚，保得银五千三百余两，马三十三匹，骆驼一，金玉玩器书画称是。钺得银八百余两。各有所得。[3]

朱祐樘时宦官在外面的威风仍是极其煊赫。如：

（弘治中）内使刘雄过仪真，知县徐淮不以时供应。雄怒，弃关文渡江，诉诸守备太监傅容，奏其事。命械系淮，付锦衣卫狱考鞫之。[4]

而送一幅神像，竟调用快船六十余只：

（弘治十四年）闰七月，御用监王瑞等赍送玄武神像之武当山，奏带随行官舍勇七人匠八十余人。及用黄马快船六十余艘。[5]

[1] 《明史·王来传》卷一七二。

[2] 《弇山堂别集·中官考二》卷九十一。

[3] 《弇山堂别集·中官考四》卷九十三。

[4] 《弇山堂别集·中官考四》卷九十三。

[5] 《弇山堂别集·中官考四》卷九十三。

甚至送亲王之国，竟由王府中门出入，而殴毙人命，也是极寻常的事：

（弘治）十五年七月初，御用监太监金辅、杨雄、樊清奉命送泾王之国……辅鼓吹先行……至府即由中门入，读诏倨慢，在途专擅欺侮……（内使）李顺等系死役夫。[1]

明代关于皇室的事，全是派遣宦官办理。其中王府祭葬一事，朱见深时曾因彭韶奏请停止派遣，但到朱祐樘时又恢复起来：

故事，王府有大丧，遣中官致祭，所过扰民。成化末，始就遣王府承奉。及帝即位，又复之。[2]

朱厚照刚即位时，“中官奉命选后妃，肆贪虐”[3]。以后宦官奉命在外的多至不可胜数，其中最为著名的便是刘允到乌思藏迎活佛一事。先从京师到四川，沿途威势煊赫，简直和皇帝出巡一样：

（正德十年）命司礼监太监刘允往乌思藏赍送番贡等物。时左右近幸言西域胡僧有能知三生者，土人谓之活佛。遂传旨查永乐宣德间邓成侯显奉使例，遣允乘传往迎之。以珠琲为幡幢，黄金为七供，赐法王金印袈裟，及其徒，馈赐以巨万计，内库黄金为之一匮。敕允往返以十年为期，得便宜行事。又所经路带盐茶之利亦数万计。允未发，导行相续，已至临清，运船为之阻截。入峡江，舟大难进，易以艕艞，相连二百余里。至成都，有司先期除新馆，督造旬日而成，日支官廪百石，蔬菜银亦百两。锦官驿不足，傍取近城数十驿供之。

[1] 《弇山堂别集·中官考四》卷九十三。

[2] 《明史·徐恪传》卷一八五。

[3] 《明史·刘玉传》卷二〇三。

又治入番物料，估值银二十万，镇巡争之，减为十三万。取百工杂造，遍于公署，日夜不休。居岁余始行，率四川指挥千户十人，甲士千人俱西，逾两月至其地。[1]

而据当时大学士梁储奏称，刘允出发时详情是：

带太监刘宗等八员，锦衣等卫官舍指挥同知韦禄等一百三十三员，应付领给口粮马匹车辆马快船只及应用通番物件，令四川镇巡三司听其便宜措置。已又选差骁勇官二员往回护送，又给长芦见盐一万引，两淮正课盐六万引，变卖应用。[2]

到了临淄的情形，据《明通鉴》卷四十六所载，则是——

允至临淄，漕艘为之阻截，总督漕运丛兰往谒不见。索舟五百余艘，役夫万余人，兰驰疏极陈其害，不报。

当时梁储亦曾谏阻，陈述弊害，至为痛切，他说：

许其带盐，不过收买私盐，发卖射利。乘机夹带之弊，不知几何。盐法为之大坏，他方何以仰给。况京储岁运与营建大木并在里河，议者犹恐不能疏通。若添此等盐船，往来其间，挟势骚扰，不止地方受害，而粮运大木二事亦为阻滞。且四川大盗初息，民困未苏，所奏便宜措置钱物，在官已无积蓄，未免科派军民，民穷盗起，将来之变，殆不可测。况自天全招讨司出境，涉历数万里之程，动经数年，方达乌思藏地方。今所带官军人役数多，沿途俱是化外，非有驿传供给，人马刍粮，俱驮载而行，所费巨万，难以逆料。途

[1] 《弇山堂别集·中官考七》卷九十六。

[2] 《弇山堂别集·中官考七》卷九十六。

间倘有不给，不知何以为处？又闻番地多与王达子相邻，时剽掠为患，使臣所至，万一被其突出，有所伤害，亏中国之礼，纳外夷之侮，不可不虑。[1]

结果刘允到了乌思藏以后，果不出梁储所料，弄得弃甲丢兵，仅仅逃出了性命。

番僧号佛子者，恐中国诱害之，不肯出。允部下人皆怒，欲胁以威。番人夜袭之，夺其宝货器械以去。军职死者二人，士卒数百人，伤者半之，允乘良马匹仅免。复至成都，仍戒其部下讳言丧败事，空函驰奏。乞归时，上已登遐矣。[2]

正德十四年，朱厚照率领一大批宦官特务南下，这些宦官在外更是擅作威福。兹举一例，以概其余：

（正德十四年）十二月辛酉朔，上至扬州府。先是太监吴经至扬，选民居壮丽者为提督府，将驻跸焉。经矫上意，刷处女寡妇。民间汹汹，有女者一夕皆适人，乘夜争门逃匿不可禁……经密觇知寡妇及娼户家。夜半，忽遣骑卒数人开城门，传呼驾至。令通衢燃炬，光如白日。经遍入其家，捽诸妇以出。有匿者，破垣毁屋，必得乃已，无一脱者。哭声震远近，寻以诸妇分送苑寺寄住，有二人愤恚不食死。[3]

朱厚熜时奉命出外的宦官，同样是威风极大，索诈财物。如嘉靖十八年，厚熜命令一些大臣和宦官们送他母亲灵柩返承天府，一路上宦官为非作歹，御史们曾屡次弹劾：

[1] 《弇山堂别集·中官考七》卷九十六。

[2] 《弇山堂别集·中官考七》卷九十六。

[3] 《弇山堂别集·中官考八》卷九十七。

直隶巡按御史刘士逵劾奏内官监左监丞阎绶锦衣卫指挥使赵俊扈从圣母梓宫，所至怙侈黩货。[1]

巡按直隶御史黄正色论劾太监鲍忠驸马崔元等扈送梓宫，索受馈遗。[2]

到后来朱翊钧时矿税宦官，威焰更甚，肆虐更广，这些已详前章，这里便不多说了。

（四）污秽龌龊的私生活

特务们既然这样权势遮天，专擅威权，仗势杀人，欺凌百姓，他们的私生活自然更是腐烂不堪，如若一一细说自然大可不必，这里只择其最龌龊污秽的一点——两性关系谈一谈，以见一斑，其他的便一概从略了。

宦官是阉割了的男人，按说是不应该再有两性关系的。但正因如此，他们生理上有了变化，于是性欲也发生了变态。他们娶妻纳妾、嫖娼宿妓，甚至强奸妇女，一切淫秽不堪的事，他们全都做出，这不能不说是一件怪事。

宦官娶妻在朱元璋时曾悬为厉禁，“太祖驭内官极严，凡椓人娶妻者有剥皮之刑”。但这怕只是具文而已，就在朱元璋时便发生过宦官强奸妇女的事：

及见石允常传，则国初更有异者。允常为浙之宁海人，举进士，为河南按察佥事。微行民间，闻哭甚悲，廉知其女为阉宦逼奸而死。因闻之朝，捕宦抵罪，此洪武末年事。[3]

[1] 《弇山堂别集·中官考十一》卷一百。

[2] 《弇山堂别集·中官考十一》卷一百。

[3] 《万历野获编》卷六，《宦寺宣淫》。

朱祁钰时也有这类事：

> 景泰元年，大同右参将许贵奏：镇守右少监韦力转恨军妻不与奸宿，杖死其军。又与养子妻淫戏，射死养子……天顺元年，工部右侍郎霍瑄又奏：力转每宴辄命妓，复强取所部女子为妾。[1]

朱翊钧时宦官们便做出更淫秽的事来：

> 近日都下有一阉竖比顽，以假具入小唱谷道，不能出，遂胀死。法官坐以抵偿。人间怪事，何所不有。[2]

至于宦官娶妻纳妾，在朱祁镇时已是公开的了。如太监王彦便有妻吴氏：

> （正统十年）镇守辽东太监王彦卒，上命太监喜宁检阅其家财。彦妻吴氏诉喜宁私取其奴仆驰马金银器皿田园盐引等物，诏宥宁罪，追取田园盐引给主，余物悉入官。[3]

这还可以解释是未阉割以前娶的，但阉割以后仍有娶妻的事。如：

> 天顺七年，协守大同东路都知监右监丞阮和娶妻纳婢，又掳掠军士甚酷。为其所讦；命锦衣官密察得实，上亦命宥之。[4]

或收娶犯罪的妇女：

---

[1] 《万历野获编》卷六，《宦寺宣淫》。

[2] 《万历野获编》卷六，《宦寺宣淫》。

[3] 《弇山堂别集·中官考二》卷九十一。

[4] 《万历野获编》卷六，《宦寺宣淫》。

天顺六年，守备大同右少监马贵，收浣衣局所释妇女为妻，为都指挥杜鉴所讦，贵服罪，上命宥之。[1]

甚至和已死去的功臣侯伯的夫人结婚：

成化五年，内臣龙闰娶南和伯方英妾为妻，上命离异。[2]（按孙承泽《思陵典礼记》四云：龙闰系其时御马监监丞，方英妻作“方英妾”。）

而主子不但不禁止，有时还赐给他们妻妾：

宣德中赐太监陈芜两夫人……天顺初赐太监吴诚妻。[3]

既能娶妻，自然也可以纳妾，如田艺蘅云：

家君在京，所善太监侯玉亦有妻妾，甚美且多。[4]

又如吴诚也有妾，而这妾竟能向皇帝上奏：

景泰二年八月，吴诚妾姚氏奏称：诚存日曾于香山置坟，今欲将其所遗衣冠招魂安葬。景帝允之。[5]

至于嫖娼宿妓大概都是些职位较低的宦官们干的，有的还将妓女娶

[1] 《万历野获编》卷六，《宦寺宣淫》。

[2] 《万历野获编》卷六，《内臣妾抗疏》。

[3] 田艺蘅：《留青日扎》。

[4] 田艺蘅：《留青日扎》。

[5] 《万历野获编》卷六，《内臣妾抗疏》。

回，作为妻子姬妾，而大宦官们则讳言其事：

比来宦寺多蓄姬妾，以余所识三数人至纳平康歌妓。今京师坊曲，所谓西院者，专作宦者外宅，以故同类俱贱之，不屑与齿。然皆废退失职，及年少佻达者为之。若用事贵珰，极讳其事。名下有犯者，必痛治或致毙乃已。[1]

今中贵授室者甚众，亦有与娼妇交好因而娶归者。[2]

更奇怪的是宦官欠了妓女的夜度资，妓女竟化装到宫中去讨索，这事发生在万历年间。

顷者邸报中见禁中犹妇人男装者，讯之，则宦官包奸久，而逋其夜合之资，匿避内府不出，以故假衣冠闯禁廷索之。旨下宦官付司礼监，妇人付法司，后不知究竟如何。[3]

这些宦官娶妻挟妓的事，到朱由检时更甚，由检曾下令禁止，但也无济于事。

崇祯末严禁内侍娶妻及在外宿娼，然终不能禁。[4]

以上这些都还是在宫外的行为，至如在宫里，宦官们便和宫女们结成配偶，更是淫乱不堪。

至于配偶宫人，则无人不然。凡宫中市一盐蔬，博一线帛，无

[1] 《万历野获编》卷六，《宦寺宣淫》。

[2] 《万历野获编》卷六，《对食》。

[3] 《万历野获编》卷六，《宦寺宣淫》。

[4] 孙承泽：《思陵典礼记》卷四。

不藉手。苟久而无匹，则女伴俱姗笑之，以为弃物。当其讲好，亦有媒妁为之作合，盖多先缔结而后评议者，所费亦不赀，然皆宫掖之中，怨旷无聊，解馋止渴，出此下策耳。[1]

这种结合，宫中叫作“对食”，[2]而宫女称其所欢宦官则叫作“菜户”[3]。至于为什么这样称呼，怕是由于这种结合除了性关系外，主要的是宫女要帮忙宦官烹饪的缘故。

贵珰近侍者，俱有直房，然密迩乾清等各宫，不敢设庖湢，仅于外室移飧入内，用木炭再温，以供饔飧。唯宫婢各有爨室自炊，旋调旋供，贵珰辈反甘之，托为中馈，此结好中之吃紧事也。[4]

这结合在明代初年还是偷偷摸摸的，到后来就成为公开，俨如夫妇了。

内中宫人鲜有无配偶者，而数十年来为盛。盖先朝尚属私期，且讳其事。今则不然。唱随往还，如外人夫妇无异。其讲婚媾者，订定之后，星前月下，彼此誓盟，更无别遇。[5]

甚至皇帝也常常问宫女们的菜户是谁。

凡内人呼所配为菜户。即至尊或亦问曰：“汝菜户为谁？”即以实对，盖相沿成习，已恬不为怪。[6]

---

[1] 《万历野获编》卷六，《对食》。

[2] 《明史·魏忠贤传》卷三〇五。

[3] 秦兰徵：《天启宫词》。

[4] 《万历野获编》卷六，《镟匠》。

[5] 《万历野获编》卷六，《内廷结好》。

[6] 《万历野获编》卷六，《内廷结好》。

据说他们之中，也有情好甚笃，一人死后，终身不肯再配的。

> 又宫人与内官既遇之后，或一人先亡，亦有终身不肯再配，如人间所称义节。其与为友者，多津津称美，为人道之。[1]

当然，也有争风吃醋的事，闹得厉害的时候，竟可以挟刀相见：

> 亦有暗约偷情，重费不惜，或所欢侦知之，至于相仇，持刃梃报复者。顷年翼坤宫皇贵妃郑氏宫人名吴赞女者，久为内官宋保所侍，后复与同类张进朝者结好。宋不胜愤恨，遂弃其官，去为僧不返。[2]

所谓宫禁之中，竟然闹出这些把戏，真可以说是秽乱不堪了。

总之，这些人多半是些无赖出身，加上生理上的欠缺，影响心理上也发生变态，做出的事往往不是正常的人所能想象到的。例如他们便常常不认自己父母，甚至笞打父亲：

> 初张雄为后母所凌，因自宫，遂怨其父。既贵，犹不与之见。同类者亟劝之，雄立中堂垂帘，杖其父二十，既乃相抱而泣。[3]

还有一个将自己母亲迎接来，却又嫌长得太丑，竟然不认，又去寻觅一个老娼妓来作为自己母亲。

> 闽中一娼，色且衰，求嫁以图终身。人薄之，无委禽者。乃决之术士，云："年至六十当享富贵之养。"娼不以为然。后数年，

[1] 《万历野获编》卷六，《内廷结好》。

[2] 《万历野获编》卷六，《内廷结好》。

[3] 《弇山堂别集·中官考七》卷九十六。

闽人子有奄入内廷者，既贵，闻其母尚存，遣人求得之，馆于外第。翌日出拜之，遥见其貌陋，耻之，不拜而去。语左右云："此非吾母，当更求之。"左右观望其意，至闽，求美仪观者，乃得老娼以归，至则相向恸哭，日隆奉养，阅数十年而殁。[1]

这些家伙自己父母都可以不认，甚至可以乱认，那还有什么无耻的事做不出的呢！

第二节　珠玉际天黄金满地

（一）贪污纳贿掠夺敲榨

明代特务帮助主子镇压臣民，握有种种特权，可以肆无忌惮地为所欲为，于是为了满足自己的享受，他们第一招便是设法积累自己的财富，向天下臣民大量地剥削搜刮。这搜刮的方法，主要便是贪污掠夺，其次就是侵吞公款。

贪　污　勒　索

能够采用贪污掠夺的方法的，多半是些特务头子，他们并不是向人民直接掠取，而是令天下官员进献贿赂。官员们自己向人民掠夺来的财物，当然不会再掏出来，于是便更进一步地搜刮人民，进献特务。如王振便是除了向大臣索贿之外，连府县小官也不放松：

当朝觐日，（王振）大开其门，郡邑庶职能具礼者无不进见，以

[1]　《菽园杂记》卷八。

百金为寻常，重至千两者，始得一饱一醉而出。[1]

他的爪牙马顺也一样纳贿：

锦衣指挥马顺……自府部台宪而下，莫敢谁何，听其指挥。奔竞之徒请托者满门，贿赂苞苴，殆无虚日。[2]

朱祁钰时有一个宦官纳贿情形也和王振一样：

景泰二年春，内官善增恃宠，骄纵势炽，日益甚，且闻大臣中有候其生日结约武弁，持贿拜贺其门，如往年之事王振者。[3]

朱见深时纳贿中官，便可以升官。如尚铭便“卖官鬻爵无所不至”[4]，并且还不止一个尚铭而已：

成化间一巡抚都御史被讼于朝，其亲有官给事中者，巡抚乃以重赂托之赂中官求援，给事以为己物奉以求进，由是得升吏部侍郎，而巡抚竟坐法戍边死。[5]

至于奉令在外办事的宦官，便向地方官勒索财物：

佥事陈谔，字克忠，诙谐。正统初，有中官阮巨队奉命来广征虎豹。谔从阮饮，求虎皮以归。明日草奏，言：“阮多用肥壮者宴客，徒

[1] 李贤：《古穰杂录》。

[2] 李贤：《古穰杂录》。

[3] 《水东日记》一。

[4] 《明史·汪直传》。

[5] 《菽园杂记》卷九。

供瘠虎，使毙诸涂。”阮大恐，置酒谢。谔酣谓阮曰：“闻子非阉者，近娶妾，然否？”阮请阅诸室，谔见群罐，知为金珠，佯问何物，曰：“酒也。”谔笑曰：“吾来正索此。”遂令人扛去，阮哀祈，得留其半，广人至今传为谈谑。[1]

又如朱见深时：

> 杨继宗……擢嘉兴知府……中官过者，继宗遗以菱芡、历书。中官索钱，继宗即发牒取库金曰：“金具在，与我印券。”中官咋舌不敢受。[2]

特务们除了勒索官员们而外，有时也直接向人民掠夺，如朱见深时的东厂太监尚铭便“闻京师有富室，辄以事罗织，得重贿乃已”[3]。具体的事如：

> 锦衣卫军余贵铎，击登闻鼓诉太监尚铭，因索金珠宝石不得，诬其子宗源以杀人罪，用刑讯鞫，备极惨毒。又受其赂金百两银三千两，及他奇宝，其下人悉获重赂，得免死充军。事下都察院，以铭已被罪去，宜令铎与其党对辩。有旨：宗源犯人命法司问结已免死发遣，且铭赃已入官，连坐者其置勿问。[4]

刘瑾及其同时期的特务的勒贿

这样各方面的贪污搜刮，到刘瑾时便集其大成。

---

[1] 《涌潼小品》卷十三，《中官祈哀》。

[2] 《明史·杨继宗传》卷一五九。

[3] 《明史·汪直传》。

[4] 《弇山堂别集·中官考四》卷九十三。

刘瑾是个贪污勒索钱财的能手，他的方法也特别多，首先向来京朝觐的各省布政司征贿，如若不给，便不放回。

> 戊辰春，天下诸司赴京朝觐，逆瑾令每布政司送银二万两方放回。瑾等分用，各官皆贷于京师巨家，及回任括敛民财倍价之，上下交征，莫有纪极。[1]

这情形在当时是完全公开的，各官回任后，除括敛民财外，有的就“取官库所贮倍偿之，其名曰京债，上下交征，恬不为异”[2]。这是向外官征索的方法，另外刘瑾又常常派京官出去勘事，回来后也得要进送财物。如：

> 正德五年，给事中邵天和会巡按山西御史马昊及参政臧麟佥事萧渊查盘河东盐课将还，畏瑾索赂，谋于运使李德仁，德仁遂敛所属银一万八千三百有奇。[3]

如果没有财物贿赂，便一定要得祸，当时有个给事中就因为借不到钱进献，竟至畏祸自杀：

> 周钥……为兵科给事中，勘事淮安，与知府赵俊善。俊许贷千金，既而不与。时奉使还者，瑾皆索重贿。钥计无所出，舟行至桃源，自刎。从者救之，已不能言，取纸书“赵知府误我”，遂卒。事闻，系俊至京，责钥死状，竟坐俊罪。[4]

[1] 《继世纪闻》卷二。

[2] 《弇山堂别集·中官考五》卷九十四。

[3] 《弇山堂别集·中官考六》卷九十五。

[4] 《明史·许天锡传》卷一八八。

刘瑾曾创行罚米法，实际上是借此纳贿，官员们如若受了这处分，可以进贿求免。

诸官之罚米也，多以公事及边储亏折而中伤之，往往鬻产赔纳，或称贷偿之，瑾实假此纳赂。后有因事诖误而罹其网者，往往赂瑾求免。虽平日号清谨者，惧遭械击之苦，亦迁就以为自全之计矣。[1]

此外便是卖官鬻爵：

（刘瑾）变易选法，任情黜陟，官谢薄者，随即革罢，加贿又辄用之。[2]

至于一般谢礼数目，据正德元年御史蒋钦奏称：

瑾要索天下三司官贿，人千金，甚有至五千金者。不与则贬斥，与之则迁擢。[3]

如神英便因贿刘瑾而得封伯爵：

刘瑾窃政……（神）英素习瑾，厚贿之。因自陈边功，乞叙录，特诏予伯爵。吏、兵二部持之，下廷议。而廷臣希瑾指，无不言当封者，遂封泾阳伯，禄八百石。[4]

又如武状元安国及其同年六十人因贫穷无法纳贿，刘瑾便将他们编

[1] 《明通鉴》卷四十二。

[2] 《弇山堂别集·中官考六》卷九十五。

[3] 《明史·蒋钦传》卷一八八。

[4] 《明史·神英传》卷一七五。

列行伍戍卒中：

> 安国……正德三年中武会举第一，进署指挥使，赴陕西三边立功。刘瑾要贿，国同举六十人咸无赀，瑾乃编之行伍，有警听调，禁其擅归。六十人者悉大窘，侪于戍卒，不聊生。而边臣惮瑾，竟无有收恤之者。寘鐇反，肆赦，始放还。[1]

至于纳贿的办法，自然不是和刘瑾直接交涉，而是通过刘瑾的爪牙，讲价还价，说成之后，再由爪牙们交到刘瑾那里去。而这些爪牙们当然也得要一点。当时给刘瑾做这工作的，最著名的是一个叫韩范的。许多大臣致贿刘瑾都是通过他：

> 初陕西西安县人韩范以承差服役焦芳门下。会刘瑾用事，以范陕人，每私造瑾辄以范随，时令往来传语为奸利。范巧黠得瑾意，一时奔兢者遂群附之。有所干请，皆因范以通贿，虽达官亦与抗礼，忘其为贱役也……瑾既诛、械系锦衣卫狱拷治，辞连吏部尚书刘宇，刑部侍郎张鸾，南京太常寺少卿刘介，通政司参议吕元夫，大理寺丞蔡中孚，按察使仲本，参政彭桓，佥事王相，知府郭经、罗璋，皆因范通贿者也。宇银三千，介、中孚、相、桓、经、璋各千，元夫、本金百。盖范所招止此数人，贿实不止此数。如宇者前后所贿盖数万，而范所入者亦不赀。[2]

此外还有他的亲信宦官陶锦、贾振等二十三人：

> （正德五年）治瑾党太监陶锦，监丞贾振等二十三人罪。锦、振为瑾亲信，干进者率因以通贿。而锦不法事尤多，尝往福建查盘，

[1] 《明史・安国传》卷一七四。

[2] 《弇山堂别集・中官考六》卷九十五。

凌轹三司，不异仆隶，所索馈遗，以数万计。[1]

后来这个陶锦仍是逍遥法外，并且仍是在各处搜刮，如：

（正德七年）太监陶锦差往福建查盘钱粮，布政司常麟，按察使夏景和，巡按御史韩廉镇等太监梁裕共敛所属银二万两馈之。[2]

与刘瑾同时或是稍后的特务头子，也和刘瑾一样全都是些搜刮财物的能手，如张永在朱厚照死后，云南监察御史萧淮便劾他“擅权纳贿”，其他如张雄、张锐贪污纳贿就更为厉害。

（张）锐居东厂，（张）雄入司礼监，皆弄权纳赂，势行中外，宸濠前后馈送各万计。[3]

而钱宁则更著名：

钱宁……日侍毅皇帝畋游为娱乐，蒙蔽聪明，招权纳贿，伪旨传升各边将官及镇守内臣，所得金银珠玉，以数百万计。[4]

刘祥、丘得、吴经、颜大经、许全、马锡、张信，始贿（张）锐、（张）雄及钱宁，出为镇守，复贿江彬，扈驾巡游，与谁等张皇声势，所至搜求女妇，科索民财，甚于狼虎。[5]

钱宁除了卖官纳贿而外，他还想出了一个敛钱的方法，就是散发纸

[1] 《弇山堂别集·中官考六》卷九十五。

[2] 《弇山堂别集·中官考六》卷九十五。

[3] 《弇山堂别集·中官考六》卷九十五。

[4] 《弇山堂别集·中官考六》卷九十七。

[5] 《弇山堂别集·中官考六》卷九十七。

币——钞，吸收现金。他曾将二万纸币运往浙江出售，浙江左布政使方良永曾上疏请禁止。疏略云：

> 四方盗甫息，疮痍未瘳，浙东西雨雹。宁厮养贱流，假义子名，跻公侯之列。赐予无算，纳贿不赀，乃敢攫民财，戕邦本。有司奉行急于诏旨，胥吏缘为奸，椎肤剥髓，民不堪命。镇守太监王堂、刘璟畏宁威，受役使。臣何敢爱一死，不以闻。乞陛下下宁诏狱，明正典刑，并治其党，以谢百姓。[1]

疏上以后，钱宁才有些恐慌，于是“留疏不下。谋遣校尉捕假势鬻钞者，以自饰于帝，而请以钞直还之民，阴召还前所遣使。宁初欲散钞遍天下，先行之浙江、山东，山东为巡抚赵璜所格，而良永白发其奸，宁自是不敢鬻钞矣”[2]。

正德十四年，朱厚照南游，携带的大小宦官特务，无不沿途搜刮，闹得道路汹汹，不可终日。

> 武宗驻南京，从官卫士十余万，日费金万计，近幸求索倍之。（应天府）尹齐宗道忧惧卒，（寇）天叙摄其事，日青衣皂帽坐堂上。江彬使者至，好语之曰：“民穷官帑乏，无可结欢，丞专待谴耳。”彬使累至皆然，彬亦止。他权幸有求，则曰：“俟若奏即予。”禁军攫民物，天叙与兵部尚书乔宇选拳勇者与搏戏。禁军卒受伤，惭且畏，不敢横。[3]

这是江彬及其爪牙的搜刮情形。至于宦官的勒索财物，更是无赖到了极点。如正德十四年朱厚照到临清时：

---

[1] 《明史·方良永传》卷二〇一。

[2] 《明史·方良永传》卷二〇一。

[3] 《明史·寇天叙传》卷二〇三。

太监黎鑑家人，有以科敛得罪者，鑑惧，悉所以有献。既复取偿于有司。（都御史王）翊不可，鑑以头触之，遂相格斗。鑑泣诉上前。上曰："必汝有求不遂耳，巡抚何敢辄辱汝也。"鑑语塞而退。[1]

这个黎鑑虽然无赖，比较其他宦官却还算忠厚，没有诬陷人家。有些宦官因为索贿不得，便挟私诬陷了。

（刘讱正德十二年）摄芜湖县事。武宗南巡，中贵索贿不得，系讱诏狱。[2]

侵蚀偷盗公物

贪污纳贿，刮榨官民，是特务头子们干的事，次要的特务们是没有权力这样去做的，他们搜刮的方法主要是侵吞公款或是偷窃主子的财宝。

侵吞公款的方面很多，但最容易下手的就是兴工建筑。在第二章已经提到明代凡是兴动大工，照例必须派宦官参与其事，于是他们便在这中间上下其手，大事揩油。这些工程，最大的是修筑城垣和大内宫殿，宦官参与了这项工事，一定可以满载而归。建筑宫殿等如正德十年七月：

建太素殿成，比旧尤华侈。凡用银二十余万两，役军匠三千余人，岁支工米万有三千余石，盐三万四千余引。是时工役繁兴，禁中自乾清大役外，如御马监、钟鼓司、南城豹房、新房、火药库，皆一新之。中外因缘为利，权奸、奄人所建庄园、祠墓及香火寺观，皆取给于此。时以为木妖土灾云。[3]

---

[1] 毛奇龄：《武宗外纪》。

[2] 《明史·刘讱传》卷二〇二。

[3] 《明通鉴》卷四十六。

又如嘉靖二年八月：

上命修乾清宫北一府。内官监太监陈林言，见役军匠二千三百有奇，乞月给米盐。户部覆议，府第损坏不多，增造穿堂仪门，何至役人二千三百？若谓事不容已，亦须立限完报。上命立限完报，不许妄费财力。[1]

修建城垣，如嘉靖二年闰四月：

内官监太监崔文督修九门城壕，日役三万人，经岁不竣。工科给事中胡汭言此监工等官，故延引岁月，乾没钱粮，宜定限今月内竣工。报可。[2]

小宦官们派不到修筑城垣宫殿的差使，便设法播弄修造佛寺，从中渔利。

（景泰五年）内使阮绢附司礼监太监兴安，嘱管工太监黎贤擅于西海子作佛庵及西山等处作生圹佛寺，盗用官木等料万计。[3]

至于偷盗宫中财宝，更是家常便饭，多至不可胜数，兹据《中官考十一》所载朱厚熜一朝的事为例，如嘉靖十年十一月兵科给事中高金等查核御用监钱粮奏称：

内府所藏象牙画绢诸珍奇之物，为典守者所侵匿无算。

[1] 《弇山堂别集·中官考九》卷九十八。

[2] 《弇山堂别集·中官考九》卷九十八。

[3] 《弇山堂别集·中官考二》卷九十一。

三十一年少卿马从谦奏称：

内官监太监杜泰提督光禄寺贪县，所乾没内库银以巨万计。

三十六年掌锦衣卫事陆炳奏称：

提督内皇城八门兼掌司礼监太监李彬侵盗帝真殿工所料及内府钱粮以数十万计。

四十四年司礼监少监何进奏称：

供用库火管库内臣暨盛等捏报被焚香料至十八万八千余斤。

朱厚熜一朝如此，其他各朝便可类推了。

以上这些搜刮财物的方法，多半是有些权力的宦官才能办得到，至于权力较小的宦官则另有他们的办法。如管城门的便勒索粮户：

（嘉靖二年）巡视光禄寺科道官王瑄等劾奏东安门内使张迁、田博、孟贵及军役萧名、胡奈等，索要粮长解户财物数多，乞行提究，命逮萧名等下镇抚司，如干碍张迁等，据实奏闻。[1]

守皇陵的便盗伐陵木：

崇祯季年，有言孝陵朽木甚多，恐致火灾。有旨蒐芟孝陵朽木。内官因之斩伐无忌，数百年乔木，尽罹斧斤，孝陵杉板，沿街贱售矣。

[1]《弇山堂别集·中官考九》卷九十八。

而百姓遂有皇帝伐卖祖宗坟树之语，不祥莫大焉。[1]

还有的放高利贷，如朱翊钧时：

（曹珖）督皇城四门，仓卫军贷群珰子钱，偿以月饷，军不支饷者三年。及饷期，群珰抱券至，珖命减息，珰大哗。珖曰："并私券奏闻，听上处分耳。"群珰请如命，军困稍苏。[2]

这种高利贷，特务的家属也照样放出，剥削平民。

丁积……成化十四年进士，授新会知县……中贵梁芳，邑人也。其弟长横于乡，责民逋过倍，复诉于积。积追券焚之，且收捕系狱。[3]

从贪污纳贿、卖官鬻爵，一直到放高利贷，凡是搜刮天下人民财富的方法，都被这些特务们想尽，天下财富也被他们刮尽。特务们黄金为屋、白玉为梁，而人民便流离道路转死沟壑了。

（二）全国最大的富翁

凭着这样无孔不入的搜刮，明代特务们的家财是多到无法统计的，单从一些特务头子得罪后家产被籍没的清单来看，其数量之巨就足够令人惊骇得结舌不下了。

宦官财富之巨，在朱瞻基时便已骇人听闻，如宣德六年籍宦官袁琦家，就得"金宝千万计"[4]，而袁琦还并不是一个重要的特务。

朱祁镇土木被掳后，朱祁钰籍没王振家，其财富直如内府，计：

---

[1] 刘献廷：《广阳杂记》卷一。

[2] 《明史·曹珖传》卷二五四。

[3] 《明史·丁积传》卷二八一。

[4] 《明通鉴》卷二十一。

金银六十余库，玉盘百，珊瑚高六七尺者二十余株，他珍玩无算。[1]

朱见深时籍没司礼太监尚铭家，“得赀数万”[2]。而太监梁芳家财更巨，成化二十年刑部员外郎林俊奏称：

（梁）芳倾覆阴狠，引用邪佞，排斥忠良，数年之间，假名乾没，祖宗百余年之府藏殆尽。家赀山积，尚铭不足多，所在骚扰，汪直莫能过。[3]

这里所谓“百余年之府藏殆尽”是有事实的：

（成化二十一年）太监梁芳、韦兴，糜帑藏为奇伎淫巧，结万贵妃……上亦疑芳等，一日，视内帑，见累朝金七窖俱尽，谓芳、兴曰：“糜费帑藏，实由汝二人。”兴不敢对，芳曰：“建显灵宫及诸祠，为万岁祈福耳。”上不怿，曰：“吾不汝瑕，后之人将罪汝矣。”芳大惧，遂说贵妃劝上废太子而立邵贤妃之子。[4]

“累朝金七窖”都被他乾没，其数量之巨，当可想象了。

朱祐樘时籍没李广，单是文武大臣贿赂，金银便是各千百石：

帝疑（李）广有异书，使使即其家索之，得赂籍以进，多文武大臣名、馈黄白米各千百石。帝惊曰：“广食几何，乃受米如许。”左右曰：

[1] 《明史·王振传》。

[2] 《弇山堂别集·中官考四》卷九十三。

[3] 《明通鉴》卷三十五。

[4] 《明通鉴》卷三十五。

“隐语耳，黄者金，白者银也。”[1]

朱厚照时籍没刘瑾，计：

大玉带八十束，黄金二百五十万两，银五千万余两，其他珍宝无算。[2]

但据彭孙贻《明史纪事本末补编》卷五所载，却更多。计：

没入瑾家资：金二十四万锭又五万七千八百两，元宝五百万锭，银八百万又一百五十三万三千六百两，宝石二斗，金甲二，金钩三千，玉带四千一百六十二束，狮蛮带二束，金银汤盥五百，蟒衣四百七十袭，牙牌二匮，穿宫牌五百，金牌三，衮龙袍四领，八爪金龙盔甲三十副，玉琴一，玉瑶印一，共金一千二百五万七千八百两，银共二万五千九百五十八万三千六百两。

钱宁、江彬两人籍没的财富，虽不及刘瑾，但也十分可惊，钱宁是：

金七十扛，共十万五千两，银二千四百九十扛，共四百九十八万两，碎金银并首饰五百二十箱，珍珠二柜，金银酒器四百二十副，胡椒三千五百担，苏木七十扛，段匹三千六百扛余，祖母绿佛一座重数斤，匿题奏本四十余件，什物庄房，不计其数。[3]

江彬是：

---

[1] 《明史·李广传》卷三〇四。

[2] 《守溪笔记》。

[3] 《花当阁丛谈》卷一。

金七十柜共一十万五千两，银二千二百柜，共四百四十万两，金银首饰五百一十箱，金银荡盅四百余，绵绣珠玉珍宝庄房不可胜计，阻抑边情本一百三十六件。[1]

此外一些二等特务，如廖鹏籍没时，单是貂皮袴就有六十件。[2] 而宦官李兴因擅伐陵木得罪论死，他竟“令家人以银四十万两求变其狱”[3]，其家财之巨也就可想了。

朱厚熜嘉靖三十六年司礼太监李彬伏诛，没入家赀是：

白金四十八万有奇，玉带金宝绦环八箱，余珍宝不可胜计。[4]

朱翊钧籍没冯保，其家财计：

金银百余万，珠宝瑰异称是。[5]

这里应该注意的是：特务们的财产被籍没，于人民是一点好处也没有的，按规定，籍没的财产应该全部充公。这换句话说，就是特务向人民掠夺来的财物又全部被政府掠夺了去，只不过转一个手罢了。

但所谓充公也不过是表面的一句话，实际上多半是皇帝主子“笑纳”了。这例子多得很：如朱见深籍没尚铭的财物，据史称便是“辇送内府，累日不绝”[6]，朱厚照籍没刘瑾后，据当时户部主事戴冠奏称是：“逆瑾既败，所籍财产不归有司，而贮之豹房，遂创新库。”[7] 朱厚熜籍没

[1] 《花当阁丛谈》卷一。

[2] 《花当阁丛谈》卷一。

[3] 《明史·杨守随传》。

[4] 《弇山堂别集·中官考十一》卷一百。

[5] 《明史·冯保传》卷三〇五。

[6] 《弇山堂别集·中官考四》卷九十三。

[7] 《明史·戴冠传》卷一八九。

严嵩时也是如此："所籍嵩等家财银两，诏悉送太仓，以一半济边饷，一半充内库取用。"[1]至于朱翊钧更是一个贪财好货的独夫，他籍没冯保，主要的便是艳羡冯保的家财。《明史·张居正传》："帝所幸中官张诚……谓其（冯保）宝藏逾天府。帝心动。"冯保籍没之后，他还疑心冯保藏起来了一些，以不能尽得为恨，这是他和他母亲谈话时亲口说出的：

> 时潞王将婚，所需珠宝未备，太后间以为言。帝曰："年来无耻臣僚，尽货以献张、冯二家，其价骤贵。"太后曰："已籍矣，必可得。"帝曰："奴黠猾，先窃而逃，未能尽得也。"[2]

从这段谈话中，可见朱翊钧母子对冯保等的财产的攫取之心，是何等迫切了！后来这个张诚也积了无数家财，又引起了朱翊钧的艳羡，结果也是设法将他籍没，占为己有：

> 其侪类始进谗，谓诚家富逾天府，上益心艳，思以法籍之。[3]

结果借了张诚家僮霍文炳冒功事将他籍没，家产不用说自然完全送进内府。

以上这些特务的财富数目，多半是籍没后方才明白的，至于那些未被籍没的特务的财富，史籍上有记载的如陆炳就"家积赀数百万，营别宅十余所，庄园遍四方"[4]。史籍没有记载的，确切数目自然无法知道，但从他们日常生活中也可以看出他们财富之多，姑举底下两则故事以见一斑：

---

[1] 《明通鉴》卷六十三。

[2] 《明史·冯保传》。

[3] 《万历野获编》卷六，《张诚之败》。

[4] 《明史·陆炳传》卷三〇七。

南京守备太监钱能与太监王赐皆好古物，收蓄甚多且奇，五日令守事者舁书画二柜至公堂，展玩毕，复循环而来。[1]

南京守备太监刘瑯自陕西、河南镇守至金陵，贪婪益甚。资积既厚，于私第建玉皇阁，延方外以讲炉火。有术士知其信神异也，每事称帝命以动之，饕其财无算。瑯有玉绦环值价百镒，术士绐令献于玉皇，因遂窃之而出。或为诗笑曰："堆金积玉已如山，又向仙门学炼丹，空里得来空里去，玉皇元不系绦环。"[2]

（三）富贵歆人自动阉割

宦官拥有这样无上的威权，丰富的家产，荣华富贵，至此已极，对一般无知的人来说，这自然让他们十分歆羡。而且在他们看来，这富贵得来似乎也并不太难，只消将生殖器割掉就行，比起读书应考求官钻营实在要容易得多。于是这些人便忍痛自己阉割，年岁太大了的便阉割自己的儿子，后来竟成一种风气，在明代一直持续不断。

这些人自己阉割后选入的经过，大略如下：

京畿民家，羡慕内官富贵，私自奄割幼男，以求收用。亦有无籍子弟，已婚而自奄者。礼部每为奏请，大率御批之出，皆免死，编配口外卫所，名净军。遇赦，则所司按故事奏送南苑种菜，遇缺，选入应役，亦有聪敏解事，跻至显要者。[3]

这种自己阉割的事，在朱棣末年大概已经就很普遍了。

永乐二十二年，仁宗初即位。长沙府民有自宫求为内侍者。上曰：

[1] 《治世余闻》下篇卷二。

[2] 《治世余闻》见《余冬序录》摘抄二。

[3] 《菽园杂记》卷二。

“游惰不孝之人，忍自绝于父母，岂可在左右。”发为卒戍边。[1]

所谓“发为卒戍边”，对这些自宫的人虽然是个打击，但却并不严重，因为他们以后还可以夤缘设法回来。所以，结果无论如何禁止，自己阉割的还是照旧。就在这件事发生的同一年就有同样的事发生：

未几，兴州左屯卫军余徐翊奏：“有子自宫。今为内竖，乞除军籍。”上曰：“为父教子，为子养亲。尔有子不教，自伤其体，背亲恩，绝人道，皆原于尔。”出其子使代军役。又谕刑部尚书金纯等曰：“今后有自宫者，死不贷。”[2]

到第二年朱瞻基即位，又有这样的事：

有军民任本等数人，自宫求用，上曰：“皇考时有自宫者，皆发戍交趾，此人尚敢尔耶！”即循例发遣。[3]

这禁令在当时大概不过是一纸具文，所以到宣德六年竟有指挥同知也要求自宫效用了。宦官的威权富贵打动人心竟至于此！

（宣德六年）金吾卫指挥同知傅广自言愿效用内庭，行在礼部以闻。上曰：“已有例禁。此人身为指挥，尚欲何求？而勇于自残求进，其付刑部治罪。”当是时，京卫官尚未贫也，而内臣自郑和、王瑾后，其富贵势焰，有以歆动之耳。[4]

[1] 《万历野获编补遗》卷一，《禁自宫》。
[2] 《万历野获编补遗》卷一，《禁自宫》。
[3] 《万历野获编补遗》卷一，《禁自宫》。
[4] 《弇山堂别集·中官考二》卷九十一。

朱祁镇即位又重申禁自宫之令，但结果还有的是：

正统十三年，江西鄱阳民樊侃，陕西盩厔民李回汉自宫，诡云病痱，及坠马损伤求用。上以故违禁令，俱发辽东铁岭充军，仍著为令。[1]

到朱祁钰时自宫的还是很多，于是景泰三年又重申此禁：

景泰三年七月，景帝谕礼部尚书胡濙："闻民间自宫者甚多，可榜谕，敢犯者及投王府势宦之家，俱如旧例处以不孝。"[2]

但到朱见深成化十一年竟有三百多自宫的人逃至京师，希图进用，于是又申前禁：

时有自宫者三百一十四人，先已谪戍，复逃至京师，幸图进用。上命锦衣卫重杖而遣之，仍申前禁。[3]

朱祐樘时仍然有自宫的事件：

弘治六年五月，军人马英妻罗氏，自宫其幼男马五。事觉，罗氏坐下手之人当斩律。刑部郎王嘉庆等三人改议杖罪。上怒，谪嘉庆于外，罗氏坐死如律。[4]

这回算是认真惩罚了一下，不过结果还是无济于事。到朱厚照时自

[1] 《万历野获编补遗》卷一，《禁自宫》。

[2] 《万历野获编补遗》卷一，《禁自宫》。

[3] 《明通鉴》卷三十三。

[4] 《万历野获编补遗》卷一，《禁自宫》。

宫的人数之多，简直骇人听闻，一村竟至数百人，差不多是全村自宫了！

> 时宦官宠盛，愚民尽阉其子孙以图富贵。有一村至数百人者，虽禁之莫能止。是月即审录重囚，有自宫坐罪者十二人，拟以可矜。上谓年幼，姑系之勿释。[1]

大概因为自宫的太多了吧，所以，正德二年九月又严申自宫之禁。八年三月又严自宫论斩之法。同时因自宫而遣戍的人逃回京师希图进用的大概也很多，于是又令“但有潜留京师者论死”[2]。不过，这些都是纸面文章，朱厚照一面下令禁止自宫，一面却又大量录用这些自宫的人。

> （正德十一年五月）甲辰，录自宫男子三千四百六十人充海户，月给米人三斗。时有无票帖不录者尚数千人，复扣礼部门求录用，令“逐归原籍，再至京奏扰者罪之”。然卒不能禁也。[3]

从这以后，便越禁越多，朱厚熜时这些自宫的人竟聚众要求录用了。

> （嘉靖）五年二月南海户净身男子九百七十余人，复乞收入，上怒，命锦衣卫逐还原籍，为首者杖之。[4]

自宫的人太多了，入选录用的究竟有限，于是这些不入选的便流落外边，弱者便沿途求乞，强者便抢劫行人。

> 畿辅之俗，专借以博富贵。为人父者，忍于熏腐其子。至有兄

[1] 《万历野获编补遗》卷一，《禁自宫》。

[2] 《万历野获编补遗》卷一，《禁自宫》。

[3] 《明通鉴》卷四十六。

[4] 《弇山堂别集·中官考十》卷九十九。

弟俱阉，而无一入选者。以至为乞为劫固其宜也。[1]

这抢劫的地点和情况，沈德符另有一段叙述：

余入都渡河，自河间、任邱以北，败垣中隐阉竖数十辈，但遇往来舆马，其稍弱者，则群聚乞钱，其强者辄勒马衔索犒。间有旷野中二三骑单行，则曳之下鞍，或扼其喉，或握其阴，尽括腹腰间所有，轰然散去。其被劫之人，方苏，尚昏不知也。比至都城外亦然，地方令长视为故常，曾不禁戢，为商旅害最酷。[2]

地方官之所以不敢过问，大概因为这些家伙都是些准宦官，说不定哪一天又被选入，记起旧恨，那就有触不尽的霉头，所以就睁一只眼闭一只眼了事了。

这种自宫求用的人，一直到朱由检时还是很多。由检曾下谕礼部禁止过，谕云：

朕览会典，自宫禁例一款："民间有四五子以上，许以一子报官奄割，有司造册送部院收补日选用。敢有私自净身者，本身及下手之人处斩，全家发烟瘴地面充军，两邻歇家不举者治罪。"我祖宗好生德意，真至周密，故立法严明。近来无知小民，希图财利，私行奄割，童稚不堪，多至殒命，违禁戕生，深可痛恨！自今以往，且不收选。尔部可宣布朕命，多列榜文，谕到之日为始，敢有犯者，按法正罪。仍许诸色人等，当时首告本地官司奏闻。邻右歇家不举，从事治罪。有司知而不禁，并行究处。倘有强奄他人，希图诬赖的，讯明反坐，决不徇纵。布告中外，恪行遵守！[3]

[1] 《万历野获编》卷六，《丐阉》。

[2] 《万历野获编》卷六，《丐阉》。

[3] 《烈皇小识》卷一。

当然，因自宫选入而被重用的也不少，如王振便是自宫进用的。他如朱厚照时张忠，因他父亲不爱他而自宫，结果做了御马太监，与司礼张雄、东厂张锐并称“三张”。朱翊钧时的司礼掌印兼东厂太监陈矩，是被他父亲阉割了的。而魏忠贤也是因为和无赖赌博不胜，为所侮辱，愤而自宫。这些都是最著名的特务头子，倒是大可以替自宫的人扬眉吐气了。

第三节　特务内部的矛盾

统治者使用特务以及特务与特务的结合，主要是依赖权力和金钱，他们之间固然说不上什么信仰，就连封建时代的所谓道义也荡然无存。明代特务机关既是这样的庞大，管辖的范围是这样的广泛，人数又是这样众多，因此，他们之间彼此利害必然会常常冲突，一有冲突便发生矛盾，有矛盾就有斗争，于是便自相倾轧排挤甚至残杀起来。这主要表现在两方面：一是特务和主子之间的；一是特务和特务之间的。但这些矛盾倾轧只是他们内部的事情，至于对天下人民的镇压却并未因此放松。

（一）特务和主子之间的矛盾

特务和他主子的矛盾产生在两方面：在主子这一方面，他要特务替他维持并巩固自己的统治，就不能不给他们以最大的权力。但是时间一久，特务的权力日益增长，这在主子看来又是一个威胁，所以便不能不设法剪除，另外换一批新的特务来代替。在特务方面呢，自然也不会不明白这一点，他们便想出两种对抗方法：一是尽量培植自己的势力，使主子不敢轻易下手；另一种则是等自己势力形成之后，趁早争取主动，不等主子来剪除，自己就先动起手来。这样两方面便互相猜忌，彼此提防，但不管怎样，特务势力终究没有主子雄厚，所以每当双方矛盾尖锐一旦爆发以后，吃亏的还是特务。

朱元璋是个手段极为狠毒的独夫，他深深懂得驾驭特务的方法，他和他的特务之间虽有矛盾，但却没有爆发成什么大的事变。他的儿子朱棣则过分信任特务，于是便有锦衣卫指挥使纪纲谋反的事发生：

（永乐十四年七月乙巳）……（纪纲）多蓄亡命，造刀甲弓弩万计。会端午节，上射柳，纲属镇抚庞瑛曰："我故射不中，若折柳鼓噪，以觇众意。"瑛如其言，无敢纠者。纲喜曰："是无能难我矣！"遂谋不轨。内使仇纲者发其罪，命给事御史廷劾，下都察院按治。具有状，即日磔纲于市，家属无少长皆戍边，天下快之。[1]

纪纲这次被杀，固然是由于他和朱棣之间有矛盾，但若不是那个和他有仇的内使告发他，他的计划也还不至于很快被朱棣知道，所以，这里又存在有特务和特务之间的矛盾了。

到朱棣末年又发生宦官谋杀朱棣并废太子高炽的事：

永乐末，常山护卫指挥孟贤等以宦官黄俨结，谋弑帝，废太子，而立赵王。[2]

这件事的发生，是由于宦官和高炽之间的矛盾，《万历野获编》卷四"赵王监国"一节记载较详。

永乐廿一年，上在行在，频以疾不视朝，中外事悉命皇太子决之。时仁宗英断，裁抑宦寺，而内臣黄俨、江保等，尤见疏斥……俨素厚（赵王）高燧，尝阴为之地，诈造毁誉传于外，谓上注意赵王。外结常山护卫指挥，命孟贤等举兵，推赵王为主。因谋不利于上并皇太子。时钦天监官王射成与贤厚善，密告贤天象当易主，贤等谋益急。

[1] 《明通鉴》卷十六。

[2] 《明史·陈瑄传》卷一五三。

令兴州后屯卫军高正等连结贵近，就宫中进毒于上，候宴驾，即劫收内库兵仗符宝，执文武大臣，令高正伪撰遗诏，付中官杨宝养子，至期以御宝颁出，废皇太子而立赵王高燧为皇帝。

后来事机不密，为高正之甥王瑜告发，参与计划的人，全体被杀死，高燧因高炽力解得免。

朱棣驾驭特务虽然不及乃父，但毕竟是个狠毒的独夫，他常叫特务去杀人，但接着便又假借事由将这个特务杀掉以灭口，如杀驸马梅殷事便是一例：

（永乐三年）冬十月，杀驸马都尉梅殷。先是殷家居，上尝遣中官伺察，词色恒不平……至是殷入朝，前军都督佥事谭深，锦衣卫指挥赵曦挤殷笪桥下溺死，以殷自投水闻。都督同知许成发其事，上命治深、曦罪。对曰："上命也。"上大怒，立命力士以金瓜落二人齿，斩之。遣官为殷治丧，谥荣定，而封许成为永新伯。[1]

朱祁镇复位后，曾剪除了大批特务。这些特务原都是他弟弟祁钰的人，当他幽居南城的时候，很受了他们一些气，一旦复位，矛盾立刻爆发，便放手屠杀剪除。

天顺元年正月壬午，执司礼太监王诚、舒良、张永、王勤等于禁中，出付锦衣卫狱，群臣言诚等串同都督黄玹，构成邪议，更立东宫，寻又谋迎已出汪后，又与少保于谦、王文等图为不轨，纠合逆旅，迎立外藩，俱坐谋反，凌迟处死。丙戌命斩于市，籍其家。是日校尉逯杲……命锦衣卫差官往执宁夏管神铳内官高平，公干云南内官阎礼，并籍其家以来，俱磔于市。[2]

---

[1] 《明通鉴》卷十四。

[2] 《弇山堂别集·中官考二》卷九十一。

癸卯，诛司设监太监廖官保、御马监太监郝义、司礼监少监许源。官保提御药房，上尝索药不得故也。义坐与王诚等同谋，欲发勇士擒杀吉祥、石亨等。源故从上南内，坐谤讪俱诛。[1]

嫌疑较轻的，便谪降贬斥：

戊子，六科十三道劾司礼监太监兴安窃弄威权，紊乱朝政，锁南内之门，易东宫之位，与王诚、舒良等为党，明知逆谋，不能谏阻，而伺衅乘机，心持两端，观成败以为向背，乞枭其首，以戒权奸。旨谓安罪本当死，姑从宽贷之，勿令视事。[2]

（天顺元年二月，出司礼太监陈）鼎居南京，司礼监（阮）简守长陵，永不任用。（以其与王诚、舒良等同谋也。）[3]

这些事都发生在几天之内，可见当时情况是颇为紧张的。

但是就在这次屠杀之后，不到五年光景，他和他自己的特务又有了矛盾，而发生曹吉祥谋反的事。

曹吉祥是朱祁镇的大功臣。朱祁镇复辟时，他正分掌京营，和石亨率兵迎祁镇复位，升司礼监太监，总督三大营，军政大权集于一身。嗣子钦从子铉、铎、镕等都官都督，钦并封昭武伯。权势遮天，朝野侧目。于是祁镇便有点不大放心，渐渐和他疏远。他心里当然也怀着鬼胎。石亨下狱后，他更感到自己不安稳，而锦衣卫逯杲又时时侦缉他和曹钦的阴事报告祁镇。[4]于是他便"渐蓄异谋，日犒诸达官，金钱、谷帛恣所取。诸达官恐吉祥败，而已随黜退也，皆愿尽力效死"。他的嗣子曹钦也一心想做皇帝，便问他的门客冯益道："古有宦官子弟为天子者乎？"冯

[1] 《弇山堂别集·中官考二》卷九十一。

[2] 《弇山堂别集·中官考二》卷九十一。

[3] 《弇山堂别集·中官考二》卷九十一。

[4] 《明史·门达传》卷三〇七。

益答道："君家魏武其人也。"于是曹钦大喜，就等待时机发动。天顺五年七月间，曹钦私自拷打家人曹福来，为言官所劾，祁镇也不客气叫逯杲去按问，并且降敕遍谕群臣。曹钦大惊说道："前降敕遂捕石将军，今复尔，殆矣。"[1] 于是，决定起事。曹吉祥还要拣选吉日，便和他的党羽掌钦天监太常少卿汤序择定这个月庚子那一天，商议好在清早动手，由曹钦带兵从外边攻进，而吉祥在内领导禁军接应。到了这一天：

> 钦召诸达官夜饮。是夜，（怀宁侯孙）镗及恭顺侯吴瑾俱宿朝房。达官马亮恐事败，逸出，走告瑾。瑾趣镗由长安右门隙投疏入。帝急系吉祥于内，而敕皇城及京城九门闭弗启。钦知亮逸，中夜驰往逯杲家，杀杲，斫伤李贤于东朝房。以杲头示贤曰："杲激我也。"又杀都御史寇深于西朝房。攻东、西长安门不得入，纵火。守卫者拆河壖甎石塞诸门。贼往来叫呼门外。镗遣二子急召西征军击钦于东长安门。钦走攻东安门，道杀瑾。复纵火，门毁。门内聚薪益之，火炽，贼不得入。天渐曙，钦党稍稍散去。镗勒兵逐钦，斩铉、𫓩，镗子軏斫钦中膊。钦走突安定诸门，门尽闭。奔归家，拒战。会大雨如注，镗督诸军大呼入，钦投井死。遂杀铎，尽屠其家。越三日，磔吉祥于市。汤序、冯益及吉祥姻党皆伏诛。[2]

在这次事变中，除了朱祁镇和曹吉祥之间的矛盾而外，还有曹吉祥和逯杲之间的矛盾，而逯杲也就在这矛盾中送掉性命。

朱见深时司设监太监沈绘因被疏斥，自己有些恐惧，便私造兵器，以备不虞，结果还是被杀掉。

> （成化十四年）司设监太监沈绘下狱拟斩罪。绘恃宠稔恶，后为上所疏斥，常怀怨望。奉御贾祥因教其私造兵器，使家童演习，以备

[1] 《明史·曹吉祥传》卷三〇四。

[2] 《明史·曹吉祥传》卷三〇四。

不虞。有畏祸者，遂发其平日多盗内帑金银器物诸不法事，并言其弟千户广贪淫邪伪，不时披甲出入皇城，莫测其意。下法司推问皆实。命绘、祥斩，广绞，皆如所拟律，仍下狱监候。其党二十一人免赎，送司礼监奏请处治。[1]

朱厚照是个最信任特务的独夫，但在他在位期间，就有两个特务头子打算谋反，一个是刘瑾，另一个是江彬。刘瑾的失败，主要的原因还是他和其他特务之间矛盾太多，等待下节再说。这里只说江彬。

江彬事实已见第四章，他在朱厚照临死的时候曾打算谋反，那时京城兵权完全在他掌握之中，随时可以动作。大学士杨廷和看破他的主意，便通过宦官关系，设法将他逮住，《明史》称：

帝崩，大学士杨廷和用遗命，分遣边兵，罢威武团练营。彬内疑，称疾不出，阴布腹心，衷甲观变，令（许）泰诣内阁探意。廷和以温语慰之，彬稍安，乃出成服。廷和密与司礼中官魏彬计，因中官温祥入白太后，请除彬。会坤宁宫安兽吻，即命彬与工部尚书李鐩入祭。彬礼服入，家人不得从。事竟将出，中官张永留彬、鐩饭，太后遽下诏收彬。彬觉，亟走西安门，门闭。寻走北安门，门者曰："有旨留提督。"彬曰："今日安所得旨？"排门者。门者执之，拔其须且尽。收者至，缚之。有顷，周、琮并缚至，骂彬曰："奴早听我，岂为人擒！"世宗即位，磔彬于市。[2]

朱由校死后，据说魏忠贤也有篡位的打算，崔呈秀认为时机未至，方才作罢。

是时群臣俱在寓闻讣，恐入朝有他变，生死且不测。厥明至殿

[1] 《弇山堂别集·中官考三》卷九十二。

[2] 《明史·江彬传》卷三〇七。

> 门，宦者持门不得入，告以宜用丧服。既改服，又言未成服，宜如常。群臣奔走出入者三，气喘且不续。哀诉宦官，乃得入，行哭临礼。司礼太监王体乾，及忠贤在丧次。独体乾语礼部备丧礼，忠贤目且肿，无所言。群臣出，独呼兵部尚书崔呈秀入。屏人私语移时，秘不得闻。或曰，忠贤自欲篡，而呈秀以时未可而止之也。逆党先又献计，欲令宫妃假称自娠，而窃魏良卿子以入，忠贤辅之，如新莽之于孺子婴。忠贤纳其说，令人讽懿安皇后，后力拒不可。曰："从命死，不从亦死。等死耳，不从而死，可以见二祖列宗在天之灵。"忠贤无以难，乃召信王即皇帝位。[1]

朱由检即位后，第一件事便消灭魏党，先谪忠贤于凤阳，接着又下令逮治。"忠贤行至阜城，闻之，与李朝钦偕缢死。"[2] 魏氏全家抄斩，"婴孩赴市，有盹睡未醒者，天下以为惨毒之报，无不快之"[3]。

特务的特务

主子使用特务，当他们势力强大以后，便设法剪除，已见上节。但在平时，有些主子仍是不能放心，特别是派他们出去的时候。于是便派另一个特务去监视这个特务，这就是特务的特务。

朱瞻基时赵王高煦存心谋反，他派司礼太监侯泰去侦察，但却又派几个锦衣官校跟着侯泰后面监视。

> 上初遣泰谕汉王高煦。高煦严兵而后入，览书谓泰曰："朝廷知我举兵耶？"泰曰："有言者，上以至亲故，不信也。"高煦曰："尔旧人，宜知我举兵故。"泰曰："不知也。"高煦曰："太宗听谗间，削我两护卫，徙置此州。仁宗不复我护卫，不徙我大郡，而徙

[1] 《三朝野记》卷三。

[2] 《明史·魏忠贤传》。

[3] 《明史纪事本末》卷七十一。

以金帛饵我，安能郁郁久居此乎？”因命遍观其兵马器甲，曰：“以此横行天下可也。为语而主，即送奸臣来，然后议我所欲。”泰归，上问：“高煦何言？”曰：“一无所言。”问：“治兵乎？”曰：“无所见。”已而锦衣官校从者白其事。上曰：“事定必治泰，不可宥也。”[1]

结果到第二年便将侯泰捕下牢狱。

朱祁钰时镇守浙江太监卢永擅作威福，祁钰便派另一个特务去申斥监视他，并且带了诰敕。敕云：

尔在彼行事执拗，以此差本少监陈政赍捧旨意前去，同尔理事。政于六月十二日至彼，三司官俱出城迎接行礼，尔乃托病不出，却使人问政是何官，买办何物，此尔怀奸挟诈，不敬朝廷之罪一也。十三日方至武林驿与政相见，不请旨意行礼，不问朝廷公事，就便辞去，此尔背公徇私，不敬朝廷之罪二也。十四日又至馆驿前，因开门迟即发怒而回，却言政尝为吾部下，其官不及吾，此尔轻慢使臣不敬朝廷之罪三也。尔昔与张永郝义等同类，内有典刑降用者，此时曲法宥尔，又升尔职，委镇大藩，正当赤心报国，以报再生之恩。却乃心怀奸诈，傲慢朝廷，悖礼违法。论尔之罪，正当抄提来京究治。今且将尔所为，实迹封去，尔宜自看，似此所为，岂是忠敬之道，看毕尔即具实以闻。[2]

到了朱厚照时，便准了刘瑾的请求，索性成立了一个专门监视特务的机关——内行厂，由刘瑾自己领导。

瑾又立内厂，自领之，京师谓之内行厂。比东西二厂尤为酷烈，

[1] 《弇山堂别集·中官考二》卷九十一。

[2] 《弇山堂别集·中官考二》卷九十一。

中人以微法，往往无得全者。[1]

内行厂的特务监视告发其他特务的事实例子，如：

内官监太监杨镇赍官银万两，长芦盐八千引，往南京易银买丝织造。乃以其银私自买盐，混同装载，用舟六百艘，沿途胁赂，得银一万六千二百两，家人韦庆等所得银亦几千两。为瑾内行厂所发，下南京三法司会鞫。狱上，降镇奉御南京闲住，庆等发辽东广宁卫充军。[2]

这种告发，绝不能认为是真正在执行法令、惩治贪污，主要的怕还是杨镇没有贿赂刘瑾的缘故。

后来朱翊钧时代，冯保每次派特务出去，也经常另派几个特务跟在后面监视：

（冯）保……德居正，居正稍说其裁抑中贵人，毋与六曹事。毋轻衔命出使。即使，而缇骑尾而阴诇其短，惴惴事毕，卒不见谪罚。以是怨居正而不归心保。[3]

而后来冯保那里，朱翊钧又派有特务监视他。

初帝所幸中官张诚见恶冯保斥于外，帝使密诇保及居正。至是，诚复入，悉以两人交结恣横状闻。[4]

[1] 《弇山堂别集·中官考五》卷九十四。

[2] 《弇山堂别集·中官考五》卷九十四。

[3] 《靖嘉以来首辅传·张居正》卷七。

[4] 《明史·张居正传》卷二一三。

魏忠贤也是如此，如第五章所说：他派许显纯审问案件，一定还要另派一个特务在后面“听记”，便是一例。

朱由检时派特务监视特务就更为普遍，军队中除了照例派遣特务监视——监军外，又另外派遣一个人监视，这些都留待最后一章再说。

（二）特务和特务之间的矛盾

争 权 倾 轧

特务和特务之间产生矛盾，主要原因是为了争权夺宠，于是便彼此互相排挤，互相告发，甚至互相残杀。这一类事有些已经分见前面各章，这里只选择一些主要的事件说一说。前面已提到的，便不再赘。这里先从朱祁镇时的王振说起。

王振在朱祁镇即位之初，专权擅宠，势力极大，当时其他特务们对他十分嫉妒，曾写匿名书骂过他。

> （正统）八年，内使张环、顾忠匿名写诽谤语，锦衣卫鞫之，得实。诏磔于市，仍令内官俱出观之，所诽谤者，王振也。磔之者，亦王振也。[1]

祁镇复辟之后，信任三个特务头子——曹吉祥、逯杲和门达。而这三人之间就矛盾重重。

逯杲之死，便是和曹吉祥有矛盾的结果，事实已详前节，至于他和门达的矛盾，则是因为他俩同在一个特务机关——锦衣卫工作。逯杲原来本是门达的部下，但后来他却更得祁镇的信任，渐渐地便“势出达上”。“达怒，力逐之，杲旋复官，欲倾达，达惴惴不敢纵。”[3] 后来反向逯杲俯首听命，直到逯杲被曹钦杀掉以后，门达才又得势。

门达二次得势后，又和掌锦衣卫事袁彬发生矛盾。袁彬曾从祁镇陷

---

[1] 《弇山堂别集·中官考二》卷九十一。

[2] 《明史·门达传》卷三〇七。

也先，服侍左右。祁镇复辟后，极得宠爱。所以，当门达势倾朝野的时候，他独不为之屈。门达恨之入骨，便“廉知彬妾父千户王钦诓人财，奏请下彬狱”[1]。幸祁镇尚念旧恩，告诉门达道：“任汝往治，但以活袁彬还我。”[2] 所以，门达还不敢将他害死。

朱祁镇死后，儿子见深即位，从前在东宫侍奉他的宦官照例当重用，于是对老宦官便设法排挤。如：

> （东宫内侍王纶）以例当柄用，骤骄肆，司礼监太监牛玉恐其轧己……会大行就殓，纶衰服袭貂裘于外，上见而恶之。玉因数其过恶，劝上执下狱，又嗾人发其交通事……降内使，发南京闲住。[3]

稍后，太监汪直专权自恣，对其他特务也极排挤之能事。他首先排挤当时最有权力的司礼太监黄赐，那时巴结他的官员们还因此称赞他公正。

> 初内阁之论罢西厂也，（王）越遇大学士刘吉、刘珝于朝，显谓之曰：“汪直行事亦甚公。如黄赐专权纳赂，非直不能去。”[4]

后来成化十三年冬，南京镇守太监覃力朋射杀人，“会汪直刺事廉得之，以闻。明年，逮力朋，下狱论斩，竟以幸免，而上益谓‘直不私可倚任’云”[5]。又一次汪直“遣校尉缉事，言（李）震阴结守备太监覃包，私通货赂。帝怒，遣直赴南京，数包等罪，责降包孝陵司香”[6]。从这

[1] 《明史·门达传》卷三〇七。

[2] 《明史·袁彬传》卷一六七。

[3] 《弇山堂别集·中官考三》卷九十二。

[4] 《明通鉴》卷三十三。

[5] 《明通鉴》卷三十三。

[6] 《明史·李震传》卷一六六。

些事看来好像汪直也甚为公道，但事实上他的动机只是想博得主子信任及借此排斥异己而已。

汪直这样排挤别人，但结果他自己仍是被另一个特务尚铭所排挤。

尚铭原是汪直提拔起来的宦官，后来他提督东厂，就有点不大听汪直调动。于是，汪直便想倾陷他。

> 有盗夜越皇城入西内窃衣米者，时索之急，东厂校尉缉获之，太监尚铭以闻。上喜甚，厚赐赉。直闻而怒曰："尚铭者，吾所引用之人耳，尔乃敢背吾，独擅其功。"思有以倾之。[1]

这样，尚铭自然有点恐慌，于是便设法刺探汪直阴事，来先发制人。

> 直初与王越甚昵，时或泄禁中语于越。后直主陈钺议用兵辽东，言官多以启衅劾钺，越方领都察院事，不能制也。而钺谮于直，谓皆越所嗾者，直怒而窘辱越，越乃挟前所泄语以抵之，直乃沮。寻二人意释，交如初。顾所泄语颇闻于人，铭悉廉得之，乘直监军在外，白于上，上始疑直。[2]

汪直从此便一蹶不振，而尚铭却起而代之，势力日盛，结果仍被朱见深谪斥。而见深晚年信任的太监梁芳在朱祐樘时被罢斥，又是宦官蒋琮播弄的。[3]

朱厚照时特务极多，于是彼此之间的矛盾也更复杂，其中又以刘瑾为最，底下当专作一节叙述。此外如丘聚之于张永，江彬之于钱宁。张永是因为贪污被丘聚告发的。

---

[1] 《弇山堂别集·中官考三》卷九十二。

[2] 《明通鉴》卷三十四。

[3] 《明通鉴》卷三十四。

（七年）司礼监太监张永既罢，仍旧理御用监事，托言欲有稽查，令库官吴纪等窃出银七千余两，舁入私宅，造作玩好诸物。御用监太监丘聚发其事，执纪等付镇抚司鞫问，具得情实以闻。永多方营救，仅调御用监闲住，纪等降调有差。[1]

江彬和钱宁都是在同一时期被朱厚照宠幸的特务，两人争宠倾轧，斗争得很激烈。最后江彬播弄朱厚照南巡，有意叫钱宁去董理皇店之役，不让他从行。钱宁那时正勾通宸濠，于是"彬在道，尽白其通逆状。帝曰：'黠奴，我固疑之。'乃羁之临清，驰收其妻子家属。帝还京，裸缚宁，籍其家……世宗即位，磔宁于市。"[2]

朱厚熜时特务头子陆炳曾将司礼太监李彬倾轧至死。

嘉靖三十六年，掌锦衣卫事太保左都督陆炳劾奏提督内皇城八门兼掌刑司礼监太监李彬，侵盗帝真殿工所物料，及内府钱粮以数十万计，私役军丁造坟于黑山……宜置之法。上命锦衣卫捕送镇抚司考讯……与其党太监杜泰、李庚、王恺等皆论斩，余发遣如律。[3]

朱翊钧时大特务冯保之败，也是由于他们同类相残。而冯保与朱翊钧之间也早就有矛盾存在，这原因是冯保欺翊钧年幼，过分钤束了他：

上初以慈宁及江陵故，待冯珰厚，而不堪钤束，屡有以折之。一日上御日讲毕，书大字赐辅臣等，冯珰侍侧，立稍倾欹。上遽以巨笔濡墨沉过饱，掷其所衣大红衫上，淋漓几满。冯珰震惧辟易，江陵亦变色失措。上徐书毕，起还内，时戊寅己卯间事。[4]

---

[1] 《弇山堂别集·中官考六》卷九十五。

[2] 《明史·钱宁传》。

[3] 《弇山堂别集·中官考十一》卷一〇〇。

[4] 《万历野获编》卷二，《今上待冯保》。

还有一次，冯保也过分使翊钧难堪。

今上……圣龄已长，偶被酒，令小阉唱以侑之，阉辞不能，上倚醉拔剑断其总角。群竖肤诉于冯保，保奏之慈圣。次日召上诟诘甚苦，至有社稷为重之说。上涕泣谢过，为手诏克责以赐江陵。[1]

而冯保却又借这事件来倾轧异己。

而珰保因得中其所仇孙海、客用，谓二人引诱。江陵条旨，俱谪净军，发南京种菜，亦可已矣。江陵复再疏推广保说，谓太监孙德秀、温泰、周海俱谄佞当斥，三人亦保之素嗛者，上不得已，允之。[2]

结果冯保也就失败在这许多矛盾之中。

冯保失败，虽然是由于和朱翊钧有矛盾，但主要的还是由于和他有矛盾的特务播弄成的，这特务是谁，有三种不同的说法，一说是张诚：

大珰冯保之败也，王弇州所纪谓出于张诚，此向来士大夫皆云然，不独弇州也。此一说也。[3]

《明史·张居正传》卷二一三中就采用了这一说法。另一说是张宏：

至乙酉年，麻城周二鲁宏禴疏论李顺衡植，谓李之参保，繇大珰张宏授意门下山人乐新炉，转授李使击保去。宏因得掌司礼监，李以此与张宏为刎颈交。李自云受皇上异眷，每于内廷呼李植为我儿，

[1] 《万历野获编》卷九，《江陵震主》。

[2] 《万历野获编》卷六，《冯保之败》。

[3] 《万历野获编》卷六，《冯保之败》。

亦出张宏之力，此又一说也。[1]

周宏禴疏，《明史·李沂传》卷二三四也引用了。第三说是张鲸：

至戊子冬，东厂张鲸之败，阁部大臣以至南北科道，或公疏，或单疏，无一人不劾鲸者。科臣李沂受杖至惨毒，几死。时皆谓鲸阴佐翼坤宫郑贵妃；有立幼之谋，事关宗社，故一时朝士昌言锄去。真可谓公忠。乃闻一二大君子微不满此举，谓其中别有窍妙。当保盛时，群珰劫于积盛，莫敢撄其锋。惟鲸为上所亲信，且有胆决，密与上定谋，决计除之，鲸以此受知，越次掌厂。既久用事，复将攘张诚位而据之。且诚本冯保余党，唯时在事大僚曾受冯保卵翼者，思为保复仇，且结张诚欢，故出全力攻之。言官不过逐影随波而已，此又一说也。[2]

《明史·李沂传》中也有此说。但在冯保传中却又调停了一下，说是张鲸、张诚两人。并且说起初翊钧还有点怕冯保，要不是张鲸极力怂恿他，还不敢下手。

是时太后久归政，保失所倚，帝又积怒保。东宫旧阉张鲸、张诚乘间陈其过恶，请令闲住。帝犹畏之，曰："若大伴上殿来，朕奈何？"鲸曰："既有旨，安敢复入。"乃从之。[3]

而据沈德符亲自听到的当时宦官所说，则是张鲸。

三种议论俱有根据，然宫府事秘，莫知谁属。近见一大珰所述，

[1] 《万历野获编》卷六，《冯保之败》。

[2] 《万历野获编》卷六，《冯保之败》。

[3] 《明史·冯保传》。

则云冯保一案，实出张鲸手，而鲸为张宏名下宫人，宏知其谋，曾密止之，则后一说似确。且鲸掌东厂旨下之日，李顺衡即于是日上参保之疏，不逾时刻，则或有承望，亦未可知。大抵权珰盘踞深固，非同类相戕，必难芟剪。如宪宗朝汪直，则尚铭挤之；武宗朝刘瑾，则张永殪之。外廷儒臣，安能与焦、程、仇、田争胜负也。[1]

《明史·张鲸传》说法与此完全相同，传云：

张鲸新城人，太监张宏名下也……冯保用事，鲸害其宠，为帝画策害保。宏谓鲸曰："冯公前辈，且有骨力，不宜去之。"鲸不听。既谮逐保，宏遂代保掌司礼监，而鲸掌东厂。

照这样看来，恐怕主要的还是张鲸。但不管是谁，如若不是同类相残，冯保大概一下子还不会失败。

朱翊钧末年派出的矿税太监彼此间也常有矛盾冲突。如陈增之与马堂：

命增兼征山东店税，与临清税监马堂相争。帝为和解。[2]

又如广东税监李凤与珠池监李敬也时常冲突。[3]

魏忠贤在明代所有特务中是权势最大的一个，但在朱由校初年，他势力还并没有形成。那时司礼太监王安当权，王安是一个比较正派的宦官。当朱常洛死时，西宫李选侍和魏忠贤（那时他还叫李进忠）计划挟皇太子以自重，盘踞乾清宫不出。王安知道这事，便告诉了杨涟。涟同大学士刘一璟入宫哭临，王安便设计抱皇太子出，择日即位。李选侍结果迁出乾

[1] 《万历野获编》卷六，《冯保之败》。

[2] 《明史·陈增传》卷三〇五。

[3] 《明史·梁永传》卷三〇五。

清宫，这事已详第二章。朱由校从此便很宠幸王安，言无不纳。但这样却和魏忠贤结下了仇恨，忠贤便和客氏勾结，设法排挤。朱由校命令王安任司礼监掌印，王安照例辞谢，客氏便怂恿由校允许了他。于是便更进一步要谋杀他了。

（客氏）与忠贤谋杀之。忠贤犹豫未忍，客氏曰："尔与我孰若西李，而欲遗患耶？"忠贤意乃决，嗾给事中霍维华论安，降充南海子净军，而以刘朝为南海子提督，使杀安。刘朝者，李选侍私阉，故以移宫盗库下狱宥出者。既至，绝安食，安取篱落中芦菔啖之，三日犹不死，乃扑杀之。[1]

王安死后，又"尽斥安名下诸阉"[2]，于是忠贤势力便一天天壮大起来，开始大屠杀了。

但这个刘朝后来和魏忠贤彼此之间也发生了矛盾，由于这矛盾，倒还停止了一件扰民的事。

刘朝典内操，遂谋行边。廷臣微闻之，莫敢言……会朝与进忠（魏忠贤）有隙，事亦中寝。[3]

从王安这次事件中，还可以附带地提到另一件事，便是明代特务中也还有极少数的也有点良心的人，但这些人往往被其他特务排挤陷害，如这里所说的王安以及下节要提到的王岳等人，其他的也还有几个，如朱见深时的陈准。

成化末年，宦者尚铭坐东厂，陈准继之，甚简靖，令刺事官校曰：

[1]　《明史·王安传》卷三〇五。

[2]　《明史·魏忠贤传》。

[3]　《明史·周宗建传》。

"反逆妖言则缉，余有司存，非汝辈事也。"坐厂数月，都城内外安之。权竖以为失职，百计媒孽，准自知不免，一夕缢死。[1]

又如朱祐樘时的何鼎，《明史·何鼎传》卷三〇四称：

何鼎，余杭人，一名文鼎，性忠直，弘治初为长随，上疏请革传奉官，为侪辈所忌。

后来因弹劾外戚张鹤龄，触怒了祐樘妻子张氏，使太监李广将他活活打死。此外，还有朱载垕时的李芳：

（隆庆二年十一月）杖内官监李芳。芳以持正，待上于藩邸，即位，信任之。已，奏革上林苑监，增设皂隶；减光禄岁增米盐，及工部物料，以是为同类所嫉。而是时中官滕祥等，方争饰奇技淫巧以悦上意，又导上为长夜饮，芳切谏，上不悦。祥等因媒孽之，上大怒，勒令闲住。至是复命杖芳八十……系狱，三年始得释，仍罚充南京净军。[2]

又如朱由校时锦衣卫的吴孟明：

（吴）孟明，袭锦衣千户，佐许显纯理北司刑。天启初，谳中书汪文言，颇为之左右。显纯怒，诬孟明藏匿亡命。下本司拷讯，削籍归。[3]

好人不会去做宦官特务，而宦官特务中极少数的比较有良心的又被排挤以去或是陷害致死。结果剩下来的自然都是些万恶的坏蛋了。

---

[1] 郑晓：《今言》卷三。

[2] 《明通鉴》卷六十四。

[3] 《明史·吴兑传》卷二二二。

刘瑾之死

刘瑾之死，便是死在他和其他特务们矛盾冲突之中的。

刘瑾在当时和其他特务矛盾冲突最多，这一方面固然是由于其他特务嫉妒他；另一方面呢，也是因为他太专横，对其他特务控制压抑得太厉害了。如上面所说他播弄朱厚照创立内行厂，专门刺探特务阴事，这自然会引起其他特务们极大的愤恨来。

刘瑾刚一抓得政权，第一件事便是倾陷旧日的有点权力的特务。首先一批是王岳、范亨、徐智三人。

王岳是当时的司礼太监，为人比较耿直。素恨刘瑾奸诈，当厚照即位之初，刘健、谢迁弹劾刘瑾的时候，王岳等三人便在厚照面前帮刘健说话。刘瑾知道后，便“大惧，夜率（马）永成等伏帝前环泣。帝心动，瑾因曰：‘害奴等者王岳，岳结阁臣欲制上出入，故先去所忌耳。且鹰犬何损万几，若司礼监得人，左班官安敢如是？’帝大怒，立命瑾掌司礼监，永成掌东厂，（谷）大用掌西厂，而夜收岳及亨、智充南京净军”[1]。刘瑾既入司礼，便又派人“追杀岳亨于途，捶智折臂”。

王岳、范亨既死，不到两年，刘瑾又将旧日特务李荣、黄伟倾轧出去，事情的起因还是由于特务之间的矛盾。大概刘瑾在当时专横过甚，一班宦官特务敢怒而不敢言，便散发匿名帖子咒骂刘瑾。

> 正德三年六月中，早朝，拜伏既起，御史阶上有无名揭帖一本，皆言刘瑾事。上命锦衣卫查。既而刘瑾传旨：令百官奉天门下跪候发落，辰刻，命堂上官起出。巳刻，刘瑾立门东，翰林院官就东跪诉：“内监事待翰林官素厚，岂肯如此。”瑾令起出。御史宁杲诉于瑾曰：“御史等官素知法度，岂敢如此，此乃新进士所为。”瑾曰：“新

[1] 《明史·刘瑾传》。

进士与他有何相干？尔每把朝廷事件件坏了，略加处置，就都怨恨。太祖法度，尔每个曾见，岂不闻知？”瑾令百官皆起，照旧站立，看有揭帖处是何官。太监黄公伟曰：“凡朝四品以上，各照班次，以下皆杂立，丢帖之人，岂肯复立于此处，亏了人！”瑾令复跪，又点武士，令各官家搜稿。黄公又曰：“他干此事，虽妻子亦不得知，岂肯留稿。”瑾已之。此事若非黄公，不惟扰害，不知搜出何等无端事件，为祸不浅。时天暑日烈，通无片云微风，僵者数人，命拽出。黄公忿曰：“你帖子说的都为国为民事，挺身出来。死了也是好男子，枉累别人。”瑾怒曰：“在外匿名帖子尚该死罪，御前如此，是何为国为民好男子，如何不明白具奏。”皆入。留太监李公荣监之，李曰：“你们倒一倒。”众内使掷下冰瓜甚多，李曰：“你们取食之。”瑾出，李曰：“你们都跪着，来了！来了！”瑾见甚怒，复入。既而传出李公私宅闲住，黄公南京闲住。[1]

经过这两次倾轧，旧日宦官特务已经被他排挤得差不多了。于是他便转换方向来排挤和他同时进用的“新贵”特务来。

初，与瑾同为八虎者，当瑾专政时，有所请多不应，（马）永成、（谷）大用等皆怨瑾。又欲逐（张）永，永以谲免。[2]

事实的例子是：

逆瑾性极贪残而假窃大义，沮抑同列。马永成欲升百户邵琪，已得旨。瑾力拒以为不可。争于上前。谷大用得镇守临清太监言，传旨于临清开设皇店。瑾急捕其献计者，置于法。东厂太监丘聚忤

[1]　《弇山堂别集·中官考五》卷九十四引《韩苑洛杂识》。

[2]　《明史·刘瑾传》卷三〇四。

瑾意，瑾密奏聚交通外臣，调南京。[1]

至于张永则比较聪明一点，而且势力也较大，竟在朱厚照前和刘瑾打了起来。

> 五年春，瑾忌太监张永不甚下己，伺间僭于上，调永留都。奏既可，即逐永出就道，榜诸禁门，勿令永复入。永知，径趋诣上前，诉己无罪，为瑾所构陷。上召瑾至诘之，语不合，永即于上前拳殴瑾。谷大用等解之，永得不行。[2]

从这以后，刘瑾和张永便结下了深仇。正德五年四月安化王寘鐇造反，厚照命张永和右都御史杨一清前往讨伐。一路上张永屡次向一清大骂刘瑾，要上章奏劾。据一清自己记载说：

> 总督张公尝语及地方事，辄斥瑾曰："天下事被伊坏得如此！"时瑾焰方烈，张公与予初倾盖，又左右多瑾腹心爪牙，予默不敢应。时贵近家人随征者数十，张公每名给银百两……瑾侄男刘奎等二人复至，独不赏，曰："不愁伊无有也。"予曰："彼亦参随之数，难分彼此，若谓其有，将听其取受耶！"乃笑而与之。又欲将瑾盘粮招商诸事有所论列，予恐嫌隙遂成，密告之曰："二公皆帷幄腹心重臣，公今在外，宜存形迹，不宜轻起衅端。"张公厉声曰："先生不知，吾何畏彼哉！"予曰："固然，彼方在帝左右，公有言能保其必达乎？且扶苏父子之亲，蒙恬之有功，卒堕赵高之手，不可不虑也。"张公首肯久之。后乃知瑾亦颇闻张言，将谋不利，幸其归速，不及有所为。[3]

[1] 《继世纪闻》卷一。

[2] 高岱：《鸿猷录》卷十二。

[3] 杨一清：《制府杂录》。

这次张永幸而听了杨一清的话，没有造次，否则不但害不了刘瑾，反而将为刘瑾所害。但杨一清却看准了他俩之间的矛盾。寘镭平定后，便想借张永以除刘瑾了。他向张永献计，要赶紧回京献俘，当着厚照的面劾奏刘瑾，如若厚照不允许，便以死力争。于是张永大喜，便照计行事。

> 永捷疏至，将以八月十五日献俘，瑾使缓其期。永虑有变，遂先期入，献俘毕，帝置酒劳永，瑾等皆侍。及夜，瑾退，永出寘镭檄。（按：寘镭反时，以讨瑾为名，檄中历数瑾罪，瑾匿不以闻。）因奏瑾不法十七事。帝已被酒，俯首曰："瑾负我。"永曰："此不可缓。"永成等亦助之。[1]

于是张永、马永成就趁着厚照酒醉，极力怂恿厚照亲自动手去抓刘瑾，其经过情形颇为紧张。

> 上意遂决，令长随四人往执之，上随其后。时夜且半，瑾宿于内直房，闻喧声，曰："谁也？"应曰："有旨。"瑾遂披青蟒衣以出，长随缚之。乃夜启东华门，系于菜厂。复分遣官校封瑾内外私第……明日晏朝后，外人始微知之，犹莫敢显言。上出永奏示内阁，遂……降瑾奉御，令凤阳闲住……是时事猝从中发，逻卒飞骑交络于道，黄纸墨索，惊骇见闻，衣冠失度，府寺闾巷，喧嚣如沸，浃日乃定。[2]

这时朱厚照还无意杀他，就是张永也并不一定非要将他弄死不可，后来看见厚照还又赐他故衣百件，这才恐慌起来。

> 正德庚午朔，瑾既缚，有旨降南京奉御。长沙（李东阳）谓诸大珰曰："如此，彼若复用，肆毒当益甚，奈何？"太监张永曰："有我辈

[1] 《明史·刘瑾传》。

[2] 《弇山堂别集·中官考六》卷九十五。

在无虑。”已而瑾上白帖，言：“奴缚时，封奴帑，奴赤身无一衣，乞与一二敝衣盖体。”康陵（朱厚照）见瑾帖怜之，令与瑾故衣百件。永等始惧。[1]

于是便定计必将刘瑾处死，就撺弄厚照亲自去调抄刘瑾家赀，因为这样可以让厚照亲眼看到刘瑾谋反的证据。

帝亲籍其家，得伪玺一，穿宫牌五百及衣甲、弓、弩、衮衣、玉带诸违禁物。又所常持扇，内藏利匕首二。始大怒曰：“奴果反。”趣付狱。[2]

说刘瑾打算谋反，倒也不假，除了这些伪玺等证据而外，还有事实：

术士俞日明、俞伦、俞子仁辈尝出入瑾家，以瑾侄孙二汉者当大贵，瑾遂有不轨之谋。凡四方灾异及天象有变，瑾俱禁令勿奏。兵仗局太监孙和尝私以衣甲遗瑾，镇守两广太监蔡昭、潘午为造弓弩，瑾皆私贮之。又造伪玺，藏刀扇中，出入宫殿。[3]

刘瑾下狱后，便押到午门外问讯，那时满朝官员差不多全向他低头下跪过，现在却坐在上面来审问他，胆子一时竟壮不起来，闹出了许多笑话。

鞫瑾于午门外，刑部尚书刘璟畏瑾，噤不能出一语。诸公卿旁列，亦稍稍退却。独驸马蔡震折斥之。瑾仰曰：“若何人，忘我德。”震厉声曰：“震国戚，何赖于汝？”呼官校前拷掠之。是日微震，

[1] 《今言》卷四。

[2] 《明史·刘瑾传》。

[3] 《弇山堂别集·中官考六》卷九十五。

几不能成狱。[1]

当时有个刑部河南主事张文麟曾亲见会审刘瑾的情形，后来记了下来，说刘瑾当时曾挨了一顿毒打，打的情形记得颇为详细：

> 是日，拿瑾才定，不知何官传言，上御门拿瑾向前，拿到午门御道东，跪。其东边之门半开半掩，不见闻人声影……及奉章宣讫，锦衣卫掌卫事指挥刘璋出班跪奏请旨打多少，亦不闻传语。须臾即起，云有旨：打四十。当直官校齐声答应讫。有一官大声云，打四十摆着棍，五棍一换打。每一宣言则各官校齐声答应如前，响振殿廷。刘瑾则跣剥反接，二当驾官揪其脑发，一棍插背挺立。复有一阔皮条套其两膝，扣住一棍压定。用棍打其前腿，名曰“拦马”。五棍毕，一官叫换棍，吆喝答应一一如前打四十后方问。瑾垂头片时，无语。少顷，则张目四顾云：“满朝大小官员都是我起用的。”只蔡驸马开口：“朝廷用人，如何是你起用的，掌嘴。”掌讫十下。多是蔡驸马发问，瑾如何造甲，造穿宫牌，造御宝，俱不招伏。有一官诘问，见今朝廷御门奏请出来。盖瑾拿，朝廷即籍其家，违禁之物已收在官，瑾始无辞，招说俱有俱有。乃疏其缚画字，予与日升揉其手良久，仅能扶笔，略成一十字。一官跪奏，画招了。叩头而退。[2]

狱具以后，自然是要处死，刘瑾这次却是死得很惨，凌迟三天，而且剉尸，画影图形，榜示天下。当时张文麟又是监斩官之一，将凌迟情形也详细记了下来。

> 数日后，早朝毕，奉旨，刘瑾凌迟三日，剉尸枭首，仍画影图形，榜示天下。刘二汉一体处斩。是日予同年陕西司主事胡远该监斩，

[1] 《弇山堂别集·中官考六》卷九十五。

[2] 《端岩公年谱》。

> 错愕，告于尚书刘先生（璟）曰："我如何当得？"刘回言："我叫本科帮你。"予因应之。过官寓早饭，即呼本吏，随邀该司掌印正郎至西角头，刘瑾已开刀矣。凌迟刀数例该三千三百五十七刀，每十刀一歇一吆喝，头一日例该先剐三百五十七刀。如大指甲片，在胸膛左右起，初动刀则有血流寸许，再动刀则无血矣。人言犯人受惊，血俱入小腹小腿肚，剐毕开膛，则血皆从此出。想应是也。至晚押瑾至顺天府宛平县寄监，释缚数刻，瑾尚食粥两碗，反贼乃如此。次日则押至东角头，先日瑾就刑，颇言内事，以麻核桃塞口，数十刀气绝。时方日升在彼，与同监斩御史具本奏，奉圣旨，刘瑾凌迟数足，剉尸免枭首，受害之家，争取其肉，以祭死者。剉尸当胸一大斧，胸去数丈。[1]

这就是主子对付特务头子的最后办法，这就是特务头子的下场。做特务的人看了这一段，也该好好地深思猛省一番了。

[1] 《端岩公年谱》。

第七章

人民反特务的斗争

根据以上各章所述，明代特务们的酷虐残暴，已经真正把人民逼到求生不得求死不能的境地，人民到了走投无路的时候，自然要起来反抗，本章便就这一方面加以叙述。从这里我们可以明白在明代极端专制的高压之下，人民尚未觉醒也毫无组织的时候，特务如若逞凶肆虐，仍是可以激起人民的延续不断的反抗斗争，那么，如若到了人民已经觉醒而且有了组织的时代，其反抗情形一定要比这时更为英勇更为彻底的了。

第一节　从星火到燎原

（一）开场的几炮

明代人民反特务斗争，实际行动的开始，在朱见深成化十八年。《明通鉴》卷三十四：

（成化十八年）二月，逮沛县知县马时中于狱。时太监郭文自南京还，过沛，怒时中供张不时，搒掠时中子，不胜楚，溺于河。时中赴救之，起，呼冤。文益怒，褫时中衣，絷以行。县民愤甚，绕船大呼，叱之不退，文使家人持兵击之，杀二人。

这一次规模虽然不小，但人民却是失败了，除死了两个人以外，这个知县还撤了职。同上书：

时中讼于朝，而上先入文愬，命锦衣卫械时中至京，寻谪降广西庆远府经历。

就在这事发生后一年，成化十九年又发生了一次人民反特务斗争，激起这一斗争的是太监王敬。事件经过见《明史》王恕传及陆完传，但均简略，《弇山堂别集·中官考三》所记较详，兹录如下：

十一月太监王敬、千户王臣等以购书采药为名，乘船南行，所至纵暴，横索货财，搜取奇玩，官民并受其害。凡江南书画玩器之奇绝者，检括殆尽。至苏州府，令生员抄录所谓子平遗集者，众以妨废学业辞。敬即令有司追逮至驿中乱箠之。生员赵汴等哄然攘骂，数其扰害百姓诸罪。

这里所谓“哄然攘骂”，实际上是一场斗殴。赵翼《陔余丛考》卷二十引《寓园杂记》云：

妖人王臣同中官王敬采药各省，至苏州……以妖书数十本命府学诸生手抄，屡抄不中，实欲得贿，诸生无所出，因致罚于学官。有生员王顺等数十人大怒，适樵担至，逐各取一木，将击臣，臣惧避匿，其下人皆被殴。

领导这一斗争的，据说是当时生员后来官至吏部尚书的陆完，沈德符《万历野获编》卷十云：“时太宰陆全卿（完字）以青衿为之倡，以此得名。”[1]既然以此而知名，可见这事件是轰动一时的了，事实上这事在当时也确是闹得很大，《明史·王恕传》卷一八二：

敬奏诸生抗命。（王）恕……列敬等罪状，敬亦诬奏恕并及常州知府孙仁，仁被逮……恕抗章救，三疏劾敬。会中官尚铭亦发敬奸状，乃下敬等狱，戍其党十九人，而弃臣市，传首南京。仁亦得释归。

王恕是当时的江南巡抚，而尚铭则是东厂太监，当时的大特务头子，这次要不是他和王敬起了内讧，单靠王恕几封奏疏是不会有这效果的。

这以后，到朱厚熜嘉靖二年，苏州又发生一次人民打特务的事，对象是织造太监张志聪。明朱国祯《涌幢小品》卷十一记这事件经过甚详：

萧景腆，晋江人，以椽授定远尉……以忧去，服除补长洲……时织造太监张志聪恣睢横索，长洲令郭波持法挫之。志聪忿甚，诬令挠御造龙衣，执而倒曳之车后。景腆闻，领所部弓兵夺追，直前手批志聪，落其帽。市民从旁观者尽为景腆张气，梯屋飞瓦，群掷志聪。志聪阻折去，竟夺令归。志聪还诉世庙，有旨械下诏狱。时令已先擢入为工部主事，亦与景腆并下镇抚司拷讯。[2]

后来应天巡抚吴廷举上疏“具白志聪贪黩状，帝乃降波五级，调景腆远方，志聪亦召还”[3]。而吴廷举并且替萧景腆立了一个“仗义英风”之碑于长洲县门。[4]

[1] 按：《四友斋丛说》也是这样说。唯王世贞《名卿绩记》卷四及《明史·陆完传》卷一八七却说陆完并没有参加，而是他的仇家想借此害他的。

[2] 《明史·吴廷举传》卷二〇一；《花当阁丛谈》卷二，均记此事，《明史》较简，《丛谈》与此略同。

[3] 《明史·吴廷举传》。

[4] 《涌幢小品》卷十一。

（二）风起云涌遍于全国

明代人民反特务斗争，到朱翊钧时代便全面展开了，刺激这一全面展开的便是矿税特务对人民的酷虐。这种酷虐简直超出了人类所能忍受的限度，其详细情形已见第三章第三节。只要还是个人，他对这种非人类所能忍受的虐待自然要激起一种反抗情绪。而且无论统治者怎样镇压，无论特务们怎样虐杀，这个反抗情绪不但压不下杀不绝，相反地，倒激转成为一种行动起来，诚如当时李戴所言："此辈宁不爱性命哉？变亦死，不变亦死，与其吞声独死，毋宁与仇家俱糜。"[1] 于是当时人民反特务斗争便普遍展开了。

陈　奉

第一个被人民反抗的特务是湖广税监陈奉，他是当时最凶暴的税监之一，被反抗次数最多，规模也最大。

首先举起这次反特务斗争大旗的是荆州商民。

陈奉于二十七年八月由武昌到荆州收税，沿途苛扰，劫掠商旅。抵达的时候，商民约聚数千人，鼓噪于涂，向他"飞砖击石，势莫可御"。当时道府地方官怕惹出事来，只好"身犯其冲，殚力防护"，才算把陈奉救出送走。[2] 于是他便转到襄阳税课，不料襄阳老百姓也照样的"聚众鼓噪"，情势汹汹，知府李商耕不得已将陈奉的参随办治了一下，才算平息[3]。后来他又"欲榷沙市税，沙市人群起逐之"，又"欲榷黄州团风镇税，复为镇民所逐"[4]，荆州、襄阳这些地方，在当时并不是什么重镇，可是顷刻之间，竟能噪聚数千人，如果不是真正激动了民愤，是绝不能够这样的。但是这个狼心狗肺的陈奉却把这一责任一股脑儿推到救护他的地方官身上，便诬奏"襄阳知府李商耕、黄州知府赵文炜、

---

[1] 《明史·李戴传》卷二二五。

[2] 参见《明史纪事本末》卷六十五。

[3] 《明史纪事本末》卷六十五。

[4] 《明史·华钰传》。

荆州推官华钰、荆门知州高则巽、黄州经历车任重等煽乱”。朱翊钧照例对特务的话是没有不信的，于是便“逮钰、任重，而谪商耕等官”[1]。还有两次人民反抗，是因开矿而引起的：一次是二十八年七月在蕲州。

> （二十八年七月）湖广税监陈奉讦奏江防参政沈孟化纵属阻挠，蕲州知州郑孟祯抗旨蔽矿，倡民噪呼。得旨，郑孟祯降三级，沈孟化降一级，各调用。[2]

另一次是同年十二月在谷城。这次并不是陈奉自己，而是他派的一个小特务王某[3]，但却闹得很厉害，王某的爪牙几乎全被弄死。

> （二十八年）十二月辛丑，湖广税监陈奉遣荆州卫王指挥开矿谷城，不获，责贷主薄胁库金若干。邑人大惧，群击之。指挥走免，余俱溺江中。[4]

最大的一次要算武昌人民的反抗运动。

这一次斗争的爆发是在万历二十九年三月。但远在这一年前武汉人民就有过一次向抚按请愿并攻打税监衙门的事。《明史纪事本末》卷六十五：“二十八年春正月，武昌、汉阳民千余，集抚按门，陈税监陈奉之毒。抚按不敢理，民情益愤。”而当时湖广巡抚支可大所奏则较详：

> 乃有积棍指称税监，吓诈噬人，如刘之良、宋大工等，遂致武昌、汉阳士民数百，奔赴抚按，击鼓声冤，旋噪税监门，拥众攻打，

[1] 《明史·陈增传》。

[2] 《明神宗实录》卷三四九。

[3] 《明神宗实录》作王佐贤。

[4] 《明史纪事本末》卷六十五。

> 臣同按臣多方禁谕，自辰至酉方定。[1]

这里所说“士民数百”显然是掩饰的话。在这之后不过半年，即二十八年七月间，人民又发生一次反抗运动。据当守备湖广内官监少监杜茂奏称：

> 生员沈希孟等，民刘正举等，打抢抽税陈奉差人，因而竖旗聚众，鼓噪倡乱。上令锦衣卫将已获有名正犯拿解究问，未获者会同抚按、提学等官拿问具奏。[2]

这里所谓“陈奉差人”，是他的参随李二生和薛免。生员还有张奕叶，究问之后两人全被陈奉毙于狱中。[3]

这些已经足够引起人民更大的愤怒了，但陈奉还是再接再厉地残虐人民，于是轩然大波便掀天而起了。

就在这年十二月，有诸生的妻女被陈奉所辱（据《明史·陈增传》载南京吏部主事吴中奏，被辱的是“王生之女，沈生之妻”），诸生向巡抚支可大控诉，人民新仇旧恨一齐发作，情绪激动到了沸点，“市民从者万余，哭声动地，蜂涌入奉廨”，[4]“甘与奉同死，抚按三司护之数日，仅而得全”[5]。为了平息群众高亢情绪，当时武昌兵备佥事冯应京，就把陈奉爪牙小特务捕治了几个。却不料这事又激起了陈奉的愤怒，便要用大屠杀来向当地官兵示威了。一个月后，就是万历二十九年正月，他大办筵席，宴请当地官员，同时自己先备下了兵甲勇士一千人自卫，这样布置好了便动起手来，“遂举火箭焚民居。民群拥奉门。奉遣人击之，多死，碎其尸掷

[1] 《明神宗实录》卷三四三。

[2] 《明神宗实录》卷三四九。

[3] 《明神宗实录》卷四四〇。

[4] 《明史·冯应京传》卷二三七。

[5] 《明史·陈增传》卷三〇五。

诸途”[1]。没出息的巡抚支可大，吓得不敢出声。只有冯应京实在看不下去，便抗疏劾陈奉十大罪，陈奉也诬奏应京故意挠命，凌辱敕使。结果朱翊钧大怒，命贬应京离职，调边防。不久，又下令逮治。老百姓眼睛究竟是雪亮的，知道应京是好人，当三月间东厂缇骑到达武昌来逮应京的时候，他们相率痛哭去送应京。可是陈奉听到了却大不高兴，便“大书应京名，列其罪，榜之通衢”[2]。这样一来，老百姓可再也忍不下去了，于是誓必杀奉，“聚众数万人围奉廨。奉窘，逃匿楚王府。遂执其爪牙六人，投之江（《陈增传》作‘众乃投奉党耿文登等十六人于江’），并伤缇骑，詈可大助虐，焚其府门，可大不敢出。奉潜遣参随三百人，引兵追逐，射杀数人，伤者不可胜计。日已晡，犹纷拏。应京囚服坐槛车，晓以大义，乃稍稍解散。奉匿楚府，逾月不敢出”[3]。而据当时湖广巡抚支可大奏，陈奉在逃匿楚王府的路上还杀死两个老百姓。奏云：

> 冯应京去任之日，百姓群聚呼号，欲逐陈奉。奉乃盛陈兵卫，招摇都市，砍李廷玉等二人，闯入楚府。命参随三百余人，引兵追逐，射杀数人，伤者不可胜数，薄暮乃解。[4]

就在陈奉逃匿楚府的逾月期间，武昌情形十分严重，巡抚不敢出门，冯应京又被逮走，民情激愤，情势汹汹。严重到甚至“中朝使臣不敢入境侦缓急，逾两月”[5]。这严重情形从大学士沈一贯的奏疏中也可以看出，奏云：

> 武昌之乱，因陈奉既参冯应京去任，即大出告示，数其过恶，

[1] 《明史·冯应京传》卷二三七。

[2] 《明史·冯应京传》卷二三七。

[3] 《明史·冯应京传》卷二三七。

[4] 《明神宗实录》卷三五七。

[5] 《明史·田大益传》卷二三七。

夸张得意。小民家家痛哭，追送应京，因而互相杀伤，以激此变。陈奉见势危急，躲入楚府，不则奉为齑粉矣，小民恨巡抚曲护陈奉，随车痛骂，放火烧其衙门。昨巡抚疏中但言失火，讳之也。今小民群聚围绕，实未尝散，就使暂散，安知其不复聚而相击乎？不独省城，即通省无不怨奉。故道途皆梗，消息不通，众怒如水火不可犯也。盖武昌之民，前年已曾遭乱，冀奉犹有改图。今日甚一日，决然不与俱生，臣虑奉必遭毒手，奉不足惜，如国体何耳？[1]

同时户科给事中田大益所奏情形更为严重，奏疏略云：

今楚人以陈奉故至沈使者不返矣，且欲甘心抚臣矣。楚藩王匿奉府中而朝廷人不敢入楚侦缓急矣。中外观变，惟在楚人。[2]

在这两人未上奏之时，朱翊钧还听信东厂特务所奏，说是人民打伤的缇骑有死者，便手诏内阁，欲究主谋，及至看了这两人奏章以后，他大概也有些怕起来，终于采用沈一贯的意见召还陈奉，撤了支可大的职，而派工部左侍郎赵可怀代支可大去安抚人民，可怀进入楚境以后，沿途老百姓又聚众向他请愿。

（六月）戊寅湖广巡抚赵可怀疏报入境日期，并陈楚事近状。是时税监陈奉已出楚府，可怀入荆州，楚人拥车诉陈奉之恶，哭声如雷。可怀宣布上意，且云陈奉已经取回治罪，反覆譬晓，遂以吏部咨文备载谕语付之传阅，众方色喜，叩头呼万岁，旋散去。可怀疏言："方数万众汹汹时，臣亦惶悚流汗云。"[3]

---

[1] 《明神宗实录》卷三五八。

[2] 《明神宗实录》卷三五九。

[3] 《明神宗实录》卷三六〇。

至于陈奉呢，在他离开武昌的时候，带着刮来的金宝财物巨万，舟车相衔，数里不绝。支可大怕他被老百姓劫夺，派了很多的卫兵保护他出境，路上遇着赵可怀，赵又加派了一些人保护他。官员总是和特务有勾结而和人民始终是对立的，陈奉总算借支赵两人的保护，逃出了他那条狗命。这件事当时曾有个都给事中弹劾过：

> 吏科都给事中郭如星论劾湖广巡抚赵可怀，言其伏谒陈奉，趋承唯谨，遣官护送，糊涂了事。奉之多赃与所陈兵器，一切不以上闻。支可大纵匣外之虎，任其拮噬；可怀惮匣中之虎，听其咆哮。可大长奉之恶，酿祸于始；可怀护奉之短，遗患于终。请下奉于理，且亟罢可怀。[1]

这封奏章送上以后，自然不会有下文的，陈奉依然逍遥法外。赵可怀还是安安稳稳地做他的巡抚。

这次反特务斗争，时间达一月以上，参加的群众达好几万人，在人民方面当然牺牲很大，但特务方面也有十几个人被投到江里，而最后陈奉终被赶走，助虐的巡抚支可大也撤了职。这在独裁专制时代，能够得到这样结果，可以说是人民的胜利了。但应该指出这胜利是人民自己的力量造成的。

陈奉在湖广所激起的人民反抗斗争，除了上面所说的几次而外，还有很多，据当时大学士沈一贯奏称："陈奉入楚，始而武昌一变，继之汉口，继之黄州，继之襄阳，继之光化县，继之青山镇、阳逻镇，又武昌县仙桃镇，又宝庆，又德安，又湘潭，又巳河镇，变经十起，几成大乱。"[2]可惜的是，有些人民流血斗争如光化、湘潭等地的详细情形，我们今天已无法得悉了。

---

[1] 《明神宗实录》卷三六二。

[2] 《明神宗实录》卷三四四。

马　堂

就在陈奉在荆州、襄阳遭到人民打击的时候，北方临清人民也展开了反特务的斗争，所反对的对象是天津税监兼临清税务马堂。事件经过如下：

> （马堂）始至（临清），诸亡命从者数百人，白昼手锒铛夺人产，抗者辄以违禁罪之。僮告主者，畀以十之三，中人之家破者大半，远近为罢市。州民万余纵火焚堂署，毙其党三十七人，皆黥臂诸偷也。事闻，诏捕首恶，株连甚众。有王朝佐者，素仗义，慨然出曰："首难者，我也。"临刑，神色不变。知府李士登恤其母妻，临清民立祠以祀。[1]

这次由于统治者以"株连"来镇压，斗争时间似乎没有延续多久。但实际上看这杀人放火的情形，特务所遭受的打击是并不下于武昌那次的。而据《明史纪事本末》卷六十五所载，马堂还被老百姓逮住，几乎打死，幸得一个守备王炀将他救了出来。但后来马堂却丧尽天良地听信手下一个爪牙的话，反奏告朱翊钧，说这次事变是王炀鼓动的，结果将王炀逮系诏狱，瘐死狱中。

> 方焚噪时，守备王炀率家丁二十余人冲入，抱敕印负堂而出。其党郑惟明，反讦炀始祸，亦被逮系狱。久之，瘐死狱中。[2]

王　虎

二十八年二月，就是武昌汉阳一千多老百姓请愿后一月，蔚州矿工

[1] 《明史·陈增传》卷三〇五。

[2] 《明通鉴》卷七十二。

发生暴动，打击的对象是矿监王虎，据王虎奏称当时的情形是：

（二十八年二月），开矿内臣王虎参蔚州民毕矿造布谣言，哄散矿夫及率男毕诗杰等殴伤参随王守富等。上怒，命虎会同抚按将矿等有名人犯严究，分别问拟。[1]

后来又在香河激起民变：

（二十八年六月）鱼苇税课内臣王虎参通州同知邵光庭不应付，香河知县焦元卿率领生员、土民喧嚷，执枪棍抛瓦石者千余人。上为之降二臣各一级调用，仍令会抚按、提学严查为首生员、土民正法。[2]

还有一次在广昌也激起民变，王虎并因此劾降易州知州孙大祚，见《明史·梁永传》卷三〇五，但时间及详细情况已无法知道了。

李　凤

二十八年四月，广东新会人民又展开反抗税务特务的斗争，为首的人是县民李芸易，原任通判吴应鸿，举人劳养魁、钟声朝、梁斗辉等。[3]当时情形广东巡按顾龙祯曾详细奏明：

为激变流殃，非常大异：市舶税务内臣李凤差官陈保往新会县拘锁平民，严刑逼勒，以致士民数千鼓噪县堂，税棍林权等率党相持，自午至戌，挤踏死伤于县门者五十余命。窃惟新会迫在海滨，民轻易动，有李凤以垄断之计，开告密之门，无影无踪，忽生大狱，某甲获罪，则曰某乙、某丙实指唆之，株连所及，几至竭泽。类解

[1]　《明神宗实录》卷三四四。

[2]　《明神宗实录》卷三四八。

[3]　《明神宗实录》卷三四六。

> 稍愆期，则曰抚按所阻挠也。指县官之风力者，则曰而予我海澳之税余。指府佐之清白者，则曰而予我夷舶之常例。指司道之赤心者，则曰而予我裔夷之琛赂。罗织善良，钳制命吏，招集海盗，驾使大船，拦截海商，登岸劫杀。在在见告，惨于夷寇，波水为红。臣愚以为不撤李凤，不尽法陈保等，海隅万里，将不可胜讳也。[1]

当时吏部尚书李戴也奏称：“凤酿祸，致潮阳鼓噪，粤中人争欲杀之。”[2]但朱翊钧对这些奏疏，一概置之不理，而见了李凤参为首的李芸易等奏折后，便立刻“震怒，即命官旗逮系李芸易等赴京究问，其余有名渠魁即付李凤严拿正法”[3]。这次反特务斗争，人民方面吃亏是相当大的。

孙　隆

二十九年六月，苏州织工也和特务斗争起来，那时苏杭织造太监兼管税务孙隆驻在苏州，剥削机户，勒索商税。当时巡抚应天右佥都御史曹时聘曾奏陈激起这一事变的起因经过甚详：

> 吴民生齿最烦，恒产绝少，家杼轴而户纂组，机户出资，织工出力，相依为命久矣。往者税务初兴，民咸罢市。孙隆在吴日久，习知民情，分别九则，设立五关，止榷行商，不征坐贾，一时民心始定。然榷网之设，密如秋荼，原奏参随本地光棍，以榷征为奇货，吴中之转贩日稀，织户之机张日减。加以大水无麦，穷民之以织为生者岌岌乎无生路矣。五月初旬，隆入苏会计五关之税，额数不敷，暂借库银挪解，参随黄建节交通本地棍徒汤莘、徐成等十二家，乘委查税，擅自加增。又妄议每机一张税银三钱，人情汹汹，讹言四起。

[1] 《明神宗实录》卷三四六。

[2] 《明史·梁永传》卷三〇五。

[3] 《明神宗实录》卷三四六。

于是机户皆杜门罢织，而织工皆自分饿死，一呼响应，毙黄建节于乱石之下，付汤莘等家于烈焰之中，而乡官丁元复家亦与焉……吴民轻心易动，好信讹言，浮食奇民，朝不谋夕，得业则生，失业则死。臣所睹记，染坊罢而染工散者数千人；机房罢而织工散者又数千人，此皆自食其力之良民也。一旦驱之死亡之地，臣窃悼之。[1]

这次因为有工人参加了的缘故，所以，在实际行动的时候，组织得颇为严密，为首的葛成[2]很有组织和领导能力。《静志居诗话》卷十八称：

太监孙隆以督织造驻苏州，朝廷方起税额，恶少年行贿充委官，乘舆张盖，勒索商税，民不堪命。昆山人葛成率众二千人，分作六队，一人摇蕉扇前行，后执梃随之。

实际动手时，除将孙隆参随黄建节打死外，还“缚税官六七人投之于河，且焚宦家之蓄税棍者”[3]。其余的则秋毫无犯，显得极有纪律。这点就是曹时聘也不得不承认，他说他们“不挟寸刃，不掠一物，预告乡邻同里，防其延烧，殴杀窃取之人，抛弃买免之财。有司往谕，则伏地请罪曰：‘若辈害民已甚，愿得而甘心焉，不敢有他也。’”[4]甚至朱翊钧后来降旨也不得不说：“苏州府机房织手，聚众誓神，杀人毁屋，大干法纪，本当尽法究治，但赤身空手，不怀一丝，止破起衅之家，不及无辜一人……原因公愤，情有可矜。”[5]

当地官员见了这种有组织有纪律的情形，也有些害怕，于是“知长

[1] 《明神宗实录》卷三六一。

[2] 一作葛诚，《神宗实录》则作葛贤。据褚人获《坚瓠集》云，诚自首后，当道以乱民不宜名诚，改名为贤。

[3] 《明神宗实录》卷三六〇。

[4] 《明神宗实录》卷三六一。

[5] 《明神宗实录》卷三六一。

洲县事邓云霄见民情汹涌，擒委官头目械于玄妙观”[1]。棍徒汤莘等也被责枷示。知府朱燮元也出来劝解，群众方才散去。而孙隆则早已吓得逃到杭州去了。

这件事当然是不会就这样了结，统治者一定要追究的。于是葛成便“挺身诣府自首，愿即常刑，不以累众”[2]。由于他的挺身自首，官府方面只另捕了几个人，连葛成共是八个，其余的一概免究，而棍徒汤莘也下了狱。七月间朱翊钧降旨云：

> 召祸奸民汤莘及为首鼓噪葛贤等八名，着抚按官穷究正法。其余胁从，俱免追究，以靖地方。[3]

但后来却侥幸得很，葛成拟了死罪以后却遇赦得出，又隔了十多年方才病死。“吴人义之，呼为葛将军……死葬虎丘五人墓侧”，并且立了一个碑，文震孟题曰：“有吴葛贤之墓。”

这个葛成的挺身仗义的精神，与前面提到的反马堂斗争中的王朝佐完全一样。这说明了那些参加斗争的群众由于同在特务的淫威之下，祸害相关，已把他们的心紧紧地连在一起，所以，便会产生这种牺牲自己以救群众的大仁大勇的行为。

当时有位诗人钦叔阳曾写了几首诗歌颂这事，诗共三首，题曰“税官谣”：

> 四月水杀麦，五月水杀禾，茫茫阡陌殚为河。杀禾杀麦犹自可，更有税官来杀我。
>
> 千人奋梃出，万人夹道看。斩尔木，揭尔竿。随我来，杀税官。
>
> 税官来，百姓哭。虎负嵎，猱升木。壮士来，中贵走。十二人，

[1] 《静志居诗话》卷十八。

[2] 《明神宗实录》卷三六一。

[3] 褚人获：《坚瓠集》。

三援首。欢乐崇朝不及夕，倏忽头颅已狼藉，投畀乌鸢乌不食。[1]

刘　成

孙隆事件发生后不过一年，即万历三十年五月，苏州织工和人民又发生一次反特务事件，《明史纪事本末》卷六十五载："五月戊辰，太监刘成征税苏松常镇激变。"其原因经过：

> （三十五年五月）苏松常镇税务改用刘成，因陆邦新等营干机务，众机户嫉之。土人管文等借口激变，煽众抢掠，地方官擒治首恶，解散余党。[2]

而据户科都给事中姚文蔚所奏，当时群众还散发有一些传单告示，其中有"天子无戏言，税监可杀"[3]等语。

潘　相

同年三月，江西人民也有反特务斗争发生，《明史·陈增传》："江西矿监潘相，激浮梁景德镇民变，焚烧厂房，饶州通判陈奇可谕散之，相反劾逮奇可。"据《神宗实录》称，潘相这次"仅以身免"[4]，而"大猾陆太等为上饶民噪殴几毙"[5]。

更妙的是有一次"潘相檄上饶县勘矿洞，知县李鸿戒邑人敢以食物市者死。相竟日饥渴，惫而归"[6]。这个知县和他开了这样一个大玩笑，

[1]　《静居志诗话》卷十八。

[2]　《明神宗实录》卷三七二。

[3]　《明神宗实录》卷三七二。

[4]　《明神宗实录》卷四一九。

[5]　《明神宗实录》卷三七〇。

[6]　《明史·陈增传》卷三〇五。

自然不会有好结果，终于他把这知县劾罢了职。

梁 永

到万历三十四年二月间，西北的陕西也出了事，是税监梁永激起的，据当时陕西巡抚顾其志奏称：

> 税使梁永……假称皇上留为陕西镇守，分遣戴勋等四出罴张，致万众惊骇，共图杀永及永侄吕四，心腹金吾，千户乐纲。会永出城，庄园宴乐，众欲烧抢伊庄，赖都司王继美飞骑促归得免。臣出示禁戢，众始稍散。[1]

这一次参加反抗斗争的群众，据大学士沈鲤、朱赓等奏称，竟达数万。

> 三月己巳朔，辅臣沈鲤、朱赓奏……昨顾巡抚续差一人到京，称秦人怨恨梁永及乐纲、吕四等，思食其肉。聚众数万，约日起手，尽杀永等，然后赴京面奏至尊，自请诛戮。臣等思秦人性悍，虽巡抚不能谕止。又闻梁永蓄养亡命千余，万一彼此相杀，恐不但如湖广之变而已。望急发抚臣原疏，仍敕械解永等，以安秦人。不报。[2]

但这次运动似乎并没有怎样形成起来，就被顾其志等压抑了下去。

杨 荣

同是这一年，云南人民却干了一件轰轰烈烈的大事，把当地矿税太监杨荣杀死，并杀掉他的爪牙小特务二百多人！

杨荣是二十七年到云南的，他到云南以后，立刻就遭到人民的反抗。

---

[1] 《明神宗实录》卷四一八。

[2] 《明神宗实录》卷四一九。

（二十七年八月）云南税监杨荣以生员聚众殴辱，疏参抚臣陈用宾。[1]

到二十八年四月又遭到人民抵抗采矿：

云南矿税宝井内臣杨荣参寻甸知府蔡如川、赵州知州甘学书及生员人等抗扰开采。[2]

三十年三月，人民就正式行动起来，将杨荣的一个爪牙杀死。

百姓恨荣入骨，相率燔税厂，杀委官张安民。[3]

经过这次教训，照理杨荣也该稍稍敛迹了，但他却仍然怙恶不悛，“恣行威虐，杖毙数千人”。这样，空前的事变便激起来了。万历三十四年，杨荣“怒指挥使樊高明后期，榜掠绝觔，枷以示众。又以求马不获，系指挥使贺瑞凤，且言将尽捕六卫官。于是指挥贺世勋、韩光大等率冤民万人焚荣第，杀之，投火中，并杀其党二百余人”[4]。这一下差不多把杨荣手下的所有特务全都消灭了。而且杨荣烧死后，老百姓还将他“扬灰于金沙江”[5]。事后，朱翊钧听到这个消息，竟不高兴得几天没有吃饭，其信任特务竟到了这样程度。但人民真正表现了自己的力量，统治者还是害怕的。这次结果，朱翊钧只拿贺世勋几个抵了罪，其他的人一概没有问。

在朱翊钧时所有的反特务斗争中，要算这一次杀死的特务最多，而

[1] 《明神宗实录》卷三三八。

[2] 《明神宗实录》卷三四六。

[3] 《明史·梁永传》卷三〇五。

[4] 《明史·梁永传》卷三〇五。

[5] 《万历野获编》卷三十，《滇南宝井》。

性质也和其他斗争有些不同，反抗的不仅是人民，并且有小官吏参加领导。在专制政体下官与民原是对立的，但这次在反特务这点上却联合了起来，特务已经成为这两个阶级的共同敌人。由此也可见特务的凶暴是到了怎样的程度。

高　淮

万历三十六年辽东税监高淮又激起了辽东一次民变，四次兵变。

民变是高淮刚到不久便激起的，《明史·陈增传》称："淮与陈奉同时采矿征税辽东。委官廖国泰，虐民激变，淮诬系诸生数十人。"而四次兵变却发生于三十六年数月之间，据大学士朱赓等奏称：

> 夫激变之事，不数月间，一见于前屯，再见于松山，三见于广宁，四见于山海关，愈猖愈近。又各镇额饷，屡请不发，以此饥军，合于乱众，臣等更不知其祸所终极也。[1]

兵变的主要原因，是由于他"扣除军士月粮"，四月间"前屯卫军甲而噪，誓食淮肉"[2]。六月间他又"索贿锦州军户，军户杀其使，激众千人围之。淮仓皇逃入山海关"[3]。这一次还有老百姓参加，将高淮弄得甚为狼狈，群众情绪也极高亢，据大学士朱赓等奏称：

> 顷山海关内外军民，怨恨高淮，聚众数千攻围。高淮窘急，率领夷丁，劫挟管关主事通判，护送逃回。其罪恶自当静听皇上之处分。惟是辽东人人疑惧，若非急颁明诏，开示慰安，讹言震惊，何所不至？[4]

---

[1] 《明神宗实录》卷四四六。

[2] 《明史·陈增传》卷三〇五。

[3] 《明史纪事本末》卷六十五。

[4] 《明神宗实录》卷四四六。

这次总算将高淮赶进了山海关，但高淮却也和其他特务一样，照例来诬陷别人了。他“诬同知王邦才、参将李孟阳逐杀钦使，劫夺御用钱粮。二人皆逮问，边民益哗。蓟辽总督蹇达再疏暴淮罪，乃召归”[1]。

高　寀

万历四十二年，福建又爆发了一次人民反特务斗争，结果税监高寀撤回，但人民方面却牺牲甚大，死二十余人，伤者更多。[2]

高寀是税监中在任最久的一个，他在福建凡十六年，据周起元奏称他的淫虐情形是：

> 溪壑既盈，虐声久著。不意益肆鸱张，大开狼噬，克削闾阎，殚膏竭髓……刬刳楼船，连舸接轴，揭百尺之桅樯，穷雕饰之极丽。所取物料，概欲白没。彼市鬻贸易之夫，挟资几何，令一旦尽付乌有，谁能甘之？[3]

他刚到福建便引起漳州民变，《东西洋考·饷税考》卷七云：

> 二十七年，上大榷天下关税，中贵人高寀衔命入闽……正税外索办方物，费复不赀。诸虎而冠者生翼横噬；漳民汹汹，赖有司调停安辑之，不大沸。[4]

三十年又引起海澄民变，溺死他一个参随。

> 三十年，贾舶还港，寀下令一人不许上岸，必完饷毕，始听抵家。

[1] 《明史·陈增传》卷三〇五。

[2] 见《御选明臣奏议》卷三十四，《周起元劾税监高寀疏》。

[3] 见《御选明臣奏议》卷三十四，《周起元劾税监高寀疏》。

[4] 《东西洋考·饷税考》卷七。

有私归者逮治之，系者相望于道。诸商嗷嗷，因鼓噪为变，声言欲杀寀，缚其参随，至海中沈之。寀为宵遁，盖自是不敢复至澄。[1]

到四十二年便激起了大民变，在事变之前，高寀曾打算到广东去的，却遭到广东人的拒绝。

四十二年，广东税珰李凤病死。有旨命寀兼督粤税。闽父老私计粤税视闽税为巨，寀必舍闽适粤，所在欣欣，祈解倒悬。然粤人已歃血订盟，伺寀舟至，必揭竿击之，宁死不听寀入也。[2]

这样，高寀便“惧不敢往，思专取盈于八闽者，囊括无遗”[3]。于是便大量劫掠，在市上搜刮货物珍宝，概不给价。市民们忍无可忍，在四月十一日便聚集起来，到税监衙门讨债，这样便引起一场激烈斗争：

四十二年四月，万众汹汹欲杀寀。寀率甲士二百余人入巡抚袁一骥署，露刃劫之，令谕众退。复挟副使李思诚、佥事吕纯如等至私署要盟，始释一骥。复拘同知陈豸于署者久之。事闻，帝召寀还，命出豸，而一骥由此罢。[4]

《明史》这段记载比较简略，兹将当时福州推官摄闽县事周顺昌目击当时情况申详上官的“缘由”，择录如下：

查得本年四月十一日申牌时分，忽据马夫谢贵急报：本地方铺行匠作诸色人等，因在税监告讨久欠价银，反被闭门杀伤，见在

[1] 《东西洋考·饷税考》卷八，《税珰考》。

[2] 《东西洋考·饷税考》卷八，《税珰考》。

[3] 《东西洋考·饷税考》卷八，《扶袁一骥奏》。

[4] 《明史·梁永传》。

急变等情。卑职不胜骇愕，疾赴前视……此时军民千万，为群拥肩摩衽接道不得行。所见中有被伤者，或挥涕拊膺，或流血被面，或带箭鸟惊，或逾墙鼠窜。人情汹汹，悲愤交极。询其衅端，云系税监狼心虎口，肆毒无已。恃威逼取各行，若米若金及诸物价，总计百千，久不肯给，痛思小民，本微力薄，朝夕贩卖以糊口，举家老幼，嗷嗷以待。乃累月旷岁，索之茫然，情不能堪，势不及俟。不得已各自踵门告哀乞怜，反触其怒，闭户逞凶，挟劲弩，操利刃，忍心惨杀，逃出者重伤可据，锢内者难保全身。此众索还欠价，皆为网中之鱼，众姓求生，奚忍不相偿也。职等仍再三抚慰间，陡见民房一时火起，顷之烟焰障天，室庐财产，化作飞灰，老幼男女，号恸不可胜纪。职等仓皇遣救，及奉抚按两院各司道连发宪牌，调兵合救，自初更至三更火始得熄。[1]

这些被烧的民房以及被杀伤的人民详情则是——

至十二日，随据本县巡捕典史洪世法呈称，据巡街应捕张龙称“本月十一日晚，本县安泰桥铺税监府中，将火箭射出，延烧军牢房一十六间，民房二十九间，及烧丙辰进士并经国裕民牌坊共二座，拆毁民房一十八间，该监衙门未曾延及”等情到县。又据居民郑钦等一十八人连名呈为亟救惨殃事“钦等良民，家居内监府前。于本月十一日夜，痛遭内监人役攻驱众行领价，威用火箭乱射钦等房屋，然烧赤地无余，男女匍匐逃生，家资产业，煨烬一空，露宿饥寒，恳怜赤子无辜毒害，原非天灾，实由虐祸”等情。又据郑国钦投为急救财命事“钦因向住内监府边卖布为活，本月十一日陡遭各行讨价，威用火箭先焚房屋二间，货物七百余两，悉皆煨烬，命悬财散”等情，又据连佥具呈人张心等四十四人，为亟救惨殃事“心等系内监府对门住民，于十一日夜，痛遭内监人役攻驱各行领价，放火燃烧房屋，

[1] 周顺昌：《烬余集》卷一，《福州高珰纪事》，附《申详税监变异缘由》。

> 财物一空”等情。又据连金具呈人姚肖等八人为殃苦惨伤事“肖等系内监左边一列连居，祸惨十一日晚，被监燃烧，幸肖等力救苟免。痛男姚夏屋上运水救火，遭棍径射蜂箭，男中一箭，咽喉受伤。又有郑四等亦在屋上相救，复被棍刃打伤，体无完肤，财散人离”等情。各诉到县。又据马夫报得被伤民数：“铜行朱铎刀伤脑，榉木行权少山、蔡廷机，鳝鱼行陈一郎，炭行周一章、谢廷祖利刃伤面，铁匠潘六民、谢应顺各刀伤头，民张公治箭伤喉，董九箭伤眼眶”。余未报，不及细查。[1]

后来查出来的是，“杀死潘六、蔡廷机等二十余命，射火烧毁郑钦、陈怀等三十余家，擒进而绑缚斩首者，聚尸而灰之烈火”[2]则不计其数。这是十一日的事，到十二日老百姓又聚众前往，《东西洋考》卷八云：

> 次早远近不平，各群聚阉署约数千人。

高寀看见情形不妙，便劫持巡抚袁一骥，其凶横直如盗匪。

> 内监突然开门，横刀策马，小衣背敕，随枭勇家奴数十辈，各操利刃，疾驰军门……斩关直入内垣，袁公二子待师侧，俱被执。袁公惊出，税监临以匕首，并挟出辕门，拥入宪台别署……挟袁公手示，禁戢军民。[3]

和一骥同时被劫的还有副使李思诚、佥事吕纯如、都司赵程等。这些可怜的地方长官被劫后，只好下令慰解军民。老百姓看见长官被劫，怕事情弄僵，才慢慢走散。高寀也将一骥等放出，但却又不放心，便将

---

[1] 《烬余集》卷一，《福州高珰纪事》，附《申详税监变异缘由》。

[2] 《东西洋考·袁一骥奏》卷八。

[3] 《烬余集》卷一，《福州高珰纪事》。

同知陈豸留下为质。所以，弄得一骥毫无办法，在奏疏中说：

> 豸被执不放，以兵入索，彼必杀豸以逞。[1]

而陈豸被劫后，“始犹钥门环守，今则竟置私牢，声息不通”，“日则仅给粝食，夜则严扃暗阱”[2]。

在这种情形之下，老百姓便又行动起来，开始“市罢肆而户昼闭”，并且“榜示通衢，欲杀寀以救豸，并雪杀人放火之仇”。而高寀这一方面也“日夜治兵，欲行屠灭”[3]。这样坚持了好久，朱翊钧才不得已将高寀撤回，但还命令材官黄应龙、覃继荣护之，“辎重塞途，日行仅一舍”[4]。这样，事情才算告一结束。

朱翊钧时代人民反特务斗争，大致如上。此外还有几次没有发动起来的，如矿税太监陈增在山东劾罢益都县令李宗尧，当缇骑来逮治宗尧的时候，“民大哗，欲杀增”[5]。后来他在淮上，凤阳巡抚李三才呈请辞职，翊钧许之，御史史学迁言：“淮上军民以三才罢，欲甘心于增，增避不敢出。”[6] 又如湖口税监李道劾南康知府吴宝秀，逮下诏狱：当缇骑来逮系的时候，“阖郡号呼，几成变乱”[7]。还有两次反特务斗争，没有说明所反对的是谁，但看情形大概是马堂，万历二十七年大学士赵志皋言：

> 夫矿税之役，臣亦逆知必有今日，今一见于天津，再见于上新河，不意临清一发若斯之烈也。[8]

[1] 《东西洋考·袁一骥奏》卷八。

[2] 《东西洋考·袁一骥奏》卷八。

[3] 《东西洋考·袁一骥奏》卷八。

[4] 《东西洋考·袁一骥奏》卷八。

[5] 《明史·吴宗尧传》。

[6] 《明史·李三才传》。

[7] 《明史·吴宝秀传》。

[8] 《明神宗实录》卷三三四。

天津、上新河两地税务在当时都属马堂管辖，所以，假定是马堂大概是不会错的。

以上所述这些反特务斗争，开始于万历二十七年，一直到四十二年还不断地发生，时间达十六年之久。地区则北达辽东，南迄滇粤，东至苏常，西抵陕西，中部如湖广、江西、福建都曾发生，真正是遍于全国。参加这一斗争的群众规模最大的达数万人，斗争时期延续到两三个月，情绪的高涨，为前所未有。这些群众，彼此之间，并无联络，也无组织。然而各地的斗争展开，此起彼伏，如响斯应。而在行动的时候，更是万众一心，争冒危难。这种近乎有联络有组织的情形，完全是特务的凶暴所激成的。

（三）缇骑不敢出国门

自从朱翊钧时代人民掀起反特务斗争，以后就一波未平一波又起，始终不曾间断过。到魏忠贤时，这斗争就越发尖锐，越发开展，终于将特务打击得不敢再出京城。

天启五年魏忠贤派缇骑逮捕杨涟、左光斗的时候，就已经激起人民的反抗，逮杨涟时的情形是：

> 当其（杨涟）舁榇就征，自郧抵汴，哭送者数万人，壮士剑客，聚而谋篡夺者几千人。[1]

逮左光斗时，县民便散发告示，要打缇骑，还是左光斗制止住了。

> 忠贤矫旨，遣缇骑逮光斗，涟入京考鞫，缇骑至桐，光斗泣语诸弟曰："父母老矣，吾何以为别？"家人环泣生祭。县中父老子

[1] 《牧斋初学集》卷五十，《忠烈杨公墓志铭》。

弟张瞰示击缇骑。光斗曰："是速死矣！"固止之。[1]

这两次虽然没有爆发，但全国人民对特务的愤恨已经到了沸点，终于在魏忠贤派缇骑逮捕周顺昌的时候激烈地爆发起来，而成为明代一大事件，地点在苏州，时期则是天启六年三月。

周顺昌事实已详第五章第二节，他这次被逮经过以及人民反抗情形，《明史》曾有记载：

> 顺昌好为德于乡。有冤抑及郡中大利害，辄为所司陈说，以故士民德顺昌甚。及闻逮者至，众咸愤怒，号冤者塞道。至开读日，不期而集者数万人，咸执香为周吏部乞命。诸生文震亨、杨廷枢、王节、刘羽翰等前谒（毛）一鹭及巡按御史徐吉，请以民情上闻。旗尉厉声骂曰："东厂逮人，鼠辈敢尔！"大呼："囚安在？"手掷银铛于地，声琅然。众益愤，曰："始吾以为天子命，乃东厂耶！"蜂拥大呼，势如山崩。旗尉东西窜，众纵横殴击，毙一人，余负重伤，逾垣走。一鹭、吉不能语。知府寇慎、知县陈文瑞素得民，曲为解谕，众始散。顺昌乃自诣吏，又三日北行。[2]

这段记载比较简略，据姚希孟《开读本末》[3]所载，东厂缇骑是三月十五日到苏州的，领头的是锦衣千户张应龙、文之炳两人。那几天连日阴雨，景色惨淡，但是消息传出去以后，"穷村僻落，蝇附而至，愿一识周吏部，日不下万人"。可见事件发生并不是突然的，前几天早就有酝酿了。而特务们的索贿敲榨，也特别刺激群众。原来那时东厂缇骑逮人，所奉诏旨，宣读后便不得逗留。所以，他们照例先不宣读诏旨，而叫当地官府去向被逮的人要钱，被逮的人纵是一贫如洗，也必须东凑

[1] 戴名世：《戴南山集》卷七，《左忠毅公传》。

[2] 《明史·周顺昌传》卷二四五。

[3] 见于《烬余集》卷四附录。

西借来满足他们。因为囚犯上路以后，性命便悬在他们手中，一不高兴，就可以随便动刑致死的。钱敲了以后，这才宣读诏旨，起解上道。周顺昌这次当然也是如此，一开口就要得很多，顺昌家无一钱，而且也不肯这样做，便说道："七尺之躯，今日已委若辈，即不送一文，奈我何！"[1]但是他的朋友们如杨惠庵、袁熙甫等怕半路上出事，便大家凑钱帮助。不料又被缇骑知道了，认为有利可图，便要得更多，并且公开地说："不尔，则周某途中且不保，纵枉死，孰敢叩阍耶？"[2]于是"贫士贷修脯，负贩儿解敝襦质库中，共饱馋喙。而缇骑犹欲满其橐，越三日始宣诏"[3]。这情形当然也容易激起群众的愤怒，所以，殷谱也说当时情形是"人怀攘臂矣"。到十八日宣读那天，情况便非常紧张，地点就在巡抚衙门里。《开读本末》记当时情形甚详：

众闻顺昌将就槛车，倾城而赴。执香者烟涨蔽天，冤号声闻数十里。至使署，众益集。门犹未启。署逼城闉，众登城林立，雉堞皆满。香焚雨中如列炬，城上下遥呼相应，声震天。顺昌出不意，再拜请解，众不为动。比一鹭与按臣徐吉至，命启门，士民蜂拥入。堂上设帏幕仪仗，二锦衣列侍，群尉鹄立指挥，最下置扭镣，为被逮者蒲伏之所。众悲愤。

至如当时殴击情形，《开读本末》所记也比《明史》较详：

众怒，忽如山崩潮涌，砉然而登，攀栏折楯，直前奋击。诸缇骑皆抱头窜，或升斗栱，或匿厕中，或以荆棘自蔽。众搜捕之，皆搏颡乞命，终无一免者。有蹴以屐齿，齿入其脑，立毙，疑即李国柱云。其逾墙出者，墙外人复痡捶之。

[1] 《烬余集》卷四，附殷献臣《周氏年谱》。

[2] 《烬余集》卷四，附殷献臣《周氏年谱》。

[3] 《开读本末》，见《烬余集》卷四附录，下同。

当时殷献臣[1]曾当场目击这情形，觉得这样会更增加周顺昌罪名，便“从中痛陈不可”。可是却“被悍民以香刺面，几饱其老拳”[2]，可见民情激昂悲愤到如何程度了。

这次领头殴击的是市民颜佩韦等五人，吴肃公所撰《五人传》记这五人动手时的情形甚详：

> 五人者，曰颜佩韦，曰马杰，曰沈扬，曰杨念如，曰周文元。佩韦贾人子，家千金，年少不欲从父兄贾，而独以任侠游里中。比逮吏部，郡人震骇詈肆。而诏使张应龙、文之炳者，虐于民，民益怒，顾莫敢先发。佩韦于是爇香行泣于市，周城而呼曰：“有为吏部直者，来。”市中或议，或诟，或泣，或切齿詈，或搏颡吁天，或卜筮占吉凶，或醵金为赆，或趋装走京师挝登闻鼓，奔走塞巷衢，凡四日夜。洎宣诏，诸生王节、杨廷枢、文震亨、徐汧、袁征等窃计曰：“人心怒矣，吾徒当为谒两台，以释众怒。”又谓：“父老毋过激，激，只益重吏部祸。”父老皆曰：“诺。”乃相与诣西署，将请于巡抚都御史。巡抚者，毛一鹭，珰私人也。是日吏部囚服，同吴令陈文瑞，由县至西署，佩韦率众随之。而马杰亦已先击柝呼市中，从者合万余人。会天雨，阴惨昼晦，人拈香如列炬，衣冠淋漓，履屐相蹦，泥淖没胫骭。吏部舁肩舆，众争吊吏部，枳道不得前。吏部劳苦诸父老，佩韦等大哭，声震数里。移时抵西署，署设帏幕仪仗。应龙与诸缇骑立庭上，气张甚。最下陈锒铛钮镣诸具，众目属哽咽。节、震亨等前白一鹭及巡抚御史徐吉曰：“周公人望，一旦以忤珰就逮，祸且不测。百姓怨痛，无所控告。明公天子重臣，盍请释之，以慰民乎。”一鹭曰：“奈圣怒何？”诸生曰：“今日之事，实东厂矫诏，且吏部无辜，徒以口舌贾祸。明公剀切上陈，幸而得请，吏部再生

[1] 殷献臣，《周氏年谱》的作者，见《烬余记》卷四附录。

[2] 见《周氏年谱》。

之日，即明公不朽之年。即不得请，而直道犹存天壤，明公所获多矣。”一鹭周张无以对。而缇骑以目相视，耳语谓：“若辈何为者？”讶一鹭不以法绳之。而杨念如、沈扬两人者，攘臂直前，诉且泣曰：“必得请乃已。”念如故阊门鬻衣人，扬故牙侩，皆不习吏部，并不习佩韦者也。蒲伏久之，麾之不肯起。缇骑怒叱之。忽众中闻大声骂忠贤逆贼逆贼，则马杰也。缇骑大惊曰：“鼠辈敢尔，速断尔颈矣。”遂手锒铛，掷阶砉然，呼曰：“囚安在？速槛报东厂。”佩韦等曰：“旨出朝廷，顾出东厂耶。”乃大哗。而吏部舆人周文元者，先是闻吏部逮，号泣不食三日矣。至是，跃出直前夺械，缇骑笞之，伤其额。文元愤，众亦俱愤，遂起击之炳，之炳跳，众群拥而登，栏楯俱折，脱屐掷堂上，若矢石落。自缇骑出京师，久骄横，所至凌轹，郡邑长唯唯俟命，苏民之激愕出不意，皆踉跄走。一匿署阁缘桷，桷动惊而堕，念如格杀之。一逾垣仆淖中，蹴以屐，脑裂而毙。其匿厕中、翳荆棘者，俱搜得杀之。一鹭、吉皆走匿。

据此，被打死的缇骑当为三人。而《烬余集》卷四附录《五人传》则为二人，《先拨志始》卷下也说是“毙者二人”，汪有《典史外卷二》周忠介传则说是“立毙官旗数人”，均与明史所载不同。至于受伤的缇骑，则事后“从血肉中扶疮痍起，奄奄仅属”[1]。

这一次大打，可真把特务们打得魂飞胆落了，除了当时“搏颡乞命”而外，事后更躲着不敢出来，而且闹得神经都有点失常，“闻人声稍厉”，便“股栗求救”。于是毛一鹭只好“召介士环署卫之”[2]。在这样情形之下，自然谈不上什么执行逮捕命令，宣读什么诏旨了。加以老百姓这时仍是誓死不愿周顺昌就逮，散了许多传单，贴在大街上。于是官方吓得偷偷地把周氏藏到县署，一方面宣称“候旨始发”，借以缓和民愤；一方面和周顺昌暗下计划，在二十六日夜间二更时分，由府县调动水陆大兵，

[1] 《开读本末》。

[2] 《开读本末》。

护送周氏及缇骑乘小舟由间道出浒关，缇骑们才算脱了险境。但是宣读诏旨这一仪式却不能不做，于是便泊舟旷野间，在一个荒凉的望亭驿中举行，草草了事。特务的威风，统治者的尊严，这一下全给人民打击得扫地无余了。说也奇怪，这些缇骑离开苏州以后，似乎还有余悸，一路上待周顺昌都很好。[1]

更妙的是魏忠贤派在苏州侦察的秘密特务竟张皇失措地跑回北京乱报消息，魏忠贤听了这消息也吓得心惊肉跳。这一些慌张情形《先拨志始》卷下有一段很详细的记载：

> 时忠贤所遣侦事人在吴者，踉跄星驰告曰："江南反矣，尽杀诸缇骑矣！"次至者曰："已劫顺昌而竖旗城门，门昼闭矣！"又次至者曰："已杀都御使，绝粮道而劫粮艘矣！"忠贤闻之大恐，以咎（崔）呈秀，跪而数之曰："若教我尽逮五人，今且激变矣，奈何！"呈秀惶怖叩首请死，忠贤叱之出。李实闻变亦闭门痛哭，两目尽肿。

一直到毛一鹭上疏言"缚得倡乱者颜佩韦、马杰、沈扬、杨念如、周文元等，乱已定"（毛一鹭原是魏党，苏人恨之入骨，曾有人夜粘对联于军门鼓上曰："拔一毛一毛不肯，杀一鹭一路太平。"[2]），魏忠贤方才安下心来。但从这以后，"缇骑不出国门矣"[3]，由此也可见特务还是怕打的。

至于颜佩韦等五人则是自动投案的，汪有典《史外卷·周忠介传》：

> 次日（按：即指事变之次日），一鹭飞章告变，将屠其民，而颜佩韦、杨念如、沈扬、马杰、周文元五人者前自承曰："杀校尉独吾属为之，他皆无与。周吏部贤者，独杀五人可也。"攘臂发上指，竞取锒铛自系就狱。当此之时，五人之名震天下。

[1] 参见：殷献臣《周氏年谱》；《开读本末》；《先拨志始》卷下。

[2] 《启祯两朝剥复录》上。

[3] 《明史·周顺昌传》。

而当七月十二日[1]提出这五人行刑的时候，毛一鹭还恐怕闹出意外，自己不敢监斩，“以属兵使者张孝，孝流涕而斩之”。后来吴人将他们合葬虎丘之傍，题曰“五人之墓”并给他们立了一个祠堂，就是毛一鹭为魏忠贤所建的普惠祠址，还没有完工就改为“五人祠”了。另外和颜佩韦等同阵领头打缇骑的还有吴时信、刘应文、丁奎三人，皆捕得论徒杖[2]，而诸生被降斥的有：王节、刘羽仪、殷献臣、王景皋、沙舜臣等五人。[3]

这事结束以后，人民还是愤怒不已，于是便倡议不用天启钱，以示反抗，这简直有点要推翻政府的意味了。孙之騄《二申野录》卷七曾载此事：

> 苏民倡议天启无道，互戒天启钱不用。各府州县皆和其说，将天启钱积下。后传至京中，各省直出示晓谕，钱乃行。私禁凡十阅月。

周顺昌事件是在城里发生的，同日在城外也发生殴打特务的事件。其经过如下：

> 日已旰（按即指三月十八日），而缇骑往浙逮黄尊素者，舟过胥关，方从津吏需索，且从市中强市酒脯。市人亦执而击之，周呼城上曰：“缇骑复至矣！”众复乘势往，焚其舟，沉其橐于河。缇骑泅水过西岸，岸多田父，复以耰锄逐之，北人不习水，抱片木，浮沉数里，至僻处，乃敢登。[4]

[1] 据殷献臣：《周氏年谱》。

[2] 《明通鉴》卷八十，引“明巡按徐吉揭帖”。

[3] 《开读本末》。

[4] 《开读本末》。

这次领头是戴镛、杨芳、季卯孙、许尔成、邹应桢等五人，后来“皆捕得论徒杖，而戴镛竟瘐死狱中”[1]。至于这些特务不仅挨了这一顿打，更重要的是把驾帖（那时逮人的公文）弄丢了，没有证明，便不敢上浙江去。后来还是“尊素闻，即囚服诣吏自投诏狱”[2]，才算了结。

同月缇骑赴江阴逮李应升，也遭到了打击，《先拨志始》卷下云：

> 李公被逮之日，未开读先，常民一时集者数千人，与苏州不约而同，欲击官旗。知府曾樱再三晓谕抚慰，始得解散。

李逊之《三朝野记》卷三引蔡士桢《纪略》则较为详细，蔡氏为当时目睹其情形之一人：

> 忽报：南察院前有数千人，忿激如雷，言：“李官忠臣，何忽见其就逮？”与姑苏不约而同，奋臂大呼欲杀旗校。府尊即往晓喻，嘱余促仲达（应升字）至，余翌捍同行，填街塞巷，马不能前。仲达下马拜求，众方解散。因迁官旗于东察院，陈兵卫之。

但是到了开读那一天，还是出了事，《二申野录》卷七：

> 时至江阴逮御史李应升，开读时亦有垂髫少年十人，各执短棒，直呼入宪署，杀逆铛校尉，诸尉踉跄越墙奔窜。一卖蔗童子十余岁，抚髀曰：“我恨极矣！”遂从一肥尉后，举削蔗刀脔其片肉，掷以饲狗。

“我恨极矣”，咬牙切齿之声，俨然纸上。可见当时人民对特务的愤恨实已到了极点了。而当时那些特务大概鉴于苏州之变，“亦颇畏惧，

[1] 《明通鉴》卷八十。

[2] 《明史·黄尊素传》卷二四五。

且多方用情，不遗余力云”[1]。

这次斗争在当时却是有很大的效果的，特别是周顺昌那一事件竟使魏忠贤吓得从此以后不敢再派特务出来胡乱逮人，确是一个空前的胜利。

朱由检即位后，又重用特务，于是又派缇骑出来逮人，结果也遭到人民打击。如崇祯十三年派缇骑逮四川巡抚邵捷春时，便激起成都人民的反抗：

> 邵捷春有惠政，都人甚德之。及被逮，其校尉居贡院中，百姓万余人往击之，校尉逾墙走。捷春先遣校尉行，而后自间道诣阙，竟论死狱中。方乱民围校尉时，司道官喻之，不听。华阳知县某跪请解散，民诟詈不止。[2]

而在这次事件三年之后，明王朝也就灭亡了。

总括本节看来，这些人民反特务斗争，时间不可谓不长，地域不可谓不广，规模也不可谓不大。但却有一个共同的缺陷，就是每一次都不曾延续多久，好像一阵风暴，一次潮汐，来得飘忽，去得也快。我们根据事实来分析这些原因，主要的不外是：

第一，领导和参加这一斗争的都是士子商人和市民（反孙隆和刘成那两次虽有织工参加，但却不是主要的），这一阶层本身就缺乏团结性，浮动而不坚韧，当一个斗争开始的时候，由于浮动，所以容易热情奔放，会忘其所以地轰轰烈烈地干起来，但高潮一过去，眼看着血淋淋的事实，脆弱的感情受不了这刺激，便开始胆怯、恐怖，甚至战栗了。于是这一阶层所特有的一些犹豫、顾忌、自私等劣根性就趁势伸出头来，开始把握不住自己而萎缩动摇，这样的情绪自然是无法维持一个长期斗争的。

第二，参加这些斗争的市民，在他们认识上的出发点，多半是个人的复仇主义，所以，他们只知道打击直接加害自身的特务们，至多也不

[1] 《先拨志始》卷下。

[2] 顾山贞：《客滇述》。

过打击几个和特务勾成一气的官吏，把特务杀掉了或赶走了，他们的复仇目的就算达到，斗争也就跟着完结。他们固然没有认识到要消灭特务必须消灭产生特务的政治，甚至他们连指挥特务的是最高统治者皇帝也没有认清，所以，他们在斗争的过程中始终没有提出要推翻政府的口号，他们只是“民变”，而不是“造反”。

不过，话虽如此，这些斗争对于明王朝的灭亡还是起了很主要的作用。由于在这些斗争过程中特务们仍然横暴，在这以后，特务的凶残反变本加厉起来，到魏忠贤时，特务便布满天下，真正做到了“偶语者弃市”，使人民觉悟了单纯地打击特务还是不行。所以，到了李自成、张献忠这些农民武装揭竿而起的时候，便是要推翻这个靠特务统治的政府了。

第二节 逼上梁山

上节所述的人民反特务斗争，只是和特务们直接冲突，打击的只是直接加害自身的特务们，在斗争过程中始终没有提出要推翻政府的口号，所以，只是“民变”，不是“造反”。

但有明一代，人民起义造反的事却是极多，从朱棣时起到朱由检时止，没有一朝没有，而且明王朝的灭亡也就灭亡在这些人民义师手中。这些人民义师起来的原因当然极其复杂，其中最主要的一项便是土地问题，此外也有因为贪官污吏的刮榨、土豪劣绅的剥削等，而特务的压迫，也是其中一项。

本节所述的人民起义则只限于由特务压迫刺激而引起的一些，至于起义以后种种情形，与特务无关的，便不再叙述。而不是由于特务刺激起来的起义，就一概从略了。

朱祁镇时福建邓茂七起义，就是由于王振刺激起来的，李贤《天顺日录》云：

福建参政宋彰，交趾人，与中官多亲旧，侵渔得银以万计，馈送王振。遂升左布政。抵任，计营所费，验户敛之。贫乏之堪者，甚为所逼。于是邓茂七聚众为盗，因势而起，遂不可遏。

而江南的人民义师也是以诛振为名。《明通鉴》卷二十四：

（正统十四年九月）巡抚山西副都御史朱鉴上言："窃见王振乱天下，往者江南寇发，辄以诛振为名。"

朱厚照时刘六、刘七起义，则完全是刘瑾家奴逼成的。《明史·马中锡传》卷一八七：

刘六名宠，其弟七名宸，文安人也，并骁悍善骑射。先是，有司患盗，召宠、宸及党杨虎、齐彦名等协捕，频有功。会刘瑾家人梁洪征贿于宠等不得，诬为盗，遣宁杲、柳尚义绘形捕之，破其家。宠等乃投大盗张茂。[1]

甚至担负讨伐刘六、刘七责任的都御史马中锡也公开说："盗本良民，由酷吏宁杲与中官贪黩所激。"[2]所以，马中锡便打算招降，刘六、刘七屯德州桑园时，中锡曾亲自和他们会谈过。《明史·马中锡传》云：

中锡肩舆入其营，与酒食，开诚慰谕之。众拜且泣，送马为寿。宠慷慨请降，宸乃仰天咨嗟曰："骑虎不得下。今奄臣柄国，人所知也。马都堂能自主乎？"遂罢会。

从这段记载内可以看出当时宦官是如何地将人民逼到无路可走的境

[1] 《明通鉴》卷四十四。
[2] 《明史·马中锡传》卷一八七。

地，而刘宸这位人民义师领袖，洞明客观情势，能够坚定不移地斗争下去，英明果决，也极难得。至于刘宠则就动摇不定了。

当时另一支人民义师首领赵鐩，也是以诛特务为名的。他攻进泌阳，使首先将刘瑾的人走狗焦芳的家院焚毁，而且掘其祖先坟墓以泄愤。后来赵鐩临刑的时候，还咬牙切齿以不能手刃焦芳父子为恨。

> 芳居第宏丽。其后大盗赵鐩入泌阳，火之。发窖，多得其藏金，乃尽掘其先人冢墓，杂牛马骨焚之。求芳父子不得，取芳衣冠被庭树，拔剑砍其首曰："吾为天子诛此贼！"鐩后被获，临刑叹曰："吾不能手刃焦芳父子以谢天下，死有余恨！"[1]

朱厚熜时也有宦官激民为盗的事，如嘉靖十一年御史部郭弘化奏称："广东以采珠之故，激民为盗，至攻劫会城。"[2]

朱翊钧时矿税特务虐杀人民，除了广泛地引起人民的直接打击而外，也普遍地激起人民起义。

> 奸民以矿税故，多起为盗。浙人赵一平用妖术倡乱。事觉，窜徐州，易号古元，妄称宋后。与其党孟化鲸、马登儒辈聚亡命、署伪官，期明年二月诸方并起。谋泄，皆就捕。一平亡之宝坻，见获。[3]

明代人民起义直接由特务刺激起来的大致如上。但若广泛一点来说，从整个明代人民起义的历史去看，则起义次数最多、规模最大、地域最广的都在特务极为横行的时期，或是稍后一点，如王振时除了邓茂七而外还有叶宗留、陈鉴胡、李添保、黄萧养等。汪直时有刘千斤、石和尚、李胡子等。刘瑾、江彬时除了上述的刘六、刘七、赵鐩而外，还有河南

[1] 《明通鉴》卷四十三。

[2] 《明史·郭弘化传》卷二〇七。

[3] 《明史·李三才传》卷二三二。

的刘惠、邢本恕等，江西的王钰五、汪澄二、罗光权、何积钦等，四川的蓝廷瑞、鄢本恕、廖惠等。魏忠贤之后有李自成、张献忠等。这些事实至少说明了一点：即特务的凶残和敲榨是使人民起义的原因之一，把人民“逼上梁山”，特务也是主要的“逼的”一个！

但本节如若这样全面地来叙述，那就变成了一部明代农民战争史，很少的篇幅决无法说得明白，所以只得缩小范围，仅限于直接由特务压迫刺激而成的上面的几件，其他的就一概从略了。

第八章

特务颠覆了朱明王朝

有明一代的特务在各方面专横残暴的情形，以及当时人民反抗斗争的全貌，以上各章已有详尽的叙述，在这无数的事实中，已经足够使我们明白特务政治是使明王朝崩溃的一个主要原因了。终于到朱由检时，特务们便将大明江山双手献出。

自从魏忠贤乱政以来，天下骚动，人心离散，崩溃局面已经形成。但这局面却并不是不能和缓一下的，假若末代帝王能够振作一下，撤销特务组织，至少不要过分信任特务，那么，这局面也许可以稍稍扭转一下，纵不能挽救灭亡，但也许不会灭亡得这样快。

但明朝末代帝王朱由检却并不这样做，他反而更进一步地来厉行特务政治，强化特务组织，恢复了许多已经废除的特务机构。他企图仗特务来维持摇摇欲坠的专制统治，举凡政治、经济、军事以及刑法侦缉等大权，完全交给特务掌管，造成了明代特务一个回光返照的局面。而特务呢，在有明一代的历史上就从没有过真正地想为国为民做一丝一毫的事，现在眼看自己的主子快要倒台，更一心一意为自己以后打算。终于在李自成的农民义师从大同挥戈东向的时候，扼守从宣府到北京几百里险要城塞的特务，全都自动打开了城门，将李自成迎接进来。明代这个近三百年的专制统治的江山，就断送在特务手中了。

不过，这里应该着重指出的便是，这些特务迎接李自成，目的只是为了自己的日后富贵打算，决不是对李自成的农民义师有什么认识。他们的思想上只是：旧主子倒了，再投靠一个新主子，以便再来搜刮人民，饱填私欲而已！

第一节　回光返照

（一）强化特务组织的朱由检

在中国历史上，亡国的君主总是被后人责骂的，但明代的朱由检却例外地博得后人同情，大家都认为“君非亡国之君，臣皆亡国之臣”。不过，按实际说来，这话是不甚可靠的，朱由检从表面看来，仿佛是很想振作有为的样子，但他的办法却始终沿着错误的道路走下去，《明史》批评他“性多疑而任察，好刚而尚气。任察则苛刻寡恩，尚气则急遽失措”[1]。这批评都说得很对，并不冤枉他，但却遗漏了极重要的一点，便是他特别信任特务。他即位后，杀了魏忠贤，便建立起自己的特务系统，强化特务组织，厉行特务政治。

据史称朱由检“初即位，鉴魏忠贤祸败，尽撤诸方镇守中官，委任大臣。既而廷臣竞门户，兵败饷绌，不能赞一策，乃思复用近侍”[2]。如果根据这段话，似乎朱由检起初也打算撤销这些特务的，但仔细一想，就可以明白不是这么一回事。他以藩王入登帝位，自己还没有培养一批特务出来，而那时内外特务又都是魏忠贤的爪牙，这些爪牙不铲除，他的皇帝宝座就坐不稳。所以，他以天启七年八月即帝位，“十一月甲子，安置魏忠贤于凤阳”，紧接着三天之后，就下令“撤各边镇守内臣”[3]，时间这么匆迫，可见“撤销内臣”和“安置魏忠贤”是有连带关系的。

[1]　《明史·流贼传序》卷三〇九。

[2]　《明史·张彝宪传》卷三〇五。

[3]　《明史·庄烈帝纪一》。

明白一点说，就是这“撤”是撤销魏忠贤的爪牙，而不是撤销这个制度。所以，不久之后，等他自己的特务培养了出来，这制度也就复活了。写《明史》的人也许老实一点，也许是为尊者讳，没有把朱由检这心思揭出。

朱由检信任特务的情形，从当时臣下奏疏中就可以看出，如崇祯四年御史姜思睿上言：

举朝拯焚救溺之精神，专用之摘抉细微，而以察吏诘戎予夺大柄仅付二三阉寺。厝火自安，不知变计，天下安望太平？[1]

但由检信任特务极专，姜氏疏上了以后，结果落得个“忤旨切责”。又如崇祯六年二月副都御史王志道因宣府镇守太监王坤弹劾首辅周延儒，上疏略云：

窃惟皇上差委内臣，不过核钱粮兵马物料而已，原非假以大臣小，臣官评吏议也。迩年以来，参疏日上，论劾渐广，内则纠科道六曹，外则纠方面督抚。又内则纠六曹卿贰，今则纠辅臣矣。[2]

接着便指斥当时宰辅都不敢侵犯宦官，颇为慨乎言之。

夫国家之设辅臣，不但责之以参赞廷议也，宫中府中，陟罚臧否，皆其职掌，若使内臣纠劾方面以侵抚按之权，而辅臣不问；内臣纠劾御史以侵掌院之权，而辅臣不问；内臣纠劾六科给事中以侵掌吏垣之权，而辅臣不问；内臣纠劾卿贰执政，浸浸乎口含天宪，手持朝纲，而辅臣尚不问，则将焉用彼辅臣哉……且中外诸臣其纠内臣者多矣，轻者纷纷去国，重者下狱置对，而辅臣不能救也。岂入告我后，不使人知耶？将欲问而不能也？抑能问而不欲耶……近来内

[1] 《明史·姜应麟传》。

[2] 《春明梦余录》卷四十八。

臣所纠，辄蒙报可，其纠内臣者，未见一行，辅臣何不举而一体言之？[1]

奏上，由检大怒，于初八日召对群臣，便将王志道大大地申斥了一顿。兹将当时对答话语节录于下，以见由检袒护特务到了如何田地。

上御文华殿，诸臣于门外行叩头礼，讫。上寻命“卿等进来”。诸臣肃班而入，东面鹄立。上首召王志道。都察院协理院事左副都御史王志道出班跪。上曰：“遣用内臣，原非得已，屡有谕旨，极是明白，如何又有这一番议论？昨王坤疏，有旨责他率妄，大体已存了。如何又牵扯许多？说内臣参的处了，参内臣的又处了，但是处分各官，都为内臣。这等朝廷之上，别无政事，都是内臣了，种种诬捏，不可枚举……总是借一个题目，凑砌做作，落于史册，只图好看，一味信口诬捏，不顾事理。但凡参过内臣，就是护身符了，随他溺职误事，都不诛处，这是怎么说？”志道奏曰：“神圣在上，岂容内外臣不奉公守法，其有不奉公守法者，皇上自有鉴知，止为近日内臣参劾渐广，诸臣受罪者多，外廷皆以申救责备辅臣，臣知无不言，不敢不采外廷责备之言入告。及辅臣为王坤所参，举朝皇皇，为纪纲法度之忧，臣仰体皇上好问好察，无所不照，岂可使中外有纷纭之疑，不以上闻……至臣疏中不能详慎，语多谬误，罪多万死！”时志道说“谬误”二字语音不朗，上问辅臣：“是说甚么？”辅臣延儒代奏曰：“谬误。”上曰：“有这许多谬误来！你在朕前便说谬误，书之史册，就不谬误了……尔前疏只说王坤应管兵马钱粮，不该轻意侵及辅臣，这就是了，如何有许多说话，不论该处不该处，一概都是为内臣，难道朝廷政事，都是内臣做了……只因内臣在外，不便作弊，恰好有王坤一疏，便张大起来……你可谓奸巧之极！”多顷，上曰：“前年敌薄都城下，那是谁致的？诸臣就不说了。文武各官，朕未尝不信用，谁肯打起精神，实心做事，只是一味朦狥诿饰，不

[1] 《春明梦余录》卷四十八。

得已差内臣查核，原出一时权宜，若是参来不行，差他做甚么？你们外臣果肯做事，朕何必要用内臣！”[1]

从这段对话中可以看出由检在这里只是一味袒护宦官特务。他认为外臣不肯打起精神实心做事，所以才用内臣。那么，反过来说，在他心目中内臣自然是肯打起精神实心做事的了，因此，他就很坦白地说内臣的参劾，“若是参来不行，差他做甚么”了，他差内臣原本是负着监视刺探的特殊任务的呀！所以，内臣参劾，无有不准，而外臣参劾内臣，便是“诬捏”，便是“凑砌做作”，甚至是“奸巧无耻”，刚愎自用袒护特务竟到了如此田地，就是在明代的独夫中也是很少见的。

当然，这以后，他仍是派遣特务，信任特务，一切都还是照旧。崇祯九年工部左侍郎刘宗周奏称：

耳目参于近侍，腹心寄于干城……厂卫司讥察，而告讦之风炽，诏狱及士绅，而堂廉之等夷。人人救过不给，而欺罔之习转甚……总理任而臣下之功能薄，监视遣而封疆之责任轻。[2]

崇祯十年刘宗周又奏：

天下即乏才，何至尽出中官下。而陛下每当缓急，必委以大任。三协有遣，通津临德有遣；又重其体统，等之总督。中官总督，置总督何地？总督无权，置抚、按何地？是以封疆尝试也……陛下诚欲进君子退小人，决理乱消长之机，犹复用中官参制之，此明示以左右袒也。有明治理者起而争之，陛下即不用其言，何至并逐其人？而御史金光辰竟以此逐，若惟恐伤中官心者，尤非所以示天下也。[3]

---

[1] 《春明梦余录》卷四十八。

[2] 《明史·刘宗周传》卷二五五。

[3] 《明史·刘宗周传》。

奏上以后，刘宗周被斥为民。

这以后，朱由检始终不曾改变过他信任特务的作风，一直到亡国。所以，当朱由崧在南京建立小朝廷的时候，南京职方主事万元吉还奏论这事，不胜叹息地说：

> 先帝初惩逆珰用事，委任臣工，力行宽大。诸臣狃之。争意见之异同，略绸缪之桑土，敌入郊圻，束手无策。先帝震怒，宵小乘间，中以用严。于是廷杖告密，加派抽练。使在朝者不暇救过，在野者无复聊生，庙堂号振作，而敌强如故，寇祸弥张。[1]

这些全是当时实情，只是在奏疏中他不便明白说出由检之亡，亡于特务罢了。

（二）总揽一切大权

朱由检信任特务的具体办法，便是将一切军政大权交给特务去管理监督，已有的特务机构，尽量加强，已经停办的便重新再设。

加强厂卫侦缉

其实，如东厂和锦衣卫这两大特务机关，朱由检对它始终是十分信任的。《明史·刑法志三》称：

> 庄烈帝即位，忠贤伏诛，而王体乾、王永祚、郑之惠、李承芳、曹化淳、王德化、王之心、王化民、齐本正等相继领厂事，告密之风未尝息也。

而《明史·陈龙正传》卷二五八亦称：

[1] 《明史·万元吉传》。

时政尚综核，中外争为深文以避罪，东厂缉事尤冤滥。

这种“冤滥”情形如李清《三垣笔记》上所载：

予初入刑垣，郑司寇三俊（万历戊戌建德人）获谴归时，予就寓谒问：“刑部何事最冤？”三俊惨然曰：“无过盗情，若欲平反，不过云秋后处决尔。”予愕然曰：“何谓？”三俊曰：“此皆从东厂缉获者，司官不敢反，堂官何繇反？惟择无赃无证情可矜疑者，缓以秋决，或可从容解网也。”相与叹息久之。

予初入刑垣，闻东厂盗最冤，每厂役获盗，必加以五毒，择肥而攀，俟罄掳既饱，然后呈厂。厂上疏皆历历有词，不四日便下部拟，不十余日便依样招奏，又不四日便会官处决。曾有一盗赴市，太息云：“我贼也不曾做，如何诬我为盗？”一日，予晤刑部一司官，以平反劝，惨然曰：“不敢。”予曰：“何也？”对曰：“天下有一介不取之官，而无一介不取之吏，若一翻厂招，异日借题罗织，官吏并命矣。”一时干和招灾，莫此为甚。

对这种“告密”“冤滥”，朱由检是予以鼓励的。王之心、曹化淳都曾因缉奸之功，荫弟侄锦衣卫百户，而崇祯十四年九月且改称东厂提督为总督，以重其权。[1]

因为如此，所以，那时厂卫横暴，也不下于魏忠贤时代，钱谦益云：

今上（由检）龙飞公首先召用时相（按指温体仁）……用其私人掌卫事（按即体仁义子董琨），属锻炼起大狱，约略如逆奄用显纯故事。[2]

[1]　《明季北略》卷十七。

[2]　《牧斋初学集》卷三十四，《赠锦衣吴公进秩一品序》；《丁丑狱志》卷二十五。

甚至比魏忠贤时还厉害：

> 乌程（温体仁）之忮毒，深于逆奄，董琨之周内，精于显纯。[1]

至于那时厂卫缉事的横暴情形，《明史·刑法志三》所记甚详：

> 庄烈帝疑群下，王德化掌东厂，以惨刻辅之，（吴）孟明掌卫印，时有纵舍，然观望厂意，不敢违。而镇抚梁清宏、乔可用朋比为恶，凡缙绅之门，必有数人往来踪迹。故常晏起早阖，毋敢偶语，旗校过门，如被大盗，官为囊橐，均分其利。京城中奸细潜入，佣夫贩子，阴为流贼所遣，无一举发。而高门富豪，跼蹐无宁居。其徒黠者恣行请托，稍拂其意，飞诬立构，摘竿牍片字，株连至十数人。

这种踪迹"缙绅之门"，那时虽以宰辅之尊亦不能免，如其时阁臣薛国观便为东厂害死。其实，薛国观也不是个好东西，他曾劝朱由检加紧厂卫侦缉，反说当时厂卫尽力不够，这样便得罪了东厂太监王德化。于是便专门侦缉他的阴事，他的仇人吴昌时也勾结了东厂理刑吴道正，揭发了他的贪贿情形，因此，朱由检便免了他的官。国观出都回家，重车累累，侦缉的人又报告上去，而东厂派到国观官邸伺察的人，又得到他招摇通贿情状，于是便把国观逮回缢死。[2] 还有周延儒之死，也是由于特务的侦缉。当时锦衣卫使骆养性与中官勾结，专察延儒阴事。及至延儒罢归，养性还不放松，天天说他的坏话，终于又逮回，勒令自尽。[3]

薛周两人阴险贪暴，也和特务差不多，杀死原不足惜，只是特务们的陷告，并不是因为他们贻误国事，而是由于私仇或是争宠。同时这两个人的奸诈，当时也有很多朝臣弹劾，朱由检都不采纳，而特务一言，

---

[1] 《牧斋初学集》卷三十四，《赠锦衣吴公进秩一品序》；《丁丑狱志》卷二十五。

[2] 《明史·薛国观传》卷二五三。

[3] 《明史·周延儒传》卷三〇八。

便予罪死，由此可见当时特务的威势以及朱由检信任特务之专了。

厂卫之势如此，底下爪牙更是横行无忌。这些爪牙是和流氓地痞勾成一气的，流氓做他们的外围，帮着打听事件，打听来以后，特务们便拿点钱给他们，叫做“买事件”。但是哪有这么多事件可打听呢，在朱由检时，这些流氓便去诱人为奸，制出事件，卖给特务。崇祯十五年御史杨仁愿便上疏说到这事：

> 功令比较事件，番役每悬价以买事件，受买者至诱人为奸盗而卖之，番役不问其从来，诱者分利去矣。挟忿首告，诬以重法，挟者志无不逞矣。[1]

以上大多是东厂情形，至于当时锦衣卫呢，其侦察罗织之凶，也并不下于东厂，如：

> 上寄耳目于锦衣卫，称为心膂大臣，托采外事以闻。吴金吾孟明，缓于害人而急于得贿，其子邦辅尤甚，每缉获州县送礼单，必故泄其名，沿门索赂，赂饱乃止，东厂亦然。尝有某知县送银二十四两求胡编修守恒（崇祯戊辰舒城人）撰文，时尚未受，亦索千金方已。一时士大夫皆重足而立。[2]

至于奉令出去逮人的时候，更是百端地勒索敲诈。底下的一个实例，是崇祯十三年锦衣校尉奉旨赴南昌逮黄道周时的情形：

> 旗尉至南昌，阖郡惶惧，姚知府面送公礼五百金，又私礼三百金，夥长袁从先一百金，又锦衣酒席折程折席共三十金，又分犒金吾管

[1] 《明史·刑法志三》。

[2] 《三垣笔记》上。

家及长随六十、二十余金。[1]

逮到京以后，自然是下诏狱拷打，有的往往就这样被打死。有时朱由检下密旨叫锦衣卫使在狱中暗地杀人。如姜埰、熊开元因言事下狱，“帝怒两人甚，密旨下卫帅骆养性，令潜毙之狱。养性惧，以语同官。同官曰：‘不见田尔耕、许显纯事乎？’养性乃不敢奉命”[2]。这件事王士祯《池北偶谈》卷五记载较详：

> 骆养性字泰如，京师人，崇祯朝为大金吾，熊鱼山开元、姜如农埰二公俱以直言得罪，下锦衣狱。一日漏下二鼓，一小中官持怀宗御笔至云：“谕骆某，即取熊、姜二犯绝命缴。”骆附奏缴旨，略云：“言官果有罪。常明正典刑，与天下共弃之，今昏夜以片纸付臣杀二谏官，臣不敢奉诏。”奏上，帝怒为之霁。

而据熊开元自己所记则是——

> 二十九日召对，既罪刘宗周等，独谕金吾骆养性曰：“熊开元必有主使，不行拷讯，是汝不忠。”骆出方沉吟道上，中使忽以手敕至，则令“取开元、埰毕命，以病闻”。密诏也。骆失色，语同列，同列曰：“是何可杀？珰党乱政时，田尔耕毙诸言者足鉴也。”明日十二月朔取开元百端拷掠，求主者，但举一腔忠愤，及姻朋辈私相感叹，劝开元勿语者以对。先一拶一百敲，又一夹打五百扛，掠至垂毙，始还狱。初二日又一夹打五十扛，复去衣，打四十棍，自分死矣。金吾法已穷，思之三日，似有鬼神之通，乃以所谳无大碍于首辅者，为一纸，开元所供娓娓千言为一纸同进。并缴前密谕曰：“诚如圣谕，天下只畏臣衙门之刑，不畏朝廷之法，合无将开元发部拟罪，肆诸

[1] 《明季北略》卷十六。

[2] 《明史·姜埰传》卷二五八。

市朝，始可昭垂后世。”初四日，上以谳词发阁，延儒叩首曰：“熊开元南人不任刑，今已至矣，愿付刑曹。”上用其言，下部，且手诏答金吾曰：“开元、埰前诏不必行。”始惊且喜，呼圣明也。[1]

朱由检这种行为，简直和魏忠贤时代一模一样了。

第五章曾经说过朱厚熜欢喜亲自指挥特务打问臣下，朱由检也是如此，如吴昌时就在他面前被打断腿。

蒋拱宸疏参宜兴及吴昌时，内有“通内”一事，为上所最怒。七月二十五日，召府部九卿科道廷鞫，上角素，率太子与定王同讯。呼昌时前，诘其通内，上声色俱厉。昌时辩：“祖宗之制，交结内侍者斩，法极森严，臣虽不才，安能犯此？”上呼蒋拱宸面质，拱宸战栗，匍伏不能措一语。上愈怒，叱拱宸退。然上意已有成局，不待拱宸之对质也。昌时始终不为屈，曰：“皇上必欲以是坐臣，臣何敢抗违圣意？自应承受，若欲屈招，则实不能。”上即命内侍用刑，阁臣蒋德璟、魏藻德出班奏曰：“殿陛之间，无用刑之例，伏乞将昌时付法司究问。”上曰：“此辈奸党，神通彻天，若离此三尺地，谁敢据法从公勘问者？”二阁臣奏：“殿陛用刑，实三百年来未有之事。”上曰：“吴昌时这厮，亦三百年来未有之人。”二阁臣口塞，叩首而退。内侍遂进，用夹，两胫皆绝，昏迷不省人事。乃命下锦衣卫狱。昌时已不能行，卫役负之以出。[2]

而那时蒋拱宸说话触犯了由检，由检曾怒“喝声‘打’，司刑者将拱宸当头一下，纱帽为裂”[3]。横暴至此，也真是少见的了。

至于其时厂卫缉事的一般情形，自然更是作威作福，无中生有，如

[1] 《三朝野记》引《熊开元自序》。

[2] 文秉：《烈皇小识》卷八。

[3] 《明季北略》卷十九。

崇祯十年：

逮福建兴泉兵备曾樱。厂役缉事，缉得曾樱营升事状，有旨逮问。樱力辩无此事，人役书礼皆伪也。[1]

特务有时还设法拆阅他人信件，作为报告材料。如：

（给事中杨）时化方忧居，通书（户部尚书）居相，报书有“国事日非，邪氛益恶”语，为侦事者所得，闻于朝。帝大怒，下居相狱，谪戍边。七年卒于戍所。[2]

这样侦缉真可以说得上无孔不入了，但就凭这样，由检还觉得不够，还自己直接派遣特务出去侦缉。如薛国观刚罢职的时候，他便曾派人在国观住所密伺。

当国观初罢，上令人潜伺有何人先至其寓。中书王升彦往焉，遂执付诏狱。[3]

又如以袁崇焕事逮钱龙锡入狱，审问时，他也派人去密探。黄宗羲《南雷文约》卷一“大学士机山钱公神道碑”云：

公至廷，辩侃侃，上密遣人诇其语。

这些密探全由他直接指挥，连厂卫都不知道，他们侦缉得极其周密，极小的事也都报告上去。

---

[1] 《烈皇小识》卷三。

[2] 《明史·孙居相传》卷二五四。

[3] 孙承泽：《思陵典礼记》卷二。

有郡守缺，部推某任子，上曰：“郡守牧民，当简循良，某以市茶不当意，挝碎奴子首，岂可治郡耶？”部臣惊愕，出访之，果有此事，以为得自诇者，询之缉事之人，渠曰：“我辈钩察，皆关于钱粮重事……若家人诟谇，何从问之？”即诸内竖亦惊诧相顾，谓不知何以达圣聪也。[1]

这些密探，京师以外，由检也都派遣的有，如：

（两广总督熊）文灿官闽、广久，积资无算，厚以珍宝结中外权要，谋久镇岭南。会帝疑刘香未死，且不识文灿为人，遣中使假广西采办名，往觇之。既至，文灿盛有所赠遗，留饮十日。[2]

至于厂卫缉事这样专横，当时也有人向庄烈帝奏谏，无如他信任过深，都不采纳。如兵科给事中庄鳌献于崇祯六年上太平十二策，极论东厂之害，竟犯了忤触，且因之贬官。[3]而杨仁愿在前引的奏疏末后也说：“伏愿宽东厂事件，而后东厂之比较可缓，东厂之比较缓，而后番役之买事件与卖事件者俱可息，积重之势庶几可稍轻。”后来他又曾切言缇骑不当遣，说是“缇骑一遣，有资者家产破散，无资者地方敛馈，为害滋甚”[4]。这回朱由检算是在表面上敷衍了一下，“为谕东厂，言所缉止谋逆乱伦，其作奸犯科，自有司存，不宜缉，并戒锦衣校尉之横索者”。但事实上呢，《明史》就在这几句话后面接着叹道：“然帝倚厂卫益甚，至国亡乃已。”[5]

[1] 《谀闻续笔》卷四。

[2] 《明史·熊文灿传》卷二六〇。

[3] 《明史·傅朝佑传》卷二五八。

[4] 《烈皇小识》卷七。

[5] 《明史·刑法志三》。

经济特务及其他

以上都是朱由检信任厂卫特务的实例，此外他又还派遣许多特务到各个政治、经济、军事部门中去做侦缉工作。如那时的太监张彝宪便是个大财政特务。

张彝宪是司礼太监，为人极有心计，朱由检疑心户部和工部有舞弊情事，崇祯四年九月便叫他去钩校这两部的钱粮出入，并且特地替他建立衙门，名曰“户工总理”。当时诸臣如给事中宋可久、冯元飚等十余人上章论谏，吏部尚书闵洪学率朝臣具公疏力争，朱由检全都不听。[1] 于是张彝宪便按行两部，坐在尚书之上，时人滑稽地称之为“堂公堂婆”[2]。工部侍郎高弘图受不了这侮辱，不肯为之下，便上言云：

> 臣部有公署，中则尚书，旁列侍郎，礼也。内臣张彝宪奉总理两部之命，俨临其上，不亦辱朝廷而亵国体乎？臣之为侍郎也，贰尚书，非贰内臣也，国家大体，不容不慎。故仅以川堂相宾主，而公座毋宁已之，虽大怫彝宪意，臣不顾也。且总理公署，奉命别建，则在臣部者，宜还之臣部，岂不名正言顺而内外平？[3]

但是朱由检认为军饷事重，应该到部验核，不听。而且将高弘图削去官籍斥归。

到崇祯七年二月张彝宪便更进一步竟请求天下入觐官投册，以隆体统。由检也居然允许了他。于是山西提学佥事袁继咸便上疏云：

> 士有廉耻，然后有风俗，有气节，然后有事功。如总理户工太监张彝宪有请令入觐官员投册以隆体统之奏，皇上从之，意在厘剔奸弊，非欲群臣屈膝也。乃上命一出，靡然从风，藩臬守令，参谒

[1] 《明史·张彝宪传》卷三〇五。

[2] 《枣林杂俎》。

[3] 《明季北略》卷八。

屏息，得免呵责为幸。嗟呼，一人辑瑞，万国朝宗，而相率趋拜内臣之座，士大夫尚得有廉耻乎？国家自有觐典二百余年，未闻有此，可为叹息也。[1]

奏上以后，朱由检说他“越职言事”，予以切责。同时张彝宪也上疏奏辩，说是“觐官参谒，乃尊朝廷”，于是继咸又上疏驳斥：

尊朝廷莫大于典例，知府见藩臬行属礼，典例也；见内臣行属礼，亦典例乎？诸臣入觐，投册吏部，典例也；参谒内臣，亦典例乎？事本典例，虽坐受犹可以为安。事创彝宪，即长揖只增其辱。高皇帝立法，内臣不得预外事。若必欲以内臣绳外臣，会典所不载。[2]

这第二疏奏上以后，得到的仍是切责。后来杨士聪曾对此有所论断，说得很好：

张彝宪之总理户工二部，所司不过稽核，非有出纳之寄也。且初时尚坐部堂，迨自立署，绝不至部，朝觐各官即有钱粮相关，遣吏投册可矣，乃相率而诣之，行见部礼，至于考选各官，以功名所系，趋之尤急，拜伏堂下，了不知耻，异日翱翔言路，责其风节，不亦难乎？[3]

张彝宪在任上第一件事便是排斥异己，如工部尚书曹珖因部堂设坐事和他闹得很僵，于是彝宪便“日捃摭其隙。会山永巡抚刘宇烈请料价万五千两，铅五万斤，工部无给银例，与铅之半。宇烈怒，奏铅皆滥恶。彝宪取粗铅进曰‘库铅尽然’，欲以罪珖。严旨尽熔库铅，司宫中毒死

[1] 《烈皇小识》卷三。

[2] 《烈皇小识》卷三。

[3] 《玉堂荟记》卷上。

者三人，内外官多获罪。彝宪乃纠巡视科道许国荣等十一人，珖疏救，忤旨诘责。彝宪又指阐工冒破龋龁之。珖累疏乞骸骨归，五日得请。”[1]

张彝宪除了排斥异己而外，便是贪污纳贿，剥削人民，从不曾去认真核验什么军饷。比如他到任以后，故意勒扣边镇军器不发，借以索贿[2]。又请催天下所欠赋税一千七百余万[3]。一则贻误军机，一则结怨人民，这就是特务验核军饷钱粮的成绩。

这两件事当时也有人向朱由检论谏，如管盔甲主事孙肇兴劾张彝宪误国，给事中范淑太言欠赋不当催。但朱由检都不采纳，且将孙氏问罪充军。以后凡是谏论的人都被斥去。甚至周士朴以工部尚书地位，不赴彝宪期，也遭罢斥。信任一个特务，竟不惜牺牲这许多臣下，这个君还不是个亡国之君么？

朱由检时的著名的经济特务除了张彝宪之外，还有个杨显名，《烈皇小识》卷三：

> （崇祯十年四月）上命太监杨显名总理两淮盐课，显名抵任，查参前任巡盐张养、高钦舜各侵匿税额几十万，有旨逮问。时养已卒，命籍其家。

显名在任上，朱由检也是命令当地监司以下向他行下属之礼：

> 上遣中使杨显名监盐政，令监司以下行属礼。[4]

此外如崇祯六年“命司礼监太监张其鉴等赴各仓，同提督诸臣盘验收放”。七年“命兵部同内中军张元亨、崔良用往西宁监视及茶马御史

[1] 《明史·曹珖传》卷二五四。
[2] 《明史·张彝宪传》。
[3] 《明史·庄烈帝纪一》卷二十二。
[4] 林璐：《河间太守颜公传》。

易壮马”。九年“命司礼太监曹化淳同法司录囚”，十四年“司礼监太监王德化奉命率群臣习仪于太学”。[1] 至于军事方面所派的特务就更多，当于下节详述之。

特务的威焰

至于当时特务们的威焰，更是炙手可热，他们可以随便诬陷官吏，有一次竟将京师附近各县县官一齐诬陷革职。

> 上传任丘、清苑、涞水、迁安、大城、定兴等县知县白慧元等“贪酷纵肆，俱着革职提问。抚按官不行纠劾，溺职殊甚，近畿如此，远地可知，着部院申饬”。[2]

这事的起因说起来也十分可笑：

> 慧元令任丘，珰某，任丘人也。邀慧元饮，酒半，尽陈诸宝玩以供鉴赏。慧元曰：“我有至宝，大异于是。”珰问何宝？慧元笑不应，珰固问之，慧元曰：“我腰下有至宝耳。”珰默然。遂罗织其事款入告。又虑人议其修私怨也，并罗及清苑等县。[3]

他们不但诬陷一般官员，就是以尚书之尊，得罪了他们，他们也照样可以在朱由检面前将他排斥掉，甚至还加以侮辱。如戎政尚书李邦华曾欲稽核京营，“遂为内侍飞语所中，罢任去。去国之日，守门群奄争摔击之，至于裂其衣冠，辱其妻孥”[4]。还有一次，竟率领多人径自搜

[1] 均见《明史纪事本末》卷七十四。

[2] 《烈皇小识》。

[3] 《烈皇小识》。

[4] 《谀闻续笔》卷三。

查官员住宅，而且胡乱栽诬：

固安县知县秦士奇，一日公退在衙，有抚按所遣推官带从人叩门而入，则都察院咨行奉旨搜查本官私宅者也。将妇女驱至闲处；据室倾倒筐箧，搜得银七百两，坐赃论戍。究其所以，乃士奇得罪于本县大珰，入毁言于上，故出其不意而为此也。无论七百非重资，但以所有坐赃，亦非法甚矣。是时上新诛魏忠贤，而复用珰言如此！[1]

官员既可随意栽诬，老百姓自然更可以随意屠杀了。如：

金光辰……崇祯元年……擢御史，巡视西城。内使周二杀人，牒司礼监捕之。[2]

此外他们便是千方百计地索贿赂，被索的人如若不给，便有吃不尽的苦头。如：

令百官进马，三品以上各贡一匹，余合进，俱纳于御马监，实赍金贸易之本监也。否则，虽骑骥亦却之。[3]

又如：

杭州解到龙段三万匹，内奄索贿不遂，驾言不中用，令票旨驳还。[4]

[1] 《玉堂荟记》卷下。

[2] 《明史·张玮传》卷二五四。

[3] 《明史纪事本末》卷七十四。

[4] 《烈皇小识》卷四。

而当时官员们如果和他们拉拢得好，有罪也可以变成无罪，如陈新甲便是：

陈新甲……迁宁前兵备佥事……及城破，坐削籍。巡抚方一藻惜其才，请留之，未报。监视中官马云程亦以为言，乃报可。[1]

后来他做了兵部尚书，仍和宦官特务勾结很紧：

（陈）新甲雅有才，晓边事，然不能持廉，所用多债帅。深结中贵为援，与司礼王德化尤昵，故言路攻之不能入。[2]

于是一班无耻官僚，便纷纷向他们逢迎谄媚，曲意奉承，无所不至了。如：

珰某与小襄城及秀水诸人善，珰有母称寿，秀水拉诸同人往贺。甫登其堂，则珰母已巍然端坐，珰侍其旁，曰："太太年老，不能行礼，小弟代为答拜。"即先下拜。秀水辈相顾错愕，不得已，顿首再拜而起。[3]

甚至恬不知耻地形之奏章，如崇祯十年七月工部员外郎方玺上言：

皇上亲擒魏忠贤而手刃之，岂溺情阉竖者，不过以外廷诸臣无一可用，而借才及之。况人臣苟知报答，何论内外？内臣既徼兹旷典，孰不欲弃捐顶踵，以酬我皇上者？不必鳃鳃过计也。[4]

[1] 《明史·陈新甲传》。

[2] 《明史·陈新甲传》。

[3] 《烈皇小识》卷六。

[4] 《明季北略》卷十三。

特务这样横行，主子这样的信任，朝臣又这样的谄媚，形成了特务高于一切的局面，这还不足够亡国而有余么？

第二节　开城投降

（一）作壁上观

朱由检既派遣大批特务分入行政的各个部门，他还觉得不放心，他还要把特务深入到军队中去，来监视将帅和军队。

这种军中特务的派遣，朱由检是完全因袭他的列祖列宗的办法而集其大成。大略说来，可分为三个系统：一是负监视责任的特务，有监视和监军的分别，派往边镇的叫做监视，派往内地军中的叫做监军[1]。这些监视、监军的权柄，远在将帅之上，将帅有所行动，必须得他们同意，他们对于将帅又可以随时向皇帝密奏弹劾。二是直接统兵的特务，先还只是在京中统率京营，后来竟派出去统率各地大军，俨然是大将军体统了。三是由朱由检直接秘密派到军中的个别特务，负秘密侦探责任。

秘密军事侦探

这些军中特务，派遣最早的是秘密侦探，在朱由检即位时就遣出去了。如崇祯元年——

> 宣府巡抚李养冲疏言旗尉往来如织，踪迹难凭，且虑费无所出。帝以示（大学士李）标等曰："边情危急，遣旗尉侦探，奈何以为伪？且祖宗朝设立厂卫，奚为者？"标对曰："事固宜慎。养冲以为不赂

[1] 《明史·高起潜传》卷三〇五。

恐毁言日至，赂之则物力难胜耳。”帝默然。[1]

同时，大学士钱龙锡也曾为此奏谏过：

（元年）帝好察边事，频遣旗尉侦探。龙锡言：“旧制止行于都城内外，若远遣恐难委任。”[2]

特务遍军中

到第二年朱由检便公开派遣特务去监视军营了。《明季北略》卷七云：“二年，大清兵南下，京师戒严，乃复以内臣视行营。”这些内臣的姓名，据《明史纪事本末》卷七十四载：

二年……冬十一月，我大清兵南下，始遣乾清宫太监王应朝监视行营。太监冯元昇核军讫，始下户部发饷。又命太监吕直劳军。

而《明史・庄烈帝纪一》载，这时由检又曾派宦官催总兵满桂出战。这宦官是谁，已不可考了。

这以后军中特务就不断地派出了，兹据《明史》《明史纪事本末》及《明季北略》所载，略略统计于下：

崇祯二年十二月以司礼监太监沈良佐、内官监太监吕直提督九门及皇城门，司礼太监司风翔总督忠勇营提督京营。[3] 四年派内臣唐文征提督京营戎政，王坤监饷宣府，刘文忠监饷大同，刘允中监饷山西。又命王应期监军关宁，张国元监军东协，王之心监军中协，邓希诏监军西协。

[1] 《明史・李标传》卷二五一。

[2] 《明史・钱龙锡传》卷二五一。

[3] 《明史纪事本末》卷七十四。

同年十一月又命太监李奇茂监视陕西茶马，吕直监视登岛海禁。[1] 十二月以司礼监右少监刘芳誉提督九门。[2] 六年五月，命太监陈大金、阎思印、谢文举、孙茂霖为内中军，分入大帅曹文诏、左良玉、张应昌、邓玘诸营监军。[3] 六月又命太监高起潜监视宁锦兵饷。[4] 九年七月，兵部尚书张凤翼出督援军，又特命高起潜为总监，并以司礼大珰张云汉、韩赞周副之。同时又遣太监李辅国、许进忠等分守紫荆、倒马诸关，孙惟武、刘元彬防马水河。[5] 司礼太监魏国徵守天寿山。[6] 十一年七月以司礼太监张荣提督九门。[7] 十五年正月命太监王裕民、刘元斌典禁兵。十一月清兵入塞，京师戒严，命勋臣分守九门，太监王承恩督察城守[8]。又命司礼太监方正化总监保定军务。[9] 直到十七年二月，就是亡国前一月还派内官高起潜、杜勋等十人监视诸边及近畿要害。[10] 这些太监姓名及所监视的地点，据《烈皇小识》卷八载："卢维宁往通、津、临、德，方正化往真保，杜勋往宣府，王梦弼往大名、广平，阎思印往顺德、彰德，牛文炳往卫辉、怀庆，杨茂林往大同，李宗化、张泽民往苏镇中西二协。"甚至到亡国前十几天三月初六日还派太监杜之秩协守居庸关。[11] 十一日又命秉笔太监王承恩提督内外京城，总督蓟辽。王永吉节制各镇兵符，一切调度权宜进退将吏赏罚功罪等，俱听便宜行事。十四日又起用旧司礼太监曹化淳戴罪

---

[1] 《明史·魏呈润传、庄烈帝纪一》。

[2] 《明季北略》卷八。

[3] 《明史·高起潜传》。

[4] 《明史·庄烈帝纪一》。

[5] 《明史·高起潜传》。

[6] 《明季北略》卷十二。

[7] 《明季北略》卷十五。

[8] 《明史·庄烈帝纪二》。

[9] 《明史·方正化传》卷三〇五。

[10] 《明史·庄烈帝纪二》。

[11] 《明史·庄烈帝纪二》。

守城。[1] 到十九日京城就被李自成攻陷，朱由检吊死煤山，他信任特务可谓至死不悟了。

这种过分信任特务，当时并不是没有人向朱由检进谏，但是他都一概置之不理，甚至加以罪名，或罢斥，或谪贬。如崇祯四年派出王坤一大批特务的时候——

> （南京御史李）曰辅上疏谏曰："迩者一日遣内臣四，寻又遣用五，非兵机则要地也。廷臣方交章，而登岛，陕西又有两阉之遣。假专擅之权，骇中外之听，启水火之隙，开依附之门，灰任事之心，藉委卸之口。臣愚实为寒心。陛下践祚初，尽撤内臣，中外称圣。昔何以撤？今何以遣？天下多故，择将为先。陛下不筑黄金台招颇、牧，乃汲汲内臣是遣，曾何补理乱之数哉！"帝怒，谪曰辅广东布政司照磨。[2]

又如：

> （李）世祺上言："……黄衣之使，颉颃卿贰之堂；貂蝉之座，雄踞节钺之上。低眉则气折，强项则衅开。各边监视之遣，已将期月，初虽间有摘发；至竟同归模稜，效不效可概见。伏愿撤回各使，以明阴不干阳之分……"帝以借端渎奏，切责之。[3]

其他如魏呈润、赵东曦、庄鳌献、周镳等都因论监军之事得罪。

但有时朱由校也因为说的人太多了，也不得不敷衍一下，如崇祯七年六月曾下诏罢各道监视太监，谕旨前半段倒也冠冕堂皇，说是"朕御极之初，撤回内镇……己巳之冬，京都被兵，宗社震恐，此士大夫负国

[1] 《明季北略》卷二十。

[2] 《明史·魏呈润传》。

[3] 《明史·黄绍杰传》卷二五八。

家也。朕不得已，用成祖监理之例，分遣各镇览视，添设两部总理，虽一时权宜，亦欲诸臣自知引罪。今经制粗立，兵饷稍清，诸臣亦应知者，其将总理监视等官尽行撤回，以信朕之初心”。可是最后两句却又说：“惟关宁密迩外境，高起潜兼两镇暨内臣提督如故。”[1]还是拖了尾巴，做不彻底。所以，不久之后，这些特务就又纷纷派出了。

特务既这样被信任，气焰自然不可一世，如华允诚上疏所言：“近者中使一遣，妄自尊大，群僚趋走，惟恐后时，皇上以近臣可倚，而不知幸窦已开；以操纵惟吾，而不知屈辱士大夫已甚。”[2]这种“尊大”的实际例子，如高起潜为总监时，行部视师，下令监司以下的官都用军礼谒见，永平道刘景耀、关内道杨于国认为是一种耻辱，便上疏求免。不料由检竟说：“总监原以总督体统行事。”于是免了杨于国的官，降刘景耀二级，以示惩戒。[3]从此以后，监司大员就再也不敢和他们争礼了。

朱由检既这样袒护特务，特务们就越发猖狂起来，对同营将帅和巡按御史都随意弹劾诬奏，这些将帅御史如若上奏辩驳，一定吃亏。如崇祯五年，蓟辽总督曹文衡与监视中官邓希诏相讦，当时有位给事中黄绍杰上言：“文衡烈士，受内臣指摘，何颜立三军上。希诏内竖，讦边臣辱国，大不便宜。亟更文衡而罢希诏。”但是，“帝不听。久之，文衡以闲住去”[4]。又如宣府监视中官王坤“至宣府，甫逾月，即劾巡按御史胡良机。帝落良机职，命坤按治。给事中魏呈润争之，亦谪外”[5]。于是王坤便越发肆无忌惮，竟弹劾起朝廷宰辅来了。《北略》卷九云：“周延儒……入阁办事，至是正月，为宣府阅视太监王坤所劾……延儒遂放归。”这是有明一代所未有的骇人听闻的事，于是朝臣纷纷论奏，如吏部尚书李长庚率同列上言：

[1] 《明季北略》卷十。

[2] 《明史·华允诚传》卷二五八。

[3] 《明季北略》卷十二。

[4] 《明史·黄绍杰传》卷二五八。

[5] 《明史·张彝宪传》卷三〇五。

陛下博览古今，曾见有内臣参论辅臣者否？自今以后，廷臣拱手屏息，岂盛朝所宜有？臣等溺职，祈立赐谴黜，终不忍开内臣轻议朝政之端，流祸无穷，为万世口实。[1]

给事中傅朝祐也奏称：

皇上虑周边境，用王坤监视宣大，未尝令其司弹劾之权，操中朝之议也。乃一参再参且及阁臣，纵令阁臣有过，朝廷耳目之司，夫岂乏人？乃令中官言之，书之史册，何以示子孙而传后世哉？臣于是不能不为首辅咎焉，当遣内臣之始，何不近援祖制，远援汉唐宋之覆辙以力谏？即不然，相率以去就争之可也。臣又不能不为诸辅咎焉，当票拟王坤之疏，曷不直言揭奏，正义责坤，为皇上遵祖制，为朝廷持大权，而顾唯唯以听之乎？臣不特为阁臣惜，而深为国体惜，为天下治乱之大关惜也。[2]

同时左副都御史王志道也上章奏论，遭到由检的一顿痛斥，已见前引。特务们这种炙手可热的威势，真如王志道在另一奏疏中所慨叹的“近者内臣举动，几于手握皇纲”了[3]。

宰辅可劾，更有何事不敢为，何况特务们彼此相护，连成一气，更无法予以打击。如崇祯七年——

陕西按察副使贺自镜奏监纪太监孙茂霖玩寇。宣府太监王坤奏：“监军纪功罪耳，追逐自有将吏在。果如自镜言，则地方官罪不在

[1] 《明史·李长庚传》卷二五六。

[2] 《烈皇小识》卷四。

[3] 《明史·张彝宪传》。

茂霖下矣。”上不问。[1]

又如崇祯十一年——

冬，大清兵入密云，总督吴阿衡攻殁，廷议增设巡抚一人，驻密云，遂擢（赵）光抃右佥都御史任之。至即发监视中官邓希诏奸谋。帝召希诏还，而令分守中官孙茂霖核实。茂霖为希诏解，光忭反得罪，遣戍广东。[2]

这些特务这样专横，朱由检不但不问，反而予以优待鼓励。崇祯五年礼部主事周镳曾切直地指出这点，说是：

尤可叹者，每读邸报，半属内侍之温纶。从此以后草菅臣子，秽亵天言，只徇中贵之心，将不知所极矣。[3]

这种鼓励，便是破例地给这些特务或其子弟加官进爵，实例多得很，略举一二如下：

（崇祯七年）六月，叙禁旅功，荫太监曹化淳世袭锦衣卫千户，袁礼、杨朝进、卢志德各百户，以击盗屡捷也。[4]

（八年）十一月，太监高起潜弟荫锦衣卫中所正百户，世袭。[5]

（九年）十月，叙京师城守功，太监张国元、曹化淳荫指挥佥事，

[1] 《明季北略》卷十。

[2] 《明史·赵光抃传》卷二五九。

[3] 《明季北略》卷八。

[4] 《明季北略》卷十。

[5] 《明季北略》卷十二。

各世袭[1]。

以上是由检时的特务监视监军的情形，此外朱由检还继续了魏忠贤时的内操，崇祯八年给事中何楷曾奏称：

> 与今日之灾变大相关切者，则无如内操一事……神祖罢之，忠贤复之，沿习至今，将成永制。臣愿皇上斥忠贤之谬，以神祖为法，责成京营四卫，精严操练，以壮皇灵；尽撤内操，用清禁地。[2]

而京营方面，朱由检则全部交给宦官特务管理：

> 京营自监督外，总理捕务者二员，提督禁门、巡视点军者三员，帝皆以御马监、司礼、文书房内臣为之，于是营务尽领于中官矣。[3]

这些家伙管理京营的情形则是——

> 营将率内臣私人，不知兵。兵惟注名支粮，买替纷纭，朝甲暮乙，虽有尺籍，莫得而识也。[4]

后来这些兵只要一听到炮声就吓得乱跑，终于京师被陷：

> 流贼入居庸关，至沙河。京军出御，闻炮声溃而归。贼长驱犯阙，守陴者仅内操之三千人。京师遂陷。[5]

---

[1] 《明季北略》卷十二。

[2] 《春明梦余录》卷四十二。

[3] 《明史·兵志一》卷八十九。

[4] 《明史·兵志一》卷八十九。

[5] 《明史·兵志一》卷八十九。

贪污纳贿　剥削人民

至于监视、监军特务们在地方上的行为，更是横暴万分、无恶不作。他们首先是贪污纳贿，剥削人民。当时真定巡按李模疏参分守太监陈镇夷的劣迹，言之极详。据他说这个陈镇夷一到任便包揽词讼，设立关卡，科派里甲，兴建衙宇。

分守太监陈镇夷贪婪暴虐，官民寒心，谨昧死特陈其状：旧知识郭名杨，先往保定迎接，馈银三百两。一到任，即题充旗鼓，关通贿赂，倚为腹心。凭听萧钱两主文，本章批判，尽出其手。凡揽受田产小词，尽批解究——奸徒得志，殷懦股栗。因关把总何起龙托郭旗鼓送银二百两，求管关税，每日抽黄钱二三十千不等；单身人过，亦索黄钱二十文，怨声载道。工食器用等项不许科派里甲，非敕书所载乎？乃私用米豆，发牌行唐□等县买办，止各发银二百八十两，计各费过三百四十两，有赔解富户可问。建造衙宇，费过工料银五百余两，复行赵州等处摊派，有督工王省祭可查。[1]

其次便是混征饷额，扣克兵饷，以致马多饿倒，士卒逃去。

营兵月饷，应问易州饷司支领，忽坐下真定县本色豆三千石，草九万束，是额饷竟可混征也。营兵每月饷银二两二钱，乃每名扣除四钱七钱不等。五营官总送衙内至，领兵上关，每名该行粮升半，止给一升，草每束折银四分入己，马多饿倒。以致兵士愤恨，槐树铺逃去马兵三百余名，镇城又逃去二百余名，佯付不知，支粮如旧。[2]

甚至纵兵为盗，抢劫平民。

[1]　《烈皇小识》卷五。

[2]　《烈皇小识》卷五。

至其纵兵为盗也，任文秀跃马截劫于晋州，箭穿入骨，当经马保印等搜获赃钱；乃文秀不究，而赤马牵入私厩矣。王家远司二等行劫官路，当经刘均艾等人马连获，乃偏听千总王道新曲禀，而捕役反问徒罪矣。撞门劫杀贾永先家，则有赵标、庄应伦等，将珠宝衣服，对人夸张，而失主不敢告官矣。劫杀郝三九抛井，则有吕世龙、于武众等，被尸亲认驴喊告，而问官不敢直指为兵矣。[1]

并且勒令每营将官都得致送财物。

将官馈献，何一不从扣克得来？乃令郭旗鼓问每营将官索要三千两，各先送过五百两，独火功营将官王震仲素负气骨，不肯应承，终日提营中官役呵责，仍央郭旗鼓解说，送银炉银如意各一件，罗缎潞紬各十匹，马二匹，骡一头。尚嫌不足，又问龙固营守备白之昆指查卖放捞河军人，要从重参处，央郭旗鼓送银四百两，俱从东边小门，交张掌收入，合军皆知。[2]

各州县也得照样致送。

更可异者，查城上疏托张中军传意州县，一二等各要谢荐仪二百两，且关防何事，就中吓取。即藁城一县勒送银壶二把，金盘盏四副，而曲阳之牙绶，一网收尽，是为何体？恣意催辱士类，以示威风，举人阎东井缚来庭讯，生员赵必达，经批黜退。甚且控冤之王相嫡兄被兵赵士采、王家士等劫杀有案，径行提问，贼兵收营，冤生下狱，颠倒戮士，是为何法？[3]

[1] 《烈皇小识》卷五。

[2] 《烈皇小识》卷五。

[3] 《烈皇小识》卷五。

此外便是卖官鬻爵。

尤可讶者，近日巩固营总练报升，当夜二鼓，令郭旗鼓向张德昌讲话，约定银三千两，题补前缺；次日，即与发本，是大帅可以货取也。一疏拔置三将领，是枢部可以不设也。不亦废典制而辱剡章乎？[1]

而威焰自然更是逼人，凌辱官吏，无所不至。

至如纵放张掌家等横扰驿递，倍索乾折。嗔怪井陉等县供应不周，凌辱正印典史驿丞，动责数十，犹具贪戾之余波已。若其接待有司，箕踞谩骂，稍不遂意，开口题参；逼致生日馈献，银铸寿星炉爵杯盘及绣缎等件，充斥衙署，有各衙门小报可据。俨然自称军门，而勒送礼物。嗟乎！皇上何负于内臣，而敢举朝廷之礼法纲纪，将吏士民，一旦凌夷暴殄至于此极也。[2]

以上这些情形，在当时并不是陈镇夷一人如此，据《烈皇小识》云："时所遣内奄，在在播恶，不独一陈镇夷，第他处抚按不敢直陈，惟模能据实入告耳。"但这种据实入告，朱由检不但不信从，反听了陈镇夷的诬蔑，将李模降三级调用。

拥兵自卫　屠杀人民

这些特务打起仗来，更是糟糕不堪，他们胆小如鼠，只知道拥兵自卫，或是带兵逃跑，如朱由检最信任的特务高起潜便是如此。

高起潜在当时所有军事特务中，是号称"知兵"的一个。但他这个

[1]　《烈皇小识》卷五。

[2]　《烈皇小识》卷五。

“知兵”，是只知道看别人作战，自己却是拥兵自卫的，如崇祯十一年“清兵入墙子岭、青山口……京城戒严，召卢象昇帅师入卫。象昇主战，(杨) 嗣昌与监督中官高起潜主款，议不合，交恶”[1]。这交恶的结果，卢象昇便独自作战起来，危急的时候，派人向高起潜乞援，起潜置之不理，以致卢象昇战死。

(十一年) 十二月十一日，(卢象昇) 进师至巨鹿贾庄。(高) 起潜拥关，宁兵在鸡泽，距贾庄五十里而近。象昇遣 (杨) 廷麟往乞援，不应。师至蒿水桥，遇大清兵……遂战。夜半，觱篥声四起。旦日，骑数万环之三匝。象昇麾兵疾战，呼声动天，自辰迄未，炮尽矢穷。旧身斗，后骑皆进，手击杀数十人，身中四矢三刃，遂仆。[2]

卢象昇既然战死，高起潜也知道这事他脱不了干系，不免有些恐惧，于是便捏造战报，说象昇并未战死。

己卯，卢象昇总督败没，镇珰惧罪，阴言其不死。命遣校侦之，以实闻。下校狱，酷拷不承而死。垂死，拜狱神曰：“某不枉卢总督，虽死不憾。”[3]

但他的部将如若打了败仗，他却又会弹劾别人不援助，将责任推到别人身上。

会督师中使高起潜部将侯拱樾败绩，起潜劾公 (河间太守颜允绍) 阻挠援师，以致转战堕敌。上震怒，诏逮公。邯郸民闻之，空城出走，将诣阙极陈督师欺蔽状。公力沮之，乃赴中丞直指讼冤，始从薄谴，

[1] 《明史·杨嗣昌传》卷二五二。

[2] 《明史·卢象昇传》卷二六一。

[3] 《枣林杂俎》，逸典类。

镌职三级。[1]

而别人如果打了胜仗，高起潜的部将却又妒嫉争功，甚至诬蔑别人打的不是敌人，而是他们。别看他们平时胆小如鼠，争起功来，却倒凶猛得很。

> 十二月二十八日夜，大兵攻济宁，公（兵备道冯元飚）击退之。其明日，高阉之部丁志祥至，以为公夜来所击杀者其营兵也，反戈相向。公登埤而谓之曰："吾以济城为存亡，但知攻吾城者□耳。"志祥语塞而去。[2]

起潜的兵士打起仗来不行，但抢劫老百姓的本事却很大，而且地方官也无可奈何他们，所以，当时土匪都冒充他的兵丁。

> 临洺关沙河县城俱破，群盗乘机窃发，焚掠村聚。（张）执塘往擒数人，比至县，则瞋目箕踞曰："吾高总监部兵也。"[3]

高起潜就是这样一个"知兵"的特务，明史称他"实未尝决一战"，只是拥兵游荡，抢掠人民。但报起功来，他却又有绝妙的办法，便"割死人首冒功"[4]。这些死人头，敌人的，自己士兵的，以及老百姓的全有。此外，将官们如果忤触了他，他便想方设法地栽诬倾轧，如：

> 朱文德……崇祯时积功至松山副将。忤监视中官高起潜，为所中，

[1] 林璐：《河间太守颜公传》。

[2] 黄宗羲：《南雷文案》卷五，《留仙冯公神道碑》。

[3] 林璐：《河间太守颜公传》。

[4] 《明史·高起潜传》卷三〇五。

斥罢。[1]

像这样的事还多得很，这不过是一例而已。

“知兵”的高起潜如此，其他的军事特务自然更糟，史称：“诸监多侵克军资，临敌辄拥精兵先遁。”[2]这一点也不冤枉他们。事实的例子如崇祯九年七月——

> 大清兵自天寿山后入昌平，都城戒严……（兵部尚书张）凤翼惧，自请督师。赐尚方剑，尽督诸镇勤王兵……命中官罗维宁监督通、津、临、德军务，而宣大总督梁廷栋亦统兵入援。三人相犄角，皆退怯不敢战。[3]

除了这样畏缩不前的家伙而外，另外一批便是昏聩糊涂，兵临城下，还饮酒称寿，如崇祯十一年十月——

> 清骑入犯蓟、昌，总督吴阿衡与镇守太监邓希诏称寿。已报清人入口矣，犹坚留与邓公饮百杯，取百寿之庆。饮毕，醉不能师，遂死于乱军中。[4]

但这些还算是好一点的，还有更不成话的事情。如卢九德一到危急的时候，便找许多和尚来诵经念佛。

> （崇祯九年）正月……以太监卢九德率京营兵征豫楚诸贼，而以黄得功宋纪隶焉……卢九德惟贿是狥，贼急，辄募群僧诵佛号，以

---

[1] 《明史·曹变蛟传》卷二七二。

[2] 《明史·高起潜传》卷三〇五。

[3] 《明史·张凤翼传》卷二五七。

[4] 《烈皇小识》卷六。

祈免死。[1]

等到这些农民义师退了，他们便在后面追逐，但实际上却是劫掠和屠杀人民，闹得人民关起城来拒绝他们入内，这回他们的胆子却壮了，竟要攻城！

（崇祯十四年）十月，太监刘元斌、卢九德率京营兵，追贼至寿州，及之。元斌留四十日不进城门昼闭，纵兵大掠，杀樵汲者以冒功。既而欲攻城，州民敛数万金赂之，乃免。[2]

除了抢劫和屠杀人民而外，还掳掠妇女。

（崇祯七年）贼入川……中官陈大金与左良玉来援，副使徐景麟见其多携妇女，疑为贼，用炮击之，士马多死。大金怒，诉诸朝，命逮景麟。[3]

这样残虐，使老百姓恨入骨髓，所以，有些时候，老百姓便引带农民起义军来攻击他们。

崇祯六年……凤阳军民素疾守陵太监杨泽贪虐，引贼来寇。八年正月，贼遂攻陷凤阳，焚皇陵，烧龙兴寺。[4]

还有一次满清兵临城外，他们便私自馈送金帛，和满清讲和，如崇祯五年：

[1] 戴名世：《戴南山集》，卷十四《孑遗录》。

[2] 《烈皇小识》卷七。

[3] 《明史·蒋允仪传》卷二三五。

[4] 《明史·郑宗俭传》卷二六〇。

大清兵入宣府，巡抚沈棨与中官王坤等遣使议和，馈金帛牢醴，师乃旋。[1]

但事毕之后，王坤却又奏发，将这私自讲和的栽到别人身上：

适宣塞有私和事，王坤时监宣饷，且请代。（赵）东曦上言：“……乃监视王坤方会饮城楼，商榷和议，边臣倚庇，欺蔽日甚。坤不得辞扶同罪，反侈边烽已熄为己功，且请代……愿陛下正坤罪，撤各使还京。”帝言：“宣镇擅和，实坤奏发，何谓欺隐？”调东曦外任，谪福建布政司都事。[2]

朱由检这样信任特务，满清方面也全调查得很清楚，于是便利用这些特务来施行反间计，当时大将袁崇焕就是这样被杀死的。事情发生在崇祯二年十一月，清兵进逼京师城下袁崇焕奉命入援的时候。

（袁崇焕）营城东南隅，立栅木以守……先是大军获宦官二人，令副将高鸿中等守之。太宗文皇帝因授密计鸿中等于二宦官前，故作耳语云：“今日撤兵，袁巡抚有密约，事可立就矣。”时杨太监者佯卧，窃闻其言，纵之归，以所闻告于上，上遂信之不疑。[3]（《明史·袁崇焕传》卷二五九亦同此说，惟黄宗羲《南雷文约》卷一“大学士机山钱公神道碑”则云此事发生在崇焕守广宁时。）

于是便将崇焕下狱，三年八月磔于市。袁崇焕是当时最有能力的一个将官，他死了以后，就再没有人能和满清对抗了。所以，连满清人修

[1] 《明史·熊明遇传》卷二五七。

[2] 《明史·魏呈润传》卷二五八。

[3] 《明通鉴》卷八十一。

的《明史》在崇焕传中也慨叹道："自崇焕死，边事益无人，明亡征决矣！"朱由检自坏长城，而原因却是由于信任特务。

在这种情形之下，将帅们当然心灰意懒，而稍有一点骨气的人也都被特务们排挤以去，剩下来的少数几个，在特务们挟制之下，就是想出力也无从出起，此外便都是些媕婀逢迎之辈，他们倒是欢迎军中有特务来监视的。这原因杨士聪说得很透彻：

> 监视之设，止多一扣饷之人，监视之欲满，则督抚镇道皆有所恃矣，故边臣反乐于有监视，功易饰败易掩也。[1]

当时倪元璐也曾指出这情形，说是：

> 边臣之请，归命监军，无事稟成为恭，寇至推诿百出。阳以号于人曰："吾不自由也。"[2]

到后来历久习成，将帅们多拱手听命，不做主张。如崇祯十七年李自成兵临京师的时候，守城将官襄城伯李国祯事事听命太监王相尧，自己则"坐城楼无所主张"[3]，而"内侍专守城事，百司不敢问"[4]，便是一例。

但朱由检对这些监视监军的特务，也并不是完全信任的，有一个时期他曾另派出一些更亲信的特务去监视那些原有的特务，名叫"视监视"，《玉堂荟记》卷下云：

> 上性多疑，有监视。又有视监视者，多一人有一人之费，穷边士卒，

---

[1] 《玉堂荟记》卷下。

[2] 《明季北略》卷十。

[3] 《明季北略》卷二十。

[4] 《明史·李自成传》。

何不幸一至于此！

用特务来监视特务，层层监视，在朱由检看来，也许是万无一失了，但结果开城迎接朱由检敌人的就全都是这些监视和视监视特务们！

（二）绯袍鸣驺出迎三十里

朱由检的军事特务们在他们敌人——农民义师和满清没有来的时候，就勒贿扣饷，剥削人民。他们的敌人来了呢，就拥兵先逃，私自求和。等到无处可逃、无和可求的时候，这些特务便去走那最后一条路了——投降！

木来特务这东西就像狗一样，谁给他肉吃，谁就是他的主子，一旦这个主子没有肉给他吃了，他就可以立刻背叛这个主子去投效另一个主子的。当李自成率领农民义师迫近北京，大明帝国摇摇欲坠的时候，这些特务们便一个个出卖他的主子，纷纷投降，甚至做内应了。从宣府一直到京师，开城迎接李自成的全是朱由检的特务。

第一个开城迎接的是宣府监视太监杜勋，他到镇不几天，听说李自成军队来了，便立刻开城出迎，投降纳款。《明史·朱之冯传》卷二六三云：

> （十七年）三月，李自成陷大同。（宣府巡抚朱）之冯集将吏于城楼，设高皇帝位，歃血誓死守，悬赏格励将士。而人心已散，监视中官杜勋且与总兵王承胤争先纳款矣，见之冯叩头，请以城下贼。之冯大骂曰："勋，尔帝所倚信，特遣尔，以封疆属尔，尔至即通贼，何面目见帝！"勋不答，笑而去。俄贼且至，勋蟒袍鸣驺，郊迎三十里之外，将士皆散。

消息传到京城，给事中孙承泽等便上疏请急撤城守监视太监，并云："不独杜勋一人可虞矣，伏乞皇上毅然振怒，将杜勋弟侄名下内官在京者，骈诛之示儆。”[1] 但朱由检为宦官所蒙蔽，竟认为杜勋骂贼殉难，传旨说是“忠烈可嘉，赠司礼太监，荫弟侄一人与做锦衣卫堂上官，仍立祠宣府，有司春秋致祭”[2]。

李自成既下宣府，便长驱直入，抵居庸关，协守太监杜之秩又开城迎降，杜之秩也是到任不几天的。[3]

这两个特务投降以后，随着李自成围京师的时候，还进过城。杜勋且见过朱由检，奇怪的是又都毫无阻碍地出了城来。杜之秩进城的情形是：

> 叛监杜之秩缒城入见当轴，议割西北一带，并犒军银百万两，皆咋舌相视，亦不敢闻于上。或请留杜，杜云：“营中有亲藩，不反命，将屠矣。”遂纵去。[4]

杜勋进城的情形，《明史》及《明季北略》均有记载，《明季北略》则较详：

> 晋王、代王左右席地坐，太监杜勋侍其下，呼：“城上人莫射，我杜勋也，可缒下一人以语。”守者曰：“留一人下为质，请公上。”勋曰：“我杜勋无所畏，何质为？”提督太监王承恩缒之上，同入大内，盛称：“贼众强盛，锋不可挡，皇上可自为计。”遂进琴弦及绫帨，上艴然起……诸内臣请留勋，勋曰：“有秦晋二王为质，不反，则二王不免矣。”乃缒之出，仍缒下。勋语守珰王相尧、褚宪章辈曰：“吾党富贵自在也。”[5]

---

[1] 《春明梦余录》卷四十二。

[2] 《春明梦余录》卷四十二。

[3] 《明史·庄烈帝纪二》。

[4] 《明季北略》卷二十。

[5] 《明季北略》卷二十。

还有守陵太监申芝秀在昌平投降李自成，这次也和杜勋一阵进城，而且还劝朱由检逊位。[1] 当时兵部尚书为特务阻止，不能上城，所以只知道杜勋缒上城来，却不知道杜勋已经进入大内，还上疏报告朱由检说：

> 臣接京营巡视御史王章手扎，内云“王、曹诸监视昨夜将贼杜勋等暗用绳系上城，不知何故？人心汹汹，变在旦夕”等语。臣闻之心碎发竖，贼势汹涌，如此危急……今突缒贼渠上城，不知曾否奏知？恐有奸宄，人心汹汹，变起非常，乞立赐推问，以杜隐奸，宗社幸甚。[2]

而那时守卫京城的军队，全由宦官指挥，一切行动均须听他们号令。《明季北略》卷二十云：“内官坐城上，以令箭下，门立启，无敢诘问，勋戚大臣惟坐视而已。”所以，杜勋等可以这样自由出入。后来甚至连朱由检派兵部尚书上城察视，他们都还阻挡，《明史·王家彦传》卷二六五云：

> 贼逼京师，襄城伯李国祯督京营，又命中官王德化尽督内外军。国祯发三大营军城外，守陴益少。诸军既出城，见贼辄降。降卒反攻城，城上人皆其侪，益无固志。廷臣分门守，（协理戎政王）家彦守安定门。号令进止由中官，沮诸臣毋得登城，又缒叛监杜勋上，与密约而去。帝手敕兵部尚书张缙彦登城察视，家彦从。中官犹固拒，示之手敕，问勋安在，曰：“去矣。”秦晋二王欲上城，家彦曰：“二王降贼，即贼也，贼安得上！”顿足哭。偕缙彦诣宫门请见，不得入。黎明，城陷。

这所谓“密约”，便是大家约好如何迎接李自成，其实不等杜勋进城，

---

[1] 《明季北略》卷二十。

[2] 《春明梦余录》。

他们也早已有了准备。杜勋是十八日进城的，而他们在十六日便大发知单公约投降了，杜勋之来不过是大家接一接头而已。戴笠《怀陵流寇始终录》卷十七，记甲申三月甲辰（十六日）一事便可证明：

> 京官凡有公，必长班传单，以一纸列姓衔，单到写“知”字。兵部提塘官杭州卫某，是日遇一所识长班急行。扣其故，于袖出所传单，乃中官及文武大臣公约明日开门迎贼也。皆有“知”字，首名中官则曹化淳，大臣则张缙彦。此事万斯同新见卫某所说。

这些，朱由检当然是全不知道的，在京师这样危急之中，他还把全部希望寄托在特务身上，为了表示自己对他们的信任，竟然密令收葬魏忠贤。

> 十四日……起旧司礼太监曹化淳戴罪守城。上旨收葬忠贤遗骸。[1]

而据冯梦龙《燕都日记》所载这事就是曹化淳奏请的，曹化淳向朱由检说：“忠贤若在，时事必不至此。”由检听了竟为之恻然。这时他大概对过去诛杀魏忠贤——这是他即位后唯一的善政——都有些懊悔起来，由检的信任特务，真正是到了至死不悟了！

收葬魏忠贤是三月十四日，曹化淳约大家投降的知单的发出是十六日，杜之秩进城是十七日，杜勋则是十八日，就在这天下午申刻太监曹化淳开了彰义门，王相尧开了德胜、平则二门，李自成率众驰入。太监王德化率内员三百人先迎于德胜门，一说“王相尧率内兵千人，开宣武门”。（按：顾炎武《明季实录》“长安道上誊出闯贼谋逆诈伪罪状以醒民正讹罪复仇”云：“十八日申刻，贼兵窃入彰义门，巡城太监杜秩亨等献城。”又“西蜀拔贡日樵道人吴邦策一匡甫记”云：“十九日辰时……九门尽为贼所据，巡城太监，杜秩亨等同兵部尚书张缙彦开门迎降，

[1] 《明季北略》卷二十。

贼自齐化、东便二门入。”是迎降者尚有杜秩亨。）十九日五鼓，朱由检手携王承恩登煤山寿皇亭，在树上吊死，王承恩也面对面地自缢其下。朱由检一生信任特务，到头来只算落得一个忠心特务陪着上吊，这就是信任特务的下场。

当时方以智曾有一首《哀哉行》记载特务们守城以及迎降事，极为沉痛，诗云：

> 奔城南，走城北，炮声轰轰天地黑，女墙擐甲皆中官，司马上城上不得。乱传敌楼铁骑从至尊，宫人夜出华林园。须臾中官大开东直门，贼营四市如云屯。比时张牙禁出入，蓬首陋巷阴风泣。居民畏死争焚香，父老衣衫暗沾湿。[1]

以上这些是开城的大特务头子，至于那些小宦官特务们更是早有异志，《明史》明载这事：

> 初，内臣奉命守城，已有异志。令士卒皆持白杨杖，朱其外，贯铁环于端，使有声，格击则折。[2]

《甲申传信录》卷一云：

> 内臣有怨望者，或题宫阙壁云："此处不留人，自有留人处。"

而当十七日朱由检叫这些小特务一齐出去守城的时候，他们竟——

> 哗曰："诸文武何为？昔以言官止内操，我甲械俱无，奈何？"[3]

---

[1] 《静志居诗话》卷十九。

[2] 《明史·高起潜传》。

[3] 彭孙贻（管葛山人）：《平寇志》卷八。

及至上了城墙以后——

> 贼用高木续接，围以绸布，使健儿鱼贯而登。守者不拒，反以手援之入。[1]

据《明季北略》说这些“守者”是李自成派进来的部卒，但恐怕还是这些小特务居多。

这些情形，朱由检是丝毫不知道的，那时他已完全为特务所包围，外间消息，多被蒙蔽。比如杜勋投降，他还以为殉难。还有十七日奉命守城的李国祯汗流浃背地跑来报告朱由检守城军不听指挥，内侍竟然呵止[2]，为什么要“呵止”呢？还不是怕李国祯把真情泄露了么！

这里还要特别提一下的，便是那两个特务侦缉机关东厂和锦衣卫，到这样危机的时候，却一点作用也没有了。如《明史·刑法志三》所说，当时锦衣卫对于京中“奸细潜入，佣夫贩子阴为流贼所遣，无一举发”。这所谓“无一举发”，并不是知道了而不举发，怕是根本就不知道。当人民已经成群起来反抗特务的时候，特务无论怎么多，也是没有办法去调查的了。不过，这些家伙侦察李自成的人民军队虽然不行，但对老百姓他们还是不放松的，最可笑的是一直到了三月十九日京城破陷，老百姓纷纷逃难，“厂卫犹禁讹言，执送金吾所”，但是城中连坑厕里面都是李自成军队了[3]。城破了都不知道，可见这些特务除了敲诈老百姓而外，怕是什么都不管的。

至于这些宦官特务投降了李自成以后，是不是如杜勋所言“富贵固在”呢？《明季北略》有一则事实可以答复这问题：

---

[1] 《明季北略》卷二十。

[2] 《明季北略》卷二十。

[3] 《明季北略》卷二十。

> 自成同刘宗敏等数十骑入大内，太监杜之秩、曹化淳等率党为前导。自成责之曰："汝曹背主献城，皆当斩。"秩等伏地叩首曰："惟能识天命，故如此。"自成叱之曰："饶死去。"[1]

可见不但没有得到富贵，反而碰了很大钉子。其实，还不止碰钉子，当李自成部下拷问百官追赃的时候，这些特务也不能免：

> 丙辰，各营拷职官追赃，内臣加炮烙尤惨。[2]

后来李自成终于把这些特务赶出都城，如《怀陵流寇始终录》卷十八所载：

> 闯贼在陕，京师内侍曹化淳、王相尧等不得志于先帝，告谍以国家财竭兵尽，一举可灭之状。闯贼用其言而心恶之。破城后复钻诸贼求用，闯愈怒，尽逐出城。孩子兵群呼打老公，数万人哀号奔走，衣毁帽裂，青肿流血，一钱不得随身，都人大快之。[3]

这情形倒也并不足怪，李自成的起义，原是代表人民利益反对特务政治的，他的檄文中便有这么两句："宦官皆龁糠犬豚，而借其耳目。"可见他对这群特务是认识得很清楚的。他进了北京以后，这初衷也并没有改变。代表人民利益的政权及其军队，是根本不需要侦察人民的特务的，所以，这批特务在李自成心目中自然一文不值了。

---

[1] 《明季北略》卷二十。

[2] 谈迁：《枣林杂俎》；又见查慎行：《人海记》上。

[3] 此事亦见于《平寇志》卷十。